INVESTMENT SCIENCE
David G. Luenberger
デービッド・G・ルーエンバーガー
今野 浩　鈴木賢一　枇々木規雄 [訳]

金融工学入門

［第2版］

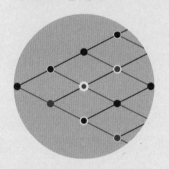

日本経済新聞出版

Copyright ©2014 and 1998 by David G. Luenberger
Investment Science, Second Edition was originally published in English in 2013.
This translation is published by arrangement with Oxford University Press.

私の家族に捧ぐ

序　文

　投資は、現代の生活の基本的な要素であり、経済活動のすべてに反映されている。実際には、投資は一般に銀行、投資信託、ブローカー、市場によって促進される一連の過程によって実行され、ルールや手順によって管理される。これらの実際上の問題とその背景にある投資への動機づけがファイナンスや投資に関連するテーマを構成している。これらの取引量と理論構造は急激に拡大している。投資理論の最近の発展は、大学の教室、金融サービス機関、ベンチャー・ビジネスだけでなく、多くの個人投資家の注目を集めている。本書は、この理論の普及に役立つことを目指して書かれたものである。

　本書は基本原理を重視し、基本原理が実際の投資問題の健全かつ現実的な解決にどのように用いられるかを説明することを目指している。本書は、このアプローチを反映した構成となっており、各章で取り上げる題材は、概念的に最も単純なものから、より高度なものへと進むように配慮している。本書の中で取り上げている金融商品や投資問題の具体的事例も、このような方針のもとで取り扱い、投資環境の特性について分析しながら、次第に高度な概念について理解できるようになっている。

　本書は、工学部や数学科あるいはその他の科学の分野について、大学の学部教育レベルの技能をもつ人、つまり基礎数学に一定のなじみのある人々を主な読者層と想定している。投資科学で用いられる言語は、主として数学的なものである。しかし本書で用いる数学は、それほど複雑なものではない。必要なのは微積分の基本的知識だけである。とは言うものの、読者は推論や問題解決の方法として、数学を用いることに抵抗感をもたないものと想定している。そのような読者であれば、技能をテコに勉学を加速し、深めることができるであろう。

　実際には、数学的素養の程度と勉学の目的に応じて、本書の読み方には、いくつかのレベルが考えられる。このための道しるべをテキスト中に示しておいた。節、あるいは項のタイトルに、"2.6 応用と拡張*"という具合に＊印が付いているものがあるが、この印は、その内容が特別なものであることを示している。すなわち、その部分は他の部分に比べていくぶん本論から外れているか、あるいは数学的に高いレベルのものなので、最初に読むときにはとばしてもよい。この記法は厳密なものではない。文中ではしばしばその先に何が書いてあ

るか、また読者がどのように読み進めばよいかに関するガイドラインを適宜示しておいた。

各章末の練習問題は、テキストの重要な部分を構成しているので、読者は各章の問題をいくつか解いてみていただきたい。練習問題にも難易度に応じて印を付けておいた。◇印の付いた問題は、平均的なものより数学的に難しいものである。⊕印の付いている問題は、(通常はスプレッドシートを使った) 数値計算が必要である。

この教科書の第1版の出版以来、投資のテーマは、実務でも学術の分野でも、理論と応用が互いに刺激し合う相互作用を通じて、きわめて活気に溢れる革新的なものになった。これらの仕事の多くは、CAPMや派生証券の理論に関する基礎的概念に基づいて研究され、ポートフォリオ設計やリスクマネジメントの問題に取り組むために、必要に応じて拡張と修正が行われてきた。

現実のファイナンスの世界は、伝統的な理論構成に試練を与えた。いくつかの大銀行の破綻や株式市場の高ボラティリティと大損失が証明しているように、リスクマネジメントの問題はきわめて重要になってきた。現存する理論やそれを適用する方法論は、健全なものであるが、十分に包括的ではなかった。銀行のような金融機関の"危うさ"を測るために早いころに開発された指標は、バリュー・アット・リスク (value at risk) である。それは単一の数値によってポートフォリオの損失リスクを測る指標である。この指標は広く受け入れられ、実際に銀行の公的な規制に使われている。その考え方は学術界で研究され、**条件付きバリュー・アット・リスク**（conditional value at risk）のような指標が提案された。これは理論的にも実務的にも、バリュー・アット・リスクを上回る優位性をもっている。リスク尺度は第10章のテーマである。

単にリスクを測るだけではなく、クレジット・デリバティブという商品が考案され、保険商品のように、発行体のデフォルトに対して債券保有者を守る商品として定着してきた。クレジット・デリバティブを価格付けするために、新しい理論が開発された。この領域には、新しい商品や理論に関して研究すべきことがたくさんある。信用リスクは第17章のテーマである。

第2版におけるこのほかの新しいトピックは、**射影価格付け**（projection pricing）である。それは、まだ市場で取引されていない資産の価格付けにCAPMを適用する一般的な方法である。この価格は他の方法でも求められることはわかっているが、その1つは日常生活で普通に行われているような、類似の資産と比較して、価格付けする方法である。その他の新しいトピックとしては、推定誤差の影響とそのマイナスの影響を最小化する方法、オプションの価格付けに関

連する"ボラティリティスマイル"、派生証券の価格付けの多くを統一的に取り扱う簡単な公理的アプローチを、より包括的に検討した。最終章では、CAPMとブラック–ショールズ方程式の両方を拡張し、派生証券とは異なる連続時間で取引される資産を価格付けする。さらに、多数の新しい章末の練習問題を加えた（その半分について解答を与えた）。全体を通して、明確さ、直感性、そして数学的な厳密さを適度なレベルで組み合わせることを重視した。実際に、重要な定理に対して直感的理解を助けるために、多くの修正を施した。

この第2版の準備は大仕事だった。多くの人が第1版を読んで、批評と助言を与えてくれた。この点について、下記の諸氏に感謝を表したい。Giles Auchmuty, B. Ross Barmish, Xuedong He, Robert Kohn, Siu-Tang Leung, James Ligon, Frank Morgan. 特定の技術的な問題に関しては、下記の諸氏に感謝申し上げたい。Samuel Chiu, Darrell Duffie, Daniel Gabay, Kay Giesecke, Marius Holtan, Daniel Kuhn, Robert Luenberger, Paul McEntire, James Primbs, Stan Uryasev. また、各章を読んで、新しい練習問題を考えるのを手伝ってくれた下記の学生諸君も大変感謝している。Jose Blanchet, Naveed Chehraz, Ioannis Giannakakis, Supakorn Mudchanatongsuk, Ali Nouri, Dan Osborn, Wilfred Wong, Li Xu. 最後に、（もう一度）、原稿作成の長い間支援してくれた妻のNancyに感謝したい。

2013年3月　　　　　　　　　　　　　　　　　　　　David G. Luenberger

目 次

序 文　i

第1章　イントロダクション … 1
1.1　キャッシュ・フロー　2
1.2　投資と市場　4
1.3　典型的な投資問題　7
1.4　本書の構成　11

第I部　確定的なキャッシュ・フロー流列

第2章　基本的な金利理論 … 17
2.1　元本と利息　17
2.2　現在価値　22
2.3　流列の現在価値および将来価値　23
2.4　内部収益率　27
2.5　評価基準　31
2.6　応用と拡張*　34
2.7　まとめ　42
練習問題　43
参考文献　48

第3章　確定利付証券 … 50
3.1　将来のキャッシュに対する市場　51
3.2　価格式　55
3.3　債券の詳細　61
3.4　利回り　65
3.5　デュレーション　70
3.6　イミュニゼーション　78
3.7　コンベキシティ*　82
3.8　まとめ　84

練習問題　85
　　　参考文献　90

第4章　金利の期間構造 …………………………………… 92
　　4.1　イールド・カーブ　92
　　4.2　期間構造　94
　　4.3　フォワード・レート　98
　　4.4　期間構造仮説　103
　　4.5　期待ダイナミクス　106
　　4.6　逐次現在価値計算　113
　　4.7　変動利付き債券　116
　　4.8　デュレーション　117
　　4.9　イミュニゼーション　121
　　4.10　まとめ　123
　　　練習問題　125
　　　参考文献　131

第5章　応用金利分析 ……………………………………… 132
　　5.1　資本予算　133
　　5.2　最適ポートフォリオ　139
　　5.3　動的キャッシュ・フロー過程　143
　　5.4　最適管理　147
　　5.5　調和定理*　157
　　5.6　企業評価*　160
　　5.7　まとめ　165
　　　練習問題　167
　　　参考文献　172

第II部　1期間確率的キャッシュ・フロー

第6章　平均–分散ポートフォリオ理論 ………………… 177
　　6.1　資産の収益　178
　　6.2　確率変数　182

6.3　ランダムな収益　189
6.4　ポートフォリオの平均と分散　193
6.5　実現可能領域　200
6.6　マーコビッツ・モデル　203
6.7　2-ファンド定理*　208
6.8　無リスク資産が含まれる場合　211
6.9　1-ファンド定理　213
6.10　まとめ　217
練習問題　218
参考文献　222

第7章　資本資産価格付けモデル　223

7.1　市場均衡　223
7.2　資本市場線　226
7.3　価格付けモデル　228
7.4　証券市場線　234
7.5　投資への含意　236
7.6　パフォーマンス評価　238
7.7　価格公式としてのCAPM　242
7.8　プロジェクト選択*　246
7.9　射影価格付け　249
7.10　相関価格付け　253
7.11　まとめ　256
練習問題　258
参考文献　264

第8章　その他の価格付けモデル　266

8.1　イントロダクション　266
8.2　ファクター・モデル　266
8.3　シングル–ファクター・モデルとしてのCAPM　275
8.4　裁定価格理論*　277
8.5　ファクター付き射影価格付け　284
8.6　多期間の誤謬　286
8.7　まとめ　287
練習問題　289
参考文献　292

第 9 章　データと統計　293

9.1　基本的な推定法　293
9.2　他のパラメータの推定　298
9.3　推定誤差の影響　300
9.4　保守的アプローチ　308
9.5　均衡からのティルト *　311
9.6　まとめ　313
練習問題　314
参考文献　317

第 10 章　リスク尺度　319

10.1　バリュー・アット・リスク　320
10.2　バリュー・アット・リスクの計算　323
10.3　VaR に対する批判　330
10.4　コヒーレント・リスク尺度　333
10.5　条件付きバリュー・アット・リスク　335
10.6　コヒーレント尺度の特徴 *　338
10.7　凸性 *　341
10.8　まとめ　341
練習問題　342
参考文献　344

第 11 章　一般原理　346

11.1　イントロダクション　346
11.2　効用関数　346
11.3　リスク回避　350
11.4　効用関数の特定 *　354
11.5　効用関数と平均–分散基準 *　357
11.6　線形価格公式　360
11.7　ポートフォリオ選択　362
11.8　裁定境界　367
11.9　ゼロ水準価格付け　369
11.10　対数最適価格 *　371
11.11　有限状態モデル　373
11.12　リスク中立価格付け　378

11.13　まとめ　380
練習問題　382
参考文献　386

第 III 部　派生証券

第 12 章　先渡、先物、スワップ … 391

12.1　価格付けの原則　393
12.2　先渡契約　395
12.3　先渡価格　397
12.4　先渡契約の価値　406
12.5　スワップ *　406
12.6　先物契約の基礎　410
12.7　先物価格　412
12.8　期待現物価格との関係 *　417
12.9　完全ヘッジ　418
12.10　最小分散ヘッジ　419
12.11　最適ヘッジ *　423
12.12　非線形リスクのヘッジ *　425
12.13　まとめ　430
練習問題　431
参考文献　436

第 13 章　資産ダイナミクスのモデル … 437

13.1　2 項格子モデル　438
13.2　加法的モデル　441
13.3　乗法的モデル　442
13.4　典型的なパラメータの値 *　445
13.5　対数正規確率変数　446
13.6　ランダムウォークとウィーナー過程　447
13.7　株価過程　451
13.8　伊藤の定理 *　456
13.9　2 項格子再訪　458
13.10　まとめ　460

練習問題　461
参考文献　465

第14章　基本的なオプション理論 …………………… 466

14.1　オプションの概念　467
14.2　オプション価格の性質　470
14.3　オプションの組み合わせとプット–コール・パリティ　473
14.4　早期権利行使　476
14.5　1期間の2項格子オプション理論　477
14.6　多期間のオプション　481
14.7　より一般的な2項格子問題　485
14.8　実物投資機会の評価　490
14.9　一般的なリスク中立価格付け *　499
14.10　三原則の効能　501
14.11　まとめ　502
練習問題　503
参考文献　509

第15章　オプションについての追加事項 ……………… 511

15.1　イントロダクション　511
15.2　ブラック–ショールズ方程式　511
15.3　コール・オプションの評価式　516
15.4　リスク中立評価法 *　519
15.5　デルタ　520
15.6　複製、合成オプション、ポートフォリオ・インシュランス *　523
15.7　ボラティリティ・スマイル　527
15.8　計算手法　531
15.9　エキゾチック・オプション　538
15.10　手法の比較　542
15.11　保管費用と配当 *　543
15.12　マルチンゲールによる価格付け *　545
15.13　公理とブラック–ショールズ式　548
15.14　まとめ　550
練習問題　553
参考文献　558

第16章　金利派生証券 560

16.1　金利派生証券の例　560
16.2　理論に必要な事項　563
16.3　2項格子によるアプローチ　564
16.4　価格付けの応用　568
16.5　レベリングと変動利付きローン*　571
16.6　前進計算式　577
16.7　期間構造とのマッチング　580
16.8　イミュニゼーション　583
16.9　CMO*　586
16.10　金利変動のモデル*　591
16.11　連続時間の解*　593
16.12　拡張　597
16.13　まとめ　597
練習問題　599
参考文献　602

第17章　信用リスク 604

17.1　マートンの古典的モデル　605
17.2　初到達時間　609
17.3　格付け手法　614
17.4　強度（誘導型）モデル　617
17.5　確率強度モデル*　619
17.6　期間中の受け取り　620
17.7　解析的な取り扱いが可能なコックス過程　621
17.8　シミュレーション　623
17.9　格子法　625
17.10　デフォルトに相関がある場合　629
17.11　クレジット派生証券　632
17.12　まとめ　639
練習問題　640
参考文献　642

第 IV 部　一般的なキャッシュ・フロー流列

第 18 章　最適ポートフォリオ成長 ……………………… 647

18.1　投資回転盤　647
18.2　成長に対する対数効用アプローチ　650
18.3　対数最適戦略の特性 *　657
18.4　代替的アプローチ *　658
18.5　連続時間成長　660
18.6　実現可能領域　664
18.7　対数最適価格公式 *　670
18.8　対数最適価格付けとブラック–ショールズ方程式 *　674
18.9　まとめ　676
　　　練習問題　678
　　　参考文献　683

第 19 章　一般の投資評価 ……………………………… 684

19.1　一般化現在価値　684
19.2　多期間証券 *　685
19.3　リスク中立価格付け　688
19.4　最適な価格付け　689
19.5　2 重格子　693
19.6　2 重格子上での価格付け　695
19.7　個別的不確実性のもとでの投資　700
19.8　購入価格分析　706
19.9　連続時間における価格付けの公理　713
19.10　まとめ　718
　　　練習問題　719
　　　参考文献　721

付録 A　確率論の基礎 …………………………………… 723

A.1　一般概念　723
A.2　正規確率変数　724
A.3　対数正規確率変数　726

付録B　微分積分学と最適化 ……………………… 727
- B.1　関数　727
- B.2　微分演算　728
- B.3　最適化　730

練習問題の解答 ……………………………………… 732

訳者あとがき ………………………………………… 739

索引 …………………………………………………… 741

装丁　渡辺弘之

第1章
イントロダクション

　伝統的な立場から言えば、投資とは、"のちの利益を得るために現時点で行う資源の契約"として定義される。資源と利益が金銭の形をとるならば、投資とはあとで（望むらくはより多くの）お金を受け取るために、現時点で行うお金に関する契約である。たとえば、銀行の譲渡性預金を購入するといった場合には、のちに得られる金額は確定している。しかしほとんどの場合、のちに得られる金額は不確実である。

　投資をより広い視点から見る立場もある。それはある期間にわたる支払いと受け取りのフローと考える立場である。この視点から考えると、投資の目的とは、"期間中のフローのパターンをできるだけ望ましい形に組み立てること"である。支払いと受け取りを現金で表すとき、ある期間における正味の受け取りを**キャッシュ・フロー**（cash flow）と呼び、複数期間にわたるフローの系列を**キャッシュ・フロー流列**（cash flow stream）と呼ぶ。投資の目的は、このキャッシュ・フロー流列をより望ましい形につくり上げることである。たとえば、借入を行えば、翌月の大きな負のキャッシュ・フローを、数カ月にわたる小さい負のキャッシュ・フロー流列に交換することが可能である。そしてこの代案は、もとのものよりも好ましいかもしれない。しばしば、将来のキャッシュ・フローにはある程度不確実性があり、キャッシュ・フロー流列の設計はその不確実性を制御し、リスクの水準を引き下げることに関係する。"キャッシュ・フローのパターンを合わせる"という投資のこの広い定義は、伝統的な視点に比べると、きわめて広範囲な財務活動にまたがるものである。このより広い解釈のもとで、本書の説明を進めることにする。

　投資科学（investment science）とは、投資に対して科学的な道具を適用することである。利用される科学的道具は主として数理的なものであるが、本書で議論される主な概念を理解するのに必要なのは、ほんのわずかな数学にすぎ

ない。本書の目的は、投資科学の原則を説明すること、またこれらの原則が実際によい投資決定を行うための計算をする上で、どのように使われるかを理解してもらうことである。

投資に関するアート（技術）もある。それは何を分析し、どのようにその問題を取り扱うかを知ることである。この種の技術は、本書の題材を勉強することによって高めることができる。しかしそれ以外にも、人々の個性や、提案された新製品がよく売れそうかどうか、といった定性的な情報から投資を評価するための直感的な技術もある。この部分は本書では明示的には取り扱わないが、読者はこの技術がどのようなものを含んでいるかについて、一定の理解を得ることができるはずである。

1.1　キャッシュ・フロー

広い解釈によると、投資とは、それによって得られるキャッシュ・フローの流列、すなわち期間中投資家に流入するお金と、投資家から流出するお金によって定義される。通常、これらの（正または負の）キャッシュ・フローは、毎四半期末、あるいは毎年末といった既知の特定日に発生する。流列は各時点でのフローを並べることによって記述される。最も単純なケースは銀行金利やモーゲージの支払いのように、フローが確定的にわかっている場合である。その場合、流列は数列によって記述される。たとえば、基本的な期間が 1 年単位であれば、初期時点から最終時点までを表す 1 年間の 1 つの可能な流列は、$(-1, 1.2)$ である。これは年初に 1 ドル支払い（投資し）、1 年後に 1.2 ドルを受け取ることに相当する。4 年にわたる投資ならば、$(-1, 0.1, 0.1, 0.1, 1.1)$ という数列を考えることができる。これは 1 ドル初期投資すると、3 年間にわたり毎年末に 0.1 ドル、最後に 1.1 ドル受け取ることを表す。1 年間に対しては、1 つは期首、もう 1 つは期末に、2 つのキャッシュ・フローを表す数字が対応する。同様に 4 年間にわたる投資の例では、5 つのキャッシュ・フローを表す数字が必要である。

キャッシュ・フロー流列は、図 1.1 のように表現することもできる。図の中では、時間軸を横にとり、ある時点におけるキャッシュ・フローを、その時点での垂直線によって表す。線の長さは、フローの大きさに比例する。

将来のキャッシュ・フローの大きさが不確実な場合には（よくあることであるが）、より複雑なキャッシュ・フロー流列の表現を使う必要がある。これにはいくつかの異なる方法があるが、これらについては本書の後半の部分で示すこと

図 1.1 キャッシュ・フロー流列
投資のキャッシュ・フロー流列は図で記述することができる。ここで示す例では、キャッシュ・フローは定期的に生じる。これらのフローの最初のものは支出を表すので負である。引き続くフローはすべて正である。

にする。しかし、不確実性があろうがなかろうが、投資はキャッシュ・フロー流列に関して記述される。

多様な投資問題を、キャッシュ・フロー流列に関して述べることができる。2つのキャッシュ・フロー流列のどちらが好ましいか？　与えられたキャッシュ・フロー流列を保有するためにいくら支払うべきか？　2つのキャッシュ・フロー流列の和は、個々の価値の合計よりも価値があるだろうか？　あるキャッシュ・フロー流列を手に入れることができる場合、それをどれだけの値段で買うべきか？　利用可能なキャッシュ・フロー流列の集合が与えられたとき、それらの組み合わせの中で最も好ましいのはどれであろうか？

他にもっと複雑な問題もある。たとえば、キャッシュ・フローのタイミングが固定されておらず、投資家の行動によって影響を受けるケースもある。会社の株式を購入する場合を考えると、最初に支払いに相当する負のキャッシュ・フローが発生する。株式を保有している間は、配当（相対的に小さい正のキャッシュ・フロー）を規則正しく受け取るだろう。そして、最終的に株式を売却するときに、大きなキャッシュ・フローを得る。しかし、最後のキャッシュ・フローの時点は決まっていない。それを選ぶのは自由である。実際に、すべてのキャッシュ・フローの金額とそのタイミングに影響を与えるように、能動的に投資を管理できることもある。投資として金鉱を購入するならば、その採掘方法を決めることができるし、またそれによって毎年のキャッシュ・フローを管理することができる。適切な経営戦略の決定も、投資科学の一部である。

投資科学を"キャッシュ・フロー流列を組み立てること"、と見ることによって、対象とする応用範囲は広くなる。個人に対しては、それは住宅のモーゲージの決定や、退職に対する計画などの個人の投資決定に適用される。また、製品開発に投資すべきか、新しい製造工場を建設すべきか、どのように資金源を管理するかといった、事業の意思決定にも適用される。最後に、ダムを建設すべきか、税率を変更すべきかなどといった行政の意思決定にも適用される。投資科学は、株式、債券、その他の投資商品を組み合わせて、望ましい特性をも

つ全体のパッケージにまとめる過程で、その方針を与えてくれる。この過程は、個別ではリスクが高すぎるかもしれないプロジェクトを、他のプロジェクトと組み合わせることによって、全体の生産性を高めてくれる。

1.2 投資と市場

投資分析は、代替案を検証し、どの代替案が最も好ましいかを決定する方法である。この点で投資分析は、生産設備の運転、ビルの設計、旅行の計画、広告キャンペーンの計画といった他の意思決定の分析に似ている。実際に投資科学においては、これらの他の意思決定の分析に使われるのと同じ一般的な道具を使うことが多い。

しかし、投資問題は重要な点において、他の意思決定問題とは異なっている。ほとんどの投資は金融市場の枠組みの中で実行され、これらの市場は他の意思決定の状況では利用できない代替案を用意しているからである。この構造が投資分析を特有かつきわめて強力なものにしている。

◆比較原則

金融市場は比較原則(comparison principle)と呼ばれる概念によって、意思決定を単純化する。この原則を紹介するために、次の仮想的な状況を考えよう。

あなたのおじさんは、あなたに特別な投資を申し出ている。今、彼に100ドルを預ければ、彼は1年後にあなたに110ドル支払うと言っている。彼の支払いは、米国債の信託基金によって完全に保証されているので、実質的に投資リスクはない。また、この投資を行う道徳的もしくは個人的な義務はない。あなたは申し出を受け入れても受け入れなくてもよい。あなたはどうすべきだろうか？

この状況を分析するためには、まず投資が10%の金利をもたらすことを確認した上で、この利率を地方銀行、またはたとえばTビル(によって米国政府から)というように、他から得られる金利と比較することができる。そのときの市場金利が7%であれば、あなたは(投資するお金をもっていればの話であるが)、おじさんのこの特別な申し出に投資するだろう。一方、市場金利が12%であれば、あなたは確実にその申し出を断るだろう。純粋な投資の視点から、熟慮や数理的な分析を行わなくても、容易にこの投資機会を評価することができる。投資が通常よりも高い利率を提供するならばそれを受け入れ、投資が通常よりも低い利率を提供するならばそれを断ることになる。

この分析は比較原則の一例である。投資は、金融市場で利用可能な他の投資と比較することによって評価される。金融市場は比較のための基準を提供する。

一方、おじさんが主として感情的に価値が決まる家族肖像画をあなたに売ることを申し出たならば、外部の比較対象を手に入れることはできない。その肖像画があなたにとって、彼の言い値だけの価値があるかどうかを決めなければならないのである。

◆ **裁定**

2つの似ている投資案が市場に存在するとき、比較原則よりも強い原則を導くことができる。たとえば、同じ金利でお金を貸し出し、預金を引き受ける理想化された銀行を考えてみよう。ある1つの銀行では貸出と預金に使われる利率は10%で、他の銀行での利率は12%であるとしよう。あなたは1番目の銀行に行き、10%で1万ドル借りて、2番目の銀行に12%で預金を行うことができるだろう。1年間で、あなたは自分の資金を投資することなしに、1万ドルの2%、つまり200ドル稼ぐであろう。これは、何も投資することなしにお金を稼ぐことができる一種の**裁定**（さや取り：arbitrage）である。おそらく、より大きな水準でこの方法を実施すれば、さらに多くのお金を稼ぐことができるだろう。このようなことは、少なくともあまり頻繁には起きないことは明らかである。したがって、2つの銀行の金利はすぐに等しくなるだろう。

2つの銀行の例は、どちらの銀行でも貸出金利と預金金利が等しいと仮定していた。もちろん、一般にはこれらの金利の間には差がある。しかし、米国債市場のような大型の市場では、購入価格と売却価格の差は小さい。したがって、同じ性質をもつ2つの異なる証券は、ほとんど同じ価格をもたなければならない。さもなければ、裁定機会が生じるだろう。

分析の目的のために、しばしば裁定機会が存在しないことを仮定する。これが**無裁定**（no-arbitrage）仮定である。

裁定の可能性を除外することは単純なアイデアだが、それは意味の深い結論をもたらす。無裁定の原則をもとに、価格の関係は線形で、株式価格は決まった関係を満足しなければならず、そしてオプションや先物のような派生証券の価格が解析的に決定される、ということが示される。よく発展した市場を想定したこの原則は、現代投資科学のかなりの部分に影響を与えている。

◆ **ダイナミクス**

金融市場のもう1つの重要な特徴は、同じ金融商品もしくは類似金融商品が、

連続的に取引されているという意味で、ダイナミック（動的）だということである。これは資産の将来価格が単一の数値ではなく、時間とともに動き、不確実性に支配される過程と見なすべきであることを意味している。投資状況分析の重要な部分は、この過程を特徴づけることである。

　価格過程を表すために使われるいくつかの標準的な枠組みがある。これらには2項格子モデル、差分方程式モデル、微分方程式モデルが含まれるが、それらのすべては本書で議論される。典型的には、これらのモデルのパラメータを決めるために、過去の価格の記録や他の情報が使われる。

　市場はダイナミックなので、投資自体もダイナミックである。投資の価値は時間とともに変化し、ポートフォリオの質も変わるかもしれない。このダイナミックな特徴を理解し、それを定式化すると、全体のポートフォリオの質が保たれるように、投資のダイナミックな特徴を利用した投資を行うことが可能になる。

◆リスク回避

　投資科学のもう1つの原則は**リスク回避**（risk aversion）である。2つの可能な投資対象があって、それらは同じコストがかかり、（初期コストよりもいくらかは大きい）同じ金額が戻ってくることが"期待"されるものと仮定する。ここで、「期待」という用語を（第6章で説明される）確率的な意味で定義する。さて、これらの投資のうちの一方の収益は確実であるが、もう一方は統計的には他の資産と独立であるが、不確実とする。完全な投機よりはむしろ投資を求める個人は、2番目の（リスクのある）投資案よりも、最初の（確実な）投資案を選ぶであろう。これがリスク回避の原則である。

　このリスク回避原則は、いくつかの異なる方法で定式化する（そして、分析する）ことができる。それについてはのちの章で議論する。いったん定式化が確立されると、リスク回避の原則は多くの投資案の分析を手助けするために使うことができる。

　リスク回避原則を定式化する1つの方法は、**平均-分散分析**（mean-variance analysis）による方法である。この方法では、ポートフォリオ収益の不確実性を、収益の期待値と収益の分散という2つの量で特徴づける。リスク回避原則によれば、いくつかの可能なポートフォリオが同じ平均と異なる分散をもつならば、合理的な（リスク回避的な）投資家は、最も小さい分散をもつ投資を選ぶことになる。

　リスクを定式化するための平均・分散法は、定量的なポートフォリオ分析法の

基礎となるもので、(この業績に対してノーベル経済学賞を受賞した) ハリー・マーコビッツ (Harry Markowitz) によって開拓されたものである。このアプローチは広範囲にわたる投資理論を導くもので、現代ポートフォリオ理論の基礎をなすものと広く考えられている。この重要な理論は第 6 章で議論する。

リスク回避則を定式化するためのより一般的な方法として、個人の**効用関数** (utility function) を導入する方法がある。この方法は第 11 章で説明する。

また第 18 章において、投資が何期間にもわたって繰り返し行われるとき、リスク回避は新しい性質を帯びることを示す。実のところ、短期間の分散はむしろ望ましいものであることが示される。これは、投資科学によってもたらされる投資についての知見の中の驚くべき結論の 1 つである。

1.3 典型的な投資問題

すべての投資問題は独自の特徴をもっているが、多くのものはいくつかのカテゴリ (もしくはタイプ) に当てはまる。ここで、最も重要なタイプの問題のいくつかを簡単に概説する。これらの一般的なタイプに関する完全な記述と具体的な例は、それに関係する章で取り扱う。

◆価格付け

投資状況の最初の例、すなわちおじさんの申し出の例に戻ってみよう。しかし、今回は別の考え方をしてみよう。1 年後にちょうど 110 ドルを受け取る投資機会があるものとしよう。では、この投資の現時点での価値はいくらであろうか？ 言い換えるならば、全体の金融環境が所与のときに、この投資の適切な価格はいくらなのか？

1 年間の投資に対する現在の金利が 10%ならば、この投資の価格はちょうど 100 ドルとなるべきである。その場合、1 年後に支払われる 110 ドルは 10%の収益率に相当する。現在の 1 年間の金利が 10%を下回っていれば、この投資の価格は 100 ドルよりもいくらか高くなる。一般的に、金利を r とすると ($r = 0.10$ のように小数で表記される)、1 年後に X を受け取る投資の価格は $X/(1+r)$ でなくてはならない。

比較原則の簡単な応用によって価格を決定した。この投資は、1 年物譲渡性預金 (もしくは 1 年物 T ビル) に資金を投資する方法と直接比較することができる。それゆえ、同じ実効金利を生み出さなければならない。

この金利の例は、一般的な価格付け問題の簡単な例である。価格付け問題と

は、(ランダムかもしれない) 支払い金額の特徴が既知である投資が与えられたとき、その合理的な価格はいくらなのか、もしくは、いくらであれば利用可能な他の証券と整合的なのか、というものである。われわれは多くの状況でこの問題に出会うであろう。たとえば、本書を使った勉強の早い段階で、債券の適切な価格を求めることになる。のちに、ランダムな収益をもつ株式の適切な価格を計算する。さらにのちには、先物やオプションのような、より複雑な証券の適切な価格を計算する。確かに、価格付け問題は現代投資科学の基礎的な問題の1つであり、明らかに実際にも利用されている。

価格付け問題は、通常単純な金利の例のように比較原則を用いることによって解決される。しかしたいていの場合、その原則を適用することは、この例ほど簡単で明らかではない。複雑な投資を、価格が既知である他の投資と比較できる部分に分解するための、さまざまな巧妙な方法が工夫されている。簡単な方法によるか複雑な方法によるかのいずれにしても、比較原則は多くの価格付け問題の解法の基礎である。

◆ヘッジ

ヘッジ (hedging) は、通常の事業活動の際に生じる金融リスク、もしくは投資に関連する金融リスクを減らすための方法である。ヘッジは金融市場の最も重要な利用法の1つであり、現代の産業活動の不可欠な部分である。ヘッジの1つの形は**保険** (insurance) である。それは、固定金額 (**プレミアム**：premium) を支払うことによって、たとえば、火事、盗難による損失や不利な価格変動による損失、ある特定の起こりうる損失に対して補償金が支払われるように手配することによって、自分自身を防御することができる。より一般的なヘッジは次のような場合に起こりうる。大きなパン屋を考えてみよう。このパン屋は (小麦と他の原料からつくる) 小麦粉を購入し、これらを焼き上げてパンや他の製品をつくるのが商売である。パン屋が、来年までずっと固定価格で大量のパンを他の会社に供給する契約を行うものと仮定する。パン屋は契約がとれてうれしいが、その一方で小麦粉の価格リスクに直面することになる。パン屋は、契約をみたすために必要な小麦粉のすべてを今すぐには調達せず、年内に必要となる小麦粉だけを購入するだろう。したがって、小麦粉の価格が年内に上昇するならば、契約に必要なものをみたすために、より多く支払わなければいけなくなり、それゆえに利益は小さくなる。ある意味で、パン屋は小麦粉市場のなすがままである。小麦粉の価格が上昇すれば、パン屋の利益は小さくなり、契約によって損をするかもしれない。小麦粉の価格が下降すれば、予想以上にも

うけられるであろう。

　パン屋はパンを焼く仕事がしたいと思っていて、小麦粉への投機をしたいのではない。パン屋は小麦粉のコストに関するリスクをなくし、パンを焼くことに専念したい。先物市場で適切な数の小麦先物契約を行うことによって、これを実現することができる。その契約は初期の現金支出は少ないか、もしくはゼロで、契約のときから小麦価格が変化した金額と等しい利益（もしくは損失）を、所定の先物契約日に引き渡すことになる。小麦粉の価格は小麦の価格と密接に関係していて、小麦粉の価格が上昇すれば、それと同じ程度小麦先物契約の価値は上昇する。したがって、小麦先物契約からの利益と小麦粉のコスト変化を合わせると、パン屋に対する正味の効果はほとんどゼロになる。

　ヘッジによって減らすことができる事業リスクには、他にも多くの例がある。ヘッジを実行する方法としては、先物契約やオプション、その他の特別な取り決めによる多くの方法がある。実際に、これらの金融商品は投機のためではなく、ヘッジのために使われることが多い。

◆リスクの評価と管理

　投資もしくはポートフォリオの評価における最も重要な課題はリスクである。これは、個人がきわめて大きな投資を行い、（一見したところありそうにない）壊滅的な損失を被る可能性があるときに起こる。たとえば、家を購入するとき若い夫婦は、（家が頑丈な土壌の上にあるかどうかなどの）固有の物理的なリスクや（住宅市場が下落するかどうかなどの）金融リスクに焦点を当てる。これらのリスクを考慮して保険を掛けることは、販売価格の10％値下げの交渉より重要かもしれない。大半の大きな金融機関とそれらを監督する政府の規制当局は、潜在的で破滅的なリスクを評価するために定量的な方法を用いている。**リスクマネジメント**（risk management）と呼ばれるこの一般的な分野は投資科学の重要な部分を構成する。このテーマが複雑なのは、リスク評価が確率モデルに基づいていて、その信頼性を測ることは難しいからである。

　特別な種類のリスクである**カウンターパーティ・リスク**（counterparty risk）は、契約を結ぶときに生じる。これは契約相手がデフォルトするリスクである。たとえば、個人がお金を銀行に預けたときは、いつでもこのリスクに直面する。それは銀行が倒産するかもしれないからである。金融機関は他の機関と取引するときに、この種のリスクに直面する。幸いなことに、政府機関から、もしくはこの目的のために設計された特別な証券の形で保険を購入することができる場合が多い。たとえば、地方債を所有している銀行は、特別な**クレジット・デ**

フォルト・スワップ（credit default swap）を購入できるかもしれない。これは、契約相手（カウンターパーティ）である地方自治体が債券をデフォルトさせた場合に、定められた金額を銀行に支払う金融商品である。この種の保険商品はそれ自体が派生証券であり、その価格は派生証券の一般理論と方法によって分析される。

◆純粋投資

　純粋投資とは現在の資本の配分をもとに、将来のより多くの収益を得るという目的に関連するものである。これはたとえば、株式市場におけるほとんどの個人投資の根底にある動機である。この動機から生じる投資問題は、ポートフォリオ選択問題（portfolio selection problem）と呼ばれる。実際の問題は、利用可能な資本をどこに投資すべきかを決めることだからである。

　純粋投資問題に対する方法のほとんどは、リスク回避原則に頼っている。というのは、この問題の場合、リスクと期待報酬をどのようにバランスするかを決めるために、人の選好を注意深く評価しなければならないからである。一意に決まる解は存在しない。判断と好みが重要である。それは膨大な文献や、個人がこの問題に対する解を見つけ出すのを助ける目的で行われている、数知れないほど多くのアドバイスによって立証されている。

　純粋投資問題は、利益追求企業の活動を特徴づけることもできる。企業は結局のところ、現存する資本を用いて、設備、人、活動への投資によって資本を利益に変換する。それゆえ、純粋投資問題を分析するために開発された方法は、企業内の潜在的なプロジェクトや企業全体の財務構造、企業の合併などを分析するために利用することができる。

◆他の問題

　投資問題は、いつでも前述の分類で概説したような特別な形に収まるとは限らない。ヘッジ問題は純粋投資の要素を含むかもしれないし、反対に投資はある程度のヘッジで緩和されるかもしれない。幸運にも、同じ分析の原則がそのような組み合わせに適用可能である。

　しばしば生じる問題のタイプの1つとして、消費と投資を組み合わせた問題がある。たとえば、退職して投資からの収入を頼りに生活している夫婦は、資本を増やすために投資をする若い夫婦とは、十中八九異なる投資をするだろう。同様に、大学のような公的機関の基金の管理は、企業の現在の活動に関連した消費の目的と同じく、成長の目的を考慮しなくてはならない。

投資問題の枠組みは、それを取り扱うために使われるきちんとした方法によってつくられる。一度、投資問題を表現するための論理的な方法を手にすれば、新しい問題が生まれてくる。本書を読み進めるにつれて、追加的な問題を見つけ出し、ここで与えられた簡単なアウトラインをより深く理解することになるであろう。

1.4　本書の構成

　本書の構成は、投資科学とは"キャッシュ・フロー流列を組み立てる方法の勉強である"、という考え方を反映している。実際に、キャッシュ・フローの視点から主題を区分すると、次の4つの主要部分になる。

◆確定的キャッシュ・フロー流列

　最も簡単なキャッシュ・フロー流列は確定的なもの（すなわち、ランダムではなく、確定しているもの）である。本書の第I部ではこれらを取り扱う。そのようなキャッシュ・フローは、先に議論したように、$(-1, 0, 3)$ のような数列によって表現される。このタイプの投資は、1期間もしくは複数期間でも、主にさまざまな金利の概念で分析することができる。したがって、金利理論が本書の第I部で強調される。この理論は、投資を深く理解するための基礎を提供するとともに、広範囲にわたる重要かつ興味深い問題を説明するための枠組みを提供する。

◆1期間ランダム・キャッシュ・フロー流列

　キャッシュ・フロー流列の複雑さの第2レベルは、最初と最後にフローをもつが、2番目のフローの大きさが不確実な1期間流列に関連している。そのような状況は、株を年初に購入し、年末に売却するときに生じる。年末に受け取る金額は前もっては未知であり、それがゆえに不確実と考えなければならない。この複雑さのレベルは、多くの投資状況の本質をとらえている。

　この種のキャッシュ・フローを分析するために、**不確実な収益**（uncertain return）を定型的に記述しなければならない。（すべて確率理論に基づく）いくつかの記述方法があり、主要なものを勉強する最も簡単なものは、**平均−分散**（mean-variance）を記述する方法である。個人が不確実な収益をどのように評価すればよいかについても、定型的に記述しなければならない。平均−分散分析から始めて、その評価方法を考える。これらの1期間の不確実なキャッシュ・フ

ローの状況が、本書の第 II 部の主題である。

◆派生資産

キャッシュ・フロー流列の複雑さの第 3 レベルは、複数の時点でランダムなフローをもつ流列を含むケースである。ただしここでは流列を生成する資産は、価格の性質が既知である他の資産に機能的に関連しているものとする。

キャッシュ・フローの価値が他の資産に機能的に依存している資産を、**派生資産**（derivative asset）と呼ぶ。よい例として、株式オプションがある。オプションを記述するために、企業 A の株式を 100 単位もっているものと仮定する。この資産、つまり 100 単位の株式を**原資産**（basic asset）という。いま、3 カ月以内に 100 単位の株すべてを、1 単位あたり 54 ドルで買うことができる権利（義務ではない）が与えられたものと仮定する。この権利が、企業 A の株式 100 単位のコール・オプションである。このオプションは資産である。それは価値をもち、その価値は時間とともに変化する。しかし、それは企業 A の株式の派生資産である。なぜならば、オプションの価値は株式価格に依存しているからである。株価が上昇すれば、オプション価値も上昇する。他の派生資産として、先物契約や他の種類のオプション、さまざまな他の金融契約などがある。1 つの例として、多くの住宅購入者によって利用されている変動金利モーゲージがある。それは、金利インデックスによって金利支払いが定期的に変動するものである。このようなモーゲージは、金利インデックスを決める証券の派生物である。

◆一般的なキャッシュ・フロー流列

最後に、本書の第 IV 部では、多くの異なる時点で不確実なキャッシュ・フローをもつキャッシュ・フロー流列について説明する。そのフローは他の資産とは機能的に関連していない。予想できるように、この複雑さの最終レベルは最も難しいテーマであるが、最も重要な部分でもある。ほとんどの投資で直面するキャッシュ・フロー流列がこの一般的な形をしている。

この部分で用いる方法は、それぞれの部分で用いる方法をもとにしてつくられているが、新しい概念も加わる。時間が進むにつれ、その時点で何が起こるのかに依存して投資の組み合わせ（ポートフォリオ構造）が変化するという事実は、新しい現象と新しい機会をもたらす。たとえば、ポートフォリオの成長率は、適切な再投資戦略を使うことによって高めることができる。この部では、この分野の最も新しい側面をいくつか記述する。

多くの期間で確率的である一般キャッシュ・フローの理論を使えば、ビジネスの状況で生じる多くの実際の投資問題を説明することができる。たとえば、企業は、確率的であってマネジメントの行動によって影響されるキャッシュ・フローをもたらすプロジェクトを検討する場合が考えられる。これらの行動はしばしば、（生産過程を修正したり価格づけを変えるためのオプションのような）オプションとして特徴づけられる。この場合のプロジェクトの価値は、純粋に"紙の"金融資産の価値ではなく、"実物"資産の価値なので、これらの状況はしばしば**リアル・オプション**（real option）と呼ばれる。ある場合には、この価値を計算するために派生証券の標準理論を使うことができる。ただし、標準理論を応用するためには、キャッシュ・フローが（各時点で完全ヘッジできる）市場で売買されている原証券のデリバティブである必要がある。多くの場合、そのような原証券は存在しないので、その場合には他のアプローチを考案する必要がある。この本の前半の章の題材は、これらの状況に合わせて適切に用いることができる。

　投資科学は実践の科学である。その主要部分はいくつかの簡単な原則をもとにつくられるので、簡単に学べて、しかも効果的に興味深く重要な問題に適用することができる。また、投資科学は急速に拡大し発展している科学でもある。おそらく、この分野の基本を理解した読者は、理論もしくは応用を通じてこの分野の発展に貢献してくれるだろう。

第Ⅰ部

確定的なキャッシュ・フロー流列

第2章
基本的な金利理論

金利はしばしば、資金の時間的価値と呼ばれる。次のいくつかの章では、この価値の構造と含意を探る。その主題に関するこの最初の章では、金利理論の基本要素を概説する。理論は解析的な形に変換することができ、それゆえに、知的な投資決定を行うための基礎として使えることを示す。

2.1　元本と利息

金利の基本的な考え方はだれにでもおなじみのものである。年8%の銀行預金に1ドルを投資するならば、1年後に口座には1ドルの**元本**（もともとの金額：principal）と0.08ドルの**利息**（interest）を加えた計1.08ドルが入っている。より多くの金額、たとえばAドルを投資したならば、1年後には預金口座は$A \times 1.08$ドルになっているだろう。一般的に、金利rを小数で表すならば、初期投資額は1年後には$1+r$倍になる。

◆ 単利

単利（simple interest）のルールのもとでは、1年以上の期間にわたって投資された資金は、投資の全期間に比例した金利がたまる。2年後には、全金利はもとの投資額の$2r$倍である。言い換えれば、投資は毎年もとの投資額のr倍と等しい金利を生み出す。通常、1年以下の場合にも、比例に基づく方法で取り扱われる。つまり、1年のうちfだけ経過したら、金利はもとの投資額のrf倍となる。

単利の一般的なルールは、単利rで金額Aが預金口座に残っていたら、n年後の価値合計は、

$$V = (1+rn)A$$

となる。比例に基づくルールが1年の任意の実数倍の長さに適用されるならば、（年単位で計測される）任意のt時点後には、預金口座の価値は、

$$V = (1+rt)A$$

となる。

預金口座は時間とともに**線形に**（linearly）増加する。前出の公式で示したように、任意の時点での預金口座の価値は、もとの金額（元本）と時間に比例してたまった利息の合計である。

◆**複利**

ほとんどの銀行の預金と貸付では、なんらかの形式の複利を用いている。再び、年利rで金利を受け取る預金を考えよう。金利が年複利であれば、1年後には1年分の金利が元本に加えられ、それは2年目のより大きな元本となる。したがって2年目には、預金は金利が金利を生み出す。これが複利効果であり、毎年毎年継続する。

年複利のもとでは、1年後には預金口座に残るお金は$(1+r)$倍になる。2年後には、もう一度$(1+r)$の係数分だけ増加し、$(1+r)^2$倍になる。n年後には、その預金は、もとの価値の$(1+r)^n$倍になる。これが**複利**（compound interest）のもとでの預金の増加を解析的に表記する方法である。この表現はn乗の形をしているので、**幾何的増大**（geometric growth）を示すと言われる。

nが増加するにつれて、複利による増加は相当大きくなる。たとえば、図2.1は、金利が10%で単利および複利のときに、時間とともに100ドルの投資がどのようになるかを表した図である。単利は線形で増加し、複利は加速度的に上昇するという特徴的な形を図は示している。複利のもとでは、約7年で価値は2倍になることに注意しよう。

複利効果を概算するために使われる、気の利いたちょっとしたルールがある。

> **7–10ルール** 年7%で投資された資金は約10年で2倍になる。また、年利10%で投資された資金は約7年で2倍になる。

（より正確には、金利7%の場合、10年で預金は1.97倍になり、10%の場合には、7年で1.95倍になる）。このルールを一般化し、少々改善したのが以下

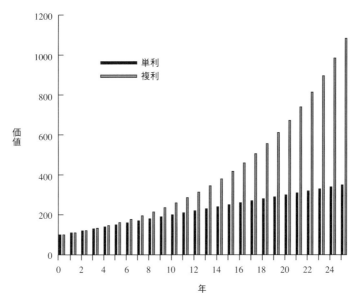

図 2.1 単利と複利
単利は時間とともに線形で増加する。一方、複利は幾何的増大によって加速度的に増加する。図は、金利 10%に対する両ケースを示す。

の結果である。金利が 20%以下なら、2 倍になる時間は $72/i$ となる。ここで i は金利であり、パーセント表示される（10%金利は $i = 10$ となる）。（練習問題 2 を参照）

◆さまざまな時間間隔での複利

前述の議論では、金利は年末に計算され、そのときに預金口座に支払われることになっている。ほとんどの銀行は、四半期、月次、場合によっては日次というように、より頻繁に金利を計算する。このように、より頻繁に複利を行うと実効年利率は大きくなる。この状況でも、まだ世の中では年ベースの金利を用いるのが伝統的であるが、それぞれの複利期間に対して年金利の適切な割合を適用する。たとえば、四半期での複利を考えよう。年利 r の四半期複利とは、$r/4$ の金利がすべての四半期に適用されることを意味する。したがって、銀行に残っている資金は 1 番目の四半期で $1 + (r/4)$ 倍になる。次の四半期間、資金がそのまま残っていれば、新しい金額がさらに $1 + (r/4)$ 倍される。1 年後には、預金口座は複利で $[1 + (r/4)]^4$ 倍に増大する。$r > 0$ であれば、$[1 + (r/4)]^4 > 1 + r$

である。したがって、同じ年利率であれば、複利で4四半期を経過した後の銀行預金額は複利なしの1年後の金額よりも大きくなる。

年あたりの増加額に対する複利効果は、複利なしに同じ結果を1年後に生み出す年利率と等価となる**実効利率**（effective interest rate）を用いて表すことで、その効果がはっきりする。たとえば、四半期複利の年率8%は、$(1.02)^4 = 1.0824$倍のお金を生み出す。したがって、実効年利率は8.24%である。基本年率（この例では8%）は**名目利率**（nominal rate）と呼ばれる。

複利はいかなる頻度でも実施することができる。たとえば、m個等しい長さの期間に分けるのが一般的な方法である（月次複利の場合には、期間の長さはまったく同じではないが、ここではそれを無視し、簡単のため$m = 12$と設定する）。したがって、m期間のそれぞれに対する金利はr/mとなる。ここで、rは名目年利である。預金は1期間で、$1 + (r/m)$倍だけ増える。k期間後には、$[1 + (r/m)]^k$倍になり、m期間である1年後には$[1 + (r/m)]^m$倍になる。実効年利率は$1 + r' = [1 + (r/m)]^m$を満足するr'である。

◆連続複利

1年をさらに短い期間に分割することによって、月次、週次、日次、または分、秒で複利を適用することができる。これは連続複利の考え方を導く。1年間の中の期間数を表すmが無限大になるものとして、通常の複利の極限を考えることによって、連続複利の効果を測定することができる。この連続複利の年効果を測定するために、以下の事実を用いる。

$$\lim_{m \to \infty} [1 + (r/m)]^m = e^r$$

ここで、$e = 2.7183...$は自然対数の底である。実効利率r'は、$1 + r' = e^r$を満足する値である。名目利率が年8%であれば、連続複利では$e^{0.08} = 1.0833$倍に増加する。したがって、実効利率は8.33%である（四半期複利の場合の実効利率は8.24%であったことを思い出そう）。表2.1はさまざまな名目利率に対する連続複利の効果を示している。名目利率が増加するにつれて、複利効果はより劇的であることに注意しよう。

任意の長さの時間が経過した後に、預金がどのくらい増加するかを計算することができる。時間を変数t（年単位）で記す。したがって、$t = 1$は1年に相当し、$t = 0.25$は3カ月に相当する。大きなmに対して、1年をそれぞれの長さが$1/m$の小さい期間に分割する。ある長さの時間tが与えられたとき、$t \simeq k/m$となるkを選択する。mが非常に大きければ、この近似は非常に正確

表 2.1　連続複利

	金利 (%)							
名目利率	1.00	5.00	10.00	20.00	30.00	50.00	75.00	100.00
実効利率	1.01	5.13	10.52	22.14	34.99	64.87	111.70	171.83

連続複利のもとで、1 行目の名目利率は、2 行目の実効利率に相当する。複利による増加は名目利率が大きいときに非常に劇的である。

になる。したがって、$k \approx mt$ である。複利に対する一般的な公式を使うと、k 期間に対する増加率は以下のようになる。

$$[1+(r/m)]^k = [1+(r/m)]^{mt} = \{[1+(r/m)]^m\}^t \ \to \ e^{rt}$$

ここで、最後の数式は m が無限大になったときに有効であり、それは連続複利に相当する。ゆえに、連続複利はよく知られている**指数増加**（exponential growth）曲線になる。その曲線を図 2.2 に示す。

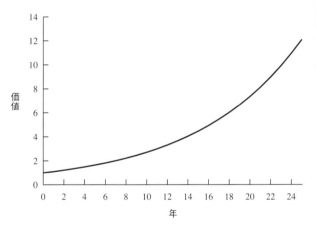

図 2.2　指数増加曲線：連続複利

10%の連続複利のもとでは、1 ドルは 7 年で 2 倍になる。20 年では 8 倍になる。

◆**負債**

　連続複利によって、単一投資（たとえば、銀行預金）が時間とともにどのように増加するかを検証した。まさに同じことが負債にも起こることは明らかである。銀行から金利 r で資金を借りて、銀行への支払いを行わなければ、負債は同じ公式によって増加する。特に、負債が月次複利であるならば、k カ月後

の負債は $[1+(r/12)]^k$ 倍になる。

◆ （短期）金融市場

これまで、金利は与えられた既知の値をもつものとして取り扱ってきたが、現実には日々多様な金利が用いられている。異なる金利が、さまざまな環境や利用者の階層、期間に対して適用されている。たとえば、米国Tビルは4週、13週、26週、52週満期で発行される。米国Tノートは2年、3年、5年、7年、10年満期で発行される。米国Tボンドは30年満期で発行される。これらはすべて個々の利率をもち、第3章で詳述される。さらに、企業や地方自治体によって発行される債券があり、これらはさまざまなインプライド金利をもつ。また、銀行間のローン、住宅ローン、事業ローンに適用される多くの金利がある。ほとんどの金利は、市場での需要と供給の力関係によって決まる。第3章と第4章で、これらの数ある市場金利についてより詳しく議論する。すべての金利が市場で決まる金利であるとは限らない。2人の関係者によって取り決められる個別的な金利もある。また、会社においては内部取引や、この章の後半で議論するプロジェクト評価のための特別な金利が決められる場合もある。

2.2 　現在価値

前節のテーマは、今日投資した資金は、利息によって将来価値が増加するということであった。前節の公式はこの将来価値の決定方法を示している。

のちに受け取るお金の現時点での価値を計算するために、すべての概念と公式を、時間を逆向きにして用いることができる。この逆向きに考えることは、**現在価値**（present value）という、きわめて重要な概念のエッセンスである。

この概念を説明するために、2つの状況を考えよう。① 1年後に110ドルを受け取る。② 今、100ドルを受け取り、それを1年間金利10%で銀行預金する。明らかに、これらの状況は1年後には同じになる（110ドルを受け取る）。言い換えれば、1年後に110ドルを受け取ることは、金利が10%のときに今100ドル受け取るのと同じである。あるいは、1年後に受け取る110ドルの**現在価値**は100ドルであると言うこともできる。一般に、r を金利とすると、1年後に受け取る1ドルの現在価値は、$1/(1+r)$ ドルである。

同じ変換が、借金の返済のような将来の債務にも当てはまる。なんらかの理由で、ちょうど1年後にだれかに100ドルを支払う債務があるものとしよう。この債務は、1年後に生じる負のキャッシュ・フローと考えることができる。この債

務の現在価値を計算するために、その債務を支払うには今いくら必要なのかを求める。これを求めるのは簡単である。現在の年金利が r ならば、$100/(1+r)$ ドル必要である。その金額が銀行に預金してあれば、年末には100ドルになる。そして、債務を十分にみたすことができる。したがって、債務の現在価値は $100/(1+r)$ ドルである。

将来の債務を等価な現在価値として評価する方法は、**割引**（discounting）と呼ばれる。将来の金額の現在価値は、その金額の額面価値よりも小さいので、現在価値を得るために将来価値を割り引かなければならない。将来価値を割り引く係数は**割引係数**（ディスカウント・ファクター：discount factor）と呼ばれる。r を1年金利とすると、1年間の割引係数は $d_1 = 1/(1+r)$ である。金額 A を1年後に受け取るとすると、その現在価値は割り引きされた金額 $d_1 A$ となる。

現在価値に対する公式は、銀行もしくは他の資金源から得られる金利に依存している。資金源が金利に複利を適用するのであれば、それを現在価値の計算に使うべきである。例として、各年を長さの等しい m 期間に分け、各期末において年利 r で複利計算し、現金 A を第 k 期末に受け取ると仮定しよう。そのとき適切な割引係数は、

$$d_k = \frac{1}{[1+(r/m)]^k}$$

である。将来 k 期後に受け取る A の現在価値は $d_k A$ となる。

2.3　流列の現在価値および将来価値

前節では単一の預金または貸付、すなわち単一のキャッシュ・フローに関する金利の影響を勉強した。そこで次に、キャッシュ・フローが複数期間で生ずる場合、すなわちキャッシュ・フロー流列を構成する場合に議論を拡張する。ここで新しい概念が必要となる。

◆理想銀行

キャッシュ・フロー流列を議論するにあたって、**理想銀行**（ideal bank）の概念を定義すると都合がよい。理想銀行では、預金と貸付に同じ金利を適用し、サービス料および取引手数料はとらない。金利は、1セント（もしくは、その何分の1か）から100万ドル（もしくはそれ以上）まで、どのような元本の大きさに対しても同じく適用される。さらに、個々の取引の将来の収支への影響は完全に加法的である。

理想銀行の定義は、すべての取引の金利が同一であることを意味するものではない。たとえば、2年物譲渡性預金（CD）は、1年物CDよりも金利は高い。しかし、2年物CDは2年が満期の貸付と同じ金利でなければならない。

理想銀行の金利が、適用される時間の長さにかかわらず一定で、その金利が通常のルールの複利ならば、**金利一定の理想銀行**（constant ideal bank）と呼ばれる。この章ではこれから先、金利は一定と仮定する。

金利一定の理想銀行は、外部の金融市場（資金の公的市場）を記述するための参照点となる。

◆将来価値

さて、キャッシュ・フロー流列の勉強に戻ることにする。まず複利に対する時間のサイクルを（たとえば、1年ごとといったように）決定しよう。このサイクルの長さを1期間とする。（いくつかのフローはゼロであるかもしれないが）キャッシュ・フローは各期末で生じるものと仮定する。各キャッシュ・フローを受け取り、その都度それを金利一定の理想銀行に預金する（フローが負ならば、借りてそれをまかなう）。金利一定の理想銀行の条件のもとでは、預金口座の最終収支は、個々のフローの結果を組み合わせることによって求めることができる。そこで、キャッシュ・フロー流列 $(x_0, x_1, \ldots, x_n)$ を考えよう。r を1期間金利（年金利を1年あたりの期間数で割った値）とすると、n 期末には、初期キャッシュ・フロー x_0 は $x_0(1+r)^n$ になる。第1期末に受け取る次のキャッシュ・フロー x_1 は、最終時点までに $n-1$ 期間のみ預金口座にあることになり、それゆえに、価値は $x_1(1+r)^{n-1}$ となる。同じように、次のフロー x_2 は $n-2$ 期間の金利を受け取り、価値は $x_2(1+r)^{n-2}$ となる。最終のフロー x_n は金利を生まないので、x_n のままである。したがって、n 期末の総価値は $\text{FV} = x_0(1+r)^n + x_1(1+r)^{n-1} + \cdots + x_n$ となる。要約すると、以下の通りである。

> **流列の将来価値** キャッシュ・フロー流列 $(x_0, x_1, \ldots, x_n)$ と各期の金利 r が与えられたとき、流列の将来価値は、
> $$\text{FV} = x_0(1+r)^n + x_1(1+r)^{n-1} + \cdots + x_n$$
> となる。

例 2.1（短期の流列） 期間を年単位、金利を 10％として、キャッシュ・フロー流列 $(-2, 1, 1, 1)$ を考える。その将来価値は、

$$\text{FV} = -2 \times (1.1)^3 + 1 \times (1.1)^2 + 1 \times 1.1 + 1 = 0.648 \tag{2.1}$$

となる。

将来価値に関するこの公式は、いつも 1 期あたりの金利を使い、金利は各期間ごとに複利と仮定している。

◆現在価値

一般的なキャッシュ・フロー流列の現在価値も、将来価値のように、各フローの要素を別々に考えることによって計算できる。再び、流列 $(x_0, x_1, \ldots, x_n)$ を考えよう。第 1 番目の要素 x_0 の現在価値は割り引く必要がないので、その値そのものである。フロー x_1 の現在価値は $x_1/(1+r)$ である。なぜならば、フローは 1 期間だけ割り引かれなければならないからである（再び、金利 r は 1 期あたりの金利とする）。このように続けると、全体の流列の現在価値は、$\text{PV} = x_0 + x_1/(1+r) + x_2/(1+r)^2 + \cdots + x_n/(1+r)^n$ となることがわかる。この重要な結果を以下に要約する。

> **流列の現在価値** キャッシュ・フロー流列 $(x_0, x_1, \ldots, x_n)$ と各期の金利 r が与えられたとき、流列の現在価値は、
>
> $$\text{PV} = x_0 + \frac{x_1}{1+r} + \frac{x_2}{(1+r)^2} + \cdots + \frac{x_n}{(1+r)^n} \tag{2.2}$$
>
> となる。

例 2.2 再び、キャッシュ・フロー流列 $(-2, 1, 1, 1)$ を考える。10％の金利を使うと、

$$\text{PV} = -2 + \frac{1}{1.1} + \frac{1}{(1.1)^2} + \frac{1}{(1.1)^3} = 0.487$$

■　となる。

　キャッシュ・フロー流列の現在価値は、全体の流列と等価な現在の支払い額と考えることができる。ゆえに、全体の流列を初期時点での単一のフローによって置き換えることができる。

　現在価値に対する公式を説明するもう1つの方法がある。それは将来価値の公式を変換するものである。将来価値は全体の流列と等価な将来の支払い額である。その流列を期間 n における単一のキャッシュ・フローに置き換える。この単一の等価なフローの現在価値は、それを $(1+r)^n$ だけ割り引くことによって得られる。すなわち、現在価値と将来価値は、

$$\mathrm{PV} = \frac{\mathrm{FV}}{(1+r)^n}$$

によって関係づけられる。前述のキャッシュ・フロー流列 $(-2,1,1,1)$ の例では、$0.487 = \mathrm{PV} = \mathrm{FV}/(1.1)^3 = 0.648/1.331 = 0.487$ となる。

◆時間間隔が短い場合の複利と連続複利

　r を名目年利とし、金利は1年あたり等間隔の m 期間で複利であるものとしよう。また、流列が $(x_0, x_1, \ldots, x_n)$ となるような初期時点と、n 期間の全期末にキャッシュ・フローが生じるものと想定しよう。そのとき、前述の説明によって、以下の関係式を得る。

$$\mathrm{PV} = \sum_{k=0}^{n} \frac{x_k}{[1+(r/m)]^k}$$

　さて、名目利率 r が連続複利であり、キャッシュ・フローが $t_0, t_1, \ldots, t_n$ の時点で生じると仮定しよう（前項では、流列が $t_k = k/m$ で生じるとしているが、ここではさらに一般的な状況を許す）。時点 t_k でのキャッシュ・フローを $x(t_k)$ とする。その場合、

$$\mathrm{PV} = \sum_{k=0}^{n} x(t_k) e^{-r t_k}$$

となる。これが現在価値を求める連続複利の公式である。

◆現在価値と理想銀行

　キャッシュ・フロー流列のパターンを変えるために、理想銀行を使うことができる。たとえば、10%の金利を出す銀行は、現時点で1ドルの預金を預か

り、2年後に元本と利息分の 1.21 ドルを支払うことによって、$(1,0,0)$ の流列を $(0,0,1.21)$ の流列に変えることができる。銀行は反対のこともできる。すなわち、現時点で1ドルの貸付を行うことによって、2番目の流列を1番目の流列に変換することができる。

一般に、理想銀行が $(x_0, x_1, \ldots, x_n)$ の流列を $(y_0, y_1, \ldots, y_n)$ に変更することができるならば、その反対の変換も可能である。互いに変換可能な2つの流列は**等価流列**（equivalent streams）と呼ばれる。

2つの所与の流列が等価かどうかは、どうすればわかるだろうか。これに対する答えが、現在価値の主要定理である。

現在価値の主要定理　2つのキャッシュ・フロー流列 $\check{x} = (x_0, x_1, \ldots, x_n)$ と $\check{y} = (y_0, y_1, \ldots, y_n)$ が金利 r の理想銀行において等価であるための必要十分条件は、その銀行の金利で評価した2つの流列の現在価値が等しいことである。

証明：v_x と v_y を流列 $\check{x}$ と $\check{y}$ の現在価値としよう。流列 $\check{x}$ は流列 $(v_x, 0, 0, \ldots, 0)$ と等価であり、流列 $\check{y}$ は流列 $(v_y, 0, 0, \ldots, 0)$ と等価である。

これらの2つの流列が等価なのは、$v_x = v_y$ のときに限られる。したがって、もとの流列が等価であるための必要十分条件は、$v_x = v_y$ である。■

これは、理想銀行を利用できるときには、現在価値がキャッシュ・フロー流列を特徴づけるために必要な唯一の数であることを表す重要な結果である。流列は理想銀行によってさまざまな方法で変換できるが、その現在価値は同じである。だれかがあなたにキャッシュ・フロー流列を提供するならば、あなたはそれに相応する現在価値を評価するだけでよい。なぜならば、その現在価値をもつ流列を望む形に変えるために、理想銀行を利用できるからである。

2.4　内部収益率

内部収益率（internal rate of return）は、キャッシュ・フロー分析のもう1

つの重要な概念である。それは1期間のキャッシュ・フローのような部分的な流列でなく、投資に関する全体のキャッシュ・フロー流列に関係する概念である。この概念が適用される流列は、普通の場合、負と正の両方の要素をもつ。負のフローは支払いに相当し、正のフローは受け取りに相当する。簡単な例は1年という一定期間、譲渡性預金に投資する方法である。ここでは、初期の預け入れ、すなわち支払い（負のフロー）と、最後の償還（正のフロー）を示す2つのキャッシュ・フロー要素がある。

投資に関連するキャッシュ・フロー流列 $(x_0, x_1, \ldots, x_n)$ が与えられたとき、現在価値公式を、

$$\mathrm{PV} = \sum_{k=0}^{n} \frac{x_k}{(1+r)^k}$$

と記述する。この流列に相当する投資が、金利 r の理想銀行での一連の預金の預け入れと引き出しから構築されるならば、前節の現在価値の主要定理から、PVはゼロとなる。内部収益率の背後にある考え方は、この手続きを逆向きに用いることである。キャッシュ・フロー流列が与えられたとき、現在価値を求める数式を書き、この現在価値をゼロと等しくする r の値を求める。その値はキャッシュ・フロー流列の構造に内在する利率なので、内部収益率と呼ばれる。この考え方はどのような一連のキャッシュ・フローにも適用できる。

内部収益率（IRR）の予備的な公式の定義は以下の通りである。

内部収益率　$(x_0, x_1, x_2, \ldots, x_n)$ をキャッシュ・フロー流列とする。この流列の内部収益率は、以下の方程式を満足する r の値である。

$$0 = x_0 + \frac{x_1}{1+r} + \frac{x_2}{(1+r)^2} + \cdots + \frac{x_n}{(1+r)^n} \quad (2.3)$$

それは、以下の多項方程式

$$0 = x_0 + x_1 c + x_2 c^2 + \cdots + x_n c^n \quad (2.4)$$

の解を c としたとき、$1/(1+r) = c$（すなわち、$r = (1/c) - 1$）を満足する r である。

---

n 次の多項方程式には複数の解があるかもしれないので、これを予備的な定義と呼ぶ。この点を簡単に議論する。最初に内部収益率の計算法を説明しよう。

例 2.3（以前に使った流列） 再び、以前議論したキャッシュ・フロー流列 $(-2, 1, 1, 1)$ を考えよう。以下の方程式を解くことによって、内部収益率を求めることができる。

$$0 = -2 + c + c^2 + c^3$$

（試行錯誤によって）正の解 $c = 0.81$ が求まる。したがって、IRR $= (1/c) - 1 = 0.23$ である。

内部収益率は、一般の金利を参照することなしに定義されるものである。それは、キャッシュ・フロー流列によって完全に決定される。これが「内部」収益率と呼ばれる理由である。外部の金融の世界を参照することなしに、内在的に定義されるのである。それは理想銀行が、初期の収支を 0 とする所与の流列を生成するために適用する金利である。

内部収益率に関する (2.4) 式は、c に関する n 次の多項式である。それは一般に解析解をもたない。しかし、コンピューターを使えば、ほとんどいつでも容易に方程式を解くことができる。代数の理論では、このような方程式は必ず少なくても 1 つの根をもつことが知られている。（一般には）n 個の根をもち、これらの根のいくつか、もしくはすべてが複素数かもしれない。幸運にも、投資において最もよく起こる形、すなわち初期に支出があり、その後でいくつかの正のフローがあるというパターンであれば、唯一の正の解が求まる。したがって、内部収益率はきちんと定義され、計算も比較的容易である（練習問題 4 を参照）。正の根の存在を示すことで、内部収益率に関する主要な成果を具体的に示そう。

内部収益率の主要定理 キャッシュ・フロー流列 $(x_0, x_1, \ldots, x_n)$ において、$x_0 < 0$ で、すべての k $(k = 1, 2, \ldots, n)$ で $x_k \geq 0$ であり、少なくとも 1 つの期で正の値をとるものと仮定しよう。そのとき、以下の方程式に、唯一の正の解が存在する。

$$0 = x_0 + x_1 c + x_2 c^2 + \cdots + x_n c^n$$

さらに、(得られる利益の総額が初期投資額を上回ることを意味する) $\sum_{k=0}^{n} x_k > 0$ ならば、対応する内部収益率 $r = (1/c) - 1$ は正である。

証明：図2.3のように、関数 $f(c) = x_0 + x_1 c + x_2 c^2 + \cdots + x_n c^n$ を描く。$f(0) < 0$ であることに注意しよう。c が増加するにつれて、$f(c)$ の値も増加する。なぜならば、少なくとも1つのキャッシュ・フローは正だからである。実際に、c が限りなく大きな値をとるならば、f も無限大に発散する。関数は連続なので、ある点で c 軸と交差しなければならない。またそれは単調増加関数なので、一度以上交差することはできない。したがって、$f(c_0) = 0$ をみたす唯一の正の実数 c_0 が存在する。

正味の（割り引かれていない）キャッシュ・フローが正であることを意味する条件：$\sum_{k=0}^{n} x_k > 0$ が成立するならば、$f(1) > 0$ である。これは、$f(c_0) = 0$ を満足する解 c_0 が1よりも小さいことを意味する。したがって、$r_0 = (1/c_0) - 1 > 0$ である。ここで r_0 は内部収益率である。∎

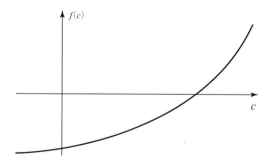

図2.3 証明のために用いる関数
$x_0 < 0$ かつ、すべての $k (1 \leq k \leq n)$ で $x_k \geq 0$ であり、少なくても1つの期で正の値をとるならば、関数 $f(c)$ は横軸の下から始まり、c が増加するにつれて単調に増加する。したがって、$f(c) = 0$ を満足する唯一の正の解 c が存在しなければならない。

内部収益率に対する方程式の解のいくつか（もしくは、すべて）が複素数な

らば、これらの値の解釈は簡単ではない。内部収益率を求めるために、最大の実数部分をもつ解を選択し、その実数部分を使うことは一般的に理にかなっている。しかし、実際にはこれはあまり重要な問題ではない。なぜならば、普通の場合は適切な実数解が存在するからである。

2.5 評価基準

投資の本質は、多様なキャッシュ・フロー流列からの選択である。これを賢明に行うためには、さまざまなキャッシュ・フロー流列を、論理的かつ標準的な基準によって評価しなければならない。いくつかの異なる基準が実際に使われているが、2つの最も重要な方法は、現在価値と内部収益率に基づく方法である。

◆正味現在価値

現在価値は、代替案の現在価値が高ければ高いほど望ましい、という簡単な順序づけによって代替案を評価する。このように現在価値を使うときには、正負ともに、投資に関連するすべてのキャッシュ・フローを含めなければならない。それを強調するために、しばしば**正味現在価値**（net present value）という表現が使われる。正味現在価値は、利益の現在価値から費用の現在価値を引いた値である。しばしば、利益と費用を強調するために、両方の現在価値を表す**利益の現在価値**（present worth of benefits）や**費用の現在価値**（present worth of costs）という用語が使われる。正味現在価値はこれらの2つの値の差である。投資が考慮に値するためには、そのキャッシュ・フロー流列は正の価値をもたなければならない。

> **例 2.4（樹木をいつ伐採するか）** のちに板材として売ることができる樹木を植える機会があるものとしよう。このプロジェクトでは、苗木を植えるために初期費用がかかる。樹木が伐採されるまではキャッシュ・フローは生じない。1年後もしくは2年後伐採するかについては適当に決めることができる。1年後に伐採すれば、すぐに収益を得ることができる。しかしもう1年待てば、樹木はさらに成長して、樹木を売ることによって得られる収益はより大きくなる。これらの2つの代替案に関連するキャッシュ・フロー流列を以下のように仮定する。
>
> (a) $(-1, 2)$：早く伐採する。
> (b) $(-1, 0, 3)$：あとで伐採する。

また、そのときの金利を10%と仮定する。それらの現在価値は以下のようになる。

(a) NPV$= -1 + 2/1.1 = 0.82$
(b) NPV$= -1 + 3/(1.1)^2 = 1.48$

したがって、現在価値基準によればあとで伐採する方がよい。

現在価値基準は、注目すべき指標である。実際、それは一般的に投資の価値を表す上で最善の単一指標と考えられている。それはさまざまな投資の現在価値を足し合わせて、意味のあるキャッシュ・フローの合成物を得ることができる、という特別な利点をもっている。この理由は、キャッシュ・フロー流列の合計の現在価値は、対応するキャッシュ・フローの現在価値の合計に等しいからである。たとえば、キャッシュ・フローが異なる時点で生じる、樹木の生育に関連する2つの代替案を比較することができたということに注意しよう。一般に、投資家は個々の投資の現在価値と、ポートフォリオ全体の現在価値も計算することができる。

◆内部収益率

いくつかのキャッシュ・フロー流列を順序づけするために、内部収益率を使うこともできる。ルールは簡単で、内部収益率が高ければ高いほど、投資はより望ましいということである。しかし、潜在的な投資、もしくはプロジェクトの内部収益率が市場金利よりも大きくなければ、それを検討する価値はないだろう。内部収益率が市場金利よりも大きければ、その投資は金融市場で得られるものよりもよいものと考えられる。

例 2.5（樹木をいつ伐採するか〈続き〉） 例 2.4 で考えた樹木を伐採する2つの案を評価するため、内部収益率による方法を使ってみよう。2つの場合の内部収益率の式は以下の通りである。

(a) $-1 + 2c = 0$
(b) $-1 + 3c^2 = 0$

いつものように、$c = 1/(1+r)$ である。これらの解を以下に示す。

(a) $c = \frac{1}{2} = \frac{1}{1+r}; \quad r = 1.0$
(b) $c = \frac{\sqrt{3}}{3} = \frac{1}{1+r}; \quad r = \sqrt{3} - 1 \approx 0.73$

言い換えると、早く伐採する (a) の内部収益率は100%で、(b) は約73%である。したがって、内部収益率基準での最善の代替案は (a) である。これは

正味現在価値基準で得られた結論とは反対であることに注意してほしい。

◆ **基準の議論**

　正味現在価値と内部収益率の2つの基準のどちらが、投資評価に最もふさわしいかについて議論する。両方とも魅力的な特徴と限界をもっている（すでに示したように、推奨するものが対立することさえある）。正味現在価値は計算が簡単である。正味現在価値には、内部収益率の方程式が複数の解をもつ可能性があるというようなあいまいさはない。また、正味現在価値はそれを構成する部分に分けることもできる。しかし内部収益率は、（実際には容易に定義できない）市場金利を使わずに、キャッシュ・フロー流列の特徴のみに依存するという利点をもっている。実際、2つの方法は異なる状況で適切な役割をもつものである。

　2つの基準の主な違いは、「樹木をいつ伐採するか」の例を用いて説明することができる。樹木の育成は単一のサイクルではなく、一連のサイクルで見なければならない。樹木育成事業の長期的な発展を考えて、最初の伐採の収益は追加的に樹木を植えるために使われるものと仮定しよう。(a) 案のもとでは、事業は毎年2倍になる。なぜならば、年末に受け取る収益は年初で必要なものの2倍だからである。あとで伐採する (b) 案では、事業は同じ理由によって2年ごとに3倍になる。2年ごとに3倍になるということは、長期的には毎年 $\sqrt{3} \approx 1.73$ 倍になることに等しい。これらの2つの案の年成長率は、それぞれ、2と $\sqrt{3}$ であり、それは 1 + 内部収益率 である（この等式は一般的に成り立つ）。投資の収益が同じタイプと規模のプロジェクトに繰り返し再投資されるという状況のもとでは、資本を最も成長させるためには、最大の内部収益率をもつプロジェクトを選択するのが理にかなっている。

　一方、この投資機会は一度だけで、繰り返しはないものとしよう。ここでは、正味現在価値が適切な基準である。なぜなら正味現在価値は、その投資を通常の手段で得られる投資（すなわち市場金利）と比較するからである。

　（実務家はともかくとして、多くの理論家によって）全般的に言って、最善の基準は正味現在価値に基づくものであることが合意されている。もし賢明に使われるのであれば、それは整合的であり、合理的である。しかし、単独のプロジェクトに対する見方より広い見方が必要である。たとえば、樹木の伐採のケースでは、十分吟味された現在価値分析は、内部収益率基準によって得られる結果と一致する。2つの伐採計画に対する将来の状況を十分検討すれば、長期にわたる一連のキャッシュ・フローに現在価値基準が適用されることになり、

(a) 案が採用されることになる。

現在価値分析を正しく行おうとする際に影響を与える要因は、他にもたくさんある。したがって、直接的な形式によって示された分析よりも複雑な分析を行うことが必要になる。重大な問題の1つに、計算に使う金利の選択がある。実際、金融市場にはいくつかの異なる「無リスク」金利がある。例として、銀行の譲渡性預金金利、3カ月物Tビル金利、最高の格付けをもつ短期商業債券の金利などがある。さらに、典型的な場合、借入金利は貸出金利よりも高い。これらの金利の差は数パーセントに達することもある。事業の意思決定では、**資本コスト**（cost of capital）と呼ばれる数値を基準利率として使うのが普通である。この数値は、企業がその企業の潜在的な投資家に提供しなければならない収益率である。すなわち、企業が追加的な資金を得るために支払わなければならないコストである。また場合によっては、いくつかの望ましいプロジェクトに期待される収益率をとることもある。しかし、これらの資本コストの数字のいくつかは、不確実なキャッシュ・フロー流列から得られるもので、実際には無リスク金利のふさわしい尺度ではない。現在価値基準では、真の金利を表す利率を使うのが最善である。なぜなら我々は、キャッシュ・フローは確実であると仮定しているからである。第4章では、これらの利率の明らかな違いを説明し、その根拠を示す。それでもまだ判断の余地が残る。

考えるべきもう1つの要因は、現在価値それ自身は収益率について多くを明らかにしていないことである。2つの代替的な投資はそれぞれ100ドルの正味現在価値をもつが、1つは100ドル投資に必要であり、もう1つは100万ドル必要であるものとする。明らかに、これらの2つの代替案は異なる。（そのようなことを一度も言っていないが、）最も単純な形では、正味現在価値はすべてを説明するものではない。それはしっかりした出発点を与えるが、付加的な構造を用いて使い方を補足しなければならない。

2.6 応用と拡張*

この節では、本章で説明したことが、どのように実際の投資機会やプロジェクトの評価に使えるのかを説明する。状況の本質を分析しやすい形でとらえるためには、創造的に考えることが必要である。

最初にこの章を読むときには、必ずしもこれらの応用のすべてを読む必要があるとは限らない。しかし、この章に戻ってくるとき、これらの例はきっと基礎となる概念を明らかにすることを助けるだろう。

◆正味フロー

　正味現在価値、もしくは内部収益率を用いてキャッシュ・フロー分析を行うには、各期間のキャッシュ・フローとして費用を引いた正味の収益（すなわち、正味利益）を使うことが必要不可欠である。正味利益は通常、簡単な方法で求められるが、複雑な状況ではそのプロセスはややこしくなる。特に税金の取り扱いは、しばしば大変厄介である。なぜならば、税会計コストと利益は、いつも実際のキャッシュ・フローの流出、もしくは流入と等しくなるとは限らないからである。税金についてはのちの項で検討する。

　ここで、正味現在価値分析を説明するために、比較的簡単な金鉱の例を使う。概念の理解が広がるにつれて、どうすれば、同じ種類の投資をより深く分析することができるのかを説明するため、さまざまな金鉱の例を用いる。ここで示すシンプリコ金鉱の例がそれらの中では最も簡単な例である。

> **例 2.6（シンプリコ金鉱）**　シンプリコ金鉱は大量の金の埋蔵量をもつ。そして、あなたは所有者から10年間、金鉱の採掘権の契約を考えているチームの一員である。金はこの金鉱から、1オンス200ドルの費用で、1年あたり1万オンスまで採掘することができる。この費用は採掘権の費用を除いて、採掘と精製に対する全操業費用である。現在の金の市場価格は、1オンス400ドルである。金利は10%である。金の価格、操業費用、金利は10年間一定と仮定すると、採掘権の現在価値はいくらか？
>
> 　これはかなり簡単である。採掘権の費用を無視して、操業費用の現在価値を求める。明らかに、1年あたり $10{,}000 \times (400 \text{ドル} - 200 \text{ドル}) = 200$万ドル の利益が得られるように、毎年最大可能採掘量で操業し、これらのキャッシュ・フローは、年末に発生するものと仮定する。
>
> 　したがってキャッシュ・フロー流列は、年末ごとの10個の200万ドルのフローからなる。それゆえに、現在価値は、
>
> $$\text{PV} = \sum_{k=1}^{10} \frac{200\,\text{万ドル}}{(1.1)^k}$$
>
> となる。この値を求めるには、直接合計してもよいし、幾何級数の合計の公式を使ってもよい（第3.2節を参照）。結果は、
>
> $$\text{PV} = 200\,\text{万ドル} \left[1 - \left(\frac{1}{1.1}\right)^{10} \right] \times 10 = 1{,}229\,\text{万ドル}$$
>
> となる。これが採掘権の価値である。

◆取り替え問題

　継続する（繰り返し可能な）活動を評価するために金利理論を使う際には、代替案を同じ期間で比較することが不可欠である。樹木伐採の例では、このようにしないことから生じる難しさが説明されている。この例では、2つの代替案のサイクルの長さは異なるが、サイクルが繰り返し可能であるという性質は、はじめから明示的には説明されていなかった。

　ここで、異なるサイクルの長さを適切に取り扱うための2つの方法を示す。1つの方法は、同じ時点で終わるまで各代替案を繰り返すことである。たとえば、1番目の代替案が2年続き、2番目の代替案が4年続くならば、1番目の代替案の2サイクルを2番目の代替案の1サイクルと比較することができる。異なるサイクルの長さをもつ代替案を比較するもう1つの方法は、代替案が無限に反復されるものと仮定することである。こうすれば、全体の無限の流列の価値を表すための簡単な方程式が求まる。

> **例 2.7（自動車の購入）** 　自動車の購入を熟考した結果、候補を2つに絞ることができたものとする。自動車Aは2万ドルで、毎年の保守費用は低く、1,000ドル（1年目以降、年初に支払う）と予想されていて、4年間は使えるものとする。自動車Bは3万ドルで、毎年の保守費用は2,000ドル（1年目以降）と予想されていて、6年間は使えるものとする。どちらも回収価値はない。金利は10%である。どちらを購入すべきか？
>
> 　同種の代替案が将来も利用できると仮定することによって、この選択問題を分析する。インフレは無視する。この購入は繰り返し行う自動車購入の1つである。計画期間を等しくするために、自動車Aの3サイクルと自動車Bの2サイクルに相当する12年間を計画期間として想定する。
>
> 　単一サイクルと結合したサイクルを分析すると、以下のようになる。
> 自動車A：
>
> $$1\text{サイクル}\quad \text{PV}_A = 20{,}000 + 1{,}000\sum_{k=1}^{3}\frac{1}{(1.1)^k}$$
> $$= 22{,}487\text{ドル}$$
>
> $$3\text{サイクル}\quad \text{PV}_{A3} = \text{PV}_A\left[1 + \frac{1}{(1.1)^4} + \frac{1}{(1.1)^8}\right]$$
> $$= 48{,}336\text{ドル}$$

自動車 B：

$$1\text{サイクル}\quad PV_B = 30{,}000 + 2{,}000 \sum_{k=1}^{5} \frac{1}{(1.1)^k}$$
$$= 37{,}582 \text{ ドル}$$

$$2\text{サイクル}\quad PV_{B2} = PV_B \left[1 + \frac{1}{(1.1)^6}\right]$$
$$= 58{,}795 \text{ ドル}$$

したがって、自動車 A を選択すべきである。なぜならば、共通の計画期間で比較すると、費用の現在価値は A の方がより少ないからである。

例 2.8（機械の取り替え） 企業の操業にとって必要不可欠な特殊機械の値段は 1 万ドルで、最初の年に 2,000 ドルの操業費用がかかる。操業費用は、それ以降毎年 1,000 ドルずつ増えていく。これらの操業費用は年末に生じると仮定する。金利は 10%である。その機械を新しい同一の機械に取り替えるまで、どのくらい使うべきであろうか？ その機械は特別なものであるために、回収価値はゼロと仮定する。

この例では、取り替え時間が未知であるため、前もってキャッシュ・フロー流列は決まらない。機械取り替えのキャッシュ・フローも明らかにしなければならない。これは、PV（現在価値）を方程式の両辺に書くことによって行うことができる。たとえば、機械を毎年取り替えると仮定しよう。そのとき、キャッシュ・フロー（1,000 ドル単位）は、$(-10, -2)$、そして、$(0, -10, -2), (0, 0, -10, -2)$、と続く。しかし、費用の総現在価値（PV）は以下のように簡潔に書くことができる。

$$PV = 10 + 2/1.1 + PV/1.1$$

その理由は、最初の機械が取り替えられた後、その時点からの流列は、この連続する流列が 1 年後から始まり、それゆえに金利 1 年分だけ割り引かなければならない点を除けば、最初のものと同一のものになるからである。この方程式の解は $PV = 130$、すなわち、もとの単位を使えば 13 万ドルである。

2 年ごとの取り替え、3 年ごとの取り替えなどを仮定しても、同じように計算することができる。一般的な方程式は、以下のようになる。

$$\mathrm{PV}_{\text{total}} = \mathrm{PV}_{1\,\text{サイクル}} + \left(\frac{1}{1.1}\right)^k \mathrm{PV}_{\text{total}}$$

ここで、kは基本サイクルの長さである。これによって、表2.2がつくられる。

表から、費用の現在価値が最小となるのは、機械を5年後に取り替えるときであることがわかる。ゆえに、これが最善の取り替え政策となる。

◆税金

税金によって、キャッシュ・フロー価値分析は複雑になる。新しい概念上の問題は生じないが、税金によって、キャッシュ・フローの本来の定義が不明瞭になるためである。一定の税率が、すべての収入と費用に税金もしくは貸金として適用されるならば、税引き前と税引き後の分析から得られる推奨案は同じである。税引き後の分析から得られる現在価値の数字は、単にすべて同じ係数を掛けたもの、すなわち (1 − 税率) 倍されるだけである。内部収益率の数字も同様である。したがって、正味現在価値もしくは内部収益率を用いて順序づけしたものは、税金を考慮しない場合と同じになる。この理由から、例の多くで税金を無視している。しかし、納税申告書で政府に報告することが必要なキャッシュ・フローは、真のキャッシュ・フローとは違う場合もある。この理由は、企業は税目的と意思決定目的のために、2種類の勘定をもたなければならないからである。この実務については、何も非合法なところはない。それは税制によってもち込まれた現実である。

税によるキャッシュ・フローのゆがみは、しばしば資産の減価償却を取り扱うときに生じる。減価償却は、政府によって負のキャッシュ・フローとして取り扱われるが、税金を計算するために報告されるとき、これらのフローのタイミン

表 2.2 機械の取り替え

取り替え年数	現在価値
1	130,000
2	82,381
3	69,577
4	65,358
5	64,481
6	65,196

総現在価値はさまざまな取り替え年数に対して求められる。最善の政策は最小の総現在価値をもつ年数に相当する。

グが実際の現金支出と一致することはまれである。

　税金は**税引き後利率**（after-tax rate）の概念を用いて取り扱われる。これを理解するために、100 ドルを投資するものとしよう。外部の比較利率を 10％とすると、100 ドルが 1 期間で 110 ドルになることを意味する。利益には 43％の税率が課税されるものとすると、$100 + 10 - 4.3 = 105.70$ ドル が残る。5.7％の割引率で税引き後の投資額を割り引けば、100 ドルの現在価値が得られる。これは税引き後に使われるべき利率である。一般に、外部の比較利率が r で税率が t ならば、税引き後の利率は $(1-t)r$ である。上記の例では、これは $(1-0.43)\times 0.1 = 0.057$ である。

例 2.9（減価償却）　企業が 1 万ドルで機械を購入するものと仮定しよう。この機械の寿命は 4 年で、この機械を使うことによって、毎年 3,000 ドルのキャッシュ・フローが生じる。この機械の 4 年後の回収価値は 2,000 ドルである。

　政府は、機械の費用全額を最初の年の費用として計上することを認めていない。その代わりに、機械の費用を使用期間中に減価償却することを要求する。さまざまな状況のもとで、それぞれ適用可能ないくつかの減価償却方法がある。ここでは、簡単のため定額法を仮定する。これは、費用の一定額を毎年、減価償却額として計上する方法である。したがって、4 年の寿命に対応して、毎年（見積もられた回収価値を除いた）費用の 1/4 を、収入から控除可能な費用として報告する。

　国と州の税率の合計を 43％と仮定すると、表 2.3 に示すように税引き前と税引き後のキャッシュ・フローが得られる。金利が 10％のときのキャッシュ・フローの現在価値は 876 ドルである。税金がただちに適用されると仮定した場合の税引き後の金額は第 2 列に示されている。税引き後の利率を使うと、この現在価値は 1,180 ドルである。減価償却を考慮した場合の結果が、最終列に示されている。これを 5.7％の税引き後利率で割り引くと、現在価値は 569 ドルとなる。減価償却を考慮すると、現在価値はこれだけ減少する。

◆インフレ

　混乱をもたらすもう 1 つの要因はインフレである。それはキャッシュ・フローを記述する実際の貨幣価値と、インフレにより大きくなった将来の貨幣価値を名目水準まで引き下げることによって決まる購買力で表現した価値との間で選択をしなければならないからである。

表 2.3　税引き前と税引き後のキャッシュ・フロー

年	税引き前 キャッシュ・フロー	税引き後 キャッシュ・フロー	減価償却	課税対象 収益	税金	税引き後 キャッシュ・フロー
0	−10,000	−5,700				−10,000
1	3,000	1,710	2,000	1,000	430	2,570
2	3,000	1,710	2,000	1,000	430	2,570
3	3,000	1,710	2,000	1,000	430	2,570
4	5,000	2,850	2,000	1,000	430	4,570
PV@	10%	5.7%				5.7%
	876	1,180				569

現在価値の視点からみると、減価償却の取り扱いに対する税ルールによって、プロジェクトの税引き後の採算性が悪化することがある。

インフレとは、時間とともに一般価格が上昇することである。インフレは、**インフレ率**（inflation rate）f で定量的に記述される。現在から1年後の価格が、平均的に現在の価格の $(1+f)$ 倍に等しくなるのである。インフレは、金利と同じように複利計算され、インフレ率 f で k 年後の価格はもとの価値の $(1+f)^k$ 倍になる。もちろんインフレ率は一定ではないが、計画を立てる際には、通常将来のインフレ率は一定であると仮定する。

インフレを見るためのもう1つの視点は、それによって購買力が減るという点である。たとえば、10年前に1ドルでパンやミルクが買えたとしても、今の1ドルではそれらを買うことはできない。言い換えると、価格が上昇している、もしくは貨幣の価値が下がっていると考えることができる。インフレ率を f とするならば、現時点のお金の購買力に換算した翌年の貨幣価値は $1/(1+f)$ である。

インフレの影響を除去して、同じ種類のドルを用いて考えると有効な場合がある。したがって、ある一定の基準年に関連して定義される**恒常ドル**（constant dollars）、または言い換えると**実質ドル**（real dollars）を考える。これらは、基準年のドルと同じ購買力をもち続ける（仮説上の）ドルである。これらのドルは、実際に取引で使う**現実のドル**（actual dollars）、または**名目のドル**（nominal dollars）と対比して使われる。

これによって、**実質金利**（real interest rate）と呼ばれる新しい金利を定義することになる。それは、名目金利を支払っている銀行にドルを預けておいたときに、実質ドルが増加する金利である。実質金利の意味を理解するために、0時点で銀行にお金を預金し、1年後に引き出すものとしよう。銀行預金勘定の購買力は、インフレがあっても増加するだろう。そして、この増加によって実

質金利を測定するのである。

この考え方を進めると、r を名目金利、f をインフレ率としたとき、

$$1 + r_0 = \frac{1+r}{1+f}$$

であることは簡単にわかる。ここで r_0 は実質金利を表す。この方程式は、銀行の資金が、（名目的には）$1+r$ で増加するが、購買力は $1/(1+f)$ で引き下げられるということを表している。この式を r_0 に関して解くと、

$$r_0 = \frac{r-f}{1+f} \tag{2.5}$$

となる。インフレ率が小さいときは、実質金利はほぼ名目金利からインフレ率を引いた値と等しくなる。

キャッシュ・フロー分析は、現実の（名目の）ドルもしくは実質ドルを使って行うことができる。しかし、不注意に2つを混ぜて使うことは危険である。ときどき大企業では、分析の際にこのように混ぜて使われることがある。実物の入出力に関連する事業部門は、将来の実質キャッシュ・フローを将来に引き延ばすであろう。しかし、主に金融市場や税ルールに関連している本部は、名目（すなわち、現実の）キャッシュ・フローを使う方が都合がよいので、名目利率で割り引くかもしれない。事業部門が提出するプロジェクトの提案は、一貫してインフレを取り扱うときに得られる評価に比べて、本部によって過小評価される結果となることがある。

実質キャッシュ・フロー、もしくは名目キャッシュ・フローのどちらかを使うことによって、どのようにすれば一貫した分析を行うことができるかについて説明する。

例 2.10（インフレーション）　インフレ率が 4%、名目金利が 10% で、表 2.4 の2列目に示すような実質（もしくは、恒常）ドルのキャッシュ・フローがあると仮定しよう（現在を基準点とした恒常ドルでキャッシュ・フローを推定するのが通常である。なぜならば、キャッシュ・フローの簡単な推定では、「通常の」価格の増加は無視することができるからである）。実質の現在価値を求めるためには、実質金利を使わなければならない。(2.5)式から、$r_0 = (0.10 - 0.04)/1.04 = 5.77\%$ となる。

一方、適切なインフレ率を使って、キャッシュ・フローを現実（名目）の項目に換算してもよい。そのときは、10% の名目金利を使って現在価値を求める。どちらの方法も同じ結果を生み出す。

表 2.4　インフレーション

年	実質キャッシュ・フロー	現在価値 (5.77%)	名目キャッシュ・フロー	現在価値 (10%)
0	−10,000	−10,000	−10,000	−10,000
1	5,000	4,727	5,200	4,727
2	5,000	4,469	5,408	4,469
3	5,000	4,226	5,624	4,226
4	3,000	2,397	3,510	2.397
計		5,819		5,819

2列目の実質キャッシュ・フローの現在価値は実質金利を使って求められ、3列目に示されている。4列目は、4%のインフレのもとで生じるキャッシュ・フローである。名目金利10%でのそれらの現在価値は、5列目で与えられる。

2.7　まとめ

　資金の時間的価値は、金利として具体的に表現される。1年金利は、1年間の資金の借入に対して支払われる価格である（元本のパーセントとして表現される）。単利の場合、次の年に資金を借りるときに支払う金利は、最初の年に支払う金利の大きさと同一である。ゆえに、たとえば、単一の預け入れから得られる銀行預金残高は年々線形的に増加する。複利の場合、次の年に支払う金利は、その年の初めの預金残高に基づく。ゆえに、単一の預け入れからの預金残高は年々幾何的に増加する。

　年複利で預金の価値が2倍になるのに必要な年数は $72/i$ であるという近似は有用である。ここで、i はパーセントで表現された金利である。たとえば、10%であれば、資金は約7年で2倍になる。

　金利は年ごとではなく、いかなる頻度でも複利になりうる。連続的に複利とすることさえ可能である。金利が年ごとよりも頻繁に複利になるとき、金利の名目利率と実効年利率を定義することは有用である。名目利率は、（年単位での）期間の長さで割られた単一期間に対して使われる。実効利率とは、複利なしで適用されるならば、1年間預金したときと同じ総預金残高を得られる利率のことをいう。実効利率は名目利率よりも大きい。たとえば8%名目利率は、四半期複利のもとでは8.24%の実効年利率に相当する。

　将来受け取るお金は、現在受け取る同じ金額よりも価値は小さい。なぜならば、現在受け取るお金は、金利を稼ぐために貸すことができるからである。ある将来の日に受け取るお金は、その将来の日まで貸した場合に現在のお金が増える係数で割り引かれなければならない。それゆえに、将来のそれぞれの日に

対応する割引係数がある。

　キャッシュ・フロー流列の現在価値は、流列における個々のキャッシュ・フローを割り引いた大きさの合計である。理想銀行は、キャッシュ・フロー流列を、同じ現在価値をもつ他のものに変換することができる。

　キャッシュ・フロー流列の内部収益率とは、流列の現在価値を評価するために使った場合に、流列の現在価値をゼロにする金利である。一般的に言えば、この内部収益率の定義には問題がある。しかし、キャッシュ・フロー流列が最初に負の値をもち、その後は正の値をもつとき、内部収益率は明確に定義される。

　確定的なキャッシュ・フロー流列を生成する投資プロジェクトを評価するために使われる 2 つの主な指標は現在価値と内部収益率である。現在価値の枠組みのもとでは、いくつかの競合する代替案があるならば、最も高い現在価値をもつものを選択すべきである。内部収益率基準のもとでは、最大の内部収益率をもつ代替案を選択すべきである。

　これらの方法を使った分析はいつでも容易であるとは限らない。実際に、さまざまなサイクルの長さ、税金、インフレなどを考えるときには注意が必要である。

練習問題

1. （魅力的な相続財産）　1 ドルが 1776 年に金利 3.3% の年複利で投資されていたとする。
   (a) 今日における投資の価値はおおよそいくらか：1,000 ドル、1 万ドル、10 万ドル、100 万ドル。
   (b) 金利が 6.6% だったらいくらか。

2. （72 ルール）　価値が 2 倍になるために、金利 r での投資に必要な年数 n は $(1+r)^n = 2$ を満足しなければならない。$\ln 2 = 0.69$ および、小さい r に対しては妥当である $\ln(1+r) \approx r$ の近似を使って、$n \approx 69/i$ を示せ。ここで、i は金利のパーセントである（すなわち、$i = 100r$）。よりよい近似である $\ln(1+r) \approx r - \frac{1}{2}r^2$ を使って、$r \approx 0.08$ に対しては $n \approx 72/i$ となることを示せ。

3. （実効利率）　以下のものに相当する実効利率を計算せよ。
   (a) 3% の月次での複利
   (b) 18% の月次での複利
   (c) 18% の四半期での複利

4. （ニュートン法 ◇） IRR は一般的に反復法を使って計算される。$f(\lambda) = -a_0 + a_1\lambda + a_2\lambda^2 + \cdots + a_n\lambda^n$ と定義しよう。ここで、a_i は正で、$n > 1$ とする。ここでは、$f(\overline{\lambda}) = 0$ を解き、$\overline{\lambda} > 0$ である根に収束していく推定値の数列 $\lambda_0, \lambda_1, \lambda_2, \ldots, \lambda_k, \ldots$ を生成する反復技法を示す。解に近い任意の $\lambda_0 > 0$ から始める。λ_k が計算されたと仮定して、

$$f'(\lambda_k) = a_1 + 2a_2\lambda_k + 3a_3\lambda_k^2 + \cdots + na_n\lambda_k^{n-1}$$

を評価し、

$$\lambda_{k+1} = \lambda_k - \frac{f(\lambda_k)}{f'(\lambda_k)}$$

を定義する。これがニュートン法である。それは図 2.4 に示すように、λ_k での関数 f のグラフに対する接線によって、関数 f を近似する方法に基づいている。$f(\lambda) = -1 + \lambda + \lambda^2$ の場合の計算手続きを行ってみよ。$\lambda_0 = 1$ から始めて、4 つの推定値を計算せよ。

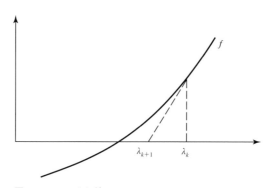

図 2.4 ニュートン法

5. （樹木の伐採） 樹木を植えて、のちに板材として売るプロジェクトを考えよう。このプロジェクトでは、苗木を植えるために初期費用がかかる。樹木が伐採されるまで、キャッシュ・フローは生じない。いつ伐採するかは、自由に決めることができる。1 年後に伐採すれば、すぐに収益を得ることができる。しかし、もう少し待てば、樹木は成長するので、樹木を売ることによって得られる収益はより大きくなる。これらの代替案に関連するキャッシュ・フロー流列を、以下のように仮定する。
1 年待つ: $(-1, 2)$

2 年待つ: $(-1, 0, 3)$
3 年待つ: $(-1, 0, 0, 4)$
$\cdot$
$\cdot$
$\cdot$
n 年待つ: $(-1, 0, 0, \ldots, 0, 0, n+1)$
金利は 10％とする。樹木を伐採する最善の時点はいつか。

6. （等価金利）　年次で 10％の金利は、以下の場合、（有効数字 5 桁で）何パーセントの金利と等価になるか。
   (a)　月次複利
   (b)　連続複利

7. （賞金）　主な宝くじは 1,000 万ドルを当選者に支払うと宣伝している。しかし、この賞金は 20 回にわたり、毎年 50 万ドルの割合で支払われる（最初の支払いはすぐに行われる）。金利 10％でのこの賞金の現在価値はいくらか。

8. （埋没費用）　若い夫婦が 6 カ月間アパートを借りるために、最初の 1 カ月の家賃に相当する手付金（1,000 ドル）を支払った。これは払い戻しされない。次の日、より好みの別のアパートを見つけたが、家賃の月額は 900 ドルである。6 カ月だけアパートに住む計画を立てている。新しいアパートに替えるべきであろうか。1 年であれば、どうであろうか。金利は 12％と仮定せよ。

9. （てっとり早い方法）　ガビン・ジョーンズは投資理論とその応用を学ぶことを決心している。彼は追加的な情報を得るために、樹木を育てている農民に話を聞き、例 2.4 において、もう 1 年樹木を伐採するのを遅らせることが可能であることを学んだ。農民は現在価値の観点からそれを行う価値がないと言った。ガビンは得られる収入が x よりも少なくなるに違いないと判断した。x はいくらか。

10. （コピー機 ⊕）　2 つのコピー機が利用でき、両方とも 5 年間使える。1 つはリースかすぐに購入するかのどちらかである。もう 1 つは購入しなければならない。したがって、全部で A、B、C という 3 つの選択肢がありうる。詳細を表 2.5 に示した（最初の年の保守は初期費用に含まれている。毎年の初めに 4 回の追加的な保守費用が発生し、その後、転売による収入も得られる）。金利 10％を使ってこれらの 3 つの案の費用の現在価値を計算した結果を表に示した。現在価値分析にしたがうと、現在価値

表 2.5 コピー機の選択肢

	選択肢		
	A	B	C
初期支出	6,000	30,000	35,000
年間費用	8,000	2,000	1,600
転売価値	0	10,000	12,000
現在価値（10%）	31,359	30,131	32,621

A 案はリース、B 案と C 案は 2 つの選択対象の機械の購入である。期間はすべて 5 年である。

で測定される最小費用をもつ機械が選択されるべきである。すなわち、B 案である。

これらの代替案のいずれも、内部収益率を計算することはできない。なぜならば、すべてのキャッシュ・フローが（転売価値を除いて）負だからである。しかし、増分基準によって内部収益率を計算することはできる。A 案から B 案への変更に対する内部収益率を計算せよ。A 案から B 案への変更は、内部収益率基準では正当化されるだろうか。

11. （価格査定）よい家の購入を考えている。あなたにとって、屋根以外はすべて完璧ですばらしい状態である。屋根の寿命は 5 年だけである。新しい屋根は 20 年使えるが、2 万ドルの費用がかかる。家は永久に使えるものとする。費用は一定で金利を 5% と仮定すると、現在の屋根の価値はいくらか。

12. （石油減耗控除制度 ⊕）富裕な投資家が、20 万バレルの埋蔵量があると見積もられている油井を開発するために 100 万ドルを支出する。油井は表 2.6 の 2 列目に示すような概算量を生産し、5 年間操業する予定である。石油は 1 バレルあたり 20 ドルで売られるものとする。正味収益も示した。

表 2.6 石油投資の詳細

年	生産量（バレル）	総収入	正味収益	選択肢 1	選択肢 2	消耗控除	課税対象収益	税金	税引き後収益
1	80,000	1,600,000	1,200,000	352,000	400,000	400,000	800,000	360,000	840,000
2	70,000	1,400,000	1,000,000						
3	50,000	1,000,000	500,000						
4	30,000	600,000	200,000						
5	10,000	200,000	50,000						

税金を計算するために、毎年、2つの方法のどちらかで減耗控除を計算することができる。それらの方法は、控除前正味収益の 50% まで全収入の 22%（選択肢 1）、または、単位あたり貯蓄コストに等しい（この例では、1バレルあたり 5ドルの）生産投資コスト（選択肢 2）のどちらかである。課税の対象となる収益を求めるために正味収益から控除額を差し引く。投資家は 45% の税金の階層に属している。

(a) 表 2.6 を完成させ、全減耗控除がもとの投資を上回ることを示せ。

(b) この投資に対する現在価値と内部収益率を計算せよ。金利は 20% と仮定する。

13. (対立する推奨案 ⊕) 表 2.7 に示すキャッシュ・フローをもつ 2つの案を考えよう。2つの案の内部収益率と、5% での正味現在価値を求めよ。内部収益率と正味現在価値では異なる推奨案が求まることを示せ。あなたは、この理由を説明できますか。

表 2.7

	年				
	0	1	2	3	4	5
プロジェクト 1	−100	30	30	30	30	30
プロジェクト 2	−150	42	42	42	42	42

14. (優位) 2つの競合するプロジェクトが同じ期間で、$(-A_1, B_1, B_1, \ldots, B_1)$ と $(-A_2, B_2, B_2, \ldots, B_2)$ のキャッシュ・フローをもつと仮定しよう。A_1, B_1, A_2, B_2 はすべて正である。$B_1/A_1 > B_2/A_2$ と仮定しよう。プロジェクト 1 がプロジェクト 2 よりも高い内部収益率となることを示せ。

15. (交差 ◇) 一般に、キャッシュ・フロー x_i と y_i $(i = 0, 1, 2, \ldots, n)$ をもつ 2つの案は、$x_0 < y_0$ で、$\sum_{i=0}^{n} x_i > \sum_{i=0}^{n} y_i$ ならば、交差するという（同じ価値になる割引係数が存在する）。割引係数が d のとき、これらの 2つの案の現在価値を $P_x(d)$ と $P_y(d)$ とする。

(a) $P_x(c) = P_y(c)$ となる交差値 $c > 0$ があることを示せ。

(b) 練習問題 13 に対する交差値 c を計算せよ。

16. (減価償却の選択) 米国では 1980 年 12 月以降、サービスに使った資産の減価償却に対し、繰り上げ費用回復システム（ACRS）を使わなければならない。このシステムは、資産を実効税期間の特徴によるカテゴリー

48　　第I部　確定的なキャッシュ・フロー流列

で分類している。たとえば3年資産の分類には、自動車、道路でトレーラーを引っ張るトラクター、軽トラック、ある製造道具が含まれる。3年資産では、購入後最初の3年の各年で、それぞれ25%、38%、37%の割合で控除される。税法では、代わりのACRS法も許されている。それによって、3年資産に対して$33\frac{1}{3}$%の割合を3年間使うこともできる。減価償却の現在価値を最大にしたい場合に、これらの方法のどちらが望ましいだろうか。その選択は想定金利にどのように依存するだろうか。

17. （間違った分析）　ABBOX社の一部門は新製品の構想を開発した。製品の生産には、初期資本費用として1,000万ドルが必要である。5年間に毎年、100万単位が売れると予想されている。その後、製品は時代遅れになり、生産は終了する。毎年の生産には、1万時間の労働と100トンの原料が必要である。現在の平均賃率は1時間あたり30ドルで、原料の費用は1トンあたり100ドルである。製品は1単位あたり3.3ドルで売られ、その価格は維持されるものとする。ABBOX社の経営者はこのタイプのプロジェクトに12%の割引率を使うものとする。利益に対する税率は34%である。初期資本費用は5年間にわたり、定額法で減価償却される。このプロジェクトの最初の分析では、経営者は推定した収入と操業費用にインフレ率を適用しなかった。現在価値はいくらか。4%のインフレ率を適用したならば、答えはどのように変わるであろうか。

参考文献

　金利理論、複利計算、現在価値、内部収益率は多くの優れた教科書が、広範囲にわたって取り上げている。文献[1-3]は、投資に関する数少ない教科書であり、金利の一般的な概念を議論している。正味現在価値や内部収益率の概念は、エンジニアリング・エコノミーの分野で投資案を順序づけするために、よく利用されている。文献[4-5]はその分野の優れた教科書である。金利についてより勉強するためには文献[6]がある。その中には、「樹木をいつ伐採するか」の例の連続時間版が含まれている。第2.5節の例はそれをもとにして作成した。練習問題12は文献[4]の例を修正したものである。IRRの重根の問題に対するアプローチについては[7]を参照せよ。

1. Bodie, H. M., A. Kane, and A. J. Marcus (2004), *Investments*, 6th ed., Irwin, Homewood, IL.
2. Brealey, R., and S. Meyers (2010), *Principles of Corporate Finance*, 10th ed., McGraw-Hill, New York.
3. Haugen, R. A. (2000), *Modem Investment Theory*, 5th ed., Prentice Hall, Englewood Cliffs, NJ.
4. Sullivan, W.G., E. M. Wicks, and C. P. Koelling (2011), *Engineering Economy*, 17th ed., Prentice-Hall, Englewood Cliffs, NJ.
5. Newman, D. G., T. G. Eschenbach, and J. P. Lavelle (2011), *Engineering Economic Analysis*, 11th ed., Oxford University Press, New York.
6. Hirshleifer, J. (1970), *Investment, Interest, and Capital*, Prentice Hall, Englewood Cliffs.
7. Hazen. G. B. (2003), "A New Perspective on Multiple Internal Rates of Return," *The Engineering Economist*, **48**, 31–51.

第3章
確定利付証券

　金利は、あらゆる商品の中で最も取引されている商品、すなわち「お金」に対する価格、もしくは使用料である。たとえば1年金利は、1年間資金を借りるために支払わなければならない価格である。お金に対する市場はよく発展していて、それに対応する基本市場の価格である金利は、金融活動に重大な関心をもつすべての人によって監視されている。

　前章で示したように、キャッシュ・フローを生成する投資案を市場金利によって比較することができる。この比較は事業案であろうと、証券への投資によって生成されるものであろうと、個々の取引から生じるキャッシュ・フロー流列を評価するために使われる。

　しかし、金利に関連する市場は、前章で議論した単純な銀行預金よりも複雑である。Tビル、Tノート、Tボンド、年金、先物契約、モーゲージなどは、よく発展した資金市場の一部である。これらの商品は、ジャガイモや金のようには本質的な価値をもたないという意味で、実物（もしくは、実物資産）ではなく、紙やコンピューターのデータベースの中にあるものとしてのみ取引される。一般にこれらの商品は**金融商品**（financial instruments）と呼ばれる。それらの価値は、それらが表す契約から求められる。ある商品に対してよく発展した市場があって、自由で容易に取引されるならば、その商品は**証券**（security）と呼ばれる。金利と直接関連する多くの金融商品や証券がある。したがって、適切な金利によって定義される価格で収入を得る機会が提供される。

　確定利付証券（fixed-income securities）はよく発展した市場で取引され、ある期間にわたって所有者に固定的な（確定的な）収入を約束する商品である。それは、一定のキャッシュ・フロー流列の所有権を表す。

　確定利付証券は投資家にとって重要である。なぜならば、確定利付証券は資金市場を定義し、ほとんどの投資家がこの市場に参加しているからである。こ

れらの証券は、企業の研究プロジェクトや油井の採掘権、使用権など、市場で取引されていない投資機会の分析を行う際の、比較点として重要である。金融商品を包括的に勉強するための、最も自然な方法は、確定利付証券の勉強から始めることである。

3.1 将来のキャッシュに対する市場

　確定利付証券として証券を分類することは、実際には少しあいまいさを残している。すでに述べたように、本来この分類は、証券が所有者に固定の確定的なキャッシュ・フロー流列を支払うことを意味している。約束した流列で唯一不確実なことは、証券の発行者が**デフォルトする**（倒産する：default）ことに伴うものであった。それは、利払いが継続しないか、遅れるという場合である。しかし、いくつかの「確定利付」証券の場合、キャッシュ・フローの大きさはさまざまな偶発事象や変動する指標と結びついている。たとえば、変動利付モーゲージの支払い水準は、金利指標と連動するかもしれない。また社債の支払いは、一部は株価によって決定されるかもしれない。しかし通常の用語では、確定利付証券は広い意味でこのようなバリエーションを許している。一般的な考え方によれば、確定利付証券とは、定義の明確な偶発環境によるバリエーションを除けば、固定的なキャッシュ・フロー流列をもつ証券のことをいう。

　多くの異なる種類の確定利付証券があり、ここでそれらを包括的に概観することはできない。しかし、この証券の一般的な見通しを示すために、主なタイプの確定利付証券をいくつか説明することにする。

◆貯蓄預金

　おそらく、最も親しみのある確定利付証券は、利息を生み出す銀行預金である。これらは商業銀行、貯蓄貸付組合、信用組合によって提供される。米国では、ほとんどの預金は連邦政府機関によって保証されている。最も単純な**要求性預金**（demand deposit）は、市場条件で変わる金利を支払うものである。長期間では、このような預金は厳密には確定利付タイプではないが、ここでは確定利付に分類することにする。金利は**定期預金勘定**（time deposit account）では保証されている。定期預金はある期間（たとえば、6カ月間）保持しなければならず、早期の引き出しにはペナルティがかかる預金である。同種の商品に**譲渡性預金**（certificate of deposit：CD）がある。それは1万ドルという標準的な額面金額で発行される。大きな額面の譲渡性預金は市場で売却することが

できるので、証券と見なされる。

◆ 短期金融（市場）商品

短期金融市場（マネー・マーケット：money market）という用語は、企業および銀行を含む金融仲介者による短期間（1年、もしくは1年以下）の貸付市場に対して使われる。それは、多額の資金向けのよく組織された市場である。しかし、短期間で特別な性質をもっているので、長期の投資家にとってはそれほど重要ではない。この市場の中で、**コマーシャル・ペーパー**（commercial paper）は、企業に対する無保証の貸付（すなわち、担保なしの貸付）を表すために使われる用語である。前述した大きな額面の譲渡性預金もこの市場の一部である。

銀行引受手形（banker's acceptance）はより複雑な短期金融商品である。企業Aが企業Bにものを売る場合、企業Bはたとえば3カ月という一定の期間内に物品に対する支払いを行うという約束を、企業Aに書面で送るかもしれない。銀行は企業Bに代わって代金を支払うことを約束する。この結果企業Aは、期限がくる前に銀行引受手形を割り引いて、他のだれかに売ることができる。

ユーロドル預金（Eurodollar deposit）はドル額面であるが、米国以外の銀行が保有する預金である。同様に、**ユーロドル譲渡性預金**（Eurodollar CD）はドル額面で、米国以外の銀行が発行する譲渡性預金である。これらのユーロドルと通常のドルの区別は、銀行の規制と保証に関する違いによるものである。

◆ 米国債（米国政府証券）

米国政府は、さまざまなタイプの確定利付証券を発行することによって、借金をしている。これらの証券は政府自身によって担保されているので、最高に信用のあるものと考えられている。最も重要な政府証券について説明しよう。

米国Tビル（U.S. Treasury bill）は1万ドル以上の額面で、13週、26週、52週の固定満期で発行される。それらは割引方式で売却される。ゆえに、1万ドルの額面のTビルが9,500ドルで売却されるとすると、価格と額面価値との差が金利となる。Tビルは満期日には額面価額で償還される。新しいTビルが毎週売り出され、入札で売却される。それらは最も流動的である（すなわち、すぐに使える市場がある）。したがって、満期日の前に容易に売却できる。

米国Tノート（U.S. Treasury note）は1年から10年までの満期をもち、1,000ドルの額面で売られている。Tノートの保有者は満期まで6カ月ごとに**クーポン支払い**（coupon payment）を受ける。このクーポンは金利を表し、その大きさは債券の満期まで固定される。満期において、債券の保有者は最後の

クーポンと債券の額面価値を受け取る。Tビルと同様に、これらのTノートは入札で売却される。

米国Tボンド（U.S. Treasury bond）は10年以上の満期で発行される。それらはクーポン支払いのあるTノートと似ている。

インフレ連動国債（U.S. Treasury inflation-protected securities: TIPS）は、消費者物価指数に連動して元本を変動させることにより、インフレに対して調整される。クーポン率は一定であるが、相応する支払利息が調整後の元本価値に伴って変わる。

ストリップス国債（U.S. Treasury strips）は、分離形式で、流通市場で売却されるTボンドである。クーポンのそれぞれが、別々に元本として発行される。分離されると、10年債は20個の半年のクーポンの証券（それぞれは別々のCUSIP[1]をもつ）と元本の証券からなる。これらの証券のそれぞれは、中間のクーポン支払いのない単一のキャッシュ・フローを生成する。この証券は、**ゼロ・クーポン債**（zero-coupon bond）と呼ばれる。

◆他の債券

債券は連邦政府機関、州、地方自治体、企業によって発行される。

地方債（municipal bond）は州や地方自治体の機関によって発行される。2つの主要なタイプがある。1つは州のような自治体によって保証される**一般財源債**（general obligation bond）である。もう1つは、最初に債券発行で資金調達したプロジェクトによって生成される収入、またはプロジェクトに対する責任機関によって保証される**特定財源債**（revenue bond）である。

地方債に関する金利収益は、政府の所得税が免除され、発行する州の州税と地方税も免除される。この特徴は、これらの債券の金利が同様の質をもつ他の証券と比べて低くても、投資家はそれを喜んで受け入れることを意味する。

社債（corporate bond）は事業や新しい投機的事業（ベンチャー）に対する資本を調達するために、企業が発行するものである。発行企業の強さや債券それ自身の特徴に依存して、その質はさまざまである。

いくつかの社債は取引所で取引されているが、ほとんどの社債は債券ディーラーのネットワークで店頭取引されている。これらの店頭債券は、個々の発行日にわずかしか取引されないかもしれないという意味で、あまり流動性がない。

債券には条項の契約書である**信託証書**（indenture）が付随する。その特徴は

---

[1] CUSIP（The Committee on Uniform Securities Identification Procedures）は、すべての証券にCUSIP番号とコードを割り当てている。

以下の通りである。

コーラブル債（コール条項付き債券）（callable bond）　発行者がある特定価格で債券を買い戻す権利をもつならば、債券はコール（任意償還）条項付きである。通常、このコール価格は時間とともに低下し、しばしば、債券が中途償還できないコール権不行使期間がある。

減債基金（sinking fund）　満期に債券発行額面の全額を支払う債務を負うのではなく、発行者がこの債務の支払い期間を広げるために、減債基金を設置する場合がある。このような取り決めのもとでは、発行者はある特定の価格で、毎年債券残高のある部分を買い戻すかもしれない。

債務の劣後（debt subordination）　債券保有者を守るために、発行者による追加的な借入金額の制限が設定される場合がある。また、他の債務を劣後とすることで、支払い不能の際に債券保有者に対する支払いが、他の債務の支払いよりも優先的に行われることを債券保有者は保証される場合もある。

◆モーゲージ

典型的な持ち家所有者にとって、モーゲージは債券と逆の役割を果たすものである。通常、将来持ち家を保有しようとする人は、家を買うために支払う現金をいますぐに手に入れるために、モーゲージ所有者に定期的な支払いを行う義務のある住宅モーゲージを売る。標準的なモーゲージは、その期間中に月々の等額の支払いが行われるように設計されている。それは、満期で額面価値に等しい最終支払いが行われる債券とは対照的である。ほとんどの標準的なモーゲージは、残高の早期支払いを許している。ゆえに、モーゲージの所有者の視点からは、生成される収入の流列は完全には確定していない。なぜならば、持ち家所有者の裁量によって、まとまった額の支払いで終わるかもしれないからである。

標準的なモーゲージには、さまざまなバリエーションがある。数年間はあまり多くない額の定期支払いを行い、それに引き続き、最後に**増額返済**（baloon payment）を行い、契約を終了するかもしれない。**変動利付きモーゲージ**（adjustable-rate mortgage）は金利インデックスによって期間の実効利率を調整する。ゆえに、これらのモーゲージは実際には厳密な意味では、通常の確定利付きとはならない。

モーゲージは、たとえば持ち家所有者と銀行という2者間で契約が行われるので、通常は証券とは見なされていない。しかし、モーゲージは、典型的には大きなパッケージでひとかたまりとなり、金融機関の間で取引される。これら

のモーゲージ担保証券（mortgage-backed securities）はかなり流動的である。

◆年金

年金（annuity）は、事前に決定されたスケジュールと公式にしたがって、保有者（年金受取人：annuitant）に定期的にお金を支払う契約である。年金給付は、しばしば年賦金の形をとる。ある場合には年金は、年金受取人が生きている限り、毎年一定額を支払うようにつくられている。その場合年金の価格は、年金を購入する年金受取人の年齢と、支払いが始まるまでの年数に基づいて計算される。

年金には多くのバリエーションがある。年金の支払い水準は、年金が支払われる資金プールの収益に関連することもあれば、支払いが時間とともに変わることもある。

年金は取引されていないので、本来の意味での証券ではない（支払いが所有者の生命に関連するならば、発行者は間違いなく年金受取人の変更を許さない。同様に、年金受取人は年金企業が支払い能力のない別の会社に債務を移転することを許さないだろう）。しかし、年金は標準的な利率で利用できる投資機会と考えられる。ゆえに、投資家の視点から見れば、年金は他の確定利付商品と同じ役割を果たしている。

3.2　価格式

多くの確定利付商品は、定期的に等しいキャッシュ・フローの流列を支払う義務を負っている。これは定期的に固定額を保有者に支払う標準的な利付債券の特徴である。それは標準的なモーゲージや多くの年金、標準的な自動車ローン、他の消費者ローンの特徴でもある。したがって、このような一定流列の現在価値が、簡潔な公式によって得られるということを認識しておくことは有用である。この公式を手作業で計算するのは難しい。ゆえに、金融機関で毎日働いている専門家は、定期的な支払いの金額と期間を現在価値に関連づけて利用できる適切な表、電卓、もしくはコンピュータープログラムをもっている。また、モーゲージ表、債券表、年金利率表などをまとめたものもある。ここで基本公式を導き、その使い方を説明する。

◆永久年金

公式を展開する1段階目として、永久年金（perpetual annuity, perpetuity）

と呼ばれる興味深く、概念的に役立つ確定利付商品を考えよう。それは「永久に」定期的に一定額を支払うものである。たとえば、永久に毎年1月1日に1,000ドルを支払う商品である。このような年金はきわめて珍しい（しかし、この商品は実際にイギリスに存在し、**コンソル債**（consol）と呼ばれている）。

永久年金の現在価値は簡単に計算することができる。金額 A が最初の期の期末から始まり、毎期末に支払われると仮定する。毎期の金利を r とする。そのとき現在価値は、

$$P = \sum_{k=1}^{\infty} \frac{A}{(1+r)^k}$$

となる。総和の項は幾何級数列を表し、この数列の和は標準的な公式を用いて簡単に求めることができる。また標準的な公式を忘れた場合は、以下のようにしてそれを得ることができる。

$$P = \sum_{k=1}^{\infty} \frac{A}{(1+r)^k} = \frac{A}{1+r} + \sum_{k=2}^{\infty} \frac{A}{(1+r)^k} = \frac{A}{1+r} + \frac{P}{1+r}$$

この方程式を解くと $P = A/r$ を得る。ゆえに、次の基本的な結果が得られる。

永久年金公式　現時点から始まる1期から、毎期 A を支払う永久年金の現在価値 P は

$$P = \frac{A}{r}$$

である。ここで r は1期間金利である。

例 3.1（永久年金）　毎年1,000ドルの永久年金を考えよう。金利10％での現在価値は以下の通りである。

$$P = \frac{1,000}{0.10} = 10,000 \text{ ドル}$$

◆有限流列

実際に重要なのは、支払い流列の期間が有限な場合である。流列が今期末か

ら始まり、n 期末で終わる金額 A の n 個の定期支払いから構成されているものとしよう。定期的なキャッシュ・フローのパターンを、時間の番号づけとともに図 3.1 に示す。

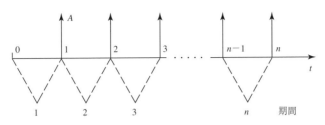

図 3.1 時点の番号づけ
時点には 0 から n まで番号が付けられている。期間は時点間の長さである。最初の期は時点 0 から時点 1 である。標準的な年金は毎期末に一定のキャッシュ・フローをもつ。

1 期あたりの金利が r である場合の有限流列の現在価値は、

$$P = \sum_{k=1}^{n} \frac{A}{(1+r)^k}$$

である。これは有限な幾何級数列の総和である。この総和に対する公式を思い出せば、簡単なやり方で容易にそれを得ることができる。2 つの永久年金を考えることによって価値を求めることができる。両方ともに毎年金額 A の支払いがあるが、1 つは時点 1 で始まり、もう 1 つは $n+1$ 時点で始まるものとする。

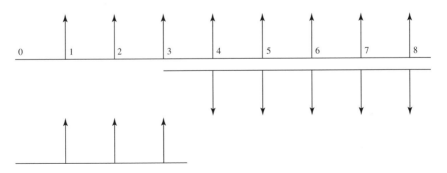

図 3.2 2 つの永久年金からの有限流列
一番上の線は時点 1 から始まる永久年金、上から 2 番目のものは時点 4 から始まる負の永久年金を示す。これらの 2 つの合計は時点 1 から始まり、時点 3 で終わる有限期間の年金である。

最初のものから 2 番目のものを差し引く。結果は、有限期間のもとの流列と同じである。長さが 3 の流列の場合のこの組み合わせを図 3.2 に示す。

2 番目の年金の価値は、n 期間時間がずれているので、係数 $(1+r)^{-n}$ でその年金を割り引くことによって求めることができる。ゆえに、

$$P = \frac{A}{r} - \frac{A}{r(1+r)^n} = \frac{A}{r}\left[1 - \frac{1}{(1+r)^n}\right]$$

となる。この重要な結果を以下に示す。

年金公式　現時点から 1 期間後に支払いを始め、全 n 期間にわたって各期金額 A を支払う年金を考えよう。現在価値を P、1 期間の年金額を A、1 期間の金利を r、年金の期間数を n とすると、その間には、

$$P = \frac{A}{r}\left[1 - \frac{1}{(1+r)^n}\right]$$

もしくは

$$A = \frac{r(1+r)^n P}{(1+r)^n - 1}$$

という関係がある。

これらの公式は概念上簡単であり、簡単に求まるものであるが、それらは手作業で計算するにはかなり複雑である。このため、金融表や金融電卓が役に立つ。このタイプの専門的な表は数ページを占め、r と n の関数として P/A を与える。いくつかの目的については、A/P（逆数）がより便利である。そのため、両方を示した表がある。

この節の公式では、r が 1 期間あたりの金利として表現されていることに注意する必要がある。期間の長さが 1 年でないならば、この r は年利率とは等しくないので注意しなくてはならない。

年金公式は、しばしば逆向きに使われる。すなわち、P の関数として A を求めるのである。これは、（想定される金利のもとで）P の初期支払い額に等しい定期支払い額を求めることである。定期的な支払いを現在の債務の代わりに行うこの方法は、**償却**（amortization）と呼ばれる。5 年ローンをする人は、5 年

例 3.2（ローンの計算）　信用組合から 1,000 ドル借りるとしよう。ローンの条件は、年利 12% で毎月の複利とする。5 年間にわたってこのローンを返す（償却する）ために、毎月等金額の支払いをする予定である。月々の支払い額はいくらか？

5 年は 60 カ月で、年 12% の月複利は 1 カ月あたり 1% である。ゆえに、$n = 60, r = 1\%, P = 1{,}000$（ドル）として前述の公式を使う。支払い額 A は、月々 22.24 ドルである。

例 3.3（実質年率〈APR〉）　モーゲージ・ブローカーによる典型的な広告を表 3.1 に示す。金利、ローンの期間、最大金額に加えて、手数料の記載や手数料と費用を表す実質年率（APR）が示されている。**手数料（points）** として、ローン額の何%かがモーゲージを提供するのに請求される。普通の場合、これに費用が追加される。これらの手数料と費用のすべてがローン勘定に加えられる。そして、一定期間にわたって、記載されている利率で償却される。これが月々に支払われる全額 A となる。

手数料や費用なしのローン額に適用されるならば、実質年率（APR）は前述のように、まさに月々の支払い額 A となる利率である。

具体的な例として、表 3.1 の一番上に載っているモーゲージを取り上げよう。手数料と費用の総額を計算してみよう。実質年率 7.883%、ローン額 203,150 ドル、30 年の期間を使うと、毎月の支払い額は $A = 1{,}474$（ドル）となる。

金利 7.625% と求められた月々の支払い額を使って計算すると、初期での

表 3.1　モーゲージ・ブローカーの広告

金利	手数料	期間	最大金額	実質年率
7.625	1.00	30 年	203,150ドル	7.883
7.875	.50	30 年	203,150ドル	8.083
8.125	2.25	30 年	600,000ドル	8.399
7.000	1.00	15 年	203,150ドル	7.429
7.500	1.00	15 年	600,000ドル	7.859

Call 555-1213
Real Estate Broker, CA Dept. of Real Estate,
Mortgage Masters, Inc.
Current Fixed Rates

実質年率はモーゲージに関連する手数料を暗黙のうちに含んだ利率である。

全残高は208,267ドルとなる。したがって、手数料と費用の合計は208,267（ドル）−203,150（ドル）＝5,117（ドル）となる。ローンの手数料は、1％で2,032ドルである。ゆえに、その他の費用は5,117（ドル）−2,032（ドル）＝3,085（ドル）である。

◆逐次償却 *

償却に対する公式については、通常の会計実務と直接結びついた、もう1つの見方が可能である。例3.2で議論した1,000ドルのローンを考えよう。それは、金利12％（月複利）で、5年間にわたって支払うローンである。1月1日にローンを借り、最初の支払いが2月1日であるとしよう。支払い過程は逐次的な月々の勘定に対する貸金と見なすことができる。勘定はローンの価値に等しい初期勘定、すなわちもともとの元本をもっている。毎月この勘定は、1％の金利によって増加し、支払い額によって減少する。スケジュール通りに支払いを行うと仮定すると、勘定は毎月減少し、60カ月後には0になる。7月1日には、表3.2に示すような6カ月の会計取引報告書を受け取るだろう。表3.2には、支払いが行われるにつれて、どれだけ勘定が減少しているかが示されている。

表 3.2　会計取引報告書

	前月の勘定	その時点の利息	支払い額	新しい勘定
1月1日				1000.00
2月1日	1,000.00	10.00	22.24	987.76
3月1日	987.76	9.88	22.24	975.39
4月1日	975.39	9.75	22.24	962.90
5月1日	962.90	9.63	22.24	950.28
6月1日	950.28	9.50	22.24	937.54

毎月、前月の勘定によって利息は積み上げられ、その時点の支払いによって減少する。勘定はローン期間の最後で0になる。

各支払いは2つの部分から構成されるものと考えるのが普通である。最初の部分は現在の利息で、2番目は元本の部分的な支払いである。逐次償却の勘定の手続きは、毎月のローンの償却と整合的である。特に、スケジュール通りに、そして適した金額の支払いがすべて約束通りに行われると仮定すると、支払い水準はいつも22.24ドルであり、それは最初の契約の中で残っている現時点の勘定を月々にわたって償却するための公式によって推計される。たとえば、6月の報告書をもとに計算すると、（6月1日の支払いをした後での）6月1日にお

ける 937.54 ドルの勘定を 12％で 55 カ月間にわたって毎月償却することができる。この償却に必要な毎月の支払い額は 22.24 ドルである。

◆ **年価** *

年金の枠組みを使うと、正味現在価値分析を表現するもう 1 つの方法が得られる。この**年価**（annual worth）法は、一定水準のキャッシュ・フローでその結果を表現するため、理解が容易であるという利点をもつ。

あるプロジェクトが、n 年にわたって $(x_0, x_1, \ldots, x_n)$ というキャッシュ・フロー流列をもたらすものと仮定する。現在価値分析は、この流列を仮想的に $(v, 0, 0, \ldots, 0)$ の形の等価なものに変換するために、（架空の）金利 r で一定の理想銀行を使う。ここで、v は流列の正味現在価値である。

年価分析は、その列を $(0, A, A, \ldots, A)$ の形に変換するために、同じ理想銀行を用いる。価値 A は、プロジェクトの（n 年にわたる）年価である。それはすべての金額が最初の年から始まる n 年間の年金に変換されるとき、プロジェクトによって生成される正味額と等しくなる。

明らかに $v > 0$ ならば、$A > 0$ である。ゆえに、$A > 0$ かどうかに基づいてプロジェクトを容認するならば、それは正味現在価値基準と一致する。

> **例 3.4（資本コスト）** （0 時点に）10 万ドルで新しい機械を購入すると、1 年後から 10 年間にわたって、25,000 ドルの追加的収入が得られるものと期待される。割引率が 16％ならば、これは利益の出る投資と言えるだろうか？
>
> 10 年間にわたって初期費用を一定額で償却する方法を決定すればよい。すなわち、最初の費用を 16％で換算した年支払い額を求める必要がある。年金公式を使うと、これは年 20,690 ドルに相当する。したがって、プロジェクトの年価は $25,000$（ドル）$- 20,690$（ドル）$= 4,310$（ドル）である。これは正だから、この投資は利益を生み出す。機械の購入が 10 年間にわたって 16％で資金調達されるならば、実際の年間の正味キャッシュ・フローはその年価に等しくなる。

3.3 債券の詳細

債券は、確定利付証券の中で飛び抜けて大きい金銭的価値をもち、これらの証券の中で最も流動的である。投資手段としての実務的な重要性と、第 4 章で

多くを学ぶことになる理論価値のために、債券には特別な注意を払う必要がある。この節では、債券の一般構造と取引の仕組みを記述し、次のいくつかの節で債券を分析する方法を議論する。ここでの論述は、全体を概観するためのものである。特定の詳細はきわめて入り組んでいるので、特定の債券の問題の正確な特徴に対しては、専門的な文献を参照するか、証券会社に問い合わせなければならない。

　債券（bond）は、発行時点で決められたルールにしたがって、保有者に金銭を支払う発行者の債務のことをいう。一般に債券は満期日にある特定の金額、すなわち**額面価値**（face value, par value）を支払う。債券は、1,000 ドルとか 1 万ドルといった額面価値をもっている。さらに、ほとんどの債券は定期的な**クーポンの支払い**（coupon payment）を行う。「クーポン」（coupon）という用語は、過去にクーポン（引換券）が債券に付いていたという事実によるものである。債券保有者が特定の日にこれらを債券発行機関（通常、銀行）に送付すると、クーポンの支払いが送り返されていた。このような物理的なクーポンは今日ではまれであるが、いまだにその名前が残っている。最後の利払い日は満期日であり、最後の支払いは額面価額とクーポンになる。

　クーポンは、額面価値のパーセントとして記述される。たとえば、額面価値 1,000 ドルの 9% の利付債券は、年に 90 ドルのクーポンを受け取る。しかし、クーポン支払いまでの期間は 1 年以下かもしれない。米国では、普通 6 カ月ごとにクーポンの半分が支払われる。上の例では半年ごとに 45 ドルである。

　債券の発行者は、資本をいますぐに調達するために債券を売る。そして、規定された支払いを行う義務を負う。通常債券は、市場金利に近いクーポン率で発行されるので、額面価値に近い値で売却される。しかし時間が経過するにつれて、債券はしばしば額面価値とは異なる価格で取引されるようになる。ある 2 人の関係者が価格に同意すれば、取引を実行することができるが、その一方で多くの債券は、発行時に入札か、取引所を通じて売却される。したがって、価格は市場によって決定され、時々刻々変化する。

　T ビルは額面に対して割引されて販売され、クーポン支払いはない。主要な銀行が入札で購入し、それを他の金融機関に売却する。T ビルに対する入札結果の例を表 3.3 に示す。

　利付債券の場合、その価格は**経過利息**を無視している。債券に支払う実際の金額は、経過利息を価格に加えたものである。債券が 6 カ月ごとにクーポン支払いをすると仮定しよう。あなたが利払い期間の途中で債券を購入するならば、3 カ月後に最初のクーポンを受け取るだろう。あなたは余分の金利を受け取っ

表 3.3 最近の T ビルの入札結果（2011 年 4 月 21 日）

期間	発行日	満期日	割引率	投資利率	100ドルあたり価格
4週	2011年4月21日	2011年5月19日	0.030%	0.030%	99.997667
13週	2011年4月21日	2011年7月21日	0.060%	0.061%	99.984833
26週	2011年4月21日	2011年10月20日	0.110%	0.112%	99.944389
4週	2011年4月14日	2011年5月12日	0.025%	0.025%	99.998056
13週	2011年4月14日	2011年7月14日	0.050%	0.051%	99.987361
26週	2011年4月14日	2011年10月13日	0.110%	0.112%	99.944389

割引率は売却価格をもとに、年 360 日で計算した利回りである。投資利率は年 365 日か 366 日で計算している。

ている。それは、理論的には前の所有者によって取得された金利である。ゆえに、最初の 3 カ月分の金利を前の所有者に支払わなければならない。この金利支払いは次の利払いが行われるときではなく、売却のときに行われる。したがって、この余分な支払いが価格に追加される。前の所有者に支払わなければならない経過利息は、日数の直線補間によって求められる。具体的には、経過利息（AI）は

$$AI = \frac{\text{最後の利払いからの経過日数}}{\text{現在の利払い期間の日数}} \times \text{クーポン額}$$

である。

例 3.5（経過利息の計算） 何年か後の 8 月 15 日に満期を迎える米国 T ボンドを、5 月 8 日に購入すると仮定しよう。クーポン率は 9% である。利払いは、毎年 2 月 15 日と 8 月 15 日に行われる。経過利息は最後の利払いから 83 日経過し、次の利払いまで 99 日であることに注意して計算される。したがって、

$$AI = \frac{83}{83 + 99} \times 4.50 = 2.05$$

となる。この 2.05 が、額面価値のパーセントとして表現された価格（呼び値）に加えられる。額面価値が 1,000 ドルであれば、20.50 ドルが債券に加えられる。

◆ 格付け

債券は確定利付流列を提供するはずのものであるが、発行者が財政的な困難か倒産に陥るならば、デフォルトにさらされることになる。このリスクの性質を特

徴づけるために、債券は格付け会社によって格付けされる。2つの代表的な格付けが、ムーディーズ（Moody's）とスタンダード・アンド・プアーズ（Standard & Poor's）によって発表されている。それらの分類方法を表3.4に示す。米国財務省証券（国債）は、本質的にデフォルト・リスクはないと考えられているので、格付けされない。

表 3.4　格付け分類

	ムーディーズ	スタンダード・アンド・プアーズ
高格付け	Aaa	AAA
	Aa	AA
中格付け	A	A
	Baa	BBB
投機格付け	Ba	BB
	B	B
デフォルト危険	Caa	CCC
	Ca	CC
	C	C
		D

格付けは債券の支払いが計画通りに行われる可能性を反映している。低格付けの債券は通常高格付けの債券に比べて、低価格で売られている（第17.3節も参照）。

　高格付けまたは中格付けの債券は、**投資適格**（investment grade）と考えられる。投機カテゴリー、もしくはその下の債券は、しばしば**ジャンク債**（junk bond）と呼ばれる。過去におけるデフォルトの頻度は、割り当てられた格付けとよく相関している。

　格付け機関による格付けクラスの割り当ては、主としてさまざまな財務比率によって計測される発行者の財務状態に基づいて行われる。たとえば、負債比率（資本に対する負債の比率）、流動比率（流動負債に対する流動資産の比率）、キャッシュ・フロー負債比率（債務残高に対するキャッシュ・フローの比率）や他の比率が使われている。これらの比率のトレンドも重要であると考えられている（詳しくは、第17章を参照）。

　低格付けの債券は、高格付けの債券に比べて価格は低くなる。このため、デフォルト・リスクが分散されるならば、ジャンク債はよい価値を提供すると主張する人々がいる。しかし、このアプローチを注意深く分析するには、不確実性を明確に考慮することが必要である。

3.4　利回り

　債券利回りとは支払い構造によって決まる金利のことをいう。具体的に言えば、それは（クーポンの支払いと最後の額面価値の償還支払いからなる）支払い流列の現在価値が現在の債券価格と等しくなる金利である。他の利回りと区別するために、この値を**満期利回り**（yield to maturity：YTM）と呼ぶ。利回りは通常年率ベースで計算される。

　満期利回りが、現在価格での債券の内部収益率に等しいことは明らかであるが、債券を議論するときには、一般的に利回りという用語が使われる。

　額面価値 F の債券が、金額 C/m のクーポン支払いを毎年 m 回行い、残りの期間が n 期間あるとする。1年のクーポン支払いの合計は C になる。債券の現在価格を P とすると、満期利回りは以下の式をみたす λ の値である。

$$P = \frac{F}{[1+(\lambda/m)]^n} + \sum_{k=1}^{n} \frac{C/m}{[1+(\lambda/m)]^k} \tag{3.1}$$

　この満期利回り λ は、金利が年 m 回複利のとき、その債券によって求められる金利である。(3.1) 式の最初の項は、額面価値支払いの現在価値であることに注意しよう。合計をとる k 番目の項は、k 番目のクーポンの支払い C/m の現在価値である。名ばかりの金利 λ に基づく現在価値の合計は、債券価格に等しくなる。

　この合計が C/m のクーポン支払いの現在価値を表すので、前節における年金の一般価格式を使うことによって、(3.1) 式の総和記号を外すことができる。その公式を以下に示そう。

債券の価格・利回り公式　　満期までの残りの利払いが n 期間である債券の価格と満期利回りは、次式を満足する。

$$P = \frac{F}{[1+(\lambda/m)]^n} + \frac{C}{\lambda}\left\{1 - \frac{1}{[1+(\lambda/m)]^n}\right\} \tag{3.2}$$

ここで、F は債券の額面価値、C は1年あたりクーポン支払い額、m は1年あたりの利払い回数である。

利回りを求めるために、(3.2) 式を λ について解かなければならない。これは、簡単な場合を除けば手計算で行うことはできない。(3.2) 式の項は、単一の将来支払いと年金の現在価値を与える項と似ている。しかし、λ を決めるためにはこれらの数式を評価する以上のことをしなければならない。(3.2) 式をみたすように λ を決めなければならない。内部収益率を計算する場合にはいつも反復手続きが必要であるが、それはコンピューターによって容易に実行することができる。しかし、この目的のための特別な計算機とその債券表があって、債券ディーラーや他の専門家によって使われている。スプレッドシート・パッケージも債券価格式をその中に組み込んでいる。

ここで議論した公式は、満期日までの利払い期間が単位期間の整数倍であることを仮定している。価格・利回り公式は、利払い日の中間の日に対しては調整が必要である。

◉価格・利回り曲線の定性的な性質

債券公式は複雑であるが、価格、利回り、クーポン、満期までの長さの関係を定性的に理解するのは容易である。定性的に理解することによって、債券ポートフォリオ構築のためのアイデアを出す動機づけが与えられると同時に、債券の金利リスクの特性を理解することができる。これらのことを理解するために、次の例を勉強していただきたい。

一般的なルールとして、さまざまな債券の利回りは他の債券や他の確定利付証券の金利と非常に近い値を保つ。このため、銀行の譲渡性預金が10%の金利を提供するときに、ほとんどの人は6%の利回りの債券を買わない。一般の金利環境は、その債券利回りが他の債券の利回りと同じ方向に動くように作用する。しかし、債券の利回りが変化するのは、債券価格が変化するときだけである。それゆえ、利回りが変動すると、価格も付随して変動する。しかし、利回り変化と合うのに必要とされる価格変化は、債券の構造（クーポン率と満期）によって変わる。ゆえに、さまざまな債券の利回りはだいたい一緒に動くので、それらの価格は異なる額だけ変化する。債券を理解するためには、価格と利回りの関係を理解することが重要である。ある債券が与えられると、この関係は**価格・利回り曲線**（price-yield curve）によって図示される。

価格・利回り曲線の例を図 3.3 に示す。価格はパーセントで表現された満期利回りの関数として額面のパーセントで示されている。10%というラベルの付いた債券を見てみよう。この債券は10%のクーポンをもつが、それは額面価値の10%が毎年（もしくは5%が6カ月ごとに）支払われることを意味する。そ

して、満期まで 30 年とする。価格・利回り曲線は、利回りと価格がどのように関係しているかを示す。

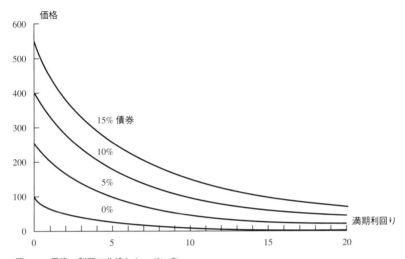

図 3.3 価格・利回り曲線とクーポン率
示したすべての債券は 30 年満期で、それぞれの曲線上に示したクーポン率をもつ。価格は額面のパーセントとして表現する。

　曲線の第 1 の明らかな特徴は、負の勾配をもつということである。すなわち、価格と利回りは逆の関係にある。利回りが大きくなれば、価格は下がる。受け取る固定流列において、高い利回りを得ようとするならば、この流列に支払う価格はより低くなければならない。これは債券市場の基本的な特徴である。「債券市場が下がった」と言えば、金利は上昇していたことを意味する。

　曲線上のいくつかの点は簡単な方法を用いて計算できる。最初に、YTM = 0 としよう。これは、あたかも金利がないように債券が価格付けされる場合である。この債券の場合、将来のお金は割り引かれない。したがって、債券の現在価値はすべての支払いの合計に等しい。ここで、毎年 10% の利払いを 30 年間合計すると 300 になり、満期で受け取る額面価値の 100% を加えて、合計 400 となる。これは利回りがゼロの場合の債券価値である。2 番目に、YTM = 10% とする。このとき債券の価値は額面価値に等しい。その理由は、毎年の利払いが投資で期待される 10% の利回りと等しいからである。価値は、毎年 100 のままである。その債券は元本の金利が毎年支払われる貸付のようなものである。したがって、元本は一定のままである。利回りがクーポン率とちょうど同じで

あるこの状況では、債券はパー・ボンド（par bond）と呼ばれる。価格・利回り曲線上の2つの特定の点に加えて、債券の価格は利回りが大きくなるにつれて、ゼロに近づく傾向があることも予想される。利回りが大きいと大きく割り引かれることになり、一番近い利払いでさえ現在価値は小さくなる。原点と横軸方向に曲がるので、全体的には曲線の形状は凸（convex）になる。2点とこの形に対するおおよその知識が与えられれば、理にかなった真の曲線の近似を描くことができる。

15%の債券の場合について、曲線の性質を簡単に調べよう。YTM = 0での価格は、$15 \times 30 + 100 = 550$である。価格100のパーの点は15%である。満期日を固定すると、クーポン率が増加するにつれて価格・利回り曲線は上昇する。

満期までの長さの影響を考えよう。図3.4は3つの異なる債券に対する価格・利回り曲線である。これらの債券のそれぞれのクーポン率は10%であるが、満期は30年、10年、3年と異なる。利回りが10%のとき、これらの債券のすべての価格はパー（額面の価格）である。したがって、3つの曲線はすべて共通のパーの点を通る。しかし、曲線は満期に依存してさまざまな大きさだけ点の周りを回転する。YTM = 0での値は、前述のように、すべての支払いを単に合計することによって簡単に求まる。主な特徴は、満期が長くなるにつれて、価

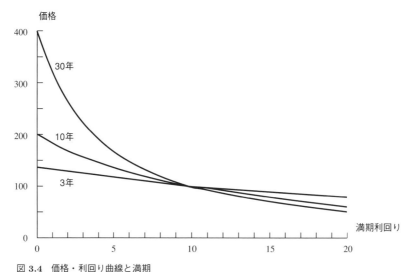

図3.4 価格・利回り曲線と満期

価格・利回り曲線が3つの満期に対して示されている。すべての債券のクーポン率は10%である。

格・利回り曲線の勾配はパーの点で回転し、急になる。勾配が増加するということは、満期が長くなれば利回りに対する価格の感度が大きくなるということを示している。

価格・利回り曲線は、債券に関連する金利リスクを表すので重要である。たとえば、図3.3で説明したクーポン率10%の債券を（利回りが10%のときに）パーで購入するとしよう。30年にほぼ等しい満期のすべての債券は、そのいくつかがパーでないとしても、10%の利回りをもつであろう。この場合、10%はこのような債券の市場金利を表している。

市場の条件が変化し、債券の利回りが11%に増加するとしよう。その債券価格は91.28に下落するだろう。これは債券価値の8.72%が変化したことを表す。この債券を購入するときに、このような変化の可能性を考えることは望ましいことである。たとえば、満期まで3年の10%のパー・ボンドの場合、利回りが11%に上昇しても、価格は97.5にしか下落しない。したがって、この債券の金利リスクは小さい。もちろん、利回りが下がれば同じ金額だけ利益が増える。

利回りが変化すれば債券価格も変化するという意味で、債券保有者は利回りリスクを負っている。これは、債券の短期間の価値に影響を与える瞬間的なリスクである。もちろん、債券をもち続ければ、約束されたクーポンを受け取り続け、満期には額面価値を受け取ることができる。このキャッシュ・フロー流列は金利の影響を受けない（結局のところ、そのことが債券を確定利付証券として分類する理由である）。しかし、満期前に債券を売却しようとすれば、価格は価格・利回り曲線に左右されるだろう。

表3.5は9%のクーポン率をもつ債券に対する、価格と利回りの関係を表形式で示している。30年満期の債券は、1年満期の債券よりも利回り変化に敏感である。

価格・利回り曲線が重要なのは、このリスクを定量化するためである。おおよそを定性的に理解することは重要である。次節では、このリスクを勉強するための追加的な道具を説明する。

◆他の利回り尺度

満期利回り以外の他の利回り尺度を使うことによって、債券の特性に追加的な洞察を得ることができる。たとえば、1つの重要な利回り尺度は**直接利回り**（current yield：CY）である。それは、次のように定義される。

$$\mathrm{CY} = \frac{年利息}{債券価格} \times 100$$

表 3.5　9%のクーポン率の債券価格

満期までの時間	利回り				
	5%	8%	9%	10%	15%
1年	103.85	100.94	100.00	99.07	94.61
5年	117.50	104.06	100.00	96.14	79.41
10年	131.18	106.80	100.00	93.77	69.42
20年	150.21	109.90	100.00	91.42	62.22
30年	161.82	111.31	100.00	90.54	60.52

長い満期の債券の価格は短い満期の債券の価格よりも利回り変化に敏感である。

直接利回りは債券の年間収益の尺度を表す。たとえば、10%の30年の債券を考えよう。パーで（すなわち100で）売るならば、直接利回りは10で、クーポン率や満期利回りと同じである。同じ債券が90で売られているならば、YTM = 11.16であるが、CY = 10/90 = 11.11である。

債券が何年か後に償還される可能性がある場合に使われるもう1つの尺度が、**繰り上げ償還利回り**（yield to call：YTC）である。それは、債券が最も早く可能な日に実際に償還されると仮定して計算した内部収益率として定義される。

他にも減債基金や元本支払い、その他の特徴を説明するさまざまな利回り尺度がある。

3.5　デュレーション

他の条件がすべて等しければ、長い満期の債券は短い満期の債券よりも価格・利回り曲線の勾配はより大きくなる。ゆえに、**長期債券**（long bond）の価格は**短期債券**（short bond）の価格よりも金利変化に敏感である。これは、表3.5で明らかに示されている。しかし、これはおおよそのものである。満期自身は定量的な金利の完全な感度尺度を与えない。

デュレーション（duration）と呼ばれる時間の長さのもう1つの尺度が、金利の直接的な感度尺度を与える。この節ではこの尺度を説明する。

確定利付商品のデュレーションは、支払いが行われる（キャッシュ・フローが存在する）時間の加重平均である。加重係数は個々のキャッシュ・フローの現在価値である。

この定義をより明確に記述する。時間 $t_0, t_1, t_2, \ldots, t_n$ で、キャッシュ・フロー

を受け取るものとしよう。この流列のデュレーションは

$$D = \frac{\mathrm{PV}(t_0)t_0 + \mathrm{PV}(t_1)t_1 + \mathrm{PV}(t_2)t_2 + \cdots + \mathrm{PV}(t_n)t_n}{\mathrm{PV}}$$

である。この公式の中の $\mathrm{PV}(t_k)$ は、時間 t_k で生じるキャッシュ・フローの現在価値を表す。分母の PV は個々の $\mathrm{PV}(t_k)$ の値の合計である総現在価値である。

D に対する数式は、キャッシュ・フローの時間の加重平均である。ゆえに、D そのものは時間の単位をもっている。債券を保有している場合（すなわち購入がキャッシュ・フローに含まれない場合）のようにキャッシュ・フローがすべて非負であるとき、$t_0 \leq D \leq t_n$ であることは明らかである。デュレーションは最初と最後のキャッシュ・フローの中間にある時間となる。

明らかに、満期にのみ支払いがあるゼロ・クーポン債のデュレーションは満期までの期間に等しい。利付債は満期日よりも小さいデュレーションをもつ。したがって、デュレーションは満期を一般化した尺度であると見ることができる。それは、個々の支払いのすべての支払い日の平均となる。

◆金利デュレーション

前述の定義は、現在価値がどのように計算されるかを明確に記述していない。1つの自然な選択は、連続時間分析に対して定義される金利を使うことである。すなわち、金利を r とすると、時点 t のキャッシュ・フロー $x(t)$ の現在価値は、$\mathrm{PV}(t) = e^{-rt}x(t)$ となる。キャッシュ・フロー流列全体の現在価値は、

$$\mathrm{PV} = e^{-rt_0}x(t_0) + e^{-rt_1}x(t_1) + \cdots + e^{-rt_n}x(t_n)$$

である。r で微分すると、

$$\begin{aligned}\frac{\mathrm{dPV}}{\mathrm{d}r} &= -(e^{-rt_0}x(t_0)t_0 + e^{-rt_1}x(t_1)t_1 + \cdots + e^{-rt_n}x(t_n)t_n) \\ &= -D\mathrm{PV}\end{aligned}$$

となる。これを書き換えると、

$$\frac{1}{\mathrm{PV}}\frac{\mathrm{dPV}}{\mathrm{d}r} = -D$$

となる。これは、このタイプのデュレーションが、金利の変化に関して現在価値が相対的にどのように変化するかを直接的に表す尺度であることを示している。

◆マコーレー・デュレーション

債券の学習では、金利ではなく利回りを使うのが普通である。結局のところ、価格に直接関連するのは利回りである。このアプローチにおいて、一般的なデュレーションの公式は、マコーレー・デュレーションとなる。

具体的に、金融商品が年に m 回支払いをし、期間 k の支払いが c_k であり、満期まで n 期間残っているものとしよう。マコーレー・デュレーション D は、

$$D = \frac{\sum_{k=1}^{n}(k/m)c_k/[1+(\lambda/m)]^k}{\text{PV}}$$

で定義される。ここで、λ は満期利回りであり、

$$\text{PV} = \sum_{k=1}^{n} \frac{c_k}{[1+(\lambda/m)]^k}$$

である。

D に対する公式の分子の係数 k/m は年単位の時間であることに注意しよう。この章では、いつもマコーレー・デュレーション(もしくは、それをわずかに修正したもの)を使う。したがって、それに特別な記号を与えずに、デュレーションの一般的な定義と同じ D によってそれを記す。

A 年	B 支払い額	C 割引係数 (@ 8%)	D 支払い額の現在価値 ($B \times C$)	E 重み (D/価格)	F $A \times E$
.5	3.5	.962	3.365	.035	.017
1	3.5	.925	3.236	.033	.033
1.5	3.5	.889	3.111	.032	.048
2	3.5	.855	2.992	.031	.061
2.5	3.5	.822	2.877	.030	.074
3	103.5	.790	81.798	.840	2.520
合計			97.379 価格	1.000	2.753 デュレーション

図 3.5 デュレーションを計算する形式
支払い額の現在価値は、D 列に計算されている。これらを総現在価値で割ったものが E 列にある重みである。デュレーションは支払い時間の加重平均を使って得られる。

例 3.6（短期債券） 満期まで 3 年のクーポン率 7%の債券を考える。債券は 8%の利回りで売っていると仮定しよう。図 3.5 に示した簡単なスプレッドシート形式によって、その価値とマコーレー・デュレーションを見つけることができる。デュレーションは、2.753 年である。

◆**陽な公式** *

すべての利払いが同じである場合（債券ではこれが普通である）、マコーレー・デュレーションの数式の分子に現れる数列の合計に対する陽な公式がある。ここでは代数計算はとばして、結果だけを与える。

> **マコーレー・デュレーション公式** 期間あたりのクーポン率が c、期間あたりの利回りが y、年あたりの期間数が m で、満期までちょうど n 期間残っている債券のマコーレー・デュレーションは以下のようになる
> $$D = \frac{1+y}{my} - \frac{1+y+n(c-y)}{mc[(1+y)^n - 1] + my} \tag{3.3}$$

例 3.7（30 年のパー・ボンドのデュレーション） 半年ごとにクーポンが支払われるクーポン率 10%の 30 年債券を考えよう。それはパー、すなわち利回りが 10%であるものと仮定しよう。パーでは $c = y$ であり、(3.3)式は次のようになる。

$$D = \frac{1+y}{my}\left[1 - \frac{1}{(1+y)^n}\right]$$

したがって、

$$D = \frac{1.05}{0.1}\left[1 - \frac{1}{(1.05)^{60}}\right] = 9.938$$

となる。

◆**デュレーションの定性的特性** *

利付債のデュレーションは、つねに満期よりも小さいが、しばしばそれは驚

表 3.6 満期とクーポン率の関数としての 5%利回り債券のデュレーション

	クーポン率			
満期までの年数	1%	2%	5%	10%
1	.997	.995	.988	.977
2	1.984	1.969	1.928	1.868
5	4.875	4.763	4.485	4.156
10	9.416	8.950	7.989	7.107
25	20.164	17.715	14.536	12.754
50	26.666	22.284	18.765	17.384
100	22.572	21.200	20.363	20.067
∞	20.500	20.500	20.500	20.500

デュレーションは満期とともに、わかりやすい関係では増加しない。実際、一定の利回りでは、デュレーションは満期が増えるにつれて、有限の値までしか増加しない。

くほど短い。表 3.6 を調べることによって、債券のデュレーションと他のパラメータの間の関係に対する正しい評価を行うことができる。この表では、利回りは5%に固定されているが、さまざまな満期とクーポン率が検討されている。この手続きで、すべての利回りが5%近くにあるときの、利用可能な債券のリストをくまなく調べることができるようになる。ある分類（たとえば、国債）の中で、利用可能な債券の価格の差は主として、2つのパラメータによって変化する。

この表の際だった特徴は、満期までの時間が無限大に発散しても、デュレーションは無限に大きくはならず、クーポン率とは独立な有限の値になることである（練習問題18を参照）。この表のもう1つの特徴は、デュレーションはクーポン率に関してあまり急速に増えないということである。利回りが一定であるという事実が、クーポンの影響を相殺している。

一般的な結論としては、長いデュレーション（20年、もしくはそれ以上）が得られるのは、非常に長い満期、低いクーポン率の債券のみである。

◆デュレーションと感度

デュレーションは、利回りの変化に対する価格の感度を直接測る有益な指標である。これは現在価値を表す式を微分することによって得られる。

年に m 回の支払いがあり、利回りがこれと同じ期間を用いて計算される場合、

次のようになる。
$$\mathrm{PV}_k = \frac{c_k}{[1+(\lambda/m)]^k}$$

これを λ で微分すると、
$$\frac{\mathrm{dPV}_k}{\mathrm{d}\lambda} = \frac{-(k/m)c_k}{[1+(\lambda/m)]^{k+1}} = -\frac{k/m}{1+(\lambda/m)}\mathrm{PV}_k$$

となる。これを以下の価格式に適用する。
$$P = \sum_{k=1}^{n} \mathrm{PV}_k$$

ここで価格は（利回りの定義によって）、その利回りをもとに求めた総現在価値に等しいという事実を使った。以上より
$$\frac{\mathrm{d}P}{\mathrm{d}\lambda} = \sum_{k=1}^{n}\frac{\mathrm{dPV}_k}{\mathrm{d}\lambda} = -\sum_{k=1}^{n}\frac{(k/m)\mathrm{PV}_k}{1+(\lambda/m)} = -\frac{1}{1+(\lambda/m)}DP \equiv -D_M P \quad (3.4)$$

ということがわかる。

D_M の値は**修正デュレーション**（modified duration）と呼ばれる。これは通常のデュレーションにある係数を掛けて修正したものである。m が大きな値をとるとき、もしくは λ が小さい値をとるときに、$D_M \approx D$ となることに注意しよう。この重要な感度関係を以下にまとめておく。

価格感度公式　　価格 P を確定利付証券の利回り λ で微分すると、
$$\frac{\mathrm{d}P}{\mathrm{d}\lambda} = -D_M P \qquad (3.5)$$
となる。ここで、$D_M = D/[1+(\lambda/m)]$ は修正デュレーションである。

(3.5) 式を以下のように記述すると、おそらくその意味が最もはっきりする。
$$\frac{1}{P}\frac{\mathrm{d}P}{\mathrm{d}\lambda} = -D_M$$

左辺は価格の相対変化（もしくは比率変化）である。ゆえに、D_M は、λ の変

化に対する債券価格の相対変化を直接的に測る。

$dP/d\lambda \approx \Delta P/\Delta \lambda$ という近似を使って、小さな利回り変化による価格変化（もしくは、価格変化に対する利回りの変化）を推定するために (3.5) 式を使うことができる。具体的には、

$$\Delta P \approx -D_M P \Delta \lambda$$

と書く。これは、利回り変化が価格に与える影響を表す式である。

> **例 3.8（10%の債券）** 30 年満期の 10%利付債に対する価格・利回り曲線を図 3.6 に示す。以前に計算したように、パーの点（価格 = 100）でのこの債券のデュレーションは $D = 9.94$ である。したがって、$D_M = 9.94/1.05 = 9.47$ である。その点での価格・利回り曲線の傾きは、(3.5) 式より $dP/d\lambda = -947$ である。この傾きの直線は、図 3.6 に示すように、デュレーションが計算された点での価格・利回り曲線に接している。この直線はデュレーションを計算した点の近傍での曲線の直線近似になっている。たとえば、利回りが 11%に変化すれば、価格変化は、
>
> $$\Delta P \approx -D_M 100 \Delta \lambda = -947 \times 0.01 = -9.47$$
>
> と見積もることができる。したがって、$P \approx 90.53$ である。

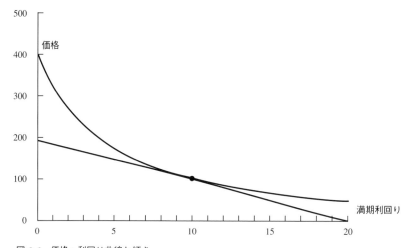

図 3.6 価格・利回り曲線と傾き
曲線に対する P における接線の傾きは $-D_M P$ である。

> **例 3.9（ゼロ・クーポン債）** 30 年満期のゼロ・クーポン債を考える。現在の利回りは 10%であると仮定する。すると $D = 30$ で $D_M \approx 28.6$ である。利回りが 11%に上昇するものと仮定する。(3.5) 式によると、相対的な価格変化はほぼ 28.6%となる。これは、大変大きな価値の損失である。ゼロ・クーポン債はデュレーションが長いため、大きな金利リスクをもつ。

◆ポートフォリオのデュレーション

満期の異なるいくつかの債券のポートフォリオを考えよう。このポートフォリオもまた 1 つの確定利付証券のように振る舞う。それは定期的な支払いを行うが、満期によって支払い額はいつも同じ大きさではないかもしれない。このポートフォリオのデュレーションについて何が言えるだろうか？

最初に、すべての債券の利回りが同じであると仮定しよう（これは通常、ほとんど正しい仮定である。なぜならば、利回りは厳密ではないにせよ、ほとんど同じ値をもつ傾向があるからである）。ポートフォリオのデュレーションは、個々の債券のデュレーションの加重和である。その重みは個々の債券価格に比例する。A と B という 2 つの債券の和であるポートフォリオに対して、これを簡単に確かめることができる。

$$D^{\mathrm{A}} = \frac{\sum_{k=0}^{n} t_k \mathrm{PV}_k^{\mathrm{A}}}{P^{\mathrm{A}}}$$

$$D^{\mathrm{B}} = \frac{\sum_{k=0}^{n} t_k \mathrm{PV}_k^{\mathrm{B}}}{P^{\mathrm{B}}}$$

したがって、

$$P^{\mathrm{A}} D^{\mathrm{A}} + P^{\mathrm{B}} D^{\mathrm{B}} = \sum_{k=0}^{n} t_k (\mathrm{PV}_k^{\mathrm{A}} + \mathrm{PV}_k^{\mathrm{B}})$$

となる。これを $P = P^{\mathrm{A}} + P^{\mathrm{B}}$ で割ることによって、以下のようにポートフォリオのデュレーションが得られる。

$$D = \frac{P^{\mathrm{A}} D^{\mathrm{A}}}{P} + \frac{P^{\mathrm{B}} D^{\mathrm{B}}}{P}$$

したがって D は、個々の債券のデュレーションの加重平均である。その重みは債券価格に比例する。以上の結果は、複数の債券からなるポートフォリオに拡張することができる。

> **ポートフォリオのデュレーション**　価格 P_i とデュレーション $D_i (i=1,\ldots,m)$ の m 個の確定利付証券があり、すべては共通の利回りで計算されるものと仮定しよう。これらの証券の合計からなるポートフォリオの価格 P とデュレーション D は、
> $$P = P_1 + P_2 + \cdots + P_m$$
> $$D = w_1 D_1 + w_2 D_2 + \cdots + w_m D_m$$
> ここで、$w_i = P_i/P,\ i=1,2,\ldots,m$ である。

通常のデュレーションが単一の債券の金利の感度を計測する指標であるのと同様、ポートフォリオのデュレーションはポートフォリオの金利の感度を計測する指標である。すなわち、利回りが小さい量だけ変化すれば、ポートフォリオの総価値は、価格と（修正）デュレーションを関係づける方程式によって予測される量だけ変化するだろう。

ポートフォリオを構成する債券がさまざまな利回りをもつ場合も、上で定義した合成のデュレーションを近似値として用いることができる。この場合、単一の利回りが選ばれなければならないが、普通は全体の平均値を用いる。このようにして求めた現在価値は、債券の価格とは厳密には等しくならないことはもちろんである。また上で求めた加重平均デュレーションは、全体の現在価値の利回りの変化に対する感度を与える。

3.6　イミュニゼーション

以上で、実践上の重要な価値をもつ問題、すなわち、金利リスクの防御をするために債券ポートフォリオを構築する問題を解決するのに必要な概念と道具が揃った。この手続きは**イミュニゼーション**（immunization）と呼ばれる。なぜならば、金利の変化が、ポートフォリオの価値に影響を与えないようにすることもできるからである。その手続きは洗練されたものであると同時に、実際に最も広く使われている投資科学の分析手法の1つであり、年金基金や生命保険会社、他の金融機関において何十億ドルもの確定利付証券からなるポートフォリオを決定するために用いられている。

手続きを記述する前に、その目的をさらによく考えておくことにしよう。ポートフォリオはその目的がはっきりしなければ、意味があるように構築することはできない。目的は人々が引き受けるリスクの特性を定義するのを助ける。たとえば、来年家族のために必要となる大きな支出を、現在投資するものとしよう。1年物Tビルに投資するならば、このTビルが1年間でいくらになるかは正確にわかる。ゆえに、この目的に関連するリスクはほとんどない。一方、10年物のゼロ・クーポン債に投資をしたならば、今から1年経ったときのこの債券の価値は、金利がどのようになるかに依存して大きく変化する。この投資は上記の目的について見ると高いリスクをもっている。10年で支払う債務のためにお金をためるのであれば、この状況は逆転する。10年物のゼロ・クーポン債は完全に予測できる結果を提供するが、1年物Tビルは1年後に、（現在の金利よりもかなり低くなるかもしれない）そのときの金利で再投資されなければならないので、その収益は**再投資リスク**（reinvestment risk）を負う。

一連の現金債務に直面した人が、債務が生じるたびにこれらを支払うために使うポートフォリオを手に入れたいものと仮定する（これは生命保険会社が直面する種類の問題である）。このための1つの方法は、個々の債務とちょうど一致する満期と額面価値をもつゼロ・クーポン債のセットを購入することである。しかし、社債を使う場合には、この単純な方法は実行可能ではないかもしれない。なぜならば、社債の場合、ゼロ・クーポン債はほとんどないからである（社債は米国Tボンドよりも高い利回りを提供するので、投資家は社債を使いたいと思うかもしれない）。もしキャッシュ・フローを完全に一致させることが不可能ならば、その代わりに、債務流列の現在価値と等しい価値をもつポートフォリオを購入する手段がある。個々の債務をみたすために現金が必要なときに、一部のポートフォリオを売る。また、ある時点で、ポートフォリオが（クーポンか額面価値の支払いから）必要な分よりも多くの現金を生み出してくれるならば、より多く債券を購入することができる。利回りが変わらなければ、この過程を通してポートフォリオの価値は残りの債務の現在価値と一致し続ける。したがって、債務をきちんとみたすことができる。

現在価値を一致させるこの方法に問題が生じるのは、利回りが変化するときである。ポートフォリオの価値と債務流列の現在価値はともに反応するが、おそらくその変化量は互いに異なるであろう。ポートフォリオと債務はもはや一致しないだろう。

イミュニゼーションは、現在価値と同様にデュレーションを（少なくとも近似的に）一致させることによって、この問題を解決する。ポートフォリオのデュ

レーションが、債務流列のデュレーションと一致するならば、ポートフォリオのキャッシュ・フローと債務流列の現在価値は、利回りの変化に対し（1次のオーダーで）まったく同じに反応するだろう。具体的には、利回りが上昇すれば、資産ポートフォリオの現在価値は減少するが、債務の現在価値もほぼ同じ量だけ減少するだろう。ゆえに、ポートフォリオは債務をまかなうことができるはずである。この方法を説明するために次の例を考えよう。

例 3.10（X 社） X 社には、10 年後に 100 万ドル支払わなければならない債務がある。この債務をみたすのに十分なお金を今投資したいと思っている。

1 つの解は単一のゼロ・クーポン債を購入することであるが、いつも必要とする満期のゼロ・クーポン債を手に入れることができるとは限らない。この例では、そのような債券は手に入らないと仮定する。そこで、X 社は表 3.7 に示す 3 つの社債の中から選択することを計画した。

これらの債券はすべて同じ 9% の利回りをもつものとし、すべての計算でこの利率を用いることにする。X 社は最初に債券 2 と債券 3 を使ってポートフォリオの構築を考える。第 1 段階で、デュレーションの計算を行うと、それぞれ $D_2 = 6.54$ と $D_3 = 9.61$ ということがわかる。これは重大な問題である！債務のデュレーションは明らかに 10 年であり、正の重みを使った D_2 と D_3 の加重平均ではそれを実現する方法はない。より長いデュレーションをもつ債券が必要である。そこで X 社は、債券 1 と債券 2 を使うことにした。$D_1 = 11.44$ である（デュレーションの定性的性質で議論したように、利回りが 9% のとき、長いデュレーションを得ることはかなり難しく、長い満期と低いクーポン率をもつ債券が必要であるということに注意しよう）。幸運にも、$D_1 > 10$ なので、債券 1 と債券 2 を使うことができる。

次に、債務の現在価値を 9% の金利で計算する。この場合、$PV = 414{,}643$ である。イミュナイズされたポートフォリオ（金利の微小な変化に対して

表 3.7　債券の選択

	利率	満期	価格	利回り
債券1	6%	30年	69.04	9.00%
債券2	11%	10年	113.01	9.00%
債券3	9%	20年	100.00	9.00%

3 つの債券が X 社のイミュナイズされたポートフォリオのために検討される。

価値が変化しないポートフォリオ）は、次の 2 つの方程式を解くことによって求めることができる。すなわち、2 つの債券に投資する資金量 V_1 と V_2 として、

$$V_1 + V_2 = \text{PV}$$
$$D_1 V_1 + D_2 V_2 = 10\text{PV}$$

とする。最初の方程式は、ポートフォリオの総価値が債務の総現在価値に等しくなければならないことを示している。2 番目の方程式は、ポートフォリオのデュレーションが債務のデュレーション（10 年）に等しくなければならないことを示している（デュレーションの修正項は相殺されるので、省略することができる）。これらの方程式の解は、$V_1 = 292,788.73$ ドルと $V_2 = 121,854.27$ ドルである。購入すべき債券数は、債券価格でそれぞれの価値を割ることによって求められる（額面は 100 ドルと仮定する）。ポートフォリオを定義するために、これらの数字を整数にする。

その結果を表 3.8 に示す。丸め誤差を除いて、実際に、ポートフォリオの現在価値は債務の現在価値に等しいことに注意しよう。さらに、利回りが異なっても（8％と 10％の場合を示した）、ポートフォリオの価値は依然として債務の価値にほぼ等しい。実際に、価格・利回り曲線の構造のために、両方の場合でポートフォリオ価値はいつも債務の価値を上回るだろう（練習問題 20 を参照）。

イミュニゼーションによって、利回り変化に対する防御が可能となる。利回りがポートフォリオの購入後すぐに変化しても、ポートフォリオの新しい価値は、理論的には依然として将来債務の新しい価値にほぼ一致するだろう。しかし、一度利回りが変化すると、新しいポートフォリオは新しい利率ではイミュナイズされないだろう。したがって、ときどきポートフォリオを**リバランス**（rebalance）、もしくは再イミュナイズするのが望ましい。また実際には、含まれている債券が米国 T ボンドでない場合には、デフォルト・リスクを部分的に分散するために、2 つ以上の債券が使われる。

イミュニゼーションは賢い考えではあるが、この簡単なやり方は、いくらかの欠点をもっている。この方法は、すべての利回りが等しいと仮定しているが、実際にはいつもそうではない。実際、デュレーションの長い債券とデュレーションの短い債券が同一の利回りをもつと仮定するのはかなり非現実的である。通

表 3.8　イミュニゼーションの結果

	パーセント利回り		
	9.0	**8.0**	**10.0**
債券1			
価格	69.04	77.38	62.14
数量	4,241.00	4,241.00	4,241.00
価値	292,798.64	328,168.58	263,535.74
債券2			
価格	113.01	120.39	106.23
数量	1,078.00	1,078.00	1,078.00
価値	121,824.78	129,780.42	114,515.94
債務価値	414,642.86	456,386.95	376,889.48
剰余	−19.44	1,562.05	1,162.20

ポートフォリオ価値から債務価値を引いた正味の剰余は、利回りが変化した場合もほぼゼロに等しくなる。

常、長期債券は短期債券よりもいくらか高い利回りをもつ。さらに、利回りが変化するとき、すべての債券の利回りが同じ量だけ変化するという仮定も非現実的である。したがって、リバランスをすることは難しい。そこで次の章で、イミュニゼーションのいくつかの重要な拡張を考える。そして、第5章では債券ポートフォリオを構築する別のアプローチを考える。しかし全般的には、ここで与えた方法は驚くほど実用的である。

3.7　コンベキシティ*

　修正デュレーションは、ある点での価格・利回り曲線の相対的な傾きを測る。これまで見てきたように、これは、価格・利回り曲線に対する直線近似であり、リスクを評価する方法と制御する手法の両方の観点から有用なものである。

　2次項を含めることによって、よりよい近似が得られる。この2次項は、価格・利回り曲線上のある点における相対的な曲率を表す**コンベキシティ**（convexity）に基づいて求められる。

　現在価値を計算するために連続時間金利 r を使う場合、コンベキシティは、

$$C = \frac{1}{PV}\frac{\mathrm{d}^2 PV}{\mathrm{d}r^2}$$

と定義される。これにより、以下の簡単な公式が導かれる。

$$C = \sum_{k=1}^{n} \frac{1}{\mathrm{PV}} \left[e^{-rt_k} x(t_k) t_k^2 \right]$$

言い換えるならば、この場合は、コンベキシティがキャッシュ・フローが発生する時間の2乗の加重平均であること、その重みはキャッシュ・フローの現在価値となることを示している。

債券の学習では、金利の代わりに利回りを使うのが普通である。なぜならば、定義によって価格に厳密に関連するのは利回りだからである。この場合、コンベキシティは、

$$C = \frac{1}{P} \frac{\mathrm{d}^2 P}{\mathrm{d}\lambda^2}$$

によって、定義される。これは、

$$C = \frac{1}{P} \sum_{k=1}^{n} \frac{\mathrm{d}^2 \mathrm{PV}_k}{\mathrm{d}\lambda^2}$$

のように、キャッシュ・フロー流列に関して表現することもできる。年あたりm回の利払い(そして、m回の複利期間)を仮定すると、以下のようになる。

$$C = \frac{1}{P[1+(\lambda/m)]^2} \sum_{k=1}^{n} \frac{k(k+1)}{m^2} \frac{c_k}{[1+(\lambda/m)]^k}$$

コンベキシティは時間の2乗の単位であることに注意しよう。コンベキシティは$t_k t_{k+1}$の加重平均である。デュレーションの場合と同様に、重みは相応するキャッシュ・フローの現在価値に比例する。結果は、係数$1/[1+(\lambda/m)]^2$によって修正される。利払いが等しい場合には、陽な公式を得ることができる。

価格をP、利回りλにおける修正デュレーションをD_M、コンベキシティをCとする。$\Delta\lambda$をλの微小変化、ΔPをPの微小変化とすると、

$$\Delta P \approx -D_M P \Delta\lambda + \frac{PC}{2} (\Delta\lambda)^2$$

を得る。これは価格・利回り曲線の2次近似である。利回りが変わったときに、通常のイミュニゼーションより資産のポートフォリオ価値と債務の価値の差を小さくするという意味で、イミュニゼーションを改善するためにコンベキシティを使うことができる。イミュニゼーションにおけるコンベキシティの利用法は、債券ポートフォリオの現在価値とデュレーション、コンベキシティが債務のそれらに一致するように債券ポートフォリオを構築することである。このためには、一般的に3つの債券が必要である。

3.8 まとめ

　確定利付証券は基礎的な投資商品であり、すべての投資ポートフォリオの一部として不可欠である。それは金利の市場条件を直接反映するものである。

　さまざまな投資や事業のために、多くの種類の確定利付証券が設計されている。しかし、確定利付証券に対する投資のほとんどは、モーゲージと債券に対するものである。

　多くの確定利付証券は、証券の所有者に定期的な支払いを行う。これは、特にモーゲージや貸付、年金、債券に対して当てはまる。債券の場合、これらの支払いは通常 6 カ月ごとに行われ、クーポン支払いと呼ばれる。

　通常、確定利付証券に関連する定期的な支払いは同じ金額であり、支払い額 A、証券の元本価値 P、1 期間の金利 r、支払い期間数 n を関連づける重要な公式

$$P = \frac{A}{r}\left[1 - \frac{1}{(1+r)^n}\right]$$

がある。ほとんどの年金、モーゲージ、債券を評価し、時間にわたって資本費用を償却するために、この 1 つの公式を使うことができる。

　債券は一般的な投資目的のために、最も重要なタイプの確定利付証券である。重要な参照債券は、さまざまな満期とクーポン価値をもつ T ビル、T ノート、T ボンドなどの米国財務省証券である。これらの債券はデフォルトがないものと考えられており、それゆえに、その価格は同じクーポン率と満期をもつ社債よりもいくらか高い値をもつ。

　コール条項、減債基金債券、クーポン率が経済指標に結びつけられている債券など、一般的な利付債にはさまざまなものがある。加えて、地方債は特別な税の取り扱いを受ける。

　債券の特徴は、買い手が通常の価格に加えて経過利息を支払わなければならないことである。この経過利息は、最後のクーポン支払い以降のクーポン分を、以前の所有者に対して行う保証である。

　債券はしばしば、満期利回りを計算することによって分析される。これは現在の価格によって求められる年利で、約束された債券の支払いの現在価値を、現在の債券価格に等しくする金利である。この利回りの計算を逆向きに利用することもできる。すなわち債券価格を利回りの関数として求めることができる。これは価格・利回り関係で、それをプロットしたものが、価格・利回り曲線である。

価格・利回り曲線の勾配は、利回り変化に対する価格の感度尺度である。利回りは市場金利に追随する傾向にあるので、価格・利回り曲線は特定の債券に関連する金利リスクの尺度になる。一般的なルールとして、長期債券は短期債券よりも大きな勾配をもち、ゆえに、長期債はより大きな金利リスクをもつ。勾配を基準化したもの（勾配を現在価格で割った値）が債券の（修正）デュレーションである。したがって、デュレーション（もしくは、より正確には修正デュレーション）は金利リスクの使いやすい尺度である。

イミュニゼーションは、1次のオーダーで、金利リスクのないポートフォリオを構築する方法である。その方法はしばしば、生命保険会社、年金基金のような将来大きな債務の支払いを有する機関に適用される。彼らは確定利付証券への適切な投資によって、これらの債務に対して準備することを望んでいる。現在価値が債務流列の価値に等しく、デュレーションが債務のデュレーションと一致するならば、ポートフォリオはイミュナイズされる。言い換えると、この場合債務流列と確定利付資産からなる正味のポートフォリオは、ゼロの現在価値とゼロのデュレーションをもつ。

練習問題

1. （償却）　25,000ドルの債務が7％の金利で7年にわたって償却される。これを達成する毎月の支払い額はいくらか。
2. （取り替えと年価 ◇）　キャッシュ・フロー流列 $X = (x_0, x_1, x_2, \ldots, x_n)$ が与えられると、この有限の流列を連続的に繰り返すことによって、無限の長さをもつ新しい流列 X_∞ がつくられる。金利は r とする。P と A をそれぞれ、流列の現在価値と年価とする。P_∞ を用いて A を求め、P_∞ と同様、A を評価目的のために使うことができることを結論づけよ。
3. （不確実な年金 ◇）　ガビンの祖父のジョーンズ氏は90歳になったばかりで、今から1年後から死ぬまで、1年あたり1万ドルの生涯年金を申し込もうとしている。彼は、ガビンにその分析を頼んだ。統計によると、ジョーンズ氏がある年で死ぬ可能性（確率）は次の通りである。

年　齢	90	91	92	93	94	95	96	97	98	99	100	101
確　率	.07	.08	.09	.10	.10	.10	.10	.10	.10	.07	.05	.04

次の質問に答えよ。

(a) ジョーンズ氏の平均余命はどのくらいか。

(b) ジョーンズ氏の平均余命に等しい期間の年金の現在価値は8％金利ではいくらか（整数でない年数の年金に対しては平均法を使え）。

(c) 年金の期待現在価値はいくらか。

4. （APR） 表3.1の2番目に掲載されているモーゲージに対する総手数料はいくらか。

5. （モーゲージの再構築） 投資家は25万ドルで小さいアパートメントビルを購入した。頭金で5万ドル支払い、30年間、年12％固定金利、月次複利で残高分を借りた。ちょうど20年間、ローンの条件にしたがって、等金額の月次払いを終えたところである。今、残高分を借り換えることによって、モーゲージを再構築する機会があるとしよう。現在の残高分を借りて、もとのローンを支払い、残高分に対する新しいローンを想定する（手数料などはかからない）。新しいローンは20年間、年9％固定金利、月次複利で、等金額で毎月支払う。年5％の月次複利の無リスクの貯蓄口座をもっている場合に、モーゲージを再構築すべきか？

6. （簡単なキャッシュ・フロー） 時点0にいるとしよう。現在の金利は r である。$x = \frac{1}{1+r}$ と定義する。

(a) x と n を用いて、次のキャッシュ・フローの現在価値 S_n を計算せよ。

期間	0	1	2	3	4	...	n
キャッシュ・フロー	1	3	3^2	3^3	3^4	...	3^n

(b) r と x、もしくは r または x を用いて、次の（無限の）キャッシュ・フローの現在価値 S を計算せよ。

期間	0	1	2	3	4	...	n
キャッシュ・フロー	1	2	3	4	5	...	n+1

7. （コーラブル債） Z社は利回りが10％のときに10％の20年債を発行した。債券にはコール条項が付いていて、額面価値プラス5％で債券を保有者が償還させることが許されている。5年後、企業はコール条項の行使が有利であることに気づく。そのときの利回りはどのくらいと推定することができるか（年あたり1回のクーポン支払いを仮定せよ）。

8. （隔週のモーゲージ ⊕） 自家所有者が、何千ドルものモーゲージの支払いを節約する方法として、有利な提案がある。それは月々でなく、隔週で支払う方法である。具体的には、月々の支払いが x ならば、2週間ごとに $x/2$ を代わりに支払う方法である（全部で年あたり26回支払う）。この

結果、金利を節約して、モーゲージをより早く支払うことになる。これは一見したところ、わずかな修正であるが節約は劇的である。しばしば、1/3以上金利の総支払い額を削減する。30年間、10%金利を支払う10万ドルのローンを仮定しよう。金利は月複利とする。

(a) 月々の支払い計画のもとでの月々の支払い額と、30年間の金利の総支払い額はいくらか。

(b) 隔週の支払い計画を使うと、ローンはいつ完全に支払い終わり、月々の計画よりもどれだけ節約されるか（この部分では隔週の複利を仮定してよい）。

9. （年価）　年価法の1つの有利さは、1サイクルの長さは異なるが繰り返し行われるプロジェクトの比較を簡単にすることである。例2.7の自動車購入問題を考えてみよう。2つの（1サイクルの）選択肢の年価を求め、どちらが好ましいかを調べよ。

10. （変動利付きモーゲージ ⊕）　スミス氏の家族は新しい家を買うために、変動利付きモーゲージの契約をした。モーゲージの価値は10万ドル、期間は30年で、初期の金利は8%である。金利は5年間保証される。その後、金利はそのときの金利にしたがって調整される。新しい利率はモーゲージの支払い額もしくは、期間を変更することによってローンに適用される。

(a) もともとの年あたりのモーゲージの支払い額はいくらか（支払いは年あたりであることを仮定せよ）。

(b) 5年後のモーゲージの残高はいくらか。

(c) 5年後にモーゲージの金利が9%に変化するならば、最終時点を同じに保つ新しい年あたり支払い額はいくらか。

(d) (c)の金利のもとで、支払い額を同じにしたときの新しい支払い期間はどのくらいか。

11. （債券市場）　市場に次のような3つの債券がある。
1. 年払いで、4%のクーポン率、10年満期、額面1,000ドルの債券
2. 年払いで、4%プラス現在の（短期）金利のクーポン率、10年満期、額面1,000ドルの債券
3. 年払いで、8%マイナス現在の（短期）金利のクーポン率、10年満期、額面1,000ドルの債券

債券価格はそれぞれ、950ドル、1,100ドル、900ドルである。

(a) 10年満期、額面1,000ドルのゼロ・クーポン債の価格を計算せよ。

(b) 10年満期、額面1,000ドルの変動利付き債（クーポンは年払い）の

価格を計算せよ。

12. （インフレ連動債券） 1997 年、米国財務省はインフレ連動債券（TIPS）を発行した。これらはインフレに対してその価値を保つために、インフレに連動する固定金利債券である。通常の債券のように、固定のクーポン率と満期をもっている。しかし、額面価値は、発行日での消費物価指数（CPI）に対する現在の CPI の比率を額面に掛けることによって、インフレに対して定期的に調整される。満期がくると、債券保有者はインフレに連動した額面価値か、もとの額面価値の大きい方の金額を受け取る。したがって、デフレが起こったとしても、債券保有者は額面価値を失わないように保証されている。

次のような 2 つの 10 年インフレ連動債券の価格を観測したとしよう。
債券 1: $P_1 = 77.92, C_1 = 3\%, F_1 = 100$
債券 2: $P_2 = 100.00, C_2 = 6\%, F_2 = 100$

ここで、P は価格、C はクーポン率、F は額面価値である。

(a) 額面価値が 100 の 10 年満期のインフレ連動ゼロ・クーポン債の理論価格を計算せよ（注意: 税金は無視するものとする）。

(b) (a) の答えはインフレ率に依存しているか？ 答えが正しいことを説明せよ。

13. （債券価格） 満期まで 18 年の 8％債券の利回りは 9％である。この債券の価格はいくらか。

14. （デュレーション） 10％の利回りで取引されている、10 年、8％の債券の価格とデュレーションを求めよ。

15. （年金のデュレーション ◇） 今から 1 年後に最初の支払いがあり、毎年の初めに A を支払う永久年金のデュレーション D と修正デュレーション D_M を求めよ。ある一定の金利 r の年複利を仮定せよ［ヒント：必ずしも新しい合計を評価する必要はない］。

16. （債券の選択） 表 3.9 に示すような年あたりの支払いをもつ 4 つの債券を考える。それらは 15％の利回りを生み出すように取引される。

(a) 各債券の価格を求めよ。

(b) 各債券のデュレーションを求めよ（修正デュレーションではない）。

(c) どの債券が利回り変化に最も敏感か。

(d) 2 年後に 2,000 ドルの負債を負っていると仮定しよう。金利リスクについて関心があるならば、債券と債務からなるポートフォリオをイミュナイズすべきである。V_A, V_B, V_C, V_D をそれぞれ購入する債券

A,B,C,D の総価値とすると、イミュニゼーションを行うために必要な制約は何か [ヒント：2つの方程式がある。解かないでよい]。

(e) ポートフォリオをイミュナイズするために、債券 C と他の債券を使うことを決定する。他のどの債券を選ぶべきか。これらのそれぞれの購入金額（総額）を求めよ。

(f) イミュニゼーションに債券 C を使うことを (e) で決定した。債券の組み合わせを含めて、総費用がより低くなる他の選択はあるか。

表 3.9

年末支払い	債券 A	債券 B	債券 C	債券 D
1年	100	50	0	0 + 1000
2年	100	50	0	0
3年	100 + 1000	50 + 1000	0 + 1000	0

17. （連続複利 ◇）　連続複利のもとで、マコーレー・デュレーションは、

$$D = \frac{\sum_{k=0}^{n} t_k e^{-\lambda t_k} c_k}{P}$$

となる。ここで λ は利回りで、

$$P = \sum_{k=0}^{n} e^{-\lambda t_k} c_k$$

である。D と P を使って、$dP/d\lambda$ を求めよ。

18. （デュレーションの極限）　満期が無限になるにつれて、デュレーションの極限値が

$$D \to \frac{1 + (\lambda/m)}{\lambda}$$

となることを示せ。表 3.6 の債券に対し（$\lambda = 0.05, m = 2$）、$D \to 20.5$ が得られる。大きな λ に対し、この極限値は $1/m$ に近づく。ゆえに、大きな利回りに対するデュレーションは、相対的に短くなることに注意しよう。

19. （コンベキシティの値）　連続複利のもとで、T 時点に満期を迎えるゼロ・クーポン債のコンベキシティを求めよ（すなわち、$m \to \infty$ の場合である）。

20. (コンベキシティの定理 ◇) 1時点でのみ生じる債務が、(X社の例のように) 非負のキャッシュ・フローのみをもつ債券を用いて、金利の変化に対してイミュナイズされると仮定しよう。r を現時点の金利とする。金利が $r + \lambda$ となるとき、$P(\lambda)$ を債務を含めて結果として生じるポートフォリオの価値であるとする。ポートフォリオのつくり方から、$P(0) = 0$, $P'(0) = 0$ である。この練習問題では、$P(0)$ は局所的最小であること、すなわち、$P''(0) \geq 0$ であることを示す (この性質は例 3.10 で示されている)。

年複利を仮定する。t 時点での割引係数は $d_t(\lambda) = (1 + r + \lambda)^{-t}$ である。$d_t = d_t(0)$ としよう。便宜上、債務の大きさは 1 で、$\bar{t}$ 時点で支払われなければならないと仮定する。イミュニゼーションの条件は、以下の通りである。

$$P(0) = \sum_t c_t d_t - d_{\bar{t}} = 0$$
$$-P'(0)(1+r) = \sum_t t c_t d_t - \bar{t} d_{\bar{t}} = 0$$

(a) α と β のすべての値に対して、以下の式が成り立つことを示せ。

$$P''(0)(1+r)^2 = \sum_t (t^2 + \alpha t + \beta) c_t d_t - (\bar{t}^2 + \alpha \bar{t} + \beta) d_{\bar{t}}$$

(b) 関数 $t^2 + \alpha t + \beta$ は $\bar{t}$ で最小になり、その値が 1 となるように α と β が選ばれることを示せ。これらの値を使って、$P''(0) \geq 0$ であることを結論づけよ。

参考文献

短期金融市場は巨大で、非常に多くの金融商品と金融機関から構成される。詳しい記述は多くの資料から入手可能である。いくつかのよい出発点は文献 [1-5] である。イールド・カーブ分析の包括的な取り扱いについては、文献 [5-7] を参照。デュレーションの概念は、Macaulay と Redington によって発見された (文献 [8, 9] を参照)。イミュニゼーションの完全な方法と、この概念の歴史と詳細な使い方については、文献 [10-13] を参照。練習問題 20 の結果は、Fisher-Weil の定理 [13] に関するものである。

1. Cook, T. Q., and T. D. Rowe (1986), *Instruments of the Money Market*, Federal Reserve Bank, Richmond, VA.
2. Fabozzi, F. J., and F. Modigliani (2008), *Capital Markets: Institutions and Instruments*, 4th ed., Prentice Hall, Englewood Cliffs, NJ.
3. *Handbook of U.S. Government and Federal Agency Securities and Related Money Market Instruments, "The Pink Book,"* 34th ed. (1990), The First Boston Corporation, Boston.
4. Homer, S., and M. Liebowitz (1972), *Inside the Yield Book: New Tools for Bond Market Strategy*, 4th ed., Prentice Hall, Englewood Cliffs, NJ.
5. Veronsi, P. (2010), *Fixed-Income Securities*, John Wiley & Sons, Hoboken, NJ.
6. Fabozzi, F. J. (2001), *Fixed-Income Securities*, 2nd ed., John Wiley & Sons, New York.
7. Van Home, J. C. (2000), *Financial Market Rates and Flows*, 6th ed., Prentice Hall, Englewood Cliffs, NJ.
8. Macaulay, F. R. (1938), *Some Theoretical Problems Suggested by the Movement of Interest Rates, Bond Yield, and Stock Prices in the United States since 1856*, National Bureau of Economic Research, New York.
9. Redington, F. M. (October 1971), "Review of the Principles of Life-Office Valuations," *Journal of the Institute of Actuaries*, **78**, no. 3, 286–315.
10. Bierwag, G. O., and G. G. Kaufman (July 1977), "Coping with the Risk of Interest-Rate Fluctuations: A Note," *Journal of Business*, **50**, no. 3, 364–370.
11. Bierwag, G. O., G. G. Kaufman, and A. Toevs (July–August 1983), "Duration: Its Development and Use in Bond Portfolio Management," *Financial Analysts Journal*, **39**, no. 4, 15–35.
12. Bierwag, G. O. (1987), *Duration Analysis*, Ballinger Publishing, Cambridge, MA.
13. Fisher, L., and R. L. Weil (1971), "Coping with the Risk of Interest-Rate Fluctuations: Returns to Bondholders from Naive and Optimal Strategies," *Journal of Business*, **44**, 408–431.

第4章
金利の期間構造

この章では、金利の理論について前章よりも一歩踏み込んだ内容を論じる。拡張された理論は、あらゆる時点に対する金利、すなわち各満期時点に対して異なる金利を考慮することを通じて、金利市場の明確な理解とより洗練された投資分析手法の基礎をもたらしてくれる。

4.1 イールド・カーブ

債券の満期利回りは、確定利付証券市場の一般的な条件と強く結びついている。すべての利回りは、この市場において連動して動く傾向がある。しかし、すべての債券の利回りは厳密に同じではない。

債券に対する利回りの変動は、債券がさまざまな質の格付けをもつという事実によって、部分的に説明される。信用力の高い AAA の格付けの債券は、同じ収入流列を持つ B の格付けの債券よりも価格は高くなる（ゆえに利回りは低くなる）。質の高い債券が質の低い債券よりも価格が高いのは極めて当然のことである。しかし、質だけでは、債券の利回りの変動を十分に説明できない。

さまざまな債券の利回りの違いを部分的に説明する別の要因は、満期までの長さである。その状況は、**イールド・カーブ**（利回り曲線: yield curve）によって表される。それは似た性質の債券の満期に対して、利回りをプロットしたものである。一般的なルールとして、長い満期をもつ長期債券は、同様な性質をもつ短期債券よりも大きな利回りをもつ傾向にある。そのような曲線を図4.1に示した。左図の曲線は満期に対して単調に増加している。そのようなイールド・カーブは、"順イールド"と呼ばれ、通常長期債券は短期債券よりも好まれないという事実を反映している。満期が増加するにつれてイールド・カーブが減少する領域があるならば、その曲線は逆イールド・カーブ（inverted yield curve）

と呼ばれる。逆イールド・カーブは短期金利が急速に増加したものの、投資家がその上昇は一時的であり、長期金利はその前の水準の近くにとどまると信じているときに起こりやすい。領域全体で減少している完全な逆イールド・カーブになっている場合もある。曲線が満期の小さい領域でのみ減少している場合は、その曲線は部分的な逆イールド・カーブと呼ばれる。図 4.1 の右側のイールド・カーブはすべて単調増加であり、逆イールドではない。しかし、満期が短いところで、あたかも曲線が押しつぶされたように、利率がほとんどゼロで曲線が凸になっている領域がある。これは、連邦準備銀行による短期金利の抑制活動の結果である。イールド・カーブは、しばしば風の中の枝のように、時間とともに波状になる。

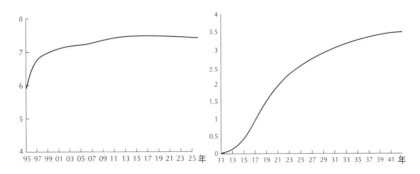

図 4.1 イールド・カーブ
利回りは満期日の関数としてプロットした曲線である。左側の曲線は 1995 年のもので、典型的な形状である。右側の曲線は 2011 年のもので、通常とは異なる形状である。
出典：Treasury Bulletin, 1995 年 6 月, 2011 年 9 月

　ある特定の債券を調べるとき役に立つのは、その利回りと満期日を決定し、そのリスククラスの債券に対するイールド・カーブ上に、1 つの点としてそれをプロットすることである。これは、市場全体に対し、その債券がどのように価格付けされているかについて、一般的な目安を与えてくれる。曲線から離れていれば、おそらく（債券のコール条項か、発行者の潜在的な支払い能力に影響を与えるニュースのような）特別な状況か、特別な特徴に関連する理由があるはずである。

　イールド・カーブは有益であるが、ややあいまいさが残るもので、利回りの違いについて完全に満足できる説明を与えるものではない。たとえば、曲線の横軸として、デュレーションではなく、満期日を使う理由は何か？　より基本的な理論が必要である。そこで、次節でその理論を説明する。

4.2　期間構造

期間構造理論は、利回りの概念をいったん脇に置き、その代わりに純粋な金利に焦点を当てた理論である。その理論は、お金に支払われる金利が、一般的にお金が保持される時間の長さに依存するという観測に基づいている。たとえば、あなたの地元の銀行は、3年間の定期預金に対して、(いかなるときにでも引き出せる) 要求払預金よりも高い金利を提供するであろう。支払われる金利は、資金が保持される時間の長さに依存するというこの基本的な事実が、期間構造理論の基礎となる。この章では、その事実の詳細とその意味するところを説明する。

◆スポット・レート

スポット・レート (spot rate) は期間構造を定義する基本的な金利である。スポット・レート s_t は年利で記述されるもので、現時点 ($t=0$) から t 時点まで保持されるお金にかかる金利である。時点 t で利息と元本の両方が支払われる。特に、s_1 は 1 年間保有されるお金に支払われる年金利である。同様に、金利 s_2 は 2 年間保有されるお金に支払われる、1 年あたりの金利である。したがって銀行が、年複利で金額 A の 2 年物預金に s_2 の金利の支払いを約束するならば、実際には 2 年後に $(1+s_2)^2$ を支払う。あなたのお金は、$(1+s_2)^2$ 倍に増える。

スポット・レートの定義は、暗黙のうちに複利を仮定しているが、この条件は目的によって異なるかもしれない。前述の議論は 1 年複利を仮定していた。同様に、年あたり m 期間を使う場合や、連続複利を使うこともある。いずれの場合も、金利は通常年率で決められる。完全を期すために、さまざまな可能性を挙げておく。

(a) **年複利**：年複利のもとでのスポット・レートとは、1 単位の資金を t 年間保有したときにそれが、

$$(1+s_t)^t$$

倍になるような s_t のことをいう (ここで、t は整数でなければならない。そうでない場合には調整を行う必要がある)。

(b) **年あたり m 期間の複利**：年あたり m 期間の複利のもとでは、スポット・レート s_t は、

$$(1+s_t/m)^{mt}$$

が増加係数となるように定義される (ここで、mt は整数でなければなら

ない。したがって、t は $1/m$ の整数倍でなければならない）。
(c) **連続複利**：連続複利のもとでは、スポット・レート s_t は、$e^{s_t t}$ が同様の増加係数となるものとして定義される。この公式はすべての t の値に直接適用される。

理論的には、連続複利の公式はすべての t の値に対して変更なしで適用できるので使いやすい。他の方法は、複利日の中間の t の値に対しては調整を必要とする。しかし、年複利が最も便利なので、この章で主としてこの慣例を使うことにする。

理論的にはスポット・レートは、ゼロ・クーポン債の利回りを記録することによって計測される（デフォルト・リスクの影響を取り除くためには、国債のみを考慮するのが最善である）。ゼロ・クーポン債は将来のある決まった日に、ある決まった額の支払いを約束するので、現在価格に対する支払い額の割合が、債券の満期日に対するスポット・レートを定義する。この過程によって、イールド・カーブとよく似たスポット・レート・カーブ（spot rate curve）を導くことができる。このカーブとそれに対応するデータを図 4.2 に示した。

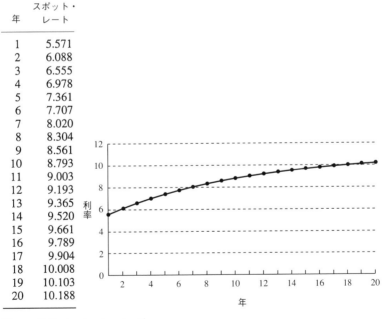

年	スポット・レート
1	5.571
2	6.088
3	6.555
4	6.978
5	7.361
6	7.707
7	8.020
8	8.304
9	8.561
10	8.793
11	9.003
12	9.193
13	9.365
14	9.520
15	9.661
16	9.789
17	9.904
18	10.008
19	10.103
20	10.188

図 4.2　スポット・レート・カーブ
年利は資金が保持される時間の長さに依存する。

◆割引係数と現在価値

ひとたび、スポット・レートが決まれば、各時点における**割引係数**（discount factor）d_t を定義するのが自然である。これは、将来のキャッシュ・フローと同等な現在価値を得るために掛ける係数である。さまざまな複利法に対して、それらは次のように定義される。

(a) **年複利**：年複利に対して、

$$d_k = \frac{1}{(1+s_k)^k}$$

(b) **年あたり m 期間の複利**：年あたり m 期間の複利に対して、

$$d_k = \frac{1}{(1+s_k/m)^{mk}}$$

(c) **連続複利**：連続複利に対して、

$$d_t = e^{-s_t t}$$

割引係数は将来のキャッシュ・フローを、等価な現在価値に変換する。ゆえに、あるキャッシュ・フロー流列 $(x_0, x_1, x_2, \cdots, x_n)$ が与えられると、市場のスポット・レートに対応する現在価値は、

$$\mathrm{PV} = x_0 + d_1 x_1 + d_2 x_2 + \cdots + d_n x_n$$

となる。割引係数 d_k は k 時点で受け取る現金の価格のような役割を果たす。流列のすべての現金要素に対して、「価格 × 量」を足し合わせることによって、流列の価値を決定する。

例 4.1（10 年債の価格） 図 4.2 のスポット・レート・カーブを使って、10 年満期の 8% 債券の価値を求めよう。

通常債券に対しては、6 カ月複利の利率と公式を使う。しかしこの例では、クーポンは今から 1 年後から始めて、毎年末にのみ支払われると仮定する。また 1 年複利は、一般的な評価方法と整合的であるものと仮定する。表 4.1 のように、キャッシュ・フローを割引係数と並べて書き、それらを掛け算して合計する。債券の価値は 97.34 となる。

表 4.1　債券の評価

年	1	2	3	4	5	6	7	8	9	10	総現在価値
割引係数	0.947	0.889	0.827	0.764	0.701	0.641	0.583	0.528	0.477	0.431	
キャッシュフロー	8	8	8	8	8	8	8	8	8	108	
現在価値	7.58	7.11	6.61	6.11	5.61	5.12	4.66	4.22	3.82	46.50	97.34

各キャッシュ・フローは、その時点における割引係数によって割り引かれている。

例 4.2（シンプリコ金鉱）　第 2 章の例 2.6 で議論したシンプリコ金鉱の採掘権を考えよう。しかし、ここでは金利が図 4.2 の期間構造パターンにしたがうものと仮定する。採掘権の現在価値を求めよう。

　キャッシュ・フロー流列は以前の例と同じである。すなわち 10 年間にわたり毎年 200 万ドルである。したがって現在価値は、最初の 10 個の割引係数に 200 万ドルを掛けた値の合計で、総額は 1,358 万ドルとなる。

◆スポット・レートの決定

　スポット・レート・カーブを決める自明な方法は、さまざまな満期日をもつ一連のゼロ・クーポン債の価格を見つけることである。あいにく、利用可能なゼロ・クーポン債の集合は通常はまばらで、実際に最近に至るまで、実質的に長期のゼロ・クーポン債は存在しなかった。したがって、この方法でスポット・レートの完全な集合を見つけることは必ずしも実際的とは言えない。しかし、スポット・レートの概念にとって、ゼロ・クーポン債の存在は必ずしも必要ではなく、スポット・レートの値を決定するためのデータとして必要なものではない。

　スポット・レート・カーブは、短い満期のものから始め、長い満期のものへ向かって進むことによって、利付債の価格をもとに求められる。1 年複利で（利息は 1 年に 1 度だけ支払われると仮定して）、その手続きを説明する。最初に、1 年金利の観測値から s_1 を決定する。たとえば、これは 1 年物 T ビルによって決定される。次に 2 年物債券を考える。債券の価格が P で、2 年間ともに年末に C の金額のクーポンが支払われ、額面価値が F であるものと仮定する。価格はキャッシュ・フロー流列の割引価値に等しくなるはずである。ゆえに、次のように書くことができる。

$$P = \frac{C}{1+s_1} + \frac{C+F}{(1+s_2)^2}$$

s_1 は既知なので、この方程式を s_2 に対して解く。この方法を用いて、3 年債、4 年債と前進していけば、$s_3, s_4, \ldots$ を順番に決定することができる。

スポット・レートを引き算によって求めることもできる。クーポン率は異なるが、同じ満期をもつ 2 つの債券を組み合わせて、ゼロ・クーポン債と等価な債券をつくることができる。次の例で、その方法を説明する。

例 4.3（ゼロ・クーポン債の構築） 債券 A は 10%クーポンの 10 年債である。その価格は $P_A = 98.72$ である。債券 B は 8%クーポンの 10 年債で、その価格は $P_B = 85.89$ である。両方の債券は同じ額面価値をもっており、100 に標準化されている。

債券 A を -0.8 単位、債券 B を 1 単位もつポートフォリオを考えよう。このポートフォリオは 20 の額面価値をもち、その価格は $P = P_B - 0.8 P_A = 6.914$ である。クーポン支払いは相殺されるので、これは、ゼロ・クーポン・ポートフォリオである。10 年スポット・レート s_{10} は、$(1+s_{10})^{10} P = 20$ を満足しなければならない。したがって、$s_{10} = 11.2\%$ である。

スポット・レートは理想化された概念なので、さまざまな債券によって求められるスポット・レートは、実際には互いに少しずつ異なるかもしれない。したがって、スポット・レートを推定するにあたっては、平均をとることによって、これらの手続きを修正することが望ましい。

4.3 フォワード・レート

スポット・レートの定義から、洗練された役立つ概念が導かれる。それはフォワード・レートの概念である。**フォワード・レート**（forward rate）とは、将来の 2 つの日の間で資金を借りることに関して、いま同意する金利のことである。

2 年間の状況のもとで、その概念を説明するのが最も簡単である。s_1 と s_2 は既知であると仮定する。1 ドルを 2 年物預金に預ければ、定義により 2 年後には $(1+s_2)^2$ ドルになる。その代わりに、1 ドルを 1 年物預金に預けると同時に、$(1+s_1)$ ドルとなるはずのお金を、今から 1 年後に始まる 1 年間貸すという取り決めをする。そのローンは、（いま同意した）利率で金利が生じる。この利率を f とすると、この f がこの方法でお金を貸すときのフォワード・レートである。この複利計画のもとで 2 年後に受け取る最終的な金額は、$(1+s_1)(1+f)$ ドルである。

比較原則を思い出してみよう。2 年間で 1 ドルを投資するには 2 つの方法がある。最初の方法の収益は $(1+s_2)^2$ で、2 番目の方法の収益は $(1+s_1)(1+f)$

である。両方ともに利用可能なので[1]、これらの 2 つは等しくなくてはならない。したがって、

$$(1+s_2)^2 = (1+s_1)(1+f)$$

すなわち、

$$f = \frac{(1+s_2)^2}{1+s_1} - 1$$

である。したがって、フォワード・レートは 2 つのスポット・レートで決定される。

　ここで、**裁定の論法**（arbitrage argument）を使えば、比較原則の利用を正当化できる。もし、資金を投資するこれらの 2 つの方法が、同じ金額の収益をもたらさなければ、裁定の利益を得る機会が存在する。それは、無リスクの利益を得る機会として定義される。前述の例で、最初の方法よりも 2 番目の方法がより大きな収益をもたらすならば、すなわち $(1+s_1)(1+f) > (1+s_2)^2$ であるならば、最初の方法を逆にして、2 年間お金を借り、借りたそのお金を投資することによって 2 番目の方法を実行する。この結果借りた資本のみを使うので、正味投資は 0 である。ローンを支払った後で、$(1+s_1)(1+f) - (1+s_2)^2 > 0$ の利益が残ることになる。この裁定案はどのような金額でも実行できる。したがって、理論的には初期資本なしで大金を得ることができる。潜在的な裁定者は、いつでもそのような相違を監視しているので、この案を市場で実行することは不可能であると仮定する。もしわずかな不一致が生じれば、それを利用した行動が利率の差を縮めることになる。不等号が逆であれば、裁定者はその手続きの反対のことを実行する。したがって、等号が保たれなければならない。

　裁定の論法は取引コストがないことを仮定している。取引コストとは、仲介手数料のような実際のコスト、または時間に関連する機会コストや、不一致を見つけたり、取引を用意するための努力のことである。また、その論法は借入利率と貸付利率が同一であると仮定している。取引コストが存在し、利率が同一でなければ、2 つの代替的な戦略に関して 2 年金利の間にはわずかな「差」が生じる。しかし実際には、米国財務省証券のような十分に流動的な証券に関連する取引コストは、特に取引量が多額であれば、全体コストの非常に小さな部分となる。

　また取引数が多いときに、借入利率と貸付利率は非常に近い値をとる。ゆえに、裁定の論法は理想化した議論であるが、実際には理にかなった近似となっ

---

[1] このタイプの先物契約は第 12 章で説明するように、実際は財務省証券の先物契約を使って行われる。財務省証券の流動性は大変高いので、このタイプの先物は容易に入手できる。

ている。

比較原則は、裁定が存在しないときでも、2つの全般的な利率は等しくなければならないことを主張するときに使うことができる。金利に差があれば、2年のローンを探している投資家も、また借り手も最もよい案を選ぼうとする。市場の力はその利率を等しくするように働くのである。

例 4.4 1年と2年のスポット・レートをそれぞれ、$s_1 = 7\%$、$s_2 = 8\%$ とする。そのとき、フォワード・レートは $f = (1.08)^2/1.07 - 1 = 0.0901 = 9.01\%$ となる。したがって、2年の8%の金利は直接的な2年の投資か、1年間は7%で、引き続き9.01%で投資することによって得られる。

以上の議論を一般化すると、さまざまな期間の他のフォワード・レートを定義することができる。前に使った利率 f が1年と2年の間のフォワード・レートだから、これを $f_{1,2}$ と書くことによってフォワード・レートをより完全に記述することができる。一般的に以下の記述を用いる。

> **フォワード・レートの定義** $t_1 < t_2$ である t_1 時点と t_2 時点の間のフォワード・レートを、f_{t_1,t_2} と記述する。それは、t_2 時点で（利息を）支払うお金を借りるときにかかる t_1 時点での金利である。

一般的にフォワード・レートは、他の金利と同様、別の基準が明記されていない場合には、年ベースで表記される。

前述のように、市場では、ある特定のフォワード期間に対して1つ以上の利率が存在する。たとえば、借りるときのフォワード・レートは貸すときのものとは異なる。したがって、市場金利を議論するときには、1つのものを特定しなくてはならない。しかし、理論的な議論を伴う場合には、フォワード・レートはもととなる（一般的に、市場条件を理想化するか、平均をとるかして表す）スポット・レートの集合をもとに表記される。これらの計算されたフォワード・レートは、しばしば**市場のフォワード・レート**（market forward rate）と区別するために、**インプライド・フォワード・レート**（implied forward rate）と呼ばれる。

インプライド・フォワード・レートは、$f_{1,2}$ の値を求めるために用いた論理を拡張することによって求められる。1年複利を使うならば、基本的なフォワード・レートは、さまざまな年の間で定義される。それらは、($i<j$ に対して) 次の方程式を満足するように定義される。

$$(1+s_j)^j = (1+s_i)^i(1+f_{i,j})^{j-i}$$

この方程式の左辺は、直接 j 年間投資をする際に増えるお金の係数である。この量は、スポット・レート s_j によって定義される。方程式の右辺は、最初に i 年間投資し、そして i 年と j 年の間は（今、決められた）フォワード契約をした場合に、増えるお金の係数である。$(1+f_{i,j})$ の項は $(j-i)$ 乗で増える。なぜならば、フォワード・レートは年率で記述されているからである。

他の複利に拡張することは簡単である。完全を期すために、(年率のように) さまざまな複利のもとでのフォワード・レートの公式を示す。

フォワード・レートの公式　　t_1 時点と $t_2 > t_1$ である t_2 時点の間のインプライド・フォワード・レートは、これらの時間の間の金利であり、与えられたスポット・レート・カーブと整合的である。さまざまな複利のもとで、フォワード・レートは次のように記述される。

(a) **年複利**：年複利におけるフォワード・レートは、$j > i$ に対して、

$$(1+s_j)^j = (1+s_i)^i(1+f_{i,j})^{j-i}$$

を満足する。ゆえに、

$$f_{i,j} = \left[\frac{(1+s_j)^j}{(1+s_i)^i}\right]^{1/(j-i)} - 1$$

である。

(b) **年あたり m 期間の複利**：年あたり m 期間の複利における

フォワード・レートは、期間を表す $j>i$ に対して、

$$(1+s_j/m)^j = (1+s_i/m)^i(1+f_{i,j}/m)^{j-i}$$

を満足する。ゆえに、

$$f_{i,j} = m\left[\frac{(1+s_j/m)^j}{(1+s_i/m)^i}\right]^{1/(j-i)} - m$$

である。

(c) **連続複利**：連続複利におけるフォワード・レート f_{t_1,t_2} は、$t_2 > t_1$ のすべての t_1 と t_2 に対して、

$$e^{s_{t_2}t_2} = e^{s_{t_1}t_1}e^{f_{t_1,t_2}(t_2-t_1)}$$

を満足する。ゆえに、

$$f_{t_1,t_2} = \frac{s_{t_2}t_2 - s_{t_1}t_1}{t_2 - t_1}$$

となる。

連続複利が最も簡単な公式を与えることに再度注意しよう。さらに、現時点を表す時点をゼロとして、スポット・レート、割引係数、フォワード・レートを定義するのが有用である。ゆえに、$s_{t_0} = 0$ とそれに対応する $d_{t_0} = 1$ を定義する。ここで、t_0 が現時点である（時点を整数期間によって記述する場合は、$s_0 = 0$、$d_0 = 1$ と書く）。同様に、フォワード・レートに対して、$f_{t_0,t_1} = s_{t_1}$ と書く。0時点からのフォワード・レートは対応するスポット・レートである。

スポット・レート・カーブには、多数のフォワード・レートが対応する。実際に、期間が n で、(s_0 を除いて) n 個のスポット・レートがあるならば、（基本的なスポット・レートを含めて）$n(n+1)/2$ 個のフォワード・レートが存在する。しかし、これらすべてのフォワード・レートは、もととなる n 個のスポット・レートから得られる。

フォワード・レートを導入するのは、実際の取引の利率を表すためである。事実、フォワード契約はヘッジに際してきわめて重要な役割を果たす。この方法

の使い方は第 12 章でさらに議論する。この概念についてここで紹介するのは、それが期間構造理論を十分に展開する上で重要だからである。次節で簡単に用いた後、さらにその次節で幅広く利用する予定である。

4.4　期間構造仮説

　イールド・カーブは、金融誌に載っている債券価格をもとに、少なくともそのおおよそを観測することができる。イールド・カーブはほとんどフラットではなく、通常、満期が長くなるにつれて徐々に上昇する。スポット・レート・カーブは似たような特性をもっている。典型的には、スポット・レート・カーブも満期が短いところで急速に上昇の傾きをもち、満期が長くなるにつれ、徐々にではあるが上昇し続ける。この典型的な形状に対して、簡単に説明できる理由はあるのだろうか。なぜ、通常の金利において、曲線はフラットにならないのであろうか？

　期間構造に対しては、3 つの標準的な仮説（または理論）がある。それぞれはなんらかの重要な洞察を与える。この節ではそれらを簡単に概観する。

◆期待仮説理論

　最初の仮説は、金利が将来どのようになるかに関する期待によって、スポット・レートが決まるというものである。この過程を視覚化するために、通常の場合のように、スポット・レート・カーブは上向きで、長期の満期に対して金利が増加するものとしよう。2 年金利は 1 年金利よりも大きい。市場（すなわち、金利市場で取引しているすべての人たちの集合）は、1 年金利が翌年にはもっと上がるだろうと信じているので、2 年金利は 1 年金利よりも大きくなるというのである（たとえば、ほとんどの人がインフレは上昇し、同じ実質金利を保つためには、名目金利も上昇しなければならないと信じているかもしれない）。金利が上昇するというこの大多数の人々の信奉が、市場の期待に変換される。期待は平均的な推測であって、それは確実な情報ではない。だれも翌年に何が起きるかを確実に知らないからである。しかし、平均的に人々はこの仮説にしたがって、金利は上昇すると想定するのである。

　この主張は、フォワード・レートに関して期待を表現することによって、より具体化される。このより正確な定式化が**期待仮説**（expectations hypothesis）である。この仮説を説明するために、今から 1 年後に、1 年間資金を借りるためのインプライド・レートであるフォワード・レート $f_{1,2}$ を考えてみよう。期

待仮説によると、このフォワード・レートは、1年スポット・レートが翌年どのようになるかについての市場の期待に等しい。したがって、期待は現在の金利から推測することができる。

以前に、$s_1 = 7\%$、$s_2 = 8\%$ という状況を考えた。インプライド・フォワード・レートは $f_{1,2} = 9.01\%$ である。バイアスのない期待仮説によると、この 9.01% という値は、翌年の1年スポット・レート s_1' の市場の期待値である。

同じ議論は、他の金利にも適用される。追加的なスポット・レートを考えるとき、翌年に対するフォワード・レートを定義する。具体的には、s_1、s_2、s_3 からフォワード・レート $f_{1,2}$、$f_{1,3}$ を求める。これらの2番目のレートは、翌年から始めて2年間お金を借りるときのフォワード・レートである。この金利は2年スポット・レート s_2' が翌年にどのようになるかについての現在の期待に等しいと仮定する。一般的に、現在のスポット・レート・カーブは、一連のフォワード・レート $f_{1,2}, f_{1,3}, \ldots, f_{1,n}$ を導く。それは翌年の期待スポット・レート・カーブ $s_1', s_2', \ldots, s_{n-1}'$ を定義する。期待は現在のスポット・レート・カーブに特有のものである。

この構造を見るためには、2つの方法がある。1つの方法は、翌年のスポット・レート・カーブがどうなるかについての期待を、現在のスポット・レート・カーブが含んでいると見ることである。もう1つは、この最初の見方を反転させて、翌年のカーブの期待が、その時点のスポット・レート・カーブのあるべき姿を決定すると見る立場である。両方の見方が組み合わされ、将来金利の期待は今日の市場の一部となり、今日の金利に影響を与える。

この理論もしくは仮説は、ある重大な弱点をもっているが、スポット・レート・カーブをよく説明している。主要な弱点とは、この説明によれば、すべての時点でスポット・レート・カーブが上昇の傾きをもつときは（現実にはいつもそうである）、いつでも金利が上昇することを市場は期待しているということである。したがって、期待は平均的にすら正しいものとはなりえない。なぜならば、金利はいつも期待通りに上昇するわけではないからである。期待はそれ自身ゆがんでいるかもしれないが、それにもかかわらず、期待仮説はもっともらしい仮説である。

期間構造の期待仮説は、（おおよそ）比較原則に基づいていると考えることができる。これを見るために、再び2年の状況を考えてみよう。投資家は2年物商品に投資をするか、1年物商品に投資をして、さらに1年間投資をするかのどちらかの方法で投資を行うことができる。続けての投資は2通りの方法で実行することができる。金利 $f_{1,2}$ でのフォワード契約を現在行うか、翌年にその

ときの市場金利で再投資することによって、単に「ロール・オーバー」することができる。賢い投資家は、2つの代替案を比較するだろう。翌年の1年金利が $f_{1,2}$ の現在値に等しいと期待するならば、投資家にとって2つの代替案は無差別になる。実際に、両方ともに実行可能であるという事実は、それらが（近似的に）等しくなることを意味している。

◆流動性選好仮説

流動性選好仮説が主張しているのは、投資家は通常、長期の確定利付証券よりも、短期の確定利付証券を好むということである。この立場を正当化する最も単純な理由は、投資家は長期の証券に資本を固定することを好まないという事実である。それらの資金が、満期日前に必要になるかもしれないからである。投資家は資金を固定するよりも、**流動的**（liquid）であることを好む。しかし、流動性という用語は、ここではやや標準的ではないやり方で用いられている。大企業の債券と国債には大きく活発な市場がある。そのため、保有しているこのような債券を売ることは容易である。このタイプの短期債券と長期債券は、同じように流動的である。

ほとんどの投資家が、長期債券よりも短期債券を好むという事実の代わりに、期間構造の形状の説明には流動性という概念が用いられる。この選好の理由は、投資家は債券をすぐに売る必要があることを予想していることや、長期債券が短期債券よりも金利の変化に敏感であることを認識していることなどである。したがって、1年間に資金が必要になるかもしれない投資家は、長期債券には比較的高い短期リスクがあるため、これらの資金を長期債券に投資したがらないのである。投資家はリスクを小さくするために、短期投資を好む。したがって、投資家を長期投資に導くためには、長期債券により高い金利を提示しなければならない。この理論によれば、スポット・レート・カーブが上昇するのはこれが原因である。

◆市場分断仮説

期間構造に関して市場分断仮説が主張するのは、確定利付証券の市場は、満期日によって分断されているということである。この議論では、投資家は満期日に対してそれぞれ独自の考えをもっていて、それは、将来の資金への必要性、またリスク選好に基づいているということを仮定している。ここでは、長期債券のために競争している投資家グループは、短期債券のために競争している投資家グループとは異なると結論づけている。したがって、これらの2つのタイ

プの商品の（金利によって定義される）価格の間には何も関係は必要ない。短期金利と長期金利は独立に動く。極端に言うと、この見方によればスポット・レート・カーブにおけるすべての点は互いに独立だということになる。それぞれは、自らの市場における需要と供給の力によって決定されるというのである。

この説明をややおおまかに言うと、市場は基本的には分断されているが、近くのセグメントの金利が、標的にしているセグメントの金利よりも実質的に魅力あるものになれば、個々の投資家はセグメントを移動するということになる。近くの金利は互いにかけ離れた値をもつわけにはいかない。したがって、スポット・レート・カーブは、実際にばらばらな数の寄せ集めではなく、曲線にならなければならない。しかしこの曲線は、市場の力によってさまざまな形に曲がることになる。

◆議論

確かに、前述の説明はそれぞれ事実の一部を説明している。実際のところは、それらすべてをなんらかの方法で組み合わせたものであろう。

期待仮説理論は、期待の具体的な数値を提供するという意味で、3つの中で最も分析的である。したがって、それを実際に検証することができる。これらの検証の結果は、期待が流動性の選好によってかなりよく説明されることを示している。したがって、流動性選好のリスクによって調整された期待を考えることによって、うまく事実を説明することができるものと思われる。

4.5 期待ダイナミクス

スポット・レート・カーブの形状を説明するために、前節で紹介した市場期待の概念を使えば、有用な道具を開発することができる。この道具は、将来のありうべき金利の**予測**（forecast）に使われる。

◆スポット・レートの予測

この方法の基本は、現在のスポット・レート・カーブによって考えられている期待が、実際に実現されると仮定することである。この仮定のもとでは、現在のスポット・レートから翌年のスポット・レート・カーブを予測することができる。この新しいカーブは、さらにその次の年におけるもう1つの期待を表している。これらも実現することを仮定すれば、さらに次のものを予測することができる。このように進めていくと、スポット・レート・カーブの将来全体を予

測することができる。もちろん、予測されたこれらのスポット・レート・カーブは期待が実現するという仮定に基づいている（これは起こらないかもしれないということをわれわれは認識している）。しかし、一度この仮定をおけば、この仮定によって論理的な予測が可能となる。

より詳細に調べてみよう。現在のスポット・レート・カーブ $s_1, s_2, \ldots, s_n$ から始めて、翌年のスポット・レート・カーブ $s'_1, s'_2, \ldots, s'_{n-1}$ を推定したいものとする。現在のフォワード・レート $f_{1,j}$ は金利が翌年にどうなるかの期待を表すものと考えることができる。したがって、これによって翌年のその時点から $j-1$ 年先までの金利を計測することができる。言い換えれば、$f_{1,j}$ が翌年のスポット・レート s'_{j-1} となる。よりはっきり述べると[2]、$1 < j \leq n$ に対して、

$$s'_{j-1} = f_{1,j} = \left[\frac{(1+s_j)^j}{1+s_1}\right]^{1/(j-1)} - 1 \quad (4.1)$$

となる。これは、期待が実現するという仮定のもとでスポット・レート・カーブを更新する基本公式である。このようにすれば現在のカーブから始めて、翌年のカーブを推定することができる。

この変換を**期待ダイナミクス**（expectation dynamics）と呼ぶ。なぜならそれは、期待仮定に基づくスポット・レート・カーブのダイナミクスを明確に特徴づけるからである。他の仮定をおくこともももちろん可能である。たとえば、スポット・レート・カーブは変化しないとか、ある一定の量だけ上昇する、などと仮定できるだろう。しかし、期待ダイナミクスは論理的な魅力をもつものである。

3年目以降のスポット・レートを得るためには、期待過程をもう1回繰り返せばよい。しかし、最初の曲線の長さが有限ならば、それに続く曲線は1期間だけ短くなり、曲線はいつかは本当に短くなるということに注意しよう。この問題は最初に非常に長い（もしくは無限の）スポット・レート・カーブを仮定すること、もしくは、毎年新しい s_n の項を加えることによって修正することができる。この方法は追加的な仮定が必要である。

例 4.5（単純な予測） 表の第1行に示すスポット・レート・カーブが与えられたとしよう。第2行は、期待ダイナミクスのもとでの翌年のスポット・レート・カーブの予測である。この行は (4.1) 式を使って求めること

---

[2] $f_{i,j}$ に対するこの公式は第 4.3 節で与えられたことを思い出そう。それは、$(1+s_j)^j = (1+f_{1,j})^{j-1}(1+s_1)$ の関係から得られる。

ができる。

	s_1	s_2	s_3	s_4	s_5	s_6	s_7
現時点	6.00	6.45	6.80	7.10	7.36	7.56	7.77
予測	6.90	7.20	7.47	7.70	7.88	8.06	

第2行の最初の2つの値は、次のように計算される。

$$f_{1,2} = \frac{(1.0645)^2}{1.06} - 1 = 0.069$$

$$f_{1,3} = \left[\frac{(1.068)^3}{1.06}\right]^{1/2} - 1 = 0.072$$

初期スポット・レート・カーブに内在するすべての将来のスポット・レート・カーブは、初期スポット・レート・カーブに関連するすべてのフォワード・レートを記載することによって示すことができる。それは以下のような三角形の配列で示される。

$$
\begin{array}{cccccc}
f_{0,1} & f_{0,2} & f_{0,3} & \cdots & f_{0,n-2} & f_{0,n-1} & f_{0,n} \\
f_{1,2} & f_{1,3} & f_{1,4} & \cdots & f_{1,n-1} & f_{1,n} \\
f_{2,3} & f_{2,4} & f_{2,5} & \cdots & f_{2,n} \\
\vdots & \vdots \\
f_{n-2,n-1} & f_{n-2,n} \\
f_{n-1,n}
\end{array}
$$

配列の最初の行は、初期時点からのフォワード・レートを記載したものである。これらはスポット・レートそのものと同じである。すなわち、$0 < j \leq n$ のすべての j に対して、$s_j = f_{0,j}$ である。次の行は、1時点からのフォワード・レートを記載している。これらが期待ダイナミクスによる翌年のスポット・レートとなる。第3行目は、3年目におけるスポット・レートとなる。それ以降も同様である。

◆**割引係数**

もう1つの重要な概念は、2時点間の**割引係数**（discount factor）である。割

引係数は現在価値計算で使われる基本的な値である。

フォワード・レートの場合と同様に、割引係数に 2 つの添字を付ける方法が便利である。いま $d_{j,k}$ を k 時点で受け取る現金を j 時点における現金等価額に割り戻すために使われる割引係数とする。0 時点での通常の割引係数は、$d_1 = d_{0,1}, d_2 = d_{0,2}, \ldots, d_n = d_{0,n}$ である。割引係数は、以下のようにフォワード・レートの式で表現することができる。

$$d_{j,k} = \left[\frac{1}{1+f_{j,k}}\right]^{k-j}$$

割引係数は複利ルールによって記述される。k 時点から i 時点に割り引くためには、最初に k 時点から途中の j 時点まで割り引き、次いで、j 時点から i 時点まで割り引けばよい。言い換えれば、$i < j < k$ に関して、$d_{i,k} = d_{i,j}d_{j,k}$ となる。

割引係数の関係　期間 i と期間 j の間の割引係数は

$$d_{i,j} = \left[\frac{1}{1+f_{i,j}}\right]^{j-i}$$

のように定義される。これらの係数は、$i < j < k$ において以下の複利ルールを満足する。

$$d_{i,k} = d_{i,j}d_{j,k}$$

◆短期金利

短期金利とは、1 期間にわたるフォワード・レートである。したがって、k 時点の短期金利は $r_k = f_{k,k+1}$、すなわち、k 時点から $k+1$ 時点までのフォワード・レートである。短期金利はスポット・レートと同様に基本的な量である。なぜなら、短期金利の完全な集合が期間構造を決定するからである。

0 時点から k 時点までの金利は、毎年の投資を繰り返すことによって得られる金利と同一であるという事実から、スポット・レート s_k は短期金利をもとに求めることができる。具体的には、

$$(1+s_k)^k = (1+r_0)(1+r_1)\cdots(1+r_{k-1})$$

である。

すべてのフォワード・レートは、同様の方法で短期金利から求めることもできる。その関係を一般的に書けば、

$$(1+f_{i,j})^{j-i} = (1+r_i)(1+r_{i+1})\cdots(1+r_{j-1})$$

となる。したがって短期金利は、すべての他の金利を生成するための使いやすい基本量である。

短期金利は期待ダイナミクスの観点からは特に魅力的である。なぜならば、スポット・レートが年々変化するのに対し、短期金利は変化しないからである。初期の短期金利 $r_0, r_1, r_2, \ldots, r_{n-1}$ が与えられると、（期待ダイナミクスのもとでの）翌年の短期金利は、$r_1, r_2, \ldots, r_{n-1}$ となる。ある特定の年の短期金利は変化しない。ただし、その金利は1年手前に適用される。たとえば、2030年の初めにいるとすると、短期金利 r_4 は2034年1月に始まる年の金利である。翌年の2031年には、新しい r_3 が2034年の金利となるが、この短期金利は（期待ダイナミクスのもとでは）前述の r_4 と等しくなる。

フォワード・レート、割引係数、短期金利の例を表4.2に示す。ここでそれぞれの行は、ある所与の年の利率もしくは割引係数を表している。各配列の一番上

表 4.2 フォワード・レート、割引係数、短期金利

フォワード・レート							短期金利					
6.00	6.45	6.80	7.10	7.36	7.56	7.77	6.00	6.90	7.50	8.00	8.40	8.60	9.00
6.90	7.20	7.47	7.70	7.88	8.06		6.90	7.50	8.00	8.40	8.60	9.00	
7.50	7.75	7.97	8.12	8.30			7.50	8.00	8.40	8.60	9.00		
8.00	8.20	8.33	8.50				8.00	8.40	8.60	9.00			
8.40	8.50	8.67					8.40	8.60	9.00				
8.60	8.80						8.60	9.00					
9.00							9.00						

割引係数						
0.943	0.883	0.821	0.760	0.701	0.646	0.592
0.935	0.870	0.806	0.743	0.684	0.628	
0.930	0.861	0.795	0.732	0.671		
0.926	0.854	0.787	0.722			
0.923	0.849	0.779				
0.921	0.845					
0.917						

初期のスポット・レート・カーブは、フォワード・レートの配列の一番上の行によって定義される。他のすべての項はこの行から得られる。

の行は、この先7年間の初期の利率もしくは割引係数である。先に議論したように、フォワード・レートの配列はスポット・レートの配列と同じである。したがって、基本のスポット・レート・カーブがフォワード・レートの配列の一番上の行によって定義される。他のすべてがその行をもとに計算することができる。現時点での割引係数は、割引係数の配列の一番上の行に記述されている。これらは、将来のキャッシュ・フローの現在価値を求めるために使われる。短期金利表において次に続く行は、上の行を移行させたものであることに注意しよう。短期金利は絶対時間では一定のままである。

◆不変定理

　資金を確定利付証券に投資し、n期間（n年間）にわたって、これらの資金を引き出さないものと仮定しよう。国債にのみ投資を行い、これらの債券に対する現在のスポット・レート・カーブは既知であるとする。利用可能な資金を使ってポートフォリオを構築するためには、多くの選択肢がある。長期債券、ゼロ・クーポン債、短期債などである。これらの債券の組み合わせを選択すれば、時間が経つにつれて、クーポンと短期債の償還からの収入を得るだろう。また、満期よりも前に、いくらかの債券を売却するという選択肢もある。このようにして得た収入を他の債券に再投資する際にも、多くの選択肢がある。最終的には、n時点ですべてのものを現金化するとして、最終時点で最大の金額を得るために、どのように投資をすべきであろうか？

　この問題を考えるためには、金利が年々どのように変化するのかについてのモデルが必要である。なぜなら、将来の金利は、満期前に売却したり、再投資のときに買う債券価格を決定するからである。選択できるモデルはさまざまである（いくつかのモデルは、第16章で議論するように、確率現象を取り扱う）が、簡単な選択は、期待ダイナミクスを仮定することである。初期スポット・レート・カーブが、以前示した更新公式を用いて、1年後には新しいカーブに変換されるものと仮定しよう。この更新は毎年繰り返される。では、どのように投資すべきであろうか？

　答えはこの節のタイトルが示している。（すべてを投資している限り）どのように投資をしようと、まったく差がないのである。すべての選択肢はまったく同じ結果を生む。特に、単一のゼロ・クーポン債への投資が、この不変な金額をもたらす。それゆえそれは、初期金額の合計に$(1+s_n)^n$を掛けたものとなる。この結果を次の定理で詳細に説明する。

> **不変定理** 金利が期待ダイナミクスによって変化すると仮定しよう。（年複利を仮定すると）n 年間金利市場に投資される資金の合計は、（資金がすべて投資される限り）投資戦略と再投資戦略とは独立に、$(1+s_n)^n$ 倍に増加する。
>
> **証明：**以前使った例を用いるのが最も簡単である。$n=2$ とする。投資には 2 つの基本的な選択肢がある。2 年物ゼロ・クーポン債に投資するか、1 年債に投資をして年末にその収入を再投資することの 2 つである。期待ダイナミクスのもとでは、1 年後の再投資金利は現在のフォワード・レート $f_{1,2}$ に等しい。これらの選択肢の両方とも $(1+s_2)^2$ 倍になる。1 年後のクーポンを再投資する 2 年債のように、他のいかなる投資も、これらの 2 つの基本的な戦略の組み合わせとなる。いかなる n に対しても同様の議論が当てはまるのは明らかである。■

　この結果を理解するための最も簡単な方法は、短期金利に関して考えることである。すべての投資はその期間中にわたる短期金利を生み出す。10 年物ゼロ・クーポン債は、初期に定義された 10 個の短期金利を生み出す。10 年間年々繰り返し投資すると、10 回分の短期金利が手に入る。期待ダイナミクスのもとでは、短期金利は不変である。

　すなわち、最初に将来のある特定期間に対して決まった金利はその期間に実現される。ゆえに、初期総額はどのように投資されようと、それぞれの短期金利で順々に変化していく。

　実際のポートフォリオの構築方法を議論する上で、この理論は大変役に立つ。債券の組み合わせを選択する動機は、期待ダイナミクスからの予想される差（初期に決まった金利と実現される短期金利との差）が原因である。したがって期待ダイナミクスは、ある意味で将来についての最も簡単な仮定である。なぜならそれは、どのような戦略をとってもポートフォリオの成長が不変であることを意味するからである。

4.6　逐次現在価値計算

　キャッシュ・フロー流列の現在価値は、期間構造を使って簡単に計算することができる。各キャッシュ・フローに、フローの期間に関連する割引係数を掛け、これらの割引価値を合計すればよい。すなわち、すべての将来のキャッシュ・フローを適切に割り引けば、現在価値が得られる。

　現在価値を計算するもう1つの特別な方法がある。それは、ある場合には大変便利で、有用な解釈が可能である。この方法は、**逐次現在価値計算**（running present value）と呼ばれる。現在価値を最後のキャッシュ・フローから始めて、現在にさかのぼりながら再帰的に計算する方法である。この方法も前節の期待ダイナミクスの概念を用いる。しかしこの方法を使うには、必ずしも実際に金利が期待ダイナミクスのパターンにしたがうと仮定しなくてもよい。ここでは、この方法は標準的な計算方法に対する代案として提案されるものであるが、のちの章では、この方法がより好まれる（実際にはこれが標準的な方法となる）。

　このプロセスを理解するために、キャッシュ・フロー流列 $(x_0, x_1, x_2, \ldots, x_n)$ を考えよう。この流列の現在価値を $\mathrm{PV}(0)$ と記す。それは、0時点での現在価値を意味する。現在 k 期間が経過し、キャッシュ・フロー流列の残りは $(x_k, x_{k+1}, \ldots, x_n)$ であるものと仮定しよう。適用可能な割引係数を使って、（k 時点で考えたときの）現在価値を計算する。この現在価値を $\mathrm{PV}(k)$ と記す。一般的に、時点とともに現在価値が変化すると考える。各期間の価値は、残りの流列の現在価値をその期間の割引係数を使って計算する。これらの価値は、互いに簡単な方法で結びついており、それがこの方法の基礎となる。

　最初の現在価値は次のように表すことができる。

$$\mathrm{PV}(0) = x_0 + d_1 x_1 + d_2 x_2 + \cdots + d_n x_n$$

ここで、d_k は0時点の割引係数である。この公式は別の形で書くことができる。

$$\mathrm{PV}(0) = x_0 + d_1 [x_1 + (d_2/d_1) x_2 + \cdots + (d_n/d_1) x_n] \tag{4.2}$$

$d_k/d_1, k = 2, 3, \ldots, n$ の値は、今から1年後の（のちに示すように）期待ダイナミクスのもとでの割引係数である。したがって、

$$\mathrm{PV}(0) = x_0 + d_1 \mathrm{PV}(1)$$

となる。

これが任意の時点で一般的に機能することを示すために、前節で導入したように、割引係数に対して 2 つの添字を使う。k 時点の現在価値は、

$$\mathrm{PV}(k) = x_k + d_{k,k+1}x_{k+1} + d_{k,k+2}x_{k+2} + \cdots + d_{k,n}x_n$$

である。複利の割引公式のもとでは、$d_{k,k+j} = d_{k,k+1}d_{k+1,k+j}$ である。ゆえに、この方程式は、

$$\mathrm{PV}(k) = x_k + d_{k,k+1}(x_{k+1} + d_{k+1,k+2}x_{k+2} + \cdots + d_{k+1,n}x_n)$$

と書ける。したがって、

$$\mathrm{PV}(k) = x_k + d_{k,k+1}\mathrm{PV}(k+1)$$

が成り立つ。この方程式は k 時点の現在価値が、その時点のキャッシュ・フローと、その翌年の現在価値を 1 年割り引いたものの合計であることを示している。$f_{k,k+1}$ を k 時点での短期金利とすると、$d_{k,k+1} = 1/(1 + f_{k,k+1})$ であることに注意しよう。したがって、この方法では割引係数を決定するためにつねに短期金利が使われる。

現在価値の更新 逐次現在価値計算は次の再帰式を満たす。

$$\mathrm{PV}(k) = x_k + d_{k,k+1}\mathrm{PV}(k+1)$$

ここで $d_{k,k+1} = 1/(1 + f_{k,k+1})$ は、k 時点における短期金利での割引係数である。

再帰的に計算を実行するためには、計算を最終時点からスタートする。最初に、$\mathrm{PV}(n) = x_n$ として $\mathrm{PV}(n)$ を計算する。そして、$\mathrm{PV}(n-1) = x_{n-1} + d_{n-1,n}\mathrm{PV}(n)$ とし、$\mathrm{PV}(0)$ が求まるまで続ける。

その過程は、時間軸に n 人を一列に並べることによって視覚化することができる。あなたは、0 時点でこの軸の先頭にいる。各人は、その人のいる時点で生じるキャッシュ・フローのみを見ることができる。したがって、あなたは現在の 0 時点のキャッシュ・フローのみを観測できる。どうすれば現在価値を計算できるだろうか？ 逐次計算法を使ってみよう。

最後の人物である n がそのときの現在価値を計算し、1 つ前の人にその価値を渡す。その人は n から教えてもらった価値を、その時点の短期金利を使って割り引く。そして、$n-1$ 時点で観測されるキャッシュ・フローを加える。この新しい現在価値を $n-2$ 時点の人に渡す。この過程は、各人が短期金利によって割り引く作業を行いながら、逐次現在価値計算があなたのところに届くまで続く。あなたの前の人が知らせてくれることを聞けば、初期の短期金利を使ってそれを割り引き、現在のキャッシュ・フローを加える。それが全体としての現在価値となる。

逐次的に求められる現在価値 PV(k) は、もちろん、ちょっとしたフィクションである。金利が期待ダイナミクスにしたがっているときのみ、それは k 時点における残りの流列の実際の現在価値になる。さもなければ、各時点で異なる割引係数が適用される。しかし、0 時点で現在価値を計算するときには、すなわち PV(0) を計算するときには、逐次的に現在価値を求める方法を使うことができる。なぜなら、それは数学的には普通の方法とまったく同じだからである。

例 4.6（一定の連続利率）　スポット・レート・カーブがフラットであり、すべての $k=1,2,\ldots,n$ に対して、$s_k = r$ と仮定する。キャッシュ・フロー流列を $(x_0, x_1, x_2, \ldots, x_n)$ としよう。スポット・レート・カーブがフラットであれば、推定されたすべてのフォワード・レートも r に等しい（練習問題 9 を参照）。したがって、現在価値は、

$$\text{PV}(n) = x_n$$
$$\text{PV}(k) = x_k + \frac{1}{1+r}\text{PV}(k+1)$$

のように計算できる。この再帰的な方法を、最終時点から $k=0$ まで実行する。

例 4.7（一般的な逐次現在価値計算）　現在価値計算のサンプルを表 4.3 に示す。基本のキャッシュ・フロー流列を表の第 1 行目に示した。現時点の期間構造は表 4.2 を仮定し、（表 4.2 の割引係数の表の第 1 列で求められた）適切な 1 期間の割引係数を表 4.3 の 2 行目に示した。

任意の年 k での現在価値は、その年の割引係数にその翌年の現在価値を掛け、k 年のキャッシュ・フローを加えることによって計算される。これを最終年から始めて、0 時点まで繰り返す。したがって、最初に PV(7) = 10.00 を求める。

以下、PV(6) = 20+0.917×10.00 = 29.17、PV(5) = 30+0.921×29.17 = 56.87 などとなる。全体の流列の現在価値は、PV(0) = 168.95 である。

表 4.3 逐次現在価値計算の例

	\multicolumn{8}{c}{k年}
	0	1	2	3	4	5	6	7
キャッシュ・フロー	20	25	30	35	40	30	20	10
割引係数	0.943	0.935	0.93	0.926	0.923	0.921	0.917	
現在価値	168.95	157.96	142.20	120.64	92.49	56.87	29.17	10.00

最終時点から始めて後ろ向きに進み、1 時点で 1 期間分割り引くことによって現在価値は求められる。

4.7　変動利付き債券

変動利付き債券は固定の額面と固定の満期をもつ。しかし、そのクーポン支払いは最新の短期金利によって決まる。たとえば、6 カ月ごとにクーポン支払いを行う変動利付き債券を考えよう。債券が発行されるとき、最初の 6 カ月の金利は現時点の 6 カ月の金利に等しく設定される。6 カ月後にクーポンはその金利で支払われる。具体的に言うと、（6 カ月ごとの支払いなので）クーポンは金利に額面価値を掛けて 2 で割った値である。その支払いの後、利率が**再設定**（reset）される。次の 6 カ月の利率は、そのときの 6 カ月（短期）金利に等しく設定される。これが満期まで続く。

明らかに、将来のクーポン支払いの正確な価値は、支払いを行う 6 カ月前まで不確実である。したがって、この債券の価値を評価することは難しいように思える。実際は、再設定する時点での価値を推定するのは簡単で、それは額面に等しい。この重要な結果を定理としてまとめておこう。

定理 4.1（変動利付き債券の価値）　　変動利付き債券の価値は、再設定時点では額面に等しい。

証明：逐次現在価値計算の議論を使い、後退計算を用いてこれを証明するのが最も簡単である。最初に、満期の 6 カ月前の最終の再設定時点を見てみよう。6 カ月後の最終支払い

は額面価値とこの金額の6カ月金利である。最終の再設定時点での現在価値は、6カ月金利で最終支払い額を割り引くことによって得られる。それは額面価値となり、ゆえにその時点での現在価値は額面である。その前の再設定時点にもう6カ月戻ってみよう。その現在価値は次の時点の現在価値とクーポンを割り引くことによって求められる。これも額面価値になる。この議論を0時点まで続けることができる。■

4.8　デュレーション

　第3章の第3.5節で示したデュレーションの概念は、期間構造の枠組みに拡張することが可能である。デュレーションは金利の感度尺度であることを思い出そう。それは、利回りに関する感度として表現された。期間構造の枠組みの中では、利回りは基本となる量とはならないが、それとは異なる類似のリスク尺度をつくることができる。

　1つの方法は、スポット・レート・カーブの平行シフトを考慮することである。具体的に言うと、スポット・レート $s_1, s_2, \ldots, s_n$ を所与とし、これらの金利がすべて λ だけ変化するものと考えよう。したがって、新しいスポット・レートは $s_1 + \lambda, s_2 + \lambda, \ldots, s_n + \lambda$ である。これは仮想的で瞬間的な変化である。というのも、新しいスポット・レートはその前と同じ期間に対するものだからである。スポット・レートのこの平行シフトは、利回り変化を一般化したものである。なぜならば、スポット・レート・カーブがフラットならば、すべてのスポット・レートは共通の利回りの値に等しいからである。図4.3は連続的なスポット・レート・カーブの場合に対して移行したスポット・レート・カーブを示したものである。

　スポット・レートの潜在的な変化が与えられると、この変化に関する価格の感度を計測することができる。

◆フィッシャー–ワイルのデュレーション

　この詳細を説明するには、連続複利を想定するのが最も好都合である。そこで、最初にその場合を想定しよう。キャッシュ・フロー流列 $(x_{t_0}, x_{t_1}, x_{t_2}, \ldots, x_{t_n})$ とスポット・レート・カーブ $s_t, t_0 \leq t \leq t_n$ が与えられると、現在価値は、

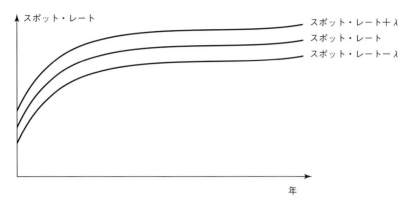

図 4.3 移行したスポット・レート・カーブ
初期のスポット・レート・カーブは真ん中のカーブである。このカーブは他のカーブを得るために、λ の値だけ上方と下方に移行する。小さな値 λ の移動に対して、ポートフォリオをイミュナイズさせることが可能である。

$$\text{PV} = \sum_{i=0}^{n} x_{t_i} e^{-s_{t_i} t_i}$$

となる。そのとき、フィッシャー–ワイルのデュレーション（Fisher-Weil duration）は、

$$D_{\text{FW}} = \frac{1}{\text{PV}} \sum_{i=0}^{n} t_i x_{t_i} e^{-s_{t_i} t_i}$$

と定義される。これはまさに、デュレーションをキャッシュ・フロー時点の現在価値の加重平均として、一般的に定義したものに相当することに注意しよう。明らかに、D_{FW} は時間の単位をもっていて、すべて $x_{t_i} \geq 0$ であれば、$t_0 \leq D_{\text{FW}} \leq t_n$ を満足する。

イールド・カーブの平行シフトに対する価格（現在価値）の感度を考える。そして、それがフィッシャー–ワイルのデュレーションによって求められることを示す。任意の λ に対し、価格は、

$$P(\lambda) = \sum_{i=0}^{n} x_{t_i} e^{-(s_{t_i} + \lambda) t_i}$$

となる。これを微分して、

$$\left. \frac{dP(\lambda)}{d\lambda} \right|_{\lambda = 0} = -\sum_{i=0}^{n} t_i x_{t_i} e^{-s_{t_i} t_i}$$

を求める。すると $\lambda = 0$ における**相対的な価格感度**（relative price sensitivity）は、

$$\frac{1}{P(0)}\frac{\mathrm{d}P(0)}{\mathrm{d}\lambda} = -D_{\mathrm{FW}}$$

となる。これは実質的に、第 3 章で示した利回りの感度に対する公式と同じものである。

フィッシャー–ワイルの公式　連続複利のもとでは、キャッシュ・フロー流列 $(x_{t_0}, x_{t_1}, x_{t_2}, \ldots, x_{t_n})$ のフィッシャー–ワイルのデュレーションは、

$$D_{\mathrm{FW}} = \frac{1}{\mathrm{PV}} \sum_{i=0}^{n} t_i x_{t_i} e^{-s_{t_i} t_i}$$

となる。ここで、PV は流列の現在価値を示す。すべてのスポット・レートが $s_{t_i} + \lambda, i = 0, 1, 2, \ldots, n$ に変化するならば、対応する現在価値関数 $P(\lambda)$ は、

$$\frac{1}{P(0)}\frac{\mathrm{d}P(0)}{\mathrm{d}\lambda} = -D_{\mathrm{FW}}$$

を満足する。

◆**離散時間の複利** *

年に m 回の複利の場合を考えよう。期間 k のスポット・レートは s_k である（年率として表現する）。再び、キャッシュ・フロー流列 $(x_0, x_1, x_2, \ldots, x_n)$ を考える（ここでは添字は期間に対応する）。価格は、

$$P(\lambda) = \sum_{k=0}^{n} x_k \left(1 + \frac{s_k + \lambda}{m}\right)^{-k}$$

である。そして、

$$\frac{\mathrm{d}P(0)}{\mathrm{d}\lambda} \equiv \left.\frac{\mathrm{d}P(\lambda)}{\mathrm{d}\lambda}\right|_{\lambda=0} = -\sum_{k=0}^{n} \left(\frac{k}{m}\right) x_k \left(1 + \frac{s_k}{m}\right)^{-(k+1)}$$

となる。これを $-P(0)$ で割ることによって、デュレーション尺度と関連づけることができる。そこで、

$$D_Q \equiv -\frac{1}{P(0)}\frac{\mathrm{d}P(0)}{\mathrm{d}\lambda} = \frac{\sum_{k=1}^{n}(k/m)x_k(1+s_k/m)^{-(k+1)}}{\sum_{k=0}^{n}x_k(1+s_k/m)^{-k}} \tag{4.3}$$

と定義する。この値 D_Q を**準修正デュレーション**（quasi-modified duration）と呼ぶ。それは時間の単位をもつが、厳密にはキャッシュ・フロー時点の平均ではない。なぜならば、割引係数である $(1+s_k/m)^{-k}$ の代わりに、$(1+s_k/m)^{-(k+1)}$ が分子に現れるからである。各分子の項には余分な係数 $(1+s_k/m)^{-1}$ が付く。以前のケースでは、s_k はすべての k に対して一定であり、この余分な項を総和記号の外に出すことが可能であった。これによって修正デュレーションが得られた。ここでは、余分な係数は k に依存するので、その手順を行うことはできない。そこで、この面倒な式をその面倒さに見合った名前、準修正デュレーションと呼ぶことにする。これは、スポット・レート・カーブの平行シフトに対する相対的な価格感度を与える。次節でその例を考える。

準修正デュレーション 年 m 回の複利のもとでは、キャッシュ・フロー流列 $(x_0, x_1, x_2, \ldots, x_n)$ の準修正デュレーションは、

$$D_Q = \frac{1}{\mathrm{PV}}\sum_{k=1}^{n}\left(\frac{k}{m}\right)x_k\left(1+\frac{s_k}{m}\right)^{-(k+1)}$$

となる。ここで、PV は流列の現在価値である。もしすべてのスポット・レートが $s_k + \lambda, k = 1, 2, \ldots, n$ に変化するならば、対応する現在価値関数 $P(\lambda)$ は、

$$\frac{1}{P(0)}\frac{\mathrm{d}P(0)}{\mathrm{d}\lambda} = -D_Q$$

を満足する。

デュレーションは、投資家や専門の債券ポートフォリオ・マネジャーによって広く使われている。それは金利リスクの使いやすい正確な代用物である。企業は、デュレーションはある水準を超えるべきではないというガイドラインを

示したり、ときには目標のデュレーションの数字を定めたりしている。

4.9　イミュニゼーション

金利の期間構造を使うと、ポートフォリオのイミュニゼーションに対して、新しく、より頑健な方法が導かれる。この新しい方法は、第 3 章のように共通の利回りをもつ債券を選択することを想定しなくてよい。実際に、計算には利回りは入ってこないのである。その方法は、例を用いて説明するのが最善である。

例 4.8（100 万ドルの債務）　5 年後に支払わなければならない 100 万ドルの債務があり、この将来の債務をみたすために、今日十分な資金を投資したいものと仮定しよう。金利リスクに対する防御の尺度を考慮する方法を用いてこのことを行いたい。この問題を解くために、最初に現時点のスポット・レート・カーブを求める。仮想的なスポット・レート・カーブ s_k を表 4.4 のスポットという列に示した。

　表のスペースを節約するために、この例では年複利を使う。次のような 2 つの債券に投資することにしよう。B_1 は 6%、12 年の債券で、価格は 65.95、B_2 は 10%、5 年の債券で、価格は 101.66 とする。これらの債券の価格は、スポット・レートと整合的である。価格計算の詳細は表 4.4 で与えられる。キャッシュ・フローに割引係数（d 列）を掛け、2 つの債券に対する結果を PV_1 と PV_2 の列に示し、それらを合計する。

　スポット・レート・カーブの平行シフトに対してイミュナイズする。各キャッシュ・フローに t と $(1+s_t)^{-(t+1)}$ を掛け、これらを合計することによって、表 4.4 の PV' によって示される $dP/d\lambda$ を計算する。準修正デュレーションはこれらの 2 つの数字の商である。すなわち、それは、$-(1/P)dP/d\lambda$ に等しい。したがって、債券 1 の準修正デュレーションは $466/65.95 = 7.07$ である。

　債務の現在価値は 627,903.01 ドルで、その準修正デュレーションは $5/(1+s_5) = 4.56$ である。

　適切なポートフォリオを求めるために、x_1 と x_2 をそれぞれポートフォリオの中の債券 1 と債券 2 の単位数とする（簡単のために、額面価値を 100 ドルと仮定する）。ここで、次の 2 つの方程式を解く[3]。

---

[3] この代わりに、$V_1 + V_2 = PV$ と $D_1 V_1 + D_2 V_2 = PV \times D$ という等価な式を解いてもよい。そのとき、$x_1 = V_1/P_1$、$x_2 = V_2/P_2$ とすればよい。

表 4.4 イミュニゼーション問題に対するワークシート

年	スポット	d	B_1	PV_1	$-PV_1'$	B_2	PV_2	$-PV_2'$
1	7.67	.929	6	5.57	5.18	10	9.29	8.63
2	8.27	.853	6	5.12	9.45	10	8.53	15.76
3	8.81	.776	6	4.66	12.84	10	7.76	21.40
4	9.31	.700	6	4.20	15.38	10	7.00	25.63
5	9.75	.628	6	3.77	17.17	110	69.08	314.73
6	10.16	.560	6	3.36	18.29			
7	10.52	.496	6	2.98	18.87			
8	10.85	.439	6	2.63	18.99			
9	11.15	.386	6	2.32	18.76			
10	11.42	.339	6	2.03	18.26			
11	11.67	.297	6	1.78	17.55			
12	11.89	.260	106	27.53	295.26			
総額				65.95	466.00		101.66	386.15
デュレーション					7.07			3.80

2つの債券の現在価値とデュレーションは、キャッシュ・フローを変換したものとして求めることができる。

$$P_1 x_1 + P_2 x_2 = \text{PV}$$

$$P_1 D_1 x_1 + P_2 D_2 x_2 = \text{PV} \times D$$

ここで、D は準修正デュレーションである。これより $x_1 = 2,208.17$、$x_2 = 4,744.03$ を得る。ポートフォリオを求めるために解を整数にする。結果を表 4.5 の第 1 列に示した。ここで、丸め誤差の範囲内で、現在価値の条件がみたされていることは明らかである。

このポートフォリオのイミュニゼーションの性質を調べるために、表 4.4 の第 1 列のスポット・レートの数字にそれぞれ 1% を加えることによって、スポット・レート・カーブを変化させる。これらの新しいスポット・レートを使って、再びすべての現在価値を計算する。同様に、スポット・レートから 1% を引いて、現在価値を計算する。その結果を表 4.5 の最後の 2 つの列に示す。これらの結果は、イミュニゼーションの特性が保たれていることを示している。正味現在価値の変動は、2 次のオーダーの効果によるものだけである。

表 4.5 イミュニゼーションの結果

	Lambda		
	0	1%	−1%
債券1			
数量	2,208.00	2,208.00	2,208.00
価格	65.95	61.51	70.84
価値	145,602.14	135,805.94	156,420.00
債券2			
数量	4,744.00	4,744.00	4,744.00
価格	101.66	97.89	105.62
価値	482,248.51	464,392.47	501,042.18
債務価値	627,903.01	600,063.63	657,306.77
債券−債務	−52.37ドル	134.78ドル	155.40ドル

債券と債務を含む全体のポートフォリオはスポット・レート・カーブの平行シフトに対してイミュナイズされている。

　もちろんポートフォリオは、スポット・レート・カーブの平行シフトに対してのみイミュナイズされている。他の種類のシフトに対して防御するイミュニゼーションの手続きを開発するのは簡単である。その手続きについては、練習問題で議論する。

4.10　まとめ

　一定のリスク分類の中のさまざまな債券に対して観測される利回りを、満期までの時間の関数としてプロットすると、結果はまばらな点となる。それを連続的な曲線で近似したものが、イールド・カーブである。このカーブは普通の場合、満期が長くなると徐々に上昇する。これは、長い満期の債券が短い満期の債券よりも高い利回りを提供する、という事実を反映している。イールド・カーブの形状は連続的に変化する。またときおり、満期までの時間が長くなるにつれて利回りが小さくなる、という逆の形状をとることもある。

　金利の期間構造の概念を用いると、確定利付証券を最もよく理解することができる。この構造のもとでは、任意の時点で、すべての満期日に対してある金利が決まる。これは年利ベースで表記されるもので、特定の満期のゼロ・クーポン債に適用される利率である。これらのもととなる金利は、スポット・レー

トと呼ばれる。満期までの時間の関数としてプロットすると、イールド・カーブと同じような性質をもつスポット・レート・カーブが決まる。しかし、スポット・レートは、特定の債券の支払いパターンに依存する利回りとは異なり、金利市場全体の基礎となるものである。一度、スポット・レートが計算されると、すべての時点の割引係数を計算するのは簡単である。そして、将来のキャッシュ・フローの現在価値は、適切な割引係数でそのキャッシュ・フローを割り引くことによって求めることができる。同様に、キャッシュ・フロー流列の現在価値は、個々のフロー要素の現在価値を合計することによって求めることができる。

スポット・レート・カーブから、一連のフォワード・レートを推定することができる。将来の t_1 時点と t_2 時点の間のフォワード・レートは、t_1 時点で資金を借りて、t_2 時点で支払うときに課される金利であるが、それは現時点で決まるものである。これらのフォワード・レートは、期間構造理論の重要な要素である。

上向きの傾きをもつスポット・レート・カーブを説明するには、3つの仮説がある。第1番目は期待仮説理論である。それは、1年先のその時点でのインプライド・フォワード・レート、すなわち、1年目から将来の日までのフォワード・レートが、翌年のスポット・レートのよい推定値になることを主張している。これらの推定値が今日の値よりも高ければ、現時点のスポット・レート・カーブは上向きの傾きをもつ。2番目の仮説は流動性選好仮説である。それは、人々が長期の満期よりも短期の満期を好む、ということを主張している。なぜならば、満期が短いと金利リスクは小さいからである。この選好は短期金利の価格を上昇させる。3番目の仮説は市場分断仮説である。この理論によると、満期までのすべての範囲で別々の需要と供給の力が働いており、価格はそれぞれの範囲でこれらの力によって決まるという。したがって、ある満期の範囲の中の金利は、他の範囲のものとは多かれ少なかれ独立である。全体としては、これらの仮説の3つすべての要因が、観測されるスポット・レート・カーブの決定になんらかの役割を果たしているものと信じられている。

期待仮説理論は、スポット・レートが時間とともにどのように変化するかを表す期待ダイナミクス・モデルの基礎となる。期待ダイナミクスによると、翌年のスポット・レートは、1年目と将来の年の間の利率である1年先の時点でのフォワード・レートに等しい。言い換えれば、1年先のフォワード・レートが、実際に1年後に実現するであろうということである。この予測が次の年、またその後の年に対しても繰り返される。これは、将来のすべてのスポット・レートが、現時点のフォワード・レートによって決まることを意味する。期待ダイ

ナミクスは単なるモデルであり、ほとんどの場合将来金利はその値からはずれるであろう。しかしそれは、将来金利の論理的で簡単な予測値を与える。特別な場合として、現時点のスポット・レート・カーブがフラットで、12%であるものとする。期待ダイナミクスにしたがうならば、翌年のスポット・レート・カーブも 12%である。不変定理によれば、スポット・レートが期待ダイナミクスによって変化するならば、何年間か金利市場にとどまる資金によって得られる利息は、それらの資金がどのように投資されても同じである。

現在価値は逐次的な方法によって計算される。それは最終時点のキャッシュ・フローから始まり、初期時点のキャッシュ・フローに向かって後ろ向きに計算される。手続きの k 段階目において、期間構造に内在する k 時点の短期金利を使い、その次の期間の現在価値を割り引くことによって現在価値が計算される。この後ろ向きに移動する評価方法は、投資科学のさまざまな分野での高度な計算方法の基礎となるものである。

デュレーションを期間構造の枠組みに拡張することができる。重要なのは、スポット・レート・カーブの平行シフトを考慮することである。この場合、すべてのスポット・レートに一定値 λ を加える。デュレーションは、$(-1/P)dP/d\lambda$ を $\lambda = 0$ で評価したものとして定義される。フィッシャー–ワイルのデュレーションは、連続時間複利に基づいてつくられるもので、簡単な公式が得られる。離散時間の場合は、やや複雑な準修正デュレーションと呼ばれる公式がある。

ひとたび、デュレーションが定義されると、期間構造の枠組みに対して、イミュニゼーションを拡張することが可能である。債務の流列に対して資金手当てをするために設計された資産ポートフォリオは、資産と債務の現在価値とデュレーションを一致させることによって、スポット・レート・カーブの平行シフトに対してイミュナイズすることができる。

練習問題

1. （1つのフォワード・レート） 1年と2年のスポット・レートが $s_1 = 6.3\%$、$s_2 = 6.9\%$ とすると、フォワード・レート $f_{1,2}$ はいくらか。
2. （スポット・レートの更新） （年）スポット・レート・カーブ $s = (5.0, 5.3, 5.6, 5.8, 6.0, 6.1)$ が与えられたとき、翌年のスポット・レート・カーブを求めよ。
3. （ゼロ・クーポン債の構築） 2つの5年債を考える。1つは9%クーポンで、101.00で売られており、もう1つは7%クーポンで、93.20で売られ

ている。5 年物ゼロ・クーポン債の価格を求めよ。

4. （スポット・レートの推定 ⊕） 2021 年 11 月 5 日に、表 4.6 の債券価格が利用可能であるものとする。すべての債券はその月の 15 日に半年間のクーポン支払いが行われると仮定する。以下の 4 次多項式の形で（連続時間の）期間構造を推定せよ。

$$r(t) = a_0 + a_1 t + a_2 t^2 + a_3 t^3 + a_4 t^4$$

ここで、t は今日からの年単位での時間である。したがって、t 時点のキャッシュ・フローに対する割引係数は、$d(t) = e^{-r(t)t}$ である。総価格を得るために、経過利息を価格に加えなければならないことを思い出そう。総価格と、推定される期間構造カーブによって推定される価格との間の 2 乗誤差の合計を最小にすることによって、多項式の係数を算出せよ。カーブをプロットし、多項式の 5 つの係数を求めよ。

表 4.6　債券価格

クーポン	満期日	価格
6.625	2022年2月15日	100.00
9.125	2022年2月15日	100.69
7.875	2022年8月15日	100.75
8.250	2022年8月15日	101.03
8.250	2023年2月15日	101.22
8.375	2023年2月15日	101.38
8.000	2023年8月15日	100.81
8.750	2023年8月15日	102.03
6.875	2024年2月14日	98.16
8.875	2024年2月14日	102.28
6.875	2024年8月15日	97.41
8.625	2024年8月15日	101.72
7.750	2025年2月15日	99.16
11.250	2025年2月15日	109.13
8.500	2025年8月15日	101.41
10.500	2025年8月15日	107.84
7.875	2026年2月15日	99.41
8.875	2026年2月15日	103.00

5. （瞬間利率 ◇） $s(t), 0 \leq t \leq \infty$ をスポット・レート・カーブとする。すなわち、t 時点で受け取ることのできる 1 ドルの現在価値は、$e^{-s(t)t}$ である。$t_1 < t_2$ とし、$f(t_1, t_2)$ を所与のスポット・レート・カーブから決

まる t_1 と t_2 の間のフォワード・レートとする。

(a) $f(t_1, t_2)$ に対する数式を求めよ。

(b) $r(t) = \lim_{t_2 \to t} f(t, t_2)$ とする。$r(t)$ を t 時点での瞬間金利と呼ぶ。$r(t) = s(t) + s'(t)t$ であることを示せ。

(c) 金額 x_0 が t 時点で銀行預金に投資されるものと仮定する。それは、（複利の）すべての t で瞬間的な利率 $r(t)$ を支払う。そのとき、銀行勘定 $x(t)$ は $dx(t)/dt = r(t)x(t)$ を満足する。$x(t)$ に対する数式を求めよ［ヒント：一般に、$ydz + zdy = d(yz)$ となることを思い出そう］。

6. （割引係数の変換） 0 時点における 1 期間の割引係数 $d_{0,1}, d_{1,2}, d_{2,3}, \ldots, d_{5,6}$ は既知で、0.950, 0.940, 0.932, 0.925, 0.919, 0.913 である。0 時点における割引係数 $d_{0,1}, d_{0,2}, d_{0,3}, \ldots, d_{0,6}$ を求めよ。

7. （債券の税金） ある投資家が 10 年物米国 T ボンドを購入し、満期までもつことを計画している。クーポンに対する連邦税は受け取った年に支払わなければならない。また、満期で実現される（額面価格と最初の価格の差として定義される）キャピタル・ゲインに対しても税金を支払う必要がある。連邦債は州税を免除される。この投資家に適用される連邦税率等級は、大部分の個人と同じく $t = 30\%$ である。投資家の要求をみたす 2 つの債券がある。債券 1 は 10 年、10% の債券で、価格は（小数形式で）$P_1 = 92.21$ である。債券 2 は 10 年、7% の債券で、価格は $P_2 = 75.84$ である。これら 2 つの債券の価格の情報に基づいて、仮想的な 10 年物ゼロ・クーポン債の理論価格を計算したい。それは、クーポン支払いがなく、実現するキャピタル・ゲイン（額面価格から最初の価格を引いたもの）の 30% の金額に等しい税金の支払い額を、満期のみで要求されるものである。この債券価格と債券 1 と債券 2 の現行価格は、互いに税引き後基準で整合的であるように定められる。この理論価格を求めよ。そして、それは税率に依存しないことを示せ（すべてのキャッシュ・フローは毎年末に発生すると仮定せよ）。

8. （実際のゼロ・クーポン債） 実際のゼロ・クーポン債は、あたかも仮想的なクーポン支払いが毎年（または、6 カ月ごとに）あるかのように課税される。それゆえ、クーポン支払いがないにもかかわらず、毎年税金を納めねばならない。満期まで n 年の債券に対する仮想的な利率は $(100 - P_0)/n$ である。ここで、P_0 は購入価格である。債券を満期までもっているならば、キャピタル・ゲインはない。なぜならば、すべてのキャピタル・ゲイ

ンは仮想的なクーポン支払いとして考えられるからである。実際の10年物ゼロ・クーポン債の理論価格を計算せよ。この価格は練習問題7の債券1と債券2の価格と、税引き後基準で整合的になるはずである。

9. (フラットなフォワード・レート) スポット・レート・カーブが（すべての k に対して、$s(k) = r$ で）フラットならば、すべてのフォワード・レートも r に等しくなることを明示的に示せ。

10. (オレンジ郡の憂鬱) オレンジ郡は、いくつかの地方自治体が短期投資を行う投資プールを管理していた。総額75億ドルがこのプールに投資されていて、この資金は証券を購入するために使われた。これらの証券を担保として使って、プールはウォール・ストリートの証券会社から125億ドルを借りた。そして、これらの資金は追加的に証券を購入するために使われた。総額200億ドルが短期の確定利付証券よりも高い利回りを得るために、主に長期の確定利付証券に投資された。その上、1992年〜1994年のときのように、金利がゆっくりと下がるにつれて、より大きな収益が得られた。金利が急激に上昇した1994年にそれが崩れた。

仮に、初期において投資されたポートフォリオのデュレーションが10年で、短期金利が6%、ポートフォリオの平均利息が額面価格の8.5%、ウォール・ストリートの資金コストが7%、短期金利は毎年、1/2%ずつ下がっていったと仮定しよう。

(a) プールの投資家がこの最初の期間に得た収益率はいくらか。これらの投資は、短期証券に投資することによって得られた6%よりも好ましいか。

(b) 金利が2%落ちた後、毎年2%ずつ上昇し始めたとき、プールによって得られた収益率はいくらか。

11. (逐次現在価値計算の例) （年単位の）キャッシュ・フロー流列は $x = (-40, 10, 10, 10, 10, 10, 10)$ である。スポット・レートは練習問題2のものとする。

(a) 現時点の割引係数 $d_{0,k}$ を求めよ。それを使って流列の（正味）現在価値を求めよ。

(b) 一組の期待ダイナミクスの短期割引係数を求めよ。流列を評価するために、逐次現在価値計算法を使え。

12. (期間構造と債券価格) 以下に示したスポット・レートとフォワード・レートのように、不完全な期間構造が与えられたとする。また、クーポン率10%の6年債券の価格は99.967ドル、クーポン率5%の6年債券の

価格は 77.424 ドルとする。すべての債券の額面価値は 100 ドルであり、クーポンは年払いである。連続複利を仮定する。以下で欠けている利率を求めよ。

$$s_1 =?, \ s_2 = 6.9\%, \ s_3 = 7.5\%, \ s_4 =?, \ s_5 = 8.4\%, \ s_6 =?$$
$$f_{1,2} = 7.8\%, \ f_{2,3} = 8.7\%, \ f_{5,6} =?, \ f_{1,3} = 8.25\%, \ f_{2,4} = 11.55\%$$

13. (デュレーションの推定) ある債券ポートフォリオは、今日は 10% の利回りで、1,000 ドルの価値をもっている。同じポートフォリオの昨日の価値は、10.5% の利回りで 990 ドルである。
   (a) 昨日の修正デュレーションを推定せよ。
   (b) 昨日のマコーレー・デュレーションを推定せよ。(年あたり 365 日で) 日次複利を仮定する。

14. (純粋デュレーション ◇) 加法的変動とは異なるスポット・レートの変動を導入することはしばしば有用である。$\boldsymbol{s}^0 = (s_1^0, s_2^0, s_3^0, \cdots, s_n^0)$ を (毎年 m 期間に基づいて求められる) 初期スポット・レート系列とする。$\boldsymbol{s}(\lambda) = (s_1, s_2, \cdots, s_n)$ を λ によってパラメータ化されたスポット・レートとする。ここで、$k = 1, 2, \cdots, n$ に対して、

$$1 + s_k/m = e^{\lambda/m}(1 + s_k^0/m)$$

である。債券価格 $P(\lambda)$ がこれらのスポット・レートによって決められるものと仮定しよう。

$$-\frac{1}{P}\frac{\mathrm{d}P}{\mathrm{d}\lambda} = D$$

は純粋デュレーションであることを示せ。D を求め、それを言葉で説明せよ。

15. (流列のイミュニゼーション ⊕) ある企業は、これから 8 年間にわたって表に示される債務の流列に直面している。ここで数値は 1,000 ドル単位である。スポット・レート・カーブは例 4.8 のものである。その例で記述された 2 つの債券から構成され、債務の流列と同じ現在価値をもち、しかもスポット・レート・カーブの加法シフトに対してイミュナイズされるポートフォリオを求めよ。

年	1	2	3	4	5	6	7	8
	500	900	600	500	100	100	100	50

16. (モーゲージの分割) モーゲージの支払い流列は、しばしば元本の支払い流列と利息の支払い流列に分割され、2つの流列は別々に売却される。構成要素の価値を調べよう。B と等価な定期支払いをもつ、初期値 $M = M(0)$ の標準的モーゲージを考えよう。使われる金利が期間あたり r ならば、k 回の支払い後のモーゲージの元本は、$k = 0, 1, \ldots$ に対して、

$$M(k) = (1+r)M(k-1) - B$$

を満足する。この方程式は以下の解をもつ。

$$M(k) = (1+r)^k M - \left[\frac{(1+r)^k - 1}{r}\right] B$$

モーゲージは、残り n 期間で B が $M(n) = 0$ となるように選ばれるものと仮定しよう。すなわち、

$$B = \frac{r(1+r)^n M}{(1+r)^n - 1}$$

である。k 回目の支払いは、

$$I(k) = rM(k-1)$$

となる金利の要素をもち、元本の要素は、

$$P(k) = B - rM(k-1)$$

である。

(a) B、r、n、M を用いて、元本の支払い流列の（金利 r における）現在価値 V を求めよ。

(b) r、n、M のみを用いて V を求めよ。

(c) 金利の支払い流列の現在価値 W はいくらか。

(d) $n \to \infty$ のとき、V の値はいくらか。

(e) 元本と利息のどちらの流列がより大きなデュレーションをもつか。

17. (短期金利の感度) ガビン・ジョーンズは、しばしば卓越したひらめきを示す。彼はインストラクターに、デュレーションが短期金利カーブの平行シフト（すなわち、$r_k \to r_k + \lambda$）に対する価格の感度を測るであろうかと尋ねた。インストラクターは笑って、それをやってみるように言った。彼の公式はとても複雑だったので、最初はうまくいかなかった。最

後に、逐次現在価値計算法に基づく簡単な解法を発見した。具体的には、P_k を k 時点における現在価値とし、$S_k = \mathrm{d}P_k/\mathrm{d}\lambda|_{\lambda=0}$ とすると、S_k は $S_{k-1} = -a_k P_k + b_k S_k$ という形の方程式によって再帰的に求められる。ここで、P_k は逐次計算法によって求められる。a_k と b_k を求めよ。

参考文献

期間構造理論の一般的な議論については [1-3] を参照。期待仮説の重要な分析は、[4] と [5] に含まれている。流動性選好仮説は [6] に示されている。期間構造のもとでのイミュニゼーションは [7] に基づいている。

1. Fabozzi, F. J., and F. Modigliani (2008), *Capital Markets: Institutions and Instruments*, Prentice Hall, Englewood Cliffs, NJ.
2. Homer, S., and M. Liebowitz (1972), *Inside the Yield Book: New Tools for Bond Market Strategy*, 4th ed., Prentice Hall, Englewood Cliffs, NJ.
3. Van Home, J. C. (2000), *Financial Market Rates & Flows*, 6th ed., Prentice Hall, Englewood Cliffs, NJ.
4. Russell, S. (July/August 1992), "Understanding the Term Stmcture of Interest Rates: The Expectations Theory," *Federal Reserve Bank of St. Louis Review*, 36–51.
5. Cox, J., J. Ingersoll, and S. Ross (September 1981), "A Reexamination of Traditional Hypotheses about the Term Stmcture of Interest Rates," *Journal of Finance*, **36**, 769–799.
6. Fama, E. (1984), "The Information in the Term Stmcture," *Journal of Financial Economics*, **13**, 509–528.
7. Fisher, L., and R. L. Weil (October 1971), "Coping with the Risk of Market-Rate Fluctuations: Returns to Bondholders from Naive and Optimal Strategies," *Journal of Business*, **44**, 408–431.

第5章
応用金利分析

　投資科学の実用的な目的は究極的には、投資過程を改善することにある。この過程は、識別、選択、組み合わせ、継続的な管理などからなる。理想的な場合、これらの要素は統合され、1つの技術として扱われる。この技術は、科学的な原理と意味のある経験を基礎として、洞察と形式的な問題解決手続きを組み合わせて実行される。この章は投資分析のための形式的な手続きに焦点を当てる。

　これまでの章では、驚くほど広範囲な投資問題を分析するための基礎を解説した。実際に、金利理論1つだけでも、実際の大多数の投資問題を分析する上で十分な基礎を提供する。したがって、これまでの章を習熟することによって、さまざまな投資状況分析のための適切な準備ができることになる。この分析はスプレッドシート・プログラムのような簡単で実践的な道具や、並列コンピューターのような複雑な道具を使って実施される。これまでの章で展開した理論によって取り扱うことのできる問題の範囲を説明するために、この章ではいくつかの典型的な問題を考える。これらの題材の取り扱いは入門的なものに限ることにする。なぜなら、これらの話題のそれぞれについて教科書があるからである。それにもかかわらず、前章のしっかりした基礎学力があれば、これらの問題をある程度高水準で取り扱い、題材のエッセンスを手短に説明することができる。以下では、資本予算、債券ポートフォリオの構築、動的投資の管理、会計データからの企業評価を取り上げる。これらはすべて、重要な投資問題の例である。

　定量的な方法で投資問題を解決するために、問題をまず明確に定式化しなければならない。通常、これを行うには数多くの方法があるが、最もよい定式化は**最適化**（optimization）手法を用いることであることが多い。それは、"理想的"ポートフォリオの考案、"最良の"プロジェクトの組み合わせの選択、"最も好ましい"収益を達成する投資管理の方法、また、"最小の"リスク量を達成す

るための資産のヘッジ、というような一般的な投資目的に沿ったものである。これらのすべては、最適化問題である。実際、最適化と投資は互いに完全にパートナーとしての役割を果たしている。この章では、この幸福な関係がどのような可能性をもつか調べることにする。

5.1 資本予算

資本配分問題は、多くの投資案もしくはプロジェクトに対して（通常固定された）予算を配分する問題である。ここで取り扱う**資本予算**（capital budgeting）と次節で取り扱う**ポートフォリオ問題**（portfolio problem）は互いに関連しているが、ここでは両者を区別することにする。資本予算は通常は、プロジェクトもしくは投資案に対する現金の配分を扱う。そこでは市場が十分に確立されておらず、プロジェクトは一定の額の現金を必要とする（したがってこの問題は、実質的にどのような単位でも購入可能な証券とは異なる）。

資本予算問題は、提案されたいくつかのプロジェクトが資金調達に関して競合する企業において発生する問題である。それぞれのプロジェクトは、規模や必要な現金、利益がかなり異なっているかもしれない。しかし重要なのは、提案されたすべてのプロジェクトが魅力的な利益を提供するときでさえ、予算制限のためにそれらのすべてに資金を配分することはできないという点である。第2章で扱った投資選択の場合、予算は固定されておらず、赤い車と緑の車の選択というように、選択肢は互いに排反的であった。資本予算問題では、代案は互いに排反的であるかもしれないし、そうでないかもしれない。しかし、予算にははっきりした限度がある。

◆独立なプロジェクト

最も簡単で古典的なタイプの資本予算問題は、独立なプロジェクトのリストから選択する問題である。プロジェクトは、リストからどのような組み合わせを選択しても構わないという意味では互いに独立である。赤い車と緑の車のどちらかを選択するという問題ではない。必要な予算があれば、両方を選ぶことができる。同様に、あるプロジェクトの価値は、他のプロジェクトに依存しない。この標準的な資本予算問題の定式化はきわめて簡単である。

m 個のプロジェクトがあるものとしよう。b_i を第 i 番目のプロジェクトの総利益（通常は正味現在価値）、c_i をその初期費用とする。また、C を利用可能な総資本（予算）とする。それぞれの $i = 1, 2, \ldots, m$ に対して、**0-1変数**（zero–one variable）x_i を導入する。プロジェクトを採用しないならば x_i は 0 で、採用するなら x_i は 1 になる。問題は以下の通りである。

$$\text{最大化} \sum_{i=1}^{m} b_i x_i$$

$$\text{条件} \sum_{i=1}^{m} c_i x_i \leq C$$

$$x_i = 0 \text{ または } 1 \ (i = 1, 2, \ldots, m)$$

これは、**0-1 計画問題**（zero-one programming problem）と呼ばれる。なぜならば、すべての変数が 0-1 変数だからである。プロジェクトが選択されるかされないかを定式化したものであるが、選択されるものについて、その利益と費用は加法的である。

　この問題の近似解を得るための簡単な方法がある。それは多くの場合、きわめて正確である。各プロジェクトが資金の初期支出（負のキャッシュ・フロー）を必要とし、その後に利益の流列（正のキャッシュ・フロー）が続くという仮定のもとでこの方法を記述する（この仮定を弱めることができる）。初期費用の大きさに対する利益の現在価値の比率を、**利益・費用比率**（benefit-cost ratio）と定義する。この利益・費用比率を用いてプロジェクトを順序づける。最も高い比率をもつプロジェクトは、単位金額あたり最善の収益をもたらす。したがって、それは選択されるプロジェクトの最終リストに含めるべき優れた候補である。一度、プロジェクトをこのように順序づけしておけば、所与の予算を超えない範囲でプロジェクトを次々とリストに含めて、その順番にしたがって選べばよい。この方法は、費やされる金額に対して最善の価値を生み出すであろう。しかし、この特性にもかかわらず、この近似解法によって求められる解はいつも最適であるとは限らない。なぜならば、利用可能な予算が全部使われないかもしれないからである。いくらか高い費用をもつプロジェクトをスキップすることによって、同程度に高い利益・費用比率をもつ他のプロジェクトを含めることができれば、よりよい解が求められるかもしれない。真の最適解を得るためには、容易に利用可能なソフトウェア・プログラムを使って、0-1 最適化問題を正確に解けばよい。しかし、利益・費用比率に基づくこの簡単な方法は、予備的な検討を行うための助けになる（スプレッドシート・パッケージの中には、あまり大きくない規模の問題を解くための整数計画法プログラムを備えているものもある）。

例 5.1（選択問題） ある小さなコンピューター企業では、年間予算計画会議において、翌年にスタートさせるいくつか独立なプロジェクトを確認した。これらのプロジェクトには装置の購入、新製品の設計、新設備のリースなどが含まれている。どのプロジェクトも翌年に初期資本支出を必要とする。企業の経営陣は、これらのプロジェクトのために、50万ドルまでの資金が利用できると信じている。プロジェクトの財務的側面を表 5.1 に示す。

表 5.1　プロジェクトの選択

プロジェクト	支出 (1,000ドル)	利益の現在価値 (1,000ドル)	利益・費用 比率
1	100	300	3.00
2	20	50	2.50
3	150	350	2.33
4	50	110	2.20
5	50	100	2.00
6	150	250	1.67
7	150	200	1.33

支出はすぐに行われ、利益の現在価値は将来の利益の現在価値である。高い利益・費用比率をもつプロジェクトが望ましい。

各プロジェクトに対して必要な初期支出、利益の現在価値（初期支出以降の流列の残りの現在価値）、およびこれらの2つの値の比率を示す。プロジェクトはすでに利益・費用比率が高い順番に並べられている。近似解法によると、企業はプロジェクト 1、2、3、4、5 を選択し、合計費用 37 万ドルで、合計の正味現在価値、910,000 ドル − 370,000 ドル = 540,000 ドル を得る。しかし、この解は最適ではない。

適切な解法は、0-1 最適化問題として問題を定式化することである。このため、選択されるならば 1、選択されなければ 0 となる変数 $x_i, i = 1, 2, \ldots, 7$ を定義する。問題は以下のようになる。

最大化　　$200x_1 + 30x_2 + 200x_3 + 60x_4 + 50x_5 + 100x_6 + 50x_7$

条件　　　$100x_1 + 20x_2 + 150x_3 + 50x_4 + 50x_5 + 150x_6 + 150x_7 \leq 500$

　　　　　各 i に対して、$x_i = 0$ または 1

最大化する目的関数の項は、利益の現在価値から支出を引いた正味現在価値であることに注意しよう。

問題とその解を、スプレッドシート形式で図 5.1 に示す。ここではプロ

ジェクト 1、3、4、5、6 が選ばれ、費用の合計は 50 万ドル、正味現在価値の合計は 61 万ドルになる。近似解法は、プロジェクト 2 を採用するより費用はかかるが、より利益の上がるプロジェクト 6 が排除されるという事実を説明していない。具体的には、プロジェクト 2 をプロジェクト 6 に置き換えることによって、完全に予算を使い切る結果、より高い総利益を得ることができる。

プロジェクト	支出	利益の現在価値	正味現在価値	最適解 (x値)	費用	最適正味現在価値
1	100	300	200	1	100	200
2	20	50	30	0	0	0
3	150	350	200	1	150	200
4	50	110	60	1	50	60
5	50	100	50	1	50	50
6	150	250	100	1	150	100
7	150	200	50	0	0	0
合計					500	610

図 5.1　プロジェクト選択のためのスプレッドシート
x の値を列に表示してある。これらの値にその支出と正味現在価値の要素を掛けると、最適な組み合わせのプロジェクトの各々のコストと現在価値が得られる。最適な組み合わせを求めるために、(スプレッドシートの中で) 0-1 計画法は x の値を調整している。

◆**独立でないプロジェクト** *

しばしば、プロジェクトは互いに独立ではない。すなわち、ある 1 つのプロジェクトの実行可能性が、他のプロジェクトが採用されるかどうかに依存する場合である。このタイプの問題を、いくつかの独立な目標があって、それらが 1 つ以上実施可能な方法をもつものと仮定して定式化する。これらの実施案がプロジェクトによって定義される。この定式化は第 2 章で学んだ問題を一般化したものである。そこでは、(新車の購入のように) 目標が 1 つで、その目標を達成するために複数の方法が存在した。より一般的な問題は 0-1 計画問題として取り扱うことができる。

目標とプロジェクトを用いた定式化の例として、運輸局が 2 つの都市間の道路を造りたいと考えている状況を想定しよう。道路をコンクリートにするか、アスファルトにするか、車線を 2 つにするか 4 つにするかなどに対応して、いく

つものプロジェクトが考えられる。もう 1 つの独立な目標は橋の改修かもしれない。

一般に、m 個の目標と i 番目の目標に関連する n_i 個の可能なプロジェクトがあるものと仮定する。それぞれの目標に対して、1 つのプロジェクトのみが選択される。以前のように、利用できる予算は固定されている。

この問題を 0-1 変数 $x_{ij}(i=1,2,\ldots,m;\ j=1,2,\ldots,n_i)$ を導入することによって定式化する。目標 i が選択され、プロジェクト j が実行されれば、変数 x_{ij} は 1 になる。さもなければ、0 である。問題は次のようになる。

$$\text{最大化} \quad \sum_{i=1}^{m}\sum_{j=1}^{n_i} b_{ij} x_{ij}$$

$$\text{条件} \quad \sum_{i=1}^{m}\sum_{j=1}^{n_i} c_{ij} x_{ij} \leq C$$

$$\sum_{j=1}^{n_i} x_{ij} \leq 1,\ (i=1,2,\ldots,m)$$

すべての i と j に対して、$x_{ij} = 0$ または 1

個々のプロジェクトの排他性は、(各目標に対して 1 本の制約式をもつ) 2 番目の制約式によって示される。この制約は、j に関する変数 x_{ij} の合計は 1 を超えてはいけないことを示している。変数はすべて 0 か 1 なので、これはどの i についても、たかだか 1 つしか x_{ij} が 1 にならないことを意味する。言い換えれば、目標 i に関してたかだか 1 つのプロジェクトしか選択されない。

一般にこれは、独立なプロジェクトに対するものよりも難しい 0-1 計画問題である。この新しい問題は、より多くの制約をもつため、数字を見るだけでは解を得るのは難しい。特に、利益・費用比率に基づく近似解法は適用できない。しかし、今のコンピューターを使えば、このタイプの大規模問題さえ容易に解くことができる。

例 5.2（郡の輸送選択）　郡の運輸局が表 5.2 に示した目標と具体的なプロジェクトを検討しているものと仮定しよう。

3 つの独立な目標と 10 個のプロジェクトがある。表 5.2 は、各プロジェクトの費用と正味現在価値（費用を控除した後の値）である。利用可能な総予算は 500 万ドルである。この問題を定式化するために、各プロジェクトに対して 0-1 変数を導入する（ただし簡単のため、以前示した一般的な

表 5.2 運輸の代替案

	費用 (1,000ドル)	正味現在価値 (1,000ドル)
Augen-Burger間の道路		
1　コンクリート，2車線	2,000	4,000
2　コンクリート，4車線	3,000	5,000
3　アスファルト，2車線	1,500	3,000
4　アスファルト，4車線	2,200	4,300
Cay Roadの橋		
5　現存の橋の修理	500	1,000
6　車線の追加	1,500	1,500
7　新規構築	2,500	2,500
Downsbergの交通制御		
8　交通信号灯	100	300
9　迂回車線	600	1,000
10　地下道	1,000	2,000

それぞれの主要な目的に対して，たかだか 1 つの
プロジェクトしか選択することができない。

定式化のように 2 重添字ではなく、これらの変数に 1 から 10 まで連続した添字を付ける）。問題は次のように定式化される。

最大化　$4x_1 + 5x_2 + 3x_3 + 4.3x_4 + x_5 + 1.5x_6 + 2.5x_7 + 0.3x_8 + x_9$
　　　　$+ 2x_{10}$

条件　$2x_1 + 3x_2 + 1.5x_3 + 2.2x_4 + 0.5x_5 + 1.5x_6 + 2.5x_7 + 0.1x_8$
　　　$+ 0.6x_9 + x_{10} \leq 5$

　　　$x_1 + x_2 + x_3 + x_4 \leq 1$

　　　$x_5 + x_6 + x_7 \leq 1$

　　　$x_8 + x_9 + x_{10} \leq 1$

　　　$x_1, x_2, x_3, x_4, x_5, x_6, x_7, x_8, x_9, x_{10} = 0$ または 1

この問題とその解を図 5.2 の表に示した。プロジェクト 2、5、10 を選ぶのが最適解である。費用は 450 万ドル、総現在価値は 800 万ドルである。

プロジェクト間の相互依存性を取り扱うこの方法を、優位関係（すなわち、他のプロジェクトが選択されることなしに、あるプロジェクトが選ばれるという関係）がある状況や追加的な財務制約をもつ資本予算問題に拡張することがで

プロジェクト	費用 (1,000ドル)	正味 現在価値 (1,000ドル)	最適解 (x値)	費用	正味 現在価値	目標
Augen-Burger間の道路						
1　コンクリート，2車線	2,000	4,000	0	0	0	
2　コンクリート，4車線	3,000	5,000	1	3,000	5,000	
3　アスファルト，2車線	1,500	3,000	0	0	0	
4　アスファルト，4車線	2,200	4,300	0	0	0	1
Cay Roadの橋						
5　現存の橋の修理	500	1,000	1	500	1,000	
6　車線の追加	1,500	1,500	0	0	0	
7　新規構築	2,500	2,500	0	0	0	1
Downsbergの交通制御						
8　交通信号灯	100	300	0	0	0	
9　迂回車線	600	1,000	0	0	0	
10　地下道	1,000	2,000	1	1,000	2,000	1
合計				4,500	8,000	

図 5.2　運輸のスプレッドシート

x の値が 1 つの列に示されている。次の列に費用と正味現在価値を示した。また、各目標に含まれるプロジェクトの数を最後の列に示した。これらの数字には 1 以下という制約がついている。最適な x は、0-1 計画問題を解くパッケージによって求めることができる。

きる。このためには、変数の間に制約条件を追加してやればよい。

資本予算は有用な考え方であるが、その基本的な定式化には多少欠点がある。厳しい予算制約は、投資家（企業）が一定の金利で無制限に資金を借りることができるという、これまでの仮定と整合性をもたない。理論的には、正の正味現在価値をもつすべてのプロジェクトを実行すべきである。しかし実際には、一定の金利で無制限に資本が利用できる仮定は成立しない。銀行は有限の信用ラインを負わせるかもしれない。また、大企業では、投資決定は個々の組織単位に予算を配分することによって、分権化されているかもしれない。それゆえ、多くの場合、資本予算問題を解くことは有用であるが、予算水準に対する利益の感度を測るために、予算の値をさまざまに変えて問題を解く必要がある。

5.2　最適ポートフォリオ

ポートフォリオの最適化は、資本予算に似たもう 1 つの資本配分問題である。**最適ポートフォリオ**（optimal portfolio）という用語は、通常金融市場の証券のポートフォリオを構築するときに使われる。しかし、この用語はプロジェクトの"ポートフォリオ"を含むあらゆる金融資産に関わるポートフォリオを構

築するときにも使われる。資産が市場で自由に取引されているときには、市場性のないより一般の資産には適用されないある価格関係が適用される。これは、証券を含む問題に**ポートフォリオ最適化**（portfolio optimization）という用語を使う場合の重要な相違点である。

この節では確定利付商品のポートフォリオのみを考える。ご存じのように、既知の時点で現金が戻ってくる確定利付商品は、約束された現金の支払い流列（もしあれば、将来のキャッシュ・アウト・フロー）によって記述することができる。このような商品には、キャッシュ・フロー流列を定義する構成要素として、支払いのリスト、もしくはベクトルを対応させることができる。ポートフォリオはそのような流列の組み合わせであり、証券を表す個々のリスト、もしくはベクトルの組み合わせとして表現できる。スプレッドシートはそのような組み合わせを扱うことができる便利な手段である。

◆キャッシュ・マッチング問題

簡単な最適ポートフォリオ問題は**キャッシュ・マッチング問題**（cash matching problem）である。この問題を記述するために、将来の既知の一連の資金債務に直面しているものと仮定しよう（年金基金を管理しているならば、これらの債務は必要な年金支払いを表す）。これらの債務が生じるときにその要求をみたすように投資したい。すなわち、さまざまな満期の債券を購入し、債務をみたすためにクーポン支払いと償還金を使おうというのである。最も簡単な方法は、将来変更することなしに、要求されたときに必要な現金を用意するポートフォリオを設計することである。

この問題を数学的に定式化するために、まず、各期末にキャッシュ・フローが生じるような基本的な期間の長さを定義する。たとえば、1期間を6カ月とする。債務は今から1期間後に始まり、流列 $\boldsymbol{y} = (y_1, y_2, \ldots, y_n)$ で表されるものとする。同様に各債券は、今から1期間後に始まるキャッシュ・フロー流列を生み出す。m 個の債券があれば、債券 j の1単位に対応する流列を $\boldsymbol{c}_j = (c_{1j}, c_{2j}, \ldots, c_{nj})$ と記述する。債券 j の価格は p_j である。ポートフォリオの中の債券 j の保有量を x_j とする。キャッシュ・マッチング問題とは、債務をみたすことを保証する総費用が最小の x_j を求めることである。具体的には、問題は、

$$\text{最小化} \quad \sum_{j=1}^{m} p_j x_j$$

条件 $\sum_{j=1}^{m} c_{ij} x_j \geq y_i \ (i=1,2,\ldots,n)$

$x_j \geq 0 \ (j=1,2,\ldots,m)$

となる。最小化すべき目的関数は、ポートフォリオの総費用で、それは債券の価格に購入量を掛け合わせたものの合計と等しい。主な制約はキャッシュ・マッチングの制約である。ある i に対応する制約式は、m 個の債券から期間 i に生成される現金の総額が、少なくとも期間 i の債務に等しくなくてはならないことを示している。最後の制約式は、債券の空売りの可能性を除外している。

この問題は次の例のように、スプレッドシートを用いて解くこともできる。

例 5.3（6 年マッチング） 6 年間にわたる現金の債務をマッチングしたい。この目的のために 10 個の債券を選択する（簡単のため、すべての勘定は年ベースで行われる）。各債券のキャッシュ・フロー構造を表 5.3 に示した。この列の下に債券の現在価格を示した。たとえば、第 1 列は 6 年満期の 10%債券を表す。この債券は 109 で売られている。最後から 2 番目の列は、ポートフォリオによって生成される現金に対する年間の現金の必要額

表 5.3 キャッシュ・マッチングの例

年	債券										必要額	実際額
	1	2	3	4	5	6	7	8	9	10		
1	10	7	8	6	7	5	10	8	7	100	100	171.74
2	10	7	8	6	7	5	10	8	107		200	200.00
3	10	7	8	6	7	5	110	108			800	800.00
4	10	7	8	6	7	105					100	119.34
5	10	7	8	106	107						800	800.00
6	110	107	108								1,200	1,200.00
p	109	94.8	99.5	93.1	97.2	92.9	110	104	102	95.2	2,381.14	
x	0	11.2	0	6.81	0	0	0	6.3	0.28	0	費用	

スプレッドシートのレイアウトは問題とその解をはっきりと示している。この例では、10 個の異なる債券の年々のキャッシュ・フロー流列が、10 個の列に並んでいる。各債券の現在価格は流列の下に、またポートフォリオの中に含まれる量は価格の下に示されている。ポートフォリオによって生成されるキャッシュ・フローが、最後の列に示されている。また実際に生成されるキャッシュ・フローは最後の列に示されている。

(すなわち、債務)を示す。標準的なキャッシュ・マッチング問題を線形計画問題として定式化し、最適ポートフォリオを求める（解は、いくつかのスプレッドシート・プログラムで利用可能な、標準的な線形計画法パッケージを使うことによって簡単に求めることができる）。解は表5.3の一番下の行に与えられている。ポートフォリオによって生成される実際の現金を一番右側の列に示した。この列は、各債券の j 列にその解の値 x_j を掛けて合計することによって計算される。表にはポートフォリオの総最小費用も示した。

2年分、必要な額を超えて余分な現金が生成されていることに注意しよう。これは要求額の高い年があるためであり、これらの日に満期を迎える債券を多く購入しなければならないからである。しかし、これらの債券は早い年にクーポン支払いを生成し、これらの支払いの一部のみがそれらの早期の年の債務をみたすために必要とされる。現金の必要額がより滑らかな場合には、そのような剰余は出ないだろう。

例の中で生成された剰余が示すように、ここで定式化されたキャッシュ・マッチング問題には根本的な欠点がある。余分現金に対する剰余は、債務をみたすために使われず、また再投資されないので、実質的には利用されないことになる。実際には、そのような剰余はすぐにそのときに利用可能な商品に再投資される。その再投資は、問題の定式化にわずかな修正を施すことによって対応することができる。しかしこの場合、将来の投資機会についていくつかの仮定を導入しなければならない。最も簡単なのは、余分な現金を金利ゼロで先送りすることができるという仮定である。いわば、必要なときに取り出すために、マットレスの下に置くことができるということである。この柔軟性を導入するには、$(0, \ldots, 0, -1, 1, 0, \ldots, 0)$ という形式のキャッシュ・フロー流列をもつ人工的な債券を追加すればよい。この債券を -1 の年に"購入"し（て現金を吸収し）、翌年に"償還"する。もっとよい定式化は、剰余の現金を実際の債券に投資することを許すものである。このために、将来の金利について（または同じように将来の債券価格について）の仮定が必要となる。1つの論理的な方法は、その価格が現在のスポット・レート・カーブに基づく期待ダイナミクスにしたがうと仮定することである。r' が今から1年後の1年金利の推定値で、それが期待ダイナミクスのもとでの現在のフォワード・レート $f_{1,2}$ であるならば、$(0, -1, 1+r', 0, \ldots, 0)$ の形式の債券が導入される。このような債券を追加すれば剰余の再投資が可能となる。そしてこれによって、先に与えた簡単なキャッ

シュ・マッチングの解とは異なる解が得られる。

　基本的なキャッシュ・マッチング問題に対して、別の修正も可能である。たとえば、含まれる総額が大きくなければ、解の整数条件をみたすという制約も必要となるであろう。他の修正はイミュニゼーションとキャッシュ・マッチングを結びつけることである。

5.3　動的キャッシュ・フロー過程

　すばらしい結果を出すためには、多くの投資は計画的かつ継続的な管理を必要とする。たとえば、企業内のプロジェクトは一連のオペレーショナルな意思決定が必要とされる。同様に、金融商品のポートフォリオは時間とともに系統的に修正しなくてはならない。投資のキャッシュ・フロー流列に影響を与える適切な行動の選択は、動的管理の問題である。

　たとえば、油井を購入すると仮定しよう。これは投資プロジェクトであり、そこから高い収益を得るためには、注意深い管理が必要である。この場合には、毎月、油井から石油を汲み上げるか否かを決めなければならない。石油を汲み上げれば操業費用が生じるが、石油の売り上げの収入によって利益が生まれる。しかしその一方で、石油の備蓄量は減少する。現時点での汲み上げの決定は、明らかに将来の生産の可能性に影響を与える。現在の石油価格が低いと信じるならば、今は汲み上げないという選択を行い、より高い価格になるまで石油を蓄えておくのが賢明かもしれない。

　確定的なキャッシュ・フロー流列の文脈の中でこのタイプの問題を議論することは特に有用である。1つには、それ自身が重要な問題であるからであり、1つには、これらを解くために用いる手法である**動的計画法**（dynamic programming）は、本書の第III部でも使われるからである。ここで簡単な設定をしておくと、後の作業のためのよい基礎となってくれる。

◆動的選択の表現

　確定的な投資は、$x = (x_0, x_1, x_2, \ldots, x_n)$ というキャッシュ・フロー流列によって定義される。しかし、この流列のキャッシュ・フローの大きさは、複雑な形で経営の選択の影響を受ける。動的管理問題を解くためには、各期で可能な選択肢と、これらの選択がキャッシュ・フローに与える効果を表すための方法が必要である。簡単に言うと、**動的モデル**（dynamic model）が必要である。このようなモデルを構築するために使われる数学的な構造はいくつかあるが、最

も簡単なものは**グラフ**（graph）である。この構造では、キャッシュ・フローが生じる時点は、普通水平方向の点によって表される。各時点上の垂直方向には、**ノード**（node）の集合があって、それらがその時点でのさまざまな可能な**状態**（state）、もしくは過程の状況を表す。1つの時点から次の時点へのノードは**枝**（branch）もしくは、**弧**（arc）によってつながっている。枝は1つの時点のノードから次の時点の別のノードへの可能な経路を表す。異なる枝は、異なる管理行動に相当し、それがプロセスを次々に進行させていく。このようなグラフの簡単な例は、図5.3(a)と(b)に示すような**2項ツリー**（binomial tree）、もしくは**2項格子**（binomial lattice）である。このツリーでは、各ノードからちょうど2つの枝が出ている。最も左側のノードは初期時点の状況に相当し、その右側の組は時点1における2つの可能性を表す。他も同様である（図の中では、4時点の場合を示した）。

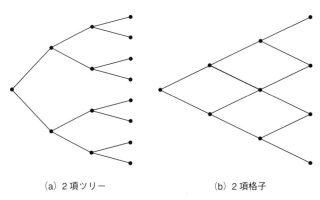

(a) 2項ツリー　　　　　(b) 2項格子

図5.3　グラフの表現　ツリーは動的な選択を表す一般的な方法である。

ツリーの意味を説明するには、例を使うのが一番よい方法である。再び、最近購入した油井の経営を考えよう。どのような時点でも、石油を汲み上げてもよいし汲み上げなくてもよい。ツリーのノードは、埋蔵量、修繕の状態など、油井の状況を表す。選択をツリーとしてモデル化するために、油井の初期状態を表すツリーの最も左側からスタートする。その時点では、汲み上げるか汲み上げないかの2つの選択肢がある。これらの選択肢のどちらかを上側への移動に、残っている方を下側への移動に割り当てる。以下では汲み上げることを上側への移動に対応させ、汲み上げないことを下側への移動に対応させるものとしよう。次の時点で、油井は2つのノードのいずれか1つの状態にある。再び

選択を行い、上か下かに移動する。決定を行うにしたがって、左から右へ、ノードからノードへ、ある特定の経路に沿ってツリーを移動していく。経路は採用された選択肢によって一意的に決まる。すなわち、油井の状態の時系列的変化と全体の利益の大きさは選択によって決定され、ツリー上のこの唯一の経路によって表される。

具体的に、油井には最初に 1,000 万バレルの石油の埋蔵量があるものと仮定しよう。毎年、そのときの埋蔵量の 10% を汲み上げることが可能である。しかしそのためには、人を雇いお金を支払わなければならない。一方、前年に人をすでに雇っているならば、雇用費用は払わずに済む。したがって、毎年得られる利益を計算するために、石油埋蔵量の水準と人をすでに雇っているかどうかを知る必要がある。このため、ツリーの各ノードに埋蔵量水準と雇用の状態を示しておく。たとえば、(9, YES) は埋蔵量が 900 万バレルで、雇用済みであることを表す。2 期間の完全なツリーを図 5.4(a) に示した。

人を雇用費用なしで集めることができれば、雇用状態を追跡する必要はない。したがって、この場合ノードのラベルから 1 つの要素を取り除き、埋蔵量水準のみを書く。すると、最初のツリーでは異なるラベルをもつノードが、同一のラベルをもつことになる。図 5.4 に示した例では、最終時点の 2 つのノードが、(900 万バレルを意味する) 9 の埋蔵量水準をもつ。ラベルは同じなので、図 5.4(b) のように、これらのノードを 1 つのノードに統合することができる。期間を増やしてツリーを拡張する場合、しばしばこの結合効果が発生し、結果的にツリーは 2 項格子になる。典型的な 2 項格子を図 5.4(b) に示した。このようなグラフでは、上昇してから下降することは、下降してから上昇することと同じにな

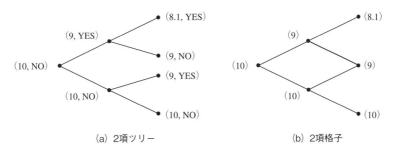

(a) 2項ツリー   (b) 2項格子

図 5.4 油井の状態を表すツリー
  汲み上げることは上昇に相当し、汲み上げないことは下降に相当する。(a) のツリーは埋蔵量水準と雇用の状態を表している。埋蔵量水準のみが利益に影響するならば、いくつかのノードをとりまとめて、(b) のような 2 項格子ができる。

る。2項ツリーに比べて、2項格子ではノードの数は少なくなる。油井に関して言えば、利益を決定するための要因が油井の水準だけならば、埋蔵量への影響はどのノードからスタートしても、ツリーの中で上昇した（汲み上げることに相当する）後に下降する（汲み上げないことに相当する）のと、下降した後に上昇するのと同じである。両方の組み合わせは同じだけの埋蔵量を減少させる。ゆえに、経営選択を表現するために、図5.4のような2項格子を使うことができる。

　油井の例では、2項ツリーもしくは2項格子を使った。それは各時点でちょうど2つの選択肢があるときに適切である。3つの選択肢がある場合には、各ノードが3つの枝をもつ3項ツリー、もしくは3項格子をつくることができる。明らかに、選択肢の数がいくつであっても、この方法を適用することができる（小さなツリーで済ませているのはもっぱら紙面の都合であって、コンピューターの場合は、ある程度までであれば、もっと大きなツリーを効果的に扱うことができる）。

◆グラフでのキャッシュ・フロー

　過程の状態をグラフのノードとして記述することは、動的投資の状況を表現する中間的なステップにすぎない。より重要な作業は、グラフのさまざまな枝にキャッシュ・フローを割り当てることである。これらのキャッシュ・フローを用いて、経営の代替案を評価することができる。

　最初の油井の例において、人の雇用費用はゼロでなく10万ドルであるものと仮定する（これは最初の雇用費用であり、支払われる賃金ではない）。石油生産からの利益は、1バレルあたり5ドルであるものとする。最後に、年初の油井の埋蔵量水準を x とする。人を雇用しなければならない場合、1年間の生産に

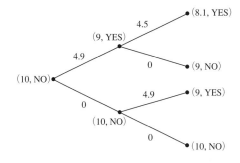

図 5.5　油井のキャッシュ・フロー・ツリー
意思決定に対応するキャッシュ・フローは、その決定に対応する枝の上に記載されている。これらのキャッシュ・フローの値は、ノードの状態と意思決定によって求められる。

よる正味利益は 5 ドル $\times 0.10 \times x - 100,000$ ドル である。すでに雇用していれば、5 ドル $\times 0.10 \times x$ である。ツリーの枝に、その枝が選ばれた場合の利益の額を表す値を割り当てることができる。これらの値を 100 万ドル単位で図 5.5 に示した。

分析を行うには、枝の上のキャッシュ・フローのみが重要なので、ノードをプロセスの状態として記述するステップをとばすことは（概念的には）可能である。しかし、実際にはノードの記述は重要である。なぜならば、キャッシュ・フローの値は、これらの記述をもとに会計公式を用いて求められるからである。すべての枝にキャッシュ・フローの値を記入したツリーが与えられれば、それで十分であり、ノードの記述は必要ないだろう。実際には前述したように、キャッシュ・フローを求めることができるように、最初にノードを特徴づけなければならない。

この種の表現において、枝のキャッシュ・フローが、対応する期間の最初と最後のどちらで生じるか、ということもはっきりさせなければならない。実際には、枝のキャッシュ・フローはしばしば期間全体で生じるが、モデルは期末か期首にひとかたまりの値（もしくは、期首に一部分、期末に一部分）を割り当てる。選択はこれを記述する方法次第で変わるかもしれない。

いくつかの場合、過程の最後にキャッシュ・フローがあり、その値は達成される最終ノードによって変化する。これは、**最終報酬**（final reward）もしくは**回収価値**（salvage value）と呼ばれる。これらの値はグラフ上の対応する最終ノードに付与される。油井の例の場合、最終価値は油井の売却価値である。

5.4　最適管理

ひとたび、投資に関するキャッシュ・フロー過程をグラフで表現しておけば、以前の章の原則を適用することによって、最適管理計画を決めることができる。ツリーを通る各経路がある特定のキャッシュ・フロー流列を決定する。したがって、最善の経路を選ぶだけでよい。通常、これは最大の現在価値をもつ経路である。その結果、問題を解く 1 つの方法は、すべての可能な経路に相当する流列をリストし、それぞれの現在価値を計算して最大のものを選ぶことになる。そして、現在価値が最大の経路にしたがって投資を管理する。

この方法は小さい問題ではうまく機能するが、大規模な問題では**次元の呪い**（curse of dimensionality）に悩まされることになる。ツリーにおける可能な経路の数は、期間数とともに指数的に増加する。たとえば、（時点 $0, 1, 2, \ldots, n$

でノードをもつ) n 期間の 2 項ツリーでは、経路の数は 2^n 個である。$n = 12$ (たとえば、月ごとの決定で 1 年間) ならば、可能な経路は 4,096 個である。毎月 10 個の選択が可能であれば、この数字は 10^{12} まで増えるので、単純な方法を用いると計算能力を超えてしまう。**動的計画法** (dynamic programming) の計算手続きを使えば、より効率的に解を探すことができる。

◆逐次動的計画法

動的計画法は、最終時点から始めて、初期時点まで戻りながら一歩一歩問題を解く方法である。この理由のために、動的計画法は「問題を後ろ向きに解く」方法であると言われることもある。

投資問題では、第 4.6 節で説明した逐次的に現在価値を求める方法に基づく特別な形の動的計画法が特に都合がよい。この方法を**逐次動的計画法** (running dynamic programming) と呼ぶ。そこで以下ではこの方法を説明し、それを本書を通して使うことにしよう。

動的キャッシュ・フローをもつ投資が、前述のグラフによって表現されているものと仮定しよう。簡単のため期間の長さを 1 年とし、年複利を使うものと仮定する。グラフ上の経路は、(各フローが期首に生じる) その経路の上にのっている弧に対応するキャッシュ・フロー流列、$c_0, c_1, \ldots, c_{n-1}$ を生成する。この経路はまた、最終ノードで最終フロー V_n を決定する。この完全な流列の現在価値は、

$$\mathrm{PV} = c_0 + \frac{c_1}{1+s_1} + \frac{c_2}{(1+s_2)^2} + \cdots + \frac{c_{n-1}}{(1+s_{n-1})^{n-1}} + \frac{V_n}{(1+s_n)^n}$$

である。ここで、s_k はスポット・レートである。経路は各弧に対応する 1 つずつの決定によって定義される。この結果生み出される現在価値を最大にする選択を決定したい。

逐次的な方法では、1 期間の割引係数 $d_k = 1/(1+r_k)$ を用いる。ここで r_k は短期金利で $r_k = f_{k,k+1}$ である。そして、現在価値を後ろ向きに 1 期間ずつ評価する。逐次動的計画法では、その前のすべてのキャッシュ・フローは無視して、そのノードから得られる最善の逐次現在価値に等しい値を、各ノードに割り当てる。時点 k におけるノード i を (k, i) と示し、それに対する最善の逐次価値を V_{ki} と呼ぶ。これらの値を V 値と呼ぶ。

最終ノードでの V 値が投資過程の最終価値である。これらの値は、過去を無視して達成された (n 時点で見た) 現在価値である。ゆえに、最終ノードでの V 値は、問題を記述したときに、すでに与えられている。

動的計画法の手続きは、次に $n-1$ 時点でのノードを扱う。$n-1$ 時点の任意のノード i に対して、その点に到達するような投資が行われているものとする。前のノードに対する投資決定はすでに行われていて、キャッシュ・フロー $c_0, c_1, \cdots, c_{n-2}$ はすでに生成されているものとする。1つの決定だけが残っている。すなわち、どの弧がノード $(n-1,i)$ から n 時点での最終ノードにつながるかの決定である。(この仮想的観点からは) 過去の決定については何もできないので、$n-1$ 時点で見たときの現在価値 (逐次現在価値) を最大にする弧を選択すべきであることは明らかである。具体的には、n 時点で到達するノードを a とすると、$c_{n-1}^a + d_{n-1} V_{n,a}$ の値を見ればよい (ここで、c_{n-1}^a は弧 a に関連するキャッシュ・フローであり、$V_{n,a}$ は弧 a が到達するノードの V 値である)。ノード $(n-1,i)$ から出ているすべての弧 a に対するこれらの和を計算した後で、その値の最大のものを選んで、その値を $V_{n-1,i}$ とする。これは、ノード $(n-1,i)$ から得られる最善の逐次現在価値である。ゆえに、それが正しい V 値となる。図 5.6 に示すように、この手続きを $n-1$ 時点でのすべてのノードに対して繰り返す。

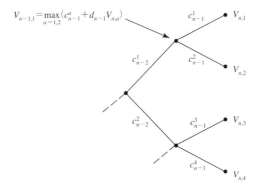

図 5.6 動的計画法の再帰計算の最初の段階
過程の最初の $n-1$ 段階が完了したと仮定して、最終段階で行うことができる最善のものを評価する。$n-1$ 時点でのすべてのノードに対し、そのノードから得られる逐次現在価値の最大値を求める。

$n-2$ 時点に対しても同じ手続きを実施する。投資過程がある特定のノード $(n-2,i)$ に到達したものと仮定する。そのノードから出ている各枝 a はキャッシュ・フローを生成し、$n-1$ 時点で対応するノード a へと過程を導く。c_{n-2}^a をこの選択に関連するキャッシュ・フローとすると、将来の分も考慮した上で、

全部で $c_{n-2}^a + d_{n-2}V_{n-1,a}$ が（逐次）現在価値へ寄与している。なぜならば、逐次現在価値は、そのときのキャッシュ・フローに、次の期の逐次現在価値の割り引いたものを加えたものに等しいからである。これらの値をすべての可能な弧に対して計算し、最大のものを選択する。この最大値を $V_{n-2,i}$ と定義する。この手続きを、図 5.7 に示すように、$n-2$ 時点でのすべてのノードに対して実行する。

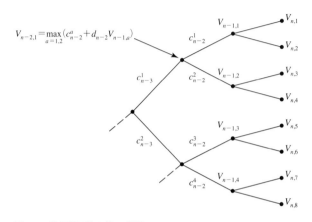

図 5.7　動的計画法の第 2 段階
過程の最初の $n-2$ 段階が完了したと仮定して、残りの 2 つの段階の最善の逐次現在価値を評価する。

ノードが 1 つとなる 0 時点までこの手続きを、後ろ向きに実行する。そこで求められる V 値が、0 時点で見たときの最適な現在価値である。したがって、それが全体での最適値となる。

最適投資決定とキャッシュ・フローは、動的計画法の副産物として容易に得ることができる。それは、V 値が計算されるノードでそれを記録しておくか、既知の将来の V 値を利用して前進しながら求めるかのいずれかによって得ることができる。

逐次動的計画法は、再帰関係によって簡潔に記述することができる。c_{ki}^a をノード (k,i) からノード $(k+1,a)$ へ移行する際に生成されるキャッシュ・フローとする。再帰手続きは、

$$V_{ki} = \max_{a}\,(c_{ki}^a + d_k V_{k+1,a})$$

となる。例によってこのことを明らかにする。

◆例

例 5.4（魚釣りの問題）　湖と魚釣りのボートを手に入れる投資パッケージを想定しよう。湖から魚を釣って利益を得ようというのである。各シーズン、魚釣りをするかしないかを決める。魚を釣らなければ、湖の魚の量は増加する。実際には、次のシーズンの初めまでには 2 倍になる。魚釣りをすれば、シーズンの初めに湖にいる魚の 70% がいなくなる。捕まえられなかった（そして、捕まる前の）魚は繁殖し、次のシーズンの初めには、魚の量はそのシーズンの初めの量と同じになる。それゆえ、魚釣りをしないかするかに応じて、魚の量は 2 倍になるか、同じままのどちらかになる。この結果、何も得られないか、シーズンの初めの魚の量の 70% を得られるかのどちらかである。最初の魚の量は 10 トンである。利益は 1 トンあたり 1 ドルである。金利は 25% で一定である。それは割引係数が毎年 0.8 であることを意味する。あいにく、魚釣りは 3 シーズンしかできない。ここでの経営問題はいつ魚釣りをするかを決めることである。

状況は図 5.8 に示すように 2 項格子によって記述することができる。ノードには魚の量を示した。この場合ツリーよりも格子が適切である。なぜならば、どの時点でも湖の魚の量のみが問題だからである。その量がいかにして実現されるかは、将来のキャッシュ・フローに影響を与えない。枝の値は枝に関連する捕獲量（それゆえ、キャッシュ・フロー）を示す。水平の枝は魚を釣らないことに対応し、下向きの枝は魚を釣ることに対応する。

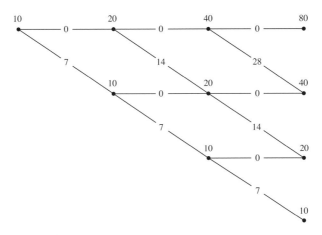

図 5.8　魚釣りの問題
ノードの値は魚のトン数である。枝の値はキャッシュ・フローである。

問題を後ろ向きに解くことができる。最終ノードのそれぞれに 0 の値を割り当てる。なぜならば、そこではもはや魚を釣ることができないからである。最後からの 1 段階前のノードのそれぞれで、可能な最大のキャッシュ・フローを決める（明らかに、どの場合でも魚を釣る）。これはそのシーズンで受け取るキャッシュ・フローを決める。そして、そのシーズンの初めにそのキャッシュを得ると仮定するので、その利益を割り引かない。得られた値は、その時点から見た（逐次）現在価値である。これらの値を図 5.9 の格子に示した。

次に 1 期間戻って、そのときの最大の現在価値を計算する。たとえば、初期ノードのすぐ右にあるノードでは、

$$V = \max(0.8 \times 28, \quad 14 + 0.8 \times 14)$$

となる。最大値は、下方の枝に相当する 2 番目の選択によって達成され、$V = 14 + 0.8 \times 14 = 25.2$ となる。割引係数 $1/1.25 = 0.8$ がすべての段階で適用される。なぜならば、スポット・レート・カーブはフラットだからである（第 4.6 節を参照）。最後に、同様の計算を初期ノードに対して実行す

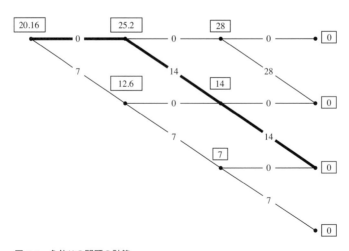

図 5.9 魚釣りの問題の計算
ノードの値は最適な逐次現在価値を表す。それは、最終ノードから後ろ向きに求められる。枝の値はキャッシュ・フローを表す。

る。そこでの価値が最大の現在価値を与える。最適経路は、この手続きで見つけた最適な選択によって決まる経路である。この例の最適経路は、図5.9の太線によって示されている。要するに最適解は、（魚の量を増やすために）最初のシーズンでは魚を釣らずに、（魚を収穫するために）次の2つのシーズンで釣ることである。

ノードから出る枝の数が有限であれば、格子構造を用意することができる。この種の格子構造の極限が連続格子である。それは、どの段階でも連続体としてノードをもち、どのノードでも連続的な意思決定を行うものである。たとえば、前節で議論した油井の場合、総埋蔵量 R から、0 と M の間にある任意の量 z を汲み上げることができるものとすると、新たな埋蔵量は $R-z$ となる。選択 z は連続的であり、埋蔵量の水準も連続的になる。このタイプの格子を図5.10 に示した。ここで、各垂直線はある時点で可能な連続的なノードを表す（初期時点では1つのノードだけである）。ノードから広がる扇が、引き続くノードへ移動する可能性の広がりを表す。各時点で1つのノードのみが示されているが、実際には、垂直線上のすべての点から扇が広がっている。この動的構造は有限なノードと同じように機能する。過程は初期ノードから始まり、可能な選択肢の1つが選ばれる。この結果次の時点の線上にある特定のノードの点が決まり、この過程が継続する。動的計画法によってこのような過程を最適化するには、有限の場合のように、後ろ向きに行えばよい。しかし、各ノードの線

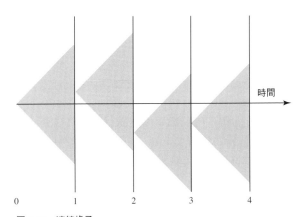

図 5.10　連続格子
連続格子は、すべての期間で連続的に選択が可能である状況を表現する強力な方法である。

上のすべての点に V 値を割り当てなければならないので、問題はより難しくなる。V は線上で定義される関数となる。ある場合には、この関数は簡単な解析的な式として表されるので、動的計画法の手続きを実行することができる。この種の状態を金鉱の例を用いて説明する。

例 5.5（コンプレクシコ金鉱 *）　コンプレクシコ金鉱の採掘権が売りに出されている。この金鉱は本格的に使われているため、枯渇に近づいており、金の含有量の多い鉱石を取り出すことは次第に難しくなっている。実際に、年初に金鉱に残っている金の量を x とすると、その年に金 $z < x$ オンスを取り出すコストは $500z^2/x$ ドルである（x が減少するにつれて、金を得るのはより難しくなる）。金鉱に残っている金の量は、$x_0 = 50,000$ オンスと見積もられている。金の価格は 1 オンスあたり 400 ドルである。コンプレクシコ金鉱の 10 年間採掘権を買うべきか否かを検討しよう。金利は 10%であるとすると、この採掘権はいくらの価値があるだろうか？

　この問題を解くためには、10 年間にわたる金鉱の最適な操業方法を知らなければならない。特に、最大の現在価値を得るためには、毎年どれだけの金を掘るかを決めなければならない。この最適操業計画を求めるために、連続格子によって金鉱を表現する。任意の時点のノードは、その年の最初に金鉱に残っている金の量を表している。この量を x とすると、この量がその時点から残りの採掘権の最適価値を決める。

　採掘権を利用し始めてからの年数によって時点に番号を付ける。初期時点を 0、初年の終わりを 1 とする。同じようにして、採掘権を利用できるのは時点 10 までとする。また簡単のため、金鉱の操業からのキャッシュ・フローは年初に得られるものと仮定する。残りの埋蔵量が x_9 であるときの、時点 9 における金鉱の採掘権の価値を求めることからスタートする。採掘権を利用できるのは残り 1 年だけである。それゆえ、価値はその年の利益を最大化することによって求められる。z_9 オンスを取り出すものとすると、金の売却から得られる収入は gz_9 である。ここで g は金の価格である。採掘コストは $500z_9^2/x_9$ である。ゆえに、x_9 が残りの埋蔵量の水準を表すならば、時点 9 における金鉱の最適価値は、

$$V_9(x_9) = \max_{z_9}(gz_9 - 500z_9^2/x_9)$$

である。z_9 に関する微分をとり 0 に等しいとおくことによって、最大値が得られる。これによって、

$$z_9 = gx_9/1,000$$

となる[1]。利益の公式にこの値を代入すると、以下のようになる。

$$V_9(x_9) = \frac{g^2 x_9}{1,000} - \frac{500 g^2 x_9}{1,000 \times 1,000} = \frac{g^2 x_9}{2,000}$$

これを $V_9(x_9) = K_9 x_9$ と書く。ここで、$K_9 = g^2/2,000$ で一定である。ゆえに採掘権の価値は、どのくらいの金が金鉱に残っているかに直接比例している。その比例係数は K_9 である。

次に、1時点後退して $V_8(x_8)$ を解く。この場合、9年間で生成された利益と採掘権が年末にもつであろう価値を計算する。価値は金鉱にどれだけの金が残っているかに依存する。それゆえ、

$$V_8(x_8) = \max_{z_8} \left[gz_8 - 500 z_8^2/x_8 + dV_9(x_8 - z_8) \right]$$

となる。翌年の金鉱に関する価値を、係数 d によって割り引いていることに注意しよう。前の例のように、スポット・レート・カーブはフラットなので、割引係数は一定である。この場合 $d = 1/1.1$ である。

関数 V_9 に関する陽な式を使うと、次のように書くことができる。

$$V_8(x_8) = \max_{z_8} \left[gz_8 - 500 z_8^2/x_8 + dK_9(x_8 - z_8) \right]$$

z_8 に関する微分をとり、0に等しいとおくと、

$$z_8 = \frac{(g - dK_9)x_8}{1,000}$$

が得られる。この値を V_8 を表す数式に代入すると、以下の数式を得る。

$$V_8(x_8) = \left[\frac{(g - dK_9)^2}{2,000} + dK_9 \right] x_8$$

これは x_8 に比例するので、それを $V_8(x_8) = K_8 x_8$ と書こう。

このように後退しながら、関数 $V_7, V_6, \ldots, V_0$ を次々に求める。これらの関数はどれも $V_j(x_j) = K_j x_j$ の形をしている。各段階で同じ代数計算が当てはまることは明らかであろう。それゆえ、以下のような再帰式が得

---

[1] $z_9 \leq x_9$ であることを確認することが必要である。掘り出す量 z_9 は x_9 を超えてはならないからである。

表 5.4 コンプレクシコ金鉱の K 値

年	K値
0	213.81
1	211.45
2	208.17
3	203.58
4	197.13
5	187.96
6	174.79
7	155.47
8	126.28
9	80.00

られる。

$$K_j = \frac{(g - dK_{j+1})^2}{2,000} + dK_{j+1}$$

具体的な数値 $g = 400$, $d = 1/1.1$ を使って、$K_9 = g^2/2,000 = 80$ をもとに再帰式を計算する。表 5.4 に示すように、表の一番下から上に向かって計算を行えば、その他のすべての値を容易に求めることができる。

もともとの採掘権の価値を決めるのは、最後に計算された値（すなわち、K_0）である。その値は、5 万オンスの金が残っているときの採掘権の価値を求めることによって決定される。ゆえに、$V_0(50,000) = 213.82 \times 50,000 = 10,691,000$ ドル である。

最適計画は動的計画法の副産物として求められる。任意の時点 j で、採掘される金の量は、最適化問題で求められる z_j の値である。ゆえに、$z_9 = gx_9/1,000$、$z_8 = (g - dK_9)x_8/1,000$ である。一般的に、$z_j = (g - dK_{j+1})x_j/1,000$ である。

連続格子を用いる動的計画問題は、いつもこの例と同じようにうまくいくとは限らない。なぜならば、V 関数に対して簡単な数式を見つけることが可能だとは限らないからである（金鉱の例ではコストに対する特定の関数形が原因で、V 関数は 1 次式になった）。しかし、動的計画法は一般的な問題の解法であり、さまざまなバリエーションと多くの応用例がある。一般的な考え方は、本書の第 III 部と第 IV 部で繰り返し使われる。

5.5 調和定理*

われわれは投資機会の選択にあたって、現在価値基準と内部収益率基準の間には差があることを知っている。そして、期間全体にわたる投資の全キャッシュ・フローを対象とする現在価値基準が、2つの中ではより好ましいと理論家たちが強く信じていることも知っている。しかし、一定の金額での投資（たとえば、友人の新しいベンチャー企業）の検討を求められたのであれば、おそらく現在価値を用いて評価せずに、潜在的な収益に焦点を当てるだろう。事実、投資をするならば、企業の現在価値ではなく、投資に対する収益を最大にするように友人に勧めることになるだろう。しかし、友人は現在価値を最大にすることを主張するかもしれない。ここに矛盾は生じるのだろうか？

仮想的な状況を想定することによって、この重要な問題に光を当てることにしよう。いまその友人が新しいからくり（おもちゃ）を発明し、それに対して特許権をもつものと仮定しよう。この発明から利益を得るためには、資本を調達し、なんらかの作業を行わなければならない。操業コストはすぐに発生する。報酬は年末に生じる。言い換えると、キャッシュ・フロー流列は2つの要素だけ、すなわち、現在の負の金額と年末の正の金額からなる。

友人は、ベンチャー企業を操業するにはさまざまな方法があることを知っている。これらは異なるコストと異なる報酬を伴う。ゆえに、異なる操業計画に

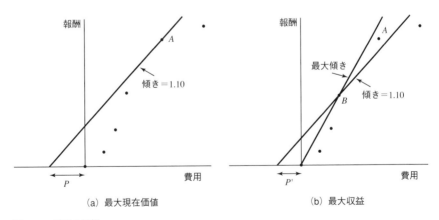

(a) 最大現在価値　　　　(b) 最大収益

図 5.11　基準の選択
(a) A 案が選択されるのは、それが最大の現在価値をもつためである。傾きが 1.1 の直線のうち、A 案を通る直線が一番上にある。(b) B 案が選択されるのは、原点からその点に向かって引いた直線の傾きが最大だからである。本文で示したように、(b) での分析は不完全である。修正を行えば、最大収益基準は現在価値基準に一致する。

対応する、多くの可能なキャッシュ・フロー流列が存在する。友人は1つを選ばなければならない。これらさまざまな可能性は、図5.11(a)のように、(年末の)報酬対現在の操業コストを示すグラフ上の点に記述することができる。友人は点の中のどれでも選ぶことができる。

また以下では、1年金利は$r = 10\%$であると仮定しよう。銀行に預金するという可能性は、1.1の傾きをもつ直線としてグラフ上に表すことができる。現在の入金は費用であり、報酬はその1.1倍である。この傾きは、キャッシュ・フロー流列の現在価値を評価するために使われる。

友人がベンチャー企業の現在価値の最大化を図るならば、$1+r = 1.10$の傾きをもつ直線を描き、可能な操業計画を通る直線の中で一番上にくるものを探すだろう。その線上の計画が最適なものである。この最適な直線と計画を図5.11(a)に示した。点Aが最適計画である。銀行を使えば、Aを通る直線に沿って動くことが可能である。特に、横軸まで下方に動くことが可能である。この点で、翌年に受け取る金額はないが、いま正味利益Pを得ることができる。

友人があなたにベンチャー企業に投資することを求めているものと仮定しよう。操業コストの一部を提供すれば、報酬の一部を受け取ることができる。あなたは投資に対する収益を測定するだろう。最大収益を達成する操業点は、原点を軸にして直線を上方に回転し、最大の可能な傾きをもつ操業点にたどり着くことによって見つけられる。この手続きの結果を図5.11(b)に示した。この基準による最適点は図のB点である。最大収益はこの最大傾斜直線の傾きである。この傾きは110%よりも大きくなることに注意しよう。それゆえ、B点はA点よりも高い収益率を達成する。しかし、その現在価値はちょうどP'になり、Pよりも小さい。したがってここには矛盾があるように見える。

ここで、その矛盾の解決方法について考えよう。友人は現在、からくり(おもちゃ)に対する権利をもっている。まだ操業のためにお金をつぎ込んでいない。しかし、現在価値分析は、それがPの価値をもつことを示している。銀行に行ってA案の費用をまかなうのに十分な借入を行い、そして、年末には借入を返し、(今はPの価値をもつ) $1.10P$の利益を手に入れることができるだろう。資金を投資しているのではなく、借入をしているだけなので、友人は収益率について注意を払っていない。それとは別に、友人はあなたから資金を借りることができるが、現在の金利よりも多くは支払わないだろう。

しかし、あなたは貸付を求められているのではなく、ベンチャー企業に投資し、ベンチャー企業を所有するよう求められている。極端な場合として、友人はあなたにこのベンチャー企業をまるごと買うよう求めると仮定しよう。その

とき、あなたはからくりに対する権利をもつことになる。（必要な操業コストを提供すれば、）友人は喜んで、ベンチャー企業を経営するだろう。しかし、あなたはどの操業計画を用いるかを決定する力をもつことになる。

友人がベンチャー企業をあなたに売却するならば、友人はあなたに金額 P を請求する。なぜならば、もし友人が所有するなら、その金額が友人にとっての価値だからである。したがって、ベンチャー企業を買うと決断すれば、現在の操業計画の総費用は P に実際の操業費用を加えたものとなる。収益を最大化したいならば、報酬/(費用 $+P$) を最大にするだろう。$-P$ の点を軸にして直線を上方に回転し、最大の可能な傾斜をもつ操業点にたどり着くことによって、この新しい最善の操業計画を見つけることができる。その点は A 点であり、現在価値を最大にする点である［再び図 5.11(a) を見よ］。あなたが一度所有者になれば、現在価値を最大にすることを考えるだろう。それによって A 点が実現されることになる。

したがって、ベンチャー企業を買うと決めたら、全価値 P を支払い、A 案のもとで操業することによって、投資に対する収益を最大化するだろう。この結果、収益は 110% となる（操業コストを自分自身で調達する代わりに、それを借りるかどうかは問題ではない。依然として、A 点で操業したいと思うだろうし、収益もやはり 110% となるであろう）。

調和定理と呼ぶ一般的な成果によって、前述の議論を要約しよう。それは所有権に対して検討を行うときに、現在価値基準と収益率基準の間には調和があるということを述べている。

> **調和定理** ベンチャー企業の現在の所有者は、そのキャッシュ・フロー流列の現在価値を最大化するようにベンチャー企業を操業したいと考えるはずである。ベンチャー企業の期待される持ち分の全価値を支払わなければならない潜在的な所有者は、その投資の収益を最大にするために、同じように操業するだろう。

調和定理は、生成されるキャッシュ・フロー流列の現在価値を最大化するよう、（企業などの）ベンチャーを操業することを正当化するものである。現在の

所有者も潜在的な投資家もこの政策に同意するだろう。

この節で示したのは、2つのフローをもつ確定的なキャッシュ・フロー流列のみであった。調和定理はある条件のもとで、多期間と確率的な流列へと一般化することができる。多期間への一般化は練習問題10で議論する。

5.6　企業評価[*]

キャッシュ・フロー分析の原則は、公に取引されている企業の価値を評価するために使うことができる。実際、ほとんどすべての評価法は、なんらかの形でキャッシュ・フロー分析を用いている。これは簡単なことのように聞こえるかもしれないが、一般的な考え方には、さまざまな解釈が施されているため、それぞれ異なる結果をもたらす。これらの違いは、どのキャッシュ・フローを分析の基礎とすべきであるかという問題から生じる。それは株主に支払われる配当だろうか？　企業の正味収益か？　企業を所有しており、意のままに現金を引き出せる個人、もしくはグループが手に入れることができるフローか？　標準的な会計手続きによって、これらのさまざまな金額が定義されるならば、企業の推定価値は著しく異なったものとなるであろう。

この種の分析のもう1つの弱点は、将来のキャッシュ・フローが決定論的に既知であると仮定していることである。もちろん、通常はこの仮定は成り立たない。しばしば、不確実性が分析の中で認識されるが、（割り引くための金利を、無リスク金利より高く設定するという）簡単な方法で取り扱われる。後の章で、不確実性下での評価に対する、より堅固な基礎をもつ方法を議論する。この節ではキャッシュ・フローは確定的であるものと仮定する。

◆配当割引モデル

企業の株式の所有者は、定期的な配当を受け取ることを期待する。k 年 ($k = 1, 2, \ldots$) において配当 D_k を受け取れることがわかっているものと仮定しよう。金利（もしくは割引率）が r で一定ならば、企業価値をこの配当流列の現在価値、すなわち、

$$V_0 = \frac{D_1}{1+r} + \frac{D_2}{(1+r)^2} + \frac{D_3}{(1+r)^3} + \cdots$$

として株主に付与することは理にかなっている。この公式は簡単であるが、将来配当が既知であることが必要である。

配当を具体的に記す方法の中でよく知られているのが、配当が一定比率 g で

成長する**一定成長配当モデル**（constant-growth dividend model）である。特に、D_1 と $D_{k+1} = (1+g)D_k$ という関係を与えると、流列の現在価値は、

$$V_0 = \frac{D_1}{1+r} + \frac{D_1(1+g)}{(1+r)^2} + \frac{D_1(1+g)^2}{(1+r)^3} + \cdots = D_1 \sum_{k=1}^{\infty} \frac{(1+g)^{k-1}}{(1+r)^k}$$

となる。この総和は、分子に余分な成長の項があることを除けば、年金の総和に似ている。配当成長率が割引のために使われる率よりも小さいとき、すなわち $g < r$ ならば、総和は有限値をもつ。その場合、総和に対して以下のゴードンの公式（Gordon formula）が得られる（練習問題 11 を参照）。

$$V_0 = \frac{D_1}{r - g} \tag{5.1}$$

この公式によると、g が増加するか、現在の配当 D_1 が増加するか、もしくは割引率 r が減少すれば、企業の株式の価値は増加する。これらの特性はすべて直感的に明らかである。

（すでに支払われている）現在の配当 D_0 から D_1 を見積もるならば、最初の年の成長を含めることによって、(5.1) 式を書き直すことができる。次にこの式を示そう。

割引成長公式　期間あたり g の比率で成長する配当流列を考える。期間あたりの割引率として、$r > g$ を割り当てる。すると、現在から 1 期間後に D_1 で始まる配当流列の現在価値は、

$$V_0 = \frac{(1+g)D_0}{r-g} \tag{5.2}$$

となる。ここで、D_0 は現在の配当である。

一定成長配当モデルを使うためには、成長率 g を推定し、割引率 r に適切な値を割り当てなければならない。g の推定値は、過去の企業の配当と将来の見込みに基づいて求められる。

しばしば不確実なキャッシュ・フローは、確実なキャッシュ・フローよりも大きく割り引かれるべきである、という考え方のもとで、r には実際の無リスク金利よりも大きい値が割り当てられる（第 18 章と第 19 章では、不確実性を説

明するよりよい方法を学ぶ)。

例 5.6（XX 社） XX 社はちょうど 137 万ドルの配当を支払ったところである。企業は近い将来、10%で成長することが期待されている。ゆえにほとんどのアナリストは、配当も同じ割合で成長すると予想している。このタイプの企業のために使われる割引率は 15%である。XX 社の 1 株の価値はいくらか？ すべての株式の総価値は (5.2) 式によって与えられる。それゆえ、この値は、

$$V_0 = \frac{1,370,000 \times 1.10}{0.15 - 0.10} = 30,140,000$$

である。この分析によれば、100 万株があるものと仮定すると、各株式は 30.14 ドルの価値がある。

◆ **フリー・キャッシュ・フロー** *

配当割引法の概念的な難しさは、配当率が企業の重役たちによって設定され、この率が企業の財務状態を表さないかもしれないという点である。あなたが唯一の所有者で、稼ぎ出した現金を引き出すこともできるという立場に立てば、評価に対する異なる見通しが得られる。この立場に立てば、企業の価値は正味収益の流列の割引価値となる。

企業の正味収益は、会計原則によって定義される。最も単純な場合、収入から費用と税金を引いたものである。しかし、ことはそれほど単純ではない。設備や装置の減価償却、負債への金利の支払い、税金、その他の要因も考慮しなければならない。最終の正味収益は、企業から取り出すことができるキャッシュ・

表 5.5　フリー・キャッシュ・フロー

損益計算書	
税引き前営業キャッシュ・フロー	Y_n
減価償却費	αC_n
税対象損益	$Y_n - \alpha C_n$
税金	$0.34(Y_n - \alpha C_n)$
税引き後収益	$0.66(Y_n - \alpha C_n)$
税引き後キャッシュ・フロー（税引き後収益＋減価償却費）	$0.66(Y_n - \alpha C_n) + \alpha C_n$
継続投資額	uY_n
フリー・キャッシュ・フロー	$0.66(Y_n - \alpha C_n) + \alpha C_n - uY_n$

減価償却費は資本勘定の金額に α を掛けたものと仮定する。

フローとはほとんど関係がないかもしれない。

決定論的な方法の範囲内で企業を価値づける最も優れた方法は、企業から取り出され、所有者に配分されうる最大の現在価値をもつキャッシュ・フロー流列を求めることである。各年におけるそのようなキャッシュ・フローを、その年の**フリー・キャッシュ・フロー**（free cash flow：FCF）と呼ぶ。フリー・キャッシュ・フローとは、おおよそ、操業によって生成される現金から、これらの操業を維持するのに必要な投資とその予想成長分を差し引いたものである。

フリー・キャッシュ・フローの正確な大きさを得ることは難しい。まず、さまざまな政策のもとで企業が生成する現金を評価することが必要である。2番目に、最大の現在価値をもつキャッシュ・フロー流列を生成する最適投資比率を決めることが必要である。通常、この最適比率は適当に見積もられている。しかし、成長率と現在価値の関係は複雑なので、推定比率は真の最適な比率とはかけ離れているかもしれない。高度に理想化された例を用いて、理想的な過程を記述しよう。

企業は n 年に Y_n の総収益を上げ、収益の成長を達成するために、毎年この金額の一部分 u を投資するものと仮定しよう。成長率は関数 $g(u)$ によって決定される。それは会社の特性によって決まる。（簡単な）会計基準では、減価償却費は現在の資本勘定の α の割合である（たとえば、$\alpha \approx 0.10$）。この場合、資本 C_n は $C_{n+1} = (1-\alpha)C_n + uY_n$ の公式にしたがう。この考え方で、表 5.5 に示すような企業の一般的な損益計算書をつくることができる。

例 5.7（最適成長） 前述の分析をさらに進め、Y_n と C_n を明示的な形で求めよう。$Y_{n+1} = [1 + g(u)]Y_n$ なので、$Y_n = [1 + g(u)]^n Y_0$ となることは容易にわかる。同様にすると、次の結果を示すことができる。

$$C_n = (1-\alpha)^n C_0 + uY_0 \left\{ \frac{-(1-\alpha)^n + [1+g(u)]^n}{g(u) + \alpha} \right\}$$

$(1-\alpha)^n$ をもつ2つの項を無視するならば（実際これらの項はほとんど相殺されるので）、以下の式を得る。

$$C_n = \frac{uY_0[1+g(u)]^n}{g(u) + \alpha} \tag{5.3}$$

Y_n と C_n に関する数式を表 5.5 の最下部におくと、n 時点におけるフリー・キャッシュ・フローは、

$$\mathrm{FCF} = \left[0.66 + 0.34\frac{\alpha u}{g(u) + \alpha} - u\right][1 + g(u)]^n Y_0 \qquad (5.4)$$

となる。これは幾何級数的に成長する。金利 r の場合の現在価値を計算するために、ゴードンの公式を使う。以下の式が得られる。

$$\mathrm{PV} = \left[0.66 + 0.34\frac{\alpha u}{g(u) + \alpha} - u\right]\frac{1 + g(u)}{r - g(u)} Y_0 \qquad (5.5)$$

どの u の値が最善かを調査によって求めることは難しい。もう 1 つの例を検討しよう。

例 5.8（XX 社） XX 社の現在の収益は $Y_0 = 1{,}000$ 万ドル、初期資本 $C_0 = 1{,}980$ 万ドルと仮定しよう[2]。金利は $r = 15\%$、減価償却率は $\alpha = 0.10$、投資比率と成長率の間の関係は $g(u) = 0.12[1 - e^{5(\alpha - u)}]$ とする。$g(\alpha) = 0$ であるが、それは、収益に投資比率 α を掛けたものがまさに資本の減価償却になるという事実を反映していることに注意しよう。

(5.5) 式を使うと、投資比率 u のさまざまな選択肢に対して、企業価値を求めることができる。たとえば $u = 0$、つまり投資をしない場合には、企業はゆっくりと縮小し、その政策のもとでの現在価値は 2,671 万ドルである。$u = 0.10$ ならば、企業は現在の水準を保つだろう。その計画のもとでの現在価値は 3,960 万ドルになる。また $u = 0.5$ ならば、現在価値は 5,811 万ドルになる。

（試行錯誤、もしくはいくつかのスプレッドシート・パッケージで利用できる簡単な最適化プログラムによって、)(5.5) 式を最大にすることが可能である。その結果は、$u = 38.8\%$、$g(u) = 9.16\%$ である。対応する現在価値は 6,368 万ドルで、これが企業価値である。

ここで注意深く考えなければならない問題がある。最初の年に、企業はこの計画にしたがって、新しい資本に総収益の 38.8% を投資するものとする。また、簡単のため、その年に配当は支払われないものと仮定しよう。1 年後のその企業の価値はいくらであろうか？ この年の間、資本と収益は 9.16% だけ拡大することを思い出そう。企業価値は同様に 9.16% だけ増加すると推測されるだろうか？ 調和定理を思い出してほしい。実際には、価値は金利分、すなわち 15% だけ増加する。投資家はこの利率を受け取らなければならない。これがおかしいと思われる理由は、配当は支払われな

---

[2] C_0 の値をこのようにすると、(5.3) 式を導く際に無視した項が正確に相殺されている。

いものと仮定しているからである。生み出されたが、企業から取り去られていないフリー・キャッシュ・フローは、その年の間保持される（それ自身の収益は15％）。そして、これを将来のキャッシュ・フローの現在価値計算に加えなければならないのである。最初の年に生成されたフリー・キャッシュ・フローが配当として配分されるならば、企業価値は9.16％だけ増加するが、配当を含む投資家への総収益と価値は増加し、再び15％になる。

この例は高度に理想化されているが、（確実性下での）完全な評価手続きの特徴を示している。将来の機会を説明するために、フリー・キャッシュ・フロー流列を計算しなければならない。さらに、このキャッシュ・フロー流列を資本投資政策の選択によって最適化しなければならない。現在の投資が将来のフリー・キャッシュ・フローに与える影響は複雑なので、効果的に最適化を行うためには、形式的なモデルと最適化手法を利用することが必要である。

5.7　まとめ

金利理論はおそらく最も広く使われている金融の道具であろう。それはプロジェクトの価値を決定したり、代替案に資金を配分したり、複雑な債券ポートフォリオを設計したり、効果的に投資を管理する方法を決定したり、さらには企業価値を求めるために使われている。金利理論は、一般的な問題の解法、特に最適化手法と組み合わせたときに最も強力となる。このような手法の手助けのもとで、金利理論は静的な価値尺度以上のものを提供する。それは、最大の価値をもつ決定もしくは構造を見つけることを可能にしてくれる。

この組み合わせを用いて分析することができる問題は資本予算問題である。このクラスの古典的な問題の1つに、正味現在価値を最大化するため独立なプロジェクトの集合に一定の予算を配分する問題がある。この問題は、利益費用比率が大きなプロジェクトを選択することによって、近似的に解くことができる。この問題は0-1最適化問題として定式化し、整数計画法のパッケージを使うことによって、正確に解くことができる。プロジェクトの間に相互依存性があるさらに複雑な資本予算問題も、0-1計画法によって解くことができる。

ある要求をみたすための債券ポートフォリオの選択は、最適化問題として定式化できる。しかし、これには複数の定式化が可能である。このクラスの特別に簡単な問題がキャッシュ・マッチング問題である。ここでは、各期間で必要なキャッシュ・フローを生成するためのポートフォリオを構成する。この定式化

は、いくつかの期間で必要以上の現金が生成され、この余分な現金が実質的に無駄になるという弱点がある。より複雑な定式化にはこの弱点はない。

　よい成果を生み出すためには、投資を計画的で継続的に管理することが必要である。一連の経営決定と、その結果得られるキャッシュ・フロー流列の関係は、しばしばグラフとしてモデル化される（特にグラフの中で有用なものはツリーと格子である）。このグラフでは、ノードは過程の状態に対応し、ノードから出る枝はそのノードからつくられるある特定の選択肢に対応する。それらの枝にはキャッシュ・フローが付随する。

　最適な動的管理は、最大の現在価値を生成するグラフの特別な経路をたどることによって実施される。動的計画法によって、この最適経路を効率的に求めることができる。投資問題に対する動的計画法の特別に有益な形としては、現在価値の評価を逐次的に行う方法がある。

　動的計画法は時間をさかのぼって行われる。n 期間の問題に対して、逐次的な手続きは $n-1$ 時点の各ノード i における最適決定を求めることからスタートする。そして、それぞれのノードに $V_{n-1,i}$ と記す V 値を割り当てる。この V 値は、投資過程がそのノードを出発点としたときに得ることができる最適な現在価値である。その値を求めるために、ノード i から出ているすべての弧を調べる。弧のキャッシュ・フローと、弧まで到達したノードでの1期間割り引きされた V 値の和を評価する。ノード i の V 値はこれらの和の最大値である。$n-1$ 時点でのすべてのノードに対してこの手続きを完全に行った後で、手続きは $n-2$ 時点のノードに戻る。各ノードに関する最適な V 値は、$n-1$ 時点でのノードに対して行ったのとまったく同じ手続きによって求められる。手続きはすべての期間で後ろ向きに続けられる。そして、0 時点での初期ノードに最適な V 値が割り当てられたところで手続きは終了する。

　ベンチャー企業を操業するときには、現在価値を最大化することが適切である。一方、投資家は収益率に最も興味があるかもしれない。これらの基準は対立するが、調和定理は、投資家がベンチャー企業の所有権に対して全価値を支払うという仮定のもとでは、両方の基準が同等であることを示している。

　現在価値分析は、通常企業価値を推定するために使われる。そのような手続きの1つは配当割引法である。そこでは、株主に対する価値は、将来の配当支払いの流列の現在価値と同じになるものと仮定する。配当が年あたり g の割合で成長すると仮定するならば、簡単な公式によってその流列の現在価値が与えられる。

　企業評価のよりよい方法は、フリー・キャッシュ・フローを用いる方法である。

フリー・キャッシュ・フローとは、最適な活動と投資戦略を保ちつつ、企業から取り出される現金である。理想型においては、この手法を用いる場合、すべての経営決定、特に収益の成長を生み出す投資に関する経営決定において、フリー・キャッシュ・フローの現在価値を最大化することが必要である。

現在価値に基づく評価手法は、将来のキャッシュ・フローが通常は不確実であるときでも、あたかもそれを確実にわかっているものとして取り扱うところに欠点がある。この場合、決定論的な理論は不適切である。この欠点は広く認識されている。そしてそれを補うために、通常不確実なキャッシュ・フローを無リスク金利よりも高い金利で割り引くことになる。これに対する理論的な正当化は可能であるが、不確実性に対して完全に一貫した方法はより巧妙なものである。次章以降で、投資において、不確実性が存在する場合の分析を行う。

練習問題

1. （資本予算） 企業は提案されたプロジェクトのいくつかについて資金調達を考えている。それは、表5.6に示すような財務特性をもっている。利用可能な予算は 60 万ドルである。利益・費用比率に基づいた近似法を使うと、どのプロジェクトの集合が推奨されるだろうか。プロジェクトの最適集合はどれか。

表 5.6　提案されたプロジェクトの財務特性

プロジェクト	支出 (1,000ドル)	現在価値 (1,000ドル)
1	100	200
2	300	500
3	200	300
4	150	200
5	150	250

2. （道路 ⊕） 例 5.2 の輸送の代替案の問題を参照しよう。Cay Road の橋は Augen と Burger の間の道路の一部である。したがって、道路よりも橋の車線が少ないのはおかしいだろう。これは、プロジェクト 2、もしくはプロジェクト 4 が実行されるならば、プロジェクト 6、もしくはプロジェクト 7 も実行しなければならないことを意味している。この追加的な制約を含む 0-1 計画問題を定式化せよ。その問題を解け。

3. (2期間予算 ⊕) 企業は表5.7に示すような多くの有望なプロジェクトを検討している。表には最初の2年間のキャッシュ・フローを示した（それらはすべて負である）。その後のキャッシュ・フローは正である。それぞれのプロジェクトの正味現在価値を示した。企業の経営者は、これらのプロジェクトへの資金手当てのために、最初の2年間のそれぞれで25万ドルまで配分できることを決めた。最初の年に使われる資金が25万ドル以下ならば、残りを10%で投資し、次の年の予算を増やすために使うことができる。どのプロジェクトに資金を提供すべきか。

表 5.7 プロジェクトのリスト

(単位：1,000ドル)

プロジェクト	キャッシュ・フロー		正味現在価値
	1	2	
1	−90	−58	150
2	−80	−80	200
3	−50	−100	100
4	−20	−64	100
5	−40	−50	120
6	−80	−20	150
7	−80	−100	240

4. (債券の行列 ◇) キャッシュ・マッチングやその他の問題は、行列形式でうまく表現することができる。m個の債券を考えてみよう。それぞれの債券jに対して、関連する年あたりのキャッシュ・フロー流列の（列）ベクトルc_jを定義する。それは、n次元である。年あたりの債務は同様に、n次元ベクトルyによって表される。c_jベクトルを横に並べて、債券の行列Cができる。最後に、pとxをm次元列ベクトルとしよう。キャッシュ・マッチング問題は以下のように記述することができる。

$$\text{最小化} \quad p^T x$$
$$\text{条件} \quad Cx \geq y$$
$$x \geq 0$$

(a) 表5.3の場合C, y, p, xがどうなるかを示せ。
(b) すべての債券が、共通の金利の期間構造によって価格付けされるならば、

$$C^T v = p$$

を満足するベクトル v が存在することを示せ。v の成分は何か。

(c) b はその成分が各期間の債務を表すベクトルと仮定する。これらの債務をみたすポートフォリオ x は正確に、

$$Cx = b$$

を満足することを示せ。

(d) 前に定義した x と v を用いて、ポートフォリオ x の価格が $v^T b$ となることを示せ。この結果を説明せよ。

5. （3項格子）　3項格子は、3項ツリーの特別な場合である。各ノードから、上、中、下という3つの推移が可能である。格子の特徴は、ある組み合わせの推移では、2期先で同じノードに至るという点である。同じノードにくる推移を以下に示す。

$$上 \text{-} 下 = 下 \text{-} 上 = 中 \text{-} 中$$
$$中 \text{-} 下 = 下 \text{-} 中$$
$$中 \text{-} 上 = 上 \text{-} 中$$

3期間にわたる3項格子を描け。それにはいくつのノードが含まれるか。同じ期間数の完全な3項ツリーには、いくつのノードが含まれるか。

6. （債券プロジェクト ⊕）　あなたはXYZ年金基金のマネジャーである。XYZは、2021年11月5日に、将来の基金の予想される債務に備えるために、米国財務省証券のポートフォリオを買わなければならない。その際、利用可能なのは、第4章の練習問題4の債券である。空売りは許されない。以前の練習問題の手続きにしたがって、期間構造の4次のオーダーの多項式の推定が、$r(t) = \alpha_0 + \alpha_1 t + \alpha_2 t^2 + \alpha_3 t^3 + \alpha_4 t^4$ であるとする。XYZの債務は、表5.8に示した。

(a) （簡単なキャッシュ・フロー・マッチング）　各期の超過キャッシュ・フローが、金利ゼロでしか運用できないものと仮定する。将来の負債に備えるために財務省証券を買うことによって、最小費用負債マッチング・ポートフォリオを構築せよ。

(b) （複雑なキャッシュ・フロー・マッチング）　各期の超過キャッシュ・フローは、（現在の期間構造から予測される）期待金利で再投資できるものと仮定する。将来の負債に備えるために、財務省証券を買うことによって、最小費用負債マッチング・ポートフォリオを構築せよ。

表 5.8　XYZ 年金基金の債務

15日に発生する債務	
2022年2月	2,000ドル
2022年8月	20,000
2023年2月	0
2023年8月	25,000
2024年2月	1,000
2024年8月	0
2025年2月	20,000
2025年8月	1,000
2026年2月	15,000

   (c)（デュレーション・マッチング）　負債流列と等しい現在価値をもつ最小費用ポートフォリオを構築せよ。期間構造のパラメータの変化に対してイミュナイズせよ。これを 5 つのケースに対して行え。ケース 1 は、α_0 の変化に対して守る場合、ケース 2 は、α_0 と α_1 の変化に対して守る場合とし、以下同様とする。

7. （魚釣りの問題）　金利が 33% のとき、例 5.4 の魚釣りの問題の解を求めよ。意思決定は、金利が 25% のときと異なるか。割引係数のどの値で、解は変化するか。

8. （コンプレクシコ金鉱 ⊕）　コンプレクシコ金鉱を考えよう。金利は 10% で一定とし、また金の価格は、1 オンスあたり 400 ドルと仮定せよ。
   (a) 現在の埋蔵量が x_0 のとき、（採掘権の利用時間が 10 年間ではない場合の）金鉱の価値を求めよ。特に、$x_0 = 50,000$ オンスのとき、金鉱の最初の価値はいくらか [ヒント：$k \to \infty$ のとき、K_k に対する再帰方程式を考えよ]。
   (b) テキストの中で考えた 10 年間の採掘権を利用し終わった後で金鉱に残っている金はどれくらいか。そのときの金鉱の価値はいくらか。
   (c) 金鉱の採掘権が売りに出されずに、所有者によって最適に操業されたならば、金鉱の 10 年後の価値はいくらか。

9. （Little Bear Oil）　Little Bear Oil の油井の採掘権を購入した。この油井は最初に 10 万バレルの石油の埋蔵量がある。どの年でも、油井の操業方法には、3 つの選択肢がある。(a) 汲み上げない。その場合、操業費用はかからず、石油の埋蔵量に変化はない。(b) 普通に汲み上げる。その場合、操業費用は 5 万ドルで、年初に存在する埋蔵量の 20% を汲み上げる

ことになる。(c) 水圧を使って多く汲み上げる。その場合、操業費用は 12 万ドルで、年初に存在する埋蔵量の 36% を汲み上げることができる。石油の価格は、1 バレルあたり 10 ドルであり、金利は 10% である。操業費用と石油の収益は（前売りによって）年初に発生すると仮定する。採掘権は 3 年間利用できる。

(a) 石油の埋蔵量としてとりうる状態を記述するための 3 項格子の設定方法を示せ。
(b) 利益の現在価値の最大値はいくらか。また、対応する最適汲み上げ戦略はどうなるか。

10. （多期間調和定理 ◇） 企業の価値は、可能なキャッシュ・フロー流列の最大現在価値である。これは、

$$V_0 = \max \left[x_0 + \frac{x_1}{1+s_1} + \frac{x_2}{(1+s_2)^2} + \cdots + \frac{x_n}{(1+s_n)^n} \right]$$

と表される。ここで最大値は、すべての可能な流列 $x_0, x_1, \ldots, x_n$ に関して取るものである。s_i はスポット・レートである。x_0^* を最適計画の最初のキャッシュ・フローとする。企業が、（所有者に分配される）最初のキャッシュ・フロー x_0 をもたらす任意の計画を選ぶならば、1 年後の企業の価値は、

$$V_1(x_0) = \max \left\{ x_1 + \frac{x_2}{1+s_1'} + \frac{x_3}{(1+s_2')^2} + \cdots + \frac{x_n}{(1+s_n')^{n-1}} \right\}$$

となる。ここで、最大値は、x_0 で始まるすべての実行可能なキャッシュ・フローに関するものである。s_i' は 1 年後のスポット・レートである。完全に公正な価格で企業を購入する投資家は、最初に $x_0 - V_0$ のキャッシュ・フローをもち、それは 1 年後に $V_1(x_0)$ の価値になる。ゆえに、投資家に対する 1 年後の総収益は、

$$R = \frac{V_1(x_0)}{V_0 - x_0}$$

となる。投資家は、R を最大にするように x_0 を選ぶよう求めるだろう。この値を $\bar{x}_0$ で表す。金利が期待ダイナミクスにしたがうものとし、$V_1(\bar{x}_0) > 0$ を仮定すると、最大の R は $1+s_1$ であり、この収益は V_0 を決定するのと同じ x_0^* によって達成されることを示せ。

11. （成長する年金） $g < r$ に対して、

$$\sum_{k=1}^{\infty} \frac{(1+g)^{k-1}}{(1+r)^k} = \frac{1}{r-g}$$

となることを示せ［ヒント：S を合計価値とする。$S = 1/(1+r) + S(1+g)/(1+r)$ となることに注意せよ］。

12. （2段階成長） 証券分析においては、普通基礎的な配当成長モデルを修正して用いている。その修正モデルでは、異なる段階では異なる成長率をもつよう、多段階の成長を認めている。例として、現在年間 1,000 万ドルの配当を支払っている企業 Z を考えよう。配当は次の 5 年間、10％の比率で成長し、その後 5％で成長するものとしている。
    (a) 15％の利率で配当割引アプローチを使うとすると、企業価値はいくらか。
    (b) 2 段階成長モデルにしたがう企業価値に対する一般公式を求めよ。k 年間 G の成長率で、その後、g の成長率となる。また最初の配当は D_1 であることを仮定せよ。

参考文献

資本予算は財務計画の古典的な話題である。よい教科書としては [1-4] がある。債券ポートフォリオの構築は、[5, 6] と、第 3 章と第 4 章で与えた他の文献で検討されている。動的計画法は、Bellman によって開発された（[7, 8] を参照）。調和定理は [9] に記載されている。株式評価の古典的な文献は [10] である。他のものについては、[11-14] を参照。[15] では、1980 年代に不適切な分析技術が、いかに不幸な過大評価を招いたかが、明快に論じられている。

1. Peterson, P. P., and Fabozzi, F. J. (2002), *Capital Budgeting*, John Wiley, & Sons, New York.
2. Brealey, R., and S. Myers (2010), *Principles of Corporate Finance*, 10th ed., McGraw-Hill, New York.
3. Bierman, H., Jr., and S. Smidt (2006), *The Capital Budgeting Decision*, 9th ed., Macmillan, New York.
4. Baker, H. K. (2011), *Capital Budgeting Valuation*, John Wiley & Sons, New York.
5. Bierwag, G. O., G. G. Kaufman, R. Schweitzer, and A. Toevs (1981), "The Art of Risk Management in Bond Portfolios," *Journal of Portfolio Management*, **7,** 27–36.
6. Fabozzi, F. J., and T. D. Fabozzi (1989), *Bond Markets, Analysis and Strategies*, Prentice Hall, Englewood Cliffs, NJ.

7. Bellman, R. (1957), *Dynamic Programming*, Princeton University Press, Princeton, NJ.
8. Bellman R., and S. Dreyfus (1962), *Applied Dynamic Programming*, Princeton University Press, Princeton, NJ.
9. Luenberger, D. G. (1998), *Investment Science*, 1st ed., Oxford University Press, New York.
10. Graham, B., D. L. Dodd, and S. Cottle (1962), *Security Analysis*, McGraw-Hill, New York.
11. Williams, J. B. (1938), *The Theory of Investment Value*, North-Holland, Amsterdam, The Netherlands.
12. Gordon, M. J. (1959), "Dividends, Earnings, and Stock Prices," *Review of Economics and Statistics*, **41,** 99–195.
13. Fridson, M. S., and F. Alvarez (2011), *Financial Statement Analysis*, John Wiley & Sons, New York.
14. Black, F. (1980), "The Magic in Earnings: Economic Earnings versus Accounting Earnings," *Financial Analysts Journal*, **36,** 19–24.
15. Klarman, S. A. (1991), *Margin of Safety: Risk-Averse Value Investing Strategies for the Thoughtful Investor*, Harper Business.

第II部

1期間確率的
キャッシュ・フロー

第6章
平均−分散ポートフォリオ理論

　投資を行うにあたっては、当初必要となる資金の量は既知であるが、そこから得られる収益の大きさは不確定であるのが普通である。本書の第II部で取り上げるのは、このような状況である。しかしながら、ここでは単一投資期間の場合に議論を限定する。すなわち期初に資金を投資し、期末に支払いが行われるケースである。

　投資が1期間だけからなるという仮定は、場合によっては現実をよく近似するものである。ゼロ・クーポン債に投資して、それを満期までもち続けるのがそのような場合である。また、ある物理的プロジェクトに投資する場合、そのプロジェクトが完了するまで何の支払いも行われないのであれば、これに該当する。

　しかし市場で取引されている株式に投資するような場合は、1期間モデルとして扱うことはできない。なぜなら、株式はいつでも現金化できるし、定期的に配当が支払われるからである。それにもかかわらず、このような投資活動もしばしば単純化して、単一期間モデルとして扱われる。しかしこのような分析は、第III部、第IV部のより包括的な議論への準備段階と見なされるべきものである。

　ここでは、不確実性を3つの異なる数学的方法で取り扱う。それらは、(1)平均−分散分析、(2)効用関数分析、(3)裁定（もしくは比較）分析で、いずれも投資科学の重要な要素となるものである。

　第II部の最初の章では、平均−分散分析（mean-variance analysis）によって不確定性を取り扱う。この方法は、確率論をほんの少しだけ利用して、便利な数式と手続きを導く。平均−分散分析は、第7章で議論する資本資産価格付けモデル（capital asset pricing model）の基礎となるものである。

6.1 資産の収益

売買の対象となる投資物件は、しばしば**資産**（asset）と呼ばれる。まずそのような資産にかかわる基本的概念を説明しよう。

時刻ゼロに資産を購入し、1 年後にこれを売却するものと仮定しよう。この投資から得られる**総収益**（total return）は、

$$総収益 = \frac{受取り金額}{投資金額}$$

で定義される。ここで、X_0, X_1 をそれぞれ投資金額、受取り金額とし、R を総収益とすると、

$$R = \frac{X_1}{X_0}$$

となる。しばしば単純化のため総収益を収益と呼ぶ。

これに対して**収益率**（rate of return）は、

$$収益率 = \frac{受取り金額 - 投資金額}{投資金額}$$

で定義される。

ここで再び X_0, X_1 を投資金額、受取り金額とし、r を収益率とすると、

$$r = \frac{X_1 - X_0}{X_0} \tag{6.1}$$

となる。収益率のことをしばしば単に収益（return）と呼ぶことがある。

以下では、R と r といった大文字と小文字によって総収益と収益率を区別する。また、文脈からそれがどちらを意味するかが明らかな場合には、単に収益という。

明らかにこの 2 つの量の間には、

$$R = 1 + r$$

という関係があり、(6.1) 式は、

$$X_1 = (1+r)X_0$$

と書き直すことができる。このように収益率は、金利と似たような作用をもつ

ことがわかる。

◆**空売り**（short sales）

しばしば人々は**空売り**（short selling または shorting）によって、自分が所有していない資産を売ることができる。このためには、それを所有している人（たとえば仲介業者）から資産を借りて、第三者に売って金額 X_0 を手にする。そして後日この資産を X_1 で買い戻し、それを貸し手に返却することによってローンを返済するのである。金額 X_1 が当初の金額 X_0 より小さければ、$X_0 - X_1$ だけの利益が得られるという仕組みである。この結果、空売りは資産価格が下落すると利益につながることがわかる。

空売りは多くの投資家によってきわめてリスキー、もしくは危険でさえあると考えられている。その理由は、この行為による潜在的損失には限りがないからである。もし資産価値が増大すると、$X_1 - X_0$ の損失が発生する。ところが X_1 はいくらでも大きくなる可能性があるので、損失は無限に膨らむかもしれない。

このため、（あるいはその他の理由もあって）空売りはある種の金融機関では禁じられており、多くの個人や企業もこれを意図的に回避している。しかし、決してどこもかしこもこれを禁止しているわけではない。事実証券市場で取り扱われている証券に関しては、かなりの水準で空売りが実施されている。

証券の空売りは、本質的には証券を発行する企業の役割を複製することに相当する。つまり、今すぐに資本を手に入れるために株を売るのである。株を借りている間に配当が行われる場合には、借りた相手に同じ額の配当を支払わなくてはならない。

実務上は、空売り行為はある種の規制や安全措置（たとえば株を借りた仲介業者に保証金を入れさせるといった措置）によって補完されている。しかし理論的作業を行うにあたっては、純粋に空売りができるものと仮定するのが普通である。

そこで空売りに伴う収益を定義しよう。われわれははじめに X_0 を受け取り、後日 X_1 を支払う。したがって、最初の支出は $-X_0$ で、最終受取りは $-X_1$ となる。したがって総収益は、

$$R = \frac{-X_1}{-X_0} = \frac{X_1}{X_0}$$

となる。つまりマイナス符号は互いにキャンセルしあうので、資産を購入する場合と同じ式が成り立つのである。以上より、収益は購入の場合も空売りの場

合も同一で、
$$-X_1 = -X_0 R = -X_0(1+r)$$
となる。

> **例 6.1（空売り）** いま CBA 社の株を 100 株空売りするものとしよう。この株は現在 1 株 10 ドルで売られている。そこで、ブローカーから 100 株借りて証券市場で売ると、1,000 ドルを手にすることができる。さて 1 年後に、CBA 株の価格が 9 ドルに下がったものとしよう。このとき 100 株を 900 ドルで買い戻し、この株をブローカーに返済すれば、100 ドルの利益を得ることができる。つまり株価が下がる場合には、空売りは有利な取引であることがわかる。
>
> 年の初めにこの株を買って、1 年後にこの株を売った人は、100 ドルを失ったはずである。この人物にとっては、
> $$R = \frac{900}{1,000} = 0.90$$
> となる。また収益率は、
> $$r = \frac{900 - 1,000}{1,000} = -0.10$$
> より -10% となる。空売りは、マイナスの収益をプラスに変える役割を果たしている。それは、初期の投資額もまたマイナスだったためである。つまり CBA 株の空売りの初期投資額は $-1,000$ ドルだったから、利益は $-1,000$ ドル $\times r = 100$ ドルとなるのである。

理想化された空売りにあたっては、はじめの時点で資産への支払いは行われないので、収益率を考えることに抵抗を感じる読者もいるかもしれない。しかしこれが正しい考え方なのである。実際には、空売りは期初に保証金の支払いが必要となり、その収益は空売りが解消されるまで実現しない。この場合の収益率は、先に求められたものとは異なることになる（練習問題 1 を参照のこと）。しかし理論的作業を行う際には、理想的な空売りが可能であるものと仮定する場合が多い。

◆ポートフォリオの収益

いま n 種の資産が存在するものとし、これらを組み合わせたマスターアセット（master asset）もしくはポートフォリオ（portfolio）を構築する。いま金額 X_0 をそれぞれの資産に配分することによって、ポートフォリオを構築するものと仮定しよう。このため、$\sum_{i=1}^{n} X_{0i} = X_0$ をみたすように各資産への配分額 $X_{0i}, i = 1, 2, \ldots, n$ を選択する。もし資産の空売りが許されるのであれば、X_{0i} は負であってもよい。そうでない場合は X_{0i} はすべて非負の値をもつ。

各資産への投資額は、総投資額に占める割合、あるいは**重み** w_i を用いて、

$$X_{0i} = w_i X_0, \quad i = 1, 2, \ldots, n$$

と書くことができる。この場合明らかに、

$$\sum_{i=1}^{n} w_i = 1$$

となる。もし空売りが許されるのであれば、w_i の中に負となるのがあってもよい。いま資産 i の収益を R_i とすると、期末に第 i 資産によって生み出されるお金は $R_i X_{0i} = R_i w_i X_0$ となる。したがって、このポートフォリオから期末に受け取るお金の総額は、$\sum_{i=1}^{n} R_i w_i X_0$ となる。これよりポートフォリオの収益は、

$$R = \frac{\sum_{i=1}^{n} R_i w_i X_0}{X_0} = \sum_{i=1}^{n} R_i w_i$$

となることがわかる。また $\sum_{i=1}^{n} w_i = 1$ を考慮すると、ポートフォリオの収益率 r は、

$$r = \sum_{i=1}^{n} w_i r_i$$

となる。これは収益に関する基本的関係式である。そこでこの事実を以下にまとめておこう。

> **ポートフォリオの収益**　ポートフォリオの総収益および収益率は、それぞれそこに含まれる個別資産の収益および収益率の加重和として、
>
> $$R = \sum_{i=1}^{n} w_i R_i, \quad r = \sum_{i=1}^{n} w_i r_i$$

で与えられる。なおここで用いられる重みは、ポートフォリオ購入に必要とされる費用の中に占める個別資産の比率である。

表 6.1 ポートフォリオ収益の計算

証券	株数	価格	総費用	ポートフォリオの重み
ジャズ社	100	40ドル	4,000	0.25
クラシック社	400	20	8,000	0.50
ロック社	200	20	4,000	0.25
ポートフォリオの総価値			16,000	1.00

証券	ポートフォリオの重み	収益率	重みつき収益率
ジャズ社	0.25	17%	4.25%
クラシック社	0.50	13%	6.50%
ロック社	0.25	23%	5.75%
ポートフォリオの収益率			16.50%

ポートフォリオ中の証券の重みは、上の表に示す通り総費用に比例している。下の表に示す通り、これらの重みがポートフォリオの収益率を決定する。

表 6.1 は、ポートフォリオの重みと、ポートフォリオの期待収益率の計算例を示したものである。

6.2 確率変数

資産を購入するときには、それを売却する際に得られる金額は不確定である。このような場合、収益はランダムで確率論を用いて記述することができる。ランダムな収益について研究するための準備として、ここで確率についていくつかの概念を説明する（確率論についてより詳しいことを知りたい読者は、付録 A を参照していただきたい）。確率の基本知識がある読者は、直接次節に進んでも構わない。

有限個の値 $x_1, x_2, \ldots, x_m$ のいずれか 1 つの値をとるランダムな変量を x としよう。各数値 x_i に対して、x がその値をとる相対的可能性を表す確率 p_i が

与えられているものとする。この p_i は $\sum_{i=1}^{m} p_i = 1$ で、すべての i に対して $p_i \geq 0$ という条件を満足する。各 p_i は x を観測する実験を無限回実行した際に、x_i が生起する相対的頻度と考えることができる。このような性質をもつ量は、確率変数（random variable）と呼ばれている。

わかりやすい例として、正6面体のサイコロを振って得られる数字を x とする場合を挙げよう。x がとりうる数値は1、2、3、4、5、6の6つであって、それぞれの生起確率は $1/6$ である。

確率変数の生起確率は、その密度によってグラフ的に表現するのが普通である。x のとりうる値を横軸に、その生起確率を線の長さで表す。その一例を図6.1に示した。図6.1(a) はサイコロ投げの結果に対応するもので、その生起確率はすべて $1/6$ である。一方、図6.1(b) は、生起確率がそれぞれ異なる、より一般の場合を表している。

もし室内温度のように、確率変数がある区間内の任意の実数値をとりうる場合には、**確率密度関数**（probability density function）$p(x)$ によって確率を記述する。おおざっぱに言うと、$p(x)\mathrm{d}x$ は、確率変数が $[x, x+\mathrm{d}x]$ の間に値をもつ確率である。この場合、確率変数がある部分区間に入る確率は、この部分区間と確率密度関数によって区切られる領域の面積で与えられる。図6.1(c) は、その一例を示したものである。

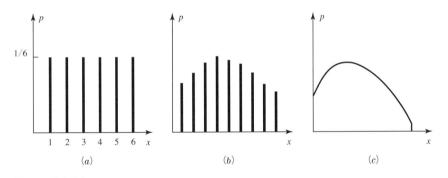

図 6.1 確率分布
3つのケースについて確率分布を示した。(a) サイコロ投げの目の分布、(b) 結果が有限個である確率変数、(c) 連続な確率変数。

◆ 期待値

確率変数 x の期待値（expected value）とは、確率を頻度と見なした上で求めた平均値のことをいう。変数のとりうる値が有限個である場合には、期待値は、

$$\mathrm{E}(x) = \sum_{i=1}^{m} x_i p_i$$

となる。便宜上 $\mathrm{E}(x)$ をしばしば $\bar{x}$ と書く。また期待値と同じ意味で、**平均**（mean）または**平均値**（mean value）という言葉が使われる。以下では x の平均は $\bar{x}$ であるという。

例 6.2（サイコロ振り） サイコロ振りで出る目の数の平均値は、

$$\frac{1}{6}(1+2+3+4+5+6) = 3.5$$

となる。平均値は、起こりうる数の中のいずれか 1 つであるとは限らないことに注意されたい。

期待値は、確率計算の中で最も重要なものである。そこで以下にその基本的な性質を記すことにする。

1. **確定値（certain value）** もし y が既知の値（ランダムでない）であるならば $\mathrm{E}(y) = y$ である。
2. **線形性（linearity）** 確率変数 y, z と任意の実数 α, β に対して、

$$\mathrm{E}(\alpha y + \beta z) = \alpha \mathrm{E}(y) + \beta \mathrm{E}(z)$$

が成立する。

これは 2 つの確率変数の期待値（または平均）が、それぞれの平均の和になること、また確率変数を定数倍（α 倍）したものの平均は、確率変数の平均の α 倍になることを表している。たとえば 2 つのサイコロを振ったときに出る目の数の和の平均は、$3.5 + 3.5 = 7$ である。

3. **非負性（nonnegativity）** もし x が決して負の値をとらない確率変数であるならば、$\mathrm{E}(x) \geq 0$ である。これは符号保存則である。

◆ 分散

期待値は、確率変数の確率的性質の概要を知る上で有用な指標である。しかしわれわれは、平均のほかに、確率変数の平均からのずれ具合についても知りたい場合がある。それを表す 1 つの指標が分散（variance）である。

確率変数 y の期待値を $\bar{y}$ とすると、$y - \bar{y}$ もまた確率変数で、その期待値は 0 となる（なぜなら $\mathrm{E}(y - \bar{y}) = \mathrm{E}(y) - \mathrm{E}(\bar{y}) = \bar{y} - \bar{y} = 0$ だからである）。

次に $(y - \bar{y})^2$ という量を考えると、これはつねにゼロ以上で、y が $\bar{y}$ から大きく離れているときには大きな値をとり、y が $\bar{y}$ に近い値をとるときには小さな値をとる。そしてこの 2 乗変数 $(y - \bar{y})^2$ は、y がどれだけその期待値から離れた値をとりうるかを表す有用な指標となる。

一般的に確率変数 y に対して、その分散を、

$$\mathrm{var}(y) = \mathrm{E}\left[(y - \bar{y})^2\right]$$

と定義する。分散を表す記号として σ^2 が用いられる。すなわち y の分散を $\sigma_y^2 = \mathrm{var}(y)$ と書く。もし y について議論していることが明らかであるならば、簡略化して $\sigma^2 = \mathrm{var}(y)$ と記述する。

しばしば分散の平方根を σ と書き、これを**標準偏差**（standard deviation）と呼ぶ。

これは y と同じ単位をもつ量で、分散同様に変数が期待値からどの程度乖離するかを示す指標となる。以上より、

$$\sigma_y = \sqrt{\mathrm{E}\left[(y - \bar{y})^2\right]}$$

の関係式が成立する。

分散の計算を行う際に役立つ公式を示そう。

$$\begin{aligned}
\mathrm{var}(x) &= \mathrm{E}\left[(x - \bar{x})^2\right] \\
&= \mathrm{E}(x^2) - 2\mathrm{E}(x)\bar{x} + \bar{x}^2 \\
&= \mathrm{E}(x^2) - \bar{x}^2
\end{aligned} \tag{6.2}$$

この結果は次の例で利用される。

例 6.3（サイコロ振り） サイコロ振りの結果得られる目の数を表す確率変数 y の分散を計算しよう。この場合 $\bar{y} = 3.5$ だから、

$$\sigma^2 = \mathrm{E}(y^2) - \bar{y}^2 = \frac{1}{6}[1 + 4 + 9 + 16 + 25 + 36] - (3.5)^2 = 2.92$$

となる。これより $\sigma = \sqrt{2.92} = 1.71$ である。

◆複数の確率変数

次に室外温度と気圧といった 2 つの確率変数を考えよう。これらの確率変数

を記述する上では、2つの変数のとりうる値のすべての組み合わせを知る必要がある。2つの変数を x, y とすれば、起こりうる (x, y) のすべての組み合わせを考えなくてはならない。いま x がとりうる値を $x_1, x_2, \ldots, x_n$ とし、y がとりうる値を $y_1, y_2, \ldots, y_m$ としよう（ここでは、測定の精度に制限があるため、温度や気圧は有限個の値しかとりえないものとする）。このとき、$i = 1, 2, \ldots, n$、$j = 1, 2, \ldots, m$ のすべてに対して、(x_i, y_j) が生起する確率 p_{ij} を特定しなくてはならないのである。

室外気温、気圧、湿度といった3つの確率変数に関心がある場合には、これら3つの変数のすべての組み合わせに対応する確率を知る必要がある。変数が増えるにしたがって、状況はさらに複雑になる。

複数の変数に関する確率の記述が容易になる重要なケースについて説明しよう。それは2つの確率変数 x, y が**独立な**（independent）場合である。2つの確率変数が独立であるとは、ある変数の生起確率が他の変数に依存しない場合のことをいう。たとえば2つのサイコロを振る場合を考えよう。この場合、第2のサイコロの目が4である確率は、第1のサイコロの目がいくつであっても1/6である。したがって、2つのサイコロを振って出る目の数は互いに独立な確率変数となる。これに対して室外温度と気圧は独立ではない。なぜなら、気圧が高ければ気温も高くなる傾向があるからである。

◆共分散

2つ以上の確率変数を考える場合、両者の間の依存関係の概略は共分散（covariance）によってうまく記述することができる。

2つの確率変数 x_1, x_2 が与えられたとして、その期待値をそれぞれ $\bar{x}_1, \bar{x}_2$ とする。このときこれらの変数の間の共分散は、

$$\mathrm{cov}(x_1, x_2) = \mathrm{E}\left[(x_1 - \bar{x}_1)(x_2 - \bar{x}_2)\right]$$

で定義される。

2つの変数 x, y の共分散を σ_{xy} と記述する。したがって x_1 と x_2 の間の共分散 $\mathrm{cov}(x_1, x_2)$ を σ_{x_1, x_2}、またはより簡単に σ_{12} と書く。共分散の定義式の対称性より、$\sigma_{12} = \sigma_{21}$ であることに注意しよう。

(6.2)式の場合と同様に、共分散に関しても容易に次のより短い式、

$$\mathrm{cov}(x_1, x_2) = \mathrm{E}(x_1 x_2) - \bar{x}_1 \bar{x}_2 \tag{6.3}$$

を導くことができる。これは計算上役に立つ公式である。

2つの確率変数 x_1, x_2 の間に $\sigma_{12} = 0$ という関係があるとき、これらの変数は互いに**無相関**（uncorrelated）であるという。このような場合、（大雑把に言えば）一方の変数の値がわかっても、他方の変数に関して何の情報も得られない。もし2つの変数が独立であれば、それらは無相関である。$\sigma_{12} > 0$ であれば2つの変数には正の相関があるという。この場合、一方の変数が平均値以上の値をとれば、他方も平均値以上の値をとる可能性が高い。これに対して $\sigma_{12} < 0$ の場合は、2つの変数には負の相関があるという。

図 6.2 は、2つの変数 x, y が (a) 正の相関、(b) 負の相関、(c) 無相関である場合について、相関の概念を図示したものである。

次に、相関に関する上界値を与える重要な結果を示そう。

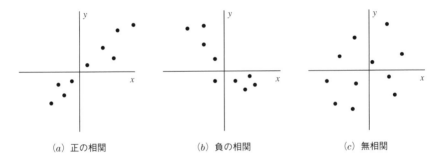

(a) 正の相関　　　　(b) 負の相関　　　　(c) 無相関

図 6.2　データの相関
2つの確率変数 x, y の対標本を抽出し、これらを x–y 平面上にプロットした。得られた点の3つの典型的なパターン、(a) 正の相関、(b) 負の相関、(c) 無相関の場合を図示した。

共分散の上界　　2つの確率変数の共分散は次の関係をみたす。

$$|\sigma_{12}| \leq \sigma_1 \sigma_2$$

上の不等式で等式が成立する場合、2つの変数は**完全相関**（perfectly correlated）であるという。この場合、共分散は与えられた分散のもとで最も大きな値をとる。もし1つの変数が他の変数の正数倍になっているならば、両者は完全相関である。一方もし $\sigma_{12} = -\sigma_1 \sigma_2$ であれば、2つの変数は**完全負相関**（perfect negative correlation）である。

2 つの確率変数にかかわるもう 1 つの重要な指標は、以下で定義される**相関係数**（correlation coefficient）である。

$$\rho_{12} = \frac{\sigma_{12}}{\sigma_1 \sigma_2}$$

上で示した不等式より、$|\rho_{12}| \leq 1$ である。

確率変数の分散は、それ自身との共分散であることに注意しよう。そこでわれわれは $\sigma_x^2 = \sigma_{xx}$ と書く。

◆和の分散

2 つの変数の間の共分散がわかると、2 つの変数の和の分散を求めることができる。以下の計算は、本書でしばしば用いるものである。

x と y を 2 つの確率変数とする。線形性より $\mathrm{E}(x+y) = \bar{x} + \bar{y}$ である。また定義より、

$$\begin{aligned}
\mathrm{var}(x+y) &= \mathrm{E}\left[(x - \bar{x} + y - \bar{y})^2\right] \\
&= \mathrm{E}\left[(x - \bar{x})^2\right] + 2\mathrm{E}\left[(x - \bar{x})(y - \bar{y})\right] + \mathrm{E}\left[(y - \bar{y})^2\right] \\
&= \sigma_x^2 + 2\sigma_{xy} + \sigma_y^2
\end{aligned} \tag{6.4}$$

が成立する。この公式は、2 つの代数的量の和の 2 乗公式と似た形をしているので、覚えやすいはずである。つまり 2 乗の項を分散で、積の項を共分散で置き換えたものとなっている。

特に重要な特殊ケースとして、2 つの変数が無相関である場合を考えると、$\sigma^2 = \sigma_x^2 + \sigma_y^2$ が成立する。

> **例 6.4（2 回のサイコロ投げ）** サイコロを 2 回投げて出た目の平均を z と表し、その平均と分散を求めてみよう。第 1 回目の目を x、第 2 回目の目を y とすると、$z = (x+y)/2$ となる。またサイコロ投げの 1 回目と 2 回目は独立なので、x と y は無相関である。したがって $\bar{z} = (\bar{x}+\bar{y})/2 = 3.5$ で、$\mathrm{var}(z) = (\sigma_x^2 + \sigma_y^2)/4 = 2.92/2 = 1.46$ となる。この結果 $\sigma_z = 1.208$ となるが、この値はサイコロを 1 回投げた場合の標準偏差 1.71 よりやや小さい。

6.3 ランダムな収益

資産を購入した時点では、その収益は不確定であるのが普通である。そこでわれわれは、収益率 r は確率変数であると考えることにする。この章での分析を行うために、収益率の期待値（もしくは平均値）$\mathrm{E}(r) = \bar{r}$ とその分散 $\mathrm{E}\left[(r-\bar{r})^2\right] = \sigma^2$、および他の資産との間の共分散は既知であるものとする。以下では、いくつかの例を通して収益率をどのように表現するかを見ることにしよう。

> **例 6.5（風車式抽選器〈wheel of fortune〉）** 図 6.3 に示した風車式抽選器を考えよう。遊園地でこのような抽選器を見つけることは難しいだろう。なぜならその払い戻し条件はきわめて有利なものとなっているからである。抽選器の各セグメント上には、1 ドルを賭けたときに手にする払い戻しが記されている。各セグメント上に着地する確率は、それぞれそのセグメントの面積に比例する。この抽選器の場合、各セグメントの確率は 1/6 である。
>
> まず払い戻しの平均と分散を計算しよう。いまセグメント i の払い戻しを Q_i とすると、払い戻しの期待値は、
>
> $$\bar{Q} = \sum_{i=1}^{5} p_i Q_i = \frac{1}{6}(4 - 1 + 2 - 1 + 3) = \frac{7}{6}$$
>
> となる。公式 (6.2) を使うと分散は、
>
> $$\sigma_Q^2 = \mathrm{E}(Q^2) - \bar{Q}^2 = \frac{1}{6}(16 + 1 + 4 + 1 + 9) - \left(\frac{7}{6}\right)^2 = 3.81$$

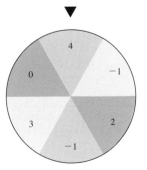

図 6.3　風車式抽選器
この抽選器に 1 ドルを賭けた場合、風車が回転して停止したとき、▼印の下に位置するセグメント上の数字に対応する金額（ドル）を受け取る。

払い戻しは、賭金1ドルのもとでの総収益と一致する。したがって $Q = R$ で収益率は $r = Q - 1$ となる。これより、

$$\bar{r} = \mathrm{E}(r) = \bar{Q} - 1 = 1/6$$
$$\sigma_r^2 = \mathrm{E}\left[(r - \bar{r})^2\right] = \mathrm{E}\left\{\left[Q - 1 - (\bar{Q} - 1)\right]^2\right\} = \sigma_Q^2 = 3.81$$

となる。

例 6.6（株の収益率） 大企業（グーグル、フォード、コカ・コーラなど）の株を考えよう。いまこの株を購入して、1年後にこれを売却した場合の収益率をどう記述すればよいだろうか。ここでは取引コストは無視する。収益率の推定値として、ひとまず $\mathrm{E}(r) = 0.12$ すなわち 12% という値を選択することにしよう。この数値は市場全体の過去のパフォーマンスから見て、大企業としては一応妥当なものである。では標準偏差はどうだろうか。期待収益率 12% という数字は正確なものではなく、かなりの誤差を含んでいる。1年後の収益率は −5% で、その次の年が 25% というようなことはありうる話である。標準偏差の推定値としては、15% あたりが妥当なところであろう。これより収益率は、大まかに言って 12% プラスマイナス 15% 程度であると言うことができる。われわれは第9章で、株の収益率の期待値と標準偏差を推定する手続きについて議論する予定であるが、上記の数字はだいたいの大きさを表すものと言えるであろう。

ある典型的な株の収益率の確率密度関数を図 6.4 に示した。その平均値は 0.12 で、収益はいくらでも大きな値をとる可能性がある。しかし収益

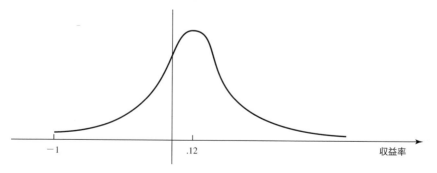

図 6.4 株式の収益率の確率密度関数
平均収益率はおおよそ 12%、標準偏差は 15% 程度である。収益率は決して −1 以下にはならない。

率は決して -1 以下にはならない。なぜならそれは、初期投資が完全に失われる場合に対応しているからである。

例 6.7（投資回転盤〈Betting wheel〉） 投資問題を研究するにあたっては 2 種類の抽選器が役に立つ。例 6.5 の風車式抽選器がその 1 つである。この場合、投資家は抽選器全体に対して賭けを行い、払い戻しは着地点によって決まる。

もう 1 つの抽選器は、図 6.5 に示した投資回転盤である。この場合、投資家は回転盤の個々のセグメントに対して賭けを行う。たとえばこの回転盤で白いセグメントに 1 ドルを賭けたとき、着地点が白いセグメントであれば 3 ドルの払い戻しが得られるが、それ以外の場合には払い戻しはゼロで、投資した 1 ドルは失われる。投資家はさまざまなセグメントにさまざまな金額を投資することができる。ルーレットは一種の投資回転盤である。この場合は、さまざまなセグメントからの収益に相関があるので、理論的に興味深いものである。

図に示した回転盤の場合、支払いがそれぞれ 3、2、6 である、(1) 白、(2) 黒、(3) 灰色のいずれかに賭けるものとしよう。明らかに、白に賭けるのが有利である。

そこで 3 つの賭け方に関して期待収益率を求めてみよう。まず全収益を試算してから 1 を差し引くことにしよう。たとえば白については、確率 $1/2$ で 3 ドル、確率 $1/2$ で 0 ドルである。したがって、

$$\bar{R}_1 = \frac{1}{2}(3) + \frac{1}{2}(0) = \frac{3}{2}$$
$$\bar{R}_2 = \frac{1}{3}(2) + \frac{2}{3}(0) = \frac{2}{3}$$
$$\bar{R}_3 = \frac{1}{6}(6) + \frac{5}{6}(0) = 1$$

となる。同様に分散は (6.2) 式より、

$$\sigma_1^2 = \frac{1}{2}(3^2) - \left(\frac{3}{2}\right)^2 = 2.25$$
$$\sigma_2^2 = \frac{1}{3}(2^2) - \left(\frac{2}{3}\right)^2 = 0.889$$
$$\sigma_3^2 = \frac{1}{6}(6^2) - 1 = 5$$

となる。

最後に (6.3) 式を用いて共分散を計算しよう。$\mathrm{E}(R_1 R_2)$ のような積の期待値はすべて 0 である。したがって計算は簡単になって、

$$\sigma_{12} = -\frac{3}{2}\left(\frac{2}{3}\right) = -1.0$$

$$\sigma_{13} = -\frac{3}{2}(1) = -1.5$$

$$\sigma_{23} = -\frac{2}{3}(1) = -0.67$$

となる。

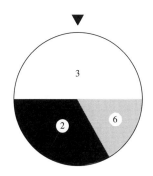

図 6.5　投資回転盤
回転盤上の任意のセグメントに対して賭けることができる。ある特定セグメントが▼印の位置に止まると、そこに記された金額（ドル）が得られる。

◆平均–標準偏差ダイヤグラム

資産のランダムな収益率は、図 6.6 に示したように、2 次元の図として表すこ

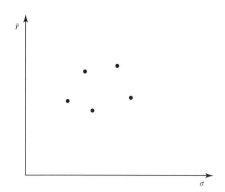

図 6.6　平均–標準偏差ダイヤグラム
各資産がダイヤグラム上の点として表される。

ともできる。平均収益率が $\bar{r}$（もしくは m もしくは $\mathrm{E}(r)$）で標準偏差が σ である資産が、この図の上の点として示されている。横軸は標準偏差を、縦軸は平均収益率を表す。この図は平均–標準偏差ダイヤグラム、もしくは単に $\bar{r} - \sigma$ ダイヤグラムと呼ばれる。

この図では、横軸として分散ではなく標準偏差が用いられる。それは両方の軸が、（1年あたり何％といったように）比較可能な単位をもつようにするためである。この図はしばしば平均–分散投資分析に利用される。

6.4　ポートフォリオの平均と分散

個別資産の収益の期待値および分散、さらに資産相互の共分散の概念の説明が終わったので、これらを用いてポートフォリオの収益の平均と分散を求めることにしよう。

◆ポートフォリオの平均収益

n 個の資産のランダムな収益率を $r_1, r_2, \ldots, r_n$ とし、その期待値を $\mathrm{E}(r_1) = \bar{r}_1, \mathrm{E}(r_2) = \bar{r}_2, \ldots, \mathrm{E}(r_n) = \bar{r}_n$ としよう。

第 6.1 節と同様に、重み $w_i, i = 1, 2, \ldots, n$ を用いて n 個の資産のポートフォリオを構築しよう。ポートフォリオの収益を個々の資産の収益で表すと、

$$r = w_1 r_1 + w_2 r_2 + \cdots + w_n r_n$$

となる。この両辺の期待値をとると、線形性（第 6.2 節の期待収益率に関する性質 2）より、

$$\mathrm{E}(r) = w_1 \mathrm{E}(r_1) + w_2 \mathrm{E}(r_2) + \cdots + w_n \mathrm{E}(r_n)$$

を得る。言い換えると、ポートフォリオの期待収益率は、個別資産の期待収益率の加重和となる。したがって、ポートフォリオを構成する個別資産の期待収益率がわかれば、ポートフォリオの期待収益率を求めるのは容易である。

◆ポートフォリオ収益の分散

次にポートフォリオの収益率の分散を求めよう。

個別資産の分散を σ_i^2、ポートフォリオの分散を σ^2、そして資産 i と j の収益率の共分散を σ_{ij} としよう。すると簡単な計算により、

$$\sigma^2 = \mathrm{E}\left[(r - \bar{r})^2\right]$$
$$= \mathrm{E}\left[\left(\sum_{i=1}^{n} w_i r_i - \sum_{i=1}^{n} w_i \bar{r}_i\right)^2\right]$$
$$= \mathrm{E}\left[\left(\sum_{i=1}^{n} w_i r_i - \sum_{i=1}^{n} w_i \bar{r}_i\right)\left(\sum_{j=1}^{n} w_j r_j - \sum_{j=1}^{n} w_j \bar{r}_j\right)\right]$$
$$= \sum_{i,j=1}^{n} w_i w_j \sigma_{ij}$$

となる。この結果は、資産対の共分散と資産の重みをもとに、ポートフォリオの分散が容易に求まることを示している（$\sigma_{ii} = \sigma_i^2$ であることに注意）。

例 6.8（2 資産ポートフォリオ） 2 つの資産が存在して、$\bar{r}_1 = 0.12, \bar{r}_2 = 0.15, \sigma_1 = 0.20, \sigma_2 = 0.18, \sigma_{12} = 0.01$ であるものとしよう（実際の株の場合、普通この程度の値をとることが多い）。重み $w_1 = 0.25, w_2 = 0.75$ でポートフォリオを組むと、その平均値は、

$$\bar{r} = 0.25(0.12) + 0.75(0.15) = 0.1425$$

となる。またその分散は、

$$\sigma^2 = (0.25)^2(0.20)^2 + (0.25)(0.75)(0.01) + (0.75)(0.25)(0.01) \\ + (0.75)^2(0.18)^2 = 0.024475$$

となる。（$w_i w_j = w_j w_i$ なので）真ん中の 2 つの値は等しくなることに注意しよう。この結果、

$$\sigma = 0.1564$$

となる。

◆分散化 *

少数の資産からなるポートフォリオは、その分散が相対的に大きいという意味で、高いリスクが付随する。一般則として、ポートフォリオの収益率の分散は、多くの資産を組み込むこと、すなわち分散化（diversification）を行うこと

によって減少させることができる。この手続きは、"すべての卵を1つのかごに盛ってはいけない" という格言を反映したものである。

分散化の効果は、分散を組み合わせるための公式を用いて定量化することができる。いま互いに相関のない多数の資産が存在するものとしよう。すなわち個々の資産の収益率が、グループ内の他のいずれの資産の収益率とも相関がないものとするのである。また各資産の収益率の平均は m、分散は σ^2 であるものとする。すべての資産の重みが等しい場合、すなわちすべての i について $w_i = 1/n$ としたポートフォリオを考えよう。ポートフォリオ全体の収益率は、

$$r = \frac{1}{n}\sum_{i=1}^{n} r_i$$

である。この平均値は n とは独立で、$\bar{r} = m$ となる。対応する分散は、

$$\mathrm{var}(r) = \frac{1}{n^2}\sum_{i=1}^{n} \sigma^2 = \frac{\sigma^2}{n}$$

となる。ここで、個々の資産の間の収益率には相関がないという事実を用いた。図 6.7 (a) に示した通り、n が増えるにしたがって分散は急激に減少する。このチャートは、分散を資産数 n の関数として表したものである（ここでは $\sigma^2 = 1$ とした）。互いに無相関な資産を6つ程度組み合わせることで、かなりの改善が実現されることがわかる。

資産の間に相関がある場合には、状況は多少変化する。一例として、各資産の収益率の平均が m、分散が σ^2 であるが、$i \neq j$ に対して共分散 $\mathrm{cov}(r_i, r_j) = 0.3\sigma^2$ となる場合を考えよう。再び、すべての資産の重みが等しいポートフォリオをつくると、

$$\begin{aligned}
\mathrm{var}(r) &= \mathrm{E}\left[\left\{\sum_{i=1}^{n}\frac{1}{n}(r_i - \bar{r})\right\}^2\right] \\
&= \frac{1}{n^2}\mathrm{E}\left\{\left[\sum_{i=1}^{n}(r_i - \bar{r})\right]\left[\sum_{j=1}^{n}(r_j - \bar{r})\right]\right\} \\
&= \frac{1}{n^2}\sum_{i,j}\sigma_{ij} = \frac{1}{n^2}\left\{\sum_{i=j}\sigma_{ij} + \sum_{i\neq j}\sigma_{ij}\right\} \\
&= \frac{1}{n^2}\left\{n\sigma^2 + 0.3(n^2 - n)\sigma^2\right\}
\end{aligned}$$

$$= \frac{\sigma^2}{n} + 0.3\sigma^2\left(1 - \frac{1}{n}\right)$$

$$= \frac{0.7\sigma^2}{n} + 0.3\sigma^2$$

となる。この結果を示したのが図 6.7 (b) である（ここでも $\sigma^2 = 1$ とした）。この場合、n をいかに大きくとっても分散を $0.3\sigma^2$ 以下にすることはできない。

ここで行った分散化に関する分析はやや粗いものである。なぜなら、すべての資産の収益率の期待値は等しいものとしたからである。一般的には、分散化によって全体の期待収益率は減少し、その一方で分散も減少する。ほとんどの人は、期待収益率を大きく減らすという犠牲を払ってまで、わずかばかりの分散の減少を図ろうとはしないものである。したがって、平均と分散の両者に対する影響を考慮しない盲目的な分散化は、必ずしも望ましいものとは言えない。これがマーコビッツによって展開された、平均–分散アプローチの背景となる考え方である。この理論は、平均と分散の間のトレード・オフ関係を明示的に扱うものである。

それにもかかわらず、この簡単な分析から学ぶべき重要な教訓がある。すなわち、もし収益率が無相関である場合には、n を大きくとれば分散化によってポートフォリオの分散をほとんどゼロにできるということである。逆にもし資産の間の相関が正であれば、分散を減少させることはより難しく、実現可能な分散にはある下限値が存在する。

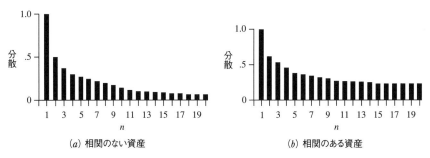

(a) 相関のない資産　　　　　　　　　(b) 相関のある資産

図 6.7　分散化の効果

もし資産が無相関であれば、ポートフォリオの分散をきわめて小さくすることができる。資産に正の相関があると、実現できる分散の大きさには下限があるように見える。

◆ポートフォリオのダイヤグラム

2つの資産が平均–標準偏差ダイヤグラム上に表現されているものとしよう。これらの資産をある重みで組み合わせたポートフォリオ、すなわち新たな資産をつくってみよう。この新しい資産の収益率の平均と分散は、もとの資産の収益率の平均、分散、共分散をもとに計算することができる。しかし共分散はこのダイヤグラム上には示されていないので、新たな資産のダイヤグラム上での正確な位置を、もとになる2つの資産の位置から決めることはできない。両者の共分散次第で多くの可能性が考えられている。

以下の手順でその可能性を調べることにしよう。まず図 6.8 に示された2つの資産を考えよう。そのため、ゼロから1までの値をとる変数 α を導入して、$w_1 = 1 - \alpha$, $w_2 = \alpha$ とおくことによって、すべての可能なポートフォリオの全体を定義しよう。α がゼロのときは、資産1のみからなるポートフォリオが、$0 < \alpha < 1$ のときは2つの資産を組み合わせたポートフォリオが、そして $\alpha = 1$ のときは資産2のみからなるポートフォリオが得られる。

α の値が $0 \leq \alpha \leq 1$ の範囲外にあるときには、一方の資産の重みは負となるが、これは空売りに対応している。

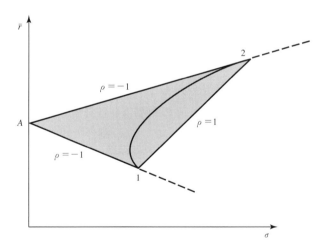

図 6.8　2つの資産の組み合わせ

2つの資産をさまざまな重みで組み合わせると、各資産に対応する2つの点を結ぶ曲線上を動くポートフォリオが得られる。この曲線は網掛けを施した三角形の内部にある。その境界は、$-1 \leq \rho \leq 1$ をみたす相関係数 ρ の最小値と最大値によって定義される。

α が変化するにしたがって、ポートフォリオの位置は資産1と2を含む曲線を構成する。この曲線は図6.8に示したような形になるが、その正確な形は σ_{12} の大きさに依存する。実線部分は2つの資産の重みが非負である場合に対応し、点線の部分は一方の資産（実線の反対側に位置している資産）を空売りしている場合に対応する。曲線の実線部分は図の斜線領域、すなわち頂点1,2と垂直軸上の点 A によって決まる三角形領域の内部にあることが示される。以下では、この性質を形式的に証明するが、初めての読者はその細部まで詳しく理解する必要はない。必要なのは曲線の一般的な形状を理解することだけである。

ポートフォリオ・ダイヤグラム定理 資産1、2を非負の係数で組み合わせたものによって決まる $\bar{r}-\sigma$ ダイヤグラム上の曲線は、2つの原資産と垂直軸の座標 $A = (\bar{r}_1\sigma_2 + \bar{r}_2\sigma_1)/(\sigma_1+\sigma_2)$ によって決まる三角形の内部にある。

証明： パラメータ α によって決まるポートフォリオの収益率を $r(\alpha)$ とすると、$r(\alpha) = (1-\alpha)r_1 + \alpha r_2$ となる。したがってその平均値は、

$$\bar{r}(\alpha) = (1-\alpha)\bar{r}_1 + \alpha\bar{r}_2$$

となる。これは平均値がもとの2つの平均の中間にあることを示している。両端からの距離は、各資産の組入れ比率に比例する。たとえば両者を 50 - 50 の割合で組み合わせたときは、新たな平均値はもとの2つの点の中点となる。

そこでポートフォリオの標準偏差を求めてみよう。前節の一般公式より、

$$\sigma(\alpha) = \sqrt{(1-\alpha)^2\sigma_1^2 + 2\alpha(1-\alpha)\sigma_{12} + \alpha^2\sigma_2^2}$$

を得る。相関係数 $\rho = \sigma_{12}/(\sigma_1\sigma_2)$ を使うとこの式は

$$\sigma(\alpha) = \sqrt{(1-\alpha)^2\sigma_1^2 + 2\rho\alpha(1-\alpha)\sigma_1\sigma_2 + \alpha^2\sigma_2^2}$$

となる。これは複雑な式であるが、その上限、下限を求めることは可能である。ρ は $-1 \leq \rho \leq 1$ であることがわかっているので、$\rho = 1$ を入れてやると上限、

$$\begin{aligned}\sigma(\alpha)^* &= \sqrt{(1-\alpha)^2\sigma_1^2 + 2\alpha(1-\alpha)\sigma_1\sigma_2 + \alpha^2\sigma_2^2} \\ &= \sqrt{[(1-\alpha)\sigma_1 + \alpha\sigma_2]^2} \\ &= (1-\alpha)\sigma_1 + \alpha\sigma_2\end{aligned}$$

が得られる。一方 $\rho = -1$ とおくと、

$$\begin{aligned}\sigma(\alpha)_* &= \sqrt{(1-\alpha)^2\sigma_1^2 - 2\alpha(1-\alpha)\sigma_1\sigma_2 + \alpha^2\sigma_2^2} \\ &= \sqrt{[(1-\alpha)\sigma_1 - \alpha\sigma_2]^2} \\ &= |(1-\alpha)\sigma_1 - \alpha\sigma_2|\end{aligned}$$

となる。上限値は平均値の公式と同様 α に関する 1 次式である。したがって $\rho = 1$ ならば、平均も標準偏差も $0 \leq \alpha < 1$ の範囲で α に比例して動くことがわかる。この結果 α がゼロから 1 まで動くとき、ポートフォリオが表す点は、2 つの点を結ぶ直線上を動くことがわかる。これが、図で示した 1 と 2 を結ぶ直線である。

下限を表す公式も、絶対値記号を除けばほとんど 1 次式である。α が小さなときは絶対値の中の項は正なので、$(1-\alpha)\sigma_1 - \alpha\sigma_2$ と書くことができる。この式は α が $\sigma_1/(\sigma_1 + \sigma_2)$ に達するまでは正である。α がこの値を超えると、符号が変わって絶対値は $\alpha\sigma_2 - (1-\alpha)\sigma_1$ となる。この逆転は定理に示した A 点で生じる。2 つの 1 次式と平均に関する 1 次式から、下限が図 6.8 に示した折線となることがわかる。この結果、ポートフォリオを表す曲線は網掛けの領域に含まれること、そして ρ が中間の値をもつときは、図に示すような曲線となることがわかった。■

6.5 実現可能領域

いま n 個の基本資産があるものとし、それらを平均−標準偏差ダイヤグラム上にプロットしよう。次にすべての可能な重み付けを用いてポートフォリオを組む。この結果、n 個の資産の各々だけからなるポートフォリオ、2 つの資産を組み合わせたポートフォリオ、3 つを組み合わせたものなどなど、さまざまなポートフォリオが構成される。これらのポートフォリオは、$\sum_{i=1}^{n} w_i = 1$ をみたす w_i のあらゆる組み合わせを生成することによって得られる。これらのポートフォリオに対応する点の集合を、**実現可能集合**（feasible set）もしくは**実現可能領域**（feasible region）という。実現可能集合は次の 2 つの重要な性質を満足する。

1. もし完全相関でない、しかも平均値の異なる 3 つ以上の資産が存在するならば、実現可能集合は 2 次元空間の面積がゼロでない領域を構成する。図 6.9 はなぜこの領域の面積がゼロでないかを表している。ここでは 3 つの基本資産 1、2、3 があるものとする。2 つの資産を組み合わせたポートフォリオの全体は、両者をつなぐ曲線を構成する。3 つの点から 2 つの点

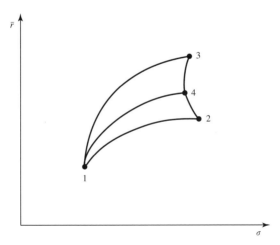

図 6.9　3 つの点はある領域を定義する
資産 2 と 3 の組み合わせは、それらを結ぶ曲線上のポートフォリオを構成する。これらのポートフォリオ、たとえば 4 で表されたポートフォリオを資産 1 と組み合わせると、もう 1 つの曲線上のポートフォリオが生成される。これらの全体は面積がゼロでない領域を構成する。

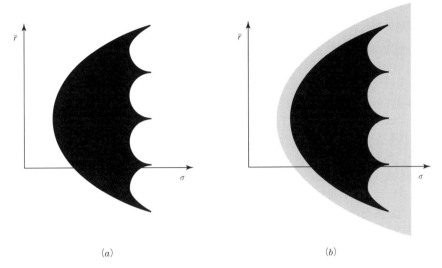

図 6.10 実現可能領域
n 個の資産によって生成されるポートフォリオを表す点の全体を、実現可能領域という。(a) は空売りを許さない場合、(b) は空売りを許す場合に対応している。

を選ぶすべての組み合わせに対して得られる曲線を図 6.9 に示した。いま、資産 2 と 3 を組み合わせて得られるポートフォリオ 4 を、資産 1 と組み合わせると、1 と 4 を結ぶ点の集合は点 4 を移動させることによって面積がゼロでない領域を構成する。

2. 実現可能領域の左側の縁の境界は凸である。

   このことは、この領域内に任意の 2 点が与えられたとき、これらの 2 点をつなぐ線分が実現可能領域の左側の境界と交差しないことを意味している。このことは、2 つの資産を非負の重みで組み合わせたポートフォリオのすべてが、2 点をつなぐ線分より左側にあることから明らかである。典型的な実現可能領域を図 6.10(a) に示した。

実現可能集合については、空売りを許す場合と許さない場合に対応する 2 つの定義がある。上で述べた 2 つの性質は、この両者に対して当てはまるものである。一般には、空売りを許さない場合の実現可能集合は、図 6.10(b) に示すように、空売りを許す場合の実現可能集合の中に含まれる（一般には図 6.10 に示したのとは違って、この 2 つの領域の左側の線は部分的に重なりあうこともある）。

◆最小分散集合と効率的なフロンティア

実現可能集合の左端の境界を**最小分散集合**（minimum variance set）という。なぜなら、収益率の平均を固定したとき、分散（または標準偏差）が最小になる点は、左側の境界上の点になるからである。最小分散集合は、図 6.11 (a) に示す通り弾丸の形をしている。この集合上の分散最小となる点を**最小分散点**（minimum variance point：MVP）という。

いま仮に投資家のポートフォリオ選択が、$\bar{r} - \sigma$ 平面上の水平線上の実現可能点に制限されているものとしよう。この線上のどの点も平均収益率は同じであるが、標準偏差（または分散）は異なっている。ほとんどの投資家は、この線上の最も左に位置する点、すなわち標準偏差の最も小さい点を好むであろう。この意見に同意する投資家は、**リスク回避的**（risk averse）であるという。それは彼または彼女は（標準偏差で測った）リスクの最小化を図ろうとするからである。最小標準偏差点以外の点を選択する人は、リスク選好的（risk preferring）であるという。以下では、標準偏差の最小化を図るリスク回避型投資家に分析対象を絞ることにする。このような投資家は、最小分散集合上の点に関心をもつ。

ここで見方を 90 度変更して、垂直線上のさまざまな点に対応するポートフォリオ、つまり標準偏差が一定で平均値の異なるポートフォリオを考えてみよう。ほとんどの投資家は、この線上の最も上に位置する点を好むであろう。投資家

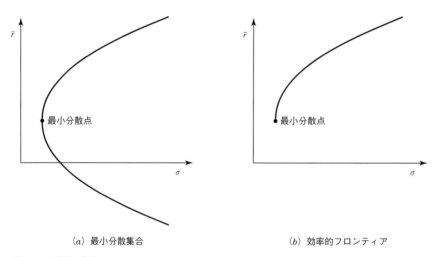

(a) 最小分散集合　　　　　　　　　　(b) 効率的フロンティア

図 6.11　特殊な集合
最小分散集合は弾丸の形をしている。最小分散点は、最小分散集合の中で最も分散が小さい点である。最小分散集合の上部を、効率的フロンティアという。

に関するこの性質は、**非飽和性**（nonsatiation）と呼ばれる。それは他のすべての条件が同じであれば、投資家はより多くのお金を望むという考え方を反映したものである。かくして彼らは標準偏差が一定であれば、期待収益が最大であるものを望むのである。

この結果、リスク回避的で非飽和性を満足する投資家は、最小分散集合の上半分のみに関心をもつことがわかる。最小分散集合の上半分を、**実現可能集合の効率的フロンティア**（efficient frontier）と呼ぶ。図 6.11 (b) にこれを図示した。この線上にあるポートフォリオは、大半の投資家にとって平均–分散の最善の組み合わせを提供するという意味で、効率的なポートフォリオである。以上よりわれわれは、分析対象をこのフロンティアに限ることにする。次節ではこのフロンティア上の点の求め方を説明する。

6.6 マーコビッツ・モデル

いよいよ、最小分散ポートフォリオを求めるための問題を定式化することにしよう。再び以下では n 個の資産が存在するものとし、それらの収益率の平均値（または期待値）を $\bar{r}_1, \bar{r}_2, \ldots, \bar{r}_n$、共分散を $\sigma_{ij}, i,j = 1,2,\ldots,n$ とする。ポートフォリオは、その和が 1 となる重み、$w_i, i = 1,2,\ldots,n$ によって定義される（ここでは空売りを許すものとして、w_i は負になってもよいとする）。最小分散ポートフォリオを求めるため、平均値をある一定値 $\bar{r}$ に固定し、この平均値をもつポートフォリオの中で、分散が最小のものを見出すことにしよう。以上より問題は以下のように定式化される。

$$\text{最小化} \quad \frac{1}{2} \sum_{i,j=1}^{n} w_i w_j \sigma_{ij}$$

$$\text{条件} \quad \sum_{i=1}^{n} w_i \bar{r}_i = \bar{r}$$

$$\sum_{i=1}^{n} w_i = 1$$

分散項の前に 1/2 を付けたのは、最後に得られる式をよりきれいなものとするためである。

マーコビッツの問題は、一期間投資理論の基礎となるものである。この問題は、ポートフォリオの収益率の期待値と分散のトレード・オフを明示的に扱っ

たものである。いったんマーコビッツ問題が定式化されれば、その解を数値的に求めることができる。またその解析的な解を求めることができれば、より強い結果を導くことができる。しかし次章に見る通り、マーコビッツ問題は、主としてリスク資産のほかに無リスク資産が利用できる場合に用いられる。無リスク資産の存在は、実現可能集合を単純化しその解析解も簡単化される。

◆マーコビッツ問題の解 *

この問題の解がみたすべき条件をラグランジュ乗数（Lagrange multiplier）λ と μ を用いて求めることができる。そのためラグランジアン（Lagrangian[1]）を以下のように定義する。

$$L = \frac{1}{2}\sum_{i,j=1}^{n} w_i w_j \sigma_{ij} - \lambda\left(\sum_{i=1}^{n} w_i \bar{r}_i - \bar{r}\right) - \mu\left(\sum_{i=1}^{n} w_i - 1\right)$$

そしてラグランジアンを各変数 w_i で偏微分し、その偏導関数を 0 とおく。

慣れていない読者にとっては、この偏微分は少し難しいかもしれない。そこでまず、2 変数の場合についてこれを実行してみることにする。その結果を見れば、これを n 変数の場合に一般化することは容易であろう。2 変数の場合には、

$$L = \frac{1}{2}(w_1^2 \sigma_1^2 + w_1 w_2 \sigma_{12} + w_2 w_1 \sigma_{21} + w_2^2 \sigma_2^2) \\ - \lambda(\bar{r}_1 w_1 + \bar{r}_2 w_2 - \bar{r}) - \mu(w_1 + w_2 - 1)$$

となる。

$$\frac{\partial L}{\partial w_1} = \frac{1}{2}(2\sigma_1^2 w_1 + \sigma_{12} w_2 + \sigma_{21} w_2) - \lambda \bar{r}_1 - \mu$$

$$\frac{\partial L}{\partial w_2} = \frac{1}{2}(\sigma_{12} w_1 + \sigma_{21} w_1 + 2\sigma_2^2 w_2) - \lambda \bar{r}_2 - \mu$$

ここで $\sigma_{12} = \sigma_{21}$ であることに注意し、上の偏微分を 0 とおくと、

$$\sigma_1^2 w_1 + \sigma_{12} w_2 - \lambda \bar{r}_1 - \mu = 0$$

$$\sigma_{21} w_1 + \sigma_2^2 w_2 - \lambda \bar{r}_2 - \mu = 0$$

---

[1] 一般にラグランジアンは、まず各々の制約式の右辺が 0 となるように変更してからつくられる。この制約式の左辺にラグランジュ乗数を掛けて、目的関数から差し引く。ここの例では λ と μ がそれぞれ第 1、第 2 の制約式に対する乗数である（詳細は付録 B を参照）。

を得る。この 2 本の方程式と、制約条件に含まれる 2 本の方程式を組み合わせると、全部で 4 本の方程式が得られる。未知数は w_1, w_2, λ, μ の 4 つなので、この方程式を解くことができる[2]。

n 変数の場合に対して、この結果を一般化することは容易である。そこで以下にその結果を示そう。

効率的な集合を表す方程式　　（空売りを許す場合には）効率的ポートフォリオの個の重み $w_i, i = 1, 2, 3, \ldots, n$ と 2 つのラグランジュ乗数 λ, μ は、次の方程式をみたす。

$$\sum_{j=1}^{n} \sigma_{ij} w_j - \lambda \bar{r}_i - \mu = 0, \quad i = 1, 2, \ldots, n \qquad (6.5a)$$

$$\sum_{i=1}^{n} w_i \bar{r}_i = \bar{r} \qquad (6.5b)$$

$$\sum_{i=1}^{n} w_i = 1 \qquad (6.5c)$$

$(6.5a)$ は n 本の方程式からなっている。また式 $(6.5b)$、$(6.5c)$ を考えると、全部で $n+2$ 本の方程式がある。変数の数も全部で $n+2$ 個である。この方程式の解が、平均収益率 $\bar{r}$ の効率的ポートフォリオの重みを与える。$n+2$ 本の方程式は 1 次式なので、線形代数の方法を用いて解くことができる。

例 6.9（3 つの無相関な資産）　　3 つの互いに無相関な資産があるものとしよう。どの資産も分散は 1 で、その平均値はそれぞれ 0.1, 0.2, 0.3 であるものとする。この場合、問題には対称性があるので、その解を求めるのは比較的容易である。

$\sigma_1^2 = \sigma_2^2 = \sigma_3^2 = 1$、$\sigma_{12} = \sigma_{23} = \sigma_{13} = 0$ である。便宜上、λ を $0.1\bar{\lambda}$ とする。ここで、$\bar{\lambda}$ は実際のラグランジュ乗数である。$(6.5a$–$c)$ 式は、

---

[2] 2 資産の場合は w_1, w_2 の値が 2 本の制約式によって一意的に定まるので、退化する。この退化現象は 3 つ以上の資産が存在する場合には消滅する。にもかかわらずこの 2 資産の場合に対して得られる方程式は、n 資産の場合の方程式の原型となるものである。

$$w_1 - \lambda - \mu = 0$$

$$w_2 - 2\lambda - \mu = 0$$

$$w_3 - 3\lambda - \mu = 0$$

$$w_1 + 2w_2 + 3w_3 = 10\bar{r}$$

$$w_1 + w_2 + w_3 = 1$$

となる。上の 3 つの方程式をもとに求めた w_1, w_2, w_3 の式を、下の 2 つの方程式に代入すると、

$$14\lambda + 6\mu = 10\bar{r}$$

$$6\lambda + 3\mu = 1$$

となる。この方程式を解くと $\lambda = 5\bar{r} - 1$、$\mu = 2\frac{1}{3} - 10\bar{r}$ を得る。よって、

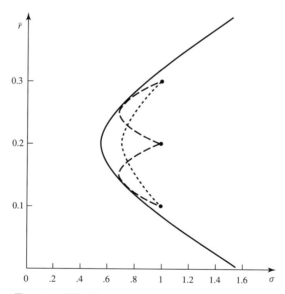

図 6.12　3 資産の例

空売りを許すものとして得られる実現可能領域は、空売りを許さない場合の実現可能領域を包含する。外側の曲線は、空売りを許したときの最小分散曲線である。短い曲線は、それぞれ 2 つの資産を組み合わせて得られるポートフォリオを表す曲線である。

$$w_1 = \frac{4}{3} - 5\bar{r}$$

$$w_2 = \frac{1}{3}$$

$$w_3 = 5\bar{r} - \frac{2}{3}$$

である。解の標準偏差は $\sqrt{w_1^2 + w_2^2 + w_3^2}$ だから、

$$\sigma = \sqrt{\frac{7}{3} - 20\bar{r} + 50\bar{r}^2} \tag{6.6}$$

となる。最小分散点は対称性より、$\bar{r} = 0.2$、$\sigma = \sqrt{3}/3 = 0.58$ となる。実現可能領域は、図 6.12 に示したような弾丸の形の曲線となる。

以上の議論では空売りを認めていた。空売りが許されない場合には、次の節で見るように実現可能領域は小さくなる。

◆非負制約 *

上の議論においては、空売りを許すものと前提し、w_i が負になってもよいものとした。各 w_i が非負であるという制約を付ければ、空売りを禁止することができる。この場合、マーコビッツ問題は以下のようになる。

$$\text{最小化} \quad \frac{1}{2}\sum_{i,j=1}^{n}\sigma_{ij}w_i w_j \tag{6.7a}$$

$$\text{条件} \quad \sum_{i=1}^{n}\bar{r}_i w_i = \bar{r} \tag{6.7b}$$

$$\sum_{i=1}^{n}w_i = 1 \tag{6.7c}$$

$$w_i \geq 0, \quad i = 1, 2, \ldots, n \tag{6.7d}$$

この問題を 1 次方程式の解を求める問題に帰着することはできない。この問題は目的関数が 2 次式で、制約条件が 1 次等式と不等式で与えられているので、**2 次計画問題**（quadratic program）と呼ばれる。このような問題を解くために、特別な計算機プログラムが利用可能である。しかし小さな問題、あるいは中規模な問題は、スプレッドシート・プログラムで容易に解くことができる。金

融業界においては、何百、何千という変数の問題を解くために、多くの特別仕様のプログラムが設計されている。

2つのモデルの大きな違いは、空売りが許される場合には、すべてではないがほとんどの資産の重み w_i がゼロでない値（正のものもあれば負のものもある）をとり、結果的にほとんどすべての資産がポートフォリオに組み入れられるのに対して、空売りを許さない場合には、重み w_i のかなりのものがゼロとなる点である。

6.7　2-ファンド定理[*]

最小分散集合は、計算を大幅に単純化するという重要な性質をもっている。この集合に含まれる点は、(6.5a–c) 式の $n+2$ 本の1次方程式、

$$\sum_{j=1}^{n} \sigma_{ij} w_j - \lambda \bar{r}_i - \mu = 0, \quad i = 1, 2, \ldots, n \quad (6.8a)$$

$$\sum_{i=1}^{n} w_i \bar{r}_i = \bar{r} \quad (6.8b)$$

$$\sum_{i=1}^{n} w_i = 1 \quad (6.8c)$$

をみたすことを思い出そう。いま期待収益率 $\bar{r}^1, \bar{r}^2$ に対応するこの方程式の解 $\mathbf{w}^1 = (w_1^1, w_2^1, \ldots, w_n^1), \lambda^1, \mu^1$ と $\mathbf{w}^2 = (w_1^2, w_2^2, \ldots, w_n^2), \lambda^2, \mu^2$ が与えられたものとする。一方の解を α 倍し、他方を $(1-\alpha)$ 倍して足し合わせたものを考えると、それは期待収益率 $\alpha \bar{r}^1 + (1-\alpha)\bar{r}^2$ に対応する $n+2$ 本の方程式をみたす。これを確認するには、まず $\alpha w^1 + (1-\alpha)w^2$ はその成分の和が1となるので、ポートフォリオの重みの定義式 (6.8c) を満足することに注意しよう。次いで、期待収益率が実際 $\alpha \bar{r}^1 + (1-\alpha)\bar{r}^2$ になって (6.8b) がみたされると、最後に2つの解のいずれもが (6.8a) 式をみたすので、それらを組み合わせたものもまた (6.8a) 式をみたすことに注意しよう。この結果、$\alpha w^1 + (1-\alpha)w^2$ もまた効率的なフロンティア上に乗っていることがわかる。この簡明な結果は、初めて見る人にとってはおそらくきわめて驚くべきことと思われるであろう。しかしこれがまさに、最小分散集合の重要な性質を際だたせる結果なのである。

この結果を利用するために、最小分散集合上の異なる2つのポートフォリオが与えられたものとしよう。すると α を $-\infty$ から $+\infty$ まで動かして得られる

ポートフォリオ $\alpha w^1 + (1-\alpha)w^2$ の全体が、最小分散集合を覆いつくすのである。ここではもちろん、w^1, w^2 として効率的フロンティア上の点（すなわち最小分散集合の上半分に位置するポートフォリオ）を選んでも構わない。するとこの2つのポートフォリオは、他のすべての効率的なポートフォリオ（および最小分散集合上のその他の点）を生成するのである。この結果を、投資家が資産運用するにあたってきわめて重要な意味をもつ定理としてまとめておこう。

> **2-ファンド定理**　2つの効率的なファンド（ポートフォリオ）をもとに、すべての効率的ポートフォリオを生成することができる。すなわち、効率的なポートフォリオに投資しようと考える投資家は、これら2つのファンドの組み合わせのみに投資すればよい。

　この結果の意味するところは、きわめて重要である。2-ファンド定理によれば、2つのミューチュアル・ファンド[3]（mutual fund）が、すべての投資家に対する完全なサービスを提供する。したがって投資家は個別の資産を別々に購入する必要はなく、ただミューチュアル・ファンドの株を買えばよいのである。この結論は、すべての人が平均と分散のみを指標として投資を行うこと、だれもが資産の平均、分散、共分散について同一の情報を共有すること、また投資期間は一期間であるという前提のもとに成り立つ結果である。これらの前提は、どれもきわめて根拠に乏しいものである。しかし、時間もなくまた十分な予測を行う気にもなれない投資家は、自分が信用する人が管理している2つのファンドを探し出し、その2つのファンドに投資すればよいのである。

　2-ファンド定理は、計算上も重要な意味をもっている。すべての $\bar{r}$ について方程式系 (6.5a–c) を解くには、2つの異なる対応する解を求めて、それを組み合わせればよいのである。2つの解を求める簡単な方法は、λ と μ の値を決めることである。都合のよい選び方の1つは、(a) $\lambda = 0$, $\mu = 1$、(b) $\lambda = 1$、$\mu = 0$ とおくことである。この結果得られる解は、条件 $\sum_{i=1}^{n} w_i = 1$ をみたさないかもしれない。しかしその場合には、解のすべての成分を共通の係数で

---

[3] ミューチュアル・ファンドというのは、個人から集めた投資資本を、さまざまな個別株に再投資する投資会社のことをいう。各個人は、このファンドのポートフォリオ価値の持ち分から運用経費と手数料を差し引いたものを受け取る権利がある。

割って、$\sum_{i=1}^{n} w_i = 1$ となるように正規化すればよい。上記の (a) は、期待収益率に関する制約を無視することに相当する。したがって、このときに得られるのは最小分散点である。全体の手続きを次の例で示そう。

例 6.10（証券ポートフォリオ）　5つの証券の1年間の分散と共分散に関する情報を、表 6.2 の一番上に示した。平均値はパーセント単位で示してある。一方共分散は (パーセント)^2/100 で表してある。たとえば第1の証券は、期待収益率 $15.1\% = 0.151$ で、その分散は 0.023 である。これを標準偏差に直すと、1年につき $\sqrt{0.023} = 0.152 = 15.2\%$ となる。

そこで最小分散集合上の2つの点を求めることにしよう。まず (6.5) 式で $\lambda = 0$、$\mu = 1$ とおいてみよう。この場合、次の方程式、

$$\sum_{j=1}^{5} \sigma_{ij} v_j^1 = 1, \quad i = 1, 2, \cdots 5$$

を解くと、表 6.2 の下半分に示した解 $\mathbf{v}^1 = (v_1^1, v_2^1, \ldots, v_5^1)$ が求まる。ここで方程式の係数は共分散行列の成分で、右辺はすべて1である。ちなみに上の式は1次方程式なので、スプレッドシート・パッケージなどを用いて解くことができる。

ここで v_j^1 の和が1となるように正規化する。すなわち、

$$w_i^1 = \frac{v_i^1}{\sum_{j=1}^{n} v_j^1}$$

とおくと、$\mathbf{w}^1 = (w_1^1, w_2^1, \ldots, w_5^1)$ が最小分散集合上の点となる。

次に $\mu = 0$、$\lambda = 1$ とおいてみよう。この場合、

$$\sum_{j=1}^{5} \sigma_{ij} v_j^2 = \bar{r}_i, \quad i = 1, 2, \ldots, 5$$

を解いて $\mathbf{v}^2 = (v_1^2, v_2^2, \ldots, v_5^2)$ を計算する。再び $\mathbf{v}^2$ を正規化すると、$\mathbf{w}^2$ が得られる。ベクトル $\mathbf{v}^1, \mathbf{v}^2, \mathbf{w}^1, \mathbf{w}^2$ を表 6.2 の下部に示した。また $\mathbf{w}^1$、$\mathbf{w}^2$ によって決まるポートフォリオの平均、分散、標準偏差も併せて示してある。これら2つのポートフォリオを組み合わせると、すべての効率的ポートフォリオが得られる。

第 6 章　平均–分散ポートフォリオ理論　　211

表 6.2　証券ポートフォリオ

証券	共分散 V					$\bar{r}$
1	2.30	0.93	0.62	0.74	−0.23	15.1
2	0.93	1.40	0.22	0.56	0.26	12.5
3	0.62	0.22	1.80	0.78	−0.27	14.7
4	0.74	0.56	0.78	3.40	−0.56	9.02
5	−0.23	0.26	−0.27	−0.56	2.60	17.68

	v^1	v^2	w^1	w^2
	0.141	3.652	0.088	0.158
	0.401	3.583	0.251	0.155
	0.452	7.248	0.282	0.314
	0.166	0.874	0.104	0.038
	0.440	7.706	0.275	0.334
平均			14.413	15.202
分散			0.625	0.659
標準偏差			0.791	0.812

5 つの証券について、平均収益率と共分散の値を記した。ポートフォリオ w^1 は最小分散点である。また w^2 は 5 つの資産によって得られるもう 1 つの効率的ポートフォリオである。

6.8　無リスク資産が含まれる場合

これまでの節では、暗黙のうちに n 個の資産はすべてリスキーなもの、すなわち $\sigma > 0$ をみたすものと前提した。**無リスク資産**（risk-free asset）というのは、収益が確定的な（すなわち確実にわかっている）資産、したがって $\sigma = 0$ である資産のことをいう。換言すれば、無リスク資産とは、純粋に金利を生み出す商品である。ポートフォリオに無リスク資産を含めるということは、現金を無リスク金利で貸し借りすることに相当する。無リスク資産を貸す場合（たとえば債券を購入する場合）は、無リスク資産の重みは正で、借りる場合はその重みは負となる。

　無リスク資産を投資可能な資産の中に含めるのは、現実を記述するために必要な措置である。投資家はつねに借りたり貸したりする機会をもっている。幸運なことに、すぐあとに見る通り、無リスク資産を導入すると数学的に退化した状況が生まれる結果、効率的フロンティアの形はきわめて単純になる。

この状況を説明するために、(確定的な) 収益率 r_f をもたらす無リスク資産を考えよう。平均が $\bar{r}$、分散が σ^2 の収益率 r をもつ資産を考えると、$\mathrm{E}\left[(r-\bar{r})(r_f-r_f)\right]=0$ より、この 2 つの資産の共分散はゼロとなる。

そこで無リスク資産の重みを α、リスク資産の重みを $1-\alpha$ で組み合わせたポートフォリオを考えよう。このポートフォリオの平均収益率は、$\alpha r_f+(1-\alpha)\bar{r}$ である。またその標準偏差は、$\sqrt{(1-\alpha)^2\sigma^2}=(1-\alpha)\sigma$ となる。なぜなら、無リスク資産の分散はゼロで、リスク資産との共分散もゼロだからである。式の中に残るのは、リスク資産によるものだけである。

まとめると、ポートフォリオの収益率は、

$$平均 = \alpha r_f + (1-\alpha)\bar{r}$$

$$標準偏差 = (1-\alpha)\sigma$$

となる。この式からわかることは、ポートフォリオの平均も標準偏差も、α に関して 1 次の形で変化するということである。これは α が変化するにしたがって、ポートフォリオを表す点が $\bar{r}-\sigma$ 平面の直線上を動くということである。

n 個のリスク資産の期待収益率 $\bar{r}_i$ と共分散 σ_{ij} が既知であるものとし、無リスク資産の収益率を r_f とする。無リスク資産をポートフォリオに含めることによって、実現可能集合の形は大きく変化する。この理由を図 6.13(a) に示した。まず n 個のリスク資産によって定義される実現可能集合を構成する (この領域は空売りを許すとしてもよいし、禁止するものとしてもよい)。図の黒く塗った部分で示したのがこの領域である。次にこの領域の各々の資産 (もしくはポートフォリオ) と無リスク資産を組み合わせる。この場合、無リスク資産の貸し借りを許すが、リスク資産の空売りは許さないものとする。この組み合わせによって、無リスク点を出発点とし、リスク資産を通って無限に延びる半直線が生成される。この結果、もとの実現可能領域のすべての資産に対して、このような半直線が引けることがわかる。その全体は、図の網の掛かった三角形の形をした実現可能領域を構成する。

これは美しい結果である。無リスク資産を含めると、実現可能領域は無限遠まで広がる三角形になるのである。

無リスク資産の借入 (空売り) が許されない場合は、無リスク資産ともとの実現可能領域の点を結ぶ線分が生成されるだけである。この線分を先まで延ばしてやることはできない。なぜならこの部分は、無リスク資産の借入を意味するからである。この線分の全体は、図 6.13(b) に示すような図形を構成する。

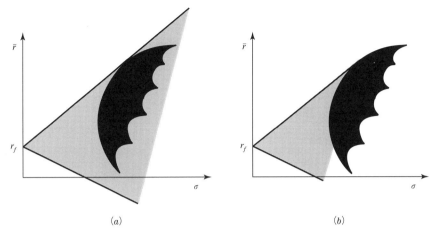

図 6.13 無リスク資産の影響
無リスク資産を含めてやると、実現可能領域に直線が追加される。(a) 貸し借りが許されるならば、無限に広がる完全な三角形領域が得られる。(b) 貸すことだけが許される場合には、左側は三角形となるが、σ が大きい部分は曲線となる。

6.9　1-ファンド定理

　無リスク資産の貸し借りが許される場合には、効率的集合は三角形の上側の縁に対応する1本の直線となる。この直線はもとの実現可能集合に対する接線となる（図 6.14 を参照）。この結果、もとの実現可能集合上の点でこの接線に乗る点 F が存在し、この点が効率的集合のすべてを決めることがわかる。任意の効率的点（この線上の点）は、この資産と無リスク資産の組み合わせとして表現できることは明らかである。（お金を借りてリスク資産を購入するために、無リスク資産の重みを負とすることも許しつつ）これらの組み合わせの重みを変えてやると、効率的集合上のさまざまな点が生成される。接点に対応するポートフォリオは、リスク資産によってつくられるひとまとまりとして販売されるファンドであると考えることができる。

> **1-ファンド定理**　リスク資産によって構成される1つのファンド F が存在し、任意の効率的ポートフォリオは、この資産 F と無リスク資産を組み合わせることによって生成される。

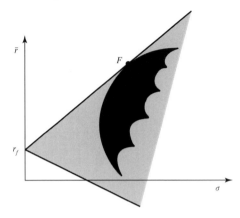

図 6.14 1-ファンド定理
無リスク資産の貸し借りが許される場合には、一意的に決まる効率的なリスク資産ファンド F が存在する。効率的フロンティア上のすべての点は、F と無リスク資産との組み合わせとなる。

　これが平均–分散ポートフォリオ理論の最終的結論である。またそれは次章での分析の出発点となる。読者は（いくつかの練習問題を解いたあとは）、ここでいったんストップして次の章に進まれてもよい。しかし、もしどのようにして特別な効率的点 F を計算するかについて知りたい読者は、以下の節をお読みいただきたい。

◆解法 *

　効率的ファンドを表す接点はどのようにすれば求まるだろうか。この点をある最適化問題を用いて特徴づけることにしよう。実現可能集合の一点が与えられたとき、この点と無リスク資産を結ぶ線を引く。この線と水平線の間の角度を θ とする。すると任意の（リスク資産）ポートフォリオ p に対して、

$$\tan\theta = \frac{\bar{r}_p - r_f}{\sigma_p}$$

となる。接点ポートフォリオは θ を最大化する実現可能点となる。すなわち $\tan\theta$ を最大化する実現可能ポートフォリオを求めればよい。ところがこの問題は、連立 1 次方程式に帰着されるのである。

　この式を導くため、これまでと同様に n 個のリスク資産があるものとし、各資産の重みを $w_1, w_2, \ldots, w_n$, ($\sum_{i=1}^{n} w_i = 1$) とする。接点ファンドでは、無リスク資産の重みはゼロである（リスク資産の空売りは許していることに注意）。$r_p = \sum_{i=1}^{n} w_i r_i$ に対して $\bar{r}_p = \sum_{i=1}^{n} w_i \bar{r}_i$ である。また $r_f = \sum_{i=1}^{n} w_i r_f$ だから、

$$\tan\theta = \frac{\sum_{i=1}^{n} w_i(\bar{r}_i - r_f)}{\left(\sum_{i,j=1}^{n} \sigma_{ij} w_i w_j\right)^{1/2}}$$

この式で w_i, $i=1,2,\ldots,n$ を定数倍してもその値は不変であることは明らかであろう。したがってここでは各条件 $\sum_{i=1}^{n} w_i = 1$ を無視することができる。

ここで $\tan\theta$ の式を各 w_k について微分をし、それをゼロとおく。この結果（練習問題 10 を参照）、

$$\sum_{i=1}^{n} \sigma_{ki} \lambda w_i = \bar{r}_k - r_f, \quad k=1,2,\ldots,n \tag{6.9}$$

となる。ここで λ は（未知の）定数である。ここで各 i に対して、$v_i = \lambda w_i$ とおくと、(6.9) 式は、

$$\sum_{i=1}^{n} \sigma_{ki} v_i = \bar{r}_k - r_f, \quad k=1,2,\ldots,n \tag{6.10}$$

となる。この方程式を解いて v_i を求め、それを正規化すれば w_i が得られる。すなわち、

$$w_i = \frac{v_i}{\sum_{k=1}^{n} v_k}$$

である。

例 6.11（3 つの無相関な資産） 再び例 6.9 で取り上げた、互いに無相関で各々の分散が 1 である 3 つの資産を考えよう。各資産の平均収益率は、それぞれ $\bar{r}_1 = 0.1, \bar{r}_2 = 0.2, \bar{r}_3 = 0.3$ とし、無リスク資産の収益率は $r_f = 0.05$ であるものとする。

この場合、共分散はすべてゼロなので (6.9) 式は簡単になり、

$$v_1 = 0.1 - 0.05 = 0.05$$
$$v_2 = 0.2 - 0.05 = 0.15$$
$$v_3 = 0.3 - 0.05 = 0.25$$

となる。ここで v_1, v_2, v_3 をその和 0.45 で割って正規化すると、

$$w_1 = 1/9, \quad w_2 = 1/3, \quad w_3 = 5/9$$

となる。

例 6.12（より大きなポートフォリオ） 例 6.10 の 5 つのリスク資産を考えよう。また無リスク資産の収益率を $r_f = 10\%$ とする。ポートフォリオ F は 2 つの既知の効率的ポートフォリオの組み合わせであるという事実を用いると、特別なファンド F を簡単に求めることができる。

(6.10) 式は、例 6.10 で $\mathbf{v}^1, \mathbf{v}^2$ を求めるために用いた方程式と右辺は異なるが、左辺は同じである。実際に、(6.10) 式の解は $\mathbf{v} = \mathbf{v}^2 - r_f \mathbf{v}^1$ となる。以上より（先の例と単位を合わせるため $r_f = 10$ とおくと）、

$$\mathbf{v} = (2.242, -0.427, 2.728, -0.786, 3.306)$$

これを正規化すると、

$$\mathbf{w} = (0.317, -0.060, 0.386, -0.111, 0.468)$$

となる。

1-ファンドとして使えるマーコビッツ・ポートフォリオが存在しない異常な場合がある。これらの状況は、v_i の合計が負になる場合、あるいはゼロになる場合に、v_i を基準化できないことによって起こる。

例 6.13 無相関で、それぞれの分散が 1 の 2 つのリスク資産を考えよう。それぞれの期待収益率は $\overline{r}_1 = 0.13, \overline{r}_2 = 0.09$ である。無リスク資産の収益率は $r_f = 0.11$ である。この場合、

$$v_1 = 0.13 - 0.11 = 0.02$$
$$v_2 = 0.09 - 0.11 = -0.02$$

である。したがって、$v_1 + v_2 = 0$ となり、基準化によってこれらを w_1, w_2 に変換することはできない。一般的に、無リスク金利がいくつかのリスク資産の期待収益率よりも大きいと、そのような問題が生じる。

◆明示的な解

2 つのリスク資産と 1 つの無リスク資産が存在する場合、リスク資産の 2 つ

の最適なウェイトに関する簡単で明示的な解がある。

$$w_1 = \frac{[\bar{r}_1 - r_f]\sigma_2^2 - [\bar{r}_2 - r_f]\mathrm{cov}(r_1, r_2)}{[\bar{r}_1 - r_f]\sigma_2^2 + [\bar{r}_2 - r_f]\sigma_1^2 - [\bar{r}_1 + \bar{r}_2 - 2r_f]\mathrm{cov}(r_1, r_2)} \tag{6.11}$$

$$w_2 = 1 - w_1$$

6.10 まとめ

　一期間投資に関する研究は、資産とポートフォリオの収益を基礎としている。そこでは、総収益と収益率という2つの概念を用いる。資産の収益が不確定な場合には、それを確率変数として扱うと便利である。このようなランダムな収益の確率的性質を特徴づけるのは、その期待値と分散、それに他の変数との間の共分散である。

　保有する富をさまざまな個別資産に割り当てたものを、ポートフォリオという。割当比率（もしくは重み）は、合計で1とならなくてはならない。もし空売りが許されるのであれば、重みは負になってもよい。ポートフォリオの収益は、ポートフォリオを定義する重みを使って、個別資産の収益の加重平均をとったものとなる。同様に、ポートフォリオの期待収益率も、各資産の期待収益率の加重平均となる。これに対してポートフォリオの分散は、$\sigma^2 = \sum_{i,j=1}^{n} w_i w_j \sigma_{ij}$という複雑な式で表される。ここで$w_i$は各資産の重みで$\sigma_{ij}$は共分散である。

　n個のリスク資産が与えられたとき、それぞれの資産の重みをさまざまに動かして得られるポートフォリオの全体を考える。これらのポートフォリオの収益の平均と標準偏差を、縦軸が$\bar{r}$（平均）、横軸がσ（標準偏差）であるダイヤグラム上にプロットして得られる領域を、実現可能領域という。空売りを許す場合と許さない場合に対応して、2つの実現可能領域が定義される。

　ポートフォリオの価値を、その収益の期待値と標準偏差によって計測する投資家は、リスク回避で非飽和性を満足するならば、実現可能領域の左上方の部分、すなわち効率的フロンティア上のポートフォリオを選択する。

　効率的フロンティア上の点は、マーコビッツによって初めて定式化された最適化問題によって特徴づけられる。これは平均収益が与えられたときに、分散が最小となるポートフォリオの重みを求める問題である。数学的に言うと、この問題は2本の1次式制約条件のもとで、2次の目的関数を最小化する問題である。空売りが許される場合（すなわち、ポートフォリオの重みが負になって

もよい場合）には、$n+2$ 個の未知数に対する $n+2$ 本の連立 1 次方程式を解くことによって、最適な重みを求めることができる。一方、空売りが許されない場合には、マーコビッツの問題は特別な 2 次計画法パッケージを用いて解くことができる。

マーコビッツ問題は、空売りが許される場合には、その 2 つの解がわかれば、これらを任意の重みで組み合わせたものもまた解になる、という重要な性質をもっている。この結果を使うと、きわめて重要な 2-ファンド定理が導かれる。すなわち、効率的なポートフォリオに投資しようとする投資家は、この 2 つの効率的なマスター・ポートフォリオのみに投資すればよいというのである。

通常の場合、n 個の危険資産のほかに、確定的な収益率 r_f をもつ無リスク資産の存在を想定することができる。このような資産を含めることによって、実現可能領域の形状は、その上部が直線となるため著しく単純になる。そしてこの上方の直線が効率的フロンティアとなる。

この直線フロンティアは、（リスク資産のみで構成される）もとの効率的フロンティアと一点 F で接している。この結果、きわめて重要な 1-ファンド定理が導かれる。すなわち効率的ポートフォリオを求める投資家は、リスク資産が構成する 1 つのマスター・ファンドと無リスク資産のみに投資すればよいのである。投資家ごとにこの組み合わせ比率は異なるであろう。

リスク資産によってつくられる単一の効率的ファンド F は、n 個の未知数に対する n 本の連立 1 次方程式を解くことによって求めることができる。この解の成分を、その和が 1 となるように正規化したものが、リスク資産によってつくられるマスター・ファンドの重みを与える。

練習問題

1. （証拠金付き空売り）　株を空売りするにあたって、証拠金としてその初期価格 X_0 と同額の現金を差し出すことが求められるものとする。1 年後に株価が X_1 となったところで空売りを清算する。このとき空売りに伴う利益 $X_0 - X_1$ と証拠金を受け取る。株の総収益を R とすると空売りの総収益はどうなるか。

2. （サイコロの目の積）　サイコロを 2 回投げて出る目の数の積を Z とする。確率変数 Z の平均と分散を求めよ［ヒント：2 つのサイコロの目は互いに独立であることを利用せよ］。

3. （2 つの互いに相関がある資産）　資産 A と B の間の相関係数 ρ は 0.1 で

ある。またその他のデータを表6.3に示した $[\rho = \sigma_{AB}/(\sigma_A \sigma_B)$ に注意]。

表 6.3 2つの互いに相関がある資産のケース

資産	$\bar{r}$	σ
A	10.0%	15%
B	18.0%	30%

(a) AとBを組み合わせたポートフォリオの中で、標準偏差が最小となるポートフォリオにおけるAの比率αとBの比率$(1-\alpha)$を求めよ。
(b) 最小標準偏差の値を求めよ。
(c) このポートフォリオの期待収益率を求めよ。

4. (2つの株) 2つの株があるものとする。それらの期待値はそれぞれ$\bar{r}_1$, $\bar{r}_2$で、分散、共分散はそれぞれ$\sigma_1^2, \sigma_2^2, \sigma_{12}$とする。分散が最小となるポートフォリオを生成するためには、これらの株にどの割合で投資すればよいか。またこのポートフォリオの収益率の期待値はどうなるか。

5. (降雨保険) ガビン・ジョーンズは、1年後に開催されるロック・コンサートに100万ドル投資することを計画している。友人の計算によると、雨さえ降らなければ100万ドルの投資から300万ドルの収益が得られるという。雨が降ればすべては無に帰す。雨が降る確率は50%である。そこでガビンは降雨保険を買うことにした。この保険は、1口0.5ドル払うと雨が降れば1ドルを払い戻し、雨が降らないときは払い戻しはないというものである。この保険は何口でも購入できるという。

(a) u単位の保険を購入するものとして、この投資の期待収益率を求めよ(この場合、費用として最初の100万ドルに保険コストが追加される)。
(b) 収益率の分散を最小化するためには、何単位の保険を購入すべきか。また分散の最小値と、それに対応する期待収益率を求めよ[ヒント:分散に関する一般式を求める前に、もっと簡単な方法がないものか考えてみよう]。

6. (試掘井) 互いに相関のないn種の資産があるものとする(それはたとえばn個の石油の試掘井と考えればよい)。これらの任意の組み合わせに対して投資できるものとする。各資産の平均収益率$\bar{r}$は同一であるが分散は異なる。第i資産の収益率の分散は$\sigma_i^2, i = 1, 2, \ldots, n$である。

(a) $\bar{r} - \sigma$ ダイヤグラム上に、この問題の性質を図示せよ。効率的フロンティアを図示せよ。
(b) 最小分散点を求めよ。この結果を、

$$\bar{\sigma}^2 = \left(\sum_{i=1}^{n} \frac{1}{\sigma_i^2} \right)^{-1}$$

を用いて表せ。

7. （マーコビッツ・モデル） 収益率が r_1, r_2, r_3 である3つの資産を考える。共分散行列と期待収益率ベクトルは以下の通りである。

$$V = \begin{bmatrix} 2 & 1 & 0 \\ 1 & 2 & 1 \\ 0 & 1 & 2 \end{bmatrix}, \quad \bar{r} = \begin{bmatrix} 0.4 \\ 0.8 \\ 0.8 \end{bmatrix}$$

(a) 最小分散ポートフォリオを求めよ［ヒント：対称性より $w_1 = w_3$ となる］。
(b) $\lambda = 1$、$\mu = 0$ とおいて別の効率的ポートフォリオを求めよ。
(c) 無リスク金利を $r_f = 0.2$ として、リスク資産の効率的ポートフォリオを計算せよ。

8. （トラッキング） 与えられたポートフォリオ（たとえばある効率的なポートフォリオ）に含まれるすべての資産を購入するのは非現実であるものとしよう。これに代わるものとして、n 個の資産を組み合わせて、このポートフォリオを最もよく追跡するポートフォリオを構築する方法がある。

具体的には、目標ポートフォリオの収益率を r_M、n 個の資産の収益率を $r_1, r_2, \ldots, r_n$ としたとき、

$$r = \alpha_1 r_1 + \alpha_2 r_2 + \cdots + \alpha_n r_n$$

となる。($\sum_{i=1}^{n} \alpha_i = 1$) とおいて、$\mathrm{var}(r - r_M)$ が最小となる投資比率を求めようというものである。

(a) α_i がみたすべき方程式を求めよ。
(b) このポートフォリオは、分散に関して目標ポートフォリオを最もよく追跡するものであるが、平均値を犠牲にしているかもしれない。したがって本来は、与えられた平均値を実現するものの中から、トラッ

キング・エラーが最小となるものを選ばなくてはならない。平均値を変化させると、新たな意味での効率的ポートフォリオの集合が求まる。この集合をトラッキング効率的ポートフォリオ集合と呼ぼう。トラッキング効率的ポートフォリオに対応する $\alpha_1, \alpha_2, \ldots, \alpha_n$ がみたすべき方程式を求めよ。

9. (投資回転盤) n 個のセグメントをもつ投資回転盤を考えよう。1ドルの賭金に対するセグメント i の払戻し金は A_i である。いま各セグメントに $B_i = 1/A_i$ だけのお金を賭けるものとしよう。この場合、得られるお金はどのセグメントが実現されたかに依存しないことを示せ。この回転盤の無リスク収益率を求めよ。例 6.7 の回転盤に対して同じ方法を当てはめよ。

10. (効率的ポートフォリオ ◇) (6.9) 式を導け（以下の関係式が成り立つことを用いよ）。

$$\frac{\partial}{\partial w_i}\left(\sum_{ij}^n \sigma_{ij} w_i w_j\right)^{1/2} = \left(\sum_{ij}^n \sigma_{ij} w_i w_j\right)^{-1/2} \sum_{j=1}^n \sigma_{ij} w_j$$

11. (2つの類似資産) 2つの資産の期待収益率はそれぞれ $\bar{r}_1, \bar{r}_2$ で、同じ分散をもち、相関係数は ρ である。無リスク金利は r_f とする。
    (a) 2つの資産に対する最適な（マーコビッツ）ウェイトの式を求めよ。
    (b) $\bar{r}_1 = 0.10, \bar{r}_2 = 0.08, r_f = 0.05, \rho = 0.6$ に対する資産1のウェイトを求めよ。

12. (等価) (6.10) 式に対して、すべての収益率 r が線形関係 $R = ar + b(a > 0)$ によって変換されることを示せ。また、(6.10) 式は（v_i をうまく調整する必要はあるが）R に対しても成り立つことを示せ。

13. (コイン投げ) 1回のコイン投げから2つのリスク資産が得られる。資産 A に対しては、表が出たら 4 ドル、裏が出たら 0 ドルが支払われる。資産 B に対しては、表が出たら 3 ドル、裏が出たら 1 ドルが支払われる。それぞれの資産への投資コストは 1 ドルである。図 6.15 を見よ。2つの資産 A と資産 B からつくられる効率的ポートフォリオを求めよ［ヒント：練習問題 12 を参照］。

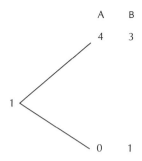

図 6.15　コイン投げの支払い額

参考文献

平均–分散モデルは、マーコビッツ [1-4] によって提案されたものである。それ以外の理論的展開は、[5-8] に示されている。1-ファンド定理は Tobin [9] による。この分野の総合的教科書としては、[10] および第 2 章で参考文献として挙げた投資科学の教科書などがある。

1. Markowitz, H. M. (1952), "Portfolio Selection," *Journal of Finance*, **7**, no. 1, 77–91.
2. Markowitz, H. M. (1956), "The Optimization of a Quadratic Function Subject to Linear Constraints," *Naval Research Logistics Quarterly*, **3**, nos. 1–2, 111–133.
3. Markowitz, H. M. (1987), *Portfolio Selection*, Wiley, New York.
4. Markowitz, H. M. (1987), *Mean–Variance Analysis in Portfolio Choice and Capital Markets*, Basil Blackwell, New York.
5. Hester, D. D., and J. Tobin (1967), *Risk Aversion and Portfolio Choice*, Wiley, New York.
6. Fama, E. F. (1976), *Foundations of Finance*, Basic Books, New York.
7. Sharpe, W. F. (1967), "Portfolio Analysis," *Journal of Financial and Quantitative Analysis*, **2**, 76–84.
8. Levy, H. (1979), "Does Diversification Always Pay?" *TIMS Studies in Management Science*.
9. Tobin, J. (1958), "Liquidity Preference as Behavior Toward Risk," *Review of Economic Studies*, **26**, February, 65–86.
10. Elton, E. J., M. J. Gruber, S. J. Brown, and W. N. Goetz, (2009), *Modern Portfolio Theory and Investment Analysis*, 8th ed., Wiley, New York.

第7章
資本資産価格付けモデル

投資科学という学問分野で重要な地位を占める問題の中には、次の2つのタイプのものがある。第1は、与えられた投資環境のもとで最もよい行動を決定する問題である。この種の問題の中には、最良のポートフォリオの構築、投資管理のための最適戦略の構築、投資可能なプロジェクト群からどれを選択するか、などなどさまざまな問題が含まれる。すでに本書の第I部で、この種の問題例をいくつか取り上げた。第2種の問題は、正しい、裁定不能な、そして公正な資産価格、別の言葉で言えば、資産の均衡価格を求める問題である。この種の問題例もまた第I部でいくつか取り上げた。たとえば、金利の期間構造が与えられている場合の正しい債券価格公式や、企業の適正な価値公式などがそれである。

この章では、主としてこの価格付け問題を取り上げる。具体的には、平均–分散モデルの枠組みの中で、リスク資産の正しい価格を導く問題である。ここでの主要な結果は、主にシャープ、リントナー、モッシンたちによって導かれた資本資産価格付けモデル（capital asset pricing model : CAPM）であるが、これは前章で説明したマーコビッツの平均–分散ポートフォリオ理論から論理的に導かれるものである。またこの章では、この結果をどのように投資決定に応用するかについても説明する。

7.1　市場均衡

以下では、投資家のすべてが、前章で説明した平均–分散モデルをもとに投資最適化を行うものと仮定する。また以下では、資産価格の確率的構造について、すべての投資家が合意しているものとする。つまり、すべての投資家がすべての資産について、その期待収益率、分散、共分散に同じ値を付与していると仮

定するのである。また以下では、すべての投資家に対して、無リスク資産の貸し借りに関する一意的な無リスク金利が存在し、取引コストはないものと仮定する。これらを前提すると一体何が起こるのだろうか。

1-ファンド定理より、だれもが同一のリスク資産の組み合わせを購入すると同時に、無リスク資産を貸したり借りたりするはずである。まただれもが同一の平均、分散、共分散値を利用するのだから、だれもがリスク資産の単一ファンドを利用するであろう。この2つの資産、すなわちリスクファンドと無リスク資産の組み合わせ比率は、個人のリスク選好の程度に応じて異なるであろう。ある人はリスクを避けようとする結果、より多くの無リスク資産を保有するであろう。また、より積極的な人々は、より多くの割合のリスク資産を保有するであろう。しかしそれはともかく、すべての個人は1つの無リスク資産と1つのリスキー・ファンドのみによって構成されるポートフォリオを保有することになる。したがって定理中の単一ファンドは、まさに用いるただ1つのファンドなのである。

もしすべての人が単一のリスク資産ファンドを購入するのであれば、そのファンドはどのようなものであろうか。この問いに対する答えこそが、CAPMの鍵を握っている。少し考えればわかることであるが、このファンドはまさに**市場ポートフォリオ**（market portfolio）と一致するのである。市場ポートフォリオは、すべての資産の総計である。株式の世界を例にとれば、それは AAPL、DOW、REP などの株式の全体である。すべての人が単一のリスク資産ファンドを購入するのであれば、それを足し合わせたものが市場全体を構成する。したがって、このファンドは市場ファンドにほかならない。つまり、そのファンドは全市場に存在するすべての株式を、その全体に比例する割合で含んでいなくてはならない。

ポートフォリオ中のある資産の重みは、その資産に割り当てられる資本の比率として定義される。したがって、市場ポートフォリオ中の特定の資産の重みは、市場全体の資本の総量中に占めるその資産の資本価値の割合となる。この重みは**市場総資本価値に関する重み**と呼ばれる。これが通常われわれが w_i と記す重みである。言い換えると、市場ポートフォリオの重み w_i は、市場総資本価値に対する各資産の価値の割合である。

市場ポートフォリオを厳密に定義するには、以下の例が適当であろう。いま市場には3種の資産、すなわちジャズ社株、クラシック社株とロック社株しか存在しないものとしよう。その株数と株価を表7.1に示した。市場の重みは、市場における価値の総額に比例するものであって、株数には比例しない。

表 7.1　市場の資本の重み

証券	株数	市場の相対的シェア	価格	時価総額	市場での重み
ジャズ社	10,000	1/8	6.00ドル	60,000ドル	3/20
クラシック社	30,000	3/8	4.00	120,000	3/10
ロック社	40,000	1/2	5.50	220,000	11/20
合計	80,000	1		400,000	1

市場ポートフォリオの中の株数の比率は、全株数の中のその株数の割合を表す。この割合は市場ポートフォリオの重みとは別のものである。市場ポートフォリオの重みとは、その株式の市場総資本価値（1株の価格 × 株数）が市場ポートフォリオの中で占める割合のことである。したがって資産の価格が変化しても、株数の比率は変わらないが、ポートフォリオの中に占めるその資本価値の重みは変化する。

　すべての人が平均−分散モデルにしたがって行動し、またパラメータについては同一の値を採用するものとすれば、リスク資産に関する効率的なファンドは、市場ポートフォリオとなる。したがって、これらの仮定のもとでは、平均−分散モデルを定式化したり、パラメータを推定したり、最適ポートフォリオを導くための方程式を解く必要はなくなる。なぜなら、最適ポートフォリオは市場ポートフォリオになることがわかっているからである。

　どうしてこういうことになるのだろうか。必要なデータも知らずに問題が解けるとは、一体なぜなのだろうか。答えを導くには、均衡（equilibrium）という概念が必要となる。もし自分以外のすべての人（あるいは多数の人々）が問題を解いてくれるのであれば、自分で解く必要はないのである。つまりは以下のようなことなのである。資産の収益は、その初期価格と最終価格に依存して決まる。他の投資家は共通の推定値を用いて平均−分散モデルで問題を解き、市場でポートフォリオを手に入れるために注文を出すものとする。注文の総量が市場に存在する資産の総量と一致しない場合には、価格が変化する。多くの需要がある資産の価格は上昇し、需要が少ない資産の価格は下落する。この価格変化は資産の収益に関する推定値に影響を与えるので、投資家は最適ポートフォリオを再計算する。このプロセスは需要が供給と一致するまで繰り返される。つまり、このプロセスは均衡が成立するまで繰り返されるのである。

　理想化された世界、すなわちすべての投資家が平均−分散投資家であって、すべての人が将来に対して同じ予想を共有する世界では、すべての人が同一のポートフォリオを購入するので、そのポートフォリオは市場平均ポートフォリオと

等しくならなければならない。言い換えると、価格が市場を効率的な状態に導くのである。この結果、他の人々が調整を行ったあと、効率的なポートフォリオは市場ポートフォリオであることを確認することができるので、まったく計算をする必要はないのである。

このような均衡理論は、通常の株式市場のように、時間の経過とともに繰り返し取引される資産に対して適用されるものである。この場合、個人は収益率に対する推定を緩やかに調整するものと想定されている。そして投資家は、ある時点で全体ポートフォリオ最適化問題を解くのでなく、一連の小さな調整を行うものと想定して理論が組み立てられているのである。

最後に、このような均衡モデルにおいては、この均衡を計算するのは少数の献身的な（かつエネルギッシュな）人たちだけであると想定されている。彼らは適切な値の周辺に価格を動かし、他の投資家は彼らにしたがって市場ポートフォリオを購入するのである。

以上述べてきた均衡に関する議論は、一定の範囲で妥当性をもつものであるが、その一方でそれなりの弱点を抱えている。より深い議論を行うことはもちろん可能であるが、以下では均衡が成立するものと考えて議論を進めることにしよう。以上を要約すれば、平均–分散アプローチによって得られる最終的結論は、単一ファンドが市場平均ポートフォリオにほかならないという事実である。

7.2 資本市場線

前節で述べた通り、リスク資産に関する単一の効率的ポートフォリオは、市場平均ポートフォリオである。そこで以下では、このファンドを $\bar{r}-\sigma$ ダイヤグラム上で M と書くことにしよう。M は市場（market）の頭文字をとったものである。この結果、効率的集合は無リスク点と市場平均ポートフォリオを結ぶ直線となる。この直線が**資本市場線**（capital market line）である（図 7.1 参照）。

この線は、効率的な資産もしくはそのポートフォリオに関する期待収益率と、（標準偏差で測った）収益のリスクとの関係を表している。この直線はまた価格線（pricing line）と呼ばれることもある。それは効率的資産がこの線の上に乗るように、資産価格が調整されるからである。

この直線は直観的にきわめてわかりやすいものである。すなわちこの直線は、リスクが大きくなると期待収益率も大きくなくてはならないということを示している。またそれは、リスクを標準偏差で計測するならば、両者の間には直線

的な関係が成り立つことを表している。資本市場線を式で表すと、

$$\bar{r} = r_f + \frac{\bar{r}_M - r_f}{\sigma_M}\sigma \tag{7.1}$$

となる。ここで $\bar{r}_M$、σ_M はそれぞれ市場収益率の期待値と標準偏差を、また $\bar{r}$、σ は任意の効率的なポートフォリオの期待収益率と標準偏差を表している。

資本市場線の勾配 $K = (\bar{r}_M - r_f)/\sigma_M$ は、しばしば**リスクの価格**（price of risk）と呼ばれる。これはポートフォリオのリスクが1単位増加したときに、その期待収益率がどれだけ増加しなくてはならないかを表している。

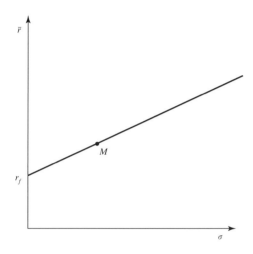

図 7.1　資本市場線
効率的な資産は、無リスク金利と市場平均ポートフォリオによって決まる直線上に乗っている。

例 7.1（気の短い投資家）　スミス氏は若くて短気である。いま無リスク金利 6%、リスク資産の市場平均ポートフォリオの期待収益率は 12%、そしてその標準偏差は 15% であるものとしよう。

スミス氏の計算によれば、市場平均ポートフォリオの収益率で手持ちの資産 1,000 ドルを運用したとき、それが 100 万ドルに増えるまでには 60 年かかる。しかしそんなに長くは待てない。10 年で 100 万ドルまで増やしたい。

このためには、平均で年 100% の収益率を達成しなくてはならない（1,000 ドル $\times\, 2^{10} = 1{,}024{,}000$ ドル）。資本市場線に基づき、年 100% の収益率を達成するために要求される標準偏差を計算すると、

$$1.0 = 0.06 + \frac{0.12 - 0.06}{0.15}\sigma$$

より $\sigma = 2.35$ となる。すなわち $\sigma = 235\%$ である。この結果、スミス氏の願望は実現困難であることがわかる（たとえ彼が、資本市場線上のはるか右上の点を実現するための資本を借りることができたとしても）。

例 7.2（石油ベンチャー） 石油掘削を行っているベンチャー企業を考えよう。この企業の株価は 875 ドルである。企業は 1 年後には 1,000 ドルの収益を生み出すものと期待されている。しかし掘削現場にどれだけの石油が存在しているか不明であるため、収益率の標準偏差は 40% である。現在の無リスク金利は 10% で、市場平均ポートフォリオの期待収益率と標準偏差はそれぞれ 17%、12% である。

そこでこのベンチャー企業が、資本市場線とどのような関係にあるかを見てみよう。σ が与えられているので、資本市場線によって示される期待収益率を計算すると、

$$\bar{r} = 0.10 + \frac{0.17 - 0.10}{0.12} \times 0.40 = 33\%$$

となる。しかし実際の期待収益率は $(1,000/875) - 1 = 14\%$ にすぎない。この結果、このベンチャー企業は資本市場線のはるか下方に位置することがわかる（のちに見る通り、このことは必ずしもこの企業が成績不良であることを意味するものではない。しかしこの企業がそれ自体では効率的なポートフォリオとはならないことはたしかである）。

7.3 価格付けモデル

資本市場線は、効率的ポートフォリオの期待収益率とその標準偏差との関係を示すものであって、個別資産の期待収益率と標準偏差との関係については何も示していない。それらの間の関係は、資本資産価格付けモデルによって明らかにされる。

そこで以下ではその主要な結果を定理の形で述べよう。（この定理の証明はやや入り組んでいるので）最初にこの部分を読む読者は、その証明をざっと眺める程度でよいであろう。証明に引き続いて、定理の意味するところを説明する。

資本資産価格付けモデル（CAPM）　もし市場平均ポートフォリオ M が効率的であるならば、資産 i の期待収益率 $\bar{r}_i$ は、

$$\bar{r}_i - r_f = \beta_i(\bar{r}_M - r_f) \tag{7.2}$$

で与えられる。ここで、

$$\beta_i = \frac{\sigma_{iM}}{\sigma_M^2} \tag{7.3}$$

である。

　証明：任意の実数 α に対して第 i 資産に α を投資し、市場平均ポートフォリオに $1-\alpha$ だけ投資するポートフォリオを考えよう（ここでは無リスク金利で資産を借りることを許すので、$\alpha < 0$ でもよいものとする）。このポートフォリオの期待収益率とその標準偏差は、それぞれ、

$$\bar{r}_\alpha = \alpha \bar{r}_i + (1-\alpha)\bar{r}_M$$
$$\sigma_\alpha = \left[\alpha^2 \sigma_i^2 + 2\alpha(1-\alpha)\sigma_{iM} + (1-\alpha)^2 \sigma_M^2\right]^{1/2}$$

で与えられる。ここで α を変化させると、これらの値は図 7.2 に示す通り、$\bar{r}-\sigma$ ダイヤグラム上を移動する。特に $\alpha = 0$ のときは、市場平均ポートフォリオに対応する。この曲線は資本市場線をまたぐことはない。なぜなら、もしまたいだとすれば、資本市場線の上側に出た点に対応するポートフォリオは、資本市場線が実現可能集合の境界を与えるという定義に反することになるからである。したがって $\alpha = 0$ のとき、この曲線は資本市場線に接していなくてはならない。この条件を詳しく吟味することによって定理が得られる。

　曲線が資本市場線に接しているという条件は、この曲線の勾配が点 M における資本市場線の勾配に等しいことを意味している。この条件を記述するためには、導関数を計算すること

が必要となる。

$$\frac{\mathrm{d}\bar{r}_\alpha}{\mathrm{d}\alpha} = \bar{r}_i - \bar{r}_M$$

$$\frac{\mathrm{d}\sigma_\alpha}{\mathrm{d}\alpha} = \frac{\alpha\sigma_i^2 + (1-2\alpha)\sigma_{iM} + (\alpha-1)\sigma_M^2}{\sigma_\alpha}$$

この結果、

$$\left.\frac{\mathrm{d}\sigma_\alpha}{\mathrm{d}\alpha}\right|_{\alpha=0} = \frac{\sigma_{iM} - \sigma_M^2}{\sigma_M}$$

となる。ここで関係式、

$$\frac{\mathrm{d}\bar{r}_\alpha}{\mathrm{d}\sigma_\alpha} = \frac{\mathrm{d}\bar{r}_\alpha/\mathrm{d}\alpha}{\mathrm{d}\sigma_\alpha/\mathrm{d}\alpha}$$

を利用すると、

$$\left.\frac{\mathrm{d}\bar{r}_\alpha}{\mathrm{d}\sigma_\alpha}\right|_{\alpha=0} = \frac{(\bar{r}_i - \bar{r}_M)\sigma_M}{\sigma_{iM} - \sigma_M^2}$$

を得る。この勾配は資本市場線の勾配と等しくなくてはならないので、

$$\frac{(\bar{r}_i - \bar{r}_M)\sigma_M}{\sigma_{iM} - \sigma_M^2} = \frac{\bar{r}_M - r_f}{\sigma_M}$$

となる。この式を $\bar{r}_i$ に関して解くと、

$$\bar{r}_i = r_f + \left(\frac{\bar{r}_M - r_f}{\sigma_M^2}\right)\sigma_{iM} = r_f + \beta_i(\bar{r}_M - r_f)$$

が得られる。これは (7.2) 式と等価である。■

(7.3) 式の β_i は、資産の**ベータ値**と呼ばれている。資産が特定されている場合には、われわれはしばしば添字を省略して単に β と書く。CAPM 公式を用いる上で必要とされる資産のリスク特性値はベータのみである。

個別資産の期待収益率から無リスク金利を差し引いたもの $\bar{r}_i - r_f$ を、個別資産 i の**期待超過収益率**（expected excess return）という。同様に $\bar{r}_M - r_f$ を市場平均ポートフォリオの期待超過収益率という。この期待超過収益率という言葉を用いて CAPM の内容を述べると、資産の期待超過収益率は市場平均

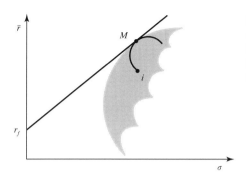

図 7.2 ポートフォリオ曲線
ポートフォリオの集合は、図上に曲線を描く。この曲線は資本市場線を横切ることはない。したがって、この曲線は資本市場線に接している。

ポートフォリオの期待超過収益率に比例し、その比例係数はベータで与えられる、ということになる。したがって r_f を基準点にとれば、個別資産の基準点を超える収益率は、市場平均ポートフォリオの基準点以上の収益率に比例することがわかる。

ベータが資産と市場平均ポートフォリオの共分散を正規化したものであるという事実から、CAPM 公式のもう 1 つの解釈が可能となる。つまり資産の期待超過収益率は、市場との共分散に比例するのである。期待超過収益率を決定するのは、まさにこの共分散なのである。

この結果をよく理解するために、ある極端なケースを考えよう。まず第 1 に資産が市場とまったく無関係な場合、すなわち $\beta = 0$ である場合を考えよう。この場合、CAPM 公式より $\bar{r} = r_f$ となる。これは一見驚くべき結果と思われるだろう。つまりたとえその資産が（σ が大きく）きわめてリスキーなものであったとしても、その期待収益率は無リスク資産と同じである。すなわちその資産のリスク・プレミアムはゼロなのである。その理由は、市場とまったく相関のない資産のリスクは、分散化によって消去可能だからである。もし他の資産や市場と相関のない資産がたくさんあったとすると、それらを少量ずつ購入することによって、そのポートフォリオの分散を小さくすることができる。分散が小さければ、その期待収益率は r_f に近い値をもたなくてはならないのである。

より極端なケースは β が負になる場合である。この場合、すなわち $\bar{r} < r_f$ であると、資産の（σ で測った）リスクがきわめて大きくても、その期待収益率は無リスク金利以下になる。それは、このような資産を市場平均ポートフォリオと組み合わせれば、ポートフォリオのリスクを減らすことができるためである。投資家はこのリスクを減少させる能力を考慮して、より低い期待収益率を受け入れるのである。このような資産は保険と似た機能をもっている。なぜ

ならそれは、他のすべてが不調であるとき好調な結果をもたらすからである。

CAPMによってリスクの概念はσからβに変更された。もちろんポートフォリオ全体のリスクを測るのはσである。しかしこれは個別資産については成り立たない。個別資産についてのリスク指標はβなのである。

例 7.3（簡単な計算） CAPM公式を用いれば、期待収益率が簡単に求まることを示そう。

無リスク金利r_fを8%とする。市場平均ポートフォリオの期待収益率と標準偏差はそれぞれ12%、15%とする。

市場平均ポートフォリオとの共分散が0.045である資産を考えよう。この場合$\beta = 0.045/(0.15)^2 = 2.0$となる。したがってその期待収益率は、$\bar{r} = 0.08 + 2 \times (0.12 - 0.08) = 0.16 = 16\%$となる。

◆普通株のベータ値

ベータ値は、金融分野では十分によく確立された概念である。そして個別の株について技術的な議論を行う際には、しばしばその値が問題となる。さまざまな金融サービス機関が、株のベータ値の推定を行っている。普通の場合、これらは過去の株価（通常6カ月から18カ月間の週単位の値）を用いて計算される。具体的には収益の平均値、積、2乗値などを用いて、期待値、共分散や分散などの近似値を計算するのである。このようにして求められたベータ値は、時間とともに変化する。しかしその企業に何か大きな変化が生じない限り、ベータ値は比較的安定した値をとる。

表7.2はよく知られた米国株の、ある特定の日に推定されたベータ値（β）とボラティリティ（σ）の値を示したものである。この表に与えられた値をもとに、その企業における特性があなたの直観と合っているかどうかを確認していただきたい。一般的に言えば、積極的な企業、もしくはレバレッジの高い企業は高いベータ値をもち、保守的で市場全体の動きと連動していない企業のベータ値は小さいものと考えられる。また同種の企業のベータ値は似たような値をもつが、まったく同一でないものと予想される。コカ・コーラとペプシ、インテルとテキサス・インスツルメンツを比較すると、その予想が正しいことがわかるであろう。

◆ポートフォリオのベータ

個別資産のベータ値からポートフォリオ全体のベータを計算するのは簡単であ

表 7.2 米国企業のベータ値とシグマ値

コードネーム	会社名	ベータ	ボラティリティ
AA	Alcoa	1.85	55.14
AAPL	Apple	1.22	39.34
ALL	Allstate	1.28	45.65
AMZN	Amazon	1.17	49.20
AVP	Avon Products	1.01	36.24
BA	Boeing	1.21	33.93
CAT	Caterpillar	1.61	39.12
COST	COSCO Wholesale	0.67	27.46
CVX	Chevron	0.91	32.44
DELL	Dell	0.97	40.18
DOW	Dow Chemical	1.30	44.53
F	Ford Motor	2.04	60.47
FDX	Fedex	1.10	36.21
GE	General Electric	1.40	39.08
GOOG	Google	0.96	34.44
GS	Goldman Sachs Gro	1.37	49.83
INTC	Intel	1.17	35.08
KFT	Kraft Foods	0.49	23.00
KO	Coca-Cola	0.45	21.50
MCD	McDonalds	0.51	22.67
MS	Morgan Stanley	1.88	71.43
MSFT	Microsoft	0.86	31.96
PEP	Pepsico	0.44	20.62
T	AT&T	0.69	27.62
TWX	Time Warner	1.12	36.91
TXN	Texas Instruments	1.00	33.13
UNP	Union Pacific	1.29	36.41
WAG	Walgreen	0.64	29.93
WMT	Wal-Mart Stores	0.49	22.34
XOM	Exxon Mobil	0.69	30.29

出典：ABG Analytics, 2011 年 4 月 29 日

る。ポートフォリオが n 種の資産から構成されていて、その構成比率がそれぞれ $w_1, w_2, \ldots, w_n$ であるとすると、ポートフォリオの期待収益率は $r = \sum_{i=1}^n w_i r_i$ となる。したがって $\text{cov}(r, r_M) = \sum_{i=1}^n w_i \text{cov}(r_i, r_M)$ となる。これよりただちに、

$$\beta_p = \sum_{i=1}^n w_i \beta_i \tag{7.4}$$

が導かれる。つまりポートフォリオのベータ値は、個別資産のベータ値をその

資産の構成比率で加重平均したものと等しくなるのである。

7.4 証券市場線

CAPM 公式を 1 次関係式と見なせば、それをグラフで表現することができる。この関係式は**証券市場線**（security market line）と呼ばれている。図 7.3 にその 2 つのバージョンを示した。どちらのグラフも、$\bar{r}$ の変化を表したものである。左側のグラフは横軸に $\text{cov}(r, r_M)$ をとったもので、この軸上の σ_M^2 に対応する点が市場平均ポートフォリオである。右側のグラフは横軸にベータ値をとったものである。この場合、市場平均ポートフォリオは $\beta = 1$ の点に対応する。

2 本の直線は CAPM 公式のエッセンスを表している。CAPM が想定する均衡状態のもとでは、すべての資産がこの証券市場線の上に乗らなくてはならないのである。

証券市場線は CAPM 理論のもとでのリスク–リターンの関係、すなわち資産のリスクは市場との共分散あるいはベータの関数であることを表している。

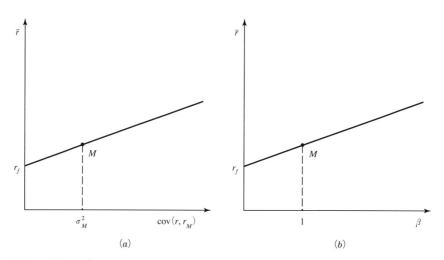

図 7.3 証券市場線
期待収益率は市場との共分散、あるいは β の大きさに比例して増加する。

◆システマティック・リスク

CAPMは資産の収益に関する特別な構造を明らかにしている。そしてこの性質を調べると、なぜベータが最も重要なリスク指標であるかが明らかになる。このことを示すために、第i資産のランダムな収益を、

$$r_i = r_f + \beta_i(r_M - r_f) + \varepsilon_i \tag{7.5}$$

と書くことにしよう。これはこの時点では、適当に設定した方程式にすぎない。確率変数ε_iは、この関係式が成立するように導入されたものである。しかしCAPM公式は、ε_iについていくつかのことを明らかにしてくれる。

まず(7.5)式の期待値をとると、CAPM理論より$\mathrm{E}(\varepsilon_i) = 0$となる。また(7.5)式と$r_M$の相関をとると、($\beta_i$の定義を利用すれば) $\mathrm{cov}(\varepsilon_i, r_M) = 0$となることがわかる。この結果、

$$\sigma_i^2 = \beta_i^2 \sigma_M^2 + \mathrm{var}(\varepsilon_i)$$

すなわち、σ_i^2が2つの項の和となることがわかる。第1項、$\beta_i^2 \sigma_M^2$は**システマティック・リスク**（systematic risk）と呼ばれるものである。これは市場全体のリスクに対応するものである。このリスクは分散化によって減らすことはできない。なぜならベータがゼロでない資産は、どれもこのリスクを内包しているからである。第2項すなわち$\mathrm{var}(\varepsilon_i)$は**非システマティック・リスク**（nonsystematic risk）、**固有リスク**（idiosyncratic risk）、もしくは**個別リスク**（specific risk）と呼ばれる。このリスクは市場とは無相関なので、分散化によって減らすことができる。ここで最も重要なのは、ベータで測られるシステマティック・リスク（分散不可能なリスク）である。なぜならそれは、他の資産のシステマティック・リスクと直接的に結びついているからである。

資本市場線上[1]のあるβに対応する資産を考えよう。この資産の標準偏差は$\beta\sigma_M$である。これはシステマティック・リスクだけで非システマティック・リスクを含まない。この資産の期待収益率は$\bar{r} = r_f + \beta(\bar{r}_M - r_f)$である。ここで同じベータ値をもつ資産全体を考えよう。CAPM理論によれば、それらはすべての同一の期待収益率$\bar{r}$をもたなくてはならない。しかしもしこれらの資産が非システマティック・リスクを含むものとすると、それらは資本市場線上には乗らない。実際非システマティック・リスクが増えると、これらの資産を表す$\bar{r} - \sigma$ダイヤグラム上の点は、図7.4に示すように右の方にずれることにな

---

[1] もちろんこの直線に乗っているためには、その資産は市場平均ポートフォリオと無リスク資産の組み合わせでなくてはならない。

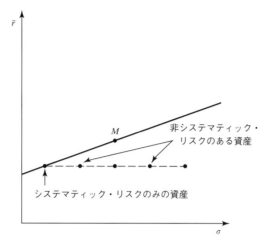

図 7.4　システマティック・リスクと非システマティック・リスク
資本市場線上にある資産には、システマティック・リスクのみが付随する。これに対して、非システマティック・リスクがある資産は、資本市場線の右側に位置する。

る。資本市場線とこの水平方向の距離が、非システマティック・リスクの大きさを表している。

7.5　投資への含意

　投資家にとって関心があるのは、果たしてCAPMが投資決定に役に立つのかという点である。この質問に対する簡単な答えはない。

　CAPMは、均衡理論を土台として、マーコビッツ問題の解がリスク資産の単一（そして唯一の）ファンドであって、すべての投資家がそのファンドを保有すると主張する。このファンドを補完するのは無リスク資産のみである。この理論にしたがうのであれば、投資家は単に市場平均ポートフォリオのみを買えばよいことになる。すなわちすべての投資家は、理想的には市場全体に存在するすべての資産を、その相対的価値に比例する重みで少しずつ購入すべきであるというのである。

　もし利用可能な資産の全体が、市場で取引されている株式の集合であるとするならば、すべての投資家は市場に存在する資産を、その株式の市場での金額面でのシェアに比例した量だけ購入すべきだというのである。個別株の分析や、

マーコビッツ・モデルで問題を解くといったことに煩わされる必要はない。単に、市場平均ポートフォリオと無リスク資産に、その投資金額を分配すればよいだけである。

個人が市場平均ポートフォリオを組み立てるのは、かなり手間のかかる作業である。このため、市場平均ポートフォリオを十分によく近似するミューチュアル・ファンドが設計されている。これらは**インデックス・ファンド**（index fund）と呼ばれているが、それはスタンダード＆プアーズの500インデックス（S&P500）などの、主要な株式市場インデックスを複製する目的で組み立てられているからである。

このS&P500インデックスは、市場全体を代表すると考えられている500種の株の平均を表すものである。このほかにより多くの資産を用いたインデックスもある。純粋CAPM理論信奉者（すなわち、市場で取引されている資産に対してCAPM理論が成立することを全面的に受け入れている人）は、これらの（単一ファンドの役割を果たす）インデックス・ファンドと、米国財務省証券などの無リスク資産を買えばよいのである。

ある人々は、市場平均ポートフォリオを購入するよりもよい成績を上げることができると盲目的に信じている。CAPMは、すべての人がすべての資産の不確定な収益について、同一の情報をもつことを想定したものである。

明らかに実際はこれとは違っている。他人より優れた情報をもつと信じる人は、市場平均ポートフォリオ以上の成績を収めることができるかもしれない。この件については、第9章でまた議論することにしよう。そこではデータと情報に関する問題点を詳しく分析する予定である。またそこでは、マーコビッツ・モデルを組み立てるのに必要な精密なデータを手に入れるのは容易ではないこと、またそのようなモデルをもとに計算される解はあまり信頼できるものではない、ということが示される。

したがってここでは、最良の方法は、初めから大きな問題を解くのでなく、CAPM理論の延長線上でポートフォリオを多少修正するというやり方である、と述べておくことにしよう。つまりポートフォリオを組み立てるにあたっては、マーコビッツ・モデルで問題を初めから解くよりは、市場平均ポートフォリオを出発点として、それをシステマティックに修正するのがよいのではないだろうか。

CAPMを直接的に利用できる分野の1つは、市場価格が十分に確立されていない資産の分析である。この場合、妥当な（reasonable）価格を求めるためにCAPMを利用することができる。この種の問題の中で重要なものとして、企

業における（資本予算問題の変形としての）プロジェクト評価問題がある。第7.8～7.10節では、この種の応用を扱うことにする。

7.6 パフォーマンス評価

CAPM理論は、投資ポートフォリオのパフォーマンス評価に利用することができる。実際、多くの機関投資家のポートフォリオをCAPMの枠組みの中で評価するのが今では標準的なやり方となっている。そこで簡単な仮想的例題を用いて、その考え方を説明しよう。しかしこの節の主たる目的は、これらのパフォーマンス尺度を使ってCAPMを説明することである。

例7.4（ABCファンド分析） ABCミューチュアル・ファンドの、過去10年間の収益率の記録を表7.3のABC列に示した。そこでこのファンドのパフォーマンスを、平均・分散ポートフォリオ理論とCAPMを用いて評価してみよう。これは推薦に値するポートフォリオなのだろうか。またそれは慎重な平均–分散投資家にとっての単一ポートフォリオとなりうるものであろうか。

ステップ1. まず与えられた収益データをもとに、3つの量、すなわち10個のデータによる平均収益率、標準偏差および収益率の幾何平均を計算することから始めよう。これらの量は利用可能なデータを用いた推定値である。

一般に $r_i, i = 1, 2, \ldots, n$ が与えられるとき、その平均は、

$$\hat{\bar{r}} = \frac{1}{n} \sum_{i=1}^{n} r_i$$

で与えられる。この値は期待収益率 $\bar{r}$ の推定値を与える。分散[2]は、

$$s^2 = \frac{1}{n-1} \sum_{i=1}^{n} (r_i - \hat{\bar{r}})^2$$

で、その平方根 s が標準偏差の推定値となる。一方収益率の幾何平均は、

$$\mu = [(1+r_1)(1+r_2) \cdots (1+r_n)]^{1/n} - 1$$

で与えられる。これは複利を考慮に入れた n 年間の実質収益率を表している。この値は一般に収益率の平均値より多少小さめとなる。

---

[2] この式の分母が n ではなく $n-1$ である理由は第9章で説明する。

表 7.3　ABC ファンドのパフォーマンス

年	収益率（パーセント）		
	ABC	S&P	Tビル
1	14	12	7
2	10	7	7.5
3	19	20	7.7
4	−8	−2	7.5
5	23	12	8.5
6	28	23	8
7	20	17	7.3
8	14	20	7
9	−9	−5	7.5
10	19	16	8
平均	13	12	7.6
標準偏差	12.4	9.4	.5
幾何平均	12.3	11.6	7.6
Cov(ABC, S&P)	.0107		
ベータ	1.20375	1	
ジェンセン	0.00104	0.00000	
シャープ	0.43577	0.46669	

表の上部は、ABC ファンド、S&P500、T ビルの 10 年間の収益率を表す。また表の下部は、ジェンセンの指標とシャープの指標を表している。

ステップ 2. 次に、10 年間にわたる市場平均ポートフォリオの収益率と無リスク金利として、それぞれスタンダード・アンド・プアーズ 500 株平均と、1 年物 T ビルの収益率を用いる。これらの値を表 7.3 に示した。これらのデータをもとに ABC ファンドの場合と同様の方法で、平均収益率と標準偏差を計算する。また ABC ファンドと S&P500 の間の共分散を、以下の公式を用いて計算する。

$$\text{cov}(r, r_M) = \frac{1}{n-1} \sum_{i=1}^{n} (r_i - \hat{\bar{r}})(r_{Mi} - \hat{\bar{r}}_M)$$

次いでベータを標準的公式、

$$\beta = \frac{\text{cov}(r, r_M)}{\text{var}(r_M)}$$

を用いて計算する。これで分析を行う上で十分な情報が得られた。

ステップ 3.（ジェンセンの指標）次の式を考えよう。

$$\hat{\bar{r}} - r_f = J + \beta(\hat{\bar{r}}_M - r_f)$$

これは CAPM の公式 (7.2) で期待収益率を、上記の計算によって求めた平均収益率で置き換えた上で、誤差項 J を追加したものである（これがこの状況のもとで考えうる最善の方法である）。ここで J はジェンセンの指標（Jensen's index）の頭文字をとったものである。

CAPM 理論によれば、期待収益率を用いていれば $J=0$ となるはずである。したがって大まかに言えば、J は ABC ファンドが理論値 0 からどれだけ乖離しているかを測る指標である。この値が正であれば、このファンドが CAPM の予測よりもパフォーマンスがよいことを表していると考えられる（重要な量を推定する上で有限個のデータしか用いていないので、ここに近似誤差が含まれるのはもちろんである）。

ジェンセンの指標は、図 7.5(a) に見る通り証券市場線上に示すことができる。ABC ファンドについて言えば、$J>0$ だからこれは優れたファンドであると結論することになるかもしれない。しかし果たしてこれは正しい推論と言えるだろうか。

まず、過去の少数のデータをこのようなやり方で利用することにかかわる本質的な困難を別にしても、ABC が優れたミューチュアル・ファンドであるという結論は、完全に正当化されるものではないのである。つまりこの場合、ABC ファンドがリスク資産に関する効率的ポートフォリオであるという保証はないのである。$J>0$ であるという事実はよいことであって、ABC ファンドがよい資産であることを物語っているかもしれないが、ABC ファンドがそれ自体で効率的ポートフォリオであるとは限らないのである。[3]

ステップ 4.（シャープ・レシオ）ABC の効率性を測るには、それが資

---

[3] ジェンセンの指標は、ファンドについて何かを説明しているものではなく、CAPM 理論の妥当性の尺度である、という議論もありうる。CAPM が正しければ、すべての証券（もしくはファンド）は CAPM 公式を完全にみたさなくてはならない。なぜなら市場平均ポートフォリオが効率的であるならば、この公式は恒等式だからである。もしジェンセンの指標がゼロでない資産が存在するならば、それは市場が効率的でないことの証拠である。CAPM はしばしば市場で取引されていない新しい金融商品やプロジェクト、すなわち市場平均ポートフォリオに含まれない資産に適用される。この場合、ジェンセンの指標は役に立つ指標である。

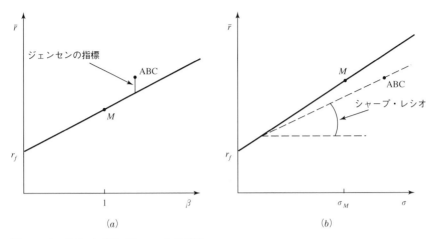

図 7.5 ABC ファンドのパフォーマンス指標
ジェンセンの指標は、証券市場線からどれだけ上に位置しているかを測るものである。一方シャープ・レシオは $\bar{r}-\sigma$ 平面上の角度を測るものである。

本市場線上のどのような位置にあるのかを調べなくてはならない。資本市場線上に乗っているポートフォリオのみが効率的だからである。このため次式を考える。

$$\hat{\bar{r}} - r_f = S\sigma$$

ここで S は、$\bar{r}-\sigma$ ダイヤグラム上で無リスク点と ABC 点とを結ぶ直線の勾配を表す。この S がシャープ・レシオ（Sharpe ratio）である。ABC の場合、この値は $S = 0.43577$ である。これを市場平均ポートフォリオ（この場合 S&P500 を活用する）の値 $S = 0.46669$ と比較する。この状況を図 7.5(b) に示した。明らかに ABC は使用したデータに関して言えば効率的ではない。

結論は以下の通りである。ABC はポートフォリオに組み入れる価値はあるかもしれない。しかし ABC ポートフォリオはそれ自体では十分効率的とは言えない。

したがって効率性を実現するには、このファンドを他の資産で補う必要がある。さもなければ、ABC ファンドの代わりにより広範囲な資産を組み合わせたファンドに投資するのがよいであろう。

7.7　価格公式としてのCAPM

CAPMは価格付けモデルである。しかし標準的なCAPM公式には、期待収益率だけで価格そのものは陽な形では表れてこない。CAPMが価格付けモデルと呼ばれる理由を理解するためには、収益の定義に戻る必要がある。

購入時の価格が P でのちに売却する際の価格を Q としよう。このとき収益率は $r = (Q - P)/P$ となる。ここで P は既知であるが Q は確率変数である。これをCAPM公式に代入すると、

$$\frac{\bar{Q} - P}{P} = r_f + \beta(\bar{r}_M - r_f)$$

となる。これを P に関して解くと、

$$P = \frac{\bar{Q}}{1 + r_f + \beta(\bar{r}_M - r_f)}$$

となる。これがCAPMによる価格公式である。そこでこの重要な結果をまとめておこう。

CAPMの価格式　収入 Q の資産の価格 P は、

$$P = \frac{\bar{Q}}{1 + r_f + \beta(\bar{r}_M - r_f)} \tag{7.6}$$

である。ここで β は資産のベータ値である。

この公式は、確定的状況のもとでおなじみの割引現在価値公式をうまく一般化した形になっている。つまり確定的なケースでは、将来の収入を金利 r_f を用いて係数 $1/(1 + r_f)$ で割り引けばよいのであった。これに対してランダムな場合の適正な割引率は $r_f + \beta(\bar{r}_M - r_f)$ となるのであるが、これをリスク調整済みの金利と見なすことができる。

例 7.5（権利の価格）　ガビン・ジョーンズ氏は数理に明るいが、彼の友人たちは彼が大局を見ないという。現在ガビンはミューチュアル・ファン

ドに投資しようと考えている。このファンドは、全体の 10％を金利 7％の無リスク資産に、残りの 90％を期待収益率 15％の市場平均ポートフォリオを十分よく近似する分散されたポートフォリオに投資するファンドである。ミューチュアル・ファンドの 1 株は 100 ドルの資産に対応している。ちょうど CAPM を勉強したばかりのガビンは、そのような株の適正な値段を知りたいと考えた。ガビンはこの場合、ファンドのベータ値は 0.9 でなくてはならないと計算した。

1 年後の株の期待価格は $10 \times 1.07 + 90 \times 1.15 = 114.20$ である。したがって公式 (7.6) を使って、

$$P = \frac{114.20}{1.07 + 0.90 \times 0.08} = 100 \text{ ドル}$$

となる。御明察、株価はファンドの価値と一致している。ガビンはこれで自分の正しさが確認されたものと考えた（しかしこんなことはもっと簡単にわかるはずだと疑っている）。

例 7.6（石油ベンチャー） 再び例 7.2 のように、ある石油株に投資する可能性について考えよう。この場合、その油井に実際石油があるのかどうかに関する不確定性と、将来の原油価格に関する不確定性のため、収入額はランダムである。収入額の期待値は 1,000 ドルで、その標準偏差は 40％とかなり高い。資産のベータ値は $\beta = 0.6$ とやや低いが、これは原油価格の不確定性に伴う収益の不確定性は、市場平均ポートフォリオと相関があるが、石油があるかないかという不確定性は、市場と相関がないからである。無リスク金利 $r_f = 10\%$ とし、市場平均ポートフォリオの期待収益率は 17％であるものとする。そこで CAPM でこの株の価格を評価するといくらになるであろうか（提示された価格が 875 ドルであることは以前に述べた）。計算すると、

$$P = \frac{1{,}000}{1.10 + 0.6(0.17 - 0.10)} = 876 \text{ ドル}$$

となる。ここでは σ は計算に含まれないことに注意しよう。

このベンチャーは標準偏差が高いので、伝統的な考え方によればきわめてリスキーであるが、そのベータ値が小さいため価格付けは適正だと考えられる。

◆価格の線形性と確実同値式

ここで価格公式のきわめて重要な性質、すなわちその線形性について説明しよう。これは、2つの資産の和の価格が各資産の価格の和になること、資産を k 倍したものの価格が資産の価格の k 倍になることを意味している。資産価格の (7.6) 式は（少なくとも和に関しては）線形性をみたすようには見えないので、これは誠に驚くべきことである。たとえば、

$$P_1 = \frac{\bar{Q}_1}{1 + r_f + \beta_1(\bar{r}_M - r_f)}, \quad P_2 = \frac{\bar{Q}_2}{1 + r_f + \beta_2(\bar{r}_M - r_f)}$$

の式から β_{1+2} を新資産（資産の和）のベータ値としたとき、

$$P_1 + P_2 = \frac{\bar{Q}_1 + \bar{Q}_2}{1 + r_f + \beta_{1+2}(\bar{r}_M - r_f)}$$

が成り立つことは明らかとは言えないからである。さらにポートフォリオを考える際には、資産相互の相関が重要であることから見ても、価格式が線形になるとは考えにくい。

第1の疑問については、この公式を線形性をみたす別の形に書き換えることによって答えることができる。この式を導いたあとで、その結果の背後にある直観的事実について説明しよう。

線形性をみたすCAPM公式は、**確実同値式**（certainty equivalent form）と呼ばれている。いま現在の価格が P で期末価値が Q である資産を考えよう。ここで再び P は既知で Q は不確定とする。$r = Q/P - 1$ とするとベータ値は、

$$\beta = \frac{\text{cov}\left[(Q/P - 1), r_M\right]}{\sigma_M^2}$$

となる。定数項を追加しても、共分散に影響を与えないので、

$$\beta = \frac{\text{cov}(Q, r_M)}{P\sigma_M^2}$$

これを価格公式 (7.6) に代入して P で割ると、

$$1 = \frac{\bar{Q}}{P(1 + r_f) + \text{cov}(Q, r_M)(\bar{r}_M - r_f)/\sigma_M^2}$$

を得る。最後にこの式を P に関して解くと以下の公式が得られる。

> **確実同値価格公式**　　将来の収入が Q である資産の価格 P は、
> $$P = \frac{1}{1+r_f}\left[\bar{Q} - \frac{\text{cov}(Q, r_M)(\bar{r}_M - r_f)}{\sigma_M^2}\right] \tag{7.7}$$
> となる。

　この括弧の中の項を Q の**確実同値額**（certainty equivalent）という。この値を確実に得られる値として、これに通常の割引係数 $1/(1+r_f)$ を掛けてやると P が得られるという次第である。確実同値式は明らかに価格式が線形であることを示している。なぜならどちらの項も Q の 1 次式となっているからである。

　線形性は無裁定原理からも導くことができる。もし 2 つの資産の和の価格が個別資産の価格の和になっていなかったとすると、裁定によって利益を得ることが可能となる。たとえば、資産の和の価格が個別資産の価格の和より小さいときには、資産の組み合わせを（安い価格で）購入し、それを別々にして（高い価格で）売却すれば、リスクなしで利益を手にすることができる。これを大規模に行えば、いくらでも大きな利益を得ることができる。逆の場合、すなわち資産の和が個別資産の価格の和より大きいときは、個々の資産を別々に買ってそれらを組み合わせて売れば、裁定により利益を得ることができる。このような裁定は価格式が線形であるとき、またそのときに限り排除することができる。価格の線形性は完全市場の文脈の中では、金融理論の基本原理となる。われわれは、この教科書を通じてしばしばこの原理に立ち返ることになるはずである。

例 7.7（ガビン氏再び試みる）　　ガビン氏は例 7.5 で考えたミューチュアル・ファンドの価格を、確実同値式を用いて計算することにした。Q をこのファンドの 1 年後の価値とすると、$\text{cov}(Q, r_M) = 90\sigma_M^2$ だから、
$$P = \frac{114.20 - 90 \times 0.08}{1.07} = 100 \text{ドル}$$
となる。彼の数理的能力のおかげで、今回もすべてがうまくいったという次第である。

　確実同値式の中では、収益率ではなく、収益額を使う方が都合のよいことが

多い。それは、P や Q は金額であって比率ではないからである。したがって、1 期後の市場価値を M、その価格を P_M、無リスク資産の総収益を R とすると、ある資産の確実同値価格は、

$$P = \frac{1}{R}\left[\overline{Q} - \frac{\mathrm{cov}(Q,M)(\overline{M} - P_M R)}{\sigma_M^2}\right] \tag{7.8}$$

となる。ここで、σ_M^2 は (r_M ではなく) M の分散である。

7.8 プロジェクト選択[*]

どのプロジェクトを実施すべきかを決定するにあたって、企業もまた CAPM を利用することができる。いまあるプロジェクトが初期投資 P を必要とするとして、1 年後に Q の価値を生み出すものとする。これまで同様、P は既知で Q はランダムかつその期待値は $\overline{Q}$ であるものとする。このプロジェクトの正味現在価値 (NPV) は、

$$\mathrm{NPV} = -P + \frac{1}{1+r_f}\left[\bar{Q} - \frac{\mathrm{cov}(Q,r_M)(\bar{r}_M - r_f)}{\sigma_M^2}\right] \tag{7.9}$$

と定義するのが自然である。この公式は CAPM の確実同値式をもとにしている。第 1 の負の項が初期投資額で、第 2 項が最終収入額の確実同値額である。

企業は多数のプロジェクトの中のいくつかを選ぶ必要がある。どのような基準のもとでこの選択を行うべきであろうか。確定的なケースに関する知識をもとにすれば、NPV を最大化するプロジェクト群を選択するのが適切だと思われる。実際通常の場合、企業に対して与えられるのは、このような助言である。

では投資家たちはどのように考えるであろうか。彼らにとってみれば、特定の企業は多数の企業群の中の 1 つにすぎない。投資家たちは、自らのポートフォリオ全体のパフォーマンスに関心があるのであって、特定企業の内部的決定に関心をもつのは偶然的な場合にすぎない。投資家が平均–分散基準に基づいて投資を行うのであれば、彼らは個別の企業が効率的フロンティアを可能な限り上方向および左方向に押し上げるべく行動するよう要求する。これによって効率的フロンティアは改善され、平均–分散効率的ポートフォリオのパフォーマンスも改善される。このように、投資家たちは企業の経営陣に対して、効率的フロンティアがなるべく外側にシフトするようにプロジェクト選択を行うことを促すのである。

2 つの評価基準、すなわち正味現在価値と効率的フロンティアの最大拡張は、

互いに矛盾すると思われるかもしれない。NPV 基準は企業それ自体に焦点を当てたものである。他方、効率的フロンティア基準は、すべての企業の相互効果に焦点を当てている。しかし実際には矛盾はないのである。2つの基準は、以下の調和定理（harmony theorem）が述べる通り、本質的に等価なのである。

> **調和定理**　　企業が NPV を最大化していなければ、効率的フロンティアは拡張可能である。
>
> 　**証明：** 起業家は現在価値に関心がある一方で、投資家はこのベンチャー企業がポートフォリオの中の1つの資産にすぎないと理解している。投資家は効率的フロンティアに関心がある。
>
> 　投資が行われたならば、市場全体は、新しいベンチャー企業を含むように市場ポートフォリオ M を調整する。
>
> 　P をベンチャー企業（もしくはプロジェクト）の総費用、Q をランダムな収入とする。
>
> 　均衡状態では、1期間のキャッシュ・フロー $(-P, Q)$ による正味現在価値はゼロである。すなわち、
>
> $$0 = -P + \frac{\overline{Q} - \text{cov}(Q, r_M)(r_M - r_f)/\sigma_M^2}{1 + r_f}$$
>
> である。r を投資家に対する収益率、$\beta = \text{cov}(r_M, r)/\sigma_M^2$ とすると、これは、
>
> $$\overline{r} - r_f = \beta(\overline{r}_M - r_f)$$
>
> であることを意味する。市場では取引されていない企業プロジェクトが存在するとしよう。初期費用を P' で、収入を Q' とすると、
>
> $$-P' + \frac{\overline{Q}' - \text{cov}(Q', r_M)(r_M - r_f)/\sigma_M^2}{1 + r_f} > 0$$
>
> である。この不等式は以下のように表すことができる。
>
> $$\overline{r}' - r_f - \text{cov}(r', r_M)(\overline{r}_M - r_f)/\sigma_M^2 > 0$$

α を小さい値として、収益率が $r_\alpha = r_M + \alpha r' - \alpha r$ となるポートフォリオを考えよう。それは、市場ポートフォリオから新規プロジェクトに小さいウェイト α を移すことによって得られるものである。

このポートフォリオがもとの効率的フロンティアより上に位置することを示そう。このために小さな $\alpha > 0$ に対して、

$$\tan\theta_\alpha = \frac{\bar{r}_\alpha - r_f}{\sigma_\alpha}$$

を評価しよう。上の式を α で微分すると、

$$\frac{\mathrm{d}\tan\theta_\alpha}{\mathrm{d}\alpha} = \frac{1}{\sigma_\alpha}\frac{\mathrm{d}\bar{r}_\alpha}{\mathrm{d}\alpha} - \frac{\bar{r}_\alpha - r_f}{\sigma_\alpha^2}\frac{\mathrm{d}\sigma_\alpha}{\mathrm{d}\alpha}$$

となる。ここで、

$$\left.\frac{\mathrm{d}\bar{r}_\alpha}{\mathrm{d}\alpha}\right|_{\alpha=0} = \bar{r}'_i - \bar{r}_i$$

$$\left.\frac{\mathrm{d}\sigma_\alpha}{\mathrm{d}\alpha}\right|_{\alpha=0} = \frac{\sigma_{Mi'} - \sigma_{Mi}}{\sigma_M}$$

であることより、

$$\left.\frac{\mathrm{d}\tan\theta_\alpha}{\mathrm{d}\alpha}\right|_{\alpha=0} = \frac{\bar{r}'_i - \bar{r}_i}{\sigma_M} - \frac{\bar{r}_M - r_f}{\sigma_M^2}\frac{\sigma_{Mi'} - \sigma_{Mi}}{\sigma_M}$$

$$= \frac{1}{\sigma_M}[\bar{r}'_i - \beta'_i(\bar{r}_M - r_f)] - \frac{1}{\sigma_M}[\bar{r}_i - \beta_i(\bar{r}_M - r_f)] > 0$$

となる。最後の不等式が成り立つのは、第1の括弧の中の項が r_f より大きく、第2の括弧の中の項が r_f であることによる。α は小さいので $\tan\theta_\alpha > \tan\theta_0$ となる。以上より、新たな効率的フロンティアはもとのフロンティアより上にあることが示された。■

この結果は、起業家が NPV を最大化すること、投資家が効率性を望んでいるとすれば、両者が調和することを示している。

7.9 射影価格付け

収入がランダムな新資産が市場に入る際に、その価格を推測することは、金融の理論上の重大な課題である。潜在的には、適切に価格を設定する多くの方法がある。それによって、可能な価格の範囲を推定することができる。価格付けに際してよく用いられる方法は、CAPM である。この方法では、ランダムな収入の変数を CAPM 公式に代入して価格を計算する。その結果得られた値は、適切な価格と考えられる。もちろん、CAPM 公式が正しいのは、市場ポートフォリオがマーコビッツの効率的ポートフォリオであって、資産がすでに市場に存在するもの、もしくはその組み合わせとして表される場合だけである。マーコビッツ・ポートフォリオを定義するのは、これらの資産である。CAPM 公式によってその資産価格を求めることができるわけだが、この価格の本質はなんだろうか？

本節と次節では、CAPM と等価であるが、ある状況のもとではより優位になる方法を示す。さらに、CAPM の一種として、きわめて直感的で、日常生活で使われる価格の比較方法と類似の方法を開発する。

CAPM がマーコビッツの効率的ポートフォリオを用いた価格公式であることを理解した上で、以下では理論展開を行う。一般的には、これは市場ポートフォリオと等価ではないが、等価であると仮定するのは有用な近似となる。

以下の分析を行うにあたって、やや抽象的な立場から問題を俯瞰する。

価格が $P_1, P_2, \ldots, P_n$ で、そのランダムな収入が $y_1, y_2, \ldots, y_n$ である n 個の証券が市場で取引されているとしよう。n 個の基本的な収入の任意の 1 次結合から成る**市場空間**（market space）を $\mathcal{M}$ とする。たとえば、y_1, y_2 という収入が得られる 2 つの基本資産があるならば、空間 $\mathcal{M}$ は 2 次元である。収入 $y = 6y_1 + 3.4y_2$ はこの市場空間の要素である。この空間の要素の価格は、基本資産の価格の 1 次結合で定義される。たとえば、$y = 6y_1 + 3.4y_2$ の価格は、線形価格付けにしたがって、$P = 6P_1 + 3.4P_2$ となる[4]。

CAPM の枠組みでは、市場に存在する証券の 1 つは収入が 1 で、価格は $1/R$ の無リスク資産である。すべての y_i の期待値と分散および、y_i 間の共分散は既知とする。

線形価格付けを用いて、ある収入 $y \in \mathcal{M}$ の価格を求めるためには、$y = c_1 y_1 + c_2 y_2 + \cdots + c_n y_n$ の形式で y を記述すると、y の価格 P は

---

[4] 簡単のため、すべての係数が 0 である場合を除いて、y_i の 1 次結合で 0 となるものは存在しないという意味で、y_i は **1 次独立** (linearly independent) であるものと仮定する。

$P = c_1 P_1 + c_2 P_2 + \cdots + c_n P_n$ となる。ただし、正しい 1 次結合を求めるのは大変な仕事である。

確実同値式（すなわち、価格公式）で表された CAPM はこれを暗黙のうちに行う。y_i によって生成される空間 $\mathcal{M}$ における収入 y の価格は、以下の式で与えられる。

$$P_y = \frac{1}{R}\left[\overline{y} - \beta_{y,M}(\overline{M} - P_M R)\right] \qquad (7.10)$$

ここで、

$$\beta_{y,M} = \frac{\text{cov}(M, y)}{\sigma_M^2}$$

で、M は効率的フロンティア上のマーコビッツ・ポートフォリオである。

次に、空間 $\mathcal{M}$ には含まれない収入 x をもたらす新資産を考える。x の期待値と分散、空間 $\mathcal{M}$ の中の収入との共分散がわかっていれば、x を (7.10) 式の右辺に入れることによって価格が求められる。では、この価格は $\mathcal{M}$ に含まれる収入の価格とどのように、関連づけられるだろうか？これを考えるために、市場空間の枠組みに簡単な幾何学的概念を導入しよう。

（2 次元の場合で）市場空間を大きな部屋の床のようなものとし、新資産の収入 x をその床の上方に位置する点であるものとしよう。x を価格付けする 1 つの方法は、x に最も近い床にある点 π を求めることである。x からこの新しい点へ直線を引くと、床に対して垂直になる。すなわち、$x - \pi$ は床に対して垂直である（または直交する）。x に対して価格 π を割り当てることができる（図 7.6 を参照）。

このアイデアを明確にするために、いくつかの幾何学的概念を定義しなければならない。2 つの確率要素 y_1 と y_2 の**内積**（inner product）を $\text{E}(y_1 y_2)$ とする。これは、通常のベクトル幾何学の内積と似ている。もし $\text{E}(y_1 y_2) = 0$ ならば、2 つの要素 y_1 と y_2 は**直交する**（orthogonal）という。また、任意の要素 y に対する $\sqrt{\text{E}(y)^2}$ は y の**ノルム**（norm）と呼ばれ、$||y||$ と記される。ノルムは長さの尺度である。これらの概念は $\mathcal{M}$ に含まれるすべての要素と、それより 1 次元大きい空間の要素に適用することができる。

射影定理（projection theorem）として知られている結果によれば、一般に所与の点 x に最も近い $\mathcal{M}$ の点 π が一意的に存在する。さらに、$x - \pi$ は $\mathcal{M}$ のすべての点と直交する。

π は x の $\mathcal{M}$ 上への**射影**（projection）と呼ばれる。このことから、CAPM 公式で求めた価格の特徴がわかる。x を価格付けするとき、CAPM を使うと、π の価格になる。

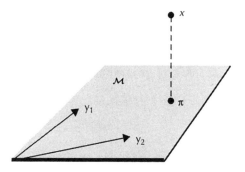

図 7.6　x に最も近い $\mathcal{M}$ の要素 π は、x の $\mathcal{M}$ への射影である。射影はいつも存在し、一意的に決まる。さらに、その要素の差 $x - \pi$ は $\mathcal{M}$ と直交する。すなわち、市場のすべての収入 y に対して、$\mathrm{E}[(x-\pi)y] = 0$ である。

射影価格の関係　収入 x が得られる資産の CAPM 価格 P_x は、市場で売買される資産の収入の空間への x の射影 π の価格である。

証明：まず、$\overline{x} = \overline{\pi}$ と書ける。なぜなら、$x - \pi$ は無リスク資産 R と直交するからである（すなわち、$0 = \mathrm{E}[(x-\pi)R] = (\overline{x} - \overline{\pi})R \Rightarrow \overline{x} = \overline{\pi}$）。同様に、$\mathrm{cov}(x, M) = \mathrm{cov}(\pi, M)$ である。なぜなら、$x - \pi$ は $\mathcal{M}$ のあらゆる要素と直交するからである（M は $\mathcal{M}$ の中のマーコビッツの効率的ポートフォリオなので）。

$$P_x \equiv \frac{1}{R}\left[\overline{x} - \beta_{x,M}(\overline{M} - P_M R)\right] = \frac{1}{R}\left[\overline{\pi} - \beta_{\pi,M}(\overline{M} - P_M R)\right]$$
$$= P_\pi$$

となる。最初の等式は CAPM 公式を、$\mathcal{M}$ の外側にある x に適用したものである。2 番目の等式は、$\mathcal{M}$ の中にある π に CAPM 公式を当てはめたものである。∎

この結果を考慮すると、CAPM 価格付けは**射影価格付け**（projection pricing）と等価であることがわかる。

もちろん、$x \in \mathcal{M}$ なら、$\pi = x$ である。射影 π はつねに存在して、一意的に決まることを理解することが重要である。一方、射影価格がいつも明確に定義されるのに対して、通常の CAPM（マーコビッツの）ポートフォリオは、必ずしも存在するとは限らない（練習問題 16 を参照）。

◆最小ノルム価格付け *

射影価格付けを定義したので、射影価格を求めるもう 1 つの方法を紹介しよう[5]。それは、標準的な方法よりも便利な場合もある。再び、直交の概念を使う。

$\mathcal{M}$ の中で、価格が 1 の資産集合を考えよう。これは線形面となる。この集合の中でノルムが最小となるものを m_1 とする。すなわち、m_1 は収入がゼロの点に最も近い点である。図 7.7 に示された直交関係のため[6]、射影定理は、価格が 1 のすべての y に対して内積 $\mathrm{E}(m_1 y)$ が一定であることを示している。価格が 1 の y_1 に対して、$\mathrm{E}[M_1 y_1] = P_{y_1}$ となるように、m_1 を定数倍したもの（スケーリングしたもの）を M_1 とする。

$\mathcal{M}$ の中の資産価格を求めるために、資産 M_1 を利用することができる。

$$P_y = \mathrm{E}[M_1 y] \tag{7.11}$$

(7.11) 式は、y_1 および価格が 1 である他の y_2 に対しても成り立つ。他の資産 y は単に価格が 1 の資産の倍数である。(7.11) 式は y の線形式なので、正しく価格付けする。よって、この公式は $\mathcal{M}$ の中のすべてを正しく価格付けする。M_1 を**価格付け要素**（pricing element）と呼ぶ。線形価格付けに対して、そのような要素はつねに存在する。ここでは、それを構築する 1 つの方法を示した。

さらに、市場 $\mathcal{M}$ の外側にある新資産 x に対して、(7.11) 式によって x の射影価格を求めることができる。それは、$x - \pi$ が $\mathcal{M}$ に対して直交しているので、M_1 と直交するからである。$\mathrm{E}[M_1(x-\pi)] = 0$ だから、$\mathrm{E}[M_1 x] = \mathrm{E}[M_1 \pi]$ となる。ゆえに、$\mathcal{M}$ の外側の x に対しても、以下の簡単な公式が得られる。

$$P_x = \mathrm{E}[M_1 x] = P_\pi \tag{7.12}$$

これは市場空間に含まれない x の射影価格を計算するもう 1 つの方法である。

---

[5] 本節は、最初に読むときには読み飛ばしても構わない。

[6] y_1 と y_2 の価格が 1 ならば、$\mathrm{E}[m_1(y_1 - y_2)] = 0$ である。したがって、m_1 は価格がゼロであるすべての資産に直交する。

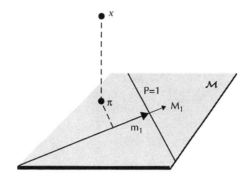

図 7.7　要素 $m_1 \in \mathcal{M}$
価格が 1 である他の要素と m_1 の内積は一定である。もし、m_1 に適切な係数を掛けたものを M_1 とすると、M_1 と $\mathcal{M}$ の要素との内積がその要素の価格となる。すなわち、市場にあるすべての y に対して $P_y = \mathrm{E}[M_1 y]$ である。またこの公式は市場の外側にある x に対する射影価格を与える。

収益が R の無リスク資産があるとき、(7.12) 式を以下の見慣れた形の価格公式として表現することができる。

$$P_x = \frac{1}{R}\left\{\overline{x} - \frac{\mathrm{cov}(x,M)}{\sigma_M^2}\left[\overline{M} - P_M R\right]\right\} \tag{7.13}$$

ここでは、簡単のため、M の下付添字を省略した。驚くべきことに、これは (7.11) 式と同じである。この公式を証明するには、練習問題 12 を参照。

(7.13) 式は、M が効率的ポートフォリオではなく、(適切な定数を掛けて調整した) 最小ノルム要素であることを除けば、確実同値式を用いた通常のマーコビッツ／CAPM の価格公式と全く同じであることに注意しよう。これらのどちらを使っても射影価格が得られる[7]。

7.10　相関価格付け

住宅のような新資産の価格を設定するとき、人は普通、過去の S&P 500 株式インデックスを見ないし、CAPM を使うためにインデックスと住宅とを相関づけることはないだろう。その代わりに、最近売りに出された近くの他の住宅と比較し、大きさや場所などの違いを考慮して価格を調整する。この**比較法**

---

[7] (7.12) 式よりも複雑な (7.13) 式の有利な点は、(7.13) 式は調整する性質をもっていることである。具体的には、たとえ、(7.13) 式で M_0 を $aM_0 + b$ で置き換えても、結果は変わらない。

(method of comparables) は、石鹸からテレビ、中古車から株式を公開しようとするハイテク企業まで、すべての価格付けを行うために、日常生活で使われている。実際に、比較は最も一般的な価格付け手法である。これから述べるように、比較法は射影価格付けを行う1つの方法であり、ゆえに CAPM を実装する方法である。

比較によって新資産 x を価格付けするために、x と相関の高い資産を市場の中で探す。理想的には、市場空間の中のすべての資産の中で、x と最も相関の高い資産を求めたい。この最も相関の高い資産は1つの資産、もしくは資産を組み合わせてできるポートフォリオである。住宅の場合、その近所の住宅を合成したものかもしれない。企業の場合、同じ業種の既存の企業の組み合わせかもしれない。この最も相関の高い資産（一般的にはポートフォリオ）は、比較対象としての役割を果たし、価格公式の中のマーコビッツ・ポートフォリオを置き換えることができる。

一般的な枠組みで定式化を行うために、ある資産 $m \in \mathcal{M}$ が x と最も相関が高いとしよう。具体的には、$m \in \mathcal{M}$ は以下の問題の解となる。

$$\text{最大化} \quad \text{cov}(x, m) \qquad \text{制約条件} \quad \text{var}(m) \leq s^2$$

ここで、$s > 0$ は任意の正の定数であり、相関のある資産に対して単に調整（スケーリング）を行うためのものである。解を何倍かしても、それは x と最も高い相関をもつ。

最も相関の高い資産とその射影 π との関係を記述することができる。分散が s^2 であるいかなる $m \in \mathcal{M}$ に対しても、以下の関係が成立する。

$$\begin{aligned} \text{E}[(x-\overline{x})(m-\overline{m})] &= \text{E}[(x-\pi+\pi-\overline{x})(m-\overline{m})] \\ &= \text{E}[(\pi-\overline{x})(m-\overline{m})] \\ &= \text{E}[(\pi-\overline{\pi})(m-\overline{m})] \\ &\leq ||\pi-\overline{\pi}|| \cdot ||m-\overline{m}|| = \sigma_\pi s \end{aligned}$$

2行目の式は、$x-\pi$ と $\mathcal{M}$ が直交することを表す。$\overline{\pi} = \overline{x}$ なので、3行目の式が得られる。最後の式は、コーシー・シュワルツ（Cauchy-Schwarz）の不等式[8]と最適な m の標準偏差が s になることから求められる。

1つの解は上の式で等式が成り立つケース、すなわち、$m = (s/\sigma_\pi)\pi$ である。π の大きさを調整したものも x と最も相関は高くなる。一定値（すなわち、無

---

[8] x と y に対して、$\text{E}[xy] \leq ||x|| \cdot ||y||$ が成り立つ。

リスクの値）を足したり引いたりしたものも、やはり最も相関の高い資産である。最も相関の高い資産の正の倍数も最も相関が高い。したがって、最も相関の高い資産は、$a > 0$ と b に対して、$M = a\pi + b$ の形式で表すことができる。相関価格公式を説明しよう。

相関価格公式 M を x と最も相関が高い資産としよう。x の射影価格は以下の式で計算される。

$$P_x = \frac{1}{R}\left\{\overline{x} - \beta_{x,M}[\overline{M} - P_M R]\right\} \tag{7.14}$$

ここで、

$$\beta_{x,M} = \mathrm{cov}(x, M)/\sigma_M^2$$

である。

証明: まずはじめに、$M = \pi$ としよう。$\overline{\pi} = \overline{x}$ と $\mathrm{cov}(x, \pi) = \sigma_\pi^2$ を使うと、以下の公式が得られる。

$$P_x \equiv \frac{1}{R}\left\{\overline{x} - \beta_{x,M}[\overline{M} - P_M R]\right\} = \frac{1}{R}\left\{\overline{\pi} - 1 \times [\overline{\pi} - P_\pi R]\right\} = P_\pi$$

$a\pi + b$ の形の M に対して、そのような変換に対する公式の不変性のため、同じ結果が得られる。練習問題14を参照。∎

結論として、M に対して3つの論理的選択肢がある。それらのすべてを、"M" という文字で表す。(1) CAPMで使われる元のマーコビッツの効率的ポートフォリオ、(2) 必ず存在する最小ノルム・ポートフォリオ、(3) 価格付けしたい収入 x と最も相関の高い資産、である。(1) と (2) は、どちらも新しい収入に適用することができるので、どのような場合にも使える。一方、(3) は x に依存する。3つのどれを選択しても同じ結果が得られる。実際に最も普通に用いられる価格付け法は、なんらかの比較法である。

例 7.8（市場で） x が市場で取引されているとしよう。x と最も相関の高い資産は x そのものである。よって、価格公式の中の x を M の代わりに使うことができる。これによって、予想通り、以下のようになる。

$$P_x = \frac{1}{R}\{\overline{x} - 1 \times [\overline{x} - P_x R]\} = \frac{1}{R}\{\overline{x} - \overline{x} + P_x R\} = P_x$$

例 7.9（新しいソフトウェア） ソフトウェア会社の経営陣は新製品の開発を考えていて、その適切な価値を求めたい。1年間の見通しを立てるのが適切である。（1年間の）製品からの正味収益 x の期待値は 10 万ドルである。現在の金利は 5% である。経営陣は現在価値を求めるために、より大きく割り引くべきだと感じている。彼らは適切な割引率を決定するために集まっている。最初に、17% と設定した。なぜなら、多くの他の企業が使っている値だからである。しかし、CEO（最高経営責任者）は簡単な割引法を疑っていて、その価値はプロジェクトの射影価格であるべきことを提案している。同意したあとで、経営陣は最も相関の高い証券は、企業の株価であることに気づいた。過去の分析では、製品と株価の相関係数はおおよそ 0.8 である。現在の株価は 1 株あたり $M = 100$ ドルであり、来年には 15% 増加すると信じられている。また、標準偏差の比率 σ_x/σ_M は 900 であると信じられている。それは、プロジェクトのより大きいリスクを反映するために、$\overline{x}/\overline{M} = 100{,}000/115 = 869$ よりもわずかに高い。したがって、プロジェクトの価値は以下のようになる。

$$\begin{aligned}P_x &= \frac{1}{R}\left\{\overline{x} - \frac{\sigma_{xM}}{\sigma_M^2}[\overline{M} - P_M R]\right\}\\ &= \frac{1}{1.05}\left\{100{,}000 - \frac{\sigma_{xM}}{\sigma_x \sigma_M}\frac{\sigma_x}{\sigma_M}[115 - 105]\right\}\\ &= \frac{1}{1.05}\{100{,}000 - 0.8 \cdot 900 \cdot 10\}\\ &= \frac{1}{1.05}\{100{,}000 - 7{,}200\} = 92{,}800/1.05 = 88{,}381 \text{ ドル}\end{aligned}$$

これは、期待値を 13.1% で割り引いた値である。

7.11 まとめ

もしすべての人が、投資にあたって平均–分散モデルにしたがって行動し、資産の収益率の期待値、分散および共分散について同一の推定値を用いるのであれば、すべての人はリスク資産については同一のファンド F と無リスク資産に

投資しなくてはならない。Fは誰にとっても同じなので、均衡状態においては、Fは市場平均ポートフォリオ M と一致しなくてはならない。ここでいう市場平均ポートフォリオとは、市場全体の価値で各資産の総価値を測って得られる比率を重みとするポートフォリオのことである。これは資本資産価格付けモデル（CAPM）の基礎となるものである。

もし市場平均ポートフォリオがリスク資産の効率的ポートフォリオであるならば、$\bar{r}-\sigma$ ダイヤグラム上の効率的フロンティアは、無リスク資産に対応する $\bar{r}$ 軸上の点を始点とし、M を表す点を通る直線となる。この線を資本市場線という。その勾配をリスクの市場価値という。あらゆる効率的ポートフォリオはこの線上にある。

CAPMは、市場平均ポートフォリオが資本市場線に接する投資可能領域の境界線上の点である、という条件から直接的に導かれるものである。つまりCAPMは、接線条件を数学的に表現したものなのである。CAPMによれば資産 i の期待収益率は、

$$\bar{r}_i - r_f = \beta_i(\bar{r}_M - r_f)$$

という関係をみたす。なおここで β_i は資産 i のベータ値と呼ばれるもので $\text{cov}(r_i, r_M)/\sigma_M^2$ で与えられる。

CAPMは証券市場線として図示することができる。すなわち各資産の期待収益率はベータ（あるいは各資産の収益率の市場平均ポートフォリオとの共分散）の直線式として与えられる。ベータ値が大きいほど期待収益率は大きくなる。CAPMの立場から言えば、個別資産のリスクはそのベータ値によって完全に特徴づけることができる。たとえば市場とまったく相関のない資産（すなわち $\beta = 0$ であるような資産）の期待収益率は、無リスク金利と一致する。

市場平均ポートフォリオのベータ値は、定義により1となる。個別株はそれぞれ異なるベータ値をもつ。しかし通常の米国株のベータ値は 0.5 と 2.5 の間にある。ポートフォリオのベータ値は、そのポートフォリオを構成する重みで各資産のベータ値を加重平均したものとなる。

CAPMの応用の1つに、ミューチュアル・ファンドのパフォーマンス評価がある。ジェンセンの指標は、ファンドの証券市場線からの時系列的乖離の尺度を与える（しかしながら、市場で取引されている株のファンドについては、この尺度の価値には疑わしいところがある）。

一方シャープ・レシオは、$\bar{r}-\sigma$ ダイヤグラム上の無リスク資産とそのファンドを結んだ線の勾配を測るものである。この結果、この勾配をリスクの市場価値と比較することができる。

CAPMの公式を書き換えると、資産の価格に関する陽な公式が得られる。最も簡単な結論は、資産価格は期待収入を金利 $r_f + \beta(\bar{r}_M - r_f)$ を用いて割り引いた値になる、というものである。ここで β はその資産のベータ値である。もう1つの結果は、資産価格がその収入の確実同値額を無リスク金利 r_f を用いて割り引いたものになるというものである。

CAPMの価格公式が線形であること、すなわち資産の和の価格が個別資産の価格の和になること、またその資産を k 倍したものの価格は単位価格を k 倍したものになる、ということを認識することは重要である。CAPMの確実同値額による表現は、この線形性を表している。

CAPMは、市場で取引されていない新しい資産に適用されることが多い。この場合、CAPM公式は、市場の中でその収入が新資産の収入と最小ノルムの意味で最も近い資産の価格と等しい価格を新資産に与える（収入 y のノルムは、$||y|| = \sqrt{\mathrm{E}[y^2]}$ である）。もし、新しい収入が x で、最も近い収入が π ならば、誤差の収入 $x - \pi$ はすべての収入 m に対して、$\mathrm{E}[(x-\pi)m] = 0$ である——幾何学的には、誤差は市場と直交するという性質である。市場の中で最も近い収入は、市場の収入の集合上における x の射影となるので、この価格付けは**射影価格付け** (projection pricing) と呼ばれる。

射影価格を求める他の方法がある。一つの方法は相関価格公式を使うことである。この方法では、x の射影価格を求めるために収入 x と最も相関が高いポートフォリオ M を利用する。この方法は、似た性質を持つ現存する資産と比較することによって、新たな資産を価格付けするのが正当であることを示している。

練習問題

1. （資本市場線）　市場平均ポートフォリオの期待収益率を23％、Tビル（財務省証券）の収益率（無リスク金利）を7％とする。市場平均ポートフォリオの標準偏差は32％である。市場ポートフォリオは効率的であるものと仮定する。
   (a) 資本市場線の方程式を求めよ。
   (b) (i) 希望する期待収益率を39％としたとき、対応する標準偏差を求めよ。
   (ii) 1,000ドルを投資するにあたって、上記のポジションを実現するにはどのようにこの資金を配分すればよいか。

(c) 300ドルを無リスク資産に、700ドルを市場ポートフォリオに投資すると、1年後にどれだけのお金を保有することになると期待できるか。
2. （小さな世界） 2つのリスク資産 A、B と、1つの無リスク資産 F だけからなる世界を考えよう。資産 A と B の供給量は互いに等しい。すなわち $M = \frac{1}{2}(A+B)$ である。また $r_F = 0.10$、$\sigma_A^2 = 0.04$、$\sigma_{AB} = 0.01$、$\sigma_B^2 = 0.02$、$\bar{r}_M = 0.18$ とする。
 (a) $\sigma_M^2, \beta_A, \beta_B$ に関する式を求めよ（数値を代入する必要はない）。
 (b) CAPM にしたがうと $\bar{r}_A, \bar{r}_B$ の値はどうなるか。
3. （収益の限界） 3つの資産が構成するユニバースを考える。期待収益率はそれぞれ 10%、20%、10% である。また以下の重みをもつポートフォリオが、最小分散集合上に乗っていることがわかっているという。

$$w = \begin{bmatrix} 0.60 \\ 0.20 \\ 0.20 \end{bmatrix}, \quad v = \begin{bmatrix} 0.80 \\ -0.20 \\ 0.40 \end{bmatrix}$$

また市場ポートフォリオは効率的である。
 (a) 以上の情報をもとに、市場ポートフォリオの期待収益率がとりうる最大値と最小値を求めよ。
 (b) 上記の w が最小分散ポートフォリオであると告げられたとき、(a) に対する回答を変更する必要があるだろうか。
4. （CAPM 公式の手軽な導き方） 第 6 章の方程式 (6.9) をもとに、$\bar{r}_k - r_f$ に関する CAPM 公式を導け［ヒント：$\sum_{i=1}^{n} \sigma_{ik} w_i = \mathrm{cov}(r_k, r_M)$。
 (6.9) 式を資産 k、マーケット自身の両方に適用せよ］。
5. （相関のない資産） n 種の互いに相関のない資産があるものとする。資産 i の収益の分散は σ_i^2 である。収益率の期待値は未知である。市場に存在する資産 i の量は X_i である。$T = \sum_{i=1}^{n} X_i$ とし、$x_i = X_i/T$、$i = 1, 2, \ldots, n$ とおく。したがって、市場ポートフォリオは $x = (x_1, x_2, \ldots, x_n)$ である。無リスク資産が存在するものとし、その収益率を r_f とする。β_i を x_i、σ_i、$i = 1, 2, \ldots, n$ の関数として表せ。
6. （シンプルランド） シンプルランドには、2 つのリスク資産 A、B だけが存在する。それらに関するデータを表 7.4 に示した。

表 7.4 株式 A と株式 B の詳細

	株数	1株あたりの価格	期待収益率	収益の標準偏差
株式 A	100	1.50ドル	15%	15%
株式 B	150	2.00ドル	12%	9%

A と B の収益率の間の相関は $\rho_{AB} = 1/3$ である。また無リスク資産が存在し、シンプルランドは CAPM を完全に満足するものとする。
(a) 市場ポートフォリオの期待収益率を求めよ。
(b) 市場ポートフォリオの収益率の標準偏差を求めよ。
(c) 株式 A のベータ値を求めよ。
(d) シンプルランドにおける無リスク資産の収益率を求めよ。

7. (ゼロベータ資産) 実現可能集合上での最小分散点に対応するリスク資産のポートフォリオの重みを w_0 とする。w_1 を効率的フロンティア上の任意のポートフォリオとし、r_0, r_1 をそれらの収益率とする。
(a) $\sigma_{01} = A\sigma_0^2$ という関係式が成り立つ。このとき A を求めよ [ヒント: ポートフォリオ $(1-\alpha)w_0 + \alpha w_1$ を考え、$\alpha = 0$ の近傍での分散の変動を考察せよ]。
(b) ポートフォリオ w_1 に対応して、最小分散集合上に w_z に関するベータ値がゼロとなるポートフォリオ、すなわち $\sigma_{1,z} = 0$ となるポートフォリオ w_1 が存在する。このポートフォリオを $w_z = (1-\alpha)w_0 + \alpha w_1$ と書いたとき、α の値を求めよ。
(c) 3つのポートフォリオの関係を、実現可能領域を含むダイヤグラム上で図示せよ。
(d) 無リスク資産が存在しない場合には、次の関係式、

$$\bar{r}_i - \bar{r}_z = \beta_{iM}(\bar{r}_M - \bar{r}_z)$$

が成立する。ここで M は市場ポートフォリオ、$\bar{r}_M$ は市場ポートフォリオとのベータ値が 0 となるポートフォリオの期待収益率である。市場ポートフォリオとゼロベータポートフォリオの期待収益率をそれぞれ 15%、9% とする。株式 i と市場との相関係数を 0.5 とし、市場ポートフォリオと株式 i の標準偏差をそれぞれ 15%、5% とする。このとき株式 i の期待収益率を求めよ。

8. (Wizards ◇) エレクトロン・ウィザード社 (EWI 社) は、テレビを生

産する新しいアイデアをもっており、この開発段階に入ることを計画している。製品が（1年後に）開発されれば、新生産方式を価格 p で販売することができる。p は確率変数で、その期待値は $\bar{p} = 2{,}400$ 万ドルである。この販売価格はその時点でのテレビ市場に依存している。そこでさまざまなテレビ製造会社の過去の株価を検証した結果、最終の販売価格は市場平均収益率と相関があり、$\mathrm{E}[(p-\bar{p})(r_M - \bar{r}_M)] = 2 \times 10^7 \sigma_M^2$ であることがわかったという。

この製造方法を開発するには、EWI 社は研究開発プロジェクトに投資することが必要である。このプロジェクトの経費 c は、プロジェクトがスタートしてからまもなく（すなわち技術的不確実性が解消されたとき）明らかになるはずである。現在の推定によると、c は 2,000 万ドルもしくは 1,600 万ドルで、どちらの確率も 1/2 である（この不確実性は最終価格および市場とは相関がない）。無リスク金利は $r_f = 9\%$、市場の期待収益率は $\bar{r}_M = 33\%$ である。

(a) このプロジェクトの期待収益率はどれだけか。

(b) このプロジェクトのベータ値はどうなるか［ヒント：この場合次の関係式が成立することに注意せよ］。

$$\mathrm{E}\left[\left(\frac{p-\bar{p}}{c}\right)(r_M - \bar{r}_M)\right] = \mathrm{E}\left(\frac{1}{c}\right) \mathrm{E}[(p-\bar{p})(r_M - \bar{r}_M)]$$

(c) CAPM 基準から見てこのプロジェクトは受け入れ可能か。またこのプロジェクトの収益率を、CAPM が予言するものと比較せよ。

9. （ガビンの問題） ガビン・ジョーンズが例 7.5 と例 7.7 で求めた結果は偶然ではないことを示せ。また CAPM 公式によれば、収益が $\alpha r_f + (1-\alpha) r_M$ のファンドについて、100 ドルの価値をもつファンドの価格は 100 ドルになることを示せ。

10. （小さい世界での CAPM） 2 つのリスク資産のみを考えよう。それぞれの期待収益率は $\bar{r}_1 = 0.1, \bar{r}_2 = 0.2$、分散は $\sigma_1^2 = 0.04, \sigma_2^2 = 0.09$、共分散は $\sigma_{1,2} = 0.03$ である。無リスク金利は 0.05 である。

(a) この小さい市場の 1-ファンドを求めよ。

(b) 新しいプロジェクトを考える。その期待収入は $\overline{Q} = 10$、分散は $\sigma_Q^2 = 25$、リスク資産との共分散は $\sigma_{Q,1} = 0.8$, $\sigma_{Q,2} = 0.15$ である。市場ポートフォリオとして 1-ファンドを使うならば、CAPM によるこのプロジェクトの価格はいくらか。

11. （リスク分析） 市場ポートフォリオの期待収益率を $\bar{r}_m = 0.12$、標準偏

差を $\sigma_m = 0.3$ とする。無リスク金利は $r_f = 0.02$ である。市場には他に株式 a が存在し、その標準偏差は $\sigma_a = 0.6$、市場との相関係数は $\rho_{am} = 0.1$ とする。

(a) $\overline{r}_a$ と β_a を求めよ。

(b) 期待収益率は株式 a と同じだが、標準偏差は $\sigma_b = 0.8$ である新しい株式 b を考える。株式 b の固有リスクはいくらか。

(c) 他の資産 c が市場に入ってくる。市場との相関係数は $\rho_{cm} = 0.8$ である。資産 c のリスクの何パーセントが固有リスクであるか。

12. (標準形式) すべての収入 x に対して、$P_x = E[Mx]$ となるように価格付けされる市場性資産を M とすると、以下の関係が成り立つことを示せ [ヒント: 1 と M そのものに対して、元の公式を適用せよ]。

$$P_x = \frac{1}{R}\left\{\overline{x} - \frac{\text{cov}(x, M)}{\sigma_M^2}[\overline{M} - P_M R]\right\}$$

13. (借入を行っている企業) 企業の収益率は r_A で、ベータ値は β_A とする。資産の w の割合は債務、残りの割合の $1-w$ は株式である。債権者 (債券保有者) は毎年、その年に達成された実際の収益率 r_A に関係なく、保有割合に対して無リスク収益率 r_B を求める。その上で、株式保有者は債券保有者に支払ったあとに残ったものすべてを受け取る。

(a) w, r_A, r_B を使って、株式保有者の収益率を求めよ。

(b) w, β_A を使って、株式保有者のベータ値を求めよ。

(c) β_A が正で、期待市場収益率は無リスク金利よりも大きいと仮定しよう。w が増加する (つまり、企業の借り入れが多くなる) につれて、企業の期待株式収益率はどうなるか。

14. (等価式) 以下の価格公式を考えよう。

$$P_x = \frac{1}{R}\left\{\overline{x} - \beta_{x,M}(\overline{M} - P_M R)\right\}$$

定数 $a > 0$ と b を用いて、$N = aM + b$ としよう。公式の中の M の代わりに N を使うと、M を N で置き換えた公式と全く同じになることを示せ。

15. (特異なケース) 無相関の 2 資産を想定しよう。これらの分散は 1 で、それぞれの期待収益率は、$\overline{r}_1$ と $\overline{r}_2$ とする。無リスク金利は r_f である。マーコビッツの (市場) ポートフォリオに対するウェイト w_1 と w_2 を求めよ。いくつかの r_f に対しては、マーコビッツ・ポートフォリオが存在しないことを示せ。

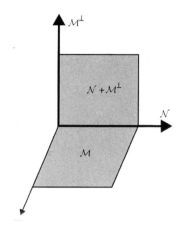

図 7.8 部分集合 $\mathcal{M}$ は、四角の区分で示されている平面である。$\mathcal{M}^\perp$ は縦軸で、$\mathcal{N}$ は横軸である。

16. （分離空間*）（有限次元の）収入を要素とする空間 Ω があるとしよう。市場に存在する要素は部分空間 $\mathcal{M}$ の中にある。

    $\Omega = \mathcal{M} + \mathcal{M}^\perp$ と記述する。ここで、$\mathcal{M}^\perp$ は $\mathcal{M}$ に直交するすべての要素の集合である。すなわち、$m \in \mathcal{M}, m^\perp \in \mathcal{M}^\perp$ とすると、要素 $x \in \Omega$ は $x = m + m^\perp$ と表現できる。$\mathcal{N}$ を $\mathcal{M}$ の部分集合とし、Ω の中の部分集合 $\mathcal{X} = \mathcal{N} + \mathcal{M}^\perp$ のすべての収入を考えよう（3 次元空間である Ω に対する図 7.8 を参照）。$x \in \mathcal{X}$ に対して、$\mathcal{M}$ 上への x の射影は、$\mathcal{N}$ 上への x の射影と同じであることを示せ。同様に、x と最も相関の高い資産は、$\mathcal{N}$ の中にあることを示せ。x の射影価格を求めるためには、$\mathcal{N}$ の中にある市場の収入との関連を考えさえすればよい。

17. （2 資産）市場で取引されている 2 つの資産を想定しよう。それぞれの価格は 1 で、収入 y_1, y_2 の期待値は $\overline{y}_1 = 1.4, \overline{y}_2 = 0.8$ である。それぞれの分散は 0.04 であり、無相関とする。
    (a) 最小ノルム・ポートフォリオを求めよ。
    (b) 収入が 1 の無リスク資産の射影価格を求めよ。

18. （株式公開）企業 X は株式公開しようとしている。公開を手助けする投資銀行は、適切な売り出し価格を決定しようとしている。X と非常に似ていて、株式公開をしている企業 Y がある。Y の 1 年間の価値（株式の時価総額）の期待値は 5 億ドルで、ボラティリティは 20% である。X の

1 年間の価値の期待値は 1 億ドルで、ボラティリティは 30%である。X と Y の相関係数は $\rho = 0.8$ である。金利は 10%で、Y の価格の期待成長率は 20%である。つまり、$P_Y G = \overline{Y}$ である。ここで、G はトータルリターン、すなわち 1 + 期待成長率 に等しい。企業 X の適切な価格はいくらか。この価格と等価な割引率はいくらか。

参考文献

CAPM 理論は参考文献 [1-4] でそれぞれ独立に提案された。現在ではこの理論の一般化が行われており、多くの教科書がこの理論を取り扱っている。より詳しいことは、第 2 章の参考文献に挙げたファイナンスの基本的教科書を参照していただきたい。

この理論のミューチュアル・ファンドのパフォーマンス理論への応用は、[5,6] に示されている。この章では説明しなかった他の指標は、Treynor[7] によるものである。CAPM の企業分析への応用については、[8,9] を参照していただきたい。練習問題 7 のように、ゼロベータ資産を用いるというアイデアは、Black[10] による。射影定理は [11] で詳細に取り扱われている。最小ノルム・ポートフォリオを使って射影価格を求める方法は [12] で議論されている。そこには、練習問題 12 の例も示されている。相関価格公式は [13] で定式化されている。

1. Sharpe, W. F. (1964), "Capital Asset Prices: A Theory of Market Equilibrium under Conditions of Risk," *Journal of Finance,* **19,** 425–442.
2. Lintner, J. (1965), "The Valuation of Risk Assets and the Selection of Risky Investment in Stock Portfolios and Capital Budgets," *Review of Economics and Statistics,* **47,** 13–37.
3. Mossin, J. (1966), "Equilibrium in a Capital Asset Market," *Econometrica,* **34,** no. 4, 768–783.
4. Treynor, J. L. (1961), "Towards a Theory of Market Value of Risky Assets," unpublished manuscript.
5. Sharpe, W. F. (1966), "Mutual Fund Performance," *Journal of Business,* **39,** January, 119–138.
6. Jensen, M. C. (1969), "Risk, the Pricing of Capital Assets, and the Evaluation of Investment Portfolios," *Journal of Business,* **42,** April, 167–247.
7. Treynor, J. L. (1965), "How to Rate Management Investment Funds," *Harvard Business Review,* **43,** January–February, 63–75.
8. Rubinstein, M. E. (1973), "A Mean–Variance Synthesis of Corporate Financial Theory," *Journal of Finance,* **28,** 167–182.
9. Fama, E. F. (1977), "Risk-Adjusted Discount Rates and Capital Budgeting under Uncertainty," *Journal of Financial Economics,* **5,** 3–24.
10. Black, F. (1972), "Capital Market Equilibrium with Restricted Borrowing," *Journal of Business,* **45,** 445–454.
11. Luenberger, David G. (1969), *Optimization by Vector Space Methods,* Wiley, New York.

12. Luenberger, David G. (2002), "Projection Pricing," *Journal of Optimization Theory and Applications*, **109,** 1–25.
13. Luenberger, David G. (2002), "A Correlation Pricing Formula," *Journal of Economic Dynamics and Control*," **26,** 1113–1126.

第8章
その他の価格付けモデル

8.1 イントロダクション

　前2章の理論はきわめて一般的なものであって、投資回転盤や石油の試掘ベンチャー、株式ポートフォリオ構築、その他多くの1期間投資問題に適用可能なものである。とは言うものの、平均–分散分析の主たる応用分野は株式である。そこでこの章では、主として株式を扱うことにする。他の資産にも適用可能であることはもちろんである。

　この章では、平均–分散分析に適した株式収益モデルをどのように決めてやるかについて検討する。そのためまず問題の構造を単純化し、必要なパラメータの数を減らすためのファクター・モデル（factor model）を構築する。その過程では、資産価格に関する新たな理論である裁定価格理論（arbitrage pricing theory：APT）を導く。次章で、パラメータの値を決定する問題を扱う。ここでは、過去のデータを用いてパラメータを決定する可能性を検討するが、このアプローチは価値が限られていることが明らかとなる。

8.2 ファクター・モデル

　資産の数 n が増えるにしたがって、平均–分散アプローチで必要となる情報量は大幅に増加する。n 個の平均値、n 個の分散と $n(n-1)/2$ の共分散、すなわち合計で $2n+n(n-1)/2$ のパラメータが必要となる。n が大きい場合には、これはきわめて大きな値をとる。たとえば1,000株を対象とするモデルを考えると、平均–分散モデルを完全に記述するには、50万1,500個のデータが必要となる。これだけ多くの情報を直接的に求めることは不可能である。したがって、より簡単なアプローチが必要とされる。

第 8 章　その他の価格付けモデル

幸運なことに、n 種の資産が示す確率的変動は、それに影響を与える少数の基本的確率的変動の源（これをファクターという）によって説明することができる。個別資産の収益とファクターの間の関係を表すファクター・モデルを使うと、共分散行列の構造が簡単化され、資産の間の関係に関する重要な洞察が得られる。

確率的変動を説明するファクターは慎重に選ばなくてはならない。そしてその選択は、対象とする資産がどのようなものであるかを考慮しなくてはならない。都市部の土地が対象であれば、ファクターとして人口、雇用率および学校の予算などが考えられる。また市場で取引されている一般の株であれば、市場平均株価、GNP、雇用率、その他が候補となる。ファクターの選択にあたっては、形式的な分析はもちろん有用であるが、これは一種のアートであり、試行錯誤に基づいて行われるものである（練習問題 3 を参照）。

この節ではファクター・モデルの概念を紹介し、それによって共分散構造が簡単になる様子を見ることにする。

◆シングル−ファクター・モデル

シングル−ファクター・モデルは、ファクター・モデルの中で最も単純なものであるが、その概念をきわめてよく表している。いま n 種の資産が存在するものとし、第 i 資産の収益率を r_i、$i = 1, 2, \ldots, n$ とする。ランダムな性質をもつ（その期間内の市場平均収益率といった）単一のファクターが存在して、各資産の収益率とこのファクター f の間に、

$$r_i = a_i + b_i f + e_i, \quad i = 1, 2, \ldots, n \tag{8.1}$$

という関係があることを仮定する。この式で a_i と b_i は定数で、e_i は誤差（error）を表す確率変数である。一般性を失うことなく、誤差項の平均はゼロ、すなわち $\mathrm{E}(e_i) = 0$ であることを仮定する。なぜなら誤差の平均がゼロでないときには、それを a_i にかぶせてやればよいからである。またここでは、各誤差項は f および他の誤差とは無相関であるものと仮定するのが普通である。この結果すべての i について $\mathrm{E}[(f - \bar{f})e_i] = 0$ で、すべての $i \neq j$ について $\mathrm{E}(e_i e_j) = 0$ となる。これは理想化された仮定であって、実際に成り立つとは限らないが、分析を行うためにこれを仮定するのである。また以下では e_i の分散は既知で、その値は $\sigma_{e_i}^2$ であるものとする。

個々のファクター・モデルの方程式は、図 8.1 に示すようなデータの直線当てはめを定義する式と見ることができる。収益率 r_i とファクター f の両者につ

いていくつかの値を観測し、それをグラフ上にプロットしてみよう。どちらもランダムなので、これらの点は散らばっている。これらの点に対して、各点からこの直線に下ろした距離で測った誤差の平均がゼロとなるよう、1本の直線を引いてみよう。

図8.1は2つの見方ができる。まずモデル (8.1) が与えられたとき、データ点を得る前に線を引いてみよう。もしモデルが正しければ、データ点が図に示したような形に散らばるはずである。第2の立場は、まずデータが与えられたものとして、その点に当てはまる線を引くという考え方である。線を引くにあたっては、追加的データが似たようなパターンで実現されるという意味で、この直線の正当性を支持するものと考えるのである。

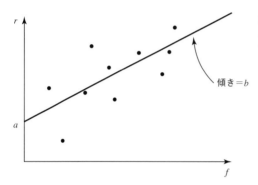

図8.1 シングル–ファクター・モデル
収益率はファクター f と1次式で結ばれている。ただしそこには誤差が加わる。

一群の資産については、それぞれ個々にこのプロセスを繰り返す。この結果、各資産 i に対して a_i と b_i が求まる。a_i を**切片**（intercept）という。なぜならそれは縦軸との切片を表すからである。これに対して b_i を**ファクター負荷**（factor loading）という。これは各資産の収益率のファクター f に対する感度を表す。

収益率とファクターについて、過去に実現された値がわかっていれば、これらに上で述べた方法で直線を当てはめることによって、シングル–ファクター・モデルのパラメータを推定することができる。異なるデータ・セットを用いると、異なる a_i, b_i が得られるであろう。たとえば1年内の月次データを用いて a_i, b_i を求め、しかる後に次の1年間のデータを用いて再度 a_i, b_i を求めると、それらの値は違ったものとなるであろう。以下では、モデルは与えられているものと仮定する。つまり少なくともここでは、これらのモデルがどのようにして導かれたかについては問わないことにする。もしシングル–ファクター・モデ

ルに同意するのであれば、平均–分散分析のパラメータをこのモデルからただちに求めることができる。計算結果は、

$$\bar{r}_i = a_i + b_i \bar{f} \tag{8.2a}$$

$$\sigma_i^2 = b_i^2 \sigma_f^2 + \sigma_{e_i}^2 \tag{8.2b}$$

$$\sigma_{ij} = b_i b_j \sigma_f^2, \quad i \neq j \tag{8.2c}$$

$$b_i = \mathrm{cov}(r_i, f)/\sigma_f^2 \tag{8.2d}$$

となる。

この式はファクター・モデルの最も重要な利点を表している。もとのモデルの場合、平均、分散、共分散を表すために必要となるパラメータの数は $2n+n(n-1)/2$ 個であった。シングル–ファクター・モデルの場合に、必要なのは a_i, b_i, $\sigma_{e_i}^2$, $\bar{f}$, σ_f^2、すなわち全部で $3n+2$ 個だけである。

◆ポートフォリオのパラメータ

資産の収益率をファクター・モデルで表現する場合、これらの資産によって構成されるポートフォリオの収益率は、それ自体に関するファクター・モデルによって記述される。この重要な性質を証明するために、次式によって収益率が表される n 種の資産があるものとしよう。

$$r_i = a_i + b_i f + e_i, \quad i = 1, 2, \ldots, n$$

重み $w_i (\sum_{i=1}^n w_i = 1)$ を用いてポートフォリオをつくると、ポートフォリオ収益率は個別の資産の収益率を同じ重みで加えたものとなる。すなわち、

$$r = \sum_{i=1}^n w_i a_i + \sum_{i=1}^n w_i b_i f + \sum_{i=1}^n w_i e_i$$

となる。したがってこれを、

$$r = a + bf + e$$
$$a = \sum_{i=1}^n w_i a_i$$
$$b = \sum_{i=1}^n w_i b_i$$
$$e = \sum_{i=1}^n w_i e_i$$

と表すことができる。ここで a と b は定数で a_i と b_i の加重平均である。e の項はランダムであるが、それもまた e_i の平均となる。$\mathrm{E}(e_i) = 0$、$\mathrm{E}[(f - \bar{f})e_i] = 0$、$\mathrm{E}(e_i e_j) = 0$, $i \neq j$ とすると、$\mathrm{E}(e) = 0$、$\mathrm{E}[(f - \bar{f})e] = 0$ となることは明らかである。

一方 e の分散は、

$$\sigma_e^2 = \mathrm{E}(e^2) = \mathrm{E}\left[\left(\sum_{i=1}^n w_i e_i\right)\left(\sum_{j=1}^n w_j e_j\right)\right] = \mathrm{E}\left(\sum_{i=1}^n w_i^2 e_i^2\right) = \sum_{i=1}^n w_i^2 \sigma_{e_i}^2$$

となる。ここで e_i は互いに無相関であるという事実を用いた。以上でポートフォリオの収益率を、簡単なしかも完全なファクター方程式として表現することができることがわかった。

ファクター・モデルは、分散化の影響を調べるのに好都合なモデルである。これによって、分散化すればリスクを減らすことができるが、完全には除去することはできないことが明らかになる。いま簡単のため、シングル-ファクター・モデルですべての i について $\sigma_{e_i}^2$ が一定であるものとし、$\sigma_{e_i}^2 = s^2$ とおこう。ここで各資産の重みが同じであるポートフォリオを考えよう。すなわちすべての i について $w_i = 1/n$ とおく。この場合、前に述べたことから、

$$\sigma_e^2 = \frac{1}{n}s^2$$

となる。ここで $n \to \infty$ とすると $\sigma_e^2 = 0$ となる。したがって、よく分散化されたポートフォリオにおいては、ファクター方程式の誤差項は小さくなる。ポートフォリオ全体の分散は、

$$\sigma^2 = b^2 \sigma_f^2 + \sigma_e^2$$

である。ここで n を大きくすると σ_e^2 は 0 になるが、b は b_i の平均なので $b^2 \sigma_f^2$ は一定値にとどまる。この結果、n を増やしたときポートフォリオの分散は、σ_e^2 がゼロに収束するので小さくはなるが、ゼロにはならないのである。

この結果次の結論が得られる。収益率が以下のファクター・モデル、

$$r_i = a_i + b_i f + e_i$$

によって表される任意の資産には、$b_i f$ と e_i による 2 種類のリスクが対応する。e_i が原因となるリスクを**分散可能な**(diversifiable) リスクという。なぜなら、十分に分散化されたポートフォリオについては、この部分による寄与はほとん

ゼロになるからである。一方、$b_i f$ による部分を**システマティック**（systematic）**リスク**、もしくは**分散不可能な**（nondiversifiable）**リスク**という。なぜならそれは、分散化されたポートフォリオにも残るものだからである。システマティック・リスクは、すべての資産に影響を与えるファクターに依存するものなので、分散化しても除去することはできない。一方 e_i が原因となるリスクは互いに独立なので、分散化によって減らすことができる。

例 8.1（4 つの株と 1 つのインデックス） 表 8.1 の上半分には、過去 10 年間にわたる 4 種類の株の収益率（パーセント）と、同じ期間の工業株インデックスを示した。そこでこのインデックスを使って、4 つの株に関するシングル–インデックス・モデルをつくろう。第 1 ステップとして、各銘柄とインデックスの過去の収益率の平均を計算する。以下ではそれらの平均値を $\hat{\bar{r}}_i$、$\hat{\bar{f}}$ と書くことにする。それは真の（未知の）平均値 $\bar{r}_i$、$\bar{f}$ と区別するためである。

収益率 r_i の 10 個のサンプルを r_i^k、$k = 1, 2, \ldots, 10$ とすると、$\bar{r}_i$ の推定値は、

$$\hat{\bar{r}}_i = \frac{1}{10} \sum_{k=1}^{10} r_i^k$$

となる。また分散の推定値を標準的方法[1]を用いて、

$$\mathrm{var}(r_i) = \frac{1}{9} \sum_{k=1}^{10} (r_i^k - \hat{\bar{r}}_i)^2$$

とする。同じ公式を使って、インデックスの平均値と分散を推定する。

引き続いて各銘柄の収益率とインデックスとの共分散を計算する。このためには次の公式、

$$\mathrm{cov}(r_i, f) = \frac{1}{9} \sum_{k=1}^{10} (r_i^k - \hat{\bar{r}}_i)(f^k - \hat{\bar{f}}) \tag{8.3}$$

を用いる。以上の値が求まると、次式で a_i、b_i を計算することができる。

$$b_i = \frac{\mathrm{cov}(r_i, f)}{\mathrm{var}(f)}$$
$$a_i = \hat{\bar{r}}_i - b_i \hat{\bar{f}}$$

---

[1] この推定式の詳細については第 9.2 節を参照のこと。

(これらの式は、ファクター式の両辺と f との共分散を求めることによって得られる)。

モデルが組み上がったら、各銘柄の誤差は互いに独立かつインデックスとも独立であると仮定して誤差の分散を求める。(8.2b) 式を用いると、

$$\mathrm{var}(e_i) = \mathrm{var}(r_i) - b_i^2 \mathrm{var}(f)$$

となる。これらの値を表 8.1 の下部に示した。誤差の分散が、株の収益率の分散それ自体とほとんど同じ大きさをもつことに注意しよう。この結果、このファクターが収益率の変動を十分によく説明できていないことがわかる。言い換えると、このモデルの場合、システマティックでないリスク部分が大きいのである。また (8.3) 式を用いて $\mathrm{cov}(e_i, e_j)$ を計算すると、誤差の相関が大きいことがわかる。たとえば $\mathrm{cov}(e_1, e_2) = 49$、$\mathrm{cov}(e_2, e_3) = 101$ となって、誤差の間の共分散がゼロであるという前提から大きく外れた値を示している。この結果、シングル−インデックス・モデルは、株式収益率を正しく表していないことがわかる(これらのデータに対する、より当て

表 8.1　ファクター・モデル

年	株 1	株 2	株 3	株 4	インデックス
1	11.91	29.59	23.27	27.24	12.30
2	18.37	15.25	19.47	17.05	5.50
3	3.64	3.53	−6.58	10.20	4.30
4	24.37	17.67	15.08	20.26	6.70
5	30.42	12.74	16.24	19.84	9.70
6	−1.45	−2.56	−15.05	1.51	8.30
7	20.11	25.46	17.80	12.24	5.60
8	9.28	6.92	18.82	16.12	5.70
9	17.63	9.73	3.05	22.93	5.70
10	15.71	25.09	16.94	3.49	3.60
平均	15.00	14.34	10.90	15.09	6.74
分散	90.28	107.24	162.19	68.27	6.99
共分散	2.34	4.99	5.45	11.13	6.99
b	0.33	0.71	0.78	1.59	1.00
a	12.74	9.53	5.65	4.36	0.00
e-var	89.49	103.68	157.95	50.55	

4 つの株と工業株インデックスの収益率の記録を示した。平均、分散、および各銘柄とインデックスとの共分散を計算した。これらの値をもとに a_i と b_i の値を計算し、最後に誤差の分散を求めた。この場合、インデックスは株価の変動を十分に説明できていない。

はまりのよいモデルは次節で与えられる）。

◆マルチ・ファクター・モデル

前節のアプローチを、ファクターが複数である場合に拡張することができる。たとえば、市場収益率といった広い範囲をカバーするインデックス f_1 と、前月と今月の消費者支出の差といったインデックス f_2 が与えられたとすると、各銘柄 i の収益率を表すモデルは、

$$r_i = a_i + b_{1i}f_1 + b_{2i}f_2 + e_i$$

となる。この場合も a_i を切片、b_{1i}、b_{2i} をファクター負荷という。ファクター f_1、f_2 と誤差 e_i は確率変数である。誤差の期待値はゼロで、それらは2つのファクターとも銘柄の誤差とも無相関であるものとする。しかし、2つのファクターの間には相関があってもよいものとする。これらのファクターは観測可能であって、その統計的性質は資産の収益率とは独立に検証することができるものとする。

ファクターが2つの場合には、期待収益率と共分散は容易に求まる。すなわち、

$$\bar{r}_i = a_i + b_{1i}\bar{f}_1 + b_{2i}\bar{f}_2$$

$$\mathrm{cov}(r_i, r_j) = \begin{cases} b_{1i}b_{1j}\sigma_{f_1}^2 + (b_{1i}b_{2j} + b_{2i}b_{1j})\mathrm{cov}(f_1, f_2) + b_{2i}b_{2j}\sigma_{f_2}^2, & i \neq j \\ b_{1i}^2\sigma_{f_1}^2 + 2b_{1i}b_{2i}\mathrm{cov}(f_1, f_2) + b_{2i}^2\sigma_{f_2}^2 + \sigma_{e_i}^2, & i = j \end{cases}$$

ここで b_{1i}、b_{2i} は r_i と f の共分散をとることによって、次の式で与えられる。

$$\mathrm{cov}(r_i, f_1) = b_{1i}\sigma_{f_1}^2 + b_{2i}\sigma_{f_1, f_2}$$

$$\mathrm{cov}(r_i, f_2) = b_{1i}\sigma_{f_1, f_2} + b_{2i}\sigma_{f_2}^2$$

この方程式を解くと b_{1i}、b_{2i} が求まる。

2-ファクター・モデルは、シングル-ファクター・モデルよりよい結果を導く場合が多い。たとえば、シングル-ファクター・モデルで a_i、b_i を推定すると誤差項が大きく、ファクターとの相関も大きくなる場合がある。この場合、シングル-ファクター・モデルは実際の収益率構造を十分によく表現していない。ところが2-ファクター・モデルを使うと、誤差値は小さくなり、相関関係もモデルの前提条件をみたす方向に改善される。しかし2-ファクター・モデルは、まったく構造のない共分散行列を記述するにはまだまだ単純すぎる。

以上述べたことから、このモデルをより多くのファクターを用いたモデルに

拡張するにはどうすればよいかは明らかであろう。実際この種のきわめて包括的なモデルがつくられている。米国株式の場合、用いるファクターの数は3から15程度が適当であるという点で、一般の合意が得られている。

◆ファクターの選択

適切なファクターの選択は、（多くの実用的分析と同様）半ば科学であり半ばアートである。しかしファクターを3つのカテゴリーに分類しておくと都合がよい。このカテゴリーが明示されれば、読者は間違いなく有用なファクターを追加したくなるであろう。

1. **外的ファクター**　きわめて当たり前のことであるが、ファクターとしては、モデルの中で扱われる証券から見て外生的な変数が選ばれる。その例としては、国民総生産（GNP）、消費者物価指数（CPI）、失業率、新規着工インデックスなどである。米国政府は数多くのインデックスを公表している。ファクターとしては、他の外生変数、たとえば月内交通事故数や太陽の黒点活動などを使うこともできる。

2. **抽出されたファクター**　証券収益率に関する既知の情報から抽出したファクターを用いることもできる。最も多く用いられるファクターは、市場平均ポートフォリオの収益率である。このファクターは、個別証券の収益率から直接的に求められるものである。もう1つの例は、ある証券の収益率を他の証券のためのファクターとして用いるやり方である。より普通には、ある産業に属する企業の証券の収益率の平均値をファクターとして用いる。その例としては、工業ファクター、公共事業ファクター、輸送ファクターなどがある。これ以外に、主成分分析を用いてファクターを抽出する方法もある（練習問題3を参照）。これは収益率の共分散行列をもとに、大きな分散をもつ証券の組み合わせを求める方法である。実際抽出されるファクターは、（前の例で見た通り）通常は個別証券の収益率の1次結合である。もっと複雑な方法を使ってファクターを抽出する方法もある。その例としては、2つの株の収益率の比や、直近の市場最高値からの経過日数、市場平均収益の移動平均などがある。

3. **企業の特性**　企業はPER（株価収益率）、配当利回り、収益予想やその他の企業に特有の値によって特徴づけることができる。各種のデータサービスを使うと、各主要証券ごとに50ほどの指標が得られる。これらをファクターとして使うこともできる。これは通常の意味でのファクターとは違うが、似たような役割を果たすものである。たとえば（通常の意味の）シン

グル-ファクターを f とし、(前四半期の PER のような) 企業特性を g として証券 i の収益率を、

$$r_i = a_i + b_i f + c g_i + e_i \tag{8.4}$$

と表そう。

この場合定数 c はすべての企業について同一であるが、g_i は企業ごとに異なった数値をとる。したがって、この項はシステマティック・リスク（分散不可能なリスク）には寄与しないが、誤差項 e_i の分散の減少には寄与する。言い換えると、cg_i の項は標準的なシングル-ファクター・モデルに表れる誤差項の推定値と見ることができる。

企業特性をファクター・モデルに追加することは有効である。

8.3 シングル-ファクター・モデルとしてのCAPM

シングル-ファクター・モデルの特殊ケースとして、CAPMを導くことができる。このような見方を通して、CAPM理論の展開に関する重要な知見を得ることができる。

◆特性線

市場平均収益率 r_M をファクターとする、株式収益率に関するシングル-ファクター・モデルを考えよう。便宜上 r_M と各銘柄の収益率 r_i から r_f を差し引き、超過収益率 $r_i - r_f$ と $r_M - r_f$ についてモデルをつくると、

$$r_i - r_f = \alpha_i + \beta_i (r_M - r_f) + e_i \tag{8.5}$$

が得られる。一般のモデルでは a_i, b_i が使われるが、ここでは α_i, β_i という記号を使うのが慣例となっている。ここではこれまでと同様、$\mathrm{E}(e_i) = 0$ およびそれが市場平均収益率（ファクター）や他の e_j と無相関であるものとする。

(8.5) 式に対応する**特性方程式**（characteristic equation）もしくは**特性線**（characteristic line）は、$e_i = 0$ とおいたもの、すなわち $r_i - r_f = \alpha_i + \beta_i (r_M - r_f)$ のことをいう。

図8.2にその線を示し、1つの典型的な点をこの線上に示した。$r_i - r_f$ と $r_M - r_f$ の観測値をこのダイヤグラム上にプロットすると、それはさまざまに散らばるであろうが、特性線はこれらのばらついた点によく当てはまるものと思われる。

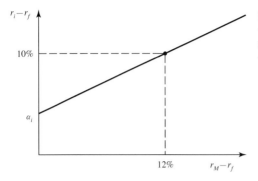

図 8.2 特性線
この直線は、変数 $r_i - r_f$ をファクター $r_M - r_f$ で説明するシングル–ファクター・モデルを表している。

この方程式の期待値は、

$$\bar{r}_i - r_f = \alpha_i + \beta_i(\bar{r}_M - r_f)$$

となるが、この式は α_i を除けば CAPM と同一である。CAPM によれば $\alpha_i = 0$ となるはずである。

このモデルの β_i の値はただちに計算できる。(8.5) 式の両辺の r_M との共分散をとると、

$$\sigma_{iM} = \beta_i \sigma_M^2$$

が得られる。よって、

$$\beta_i = \frac{\sigma_{iM}}{\sigma_M^2}$$

すなわち CAPM 式の β_i とまったく同じ式が得られる。

特性線は、α_i が 0 にならなくてもよいという意味で、CAPM より一般的なものである。CAPM の観点から言えば、α_i は資産 i のミスプライシングの大きさを表している。この立場から言えば、α_i が正である銘柄は本来よりパフォーマンスがよく、α_i が負のものは本来よりパフォーマンスが悪いことになる。金融サービス機関（や、きわめて技術的な投資家たち）は、多種類の株について α、β を推定している。しかし CAPM 式を導いたシングル–ファクター・モデルは、CAPM のもとになる一般モデルとは等価でないことに注意しよう。なぜなら、一般モデルは任意の共分散行列をもとにして、市場が効率的であることを前提として導かれたのに対して、シングル–ファクター・モデルはきわめて単純な共分散構造を前提とする一方で、市場の効率性については何の仮定もおかないからである。

例 8.2（4 つの株と市場） 超過市場収益率をファクターとして、例 8.1 を検討し直してみよう。市場は同じ重みの 4 つの銘柄からなるものとする。したがって、1 年間の市場平均収益は 4 つの銘柄の平均となる。これを表 8.2 の上部に示した。また過去 10 年間の無リスク資産の収益率も併記した。必要となる統計量は、超過市場収益をファクターとすることを除けば、前とまったく同じ式を用いて計算することができる。これによって a_i に関する式が α_i に関する式に変更される。表で見る通り、株式収益の変動のかなりの部分はファクターによって説明される。言い換えると、この場合のシステマティック・リスクはあまり大きくないことがわかる。また追加的な計算を行うと、各銘柄の誤差はほとんど無相関で、市場収益率との相関も低い。たとえば $\mathrm{cov}(e_1, e_2) = -15.5$、$\mathrm{cov}(e_2, e_3) = 2.2$ なので、前のモデルに比べるとかなり小さくなっている。この結果、このシングル–ファクター・モデルは、4 つの株の収益率を表現する優れたモデルであることがわかる。つまりこの例に関しては、市場収益率の方が先に用いた工業インデックスより優れたファクターとなっている。しかし、このことは他の例については成り立たないかもしれない。

8.4　裁定価格理論*

ファクター・モデルの枠組みを用いると、もう 1 つの価格理論である**裁定価格理論**（arbitrage pricing theory：**APT**）が導かれる。この理論は、投資家が平均と分散をもとにポートフォリオを評価する、という前提を必要としない。必要なのは、収益が確定的であれば投資家は小さな収益よりも大きな収益を好むということだけである。この意味では APT は、平均–分散理論や、強い意味での均衡理論、すなわちだれもが平均–分散理論をもとに行動することを前提とした CAPM より、はるかに優れているということができる。

しかしその一方で、APT はある特殊な仮定を必要とする。それは対象となる資産のユニバースが大きい、というものである。理論が厳密に成り立つためには、世の中に無限個の資産が存在し、これらの各々が他と本質的に異なっていることを仮定しなくてはならないのである。一般に取引されている米国株をユニバースとすれば、この仮定は十分によくみたされているものと考えられる。

◆APT の単純バージョン

APT の背景にある概念を説明するために、まず理想的な特殊ケースを考えよ

表 8.2　市場平均ポートフォリオをファクターとするファクター・モデル

年	株 1	株 2	株 3	株 4	市場	無リスク
1	11.91	29.59	23.27	27.24	23.00	6.20
2	18.37	15.25	19.47	17.05	17.54	6.70
3	3.64	3.53	−6.58	10.20	2.70	6.40
4	24.37	17.67	15.08	20.26	19.34	5.70
5	30.42	12.74	16.24	19.84	19.81	5.90
6	−1.45	−2.56	−15.05	1.51	−4.39	5.20
7	20.11	25.46	17.80	12.24	18.90	4.90
8	9.28	6.92	18.82	16.12	12.78	5.50
9	17.63	9.73	3.05	22.93	13.34	6.10
10	15.71	25.09	16.94	3.49	15.31	5.80
平均	15.00	14.34	10.90	15.09	13.83	5.84
分数	90.28	107.24	162.19	68.27	72.12	
共分散	65.08	73.62	100.78	48.99	72.12	
β	.90	1.02	1.40	.68	1.00	
α	1.95	.34	−6.11	3.82	0.00	
e-var	31.54	32.09	21.37	34.99		

ここでは、市場平均ポートフォリオの超過収益をファクターとして選択した。株の収益の変動は、大略市場平均ポートフォリオの収益によって説明することができる。また株式の誤差は互いに無相関で、市場平均とも無相関である。したがってこのモデルは、データにきわめてよくフィットしている。

う。いますべての資産の収益が以下のシングル–ファクター・モデルをみたすものとする。

$$r_i = a_i + b_i f$$

資産ごとに a_i、b_i は異なった値をもつ。ここには誤差項が存在しない。収益率の不確実性に影響を与えるのは、ファクター f の不確実性だけである。APTの要点は、a_i と b_i の値が市場における裁定の機会が除去されるように決まるという点である。そこで a_i と b_i の関係を見るために、2つの資産 i と j を考えよう。j については次の関係式が成立する。

$$r_j = a_j + b_j f$$

いまこの2つの証券について、$b_i \neq b_j$ であることを仮定しよう。重み $w_i = w$、$w_j = 1-w$ として2つの資産のポートフォリオをつくると、このポートフォリオの収益率は、

$$r = wa_i + (1-w)a_j + [wb_i + (1-w)b_j]f$$

となる。ここで f の係数がゼロとなるように $w = b_j/(b_j - b_i)$ と選ぶと収益率は、

$$r = wa_i + (1-w)a_j = \frac{a_i b_j}{b_j - b_i} + \frac{a_j b_i}{b_i - b_j} \tag{8.6}$$

を得る。したがってこの特別なポートフォリオは確率的な項を含まないので、無リスクとなる。ここで収益率が r_f の無リスク資産が存在するものとすると、上でつくったポートフォリオの収益率は、r_f と一致しなくてはならない。なぜなら、もしそうでないものとすると、裁定の機会が存在するからである。また無リスク資産が存在しないとしても、このようにしてつくられたポートフォリオは f に依存しないので、同一の収益率をもたなくてはならない。そこでこの収益率を λ_0 としよう。無リスク資産が存在する場合は、もちろん $\lambda_0 = r_f$ である。ここで (8.6) 式の右辺を λ_0 とおくと、

$$\lambda_0(b_j - b_i) = a_i b_j - a_j b_i$$

となる。式を入れ替えると、

$$\frac{a_j - \lambda_0}{b_j} = \frac{a_i - \lambda_0}{b_i}$$

これはすべての i、j について成り立つ式である。そこですべての i に対して、

$$\frac{a_i - \lambda_0}{b_i} = c$$

とおくと a_i と b_i は独立ではないこと、すなわち $a_i = \lambda_0 + b_i c$ となることがわかる。

このような関係式がもっともであることを理解するために、f として S&P500 平均の収益率を選んでみよう。a_i と b_i を任意に選ぶことができるものとして、$a_i = 0.50$、$b_i = 1.0$ という値をもつ株 i を考えてみよう。この株の収益率は 50% と S&P500 収益率の和となるが、これは明らかに高すぎるので、このような収益率を実現する株は存在しない。より現実的には、もし $a_i = 0.50$ であれば、b_i は負でないとおかしなことになるであろう。もう1つのケースとして a_i を無リスク金利とすれば、b_i はゼロでなくてはならない。こう考えると $a_i = \lambda_0 + b_i c$ という関係は、a_i と b_i の関係を表すものとして納得のいくものである。

上の式を使うと、資産 i の収益率に関する単純な式を導くことができる。すなわちその関係とは、

$$\bar{r}_i = a_i + b_i \bar{f} = \lambda_0 + b_i c + b_i \bar{f}$$

となる。ここで $\lambda_1 = c + \bar{f}$ とおくと、

$$\bar{r}_i = \lambda_0 + b_i \lambda_1 \tag{8.7}$$

を得る。したがって λ_0、λ_1 がわかれば、第 i 資産の期待収益率はその負荷 b_i によって完全に決定される（a_i は b_i によって決まるから）。

価格公式 (8.7) は CAPM の公式と似ていることに注意しよう。もしファクターとして市場平均収益率 r_M を選べば、$\lambda_0 = r_f$、$\lambda_1 = \bar{r}_M - r_f$ とすることができるので、APT で $b_i = \beta_i$ とおけば CAPM と同じになる。

ファクター数が多い場合も結果は同じである。そこで一般の場合の定理とその証明を述べよう。

単純な APT　　n 種の資産に対して $m < n$ 個のファクターが存在して、各資産の収益率が、

$$r_i = a_i + \sum_{j=1}^{m} b_{ij} f_j, \quad i = 1, 2, \ldots, n$$

と表されるものとしよう。このとき $m+1$ 個の定数 $\lambda_0, \lambda_1, \ldots, \lambda_m$ が存在して、

$$\bar{r}_i = \lambda_0 + \sum_{j=1}^{m} b_{ij} \lambda_j, \quad i = 1, 2, \ldots, n$$

が成立する。

証明： ファクターが2つの場合について証明しよう。各資産 i に対して x_i だけ投資するものとする。このとき x_i が $\sum_{i=1}^{n} x_i = 0$、$\sum_{i=1}^{n} x_i b_{i1} = 0$、$\sum_{i=1}^{n} x_i b_{i2} = 0$ をみたすものとすると、この投資に伴う純投資額は 0 で、リスクもゼロとなる。したがってその期待収益もゼロとなる。以上より $\sum_{i=1}^{n} x_i \bar{r}_i = 0$ となる。ここで、

$$\mathbf{x} = (x_1, x_2, \ldots, x_n)^T, \mathbf{b}_1 = (b_{11}, b_{21}, \ldots, b_{n1})^T, \mathbf{b}_2 = (b_{12}, b_{22}, b_{32}, \ldots, b_{n2})^T$$
$$\mathbf{1} = (1, 1, \ldots, 1)^T, \bar{\mathbf{r}} = (\bar{r}_1, \bar{r}_2, \ldots, \bar{r}_n)^T$$

とおくと、上で述べたことを次のように述べることができる。

$$x^T 1 = 0, \quad x^T b_1 = 0, \quad x^T b_2 = 0$$

をみたすすべての x に対して $x^T \bar{r} = 0$ が成立する。言い換えると x が 1、b_1、b_2 と直交するならば、x は $\bar{r}$ と直交する。ここで線形代数[2]の標準的結果を用いると、$\bar{r}$ は 3 つのベクトル 1、b_1、b_2 の 1 次結合となることがわかる。したがって $\bar{r} = \lambda_0 1 + b_1 \lambda_1 + b_2 \lambda_2$ をみたす λ_0、λ_1、λ_2 が存在する。これは定理が述べていることそのものである。∎

この結果を理解するため、ある特別なケースを考えてみることにしよう。もしすべての b_{ij} がゼロならば、リスクはないので $a_i = \lambda_0$ となるが、これは適切な結果である。一方 b_{ij} がゼロでないときは、$\bar{r}_i$ は b_{ij} に比例して増加する。この意味で λ_j はファクター f_j に付随する**リスクの価格**（price of risk）であると考えることができる。このため λ_j を**ファクター価格**（factor price）という。より多くの f_j を受け入れることによって、より多くの収益を得ることができるというわけである。

◆**よく分散化されたポートフォリオ**

次により現実的なファクター・モデル、すなわちファクター項の外に誤差項を含むモデルを考えよう。いま n 個の資産が存在して、第 i 資産の収益率が、

$$r_i = a_i + \sum_{j=1}^{m} b_{ij} f_j + e_i$$

と表されるものとしよう。ここで $E(e_i) = 0$、$E[e_i]^2 = \sigma_{e_i}^2$ とし、e_i はファクターと他の資産誤差とは無相関であるものとする。いま、$\sum_{i=1}^{n} w_i = 1$ をみたす**重み**を用いてポートフォリオを構成すると、その収益率は、

---

[2] このことを理解するには、次の 3 次元空間の部屋を想像すればよい。まず床と平行で壁に対しては垂直なベクトル b を固定する。いま $x^T b = 0$ をみたすすべての x に対して、$x^T \bar{r} = 0$ が成立しているものとする。そのような x の集合は壁の上に乗っている。このことよりある λ が存在して、$\bar{r} = \lambda b$ でなくてはならないことがわかる。

$$r = a + \sum_{j=1}^{m} b_j f_j + e$$

と書ける。ここで、

$$a = \sum_{i=1}^{n} w_i a_i$$
$$b_j = \sum_{i=1}^{n} w_i b_{ij}$$
$$\sigma_e^2 = \sum_{i=1}^{n} w_i^2 \sigma_{e_i}^2$$

である。各 i についてある定数が存在し、$\sigma_{e_i}^2 \leq S^2$ が成立するものとする。またポートフォリオは**十分に分散化されている**（well diversified）ものとしよう。すなわちある定数 $W \approx 1$ に対して $w_i \leq W/n, i = 1, 2, \ldots, n$ が成立するものと仮定するのである。

この結果、n が大きいときにはポートフォリオのどの資産の重みも、あまり大きい値をもたないことが保証される。$\sigma_{e_i}^2 \leq S^2$ を考慮すると、

$$\sigma_e^2 \leq \frac{1}{n^2} \sum_{i=1}^{n} W^2 S^2 \leq \frac{1}{n} W^2 S^2$$

となるから、$n \to \infty$ とすると $\sigma_e^2 \to 0$ となる。つまり無限個の資産で構成される十分に分散化されたポートフォリオの誤差項の分散はゼロである。したがって有限ではあるが、十分に多くの資産からなる分散化されたポートフォリオの誤差項の分散は、近似的にゼロとなる。

◆一般の APT

ここで前 2 節の考え方を組み合わせよう。そのため、まず（本質的に）誤差を含まないよく分散化されたポートフォリオを何千、何万とつくることにしよう。これらのポートフォリオは、その収益率が誤差を含まないファクター・モデルをみたす資産群を構成する。ここで単純な APT 理論を当てはめると、定数 $\lambda_0, \lambda_1, \ldots, \lambda_m$ が存在して、任意の十分に分散化されたポートフォリオの収益率とその期待値は、

$$r = a + \sum_{j=1}^{m} b_j f_j$$
$$\bar{r} = \lambda_0 + \sum_{j=1}^{m} b_j \lambda_j$$

と表すことができる。ほんの少数の基本資産のウェイトを変化させてやることによって、さまざまなよく分散化されたポートフォリオがつくられるので、これら個々の資産もまた、

$$\bar{r}_i = \lambda_0 + \sum_{j=1}^{m} b_{ij} \lambda_j$$

をみたさなくてはならない（この議論は完全に厳密なものではない。しかしこのことを厳密に述べようとすると議論はきわめて複雑になる）。

これより再び、a_i が b_{ij}、$j = 1, 2, \ldots, m$ と独立ではないことがわかる。無リスク項はファクターの負荷と関連があるということである。この結果は、多数の資産が存在して、誤差項を効果的に分散することができるのであれば、誤差項を含む場合でも成立する。

◆APT と CAPM

APT の基礎となるファクター・モデルを CAPM に応用すると、この2つの理論体系の間の関係が明らかになる。

2-ファクター・モデルを用いて、

$$r_i = a_i + b_{i1} f_1 + b_{i2} f_2 + e_i$$

と表そう。すると、この資産と市場平均ポートフォリオの間の共分散は、

$$\mathrm{cov}(r_M, r_i) = b_{i1} \mathrm{cov}(r_M, f_1) + b_{i2} \mathrm{cov}(r_M, f_2) + \mathrm{cov}(r_M, e_i)$$

となる。市場平均ポートフォリオがよく分散化されたポートフォリオになっていれば、それは誤差を含まないので、この式の $\mathrm{cov}(r_M, e_i)$ の項を無視してもよいはずである。したがってこの資産のベータ値は、

$$\beta_{f_1} = \sigma_{M, f_1} / \sigma_M^2$$
$$\beta_{f_2} = \sigma_{M, f_2} / \sigma_M^2$$

とおくと、

$$\beta_i = b_{i1}\beta_{f_1} + b_{i2}\beta_{f_2}$$

と書くことができる。この結果資産のベータ値は、特定の資産に依存しないファクター・ベータから構成されていると考えることができる。全体のベータ値に対応するファクター・ベータの重みは、ファクターの負荷と一致する。このように考えると、資産ごとにベータ値が異なる値をもつものは、その負荷が異なるためであることがわかる。

8.5 ファクター付き射影価格付け

資産を直接価格付けしようとするとき、インプライド期待収益率を計算するよりも、ファクターを用いる枠組みの方が有用である。価格を求めるのに、ファクターの線形構造を用いるのが自然である。なぜなら価格は市場で線形で組み合わされ、新資産を分析する際に価格を求めることがしばしば、主要な目的になるからである。

ファクターによって記述される重要なサブ市場に、n 個の資産が存在するものとしよう。標準的なファクターを用いる枠組みと同様、サブ市場の各資産 i の収入を以下のように表現する。

$$y_i = a_i + \sum_{j=1}^{m} b_{ij} f_j + \varepsilon_i$$

ここで、y_i は資産 i の収入である。ファクター f_j は確率変数で、外部(もしくは内部)の確率要素の不確実な影響を表す。ファクターとしてはエネルギーコストなどが考えられる。b_{ij} はファクター j の資産 i に対するファクター負荷である。ε_i は個別誤差であり、互いに無相関で、ファクターとも無相関である。

新資産は次のような収入 y をもつものとする。

$$y = a + \sum_{j=1}^{m} b_j f_j + \varepsilon$$

ここで、ε は他のすべての確率変数と独立であるとする。

射影によってこの資産を価格付けするために、価格が 1 の市場性資産の(調整された)最小ノルム・ポートフォリオを使う。この調整されたポートフォリオは、もとの資産の 1 次結合として以下のように書ける。

$$y^q = a^q + \sum_{j=1}^{m} b_j^q f_j + \varepsilon^q$$

y の射影価格は y^q と y の内積の期待値、すなわち $P_y = \mathrm{E}[y^q y]$ をとることによって、求められる。これは以下のようになる。

$$P_y = \theta_0 a + \sum_{j=1}^{m} \theta_j b_j \tag{8.8}$$

ここで、

$$\theta_0 = a^q + \sum_{j=1}^{m} b_j^q \overline{f}_j$$

$$\theta_j = a^q \overline{f}_j + \sum_{i=1}^{m} b_i^q \overline{f_i f_j} \tag{8.9}$$

である。

(8.8) 式からわかる通り、θ_j はそれぞれ対応するファクターの単位価格である。たとえば、エネルギーファクターの場合、θ は単位あたりのファクター負荷の値である[3]。

> **例 8.3（試しの練習問題）** 資産の収入が (8.10) 式のように、単一のファクターによって記述できるものとする。
>
> $$y = c + bf + \varepsilon \tag{8.10}$$
>
> 定数 c と b の値はある定数で、ε はランダム誤差である。f と ε の期待値はゼロ、分散は σ_f^2 と σ_ε^2 である。さらに、ε は f および市場の他の資産の誤差とは無相関である。
>
> 市場が 2 つの資産だけで構成されているものとしよう。それぞれの価格は 1 で、収入は以下で与えられる。
>
> $$y_1 = 1 \cdot f + \varepsilon_1 \tag{8.11}$$
>
> $$y_2 = R \tag{8.12}$$
>
> ε_1 はランダム誤差である。ファクター負荷は 1 である。f と ε_1 の期待値はゼロ、分散は σ_f^2 と $\sigma_{\varepsilon_1}^2$ である。さらに、ε_1 は f と無相関である。

---

[3] 新資産の誤差 e が他の資産の誤差と無相関でなければ、追加項が残るだろう。最小ノルム・ポートフォリオがよく分散化されていれば、これらはゼロに近くなる。

(a) これらの2つの資産の最小ノルム・ポートフォリオ $y_{\min}$ に対するウェイト $w_1 = w, w_2 = 1 - w$ を求めよ $[w = R^2/(\sigma_f^2 + \sigma_{\varepsilon_1}^2 + R^2)$ となるはずである$]$。

(b) 正しく y_2 を価格付けするように、倍数 s によって、このポートフォリオを調整せよ。すなわち、$\mathrm{E}[s y_{\min} R] = 1$ となる s を求めよ $[s = 1/((1-w)R^2)$ となるはずである$]$。

(c) 以下のファクターの価格式を得るために、$P_y = \mathrm{E}[s y_{\min} y]$ として、資産の (8.10) 式を評価し、

$$P_y = \theta_0 c + \theta_1 b$$

となる θ_0 と θ_1 を求めよ $[\theta_0 = 1/R$ と $\theta_1 = \sigma_f^2/(\sigma_f^2 + \sigma_\varepsilon^2)$ となるはずである$]$。

8.6 多期間の誤謬

　CAPMは、マーコビッツの単一期間平均–分散理論から導かれる美しく簡明な理論である。ところが実際には、平均–分散理論も CAPM もいつ何時でも売買できる一般株のポートフォリオ構築といった、本質的に多期間問題に応用されている。

　平均–分散理論を多期間問題に応用する最も単純なやり方は、まず一期間の長さ（たとえば1カ月）を選択することである。この期間についてマーコビッツ問題を定式化する。CAPM の仮定のもとでは、この問題を解くと、最適ポートフォリオの重みベクトル w は市場平均ポートフォリオと等しくなるはずである。この考え方を一期先に進めてみよう。もし次の期の収益率に関する統計的性質が前期と同じで、しかも新たな収益率が前期の収益率と無相関であるものとすると、新たな重みベクトル w は前期のものと同じになるであろう。ところが時間の経過とともに株価はさまざまに変化するから、ベクトル w は市場平均ポートフォリオの重みとは同じではないかもしれない。なぜなら、市場の重みは、その資本価値の比率を表しており、価格の変化はこの資本価値を変化させるからである。これが基本的な誤謬もしくは矛盾である。なぜならマーコビッツ・モデルがいつでも同じ重みを与えるのに対して、市場平均ポートフォリオの重みは各期ごとに変化するからである。

　簡単な例を考えよう。いま2種類の株しか存在しないものとし、各々の株価

は 1 ドル、そして収益の平均も分散も同一値をもち、しかも共分散はゼロであるものとする。また、市場にはどちらの株も 1,000 株ずつ存在するものとしよう。いま X_0 だけの資産をこの株に投資するものとすると、対称性により平均–分散問題の解は $w = (1/2, 1/2)$ となるであろう。したがってわれわれはどちらの株も同じ量だけ（ドルベースで同じ量だけ、したがってどちらの株価も同じなので同じ株数だけ）買うことになる。これは市場平均ポートフォリオに対応している。

第 1 期の間に第 1 の株の価格は 2 倍となり、一方第 2 の株の価格は不変であったとしよう。したがって現在の株価は $p_1 = 2$ ドル、$p_2 = 1$ ドルで、われわれの富の総計は $1.5X_0$ に増加している。ところが統計的性質は不変なので、平均–分散問題の解は依然として $w = (1/2, 1/2)$ となる。したがって、われわれはこの 2 つの株に同じ金額だけ投資することになるが、そのためには第 1 株を $1/4 \cdot 1.5X_0$ 株だけ、また第 2 株を $1/2 \cdot 1.5X_0$ 株だけ買うことになる。ところがこれは市場平均ポートフォリオになっていない。なぜなら、それは依然として 2 つの株が同数ずつで構成されているからである。一般に相対的に株価が変化すると、市場におけるドルベースでの株の比率は変化する。ところが平均–分散モデルでは、最適ポートフォリオのドルベースでの比率は同じであることを要求することになるので、矛盾が生ずる。

この誤謬は、毎期市場平均ポートフォリオが最適解となるように期待収益率が変化すると仮定することによって修繕することができる。ところがそうするとモデルの優雅さは失われてしまう。しかしそうするよりも、（第 IV 部で説明する）完全な多期間アプローチを開発する方が望ましい。多期間モデルは、単一期間理論から導かれるいくつかの結論を逆転させる。たとえば、多期間理論は価格の変動がむしろ望ましいものであることを示唆する。しかしながら、マーコビッツと CAPM の単一期間の枠組みは、定量分析の時代を築いた美しい理論であり、それ以降の研究を支援するエレガントな基礎を与えるものである。

8.7 まとめ

平均–分散ポートフォリオ理論は、特別な分析手続きとモデリング技術を使うことによって、それを裸のまま用いるより現実的なアプローチとなる。ここで紹介した手続きとテクニックは、(1) 平均–分散モデルを記述するため必要なパラメータ数を減らすためのファクター・モデル、(2) CAPM にファクターを追加し、またその前提となっている均衡の仮定を外して APT を利用すること、(3)

過去のデータからパラメータの推定値を計算することに内在する誤差を認識すること、などである。

　ファクター・モデルは、各資産の収益をある定められた（ランダムな）ファクターの1次結合として表現する。どの資産に対しても同一のファクターを用いるが、その1次結合の係数は資産ごとに違った値をもつ。ファクター項の外に、定数項 a_i と誤差項 e_i が存在する。ファクターの係数はファクター負荷と呼ばれる。このモデルを用いて計算を行う際には、誤差項は互いに無相関で、しかもファクターとも無相関であると仮定するのが普通である。

　ファクター・モデルの大きな利点は、標準的な平均−分散モデルに比べて、パラメータの数がはるかに少なくて済むことである。実際には3から15個のファクターを使えば、数千の米国株の収益の間の共分散構造をうまく記述することができる。

　ファクターの選び方にはいくつかの方法がある。最も普通の選び方は、市場平均ポートフォリオの収益率である。これをファクターとするシングル−ファクター・モデルは、CAPMと深くつながっている。その他のファクターとしては、米国政府によって公表されているさまざまな経済指標や、ある種の資産収益率の組み合わせから抽出したファクターなどがある。このほかにも企業に特有の財務指標の組み合わせを追加すると有効である。

　超過市場収益率をシングル−ファクターとして採用すると、資産の特性線が定義される。これは、横軸を $r_M - r_f$ とし縦軸を $r - r_f$ とするグラフ上の直線である。この直線の縦軸との切片はアルファと呼ばれる。またその勾配はCAPMのベータとなる。CAPMによればアルファはゼロとなるはずである（しかし実際にはそれはゼロとはならない）。

　裁定価格理論（APT）は、ファクター・モデルから直接的に導かれるものである。この理論の有用性を保証するには、ファクター・モデルの誤差項が互いに無相関で、ファクターとも無相関であるという性質をみたすことが重要である。この場合には、誤差項は多数の資産を組み合わせることによって分散化し消去することができる。

　APTからは、ファクター・モデルの係数が線形関係をみたすという結論が導かれる。市場平均ポートフォリオの超過収益率をファクターとして用いるシングル−ファクターの場合には、CAPM理論によれば $\alpha = 0$ となる。これはAPTの特別の場合で、このときには資産収益率に関する式の定数 a は、その資産のファクター負荷の1次結合となる。繰り返すが、APTを適用する上で難しいのは、適切なファクターの選び方である。

人々は平均–分散理論を実装するのに必要なパラメータ――マーコビッツ問題の場合には期待収益率、分散、共分散、そしてファクター・モデルの場合には、a_i や b_{ij} ――は過去のデータから推定可能であると考えたがるものである。次章で議論するように、ある種のパラメータはこのようにして推定することができるが、そうでないものもある。

ポートフォリオ理論におけるマーコビッツの平均–分散モデルと、それに引き続く CAPM、ファクター・モデル、APT は単一期間投資分析のためのエレガントな基礎理論である。これらの理論は分散化による利益を詳しく分析し、市場におけるリスクについての理解を深めることに役立つものである。この理論は実装可能なものである。実際これらの理論は、ポートフォリオ・マネジメントの実務に大きな影響を及ぼした。すなわちインデックス・ファンドは広く利用されているし、ベータ値は金融分野では幅広く議論されている。またマーコビッツ問題を解くために大規模な 2 次計画プログラムがつくられているし、多くのファクター・モデルが利用されている。そして何千億ドルもの資産が、これらの考え方や方法を用いて管理されているのである。

しかし平均–分散モデルは、すべての問題を解決する万能策ではない。すべての人が平均と分散のみをもとに行動するという仮定は疑わしいし、必要なパラメータを推定することも困難である。さらに、（均衡理論が要求するような）すべての人がパラメータについて同じ推定値を採用するという仮定も疑わしい。また全体を多段階の枠組みを用いて修正することも必要である。

これらの困難は、モデルを拡張したり、近似を行ったり、また資産の性質をより詳しく吟味することによって、ある程度は乗り越えることができる。これらについては多大な努力が払われている。しかし大きな改善を実現するには、究極的には平均–分散分析を超えた新たな道具を用意することが必要である。すなわち、平均–分散アプローチの知見をもとに、不確実性をより直接的にかつ多期間モデルとして扱う理論を構築しなくてはならないのである。

練習問題

1. （単純なポートフォリオ）　すべての株式が、市場ポートフォリオをファクターとするシングル–ファクター・モデルをみたすと信じている投資家を考えよう。表 8.3 に示す 3 つの株式からなるポートフォリオを考えよう。市場ポートフォリオの期待収益率は 12%、その標準偏差は 18% とする。また無リスク金利は 5% である。

(a) ポートフォリオの期待収益率を求めよ。
(b) ファクター・モデルが正しいとして、収益率の標準偏差を求めよ。

表 8.3 単純なポートフォリオ

株	ベータ	誤差項の標準偏差	ポートフォリオ中の重み
A	1.10	7.0%	20%
B	0.80	2.3%	50%
C	1.00	1.0%	30%

2. （APTファクター）　2つの株が次の2-ファクター・モデルをみたすものとする。

$$r_1 = a_1 + 2f_1 + f_2$$
$$r_2 = a_2 + 3f_1 + 4f_2$$

無リスク金利を10%とし、$\bar{r}_1 = 15\%$、$\bar{r}_2 = 20\%$ とする。このとき、λ_0、λ_1、λ_2 の値を求めよ。

3. （主成分 ⊕）　n 個の確率変数 $x_1, x_2, \ldots, x_n$ の共分散行列を V とする。V の固有ベクトル $\mathbf{v} = (v_1, v_2, \ldots, v_n)$ とは、ある定数 λ（v の固有値という）に対して、$\mathbf{Vv} = \lambda\mathbf{v}$ をみたすベクトル $\mathbf{v}$ のことをいう。確率変数 $v_1 x_1 + v_2 x_2 + \cdots, + v_n x_n$ を**主成分**（principal component）という。V の最大固有値に対応する主成分を第1主成分、2番目に大きな固有値に対応する主成分を第2主成分などという。1-ファクター・モデルのファクターとしてよい候補は、収益率そのものから求められる第1主成分、すなわち収益率の共分散行列の第1主成分である。例8.2のデータに対する第1主成分を求めよ。この主成分を正規化したものは、市場ポートフォリオの収益率と似ているか［ヒント：ここでは、ほとんどの行列演算パッケージが備えている固有値計算が必要である］。

4. （分散の推定）　$r_i, i = 1, 2, \ldots, n$ を平均値 $\bar{r}$、分散 σ^2 である母集団からの独立な標本とする。推定値を、

$$\hat{\bar{r}} = \frac{1}{n} \sum_{i=1}^{n} r_i$$
$$s^2 = \frac{1}{n-1} \sum_{i=1}^{n} (r_i - \hat{\bar{r}})^2$$

とする。このとき $\mathrm{E}(s^2) = \sigma^2$ となることを示せ。

5. （ファクター負荷を求める） このデータは、株式の収益率とファクター F の値である。以下のモデルの（総平方誤差を最小化する） a と b の最良値を求めよ。

$$r_i = a + b \times F + \varepsilon_i$$

最適化を行う簡単な方法は、スプレッドシートのプログラムを用いることである。

| 収益率 | .02 | .34 | .12 | .34 | .67 | .11 | .33 | .56 | .34 | $-$.28 |
| ファクター F | .40 | .80 | .14 | .66 | .90 | .20 | .18 | .47 | .21 | $-$.30 |

6. （3つのポートフォリオの場合の APT） 次の 2-インデックスモデルが、収益率を記述すると仮定しよう。

$$\overline{r}_i = r_f + b_{i1}\lambda_1 + b_{i2}\lambda_2$$

次の3つのポートフォリオが観測されると仮定する。

ポートフォリオ	期待収益率 (%)	b_{i1}	b_{i2}
A	10	1	0
B	1	0	2
C	-2	-1	1

(a) APT によると、この市場における期待収益率とファクター負荷の関係はどうなるか。

(b) 次の特徴をもつポートフォリオ D を考えよう。

$$r_D = 15\%,\ b_{D1} = 2,\ b_{D2} = 1$$

裁定機会は存在するか。もし裁定可能であれば、その裁定機会を記述せよ。

7. （キャンセル） 16個の株式は次の収益率を満足するとしよう。

$$\overline{r}_i = \pm\alpha + f + \varepsilon_i$$

ここで、$\alpha > 0$ である。8つの株式には "+" 符号、残りの8つには "$-$" 符号を使う。ファクター f は 16 個すべての株式に共通である。平均は 1% で、標準偏差は 15% である。ε_i は個々の株式の誤差を表し、その平均

は0で、fとの共分散は0、異なる株式同士の共分散も0である。それぞれの ε_i の標準偏差は 24%である。ポートフォリオは、これらのすべての株式から構成され、すべて等ウェイトであると仮定しよう。ポートフォリオの期待収益率と収益率の標準偏差はいくらか。

参考文献

　収益率に関するファクター分析については、きわめて多くの研究がある。[1]には、その優れたサーベイが含まれている。また [2] も参考にしていただきたい。APT は Ross[3] によって提案された。実際への応用については [4] がある。またファクター・モデルと APT の入門的記述については、第2章の参考文献に挙げたファイナンスの教科書を見ていただきたい。

1. Sharpe, W. F. (1982), "Factors in New York Stock Exchange Security Returns 1931–1979," *Journal of Portfolio Management*, **8,** Summer, 5–19.
2. King, B. F. (1966), "Market and Industry Factors in Stock Price Behavior," *Journal of Business*, **39,** January, 137–170.
3. Ross, S. A. (1976), "The Arbitrage Theory of Capital Asset Pricing," *Journal of Economic Theory*, **13,** 341–360.
4. Chen, N. F., R. Roll, and S. A. Ross (1986), "Economic Forces and the Stock Market," *Journal of Business*, **59,** 383–403.

第9章
データと統計

平均–分散ポートフォリオ理論を株式に応用する場合の重要な問題は、その理論に必要なパラメータ値の推定である。それは、個々の株式の平均収益率、分散、そして株式間の共分散である。これらのパラメータ値は容易に手に入らないし、ルーレット、コイン投げ、サイコロ投げなど収入とその確率が明らかである物理的な過程のように、論理的に推定することもできない。この章では、平均–分散パラメータの推定方法について議論する。

得られる推定値が完全であることはほとんどない。したがって、不完全な推定値の利用がポートフォリオのパフォーマンスに与える影響を定量化することが重要である。この知識を得ることによって、推定誤差に影響を受けにくい推定方法を求めることができる。この章では、この重要な問題を議論する。

9.1 基本的な推定法

平均–分散ポートフォリオを設計するためのパラメータを推定する基本的な方法は、ヒストリカルデータを使うことである。

適当なデータがただちに得られるので、これは都合のよい方法である。金融サービス機関はデータを提供したり、これをもとにつくったパラメータの推定値を提供している。この方法は、分散や共分散などのパラメータについては、まずまず信頼に足るものである。しかし期待収益率などについては、この方法はまったく信頼できないものである。信頼性の欠如は、データの誤りや計算の難しさなどに起因するものではなく、データから推定値を抽出するプロセスの本質的な限界が原因である。これはわれわれが、大雑把に**歴史のくもり**（blur of history）と呼んでいる統計上の限界である。データ処理の統計理論と、この本質的な限界を理解することは重要である。

◆期間の長さの影響

株式の年次収益が $1+r_y$ だったとしよう。これは 12 カ月分の月次収益が積み重なった結果であると考えると、

$$1 + r_y = (1+r_1)(1+r_2)\cdots(1+r_{12})$$

と書くことができる。この方程式の場合、月次収益率は年率で計算したものではなく、毎月に実現された数値を表している。r_i の大きさが小さいときは、この式を展開して 1 次の項だけを残すと、

$$1 + r_y \approx 1 + r_1 + r_2 + \cdots + r_{12} \tag{9.1}$$

となる。言い換えれば $r_y \approx \sum_{i=1}^{12} r_i$、すなわち年次収益率は、12 カ月分のこの月次収益率の和と等しくなる。この近似では複利の影響を無視しているが、ここでの目的、すなわちパラメータの大雑把な大きさを知るにあたってはこれで十分である。

ここで株の月次収益率が同一の統計的性質をもち、互いに相関がないものとしよう。すなわち毎月の収益率 r_i の期待値と分散は同一であって、その値は $\bar{r}$、σ^2 であるものとする。この近似値を使うと、

$$\bar{r}_y = 12\bar{r}$$

となる。これと同様、

$$\sigma_y^2 = \mathrm{E}\left[\sum_{i=1}^{12}(r_i - \bar{r})\right]^2 = \mathrm{E}\left[\sum_{i=1}^{12}(r_i - \bar{r})^2\right] = 12\sigma^2$$

となる。ここでは収益率は互いに無相関であるという事実を用いた。ここで上の式の両辺を入れ替えると、

$$\bar{r} = \frac{1}{12}\bar{r}_y$$

$$\sigma = \frac{1}{\sqrt{12}}\sigma_y$$

となる。この結果は、週単位だろうが日単位だろうがどのような期間に対しても拡張することができる。もし（同一の長さの）異なる期間における収益率が同一の統計的性質をもち無相関であれば、同じ結果が得られる。特に期間が（1 年

の何分の1という単位で表された）1年の p 個の部分からなっているとすると、1期間の期待収益率と標準偏差は、$p = 1/12$ とした場合、すなわち月次データの結果を用いて一般化することができる。一般の p については、

$$\bar{r}_p = p\bar{r}_y \tag{9.2a}$$

$$\sigma_p = \sqrt{p}\sigma_y \tag{9.2b}$$

となる。推定の問題を難しくしているのは、この平方根の部分である。

期間の長さが、期待収益率と標準偏差にどのような影響を与えるかを示したのが図9.1である。ここでは期待収益率と標準偏差の両者について、1年の期間に対する値を1と正規化した。期間が短くなると、期待収益率も標準偏差も減少する。期待収益率は期間の長さに比例するが、標準偏差は期間の長さの平方根に比例する。この結果、期待収益率と標準偏差の比は、期間の長さが短くなるにしたがって急速に増大する。実際、期間の長さがゼロに近づくにしたがって、この比は無限大に発散する。このため、短い期間の収益率は、その期待値に比べて標準偏差がきわめて大きくなってしまうのである。

この分析の結果を典型的な株式に適用してみよう。株の年次収益率は、だいたい6%から30%の間にあって、標準的には12%程度となっている。これらの平均値は時間とともに変化するので、この数値が意味をもつのは2、3年程度であると考えられる。株の1年間の収益の標準偏差は、だいたい10%から60%の間にあって、15%程度が普通である。

そこで平均値と分散を月単位の数値に変換してみよう。そのためには公式(9.2a) と (9.2b) で $p = 1/12$ とおけばよい。年次期待収益率として $\bar{r}_y = 12\%$、年次標準偏差を $\sigma_y = 15\%$ とおくと月次の値は $\bar{r}_{1/12} = 1\%$、$\sigma_{1/12} = 4.33\%$ となる。この結果、月次収益率の標準偏差は、その期待値の4.3倍にも達する。

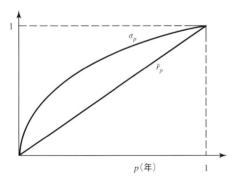

図9.1 期間の効果
期待収益率は、期間の長さに関してほぼ1次式の関係で増加する。一方、標準偏差は期間の長さの平方根に比例して増加する。

年次の場合にはこの倍率は 1.25 である。相対的誤差は、期間が短くなるにつれ拡大される。この議論をさらに一歩進めて、独立な日次データをもとに収益率を計算する場合を考えよう。1 年には 250 日の取引日があるものとすると $p = 1/250$ である。これより $\bar{r}_{1/250} = 0.048\%$、$\sigma_{1/250} = 0.95\%$ だから両者の比は $0.95/0.048 = 19.8$ となる。この結果は、株式市場で普通に経験される事実によって確かめることができる。株価は 1 日の間に簡単に 3% から 5% も変動することがあるが、その期待値はわずか 0.05% にすぎない。日次期待値は日次分散に比べて小さな値をもつ。

◆平均値のくもり (blur)

この拡大効果によって、期待収益率（もしくは平均）の推定は不可能となることを示そう。

まず基準となる期間の長さを p とする（たとえば月次収益率を基準とするときは $p = 1/12$ である）。この期間の平均収益率を求めよう。各期間の収益率は統計的に同一で、その期待値は $\bar{r}$、標準偏差は σ であるものとする。また個々の収益率は無相関であると仮定する。そこで過去のデータをもとにこれらの値を推定しよう。

いま n 個の期間収益率標本があったとすると、その最良推定量は標本平均値、

$$\hat{\bar{r}} = \frac{1}{n} \sum_{i=1}^{n} r_i \tag{9.3}$$

で与えられる。このようにして求めた $\hat{\bar{r}}$ は確率変数である。異なる n 個のデータを使えば、株の確率的性質は不変でも（つまり真に平均値が不変であっても）$\hat{\bar{r}}$ は異なる値をとるであろう。しかし推定量 (9.3) 式の期待値は真の値 $\bar{r}$ と等しくなる。なぜなら、

$$E(\hat{\bar{r}}) = E\left(\frac{1}{n} \sum_{i=1}^{n} r_i\right) = \bar{r}$$

だからである。

そこで次に、推定量の精度を知るために $\hat{\bar{r}}$ の標準偏差を求めよう。すると、

$$\sigma_{\hat{\bar{r}}}^2 = E\left[(\hat{\bar{r}} - \bar{r})^2\right] = E\left[\frac{1}{n} \sum_{i=1}^{n} (r_i - \bar{r})\right]^2 = \frac{1}{n} \sigma^2$$

だから、

$$\sigma_{\hat{\bar{r}}} = \frac{\sigma}{\sqrt{n}} \tag{9.4}$$

となる。これが平均値の推定量の誤差を表す基本的な公式である。

この式に数値を当てはめてみよう。期間の長さを 1 カ月とする。先に用いた数値を使うと、月単位の値は $\bar{r} = 1\%$、$\sigma = 4.33\%$ であった。12 カ月分のデータを使うと $\sigma_{\hat{\bar{r}}} = 4.33\%/\sqrt{12} = 1.25\%$ となる。したがって、推定された平均値の標準偏差は、平均値それ自身より大きくなる。つまり 1 年間のデータを用いる場合、$\hat{\bar{r}} = 1\%$ となるが、このとき言えることは、"平均値は、1%プラス・マイナス 1.25%である" といった程度のことにすぎない。これはよい推定値とは言えない。4 年分のデータを使うと標準偏差は 1/2 になるが、これでもあまりよい結果とは言えない。よい推定値を得るには、標準偏差は期待値の 10 分の 1 程度となることが必要である。このためには $n = (43.3)^2 = 1{,}875$、すなわち 156 年分のデータが必要である。しかしこれだけ長期にわたって平均値が一定値をとるとは考えにくいので、推定手続きはあまり改善されない。

これが $\bar{r}$ の測定にかかわる "歴史のくもり" 問題と呼ばれる難問である。過去のデータを用いて、$\bar{r}$ を十分な精度で測定することは基本的に不可能なのである。さらに期間の長さを変更しても、状況はあまり改善されない。より長い期間を採用すると、各標本の信頼性は増すが、得られる独立な標本は少なくなる。逆に短い期間を採用すると、より多くの標本が得られるが、それらは平均値と標準偏差の比が劣化する（練習問題 1 を参照）。平均値のくもり問題は、本質的な困難というべきものである[1]。

例 9.1（統計的試み） 月次平均 1%、月次標準偏差 4.33%の株式収益率を 8 年分シミュレーションによって生成してみよう。これは年単位に直すとそれぞれ 12%と 15%となる。これらのパラメータをもつ正規分布にしたがうものと仮定して、月次収益率を生成した結果を表 9.1 の上部に示した。また 8 年分のデータを用いて毎年の標本平均収益率と標準偏差を計算した結果を、その年のデータの下に示した（標本標準偏差は推定値にすぎない。この数値の精度については以下の節で説明する）。

標本平均によって決まる平均値の年ごとの推定値が、いかに大きく変化するかに注意してほしい。この分析の結果、これらの推定値の標準偏差は 1.25%になるはずであるが、表に示した結果はこれを裏づけている。8 年間の平均値ですら、真の平均値からかなり大きくずれている。こうなると、

---

[1] 第 9.4 節で議論するように、いくつかの株式の平均を同時に推定することで、いくらか改善することができる。

平均–分散最適化問題にこれらの推定値を用いることを躊躇せざるをえないであろう。

図9.2には個々の月次収益率のヒストグラムを示した。標本の標準偏差がその平均値に比べて大きいことに注意しよう。これを見ると、これらの標本から真の平均値の精密な推定を行なうことは不可能であることがわかる。分布の広がりに比べて平均値がゼロに近すぎるため、その実際の値の何分の1かの誤差で推定値を特定することはできないのである。

表 9.1 月次収益率と平均値の推定（パーセント表示）

	年次収益率								8年間の平均年次収益率
	1	2	3	4	5	6	7	8	
1月	−8.65	2.61	6.39	−4.52	1.28	4.49	−1.44	3.30	
2月	8.61	−2.38	−1.22	2.30	.14	7.58	−4.34	3.75	
3月	5.50	−3.28	1.12	−3.96	−2.63	5.02	1.24	3.95	
4月	2.04	7.45	3.69	−.84	3.15	−.51	8.92	−3.13	
5月	7.51	7.96	.28	.35	−.47	−.19	−.46	−.31	
6月	−2.50	−9.37	3.61	6.96	7.04	1.18	8.28	−.89	
7月	2.28	−7.27	−1.45	4.23	3.68	1.61	−5.33	−6.39	
8月	1.85	−5.30	6.83	.21	2.74	2.62	−1.01	−.60	
9月	5.86	5.69	2.32	.14	−2.08	−2.32	3.77	−.76	
10月	1.37	5.24	−3.79	−6.48	1.73	−3.08	4.18	1.92	
11月	3.17	2.94	−.52	−1.11	6.18	5.42	−2.27	−3.97	
12月	9.23	1.94	2.77	2.86	.38	2.93	4.91	5.18	
平均値	3.02	.52	1.67	.01	1.76	2.06	1.37	.17	1.32
σ	5.01	5.88	3.21	3.81	2.98	3.24	4.66	3.55	4.12

各列は、ランダムに生成した1年分の収益率を表している。真の平均値はいずれも1%である。しかし、推定値はこの値から大きくかけ離れている。

9.2　他のパラメータの推定

過去のデータからその他のデータを推定する場合にも、誤差が混入する。誤差の大きさは、許容できる場合とそうでない場合がある。いずれにせよ、誤差が存在すること、またそれがどのくらいの大きさであるかを見きわめることが重要である。そうでないと、手のこんだ、しかし根本的に間違った手続きでポートフォリオをつくることになってしまうであろう。

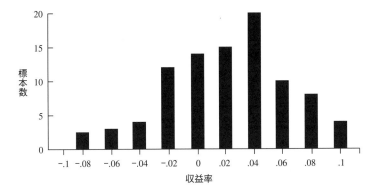

図 9.2 月次収益率のヒストグラム
分布は広がりが大きすぎて、その平均値 0.01 を精度よく推定することは難しい。

◆ σ の推定

分散や共分散を推定する場合のくもり効果は、平均の場合ほどには大きくない。いま収益率について n 個の過去データ $r_1, r_2, \ldots, r_n$ が与えられたとしよう。標本平均と標本分散はそれぞれ、

$$\hat{\bar{r}} = \frac{1}{n} \sum_{i=1}^{n} r_i$$

$$s^2 = \frac{1}{n-1} \sum_{i=1}^{n} (r_i - \hat{\bar{r}})^2$$

で与えられる。s^2 の式で分母が $n-1$ になっているのは、真の（しかし未知の）平均値 $\bar{r}$ の代わりに $\hat{\bar{r}}$ を用いたためである。このようにしておけば $\mathrm{E}(s^2) = \sigma^2$ となる（第 8 章練習問題 4 を参照）。したがって s^2 は分散の不偏推定値となる。

推定値 s^2 の精度は、その分散（もしくは標準偏差）によって決まる。もしもとのデータが正規分布にしたがうなら、s^2 の分散は、

$$\mathrm{var}(s^2) = \frac{2\sigma^4}{n-1}$$

となる。したがって、

$$\mathrm{stdev}(s^2) = \frac{\sqrt{2}\sigma^2}{\sqrt{n-1}}$$

となる。したがって分散の標準偏差は真の分散の $\sqrt{2/(n-1)}$ 倍となるから、n が大きいときには σ^2 の推定値の相対誤差は、それほど大きくはないのである。

例 9.2（1 年分のデータ）　再び 1 カ月ごとのデータを考えよう。12 カ月分のデータを使うと、stdev(s^2) = $\sigma^2/2.35$ となる。これは σ^2 自体の半分以下となっている。したがって、分散は 12 カ月分のデータを使えば、かなりの精度で推定することができる。

　この結論の正しさは、表 9.1 に示した実験によって立証される。この最後の行に示された σ の推定値は、どれもその真の値 4.33% に十分近い値となっている（もちろんそれらは $\bar{r}$ の推定値よりずっとよくなっている）。そして 8 年分のデータを用いた推定値は、本当に大変よい値を示している。

◆くもり

　くもり現象は、ファクター・モデルのパラメータについても当てはまる。しかしこの場合の主たる影響は、定数項 a の決定に表れる。実際 a のくもりは平均値のくもり現象がもとになっている。その詳細は（少々こみ入っているので）ここでは省略する。

　同じことが証券市場線に対する α に対しても当てはまるが、信頼できる形でそれを得ることはできない。一方、β を推定する際の相対誤差は α よりいくらかよい。

9.3　推定誤差の影響

　ポートフォリオの構築は、しばしば資産のパラメータの推定値に依存している。実際に、特に平均収益率の推定値はいくぶんか不正確であり、分散や共分散の推定値も平均収益率ほどではないが、不正確である。不正確なパラメータ値がポートフォリオの質に与える影響を調べることや、これらの誤差によるマイナスの影響を軽減することが実際に可能かどうかを確かめることは賢明である。

　理想的には、パラメータの誤差と、それがポートフォリオのパフォーマンスに与える影響の関係を解析的に定量化したいところであるが、残念なことに、総合的な分析を行うことができるのは簡単な場合だけである。ただし、いくつかの一般的な原則を適用したり、シミュレーションを行うことによって有益な情報を得ることができる。

　いくつかのシミュレーション分析によると、期待収益率の推定誤差が分散や共分散の推定誤差よりもポートフォリオの質に大きな負の影響を与えることが知られている。以前議論したように、信頼すべき期待収益率の推定値を得るのはとても難しいこともわかっている。したがって、期待収益率の推定誤差は、分

散や共分散の推定誤差よりも大きく、より悪い影響を与える。そのため期待収益率の誤差の影響の分析に集中するのが合理的である。簡単のためこの章の残りは、収益率の分散と共分散の推定値は信頼できるが、期待収益率の推定値はあまり信頼できないものと仮定する。

推定誤差がポートフォリオに与える負の影響にはさまざまなものがある。

条件数(Condition number)　行列の条件数は、その特異性の程度を測る指標である。行列が特異行列に近ければ、条件数は大きくなり、行列(もしくはその逆行列)のベクトルに対する演算の結果はベクトル要素の値にきわめて敏感になる。ポートフォリオを構築する場合、関心の対象は共分散行列の $\boldsymbol{V} = [\sigma_{ij}]$ である。無リスク資産が存在しない場合には、効率的フロンティア上のポートフォリオのウェイトは、さまざまな λ と μ に対して、(6.5a) 式で示した以下の式から決定される。

$$\sum_{j=1}^{n} \sigma_{ij} w_j - \lambda \overline{r}_i - \mu = 0$$

悪条件の共分散行列 $\boldsymbol{V}$ によって、$\overline{r}_i$ の推定誤差が大きくなり、ポートフォリオ・ウェイトの精度が悪くなる可能性がある。行列 $\boldsymbol{V}$ の次元が大きく、似たような資産が多い場合に条件数が大きくなる。

レバレッジ(Leverage)　いくつかのウェイトが1よりも大きく、他は0よりも小さいポートフォリオは、売りポジションから得た資金を使って買いポジションをつくるが、それは推定誤差に特に敏感である。たとえば、最も簡単な2資産の場合で、ウェイトが $w_1 = -5, w_2 = 6$ の場合を考えよう。ポートフォリオの期待収益率は $-5\overline{r}_1 + 6\overline{r}_2$ である。それは 期待収益率の差 $\overline{r}_2 - \overline{r}_1$ に非常に敏感である。もし、この差が小さければ、推定誤差は大きく拡大される。1よりも大きいウェ

イトをもつ資産がない場合でも、いくつかのウェイトが負になって、他の資産を購入するためのキャッシュをつくるのに利用される。これは現実のレバレッジと同様、少数資産の期待収益率にきわめて敏感なポートフォリオをつくる結果を招く。

大きなウェイト（Large weights）　ポートフォリオが大きなウェイトをもつ資産を含んでいると、全体の収益率はこれらの資産の平均収益率に大きく依存する。分散化することは、市場リスクを減らすだけでなく、少数資産の平均収益率に対する全体の期待収益率の感度を減らすために有益である。

◆3つの視点

　推定誤差は最適でないポートフォリオを構築する原因になる。これらの推定誤差の影響を調べるために3つの異なる視点を考えることが有用である。標準偏差の値を変化させながら最適化を行うことによって、効率的フロンティアを構築するものとしよう。結果は3つの異なる方法を用いて説明できる。1番目は、私たちが思っている（"Think"）ものを推定値として用いて、最適化を行うことで求められる効率的フロンティア曲線である。2番目の曲線は、真のパラメータが使われた場合に生成される理論（"Theory"）曲線である。3番目は、期待収益率の推定値に基づいて計算したウェイトを使ったポートフォリオが描く実際の（"Actual"）曲線である。研究者はこれらの立場に立って大規模なシミュレーションを実行した。この結果得られた曲線は平均的に見て、おおよそ図9.3のようになっている[2]。

　"Think"曲線は、不正確な推定値に基づいてポートフォリオを最適化することによって計算される曲線である。この曲線は楽観的なものになることが多く、"Theory"曲線よりも優位な結果を生み出す。もし、ある資産の期待収益率の推定値が真の値よりも大きいならば、この資産により多く投資することが望ましく、過大なプラスの結果をもたらす。推定値が低い場合にも同様のことが起こる。すなわち、よい資産の評価を下げることによって、最適なウェイトよりもこの資産への投資ウェイトを下げてしまう。しかし後に示すように、"Think"

---

[2] 訳注　3つの視点を明確に示すことに加えて、煩雑さを避けるために、"Think" "Theory" "Actual" は訳さずにそのまま用いる。

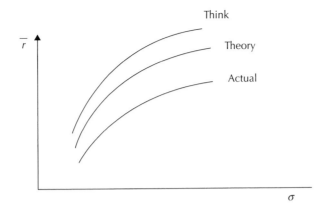

図 9.3 推定誤差の影響を調べる 3 つの方法
(1) われわれが手に入るだろうと考えている "Think" 曲線, (2) 推定誤差が存在しないものと仮定して得られる理論的な "Theory" 曲線, (3) 実際に得られる "Actual" 曲線

の結果は平均的に見て、真の値を使う "Theory" よりも好ましいように見える。

残念なことに、たとえ、パフォーマンスが理論的に決定されたものよりもよくなると思われるこの方法によって構築されるポートフォリオでも、実際にはいつも理論が予測するものよりも悪くなる。

3 つの異なる視点の関係を体系的に調べてみよう。次の数ページで行われる理論展開を通して、真の期待収益率ベクトル $\overline{r}$ を表すために、別の多次元変数 u を定義する。この記号を使うことによって、このタイプの分析では一般に使われる $\overline{r}$ という記号を使う必要がなくなる。この方法を用いて、次の問題を考えてみよう。

$$\begin{aligned}
\underset{w}{\text{最大化}} \quad & w^T u \\
\text{条件} \quad & w^T V w \leq \sigma^2 \\
& w^T \mathbf{1} = 1
\end{aligned} \tag{9.5}$$

$\sigma > 0$ が変わるにつれて、ポートフォリオの期待収益率と標準偏差 σ に関する効率的フロンティアが描かれる。これが "Theory" 曲線である。

"Think" の場合を考えてみよう。推定を行うことで、$\mathrm{E}[e] = \mathbf{0}$ をみたし、$u + e$ の形式での u の不偏推定量が得られると仮定する。この推定値は目的関数 $w^T(u + e)$ を最大化する。具体的には "Think" の場合は、観測される $u + e$ の値を使って以下の問題を解く。

$$\max_{w} \quad w^T(u+e) \tag{9.6}$$
$$\text{条件} \quad w^T V w \leq \sigma^2$$
$$w^T \mathbf{1} = 1$$

ここで、w_{u+e} をこの目的関数に対応する最適ウェイトベクトルとする。結果は e に依存するランダムな値である。

この "Think" ステージで予想する期待パフォーマンスは、

$$\mathrm{E}\left[\max_{w} w^T(u+e)\right] \tag{9.7}$$

である。ここで、w は (9.6) 式に対する 2 本の制約条件をみたすものとする。一方 "Theory" の方は、(9.7) 式の 'max' (最大化) と 'E' (期待値) を反対にすることによって記述することができて、以下のようになる (制約式は同じである)。

$$\max_{w}\left\{\mathrm{E}\left[w^T(u+e)\right]\right\} = \max_{w} w^T u \tag{9.8}$$

e は、その期待値が 0 になるので消滅する。(9.7) 式の値はつねに (9.8) 式の左辺の値より大きくなることが示される[3]。よって、平均的に見て "Think" 曲線は、"Theory" 曲線よりも上に位置する。

次に、"Actual" 曲線を考えよう。実際の期待収益率は $w^T u$ であるが、設計段階で選ばれる w_{u+e} を使う。それは、$w^T u$ の最大化ではなく、$w^T(u+e)$ の最大化によって得られた最適ウェイトである。"Theory" の場合、$w^T u$ に対する最適ウェイト w が得られる。"Think" ステージで選ばれたウェイトは、"Theory" に対して最適ではないので、"Actual" の値は "Theory" で得られた値よりもいつも悪くなる。

3 つの視点の関係を要約すると、以下のように書くことができる。

Think の平均 = 最大値の期待値 > 期待値の最大値 = Theory > Actual

もう一つの興味深い結論は次の通りである。e の符号が反対であっても、"Theory" はいつも "Actual" よりも大きいことがわかる。したがって、$e = \mathbf{0}$ の近傍では、"Theory" と "Actual" の差は 1 次要素を含まないことがわかる。その差は e の 2 次のオーダーでなければならない。その理由は、もし 1 次なら、

---

[3] 目的関数は確率変数 $s = u + e$ の線形関数である。$\max w^T s$ は (w に対する制約の下で)、s の凸関数で $f(s)$ としよう。Jensen の不等式によって、$\mathrm{E}[f(s)] \geq f(\mathrm{E}(s))$ となる。

$e = 0$ の近傍で正の差と負の差が生じるからである。

同じ議論を "Think" の平均と "Theory" の関係にも適用できる。その差は e の符号にかかわらずいつも正なので、その差は推定誤差 e の 2 次のオーダーである。

◈ 最大接線

平均–分散理論において、最も重要なポートフォリオは、マーコビッツ（または市場）ポートフォリオである。期待収益率–標準偏差ダイアグラムの中で、無リスク資産から効率的集合に対する最大の傾きの線には、マーコビッツ・ポートフォリオが含まれる。図 9.4 を見てほしい。この直線は、角度が θ の資本市場線で、その傾きはリスクの価格を表す。それは中心的役割を果たすので、推定誤差が角度に与える影響を調べることには意味がある。

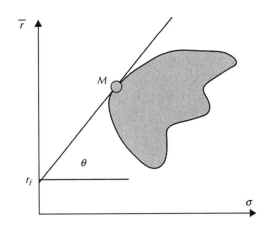

図 9.4 最大接線の角度 θ はマーコビッツ・ポートフォリオによって定義される

簡単のため、無リスク収益率をゼロとしよう。接線の傾きを最大化するポートフォリオを構築する基本的な問題は、以下の通りである。

$$\begin{array}{ll} \text{最大化} & \dfrac{w^T(u+e)}{\sqrt{w^T V w}} \\ w & \\ \text{条件} & w^T \mathbf{1} = 1 \end{array} \tag{9.9}$$

ここで、V は収益率の共分散行列である。V は既知で正確であると仮定す

る。実際の期待収益率はベクトル u で定義されるが、推定値の $u+e$ のみが手に入るものとしよう。e の期待値はゼロである。これは観測される推定値が正確であるという仮定の下で、角度 θ の正接 (tangent) を最大化する "Think" 問題である。

前述のように、目的関数は確率変数 $s = u + e$ の1次関数である。よって、さまざまな視点の関係は以下のようになる。

$$\text{Think の平均} > \text{Theory} > \text{Actual}$$

例 9.3（さまざまな角度） 相関がある2つのリスク資産と無リスク資産の場合を考えてみよう。一般性を失うことなく、前述のように、$r_f = 0$ とする。他のパラメータは、$u_1 = 0.11, u_2 = 0.06, \sigma_1 = \sigma_2 = 0.20, \rho = 0.7$ である。2つのリスク資産に対する一般解である (6.11) 式から、最適ウェイトは以下のように求められる。

$$w_1 = \frac{u_1 - u_2 \rho}{(u_1 + u_2)(1-\rho)} = \frac{0.11 - 0.06 \times 0.7}{(0.11 + 0.06) \times 0.3} = \frac{0.068}{0.051} = 1.3333 \quad (9.10)$$

$$w_2 = 1 - w_1 = -0.3333 \quad (9.11)$$

これらのウェイトから、ポートフォリオの収益率は $\bar{r} = w_1 u_1 + w_2 u_2 = 0.1267$ となる。その分散は $\sigma^2 = 0.04(w_1^2 + 2\rho w_1 w_2 + w_2^2) = 0.0507$ である。そのときの角度の正接は $\tan(\theta) = \bar{r}/\sigma = 0.5627$ であり、その角度 θ は 29.37 度である（表 9.2 の "Theory" の列を参照）。

次に、推定誤差として $e = 0.02$ を導入しよう。それは、u_1 に足すか引くかの（2つの場合の）どちらかである（よって、期待値はゼロである）。"Think" に対する結果は表の "Think" の列、"Actual" に対する結果は "Actual" の列に示されている。予想通り、3つの視点には不等号関係が確認される。また、"Actual" の値と "Think" の平均値に対する "Theory" からの乖離は2次のオーダーである。

例題の中の関係はいくらか望みを与えてくれる。"Think" の2つの場合は1次のオーダーだけ異なる。それはポートフォリオの設計が、推定誤差に非常に影響を受けることを意味する。それにもかかわらず、結果として起こる "Actual" はいつも "Thoery" にきわめて近い。ある意味で、システムは設計段階で起こる偏差に対する免疫性がある。また、"Think" の誤差は大きいが、平均をとれ

表 9.2　3 つの視点

	Think +	Think −	Theory	Actual +	Actual −
u1	0.11	0.11	0.11	0.11	0.11
u2	0.06	0.06	0.06	0.06	0.06
e	0.02	−0.02	0	0.02	−0.02
rho	0.7	0.7	0.7	0.7	0.7
w1	1.5439	1.0667	1.3333	1.5439	1.0667
w2	−0.5439	−0.0667	−0.3333	−0.5439	−0.0667
rbar	0.1681	0.0920	0.1267	0.1372	0.1133
sigma^2	0.0602	0.0417	0.0507	0.0602	0.0417
Tangent	0.6853	0.4505	0.5627	0.5594	0.5550
Delta	0.1225	−0.1122	0.0000	−0.0033	−0.0078
Average Delta	0.0052			−0.0056	
Theta	34.42	24.25	29.37	29.22	29.03

この表は、2 つの相関のあるリスク資産と、収益率がゼロである無リスク資産に対して、正接を最大化する問題の最適解を示す。基本ケースは "Theory" の列である。次に、u_1 に適用される推定誤差は、1 つは $e > 0$ で、もう 1 つは $e < 0$ である。それらが等確率で起こると仮定し、結果の期待値は 2 つの結果を平均して求められる。Delta は "Theory" からの差を表す。予想した通り、期待正接（"Think" の場合）は理論的な結果よりよいか悪いかのどちらかであり、それは e の符号に依存する。しかし、それは平均的にはよい値である。"Actual" の結果はいつも理論的な値より低くなる。

ば、"Theory" にきわめて近い。たぶん、これは、誤差が予想したような大損失を引き起こさないことを意味する。残念ながら、話はそれだけでは終わらない。

例 9.4（大きな誤差の場合）　実際に、20%のボラティリティをもつ資産に関する推定誤差は、0.02 よりもかなり大きそうである。4 年間のデータの推定誤差は減少し、おおよそ、$0.2/\sqrt{4} = 0.1$ である。$e = 0.10$ の状況を調べてみよう。結果を表 9.3 に示す。損失は前述の場合よりも大きく、"Theory" からの "Think" と "Actual" の平均的な偏差は小さくない（それぞれ 0.2314 と −0.3173 である）。

◆複合効果

もう 1 つ複雑化させる要因がある。市場のボラティリティに関するランダム性とは異なり、誤差の推定値が過去の研究に基づいて決定される場合には、推定誤差は時間分散によって減少しない。これらの誤差は期間ごとに独立ではない。実際に、（時間経過とともにわずかに更新されるが）それらは固定された過

表 9.3 ±0.10 の推定誤差の例

	Think +	Think −	Theory	Actual +	Actual −
u1	0.11	0.11	0.11	0.11	0.11
u2	0.06	0.06	0.06	0.06	0.06
e	0.1	−0.1	0	0.1	−0.1
rho	0.7	0.7	0.7	0.7	0.7
w1	2.0741	−1.5238	1.3333	2.0741	−1.5238
w2	−1.0741	2.5238	−0.3333	−1.0741	2.5238
rbar	0.3711	0.1362	0.1267	0.1637	−0.0162
sigma^2	0.0935	0.1323	0.0507	0.0935	0.1323
Tangent	1.2139	0.3744	0.5627	0.5355	−0.0445
Delta	0.6512	−0.1883	0.0000	−0.0273	−0.6072
Average Delta	0.2314			−0.3173	
Theta	50.52	20.53	29.37	28.17	−2.55

去の期間からつくられるので、同一であるか、同一に近いことが多い。基本的に、同じ誤差が毎期繰り返される。N 期間の標準偏差は $N\sigma$ である。よって、期待収益率に対する標準偏差の比率は $\sigma/\bar{r}$ である。それは時間とともには減少しない。一般に、両方のタイプの不確実性があるとき、市場のボラティリティは分散化によって減少するが、推定誤差を減少させることはできない。

9.4 保守的アプローチ

ポートフォリオのパフォーマンスが悪いとイライラするが、それが不正確なパラメータ推定のせいだとなると、なおさらである。パフォーマンスが悪いのが推定誤差のせいだとわかると、推定誤差に敏感ではない保守的なポートフォリオを設計したくなる。そのような保守的な方法を探すために、前節の最初の部分で記述した推定誤差の拡大の原因を思い出そう。

ポートフォリオ・ウェイトを非負にすることで、レバレッジの影響を取り除くことができる。実際に、これは、ポートフォリオを制約するとても一般的な方法である。また、この制約により、非ゼロのウェイトが比較的少ないポートフォリオが生成される傾向となる。これには他に 2 つの利点がある。第 1 に、ポートフォリオをより簡単に管理できること、第 2 に、いくつかの少数の証券に絞ることによって、（より次元が小さい）共分散行列の条件数を減らし、さらに誤差の感度を減らす傾向となる。ただし、1 つの資産が大きなウェイトをもたないことが望ましい。

もう1つの方法は、目的関数にペナルティ項を含めることによって、大きなウェイトをとらないようにすることである。しばしば、ペナルティとして2次関数が使われ、（期待リターンの最大化ではなく、分散の最小化という形で）次のように定式化される。

$$\min_{w} \quad w^T V w + c w^T P w \tag{9.12}$$
$$\text{条件} \quad w^T \overline{r} = \overline{r}$$
$$w^T \mathbf{1} = 1$$

ここで、P はすべての $w \neq \mathbf{0}$ に対して、$w^T P w > 0$ を保証する正定値行列である（しばしば、$P = I$ が使われる）。定数 c は正のペナルティ係数で、これを変えることによって、さまざまなポートフォリオを設計することができる。ペナルティ項を追加して、w に関する最適化を行うと、いくらか空売りを許す一方で、w の値を減らす傾向となる。非負制約を課しても、ペナルティ項は同様に利用できる。

　より直接的な方法は、ウェイトの上限制約を設定することである。たとえば、どの資産も5％以上、ポートフォリオに含めないようにすることなどである。

　保守的なアプローチは頑健性の視点から検討されている。この方法では、推定誤差を確率的に記述し、起こりうる誤差を防ぐことと、目的を最大にすることの間のトレード・オフを取り扱っている（参考文献を参照）。

◆よりよい推定値 *

　期待どおりのパフォーマンスが得られるポートフォリオを構築する最善の方法は、期待リターンの正確な推定値を用いることである。ヒストリカルリターンの平均値に基づく推定値は平均2乗誤差の意味で最良の不偏推定量であるが、他の推定方法もある。それは不偏ではないが、2次の意味で優れたパフォーマンスをもっている。

　ここで、共分散行列 V をもつ n 個の資産を考えよう。真の期待収益率を u とする。観測される収益率ベクトルの平均値を $\hat{u}$ とする。これは、u の標準的な推定量で不偏である。損失関数 $(u - u^0)^T V^{-1} (u - u^0)$ の期待値がより小さくなるという意味で $\hat{u}$ より優れた推定量 u^0 がある。重要なクラスは、2つの推定量の線形結合である**縮小推定量**（shrinkage estimators）である。たとえば、1番目の推定値は $\hat{u}$ で、2番目の推定値はそれらの要素を互いに近づけるような値とする。定数 u_0 を用いた推定値 $u_0 \mathbf{1}$ は、すべての要素が等しいので、

縮小推定量の一例である。他の値よりもよい推定値が存在する場合でも、任意の u_0 を2つの推定量の1つとして使うことができる。

よく使われるのは、以下の **James-Stein 縮小推定量**（James-Stein shrinkage estimator）である。

$$\boldsymbol{u}_{JS} = (1-w)\hat{\boldsymbol{u}} + wu_0\boldsymbol{1} \tag{9.13}$$

ここで、

$$w = \min\left\{1, \frac{n-2}{N(\hat{\boldsymbol{u}} - u_0\boldsymbol{1})^T\boldsymbol{V}^{-1}(\hat{\boldsymbol{u}} - u_0\boldsymbol{1})}\right\} \tag{9.14}$$

であり、$\boldsymbol{u}$ の次元は $n \geq 3$ とする。この推定量が任意の u_0 に対する $\hat{\boldsymbol{u}}$ よりも小さい期待2乗損失をもつという事実は、**Stein のパラドックス**（Stein's paradox）として知られている。

よく使われているもう1つの縮小アプローチは、具体的に資産収益率の推定に適用される。u_0 を最小分散ポートフォリオ（$\boldsymbol{1}^T\boldsymbol{V}^{-1}\hat{\boldsymbol{u}}/\boldsymbol{1}^T\boldsymbol{V}^{-1}\boldsymbol{1}$ である）に対する期待収益率の推定値と等しいと設定すると、以下のようになる。

$$w = \frac{n+2}{n+2+N(\hat{\boldsymbol{u}} - u_0\boldsymbol{1})^T\boldsymbol{V}^{-1}(\hat{\boldsymbol{u}} - u_0\boldsymbol{1})} \tag{9.15}$$

$0 < w < 1$ であることは簡単にわかる。実際に縮小推定量を株式データに適用すると、平均的リターンが標準的な推定よりも約2〜3%低く推定される傾向にある。

"Think"、"Theory"、"Actual"という3つの視点の議論に戻ろう。最も重要な尺度は、"Think"と"Actural"の差である。この差は比較的大きく、その大きさを推定することは難しい。一方、"Think"の平均と"Actual"の差は2次のオーダーである。この事実を使うと、推定値を改善することができる。"Think"の平均と"Actual"の差を Δ としよう。Δ は推定誤差の2次の大きさである。すなわち、定数を $c > 0$、誤差の大きさを e とすると、$\Delta = ce^2$ である。$0 < \alpha < 1$ として、誤差の大きさが αe になるように推定値が改善されたとしよう。$\Delta(\alpha) = \alpha^2\Delta(1)$ なので、それは期待されるものよりもずっとよくなる。たとえば、推定値が10%改善されると（$\alpha = 0.9$）、理想的には誤差は、"Think"の平均と"Actual"の差の 0.81 倍に減少する。言い換えると、推定値を10%改善すると、差はほぼ20%改善される。

この同じ結論が"Theory"と"Actual"の差にも適用できる。それも2次のオーダーだからである。

例 9.5（前述の場合）　　表 9.3 で、$e = 0.1$ とする。e が 0.1 から 0.09 へと 10%変化したら、"Think"の平均と"Theory"の差は 0.2314 から 0.1790 に変わる。22.2%の減少である。同様に、"Actual"の平均と"Theory"の差は -0.3173 から -0.2690 に変わる。これは 15.2%の減少である。

9.5　均衡からのティルト *

　期待収益率のよりよい推定値が得られるのは、株式についての将来の見通しに関する情報が存在し、それを用いて過去のデータに含まれる情報を補強することができる場合である。このような情報を手に入れるにはさまざまな方法がある。その中の代表的なものとしては、(1) 企業に関する詳細なファンダメンタル分析、すなわち将来のプロジェクト、その経営状態、財務状況、競争力、さらには製品やサービスに関するマーケットの予想、(2) 他のアナリストの結論の組み合わせ、(3) 新聞のレポートや個人的経験に基づく洞察や予想などである。このような方法をもとに得られる情報を、過去のデータと体系的に組み合わせれば、優れた推定値を求めることができる。

　1つの可能な方法は、CAPM のアプローチを逆向きに利用することである。つまり、市場平均ポートフォリオが成立するように期待収益率を決定するのである。すなわち、その値を期待収益率として平均–分散問題に用いると、その解として市場平均ポートフォリオが得られるような推定値を求めてやるのである。これを具体的にどうやるかを以下に示そう。

　CAPM 公式が要求する CAPM 期待値は、以下の式で与えられる。

$$\bar{r}_i^e = r_f + \beta_i(\bar{r}_M - r_f)$$

ここで、上付き添字 e を用いたのは、均衡理論から得られる $\bar{r}_i$ の値であるということを強調するためである。$\bar{r}_i^e$ の値を求めるのは簡単である。そのためには β_i を推定し（これはかなり正確に行える）、$\bar{r}_M$ を推定するだけでよい（これはより難しいが、しばしばコンセンサスを利用することができる）。このために難しい方程式を解く必要はない。

　真の期待収益率は確率変数なので、それを確実に知ることはできない。上で求めた均衡値は、この値についての一定の情報を与えるが、それも推定値にすぎない。これらの期待値は一定の分散をもち、互いに相関があるものと予想される。そこで各株 i について、

$$\bar{r}_i = \bar{r}_i^e + \varepsilon_i$$

と書くことにしよう。つまり $\bar{r}_i$ の真の値を、均衡理論から得られたものに誤差を加えたものと表現するのである。この誤差項の期待値はゼロである。

期待収益率に関するその他の情報も、同様に表現することができる。たとえば資産 i に関する過去データを用いるときには、$\bar{r}_i^h$ を過去データをもとに計算した $\bar{r}_i$ の値とし、e_i を過去データの長さによって決まる分散をもつ変数として、$\bar{r}_i = \bar{r}_i^h + e_i$ と書くこともできるであろう。

同様に期待収益率に関する主観的情報や、企業に関する注意深い分析に基づく情報を組み込むこともできる。いずれの場合も、推定値についてはその分散を計算する。

段階を経て推定値を組み立てることもできる。出発点として均衡期待値を使うと、マーコビッツ問題の解は市場平均ポートフォリオとなるであろう。追加情報が加わると、解は当初の解から**ティルト**する。このティルトもしくは乖離の程度は、追加する方程式の性質や誤差項の分散や共分散によって表される信頼度の大きさに依存する。2つ以上の推定値をあるウェイトで組み合わせているので、縮小推定の1つのバージョンと見なすことができる。

例 9.6（データの二重利用） 例 8.2 と表 8.2 のデータを考えよう。この表のまとめの部分の大半を表 9.4 に再構成した。第1行は10年分の平均の収益率を表している。

これに対応する CAPM 推定値を求めるのは簡単である。第1株については $\bar{r}_1^e = 5.84 + 0.90(13.83 - 5.84) = 13.05$ となる。この値は明らかに過去の平均とは違っている。

これを他の推定値と組み合わせて新たな推定値を求めるために、各推定値の分散を決めてやろう。10年分のデータがあるので、過去のデータを用いた $\bar{r}_i$ の推定値の誤差の標準偏差としては、(9.4) 式を用いて $\sigma_i^h = \sigma_i/\sqrt{10}$ としてやるのが適当であろう。第1の株については $\sigma_1^h = \sqrt{90.28/10} = 3.00$ となる。

CAPM による推定値の誤差の大きさについては、この推定値が r_f、β_i、$\bar{r}_M$ の推定値に依存することに注意しよう。しかしここでは、$\bar{r}_M$ に関する誤差以外を無視することにしよう。この結果、$\bar{r}_1^e$ の誤差の標準偏差は $\beta_1 \times \sigma_M/\sqrt{10} = 0.90\sqrt{72.12/10} = 2.42$ となる。

第1の株については、過去データによる推定値と CAPM（均衡）推定値が独立であるものとして、これらの最良の組み合わせを求めると、

$$\bar{r}_1 = \left[\frac{\bar{r}_1^h}{(3.00)^2} + \frac{\bar{r}_1^e}{(2.42)^2}\right]\left[\frac{1}{(3.00)^2} + \frac{1}{(2.42)^2}\right]^{-1} = 13.82$$

となる[4]（練習問題9を参照）。他の株に関する推定値も同様にして求めることができる。

表 9.4　ティルティングのためのデータ

	株 1	株 2	株 3	株 4	市場	無リスク
平均	15.00	14.34	10.90	15.09	13.83	5.84
分散	90.28	107.24	162.19	68.27	72.12	
共分散	65.08	73.62	100.78	48.99	72.12	
β	.90	1.02	1.40	.68	1.00	
CAPM	13.05	14.00	17.01	11.27		
ティルト	13.82	14.14	14.17	12.52		

過去の収益率の平均値は、CAPMが予言する平均値とは等しくならない。両方とも誤差を含んでいるが、それらを組み合わせると、ティルトと呼ばれる新たな推定値が得られる。

9.6　まとめ

人々は平均–分散理論を実装するのに必要なパラメータ——マーコビッツ問題の場合には期待収益率、分散、共分散、そしてファクター・モデルの場合には、a_i や b_{ij} ——は過去のデータから推定可能であると考えたがるものである。確かにある種のパラメータはこのようにして推定することができるが、そうでないものもある。特に株式の場合、その分散や共分散は1年分の月次収益率データをもとにかなりの精度で推定できるが、期待収益率（平均値）にはくもり現象が伴うため、10年分の記録を用いても十分な精度で推定することはできない。このくもり効果は、ファクター・モデルで定数項 a を推定する場合にも当てはまる。

さらに、投資家はもっているものを最大限に活用すべきである。すべてのポートフォリオの設計は、誤差の原因を解明し、その影響を最小化する手段を提供すべきである。特に重要なのは、資産の期待収益率の推定誤差である。なぜな

---

[4] この2つの推定値は独立でははい。なぜならヒストリカルな市場収益は、第1の株のヒストリカルな収益が含まれるからである。また各銘柄のCAPM誤差は市場全体と高い相関をもつ。ここでは簡単のためこの相関は無視した。

ら、これらは分散と共分散の推定誤差と比較して、通常は相対的に大きく、ポートフォリオの結果に対して、より大きな悪影響をもたらすと思われるからである。3つの視点から、推定誤差の影響を分析することが有用である。それは (1) 設計者が思っているもの、すなわち、入手できる推定値に基づいて設計者が予測するポートフォリオの平均収益率、(2) 推定値が正確ならば、理論が予測するもの、(3) 実際に達成される期待収益率、の3つである。平均的に、設計者の期待は理論で計算される期待よりも大きくなる。そして、理論による期待は実際に達成されるものよりも大きくなる。推定誤差が小さいならば、3つの視点の間の差も小さくなる。残念ながら、誤差はいつも小さいとは限らない。なおさら厄介なのは、推定誤差は分散化できないという事実である。なぜなら、同じ（もしくは似た）誤差が各期で起こるからである。

資産ウェイトに非負条件を付け、ウェイトがあまり大きくならないことを要求することなど、ある程度保守的な設計によって、推定誤差の影響を和らげることができる。

最後に、縮小推定法を使って各資産をそれぞれ別々に推定したり、均衡からティルトすることによって期待収益率を推定するのではなく、いくつかの資産の期待収益率を同時に推定することによって、よりよい推定値を得ることが可能である。

練習問題

1. （データは多いほどよいか ◇）　株式の収益率の平均と分散をそれぞれ $\bar{r}$、σ^2 とする。これらを推定するため、1年を n 個の期間に分割し、各期間の収益を記録する。$\bar{r}_n$、σ_n^2 をそれぞれ期間内の収益率の平均値と分散とする。ここでは $\bar{r}_n = \bar{r}/n$、$\sigma_n^2 = \sigma^2/n$ とする。$\hat{\bar{r}}_n$ と $\hat{\sigma}_n^2$ をその推定値とすると、$\hat{\bar{r}} = n\hat{\bar{r}}_n$、$\hat{\sigma}^2 = n\hat{\sigma}_n^2$ となる。これらの推定値の標準偏差を $\sigma(\hat{\bar{r}})$、$\sigma(\hat{\sigma}^2)$ とする。
   (a) $\sigma(\hat{\bar{r}})$ は n とは独立であることを示せ。
   (b) $\sigma(\hat{\sigma}^2)$ が n にどのように依存するかを示せ（収益率は正規分布にしたがうものと仮定せよ）。
   この問題のタイトルに示した設問に答えよ。
2. （記録）　表9.5に株式 S の月次収益率を示した。
   (a) 収益率の算術的平均をパーセント/年で示せ。
   (b) 収益率の標準偏差は年率何%か。

表 9.5　収益率の記録

月	収益率（パーセント）	月	収益率（パーセント）
1	1.0	13	4.2
2	.5	14	4.5
3	4.2	15	−2.5
4	−2.7	16	2.1
5	−2.0	17	−1.7
6	3.5	18	3.7
7	−3.1	19	3.2
8	4.1	20	−2.4
9	1.7	21	2.7
10	.1	22	2.9
11	−2.4	23	−1.9
12	3.2	24	1.1

 (c) (a)、(b) で求めた推定値の精度を求めよ。

 (d) 月次データの代わりに 2 年間の週次収益率データが手に入る場合、問題 (c) に対する計算は変化するか（練習問題 1 を参照）。

3. （一見賢い提案 ◇）　ガビン・ジョーンズは、1 年間の月次収益率を 12 個ではなく 24 個手に入れる賢い方法を考案した。第 1 の標本は 1 月 1 日から 2 月 1 日まで、第 2 の標本は 1 月 15 日から 2 月 15 日までのデータをもとに計算するという具合である。こうすることによって、平均月次収益率 $\bar{r}$ の推定誤差を減らすことができるというのである。このアイデアを分析せよ。この方法で求めた平均値の分散を、12 カ月の互いにオーバーラップしないデータを用いて推定した平均値の分散と比較せよ。

4. （接線の誤差）　例 9.3 に対して、2 つの株式の期待収益率の不確実性を $\boldsymbol{u}+\boldsymbol{e}$ の形で表せ。ただし、$\mathrm{E}[\boldsymbol{e}]=\boldsymbol{0}$ で、$\boldsymbol{e}$ の共分散行列は $\boldsymbol{Q}$ とする。

5. （ボラティリティの感度）　表 9.2 で、2 資産の分散の実際の値は 0.04 であるが、0.044 と不正確に推定されたと仮定しよう（10% の誤差である）。資本市場線の傾きの接線に対する "Think" 値を求めよ。

6. （プロット）　例 9.3 において、$0 \leq e \leq 0.2$ の範囲の e に対する "Actual" − "Theory" の値をプロットせよ。さらに、プロットの目立った特徴を説明せよ。

7. （非負制約）　期待収益率が $\bar{r}_1 = 0.10, \bar{r}_2 = 0.074, \bar{r}_3 = 0.14$ である 3 資産を想定しよう。各資産の標準偏差は 0.2 であり、資産間の相関係数はすべて $\rho = 0.4$ とする。ポートフォリオの分散は 0.038 以下という制

約をおく。
(a) "Theory"値を求めよ。
(b) ウェイトの非負条件の下での値も求めよ。
8. (最小分散問題の定式化*) 以下の問題を考えよう。

$$\underset{\boldsymbol{w}}{\text{最小化}} \quad \boldsymbol{w}^T \boldsymbol{V} \boldsymbol{w}$$
$$\text{条件} \quad \boldsymbol{w}^T(\boldsymbol{u} + \boldsymbol{e}) \geq \bar{r}$$
$$\boldsymbol{w}^T \boldsymbol{1} = 1$$

"Think"を $\boldsymbol{e}$ をもつときの値、"Theory"を $\boldsymbol{e} = 0$ のときの値とする。$\boldsymbol{e}$ は期待値がゼロとなる確率変数と仮定する。"Think"の期待値は"Theory"の期待値よりも小さくなることを示せ [ヒント:最初に、"Think"の値が $\boldsymbol{e}$ の凸関数となることを示し、次いで Jensen の不等式を使え]。

9. (一般のティルティング ◇) 期待収益率に関する情報を得るためのモデルは、一般的に、

$$\text{p} = \text{P}\bar{\text{r}} + \text{e}$$

と書くことができる。ここで P は $m \times n$ 行列、$\bar{\text{r}}$ は n 次元ベクトル、また p と e は m 次元ベクトルである。p は観測値のベクトルで、e は平均がゼロの誤差ベクトルである。誤差ベクトルの共分散行列は Q である。$\bar{\text{r}}$ の最良(最小分散)推定量は、

$$\hat{\bar{\text{r}}} = (\text{P}^T \text{Q}^{-1} \text{P})^{-1} \text{P}^T \text{Q}^{-1} \text{p} \tag{9.16}$$

で与えられる。
(a) 資産が 1 つしか存在せず、上の関係式が 1 本の方程式 $p = \bar{r} + e$ であるとき、(9.16) 式から $\hat{\bar{r}} = p$ となることを示せ。
(b) 2 つの互いに相関のない尺度が存在し、その値は p_1、p_2 で、分散は σ_1^2、σ_2^2 であるものとする。このとき、以下の関係式が成り立つことを示せ。

$$\hat{\bar{r}} = \left(\frac{p_1}{\sigma_1^2} + \frac{p_2}{\sigma_2^2}\right) \left(\frac{1}{\sigma_1^2} + \frac{1}{\sigma_2^2}\right)^{-1}$$

(c) 例 9.6 を考えよう。この場合、

$$\bar{r}_1 = p_1 + e_1$$
$$\bar{r}_2 = p_2 + e_2$$
$$\bar{r}_3 = p_3 + e_3$$
$$\bar{r}_4 = p_4 + e_4$$
$$\bar{r}_1 = r_f + \beta_1 f_M$$
$$\bar{r}_2 = r_f + \beta_2 f_M$$
$$\bar{r}_3 = r_f + \beta_3 f_M$$
$$\bar{r}_4 = r_f + \beta_4 f_M$$

という式が成り立つ。ここで e_i は互いに無相関で、$\mathrm{cov}(e_i, f_M) = 0.25\sigma_i^2$ とする。例で用いたデータを用いて、β_i が正確に与えられているものとして、$\bar{r}_i$ の最良推定値を求めよ（この計算を行うには、2×2 の行列の逆行列を求めるだけでよいことに注意）。

参考文献

ヒストリカルデータをもとに収益率パラメータを推定する際の誤差分析は、昔から知られているものであるが、実際にはあまり利用されていない。[1] にはこの点に関する初期のよい解説がある。ポートフォリオに対する推定誤差の影響は、シミュレーションによって研究され、[2] で報告されている。さまざまな視点からポートフォリオの結果を比較するアイデアは、[3] や [4] に遡る。[5] はポートフォリオ設計の頑健性に関する優れた概説である。[7] は頑健性と縮小推定に関するすばらしい概説である。また、[6] も参照のこと。縮小推定量の最初の文献は [9] と [10] であり、特に資産問題に対しては [11] である。ティルトする方法は、Black and Litterman[8] によって提案された。

1. Ingersoll, J. E. (1987), *Theory of Financial Decision Making,* Rowman and Littlefield, Savage, MD.
2. Chopra, V., and W. Ziemba (Winter 1992), "The Effect of Errors in Means, Variances, and Covariances on Optimal Portfolio Choice," *Journal of Portfolio Management*, 6–11.
3. Broadie, M. (1993), "Computing Efficient Frontiers Using Estimated Parameters," *Annals of Operations Research*, **45**, nos. 1–4, 21–58.
4. Ceria, S., and R. Stubbs (2006), "Incorporating Estimation Errors in Portfolio Selection: Robust Portfolio Construction," *Journal of Asset Management* **7**, no. 2, 109–127.
5. Shaw, D. (February 2008), "Robust Optimization: What Works and What Does Not," *Northfield News* (slides), www.northinfo.com/documents/285.pdf

6. Kuhn, D., P. Parpas, B. Rustem, and R. Fonseca, (2009), "Dynamic Mean–Variance Portfolio Analysis under Model Risk," *Journal of Computational Finance*, **12**, no. (4), 91–115.
7. Fabozzi, F., P. Kolm, D. Pachamanova, and S. Forcardi (2007), *Robust Portfolio Optimization and Management*, John Wiley & Sons, Hoboken, NJ.
8. Black, F., and R. Litterman (September/October 1992), "Global Portfolio Optimization," *Financial Analysts Journal*, 28–43.
9. Stein, C. (1995) "Inadmissibility of the Usual Estimator for the Mean of a Multivariate Normal Distribution," *Proceedings of the Third Berkeley Symposium on Mathematical Probability and Statistics, I.* Berkeley: University of California Press, 197–206.
10. James, W., and C. Stein (1961), "Estimation with Quadratic Loss," *Proceedings of the Fourth Berkeley Symposium on Mathematical Probability and Statistics, I.* Berkeley: University of California Press, 361–379.
11. Jorion, P. (Sept. 1986), "Bayes–Stein Estimation for Portfolio Analysis," *The Journal of Financial and Quantitative Analysis*, **21**, no. 3, 279–292.

第10章
リスク尺度

　賢明な投資家はリスクに関心をもち、一般的に、損失のリスクと利益の可能性の間の適切なトレード・オフに基づいて、ポートフォリオを設計している。これは定量的なリスク尺度を使うことによって、明示的に行うことができる。

　このトレード・オフを扱うよく知られた1つの尺度は、ポートフォリオのシャープ・レシオである。それは（無リスク金利を上回る）平均超過収益率を、ポートフォリオ収益率の標準偏差で割った値である。すなわち、$(\bar{r}_p - r_f)/\sigma_p$ である（第7章を参照）。この比率は単純だが、ポートフォリオの質を測る実践的な尺度として、よく使われている。しかしながら、利益の可能性を二の次にして、損失リスクのみに焦点を当てて、トレード・オフの関係を非対称に見ることが望ましい場合もある。

　たとえば、銀行などの金融機関は、利益の予想よりも損失リスクに圧倒的に大きな注意を払う状況に置かれている。口座振込や譲渡性預金から約束された利益は、基本的に正確にわかっているが、損失の推定は容易でない。一般的にはとても小さいが、リスク資産に投資している銀行自身が大損害を被ってデフォルト（倒産）し、預金者へ約束したリターンを危うくする可能性もある。

　銀行の顧客すべてが、銀行のリスクを注意深く評価することはできないので、その大部分は、規制、監督、保険という形で政府が、米国の場合は連邦預金保険公社（Federal Deposit Insurance Corporation：FDIC）が担っている。銀行規制監督者は、主として大きな損失の確率として表現される健全性を評価するために、標準化されたリスク尺度を用いる。一般的に、金融の健全性は、大きな損失の可能性から銀行を守るために十分な資本準備金をもっているかどうかに帰着される。実際に、監督者は一般的に、利益ではなく、潜在的な損失にのみ焦点を当てる。それがこの章の視点であり、以下ではもっぱら損失リスクを定量化することに焦点を当てる。

リスクはいくつかのカテゴリーに分類することができる。最も重要なリスクの 1 つである**市場リスク**（market risk）は、株式や債券のように市場で自由に取引される資産に関連したリスクである。市場性資産から構成されるポートフォリオは毎日評価されるので、次の日の予想価値は確率的に推定することができる。**非市場リスク**（nonmarket risk）は、保有しているが短期的には市場で直接価格が付けられない資産に適用される。市場で取引されていないローンが 1 つの例である。もう 1 つの例は未公開株式企業への投資である。そのような市場性のない投資は流動性がないため、評価するのが難しい。ローンや他の取引の契約相手のデフォルト・リスクである**信用リスク**（credit risk）は、もう 1 つの主なリスク・カテゴリーである。デフォルトの原因は、少なくとも部分的には一般の市場環境によるものなので、市場リスクと非市場リスクの組み合わせと見なすことができる。信用リスクの話題は重要である。このため信用リスクについては、多くの重要な理論が開発されている。それについては第 17 章でより詳しく取り扱う予定であるが、そこでの議論の一部は本章の題材がもととなっている。

10.1　バリュー・アット・リスク

ある将来時点 T でポジションの価値変化を示す確率変数 X を定義しよう。一般的に、変数 X はその実現結果に依存して、正負のどちらの値もとりうる。便宜上、確率変数 X そのものを**ポジション**（position）と定義する。リスクの視点からは、損失、すなわち $-X$ に焦点を当てる。

バリュー・アット・リスク（value at risk, VaR と略す）という指標は、損失に対する関心をもとに考案されたものである。これを定義するために、**損失の許容範囲**（loss tolerance）を表す 0 と 1 の間の値 h と、それに対する**信頼水準**（confidence level） $1-h$ を規定する。たとえば、$h = 0.05$、すなわち 5%の損失の許容範囲、$1-h = 0.95$、すなわち 95%の信頼水準を選んだとしよう。あるポジション X とある損失の許容範囲 h に対して、損失が V よりも大きくなる確率が h よりは大きくならない V の最小値として VaR は定義される。数式で示せば[1]、

$$\mathrm{VaR}_h(X) = \min_h \{V : \mathrm{P}\left[-X > V\right] \leq h\} \tag{10.1}$$

---

[1] P[·] はカッコ内の事象の発生確率を表す。もし、最小値が存在しなければ、inf で表される最大下界が使われる。

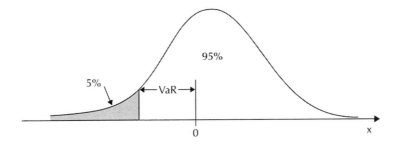

図 10.1　95%信頼水準の確率の最小範囲としての VaR
確率密度の期待値を正とすると、ゼロ点は中心よりも左側に位置する。VaR はゼロ点から損失の許容範囲で定義される分位点までの値として計測される。

である。同様に、VaR は損失が V よりも大きくならない確率が $1-h$ より大きくなる V の最小値である。すなわち、

$$\mathrm{VaR}_h(X) = \min_h \{V : \mathrm{P}\left[-X \leq V\right] > 1 - h\} \tag{10.2}$$

である。

　バリュー・アット・リスクを図示すると、図 10.1 のようになる。X の確率密度を表す曲線の下にある範囲の合計は、もちろん 1 である。VaR はその点を上回る密度が、信頼水準 95% に等しくなる左端（最小）の点によって決定される。同じように、それは VaR の点を下回る密度が、損失の許容範囲 5% になる点である。確率変数 X の確率密度を表す図 10.1 の斜線を施した部分の面積が h となる点を h-分位点（h-quantile）と呼ぶ。したがって、バリュー・アット・リスクは、ある特定の損失の許容範囲に対する分位点に等しい。ただし、ここでは損失を測るために符号が変えられている。

　当面の間、密度関数は滑らかな連続関数と仮定する。具体的には、離散確率となる点（正の確率をもつ点）は存在しないと仮定する。

　VaR を定義するとき、暗黙のうちに、X が実現する時間 T が決められている。銀行の準備金を監視する場合は、普通将来の 1 日もしくは数日である。市場流動性が高くない状況では、期間は 1 年と長くなるかもしれない。信頼水準は規制監督局によって決められている。それは 95% か 99% であることが多い。しかし、銀行の内部目的のために、その他の値が用いられる場合もある。

　損失の許容範囲 h（信頼水準 $1-h$）に対応する X のバリュー・アット・リスクを $\mathrm{VaR}_h(X)$ で表す。

　X の累積確率分布（cumulative probability distribution）を $F_X(x) =$

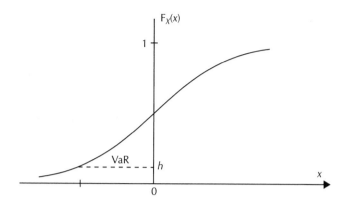

図 10.2 累積確率分布と VaR との関係

$P[X \leq x]$ と定義する。ここで、P は確率を表す（図 10.2 を参照）。任意の点 x で、$F_X(x)$ は x の左側にある領域の面積である。累積分布関数は非減少で、0 から 1 まで動く。ただし、(ゼロの確率となる X の範囲があれば）フラットな範囲や、(離散確率で起こる場合などで）ジャンプもありうる。もし、x のある間隔の中で、フラットな点が $F_X(x) = h$ で起こったならば、$\text{VaR}_h(X)$ は基本的にはフラットな間隔の右端の点（の負の値）によって定義される。これは対象として可能な値の中の最小値を $\text{VaR}_h(X)$ とすることを意味する[2]。

$F_X(x)$ が連続で単調増加ならば、逆関数 $x = F_X^{-1}(h)$ を定義することができる。この逆関数を用いると、以下のように記述することができる。

$$\text{VaR}_h(X) = -F_X^{-1}(h) \tag{10.3}$$

逆関数 $F_X^{-1}(x)$ を求める方法を図 10.2 で説明する。ある特定の値 $x = h$ における逆関数値を求めるために、縦軸の h に対して曲線との交点まで水平に動かすと、横軸のその値が $F_X^{-1}(h)$ となる。関心の対象となるほとんどの分布に対して、h が小さいとそれは負の値になり、それが正の VaR に対応する。

◆VaR の性質

バリュー・アット・リスクは、いくつかの基本的な性質を満足する。それは、構造を特徴づけたり、それがどの程度役に立つリスク尺度であるかを明らかにしてくれる。第 1 に、VaR は理解しやすく、潜在的な損失を直感的に反映して

---

[2] 具体的には、すべての場合で、$\text{VaR}_h(X) = -\inf\{m : F_X(m) > h\}$ である。

いる。第 2 に、VaR は密度関数の左裾のみに依存する。それは（多分に楽観的な）利益を反映せずに、損失のみに焦点を当てることを意味している。第 3 に、VaR は格付け会社によって提供される AA, A, BB などの広いカテゴリーによって定義されるものではなく、確率に要約されるという意味で、客観的である。もちろん、この指標を用いるためには、左裾の確率密度を注意深く測定しなければならないが、これは難しいかもしれない。

◆必要資本

VaR の最も重要な性質の 1 つは、それがポジション X に追加されたときに、新しい VaR がゼロになる無リスク収益の大きさとして解釈できることである。VaR の点は、密度関数もしくは分布関数の軸上の $-\text{VaR}_h(X)$ の点に位置づけられる（図 10.1 と図 10.2 を参照）。$C > 0$ が X に追加されたならば、密度関数の図は C だけ右に移動する。具体的には、$C = \text{VaR}_h(X)$ が加えられると、新しい VaR はゼロになる。したがって、ゼロより大きい損失が h よりも大きな確率をもたないことを保証するために、X に追加されなければならない最小資本を C とすると、$\text{VaR}_h(X) = C$ となる。

言い換えれば[3]、VaR は「損失がちょうど確率 h で生じるためには、どのくらいの資本を加える必要があるか？」という質問に対する答えを表している。

10.2　バリュー・アット・リスクの計算

VaR の数値を測定するには、ポジション X の大きな潜在的損失を表す密度関数の左裾部分に対する確率分布の推定が必要である。これは、必ずしも簡単ではないが、ここでは比較的単純にシステマティックな評価が可能な、市場リスクの影響に議論を限ることにする。

◆モデルに基づく方法

X の確率分布は解析的に表すことができるものと仮定しよう。そうすると、適切な分位点を解析的に、もしくは近似計算によって求めることができる。

普通の場合、ポートフォリオに含まれる個々の資産のリスクが正規（ガウス）分布にしたがうと仮定する。正規分布は統計解析でよく使われる。それについては付録 A と第 13 章、第 15 章で詳しく説明する。当面の目的のためには、い

---

[3] VaR= $\inf\{C : P[X + C < 0] \leq h\}$ である（練習問題 4 を参照）。

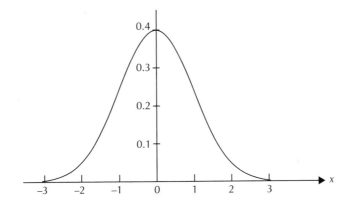

図 10.3　標準正規分布の確率密度関数
平均 0、分散 1 をもつ（裾は両方向で無限大になる）。

くつかの簡単な事実のみが必要である。正規確率密度関数[4]は図 10.3 で示したように、よく知られた**ベル型曲線**（bell-shaped curve）によって表される。それは平均 μ、分散 σ^2（もしくは標準偏差 σ）によって完全に特定される。もちろん、これらは不確実なリターンを特徴づけるために、これまでの章でよく使われていた2つのパラメータと同じものである。

X が平均 μ、分散 σ^2 をもつ正規分布にしたがうならば、その VaR は命題 10.1 を使うことによって求められる（正規分布に慣れていない読者はその証明を飛ばして、以下で示す例で考える方が支障がないかもしれない）。

命題 10.1（正規分布に対する VaR）　X が平均 μ、標準偏差 σ をもつ正規分布にしたがうと仮定しよう。そのとき、

$$VaR_h(X) = -\sigma F_N^{-1}(h) - \mu \qquad (10.4)$$

---

[4] 平均 μ、標準偏差 σ をもつ正規分布の確率密度関数は以下の通りである。

$$p(x) = \frac{1}{\sqrt{2\pi}\sigma} e^{-\frac{1}{2}(x-\mu)^2/\sigma^2}$$

である。ここで、F_N は（平均 0、標準偏差 1 をもつ）標準正規確率変数の累積分布関数である。

証明： 平均 0、標準偏差 1 をもつ標準化された新しい正規確率変数 $X^* = (X - \mu)/\sigma$ を定義するのが便利である。この標準正規分布は $N(0,1)$ と記述され、その分布関数[5]の値は標準正規分布表、もしくはソフトウェアを使って手に入れることができる（第 15 章の練習問題 1 を参照）。

X に対するバリュー・アット・リスクを求めるために、$m = -\mathrm{VaR}_h(X)$ とする。$\mathrm{P}[X \leq m] = h$ から始めよう。不等式の両辺から μ を引き、σ で割ると、以下の式を得ることができる。

$$\mathrm{P}[(X - \mu)/\sigma \leq (m - \mu)/\sigma] = h$$
$$\mathrm{P}[X^* \leq (m - \mu)/\sigma] = h$$
$$F_N[(m - \mu)/\sigma] = h \tag{10.5}$$

m に対して (10.5) 式を解き、マイナスを付ける。したがって、以下のようになる。

$$(m - \mu)/\sigma = F_N^{-1}(h)$$
$$\mathrm{VaR}_h(X) = -\sigma F_N^{-1}(h) - \mu \quad \blacksquare$$

h が小さいとき（実際には 0.5 未満の h）、$F_N^{-1}(h)$ の値はマイナスである。したがって、標準偏差が大きくなると、VaR は大きくなる。

例 10.1（小さい μ） 収益が正規確率変数 X となる流動性の高いポートフォリオを考えよう。T が数日というように小さければ、X の平均は標準偏差よりもずっと小さくなるだろう。

極限的なケースとして、$\mu = 0$ と仮定すれば、VaR は分散にのみ依存する。たとえば、$h = 0.05$ とする。(10.4) 式から VaR を求めること

---

[5] $\mathrm{P}[X^* \leq x]$ の記号は、$X^* \leq x$ の事象の発生確率を示す。したがって、$F_N(x) = \mathrm{P}[X^* \leq x]$ である。

ができる。正規分布表を使うと、$-F_N^{-1}(0.05) = 1.65$ である。これは $\text{VaR}_{0.05}(X) = 1.65\sigma$ となることを意味している。

例 10.2（N 日間の **VaR**）　年金基金が正規分布にしたがうポジション X_A に 1,000 万ドルの資金を投資したとしよう。基金は信頼水準 $1 - h = 0.95$ で、このポジションの 10 日間の VaR を計算したい。上記の計算では、他の章で行ったような年次ベースではなく、日次ベースでそのポジションの平均と分散を表すのが一般的である。これらのパラメータの年あたりの値を μ_y, σ_y とすると、それに相応する 1 日あたりの値は $\mu_d = \mu_y/250$、$\sigma_d = \sigma_y/\sqrt{250}$ である（第 9 章を参照）。また、これらの計算では前述のように、日次の μ の値は 0 と仮定するのが一般的である。それは、ほとんどの場合、実際に日次の σ に比べてとても小さいからである。

X_A の日次のボラティリティを 2%（年次で約 30%）と仮定し、異なる日々の収益率は互いに独立としよう。$N = 10$ 日間に対して、ボラティリティは $\sqrt{10}$ 倍に増加する。したがって、10 日間に対して、$\mu = 0$、$\sigma = 0.02 \times \sqrt{10} = 6.32\%$ を用いる。

(10.4) 式から容易に以下のように求めることができる。

$$\text{VaR}_{0.05}(X_A) = 1{,}000 \,\text{万ドル} \times [-0.0632 \times F_N^{-1}(0.05)]$$
$$= 1{,}000 \,\text{万ドル} \times 0.0632 \times 1.65$$
$$= 104.28 \,\text{万ドル}$$

例 10.3（分散化）　例 10.2 の年金基金が、他のポジション X_B にも 1,000 万ドルを投資したとしよう。このポジションの日次ボラティリティは 3% であり、年次では約 45% である。10 日間では、$0.03 \times \sqrt{10} = 9.49\%$ である。95% 信頼水準の VaR は、

$$\text{VaR}_{0.05} = 1{,}000 \,\text{万ドル} \times 0.0949 \times 1.65 = 156.5 \,\text{万ドル}$$

である。

2 つのポジションは相関係数 $\rho = 0.5$ で互いに相関しているものとしよう。すべてのポジションの日次ボラティリティは、

$$\sigma_{A+B} = \sqrt{\sigma_A^2 + 2\rho\sigma_A\sigma_B + \sigma_B^2}$$
$$= \sqrt{0.02^2 + 2 \times 0.5 \times 0.02 \times 0.03 + 0.03^2}$$

$$= 0.0436$$

となる。これは 10 日間で、13.79%である。6.32%+9.49%=15.81% なので、それぞれの標準偏差の合計よりも小さい。再び、$h = 0.05$ では、

$$\text{VaR}_{0.05}(X_A + X_B) = 1,000 \times 0.1379 \times 1.65 = 227.5 \text{万ドル}$$

が得られる。それは、VaR の合計の 260.8 万ドルよりも小さい。

一般的には ($\sigma_{A+B} \leq \sigma_A + \sigma_B$ なので)、

$$\text{VaR}_h(X_A + X_B) \leq \text{VaR}_h(X_A) + \text{VaR}_h(X_B) \qquad (10.6)$$

である。少なくても正規確率変数に対する VaR の場合、これはリスクの合計に比べて、合計した方がリスクは減少することを示している。(10.6) 式の性質は、**劣加法性** (subadditivity) と呼ばれる。μ が 0 でなくても、同じ結論が保たれる。しかし、正規分布でない場合には必ずしも保たれるとは限らない（練習問題 5 と第 10.3 節を参照）。

一般的に、$\text{VaR}_h(\frac{1}{2}X) = \frac{1}{2}\text{VaR}_h(X)$ となることは容易にわかる。年金基金が $\frac{1}{2}X_A + \frac{1}{2}X_B$ をもつことによって投資を分散化するならば、劣加法性から以下のようになる。

$$\text{VaR}_h(\frac{1}{2}X_A + \frac{1}{2}X_B) \leq \frac{1}{2}\text{VaR}_h(X_A) + \frac{1}{2}\text{VaR}_h(X_B)$$

これは分散化の利点を示している。

◆その他のモデル

VaR を計算するために正規分布を使うことは、2 つの理由で都合がよい。1 番目の理由は、前述のように、平均と分散のみを用いた VaR に対する簡単な公式があるからである。2 番目の理由は、別々の正規分布にしたがう要素の線形和から構成されるポジション X は、それ自身も正規分布であり、全体のポートフォリオの VaR も計算するのが簡単だからである。しかし、ほとんどの実務家は正規分布を仮定することは、必ずしも現実的ではないことに同意している。特に、それは密度関数の極端に小さい部分、すなわち、左裾に表れる多大な損失を大幅に過小推定するからである。極端に大きい損失が発生する実際の確率は、真の分布と同じ平均と分散をもつ正規分布によって予測される確率よりも、いつもかなり大きくなると言われている（そして、データもそのことを明らか

にしている)。この事実を分布が小さい部分で**ファットテール**(fat tail)をもつと表現する(第 13 章を参照)。

この弱点は、裾をよりよく表すと信じられている他の密度関数を用いることによって改善される。ただし、いくつかの複雑な要素から構成されるポートフォリオの分布を推定しようとするときには、その密度関数の解析的な操作は、通常かなり厄介である。

VaR もしくはそれと類似のリスク尺度を計算するためには、気が遠くなるような作業が必要になる。構成するポジションの数は数千単位であり、関連するリスクの多くが(オプションのような)市場変数の非線形関数である。金融システムに影響を与える地震やその他のまれなイベントのような、いわゆる"イベント・リスク"を取り扱うことは難しい。これらのより複雑な状況はシナリオ分析、モンテカルロ法の利用、大規模シミュレーション、過去データの外挿によって取り扱われる。それは挑戦的だが、重要な領域である。

◆**離散分布に対する簡便法**

ポジション X は、それぞれが価値と確率をもつ点の有限集合によって定義されることがある。個々の値は直接定義されるかもしれないし、ツリーもしくは格子モデルの最終ノードである場合もある。いずれの場合も、簡単なルールで VaR を測定することができる。X の価値に相応する(最終)ノードを、最小から最大まで並び替えることから始める。そして、最も小さい X の値をもつノードから確率の合計を計算する。境界となる点は、その合計が最初に指定した比率 h と等しいか、もしくは超える点である。その合計が厳密に h よりも大きいならば、そのノードでの(符号を反対にした) X の値が VaR である。境界となるノードでの合計がちょうど h に等しいならば、(正の確率をもつ次のノードで)その合計が厳密に h よりも大きくなるまで、合計しなければならない。(符号を反対にした)ノードでの値が VaR となる。たとえば、最小から数えた 2 つの X の値を -100 ドル、-70 ドルとし、それぞれの確率を 10% としよう。$h = 0.1$ とすると、VaR は 70 ドルである。一方、$h = 0.09$ とすると、VaR は 100 ドルである。この簡便法は、離散分布での VaR のさまざまな特性を説明する例題を学ぶときに有益である。

◆**市場リスクに対する経験的アプローチ**[*]

ポジション X の確率分布は、ポジションに含まれる資産の過去の価格データから直接推定されることが多い。日次収益率を推定するには、基本的な経験

的方法を使えばよい。

たとえば、500 日のような長期間、ポートフォリオに含まれる資産 i に対する日次収益率のデータベースを用いて計算を始める。k 日目の収益率は $r_{ik}(k = 1, 2, \ldots, 500)$ と表される。x_i を資産 i の現在の保有額としよう。$\sum_{i=1}^{n} x_i r_{ik}$ は今日の収益が k 日目の収益と同じになると仮定した場合のポートフォリオの価値の変化額である。この計算を各 k に対して行うことによって、明日起こると想定される 500 個の仮想的なポートフォリオの価値変化 $\sum_{i=1}^{n} x_i r_{ik}$ が得られる。これらの可能な事象に対して 1/500 の確率を割り当てると、明日の価値の密度を表すヒストグラムが得られる。信頼水準が 98%ならば、下から 2%（すなわち、下から 10 番目）の収益率が境界である。簡便法を用いる場合、下から 11 番目の収益率を使うべきである。今日の価値の仮想的な損失が、この 11 番目に悪い収益率になるとすると、これが信頼水準 98%での 1 日間の VaR である。

> **例 10.4（10 日間）** ポートフォリオに含まれるすべての資産について、連続した 10 日分の収益率を記録していたものとしよう。ポートフォリオの資産ウェイトから日次収益率を計算する。それは表 10.1 の 1 行目に示されている。その大きさによって、小さい順に並び替えたものを表の 2 行目に記載する。$h = 0.2$ に対する（信頼水準 80%の）VaR を計算したい。各要素の確率を 10%とする。これらの確率を左から合計すると、確率の合計が 0.2 となるのは、ちょうど 2 個目である。簡便法では、もう 1 つ動かさなければならないので、-0.07 となる。初期の価値を 10 万ドルとすると、VaR は 7,000 ドルである。したがって、7,000 ドルよりも大きく損失を被る可能性は 20%以下である。

500 サンプルの場合でも、VaR を測定するには低い収益率の小さいグループの中で順序づけを行うだけでよい。直感的には、この小さいサンプルが全体を代表するものではないことは明らかだろう。ただし、裾の値を推定するための洗練された方法を用いて補完することによって、基本的な方法を改善することができる。これらの方法として、ある標準的な分布がデータによく当てはまるかどうかを検証したり、結果がなめらかになるよう当てはめを行う方法がある。

1 日より長い期間で VaR を測定することが望ましい場合には、上述した方法を補強しなければならない。N 日間に拡張する 1 つの方法は、VaR に $\sqrt{N}$ を掛けるだけである。それは平均 0 の正規分布の場合は正確な方法である。もう

表 10.1　10 日間のリターンデータ

ソートなし	.05	−.01	−.13	.06	.08	−.15	.09	−.04	−.07	.03
ソート済み	−.15	−.13	−.07	−.04	−.01	.03	.05	.06	.08	.09

1つは、もとのヒストリカルデータから N 日間の収益率を記録して、N の長さの期間を構築することである。重複しない期間で構築するならば、ちょうど $500/N$ 個の独立した点を用意する。たとえば、$N = 5$ ならば、ちょうど 100 個の点である。信頼水準 98% の場合、これらの収益率の 2 番目（もしくは 3 番目）に小さい値になるが、明らかにこれは正確な尺度ではない。

もう 1 つは、データの重複を許して使うことである。最初の期間を $k = 1, 2, \ldots, 10$ とし、2 番目の期間は $k = 2, 3, \ldots, 11$、とするなどのやり方である。おおよそ 500 個に近い系列が得られるが、それらは独立ではないので、重複しないデータを使うより好ましくない。

10.3　VaR に対する批判

VaR は金融の世界で広く受け入れられている。事実として、1988 年のバーゼル合意以来、銀行規制の標準として受け入れられてきた。バーゼル規制は最初、信用リスクに適用され、1996 年には 99% 信頼水準、10 日間の保有期間で、市場リスクにも適用された。バーゼル規制は VaR の測定方法について、いくつかの方法を許容しており、解析的な方法と経験的な方法の両方で多くの方法が使われている。2010 年、バーゼル規制は再び改定され、より大きな資本準備をすることを銀行に要求している。

VaR は世界共通の標準として広く受け入れられてきたので、リスク測定や制御の理論において、VaR は非常に重要なものとして扱われるようになってきた。VaR はよく使われているにもかかわらず、いくつかの厄介な欠点があるという批判を受けている。最も重要な 3 つの欠点の概要をここで説明する。

◆分散化の失敗

多変量正規分布にしたがうとき、例 10.2 は合計の VaR は個々の VaR の合計よりも小さくなることを示している。それは、劣加法性（subadditivity）と呼ばれる。すなわち、損失の許容値 h に対して、

$$\mathrm{VaR}_h(X_1 + X_2) \leq \mathrm{VaR}_h(X_1) + \mathrm{VaR}_h(X_2) \tag{10.7}$$

が成り立つ。正規分布の場合、ポジションの加重平均の VaR も、個々の VaR の加重平均以下である。それは分散効果を反映している。ただし、この分散効果は、次の例で表すように、正規分布にしたがわない分布の場合には必ずしも成り立たない。

例 10.5（分散化の失敗） 以下のポジションを考えよう。

$$X_1 = \begin{cases} 1 & (\text{確率 } 1/2) \\ -1 & (\text{確率 } 1/2) \end{cases} \tag{10.8}$$

$h = 0.5$ に設定しよう。$\text{VaR}_{0.5}(X_1)$ を計算するために、離散分布に対する簡便法を使う。-1 から始めると、ちょうど確率が 0.5 の値である。VaR は次の高いノードで決められるので、その値は 1 である。符号を反対にすると、$\text{VaR}_{0.5}(X_1) = -1$ である。

X_2 は X_1 とすべて同じ構造をもっているが、X_1 とは独立とする。ポジションを分散化するために、X_1 と X_2 を同じだけもつことにしよう。この収益は、

$$X = \frac{X_1 + X_2}{2} = \begin{cases} 1 & (\text{確率 } 1/4) \\ 0 & (\text{確率 } 1/2) \\ -1 & (\text{確率 } 1/4) \end{cases} \tag{10.9}$$

である。再び、簡便法を使って、最小値から始めて、確率を累積しよう。累積確率 0.5 の値は、累積確率が $3/4$ となる 0 の値で超える。したがって、$\text{VaR}_{0.5}(X) = 0$ として、VaR を求める。$h = 0.5$ に対して、

$$\text{VaR}_h\left(\frac{X_1 + X_2}{2}\right) > \frac{1}{2}\text{VaR}_h(X_1) + \frac{1}{2}\text{VaR}_h(X_2)$$

が成り立つ。それは、分散化されたポジションが個々の VaR の加重平均よりもリスクが高いことを示している。

この例は（たとえば、より低い分散をもつという意味で）、分散化されたポートフォリオは分散化されていないものよりも有利であるが、その VaR はこれらの有利さを反映しないかもしれないことを示している。この現象はいつも起こるわけではないが、それが起こりうるという事実は、多くの研究者によって、

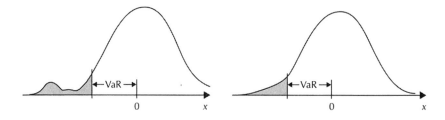

図 10.4　バリュー・アット・リスクは下裾の損失パターンの違いはわからない。

リスク尺度としての VaR の欠点であると考えられている。その現象は次に記述されるもう1つの点に関連している。

◆リスクの貧弱な評価

VaR に対する最も厳しい批判はおそらく、いくつかの損失が VaR よりも非常に大きくなるかもしれない、という事実を説明していないことである。VaR は、h の確率で起こる最小損失を示すが、h の確率でどのくらい大きな損失となるかについて何も言っていない。VaR でわかるのは、確率分布の低い値に関する限られた情報のみである。

例 10.6（危険な状況）　$h = 0.05$ としよう。以下の 2 つのポジションを考えよう。

$$X_1 = \begin{cases} 100 & （確率 92\%） \\ -10 & （確率 6\%） \\ -15 & （確率 2\%） \end{cases}$$

$$X_2 = \begin{cases} 100 & （確率 92\%） \\ -10 & （確率 6\%） \\ -100 & （確率 2\%） \end{cases}$$

両ポジションの VaR は、$\mathrm{VaR}_{0.05} = 10$ である。しかし、直感的には、X_1 よりも X_2 のリスクの方が高い。VaR はこれらの 2 つのポジションの違いを区別できない。

この効果を図 10.4 に示した。この図は、同じ VaR をもつ 2 つの連続確率密

度関数を示している。しかし、左図の状況の方が、大きな損失が生じるので、右図よりもリスクは高いように見える。一般に、VaR は最悪ケースから割合 h の点の値を表すが、損失がどのくらい大きくなる可能性があるのかについて何も言っていない。

◆非連続値

VaR への他の批判は、特に X が離散値の場合には、リスク許容値 h の選び方によってその値が変わりやすいことである。

> **例 10.7（大きく変動する VaR）** 以下のように X を考えよう。
> $$X = \begin{cases} 1 & （確率 1/2） \\ -1 & （確率 1/2） \end{cases}$$
> $h = 0.5$ の VaR は -1 である。一方、$h = 0.49$ の VaR は 1 である。

$\mathrm{VaR}_h(X)$ が h に関して非連続になる可能性があるという事実は、リスク許容値がわずかに変化しただけでもリスク評価が大きく変わることがあることを意味する。

10.4　コヒーレント・リスク尺度

リスク尺度が理想的にはどのような性質をもつべきかを正確に記述することによって、客観的な枠組みでリスク尺度の性質の議論と評価を行うことができる。この考え方は最初に、Artzner, Delbaen, Eber and Heath[6] の論文の中で行われた。その枠組みの概要を示そう。

（通常の起こりうる結果の集合で定義される）確率変数のクラスを考えよう。それぞれの確率変数は前述のように、ある時点での利益 X を表す。このクラスでは、ポジションの線形結合が可能であって、無リスク資産が存在するものとする。このクラスに対する**リスク尺度**（risk measure）は X を実数にマッピングする関数 ρ で表される。$\rho(X) \leq 0$ ならば、ポジション X はリスク尺度 ρ のもとで、**許容できる**（acceptable）と考えられる。したがって、リスク尺度は可能なポジションを、許容できる集合と許容できない集合の 2 つの集合に区分する。

以下の 4 つの公理[6]を満足するリスク尺度を**コヒーレント**（coherent）であるという。

1. **平行移動不変性**（Translation Invariance（T））　すべての X と無リスク資本の収益 C に対して、$\rho(X+C) = \rho(X) - C$ が成り立つ。
2. **劣加法性**（Subadditivity（S））　すべての X_1, X_2 に対して、$\rho(X_1+X_2) \leq \rho(X_1) + \rho(X_2)$ が成り立つ。
3. **正の同次性**（Positive Homogeneity（PH））　すべての $\lambda \geq 0$ およびすべての X に対して、$\rho(\lambda X) = \lambda \rho(X)$ が成り立つ。
4. **単調性**（Monotonicity（M））　$X_1 \leq X_2$ であるすべての X_1, X_2 に対して、$\rho(X_2) \leq \rho(X_1)$ が成り立つ。

コヒーレント尺度の簡単な例は、$\rho(X) = \mathrm{E}[-X]$ である。ここで、E は通常の期待値である。おそらく、それは最初に考える尺度であろう。さらに複雑なコヒーレント尺度は、異なる確率を使ってさまざまな期待値の尺度を組み合わせることによって構築される。たとえば、それは第 10.6 節で議論されるような悲観的な確率予測に使われるものである。

一般に、1 番目の公理である平行移動不変性は、リスク尺度が資本の単位に基づいていることを示している。具体的には、ポジション X のリスク水準が $\rho(X) > 0$ なので、許容できない場合には収益が $\rho(X)$ の無リスク資産を加えれば、許容できるようになる。数式で表すと、$\rho(X + \rho(X)) = 0$ である。

2 番目の公理の劣加法性は、2 つのポジションのそれぞれが許容されれば、その合計も許容されることを保証するものである。一般に、1 番目の公理と組み合わせれば、2 つのポジションの合計は、それぞれのポジションが許容されるために必要なキャッシュの合計、もしくはそれ以下の値を加えることによって、許容されるようになることがわかる。

3 番目の公理の正の同次性は、リスクがポジションの大きさと比例して大きくなることを表している。この公理と劣加法性を組み合わせると、$0 \leq \alpha \leq 1$ の範囲のすべての α に対して、

$$\rho(\alpha X_1 + (1-\alpha)X_2) \leq \alpha \rho(X_1) + (1-\alpha)\rho(X_2)$$

が成り立つ。これは数学的には、ρ が凸関数であることを意味するもので、ファイナンス的には分散化は決して不利ではないことを意味する。

最後に、単調性は、1 番目のポジションがどのような状況でも 2 番目のポジションよりも大きな収益を生み出すならば、1 番目は 2 番目よりもリスクが小

---

[6] $\rho(X) \neq \infty$ と仮定する。

さいことを意味する。

VaR は 4 つの公理のうち、3 つを満足するが、劣加法性を満足しないことに注意すると、VaR はコヒーレント尺度ではないことは簡単に確かめられる。

単純な尺度である $\rho(X) = \mathrm{E}[-X]$ は、4 つの公理すべてを満足する（この事実を確認せよ）。

10.5　条件付きバリュー・アット・リスク

リスク尺度を評価するための公理の枠組みが発表されると、VaR のような下方リスクであって、コヒーレントなリスク尺度探しが始まった。具体的には、VaR によって定義される損失よりも重大な損失パターンを説明する代替リスク尺度を見つけることに大きな関心が集まった。

少なくとも部分的にこの条件を満足する尺度は、VaR 値以上の条件付き期待損失である。言い換えれば、最悪の場合の確率 h で起こる最小損失ではなく、その期待損失を求めようというのである。この尺度は**条件付きバリュー・アット・リスク**（conditional value at risk：CVaR）と呼ばれる。確率の観点では、この新しい尺度は本質的に、h-分位点までの密度の裾部分の期待値である。具体的には、ジャンプのない単調増加する分布に対して、CVaR は以下のように定義される[7]。

$$\mathrm{CVaR}_h(X) = \mathrm{E}\{-X | X \leq -\mathrm{VaR}_h(X)\} \tag{10.10}$$

CVaR は以下の不等式を満足する。

$$\mathrm{CVaR}_h(X) \geq \mathrm{VaR}_h(X)$$

なぜならば、h-分位点以下の損失は少なくても $\mathrm{VaR}_h(X)$ と同じ大きさで、$\mathrm{CVaR}_h(X)$ はこれらの平均値だからである。(10.10) 式の尺度は他に、**テール VaR**（tail value at risk：TVaR）、**期待ショートフォール**（expected shortfall）、**条件付きテール期待値**（conditinal tail expectation：CTE）と呼ばれている。もう 1 つの尺度である**平均 VaR**（average value at risk）は以下のように定義される。

$$\mathrm{AVaR}_h(X) = \frac{1}{h} \int_0^h \mathrm{VaR}_u(X) \mathrm{d}u \tag{10.11}$$

---

[7] すなわち、$X \leq -\mathrm{VaR}$ の元での $-X$ の期待値である。

ただし、練習問題 8 で議論するように、AVaR は CVaR と等価である[8]。

確率分布が単調増加でジャンプがないときに、(10.10) 式による CVaR はコヒーレントである。ただし、一般分布に対してコヒーレント性を保証するためには、期待値を計算する範囲をより注意深く定義しなければならない。具体的には、VaR 点それ自身が正の確率をもつ値（atom）であるならば、調整を行わなければならない。というのも、そのような値は分布上でジャンプを引き起こすからである。問題は、（条件付きの）期待値は、h とちょうど等しい確率をもつ裾領域で計算しなくてはならないことである。離散的な確率分布の場合、ちょうど h に等しい確率にならないかもしれない。この場合、その値を適切に分割することによって、調整を行う。これを理解するのは簡単なので、次の例で勉強しよう。

例 10.8（値の確率を分ける必要がない場合） X の左裾が次のような離散値であり、これらのすべてが 2% の確率をもつとしよう。

$$X = -4, -3, -2, -1, 0, 1, \ldots$$

$h = 0.04$ の $\text{CVaR}_h(X)$ を求めたい。この状況を図 10.5 に示す。

$\text{VaR}_{0.04}(X) = 2$ であることはすぐにわかる。なぜならば、グレーになっている 2 つの値の確率の和はちょうど 0.04 だからである（よって、VaR は次の値としなくてはならない）。次に、グレーになっている値の $-X$ の期待値を計算する。それらを合わせると、確率は 0.04 となる。2 つの値は同じ確率をもつので、等ウェイトで条件付き期待値を計算する。したがって、$\text{CVaR}_{4\%}(X) = \frac{1}{2} \times 4 + \frac{1}{2} \times 3 = 3.5$ となる。

例 10.9（値の確率を分ける場合） 例 10.8 と同じ X に対して、$h = 0.05$ を使いたいとしよう。この状況を図 10.6 に示す。

$-\text{VaR}$ 以下の 2 つの値の確率の合計は 4% であるが、$h = 0.05$ なので、完全に 5% とするために、VaR の値で確率を分割し、左裾に 1% を割り当てなければならない。これで、条件付き期待値を計算する領域が定義される。条件付き期待値に使われる確率の相対ウェイトは、$2/5, 2/5, 1/5$ である。よって、$\text{CVaR}_{0.05}(X) = \frac{2}{5} \times 4 + \frac{2}{5} \times 3 + \frac{1}{5} \times 2 = 3.2$ である。

CVaR がコヒーレント性に要求される 4 つの公理のうち、1, 3, 4 を満足する

---

[8] (10.10) 式での期待値と (10.11) 式での積分が厳密に定義されると、正当である。

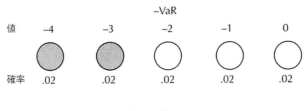

図 10.5 $h = 0.04$ の場合、VaR= 2 となる。−VaR 以下の 2 つの値の確率の合計は 0.04 である。そのため、条件付き期待値を計算する領域が定義される。2 つの値は同じ確率をもつので、等ウェイトで条件付き期待値を計算する。

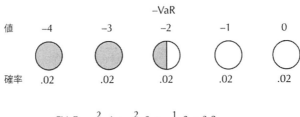

図 10.6 $h = 0.05$ の場合も、VaR= 2 である。ただし、部分的にグレーになっているものを含めて、その値の確率の合計が 0.05 となるように、VaR の値の確率を分割しなければならない。

ことを証明するのは難しくない。難しいのは劣加法性であるが、これが成り立つことは証明されている。そのため、CVaR は（必要ならば分割することで）離散確率分布の場合でもコヒーレント尺度になる。それは、通常の VaR に対する異論の多くを克服している。それは、VaR よりも重大な損失の分布形を説明でき、信頼水準に関して連続である。CVaR は VaR よりも保守的な指標なので、許容されるためには、VaR によって要求されるものより多くの資本をリスク・ポジションに付加することが要求される。魅力的な特徴は、X に関して凸になることである。これはポートフォリオ・ウェイトに関するさまざまな制約を満足させながら、損失を避けるポートフォリオを設計しようとする場合、CVaR を最小化する問題は、最適化が容易な凸計画問題になることを意味する。

10.6 コヒーレント尺度の特徴[*]

コヒーレント尺度を定義した最初の論文は、そのような尺度がもつ普遍的特徴を設計するにあたって、その特徴は実際にはほとんど使われないが、リスク尺度がコヒーレントであることが何を意味するかについて、価値のある洞察を与える。

次のように、集合 Ω を定義する。この集合は有限で、n 個の要素を含む。それは可能な（財務）状態と考えることができる。"実"確率の集合が Ω 上で定義される。X を Ω の要素に対して値をとる確率変数とする。状態に対する実確率は固定されるが、この節では別の確率の割り当てを考える。合計が 1 となる n 個の非負の数を成分にもつベクトルを p とすると、この確率に対応する期待値は $\mathrm{E}_p(X) = \sum_{i=1}^{n} p_i X_i$ と定義される。ここで、p_i と X_i は p と X の要素である。言い換えると、期待値は p_i を確率として用いることによって計算される。

以下では許容できる p を**確率分布族**（family）$\mathcal{P}$ に限定する。$\mathcal{P}$ は n 次元空間 R^n の部分集合である。次の定理で説明するように、リスク尺度はそれぞれの確率分布族によって定義される。

> **定理 10.1 コヒーレント尺度の特徴** Ω を有限集合と仮定しよう。リスク尺度 ρ がコヒーレントであるための必要十分条件は、以下をみたす Ω の確率分布族 $\mathcal{P}$ が存在することである[9]。
>
> $$\rho(X) = \max_{p \in \mathcal{P}} \{\mathrm{E}_p[-X]\} \qquad (10.12)$$
>
> いくつかの簡単なリスク尺度が、この定理で定義される性質を満足することが示される。
>
> 1. 通常の期待値 $\rho(X) = \mathrm{E}[-X]$ は、確率分布族 $\mathcal{P}$ が状態に対する実際の（"真の"）確率ベクトルだけからなる場合に対応する尺度である。

---

[9] ここでは、"sup" の方が "max" より適切かもしれない。

2. 最悪ケースの尺度 $\rho(X) = -\min(X)$ は、確率分布族 $\mathcal{P}$ を Ω 上で定義されるすべての可能な確率集合とすることによって得られる。最悪ケースが状態 i で起こったならば、(10.12) 式の中の max で選ばれたベクトル p は、i 番目の要素は 1 で、その他はすべて 0 をとるベクトルである。
3. 予想尺度 $\rho(X)$ は、$\mathcal{P}$ がただ 1 つの確率ベクトルからなる場合に対応する尺度である。それは、"真の"確率に対するある専門家の最もよい推測に対応する確率などである。
4. ストレステスト尺度は、将来に関するいくつかの悲観的な確率ベクトルから構成される確率分布族 $\mathcal{P}$ によって定義される。

特徴を表す定理の十分条件、すなわち定理 10.1 によって定義される尺度がコヒーレントであることを証明するのは簡単である。明らかに、X に定数を加えることは、尺度から定数を引くことであるので、平行移動不変性をもつ。同様に、単調性と正の同次性も明らかである。劣加法性の証明は最も難しいが、それでもさほど難しくない。X_1 と X_2 に対して、

$$\max_{\mathcal{P}} \{E_p[-X_1 - X_2]\} \leq \max_{\mathcal{P}} \{E_p[-X_1]\} + \max_{\mathcal{P}} \{E_p[-X_2]\}$$

である。なぜなら、合計の最大値は最大値の合計よりも小さいからである。

表 10.2 例 10.10 に対する確率分布族

状態	確率									
1	.5	.5	.5	.5	0	0	0	0	0	0
2	.5	0	0	0	.5	.5	.5	0	0	0
3	0	.5	0	0	.5	0	0	.5	.5	0
4	0	0	.5	0	0	.5	0	.5	0	.5
5	0	0	0	.5	0	0	.5	0	.5	.5

各列は 5 つの状態に対する確率集合を示す。

例 10.10（CVaR の特徴） 特定のケースを用いて、コヒーレント尺度の CVaR が (10.12) 式で表現されることを示そう。それぞれの確率が 0.2 をもつ 5 つの状態がある状況を考えてみよう。5 つの状態で定義される X に対する CVaR を求めたい。たとえば、さまざまな X に対して、$\rho(X) = \mathrm{CVaR}_{40\%}(X)$ を計算することにしよう。具体的に、以下のような値をとるとしよう。

$$X_1 = \begin{cases} 10 \\ 5 \\ 3 \\ -4 \\ -9 \end{cases}$$

確率 40% の最悪ケースでの平均損失が、$\mathrm{CVaR}_{40\%}(X_1)$ である（この確率水準を用いると、値を分割する必要はない）。この X_1 に対する VaR は -3 であり、CVaR は状態 4 と状態 5 の損失の平均である。すなわち、$\mathrm{CVaR}_{40\%}(X_1) = 0.5 \times 4 + 0.5 \times 9 = 6.5$ である。

定理によると、一般に、この世界 Ω に対して、X_1 だけではなく任意の X に対して、$\mathrm{CVaR}_{40\%}(X)$ を定義する確率測度族が存在する。それは、この例では、2 つの状態の確率が 0.5 で、その他の状態では 0 の確率をもつすべてのこれらの確率ベクトルからなる。そのすべてが表 10.2 に示されている。

前に示した X_1 に関しては、表の中の最右列の確率集合によって、$-X_1$ の最大の期待値が得られる。したがって、リスク尺度は、まさにこのベクトルを使った期待損失であり、それは 6.5 である。

次の収益を考えよう。

$$X_2 = \begin{cases} -8 \\ 12 \\ 7 \\ 15 \\ 4 \end{cases}$$

この場合、最大の期待損失をもたらす確率ベクトルは、表の 4 列目のもので、状態 1 と状態 5 に対して確率 0.5 をもつものである。したがって、CVaR は以下のように計算される。

$$\text{CVaR}_{40\%}(X_2) = 0.5 \times 8 - 0.5 \times 4 = 2.0$$

10.7 凸性*

コヒーレント性を定義する際に、正の同次性の公理を導入することが適切かどうかは、しばしば問題になる。大きな正の係数倍でポジションが増加すると、単純な比例関係が示すものよりもリスクレベルが高くなる、と主張する人がいる。このため、何人かの理論家は、次に示すように、この公理と劣加法性公理を削除して、以下のように、それらを1つの凸性公理に置き換えようとしている。

(C) すべての X_1 と X_2、および $0 \leq \alpha \leq 1$ の範囲に含まれるすべての α に対して、

$$\rho(\alpha X_1 + (1-\alpha)X_2) \leq \alpha\rho(X_1) + (1-\alpha)\rho(X_2)$$

ならば、リスク尺度 ρ は凸（convex）である。

もとの公理集合において、正の同次性と劣加法性の公理を合わせると凸性が導かれる。ただし、凸性は正の同次性を意味しない。したがって、凸性によって正の同次性を置き換えると、公理系を緩めることになる。この公理系のもとで、定理 10.1 よりやや複雑な関係を表す定理が導かれる。さらに、凸性の存在により最適化が容易になる。また、興味深い双対関係を導くことができる。

10.8 まとめ

銀行の財務ポジションを監視する状況では、ほぼ例外なく、利益の可能性よりも損失リスクに焦点を当てるのは合理的である。数学用語を使うと、これはポジションの収益 X の確率密度関数の左裾に焦点を当てることを意味する。最もよく使われる尺度は、バリュー・アット・リスク（VaR）である。それは V よりも大きくなる損失確率が、リスク許容確率である h 以上にならない V の最小値である。

VaR の基本的な性質は、無リスクの収益 C がポジションの最終価値に加えられたならば、正確に C だけ VaR は小さくなるということである。1998 年のバーゼル規制以来、VaR は金融機関の健全性を評価するための国際標準となっている。

VaR を使うためには、確率密度関数の左裾の部分を推定することが必要であ

る。これは、損失リスクが数日間の短期間の市場リスクならば、かなりの程度可能である。信用リスクのような非市場リスクに対して VaR を決定するのは、より挑戦的な課題である。短期間の市場リスクの場合、収益率が正規分布にしたがうならば、解析的な方法で簡単に VaR を計算できる。ただし、ほとんどの場合、損失部分の裾の重要な特徴を推測するために、詳細な統計分析を行わなければならない。

ほぼ世界中で受け入れられているにもかかわらず、VaR は潜在的な損失を十分に表していないと批判されている。分布の裾に関する最も簡単な情報のみを与え、VaR を超える場合の重大な損失と小さい損失を区別することができない。それは、分布にジャンプや確率 0 の部分がある場合には、リスクの許容値に関して非連続になる場合もある。また、分散化の優位性を反映していない。

4 つの特定な公理集合を満足するならば、リスク尺度はコヒーレントである。VaR はこれらのうち 3 つを満足するが、劣加法性を満足しない。他のコヒーレント尺度で通常、条件付きバリュー・アット・リスク（CVaR）と呼ばれているものは、h-分位点よりも小さい損失に関する条件付き損失の期待値として定義される。ここで、h はリスク許容値で、$1 - h$ は信頼水準である。この尺度は VaR と比べていくつかの利点がある。

練習問題

1. （大きなポジション）ポジション X の 1 年間の確率密度関数が、平均が 1 億ドルで、標準偏差が 5,000 万ドルの正規分布にしたがうとする。信頼水準 99% のバリュー・アット・リスクはいくらか。
2. （正規分布の例）X が、平均 0 で標準偏差が 1,000 万ドルの正規分布にしたがうとしよう。
   (a) リスク許容値が $h = 0.01, 0.02, 0.05, 0.10, 0.50, 0.60, 0.95$ に対して、X のバリュー・アット・リスクを求めよ。
   (b) $h \leq 0.5$ の値と $h \geq 0.5$ の値に対する VaR の間には関係があるか。
3. （一様分布）-40 から 60 の値をとる一様分布にしたがうポジション X を考えよう。$0 \leq h \leq 1$ のすべての h に対する $\text{VaR}_h(X)$ を求めよ。
4. （等価*）以下に VaR に対する一般等価公式を示す。最初に 1 つを仮定して、次の 2 つがそれと等価であることを示せ［ヒント：ある点でジャンプする分布 X を考えよ。たとえば (a) の公式に対するジャンプの右側の点、もしくは (c) に対する左側の点を調べよ］。

(a) $\mathrm{VaR} = -\inf\{m : \mathrm{P}[X \leq m] > h\}$
(b) $\mathrm{VaR} = \sup\{y : \mathrm{P}[X \leq -y] > h\}$
(c) $\mathrm{VaR} = -\sup\{m : \mathrm{P}[X < m] \leq h\}$
(d) $\mathrm{VaR} = \inf\{y : \mathrm{P}[X < -y] \leq h\}$
(e) $\mathrm{VaR} = \inf\{-m : \mathrm{P}[X < m] \leq h\}$
(f) $\mathrm{VaR} = \inf\{C : \mathrm{P}[X + C < 0] \leq h\}$

5. （劣加法性） X_1 と X_2 は、$\mu_1, \mu_2, \sigma_1, \sigma_2, \sigma_{12}$ のパラメータをもつ 2 次元正規分布にしたがっているとしよう。以下の式を示せ。

$$\mathrm{VaR}_h(X_1 + X_2) \leq \mathrm{VaR}_h(X_1) + \mathrm{VaR}_h(X_2)$$

6. （AVaR の計算） 練習問題 3 の X に対する $\mathrm{AVaR}_h(X)$ を求めよ［練習問題 9 も参照］。

7. （標準的な尺度） $a > 0$ で、リスク尺度を $\rho(X) = \mathrm{E}[-X] + a\sigma(X)$ とする。これはコヒーレント尺度か。もし、そうでなければ、どの公理を満足していないのか。

8. （CVaR と AVaR の等価性） 単調増加で滑らかな確率分布 F にしたがうポジションを X とする。$f(x) = F'(x)$ をその確率密度関数とする。
(a) 以下の式を確かめよ。

$$\mathrm{CVaR}_h(X) = -\frac{1}{h}\int_{-\infty}^{-\mathrm{VaR}_h(X)} x f(x)\mathrm{d}x \qquad (10.13)$$

(b) $u \in (0,1)$ に対して、$x = F^{-1}(u)$ は u の分位点を定義する X の値としよう。逆に、X のある値 x に対して、その分位点を $u = F(x)$ とする。(10.13) 式の中で変数 x を $u = F(x)$ に変換することによって、以下の式を示せ。

$$\mathrm{CVaR}_h(X) = -\frac{1}{h}\int_0^h F^{-1}(u)\mathrm{d}u \qquad (10.14)$$

(c) 以下の式を得るために、(10.14) 式の右辺を説明し、$\mathrm{CVaR}_h(X) = \mathrm{AVaR}_h(X)$ であることを結論づけよ［(10.15) 式は（たとえば、F にジャンプを含むなど）一般的にコヒーレントであると拡張することができる。なぜなら、もし必要であれば、積分が 0 から h の範囲となるように、積分の上限値を分割することができるからである］。

$$\mathrm{AVaR}_h(X) = -\frac{1}{h}\int_0^h F^{-1}(u)\mathrm{d}u \qquad (10.15)$$

9. （一様分布の CVaR） 練習問題 3 の線形の場合に対する $\text{CVaR}_h(X)$ を求めよ［練習問題 6 も参照］。
10. （分散化の優位性） $h = 50\%$ の場合の例 10.5 に対して、CVaR が分散化に報いることを明確に示せ。
11. （信頼水準の修正） 例 10.10 の信頼水準を 70%（すなわち、$h = 30\%$）に変えて、以下の問題を解きなさい。
    (a) X_1 に対する条件付きバリュー・アット・リスクを求めよ。
    (b) このリスク尺度を特徴づける確率分布族 $\mathcal{P}$ を記述せよ。
12. （h を変更する*） 銀行が正規分布にしたがうポジション X をもっているとしよう。VaR は、損失許容割合 h での値 V として知られている。銀行は、準備金から資本を引き出すことを考えているが、それは VaR を増加させることになる。銀行は、要求される信頼水準がわずかに増加するだけならば、その変化は許容されるであろうと主張している。
    (a) 標準正規分布の逆関数 F_N^{-1} を用いて、資本の変化 Δ を補うために損失の許容量が変化しなければならない金額を陰関数で表す式として求めよ［ヒント：2 つの量の差として、その結果を表せ］。
    (b) 微分を用いて (a) の差を近似せよ。そのとき、$\frac{d}{dh}F_N^{-1} = 1/f(x)$ という事実を使いなさい。ここで、$x = F_N^{-1}(h)$ で、f は標準正規分布の確率密度関数である。
    (c) $h \approx 0$ であることを使って、σ の割合として、その必要な変化量を求めよ。
    (d) $h = 1\%, \overline{X} = -100, \sigma = 20$ に対して、$\overline{X}$ に -10 を加えたとき、必要な新しい h の値を求めよ。
    (e) (d) の結果を明確に（近似なしに）、確かめよ。

参考文献

入門レベルでのバリュー・アット・リスクの一般的な背景については [1] を参照せよ。詳細な説明のためには [2] を参照せよ。より高度な性質の注意深い概説は [3] にある。裾の事象の統計量に関する標準的な参考文献は [4] である。リスク尺度の高度な取り扱いは [5] に示されている。

公理によって定義されたコヒーレント・リスク尺度の概念は、Artzner, Delbaen, Eber, and Heath[6,7] によって提示された。条件付きバリュー・アット・リスクのさまざまな表現につながる理論と、それらのコヒーレント性の証明は

[8,9,10] にある。CVaR のよい概説には、[12,13,14] がある。凸性をもつリスク尺度と関連する双対理論の研究は [11] に含まれている。

CVaR の卓越した高度な概説と、最適化問題の定式化と解における優位性は、Rockafellar[12] によって示されている。

1. Jorion, Philippe (1997), *Value at Risk*, Irwin, Chicago.
2. Duffie, D., and J. Pan (Spring 1997), "An Overview of Value at Risk," *Journal of Derivatives*, **4,** no. 3, 7–49.
3. Giesecke, Kay (2009), Class notes, Department of Management Science & Engineering, Stanford University, Stanford, CA.
4. Embrechts, Paul, Claudie Klüppelberg, and Thomas Mikosch (2001), *Modelling Extremal Events for Insurance and Finance*, Springer Verleg, Berlin, corrected third printing.
5. Föllmer, Hans, and Alexander Schied (2004), *Stochastic Finance: An Introduction in Discrete Time*, 2nd ed., de Gruyter, Berlin.
6. Artzner, Ph., F. Delbaen, J.-M. Eber, and D. Heath (November 1997), "Thinking Coherently," *RISK*, **10,** 69–71.
7. Artzner, Ph., F. Delbaen, J.-M. Eber, and D. Heath (1999), "Coherent Measures of Risk," *Mathematical Finance*, **9,** 203–228.
8. Acerbi, C., C. Nordiko, and C. Sirtori (2001), "Expected Shortfall as a Tool for Financial Risk Management," Working paper. Download at www.gloriamundi.org.
9. Acerbi, C. and D. Tasche (2002), "On the Coherence of Expected Shortfall," *Journal of Banking and Finance*, **26,** 1487–1503.
10. Pflug, G. (2000), "Some Results on Value-at-Risk and Conditional-Value-at-Risk," in S. Uryasev, ed., *Probabilistic Constrained Optimization: Methodology and Applications*, Kluwer Academic, Norwell, MA.
11. Föllmer, H., and A. Schied (2002), "Convex Measures of Risk and Trading Constraints," *Finance and Stochastics*, **6,** no. 4, 429–447.
12. Rockafellar, R. Tyrrell (2007), "Coherent Approaches to Risk in Optimization under Uncertainty," *Tutorials in Operations Research*, INFORMS, 38–61.
13. Uryasev, S, S. Sarykalin, and G. Serraino (2008), "VaR vs. CVaR in Risk Management and Optimization: Methodology and Applications," INFORMS Tutorial.
14. Rockafellar, R. Tyrrell, and S. Uryasev (2002), "Conditional-Value-at-Risk for General Loss Distributions," *Journal of Banking and Finance,* **26,** 1443–1471.

第11章
一般原理

11.1 イントロダクション

ランダムなキャッシュ・フローを評価するには、原理的に次の2つの方法がある。すなわち、
(1) 期待値や分散という指標を用いて、直接的に評価する方法
(2) すでに評価ずみの他のキャッシュ・フローの組み合わせに還元することによって、間接的に評価する方法

の2つである。この章ではこの2つのアプローチに焦点を当て、この原理が単一期間投資問題にどのように適用されるかを、またこれらを組み合わせることによって、強力かつ有用な価格付けが可能になることを見ることにする。

この章は、これまでの章に比べると抽象的なものであるが、それは主として第III部、第IV部で一般の多期間問題を検討する準備を行うためのものだからである。読者は、第12章を（あるいは第13章も）とばして、第14章に進まれてもよい。なぜなら第14章以降の大半は、これらの章を勉強しなくても理解することができるからである。この章の最初の5つの節で期待効用理論を勉強し、後に第IV部に入る前にこの章の後半の部分にもどって、一般的価格付け理論を勉強するのも一法であろう。もちろんこの章を順を追って読んでもよい。なぜならそれは単一期間モデルを理論的に精緻化したものだからである。

11.2 効用関数

1年後の富の大きさに影響を及ぼすさまざまな投資機会があるものとしよう。いったん資産をどのように配分するかを決めれば、未来の富は確率変数によって決まる。すべての代替案の結果が確実にわかっている場合には、これらを順

序付けするのは容易である。なぜなら最も大きな富をもたらす代替案を選べばよいからである。ところが結果に不確実性が伴う場合には、選択はそれほど自明ではない。確率的な富の大きさを評価しなくてはならないからである。このために役に立つのが効用関数である。

　形式的に言うと、効用関数は（起こりうる富の水準を表す）実数上で定義される実数値関数 U である。ひとたび効用関数が決まれば、さまざまな確率的な富の水準は、効用関数の期待値の大きさによって順序付けされる。具体的には、富の大きさを表す2つのランダムな変数 x, y を比較するには、$\mathrm{E}[U(x)]$ と $\mathrm{E}[U(y)]$ を計算してどちらか大きい方を選べばよいのである。

　ここで用いられる効用関数の形は、個人のリスク許容度や経済状態に依存して個人ごとに異なる。最も簡単な効用関数は、線形関数 $U(x) = x$ である。このような効用関数を用いる人は、確率的な富の水準をその期待値によって順序付けする人である。このような効用関数（およびこれを採用する個人）は、**リスク中立**（risk neutral）であるという。なぜなら後に明らかになるように、このタイプの効用関数は、リスクについてなんら配慮を行わないからである。これ以外の効用関数はリスクを考慮する。

　一般に効用関数は、増加もしくは単調増加な連続関数であるという条件をみたさなければならない。[$x \geq y$ をみたす実数 x, y に対して、$U(x) \geq U(y)$ ならば、U は**増加関数**（increasing）である。$x > y$ に対して、$U(x) > U(y)$ ならば、U は（**狭義**）**単調増加関数**（strictly increasing）である]。この種の条件さえみたしていれば、少なくとも理論上は効用関数はどんなものであってもよい。しかし実際には、いくつかの標準的な関数形がよく使われる。以下に最も普通に使われる効用関数をいくつか挙げておこう（図 11.1 参照）。

1. **指数効用関数**（Exponential）

$$U(x) = -e^{-ax}$$

ここで $a > 0$ はあるパラメータである。この効用関数は負の値をもつことに注意しよう。値が負であることになんら問題はない。なぜなら、重要なのは相対的値だけだからである。

2. **対数効用関数**（Logarithmic）

$$U(x) = \ln(x)$$

この関数の定義域は $x > 0$ である。実際、結果がゼロとなる確率が正であれば、期待効用は $-\infty$ となる。

3. ベキ乗効用関数（Power）

$$U(x) = bx^b$$

ここで $b \leq 1$、$b \neq 0$ である。この関数にはリスク中立族（$b=1$ のとき）が含まれる。

4. **2 次効用関数**（Quadratic）

$$U(x) = x - bx^2$$

ここで $b > 0$ である。この関数は $x < 1/(2b)$ の範囲に限り単調増加である。

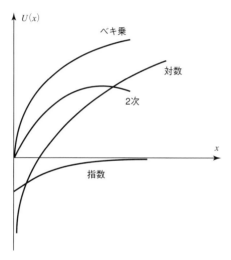

図 11.1　よく使われる効用関数
効用関数は富の水準の増加関数である。なぜなら、富は少ないより多い方が好まれるからである。表現と分析のためには、解析的に単純な形の関数が都合がよい。

投資家がどのようにして適切な効用関数を選択するのかという問題については、効用関数の性質をもう少し吟味し、その使い方の例を学んでから考えることにしよう。

> **例 11.1**（ベンチャー・キャピタル）　ベンチャー・キャピタリストのシビルは、2つの投資対象を考えている。第1の選択肢は、財務省証券を買うことである。この結果、確実に 600 万ドルの富が得られる。第2の選択肢は、3つの結果のうちいずれか1つが生起する。それぞれ確率 0.2、0.4、0.4 で、1,000 万ドル、500 万ドル、100 万ドルが実現される。ここでベキ乗効用関数 $U(x) = x^{1/2}$ を用いてこの選択肢を評価すると、第1の

選択肢の期待効用は $\sqrt{6} = 2.45$ である。一方第 2 の選択肢の期待効用は、
$0.2 \times \sqrt{10} + 0.4 \times \sqrt{5} + 0.4 \times \sqrt{1} = 0.2 \times 3.16 + 0.4 \times 2.24 + 0.4 = 1.93$
となる。この結果、第 1 の選択肢の方が好まれることがわかる。

意思決定にあたって効用関数の期待値を用いることには、十分な根拠がある（この章の末尾の参考文献参照のこと）。この原則は、合理的な行動に関するいくつかのもっとも公理をもとに導かれる。全体的に言ってこの方法は単純であって、しかも多数の効用関数の選択を許すという意味で柔軟性があり、しかも理論的な根拠があるという長所がある。

◆等価な効用関数

効用関数は、代替案に順番をつけるためのものであって、その数値自体には意味がない。重要なのは、期待効用をもとにどのように選択肢に順番をつけるかである。効用関数にある種の基本的な変換を施しても、その順番が変わらないことは明らかであろう。そこで以下ではその性質を吟味してみよう。

まず、効用関数にある定数を加えても、順番が変わらないことは明らかである。したがって、ある効用関数 $U(x)$ が与えられたとき、もう 1 つの関数 $V(x) = U(x) + b$ をつくると、これによる順序づけは $U(x)$ による順序づけと同一である。これは期待値演算が線形演算であること、すなわち $\mathrm{E}[V(x)] = \mathrm{E}[U(x) + b] = \mathrm{E}[U(x)] + b$ だからである。新たな期待効用値は、もとの値に定数 b を加えたものだから、選択肢の順序づけは不変である。

同様に、ある定数 $a > 0$ に対して $V(x) = aU(x)$ とおいても順番は変わらない。なぜなら $\mathrm{E}[V(x)] = \mathrm{E}[aU(x)] = a\mathrm{E}[U(x)]$ だからである。

一般に、効用関数 $U(x)$ が与えられたとき、$a > 0$ に対して、

$$V(x) = aU(x) + b \tag{11.1}$$

もまた $U(x)$ と等価な効用関数となる。等価な効用関数は同一の順序づけを導く（すべてのランダムな結果について同一の順序付けを与える変換は、(11.1) 式だけであることを示すことができる）。たとえば、効用関数 $V(x) = \ln(cx^a)$ は $V(x) = a\ln x + \ln c$ だから対数効用関数 $U(x) = \ln x$ と等価である。

効用関数は等価な変換が可能だから、われわれは実際に都合がよいような変換を施すことにする。

11.3 リスク回避

効用関数の主たる役割は、リスク回避の原則を具現化した選択肢の順序づけを行うことである。この目的を達成するには、効用関数が凹関数でありさえすればよい。そこでこれを形式的に述べよう。

> **凹型効用関数とリスク回避** 区間 $[a,b]$ 上で定義される実数値関数 U が凹（concave）関数であるとは、すべての $0 \leq \alpha \leq 1$ と区間 $[a,b]$ に属するすべての x、y について、
>
> $$U[\alpha x + (1-\alpha)y] \geq \alpha U(x) + (1-\alpha)U(y) \qquad (11.2)$$
>
> が成立することをいう。（単調増加な）効用関数 U は $[a,b]$ 上で凹関数であるとき、$[a,b]$ でリスク回避型（risk averse）であるという。U がいたるところで凹であるとき、それはリスク回避型であるという。

この定義を図示したのが図 11.2 である。この図は凹型の効用関数を表している。この関数が凹関数であることを確認するために、任意の x、y と $0 \leq \alpha \leq 1$ を選ぶことにする。すると、$x^* = \alpha x + (1-\alpha)y$ は x と y の重み付き平均だから、x と y の中間点となる。この点での関数の値は、$U(x)$ と $U(y)$ をつなぐ直線上の x^* に対応する値より大きい。一般に凹関数であるための条件は、関数上の 2 点を結ぶ線分が関数より下に位置することである。より簡単に言うと、単調増加な凹関数は、その値が大きくなるにつれて勾配が平らになる。

同じ図を使えば、効用関数が凹であるという条件と、リスク回避がどのように結びついているかを示すことができる。将来の富の水準として 2 つの選択肢があるものとしよう。第 1 は x または y をそれぞれ $1/2$ の確率で手に入れるという選択肢である。第 2 は $\frac{1}{2}x + \frac{1}{2}y$ を確実に手に入れるという選択肢である。いま効用関数が図 11.2 のような形をしているものとしよう。第 1 の選択肢の期待効用は、$x^* = \frac{1}{2}x + \frac{1}{2}y$ における直線上の値となる。第 2 の選択肢（リスクのないケース）の期待効用は、$x^* = \frac{1}{2}x + \frac{1}{2}y$ における関数値と等しくなる。効用関数が凹関数であるときには、この値は第 1 の選択肢の期待効用より大きい。

この結果、$\frac{1}{2}x + \frac{1}{2}y$ の富を確実に手にする選択肢は、それぞれ 1/2 の確率で x と y を手にする選択肢より好まれる。どちらの期待値も同じであるが、リスクのない方が好まれるのである。

この特殊ケースが、リスク中立な効用関数 $U(x) = x$（と $a > 0$ に対して $V(x) = ax + b$ と書ける等価な効用関数）である。この関数は、先の定義の極限ケースとして凹関数である。厳密に言うと、この関数はリスク回避度がゼロである場合を表している。しばしばわれわれは、効用関数 U が狭義凹関数（strictly concave）であるとき、リスク回避型（risk averse）であるという。すべての $x \neq y$ に対して、不等式 (11.2) が厳密に成り立つとき（すなわち、左辺 > 右辺 であるとき）、U は狭義凹関数であるという。

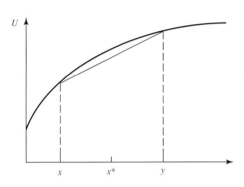

図 11.2　凹関数とリスク回避
x と y をつなぐ線分は、その中間では関数より下に位置している。特別なケースとして、確実な値 $x^* = \frac{1}{2}x + \frac{1}{2}y$ は、x と y がそれぞれ 1/2 の確率で起こる場合よりも好まれる。

例 11.2（コイン投げ）　特殊例として 2 つの選択肢がある場合を想定しよう。第 1 は、コインを投げて表が出れば 10 ドル、裏が出れば 0 ドルを手にする選択肢である。第 2 は確実に M ドルを手にする選択肢である。いまあなたの効用関数が $x - 0.04x^2$ であるものとして、この 2 つの選択肢を評価してみよう。第 1 の選択肢の期待効用は、$\mathrm{E}[U(x)] = \frac{1}{2}(10 - 0.04 \times 10^2) + \frac{1}{2}0 = 3$ である。第 2 の選択肢の期待効用は $M - 0.04M^2$ である。たとえば $M = 5$ の場合には、この値は 4 だから第 1 の選択肢の値より大きい。この結果、あなたは 10 ドルと 0 ドルがそれぞれ 1/2 の確率で得られるチャンスより、確実に 5 ドルを手にする方を好むことがわかる。

これを一歩進めると、第 1 の選択肢と同じ値を生成する M の値を求めることができる。そのために $M - 0.04M^2 = 3$ とおくと、$M = 3.49$ ドルとなる。この結果、あなたにとって確実に 3.49 ドルを得ることと、10 ドル–0 ドルをそれぞれ 1/2 の確率で得ることは同じ価値をもつことがわかる。

◆導関数

ここで効用関数の重要な性質と、その導関数との関係について述べよう。まず $U'(x) > 0$ であれば、$U(x)$ は x の（狭義）単調増加関数である。次に $U''(x) < 0$ ならば $U(x)$ は狭義凹関数である。一例として、指数効用関数 $U(x) = -e^{-ax}$ を考えると、$U'(x) = ae^{-ax} > 0$ なので U は増加関数である。また、$U''(x) = -a^2 e^{-ax} < 0$ だから U は凹関数である。

◆リスク回避係数

効用関数のリスク回避度は、関数の曲がりぐあいの大きさによって表される。曲がり方が大きいほどリスク回避度は大きい。これを定量化するには、効用関数の2階の導関数を用いる。

リスク回避度は、アロー－プラットの絶対リスク回避係数（Arrow-Pratt absolute risk aversion coefficient）、

$$a(x) = -\frac{U''(x)}{U'(x)}$$

によって定義される。分母に $U'(x)$ があるのは、この係数を基準化するためである。このようにしておくと、$a(x)$ は $U(x)$ と等価なすべての効用関数に関して同じ値をもつ。基本的には、関数 $a(x)$ は、富の水準によってリスク回避がどのように変化するかを表すものである。多くの個人の場合、リスク回避は富が増えると減少する。これは、多くの人は自分の経済状態が安定するほど、より多くのリスクをとってもよいと考える、という事実を反映している。

特別なケースとして、再び指数効用関数 $U(x) = -e^{-ax}$ を考えると、$U'(x) = ae^{-ax}$、$U''(x) = -a^2 e^{-ax}$ だから $a(x) = a$ となる。この場合すべての x についてリスク回避係数は一定である。そこで $U(x)$ と等価な効用関数 $V(x) = 1 - be^{-ax}$ について同じ計算をやってみると、$V'(x) = bae^{-ax}$、$V''(x) = -ba^2 e^{-ax}$ より、再び $a(x) = a$ となる。

もう1つの例として対数効用関数 $U(x) = \ln x$ を考えると、$U'(x) = 1/x$、$U''(x) = -1/x^2$ より、$a(x) = 1/x$ となる。この場合リスク回避は富の増大とともに減少する。

◆確実同値額

確率的な富の量を表す変数の期待効用は、選択肢の間の比較を行うためのものであって、その数値自体には意味がない。しかしそこからは直観的な意味づけ

が可能な指標を導くことができる。その指標というのは確実同値額（certainty equivalent）である[1]。

ランダムな富の量を表す変数 x の確実同値額とは、x の期待効用と同じ水準の効用をもつ確定的な（リスクのない）量のことを言う。言い換えれば、確率変数 x の確実同値額 C は、

$$U(C) = \mathrm{E}\left[U(x)\right]$$

をみたす C のことを言う。確率変数の確実同値額は、富の単位で計測されるもので、等価な効用関数のすべてについて同じ値をもつ。

一例として先のコイン投げを考えよう。そこでは、10 ドルか 0 ドルがそれぞれ 1/2 の確率のチャンスで起こる確率変数の確実同値額は 3.49 ドルであることを示した。それは 3.49 ドルが確実に得られるなら、それがコイン投げから得られる報酬と同じ効用をもつからである。

効用関数が凹関数であれば、確率変数 x の確実同値額は常にその期待値より小さいか等しい。すなわち $C \leq \mathrm{E}(x)$ である。実際、これがリスク回避を定義するもう 1 つの（等価な）方法である。

図 11.3 には 2 つの実現値 x_1、x_2 の場合について、その確実同値額を図示した。確実同値額を求めるには、$U(x_1)$ と $U(x_2)$ を結ぶ線と $\mathrm{E}(x)$ から引いた垂直な線が交わる点から、左方向に水平に延ばしてやればよい。

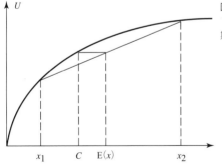

図 11.3　確実同値額
リスク回避的投資家の場合、確実同値額は必ず期待値よりも小さい。

---

[1] 確実同値額という概念は、第 7.7 節で用いた同じ名前の言葉と間接的につながっている。

11.4 効用関数の特定*

投資家に対して適切な効用関数を当てはめるには、いろいろな方法がある。そしてその中にはきわめて手のこんだものもある。そこで以下では、簡単にそのやり方を説明することにしよう。

◆効用の直接計測

効用関数を計測する1つの方法は、個人に対してさまざまなリスキーな組み合わせに関する確実同値額を尋ねることである。特にエレガントな方法は、まず2つの富の水準AとBを基準点として設定し、結果Aが確率pでBが確率$1-p$で生起するくじを提案し、その確実同値額Cを尋ねるやり方である。pを変化させるとCも変化するであろう。ここで言うA、B、Cは富の総額を表すものであって、賭けに基づく増分ではないことに注意しよう。確率pのくじの期待値は$e = pA + (1-p)B$である。しかしリスク回避型の投資家は、くじのリスクを避けるため、これより少ない値しか受け入れないであろう。したがって$C < e$である。

さまざまなpに対して、投資家が申告するCの値を図11.4(a)上にプロットする。Cの値を対応するeのところにプロットする。これらの点を通る関数を

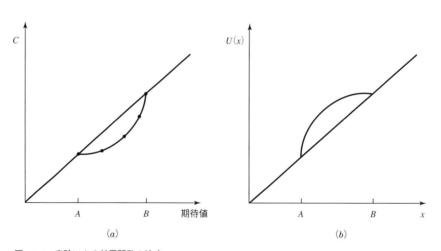

図11.4 実験による効用関数の決定
(a) 支払い金額がAまたはBで、その期待値eであるようなくじについて、その確実同値額Cを尋ねる。(b) この関係を逆転させると効用関数が得られる。

$C(e)$ とする。このダイヤグラムから効用関数を定義するため、まず $U(A) = A$、$U(B) = B$ と正規化する（効用関数はスケーリングに関して 2 つの自由度をもつので、このやり方は合法的なものである）。この正規化を行うと、くじの期待効用は $pU(A) + (1-p)U(B) = pA + (1-p)B$ となるが、これは期待値 e そのものである。$U(C)$ がくじの期待効用となるように C を決めたわけだから、$U(C) = e$ となる。これより $C = U^{-1}(e)$ だから、曲線 $C(e)$ は効用関数の逆関数となる。効用関数を求めるためには、図 11.4 (b) のように座標軸を入れ替え逆関数を求めてやればよい[2]。

例 11.3（ベンチャー・キャピタリスト） まずまずの成果を上げているベンチャー・キャピタリストのシビルは、自分の効用関数を明示的に求めたいと考えている。コンサルタントが、100 万ドルもしくは 900 万ドルというくじについて考えるよう求めている。ここでは 100 万ドルを受け取る確率 p を変化させるという手続きが使われる。2 つの結果がそれぞれ 1/2 の確率で実現される場合、その期待値は 500 万ドルであるが、それに対する彼女の確実同値額は 400 万ドルであるという。表 11.1 にはその他の p に対する確実同値額を示した。

表 11.1 には $U(C) = e$ という関係を用いて効用関数も示しておいた（一番下の行から 1 つ上の行を参照して U を決めればよい）。たとえば $U(4) = 5$ であるが、C の値はすべての数値をカバーしていないので、この表はあまり都合のよいものとは言えない。より精度の高い効用関数値を求めるには、表 11.1 を内挿してやればよい。

たとえば（必ずしも自明とは言えないが）、

$$U(2) = \frac{3.4(2.00 - 1.96) + 2.6(2.56 - 2.00)}{2.56 - 1.96} = 2.65$$

などとするやり方である。

表 11.1 効用関数の期待値と確実同値額

p	0	.1	.2	.3	.4	.5	.6	.7	.8	.9	1
e	9	8.2	7.4	6.6	5.8	5	4.2	3.4	2.6	1.8	1
C	9	7.84	6.76	5.76	4.84	4	3.24	2.56	1.96	1.44	1

---

[2] A と B の値を変えてやると、新しい効用関数が得られるが、それはもとのものと等価である。すなわちそれはもとの効用関数を 1 次変換しただけのものとなる（練習問題 5 を参照）。

◆パラメータ族

　効用関数を当てはめるもう1つの簡単な方法として、あるパラメータを含む関数族を用いて、適切なパラメータを決定するやり方がある。

　この方法を用いるにあたっては、しばしば効用関数が指数関数族 $U(x) = -e^{-ax}$ に属するものとして当てはめを行う場合が多い。この場合には、効用関数のリスク回避係数 a を推定するだけでよい。このパラメータを決めるには、あるくじとその確実同値額を評価すればよい。具体的には、投資家に対してそれぞれ 1/2 の確率で 100 万ドルと 10 万ドルが当たるくじの代わりにどれだけの金額を受け取るかを聞けばよい。もしそれが 40 万ドルであれば、

$$-e^{-400,000a} = -0.5e^{-1,000,000a} - 0.5e^{-100,000a}$$

とおいて、これを（反復解法を用いて）解けば、$a = 1/623,426$ ドルという解が得られる。

　多くの人が対数効用関数やベキ乗効用関数を好むのは、それが富の量が大きくなるとリスク回避度が減少するという性質をもつためである。実際対数効用関数の場合、リスク回避係数は $a(x) = 1/x$ であり、ベキ乗効用関数 $U(x) = \gamma x^\gamma$ の場合は $a(x) = (1-\gamma)/x$ である。第 18 章で説明する定理によれば、長期的な富の成長に関心のある投資家にとっては、これが効用関数として適切なものである。

　これらの折衷案としてよく用いられる方法としては、効用関数は富全体の関数であるが、ほとんどの場合、投資決定はその小さな増分にかかわるものである、という事実に立脚した方法である。いま x_0 を初期に保有する富であるとして、w をその増分とすると、適切な関数は $U(x_0 + w)$ である。指数効用関数の場合は $-e^{-aw}$ を計算することによって直接的に増分を計算することができる。これに対して、効用関数が $\ln x$ である場合には、上の式で $a = 1/x_0$ とおいてやればよい。

例 11.4（曲線の当てはめ）　例 11.3 に示した（ベンチャー・キャピタリストのシビルの）効用関数に曲線当てはめを施すことにしよう。ベキ乗効用関数 $U(x) = ax^\gamma + c$ を用いると、正規化条件により、

$$a + c = 1$$

$$a9^\gamma + c = 9$$

でなくてはならない。よって $a = 8/(9^\gamma - 1)$、$c = (9^\gamma - 9)/(9^\gamma - 1)$ と

なる。

したがって決めなくてはならないのは γ だけである。表 11.1 の $U(C)$ と e に最もよく適合する値を（スプレットシート・オプティマイザーを用いて）計算すると、$\gamma = 1/2$ がきわめて当てはまりがよいことがわかる。この結果 $U(x) = 4\sqrt{x} - 3$ となる。効用関数がスケーリングに対して不変であることを考えると、等価な効用関数 $V(x) = \sqrt{x}$ が得られる。

◆質問法

個人のリスク回避特性は、個人個人のリスクの感じ方、現在の財務状況（純資産の量など）、先行きの収入や支出の見通し（大学の経費など）、年齢などに依存する。このように考えると、富の増分に関する適切なリスク要因と効用関数を導くためには、図 11.5 のフィデリティ・インベストメント社によってつくられた質問を実施するのが有効である。これを使えばよい定性的評価が行えるので、必要ならばその結果を効用関数の特定に利用することができる。

この質問表の場合、5 つの項目（項目 1、6、7、8、9）は投資家の状況、その他の 5 つの項目（項目 2、4、5、11、12）が投資家の投資アプローチ（主としてリスク許容度の水準を特徴づけるもの）、1 つの項目が市場特性、そしてもう 1 つが定量的に管理されたファンドに対する評価を尋ねるものである。これはリスク許容度が、リスクに対応する感応度と投資家の財務環境によって決まることを反映した結果である。

11.5　効用関数と平均–分散基準*

マーコビッツ・モデルで用いられている平均–分散基準は、次の 2 つの場合には期待効用アプローチと整合性をもっている。すなわち、(1) 2 次効用関数を用いる場合、(2) 収益率を表す確率変数が正規分布にしたがうと仮定する場合である。ここでこの 2 つの特殊ケースについて検証を行うことにする。

◆2 次効用

2 次効用関数を $U(x) = ax - \frac{1}{2}bx^2$ としよう。ここで、$a > 0$、$b \geq 0$ であるものと仮定する。図 11.6 にこの関数を示した。

この効用関数が意味をもつのは、$x \leq a/b$ の場合だけである。また $b > 0$ なら $U(x)$ は全区間で狭義凹関数なので、リスク回避型である。

図 11.5 リスク質問表
投資家のリスクに対する態度と投資タイプに対する態度は、ここに示したような質問表をもとに推定することができる。出典：フィデリティー・インベストメント社、1991 年。この質問表は、UCLAの心理学教授 Andrew Comrey, Ph. D. の協力のもとで開発された。

　そこで以下では、確率変数がとりうる値がこの関数が意味をもつ範囲に入ること、すなわち $x \leq a/b$ であることを仮定しよう。
　ポートフォリオの富のレベルを表す確率変数を y として、このポートフォリ

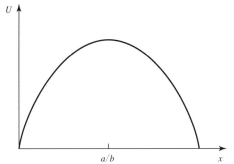

図 11.6　2 次効用関数
この関数は、$x < a/b$ の場合にのみ効用関数としての意味をもつ。

オを期待効用基準で評価すると、

$$\mathrm{E}[U(y)] = \mathrm{E}\left(ay - \frac{1}{2}by^2\right)$$
$$= a\mathrm{E}(y) - \frac{1}{2}b\mathrm{E}(y^2)$$
$$= a\mathrm{E}(y) - \frac{1}{2}b[\mathrm{E}(y)]^2 - \frac{1}{2}b\,\mathrm{var}(y)$$

となる。最適なポートフォリオは、選択可能なすべての確率変数 y の中でこの値が最大となるものである。

これは平均–分散アプローチと等価である。これを示すため富の初期値は 1 であるものとしよう。このとき y は収益 R と等しくなる。いま期待値が $\mathrm{E}(y) = M$ となる解を考えよう。すると明らかに、y は（m を期待収益率としたとき）$\mathrm{E}(y) = M = 1 + m$ をみたすすべての y の中で分散が最小でなくてはならない。$y = R$ だから、解は平均–分散効率的フロンティア上の点でなくてはならない。

パラメータ a と b の値を変えてやると、異なる平均–分散効率的な点が求まる。同様に富の初期値が 1 でない場合には、異なる係数が必要となる。

◆正規収益率

すべての資産の収益率が正規分布にしたがう場合も、任意のリスク回避型効用関数に関して、平均–分散基準は期待効用アプローチと等価になる。このことを示すために、いまある効用関数 U を考えよう。平均値が M で標準偏差が σ である正規分布にしたがう確率変数を y とすると、その確率分布は M と σ によって完全に記述されるので、期待効用も M と σ の関数となる。すなわち、

$$\mathrm{E}[U(y)] = f(M, \sigma)$$

と書ける（fの関数形を閉じた形で表すことはできないが、ここではそれは問題とならない）。もしUがリスク回避型であれば、$f(M,\sigma)$はMに関しては単調増加で、σに関しては単調減少となる。いますべての資産の収益が正規分布にしたがう確率変数であるものとしよう。すると（これが鍵となる性質なのだが）、これらの資産の収益率の任意の1次結合は、ある平均と標準偏差をもつ正規確率変数となる（付録 A を見よ）。この結果、これらの資産から構成されるすべてのポートフォリオの収益は正規分布にしたがう。したがってポートフォリオ問題は、すべての可能な組み合わせの中から、関数$f(M,\sigma)$を最大化するものを選択する問題と等価になる。リスク回避的な効用関数に対しては、与えられた平均に対して分散を最小化しなくてはならないことがわかる。言い換えれば、その解は平均‒分散効率的でなければならない。以上より、すべての資産の収益率が正規分布にしたがう場合には、平均‒分散基準は適切な基準であることがわかった。

11.6　線形価格公式

　ここで証券価格に関する基本的な問題、すなわちその線形性について説明しよう。これはきわめて深淵な意味をもつ性質であって、これまでの章で述べてきたことの多くは、これによって説明することができる（この章の残りの部分は、第III部を読了してから読むと、より理解が深まるはずである）。

　ここでは証券（security）を、ランダムな支払い変数dとして定義する。支払いの大きさは、期末に明らかになる（支払いは配当（dividend）だと考えてもよい。支払いにdという文字を使う理由はこれである）。証券には価格Pが対応する。一例として、初期価格ゼロで、明日雨が降れば$d = 10$ドルを支払い、晴れれば$d = -10$ドルを支払う証券を考えよう（これは明日雨が降るということに対して10ドルを賭けることに相当する）。もう1つの例として、年度末の価格が不確実な値をとる XYZ 社の株を考えよう。この場合の支払いdは確率変数で、その価格は現在の XYZ 株の価格である。

◆A タイプの裁定

　価格の線形性は、最も基本的な形の裁定が存在しえないという仮定から導かれる。そこでまず基本的な形の裁定とは何かを定義しよう。もしある投資を行っ

たときに、それがただちに正の報酬をもたらし、将来（正であっても負であっても）何の支払いをももたらさないとき、この投資はAタイプの裁定（type A arbitrage）であるという。

言い換えると、Aタイプの裁定に投資すればただちに一定のお金が手に入り、しかもその後は一切何の支払いもしなくてよいというわけである。この証券は、将来確実にまったく何ももたらさないが、その価格は負の値をもつというのである。こんなものは存在しえないと考えるのが普通ではないだろうか。

Aタイプの裁定が存在しないという仮定をもとに、価格が線形性をみたすことを立証しよう。いま d を価格 P の証券としよう。d のちょうど2倍の支払いを行う証券を $2d$ と書き、その価格 P' が $P' < 2P$ になっているものとしよう。このとき証券 $2d$ を買って、それを半分に分割してそれぞれを P で売れば、$2P - P'$ だけの利益を手に入れ、その後一切何の責任も負わないで済む。つまり、この場合Aタイプの裁定が存在することになる。同様な議論により、$2d$ の価格は $2P$ より大きくなることはない。すなわち $P' = 2P$ が成立する。この議論を一般化すると、任意の実数 α に対して αd の価格は αP となることがわかる。

同様に、証券 d_1 と d_2 の価格をそれぞれ P_1、P_2 とすると、$d_1 + d_2$ の価格は $P_1 + P_2$ となることがわかる。なぜなら $d_1 + d_2$ の価格 P' が $P' < P_1 + P_2$ だったとすると、両方をひとまとめにして P' で買い、これを個別に売ると $P_1 + P_2 - P'$ の利益が得られる。$P' > P_1 + P_2$ の場合も同様である。この結果、$d_1 + d_2$ の価格は $P_1 + P_2$ と等しくなる。同様に $\alpha d_1 + \beta d_2$ の価格は $\alpha P_1 + \beta P_2$ となる。これが線形価格公式（linear pricing）[3] である。

以上の議論では、Aタイプの裁定が存在しないという前提のほかに、市場が理想的な状態で機能していること、すなわち証券はいかように分割できること、取引コストは存在しないことを前提としている。現実にはこの前提は完全にはみたされない。しかし高度に流動性のある市場で大量の証券を扱う場合には、この仮定は十分によくみたされている。

◆ポートフォリオ

いま n 種の証券 $d_1, d_2, \ldots, d_n$ が存在するものとしよう。これらの証券のポートフォリオ（portfolio）を n 次元ベクトル $\theta = (\theta_1, \theta_2, \ldots, \theta_n)$ で表す。第 i 成分 θ_i はポートフォリオ中の第 i 証券の量を表している。ポートフォリオの支払

---

[3] 線形価格公式は一物一価の法則、すなわち $d_1 = d_2$ なら $P_1 = P_2$ という原理からも導くことができる。

い d は確率変数で、

$$d = \sum_{i=1}^{n} \theta_i d_i$$

で与えられる。Aタイプの裁定が存在しないときには、θ の価格は線形公式により、

$$P = \sum_{i=1}^{n} \theta_i P_i$$

となる。

CAPM価格公式が線形であったことを思い出そう。

◆Bタイプの裁定

次にもう1つの裁定について説明しよう。いま投資の初期コストがゼロ以下で、正の支払いを生む確率が正、また負の支払いを生む確率がゼロであるとき、これをBタイプの裁定（type B arbitrage）という。

別の言葉で言えば、Bタイプの裁定とは、何も支払わずに（あるいは負の支払いで）将来何かを得るチャンスがあることを意味する。そのような例としては、ただで買える宝くじを考えればよいであろう。明らかに、証券市場にはこのようなものはめったに存在しないであろう。

この2種類の裁定を区別するのは、その中に含まれている概念を明らかにするためである。今後の議論では、通常Aタイプの裁定もBタイプの裁定も存在しないものと仮定し、それを単に裁定機会の不存在（no arbitrage possibility）と述べることにする。線形価格公式を導くには、Aタイプの裁定が存在しないことだけで十分であった。一方、Bタイプの裁定が存在しないという条件を使うと、以下に見る通り、より強い関係式を導くことができる。

11.7　ポートフォリオ選択

準備ができたので、この章のこれまでの節で述べてきたことを統合して、期待効用基準を用いて代替案のランク付けを行うための、投資家のポートフォリオ問題を考えることにしよう。

以下では、確率変数 x が決して負の値をとらないとき $x \geq 0$ と書く。また $x \geq 0$ で、しかもある正の確率で正の値をとるとき、$x > 0$ と書くことにする。

投資家の効用関数 U は単調増加で、初期に保有する富の量を W とする。n 種の証券を $d_1, d_2, \ldots, d_n$ とし、投資家はこれらを組み合わせて、期末の富 x の

期待効用を最大化したいと考えている。そこで各資産の量を表すポートフォリオを $\theta = (\theta_1, \theta_2, \ldots, \theta_n)$ とすると、投資家が解くべき問題は、

$$\text{最大化} \quad \mathrm{E}[U(x)] \tag{11.3a}$$

$$\text{条件} \quad \sum_{i=1}^{n} \theta_i d_i = x \tag{11.3b}$$

$$x \geq 0 \tag{11.3c}$$

$$\sum_{i=1}^{n} \theta_i P_i \leq W \tag{11.3d}$$

となる。

この問題の意味は以下の通りである。投資家は初期の富の量 W 以下の資金でポートフォリオを組む（最後の制約式）、期末の富の量 x はポートフォリオ選択により決まる（第 1 の制約式）、また期末の富はどのような状況でも負にならない（第 2 の制約式）、そして投資家はこのような条件のもとで期末の富に対応する期待効用を最大化しようと試みる、という次第である。

ポートフォリオ選択定理 $U(x)$ は連続で、狭義凹の単調増加関数であり、$x \to \infty$ のとき $U(x) \to \infty$ であるものとする。また $\sum_{i=1}^{n} \theta_i^0 d_i > 0$ をみたすポートフォリオ θ^0 が存在するものとする。このとき最適ポートフォリオ選択問題 $(11.3a) \sim (11.3d)$ が最適解をもつための必要十分条件は、無裁定条件が成り立つことである。

証明： ここでは必要条件だけを証明する。いまポートフォリオ $\theta^0 = (\theta_1^0, \theta_2^0, \ldots, \theta_n^0)$ によって A タイプの裁定の機会が存在するものとしよう。このポートフォリオによって、期末の支払いを変えることなく、期初における富を積み増すことができる。この結果好きなだけ多くのポートフォリオ θ^0 を購入することができる。したがって、ある実現可能なポートフォリオが与えられたとすると、これに好きなだけの θ^0 を付け加えることによって $\mathrm{E}[U(x)]$ をいくらでも増加させることがで

> きるので、E[U(x)] には最大値は存在しない。一方もし B タイプの裁定の機会が存在すれば、(ゼロまたは負のコストで正の確率で) 報酬 $\bar{x} > 0$ を実現する資産を購入することができる。したがって、この資産を好きなだけ購入することによって、E[U(x)] をいくらでも増やすことができる。以上より、問題 (11.3a)〜(11.3d) に最適解が存在するなら、A タイプの裁定も B タイプの裁定も存在しないことが示された。■

解の存在の条件が明らかになったので、次にその解がどのようなものかを調べることにしよう。そこで裁定の機会が存在しないものと仮定し、問題 (11.3) の最適解を θ^* とする。また以下では、θ^* に対応する報酬を $x^* = \sum_{i=1}^{n} \theta_i^* d_i$ としたとき、$x^* > 0$ であるものとする。この場合明らかに、不等式 $\sum_{i=1}^{n} \theta_i P_i \leq W$ は $\theta = \theta^*$ において等号でみたされる。なぜなら $\sum_{i=1}^{n} \theta_i^* P_i < W$ とすると、これに θ^0 (または θ^*) の何倍かを加えることによって解が改善されるからである。

解がみたすべき条件を導くために、目的関数の中の x を $\sum_{i=1}^{n} \theta_i d_i$ で置き換え、制約条件 $x \geq 0$ を外すと、問題、

最大化　$\mathrm{E}\left[U\left(\sum_{i=1}^{n} \theta_i d_i\right)\right]$

条件　$\sum_{i=1}^{n} \theta_i P_i = W$

が得られる。$x \geq 0$ を外したのは、この問題の最適解 x^* が $x^* > 0$ となることを仮定したためである。

U は連続で微分可能とする。ラグランジュ乗数 λ を導入し、$x^* = \sum_{i=1}^{n} \theta_i^* d_i$ であることを用いると、最適解がみたすべき条件は、ラグランジュ関数、

$$L = \mathrm{E}\left[U\left(\sum_{i=1}^{n} \theta_i d_i\right)\right] - \lambda \left(\sum_{i=1}^{n} \theta_i P_i - W\right)$$

を θ_i で偏微分することによって得られる (付録 B 参照のこと)。この結果、

$$\mathrm{E}[U'(x^*) d_i] = \lambda P_i, \quad i = 1, 2, \ldots, n \tag{11.4}$$

が得られる。これは n 本の方程式からなっている。これに予算制約 $\sum_{i=1}^{n} \theta_i P_i =$

W を付け加えると、$n+1$ 個の変数 $\theta_1, \theta_2, \ldots, \theta_n, \lambda$ に対する $n+1$ 本の方程式が得られる。ここで $\lambda > 0$ となることを示すことができる。

この方程式は 2 つの意味で重要である。まず第 1 は、これらの方程式を解けばポートフォリオ最適化問題の解が得られるということである。例 11.5 にそのような解の例を示した。第 2 に、これらの方程式は裁定の機会が存在しない場合に成立するものであるから、無裁定条件のもとでの価格を特徴づけるものである。この点については次節で説明する。

ここで総収益が R である無リスク資産が存在するものとすると、(11.4) 式で $d_i = R$、$P_i = 1$ とおいて、

$$\lambda = \mathrm{E}[U'(x^*)]R$$

となる。これを (11.4) 式の λ に代入すると、

$$\frac{\mathrm{E}[U'(x^*)d_i]}{R\mathrm{E}[U'(x^*)]} = P_i$$

となる。

この方程式はきわめて重要なので、以下にこれをまとめておこう。

ポートフォリオ価格方程式　ポートフォリオ最適化問題 (11.3) の最適解を $x^* = \sum_{i=1}^n \theta_i^* d_i$ とすると、

$$\mathrm{E}[U'(x^*)d_i] = \lambda P_i, \qquad i = 1, 2, \ldots, n \qquad (11.5)$$

が成立する。ここで $\lambda > 0$ である。また総収益 R の無リスク資産が存在する場合には、

$$\frac{\mathrm{E}[U'(x^*)d_i]}{R\mathrm{E}[U'(x^*)]} = P_i, \qquad i = 1, 2, \ldots, n \qquad (11.6)$$

が成立する。

例 11.5（映画ベンチャー） 娯楽映画を製作するベンチャー企業に投資しようとしている投資家を考えよう。そのようなベンチャー企業はきわめてリスキーである。表 11.2 には、この企業がもたらす収益を示した。ここでは次の 3 つの可能性がある。(1) 0.3 の確率で投資は 3 倍になって戻ってくる、(2) 0.4 の確率で投資したのと同じ金額が戻る、(3) 0.3 の確率で投資が完全に失われる、の 3 ケースである。このうち 1 つが 2 年以内に起こるというわけである。もう 1 つの可能性として、利率 20%の無リスク資産にも投資することもできる。この映画ベンチャーに投資すべきだろうか。もしそうであるならどれだけを投資すべきだろうか。

これは現実的な問題を単純化して示したものである。期待収益は $0.3 \times 3 + 0.4 \times 1 + 0.3 \times 0 = 1.3$ である。これは無リスク資産に投資するよりややよい結果である。そこでこれにどれだけ投資すべきかを考えてみよう。

この投資家の効用関数は $U(x) = \ln x$ であるものとしよう。これは（第 18 章で説明する通り）よい選択である。ここでの問題は、映画ベンチャーと無リスク資産への投資量 θ_1, θ_2 を決定することである。以下では両者の単位価格は 1 であるとすると、問題は、

最大化　$[0.3\ln(3\theta_1 + 1.2\theta_2) + 0.4\ln(\theta_1 + 1.2\theta_2) + 0.3\ln(1.2\theta_2)]$

条件　$\theta_1 + \theta_2 = W$

となる。(11.5) 式をもとに必要条件を書くと、

$$\frac{0.9}{3\theta_1 + 1.2\theta_2} + \frac{0.4}{\theta_1 + 1.2\theta_2} = \lambda$$

$$\frac{0.36}{3\theta_1 + 1.2\theta_2} + \frac{0.48}{\theta_1 + 1.2\theta_2} + \frac{0.36}{1.2\theta_2} = \lambda$$

表 11.2　映画ベンチャー

	収益	確率
大成功	3.0	0.3
中くらいの成功	1.0	0.4
失敗	0.0	0.3
無リスク	1.2	1.0

起こりうる結果は 3 つである。それぞれについて収益と確率を示した。また収益が 1.2 の無リスクの投資機会がある。

となる。これを $\theta_1 + \theta_2 = W$ と連立させて $\theta_1, \theta_2, \lambda$ を求めると、$\theta_1 = 0.089W$、$\theta_2 = 0.911W$、$\lambda = 1/W$ となる。すなわち得られる 2 次方程式を解くと、投資家は 8.9%を映画ベンチャーに、残りを無リスク資産に投資すればよいことになる。

例 11.6（残余権利） 前の例で映画ベンチャーへの投資を考えている投資家が、映画の残余権利[4] に投資することができることに気づいたものとする。これに投資すると、映画が成功した場合にきわめて大きな収益が得られる。残余権利に投資すると、成功すれば 1 ドルあたり 6 ドルの収益があるが、失敗するとその収益はゼロだという。どうすればよいだろうか。

そこで、再びこの新情報を取り入れたポートフォリオ最適化問題を解くことにしよう。投資先は映画ベンチャー、無リスク資産、残余権利の 3 つである。それらへの投資量を $\theta_1, \theta_2, \theta_3$ とすると、必要条件は、

$$\frac{0.9}{3\theta_1 + 1.2\theta_2 + 6\theta_3} + \frac{0.4}{\theta_1 + 1.2\theta_2} = \lambda$$

$$\frac{0.36}{3\theta_1 + 1.2\theta_2 + 6\theta_3} + \frac{0.48}{\theta_1 + 1.2\theta_2} + \frac{0.36}{1.2\theta_2} = \lambda$$

$$\frac{1.8}{3\theta_1 + 1.2\theta_2 + 6\theta_3} = \lambda$$

となる。これを $\theta_1 + \theta_2 + \theta_3 = W$ と組み合わせて方程式を解くと、$\theta_1 = -1.0W$、$\theta_2 = 1.5W$、$\theta_3 = 0.5W$、$\lambda = 1/W$ となる。つまり映画ベンチャーを W だけ空売りして、他の 2 つの投資対象に投資するのがよいという次第である。

11.8　裁定境界

裁定機会がない証券市場を考えよう。（ランダムな）収入 d をもたらす新資産がある価格 P_d で市場に追加されるとしよう。これにより拡張された市場では、裁定機会が生じる可能性がある。一般に、この可能性は価格 P_d に依存する。裁定が存在しない P_d には上限と下限が存在することを示そう。

---

[4] 訳注　映画のテレビ放映権やビデオ化権などのことと考えられる。

命題 11.1 市場には、裁定の可能性がないと仮定しよう。d を市場に含まれる新資産とし、その価格を P_d とする。P_d^u と P_d^l が存在して、$P_d \in (P_d^l, P_d^u)$ であれば、裁定は存在しない。一方、$P_d \notin [P_d^l, P_d^u]$ であれば、裁定が可能である。

証明：裁定が可能なためには、新資産が非ゼロ水準で含まれることが条件になる。水準が負だとしよう。一般性を失うことなく、-1 とする。市場性資産 m と $-d$ の構成で裁定が可能であるためには、以下の式をみたさなくてはならない。

$$m - d \geq 0 \tag{11.7}$$

$$P_m - P_d \leq 0 \tag{11.8}$$

ここで、少なくとも 1 つは狭義の不等式が成り立つ（最初の不等式は d がとりうるすべての値に適用されなければならない）。もし、P_d がこれらの条件をみたすならば、明らかに、P_d より大きい値もそれらをみたす。実行可能な最小の P_d を求めるために、最初の裁定条件をみたすという条件のもとで、P_m を最小化する m を選ぶ。P_d の最小値は、実行可能な P_m の最小値に等しくなる。よって[5]、

$$P_d^u = \min_m \{P_m : m - d \leq 0\}$$

である。$+1$ を d の水準として使うと、下限に関する似た議論ができて、$P_d^l = \max_m \{P_m : m + d \geq 0\}$ となる。∎

---

[5] 未知変数は基本的な市場変数のウェイトの（有限）集合となるように取り扱われる。したがって、最小化は達成される。これは **線形計画問題**（linear programming problem）である。

例 11.7（**簡単なコイン投げ**）　コイン投げの結果で賭け d が提供されるとしよう。もし表ならば 3 ドルが支払われ、裏ならばゼロとする。この賭けの価格の境界はいくらか？市場は、金利が 0% の無リスク資産から成り立つと仮定する。この場合、d は、3 ドルか 0 ドルのどちらかである。上限については、$\min_m\{P_m : m - d \geq 0\}$ を求める必要がある。この式で $d = 3$ とすると $m = 3$ となるので $P_d^u = 3$ である。同様に、$P_d^l = 0$ である。よって、$(0, 3)$ の範囲内のいかなる価格も裁定を生じさせない。しかし、$[0, 3]$ の範囲外の価格では裁定が起きる[6]。

11.9　ゼロ水準価格付け

投資家の効用関数 U を連続で単調増加で狭義凹関数としよう。投資家の富は $W > 0$ とする。市場に裁定機会はないとする。投資家は効用関数と富によって、市場性資産の最適ポートフォリオを決定するとしよう。ポートフォリオ選択理論の技術的な仮定のもとで求められる最適ポートフォリオを x^* とし、$x^* > 0$ と仮定しよう。

現存する市場の外部に新資産が導入され、その価格 P_d は裁定機会が発生しない範囲 (P_d^l, P_d^u) に入っているとしよう。価格 P_d が範囲の中で相対的に低い値をもてば、投資家は最適ポートフォリオの中に資産 d のウェイトを含めるように修正するかもしれない。一方、価格が相対的に高ければ、投資家は資産を空売りしたいと思うかもしれない。緩い技術的な仮定のもとで裁定機会が生じない範囲の中に、新しい最適ポートフォリオの中の資産 d のウェイトがゼロとなるような価格 P_d が存在する。すなわち、この価格であれば、資産を購入したり空売りする動機が存在しない。この P_d はその投資家に対する資産 d の**ゼロ水準価格**（zero-level price）と呼ばれる。これはまた**無差別価格**（indifference price）や**限界価格**（marginal price）として呼ばれることもある。

例 11.8（**ゼロのコイン投げ**）　再び、例 11.7 のコイン投げへの賭けを考えよう。その払い戻し額は 3 ドルか 0 ドルである。この賭けのために、あなたはいくら支払うだろうか？　まず、$P_d \in [0, 3]$ であることはわかっている。ただし、おそらく、$P = 1.5$ ドルが最も適切であると考えるだろう。実際に、この価格はあなたのゼロ水準価格となることがわかる。

---

[6] この例では、範囲の端点では裁定が生じない。

一般に、ゼロ水準価格は人によって異なる。なぜならば、効用関数や富の水準が異なるからである。しかし、コイン投げの例の場合、結果はすべての人にとって同じである。すなわち、すべての人が同意する。この場合、ゼロ水準価格は**普遍的である**（universal）と言われる。市場の資産のゼロ水準価格は、市場価格である。それは最適ポートフォリオを決定する際に使われる価格であり、その価格ではウェイトを変える動機はない。

最適ポートフォリオが x^* であるとき、このゼロ水準価格は資産 d を市場に含めた場合に、(11.6)式の価格式を適用することによって求められる。したがって、以下のように求められる。

$$P_d = \frac{\mathrm{E}[U'(x^*)d]}{R\,\mathrm{E}[U'(x^*)]} \tag{11.9}$$

特別なケースとして、コイン投げの賭けのときのように、資産 d が市場と統計的に独立しているとしよう。コイン投げそのものは、市場のすべての資産と独立である。したがって分子の期待値は、$\mathrm{E}[U'(x^*)]\mathrm{E}[d]$ に分解されるので、分母の項とキャンセルすると、$P_d = \mathrm{E}[d]/R$ となる。それはすべての投資家に当てはまる。CAPM の枠組みでの射影法は、ゼロ水準価格を決める方法であると考えられる（練習問題 12 を参照）。もう 1 つのケースとして、資産の収益が正規分布にしたがっている場合もゼロ水準価格は普遍的である。他の重要なケースは市場が部分的に完備である場合である（練習問題 13 を参照）。

いくつかの場合、ゼロ水準価格は制限された条件のもとで普遍的である。たとえば、対数効用をもつ人は富の大きさにかかわらず、同じゼロ水準価格をもっている。よって、その価格は対数最適化を行うすべての投資家に当てはまる。

ゼロ水準価格は、理論的な方法によって得られる価格であることが多い。それは、新資産が市場と現存のポートフォリオにどのように関係するかを示している。実際の価格がゼロ水準価格よりも高（低）ければ、その資産を買う（空売りする）だろう。

例 11.9（ゼロ水準の権利） 例 11.6 は残余権利がとても魅力的な投資機会であることを示している。なぜなら投資家は映画ベンチャーを空売りすることによって、残余権利により多く投資したいと考えるからである。残余権利のゼロ水準価格を求めよう。投資家が例 11.5 の最適ポートフォリオを求めたと仮定しよう。残余権利のゼロ水準価格は、

$$\left[\frac{0.3}{3\theta_1 + 1.2\theta_2}\right] \times 6 = 1.323$$

となる。元の価格は 1.0 であった。より高い価格なので、投資家は残余権利への投資を含めることによって元のポートフォリオを修正することはないだろう。

11.10　対数最適価格[*]

価格式、
$$\mathrm{E}[U'(x^*)d_i] = \lambda P_i, \qquad i = 1, 2, \ldots, n \tag{11.10}$$

は一般的な結果であって、これを特殊ケースに応用すると、さまざまな便利な価格公式を導くことができる。そこで以下の 1 つのエレガントな結果を示そう。

以下では $U(x) = \ln x$ とし $W = 1$ とおく。期待対数効用を最大化するポートフォリオに対応する x を x^* とし、以下ではこれを R^* と書く。R^* は対数効用関数に関する最適な収益を与えるので、R^* を**対数最適収益**（log-optimal return）という。

d_i を市場で取引されている証券の収益とする。$d \ln x/dx = 1/x$ だから (11.10) 式から、
$$\mathrm{E}\left(\frac{d_i}{R^*}\right) = \lambda P_i, \qquad i = 1, 2, \ldots, n \tag{11.11}$$

となる。これはすべての i について成り立つ式なので、線形性より対数最適ポートフォリオについても成立する。このポートフォリオの価格は 1 だから、
$$1 = \mathrm{E}\left(\frac{R^*}{R^*}\right) = \lambda$$

が得られる。この場合、λ の値を求めることができた。無リスク資産が存在する場合には、この公式は無リスク資産についても成立する。無リスク資産はどのような場合でも 1 の支払いをもたらす。また無リスク資産の収益を R とすると、その価格は $1/R$ だから、
$$\mathrm{E}\left(\frac{1}{R^*}\right) = \frac{1}{R}$$

となる。すなわち $1/R^*$ の期待値は $1/R$ となる。ここで $\lambda = 1$ を使うと、(11.11) 式は、
$$P_i = \mathrm{E}\left(\frac{d_i}{R^*}\right)$$

となる。これはどの資産 i についても成り立つ式なので、線形性よりすべてのポートフォリオについても成立する。

この同じ公式が、収入 d をもたらす資産に適用されることがわかる。これで、対数投資家に対する d のゼロ水準価格が求められる。これらの結果を以下にまとめておく。

> **対数最適価格** 収入 d をもたらす資産の対数最適ゼロ水準価格 P は、
> $$P = \mathrm{E}\left(\frac{d}{R^*}\right) \tag{11.12}$$
> で与えられる。ここで R^* は市場性証券の対数最適ポートフォリオの収益である。

これは単純かつ覚えやすい公式である。なぜならこれは、d が確定的な場合の公式 $P = d/R$ と大変よく似ているからである。確率的な場合には、R を R^* と置き換えて期待値をとればよいというわけである。d が確定的な場合は $\mathrm{E}(1/R^*) = 1/R$ となる。

例 11.10（映画ベンチャーの変形） 映画ベンチャーが生み出す結果だけに依存する支払いを行う新しい証券を考えよう。このような例としては、ベンチャーが失敗した場合でもなんらかの支払いをもたらす証券を考えればよい。この証券は、大成功、成功、失敗の場合にそれぞれ d^1, d^2, d^3 を支払うものとする。この場合、例 11.6 のように対数最適ポートフォリオを用いて、この証券の価格を求めることができる。

ここでは、第 1 の映画ベンチャーの例で求めた対数最適ポートフォリオを利用することはできない。なぜならそれは、映画ベンチャーと無リスク資産のみを対象としたものだからである。もし新たな証券が、これら 2 つの証券の 1 次結合として表現されるなら、すでに求めた対数最適ポートフォリオを利用することができる。しかしそうでない場合には、第 2 の例で示した対数最適ポートフォリオを使わなくてはならない。これは 3 つの可能性に対応する 3 つの証券をもとに組み立てられたものだからである。任意の証券は、この 3 つの証券の 1 次結合として表現できる。

この場合、対数最適ポートフォリオの収益は、

	大成功	成功	失敗
R^*	1.8	0.8	1.8

である。この数値は、残余権利の例で求めた θ_i をもとに計算した。たとえば大成功の場合には、$R^* = -1.0 \times 3 + 1.5 \times 1.2 + 0.5 \times 6 = 1.8$ となる。

支払い d^1, d^2, d^3 の証券の価格は $\mathrm{E}(d/R^*)$ だから、

$$P = 0.3\frac{d^1}{1.8} + 0.4\frac{d^2}{0.8} + 0.3\frac{d^3}{1.8}$$

となる。これを先に用いた 3 つの証券に適用すると、価格はすべて 1 になる。たとえばベンチャー企業については、

$$P = 0.3\frac{3}{1.8} + 0.4\frac{1}{0.8} = \frac{1}{2} + \frac{1}{2} = 1$$

となる。

この対数最適価格付け方程式については、第 18 章で再び取り上げる予定である。しかしここでは、この公式を単に一般の価格付け公式の特殊型、すなわち効用関数として $\ln x$ を用いたものと見なすことにする。

ここでやったことを復習しておこう。まず原証券の価格を用いて x^* を求めた。次にこの x^* を使って価格を求めた。ところが価格の線形性により、原証券の 1 次結合として表される証券の価格は同じ公式を用いて求めることができる。

では原証券の 1 次結合として表せない証券の価格はどうなるだろうか。もちろんこの場合も、この公式を用いて価格を計算することはできるだろう。しかしこのようにして求めた価格は正しいものではない。この公式が成り立つのは、それを求めるために用いた証券と、その 1 次結合として表される証券だけに限られる。

11.11　有限状態モデル

ある投資行為に伴って起こりうる帰結を表す、有限個の状態 (state) が存在するものとしよう (図 11.7 参照)。初めの時点では、これらの状態のいずれか 1 つが生起するということだけがわかっている。期末にはこの中のどの状態が

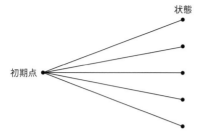

図 11.7 状態
状態は、不確実性を表すための単純かつ効果的な方法である。

起こったかが明らかになる。しばしばこれらの状態はある物理現象を表している。一例として、明日の天候が晴れか雨かという2つの状態を定義しよう。そのどちらが起こるか今日のところは不明であるが、明日になればその不確定性は解消される。もう1つの例として、映画ベンチャーの例で見たような、経済的出来事に対応して起こる大成功、成功、失敗のような3つの状態を考えることもできる。以下では起こりうる状態を数字を使って $\{1, 2, \ldots, S\}$ と表す。

状態は、不確実性を表現する基本的な方法である。ここではまだ後で行うように状態に確率を付与する必要はない。この章で重要な点は、確率に言及しなくてもかなり多くのことが言えるという事実である。価格付けを行うにあたって、確率は無関係であることが重要なポイントである。

証券（security）には、各々の状態に対して1つの支払いが対応する（繰り返すが、ここで確率は無関係である）。この結果、証券は $d = \langle d^1, d^2, \ldots, d^s \rangle$ という形のベクトルによって記述される。ここで記号 $\langle\ \rangle$ は、状態に依存する支払いを成分にもつベクトルを表す。ここで各成分 d^s, $s = 1, 2, \ldots, S$ は、状態 s が生起したときに得られる支払いである。これまで同様、証券にはその価格 P が対応する。第11.6節の冒頭に例示した、晴れれば10ドル、雨が降れば -10 ドルを支払う（価格はゼロの）証券がここでも役に立つ。ここでは確率を特定する必要はない。この証券は $\langle 10, -10 \rangle$ と表すことができる。

◆完備性

ある状態に対応して、いくつかの証券が存在することがある。証券 k は、$d_k = \langle d_k^1, d_k^2, \cdots, d_k^S \rangle$ と書ける。入手可能な証券の集合が市場を定義する。いつもと同様に、ポートフォリオは証券の線形和であり、それは新しい証券をつくる。市場に S 個の1次独立な証券が存在するならば、市場は**完備**（complete）であるという。この場合、市場に存在する証券からもたらされる収入は、これらのベクトルの1次結合として表すことができる。一般に、独立な証券が S 個よりも少ない場合、市場は**非完備**（incomplete）であるという。

◆状態価格

ある1つの状態のみで支払いが行われる特別な証券を考えよう。そこで S 個の基本状態証券（elementary state security）$e_s = \langle 0, 0, \ldots, 0, 1, 0, \ldots, 0 \rangle$、$s = 1, 2, \ldots, S$ を定義しよう。e_s は第 s 番目の成分が 1 で、残りが全部ゼロであるベクトルである。このような証券が存在する場合には、その価格を ψ_s で表す。

（各状態ごとに）1つずつ、すべての状態に対してこのような証券が存在する場合には、他の証券の価格を決めるのは容易である。証券 $d = \langle d^1, d^2, \ldots, d^S \rangle$ は基本状態証券の組み合わせとして $d = \sum_{s=1}^{S} d^s e_s$ と表すことができるので、価格の線形性より d の価格は、

$$P = \sum_{s=1}^{S} d^s \psi_s \tag{11.13}$$

となる。

基本状態証券が存在しない場合でも、存在する証券を組み合わせることによって、それらを人為的につくり出すことができるかもしれない。たとえば2状態空間で、2証券 $\langle 1, 1 \rangle$ と $\langle 1, -1 \rangle$ が存在するならば、この2つを足し合わせたものを2で割れば第1の基本状態ベクトル $\langle 1, 0 \rangle$ と等しくなる。

◆正の状態価格

すべての基本状態ベクトルが存在する場合、あるいはそれらを他の証券の組み合わせによってつくり出すことができる場合には、その価格は正でなくてはならない。なぜならそうでないとすると、裁定の機会が存在するからである。このことを示すため、基本状態証券 e_s の価格がゼロまたは負であったとすると、この証券は経費なしでなんらかの収入（状態 s が起これば1の収入）をもたらすことになるので、Bタイプの裁定が存在する。したがって基本状態証券が存在するか、それを他の証券と組み合わせて生成することができる場合には、裁定を排除するために価格は正でなくてはならないのである。

実際、以下の定理で示す通り、無裁定条件は正の状態価格の存在と等価である。

> **正の状態価格定理** 正の状態価格が存在するための必要十分条件は、裁定の機会が存在しないことである。

証明： まず正の状態価格が存在するものとしよう。この場合明らかに裁定の機会は存在しない。これを示すため、$d \geq 0$ をみたす証券 d が構成されたものとしよう。するとすべての s に対して、$d^s \geq 0$ をみたす証券 $d = \langle d^1, d^2, \ldots, d^S \rangle$ が存在する。d の価格 P は $\sum_{s=1}^{S} \psi_s d^s$ となるが、すべての s について $\psi_s > 0$ だから $P \geq 0$ となる。また $d \neq 0$ なら $P > 0$ で $d = 0$ なら $P = 0$ である。したがって裁定の機会は存在しない。

逆を証明するため、裁定の機会が存在しないものと仮定しよう。ここで第 11.7 節のポートフォリオ選択問題の結果を利用する。証明を行うには、追加的な仮定が必要となる（より一般的な証明の概要を練習問題 14 に示した）。以下では $\sum_{i=1}^{n} \theta_i^0 d_i > 0$ をみたすポートフォリオ θ^0 が存在するものとする。各状態に対して正の生起確率 p_s、$s = 1, 2, \ldots, S$ を適当に割り当てる。もちろん $\sum_{s=1}^{S} p_s = 1$ である。次に単調増加な効用関数 U を選択する。裁定の機会は存在しないのだから、第 11.7 節のポートフォリオ選択定理により、最適ポートフォリオ選択問題は解をもつ。そこで最適な収入は $x^* > 0$ をみたすものとする。必要条件 (11.4) によれば、価格が P の証券 d は、

$$\mathrm{E}[U'(x^*)d] = \lambda P \tag{11.14}$$

をみたす。ここで x^* は最適ポートフォリオの収入で、$\lambda > 0$ はラグランジュ乗数である。

期待値の定義を用いてこの式の左辺を展開し整理すると、

$$P = \frac{1}{\lambda} \sum_{s=1}^{S} p_s U'(x^*)^s d^s$$

となる。ここで $U'(x^*)^s$ は状態 s における $U'(x^*)$ の値である。

ここで、

第 11 章　一般原理　377

$$\psi_s = \frac{p_s U'(x^*)^s}{\lambda} \tag{11.15}$$

とおくと、$p_s > 0$、$U'(x^*)^s > 0$、$\lambda > 0$ より $\psi_s > 0$ となる。また明らかに、

$$P = \sum_{s=1}^{S} \psi_s d^s$$

が成立する。これで ψ_s は状態価格であることが示された。それらの値はすべて正の値である。∎

　この定理は正の価格が存在すると述べているが、それが一意的に決まるとは言っていない。状態が証券数より大きい場合には、存在する証券の価格と整合性をもつように状態価格を当てはめる方法はいろいろある。この定理が言っているのは、ただそのうちのどれかに対して状態価格は正となるということだけである。

例 11.11（単純な映画ベンチャー）　再び映画ベンチャーの例を考えよう。3 つの状態が存在するが、証券はベンチャーそれ自体と無リスク証券の 2 つだけである。したがって状態価格は一意的には定まらない。(11.15) 式と例 11.5 で求めた θ_i と $\lambda = 1$ を使うと正の状態価格が求まる。

$$\psi_1 = \frac{0.3}{3\theta_1 + 1.2\theta_2} = 0.221$$

$$\psi_2 = \frac{0.4}{\theta_1 + 1.2\theta_2} = 0.338$$

$$\psi_3 = \frac{0.3}{1.2\theta_2} = 0.274$$

これらの状態価格は、もとになる 2 つの証券の組み合わせの価格を定めるために使うことができるが、残余権利には当てはまらない。もとのベンチャーの価格を確かめると、当然のことながら $P = 3 \times 0.221 + 0.338 = 1$ となる。

例 11.12（拡張映画ベンチャー） 次に例 11.6 で考察した、3 つの証券が利用可能な映画ベンチャーを考えよう。残余権利の 3 つの状態に対して 3 つの証券が存在するので、状態価格は一意的に定まる。実際 3 つの証券の価格を 1 とおくと、

$$
\begin{aligned}
3\psi_1 + \psi_2 &= 1 \\
1.2\psi_1 + 1.2\psi_2 + 1.2\psi_3 &= 1 \\
6\psi_1 &= 1
\end{aligned}
$$

より、

$$\psi_1 = 1/6, \psi_2 = 1/2, \psi_3 = 1/6$$

となる。したがって、支払いが $\langle d^1, d^2, d^3 \rangle$ である証券の価格は、

$$P = \frac{1}{6}d^1 + \frac{1}{2}d^2 + \frac{1}{6}d^3$$

となる。

これらの状態価格は前の例とは違っているが、もとの映画ベンチャーの 2 つの組み合わせである証券については、その価格は同一である。たとえば基本ベンチャーの価格は $P = 3/6 + 1/2 = 1$ となる。

11.12　リスク中立価格付け

正の状態価格を ψ_s、$s = 1, 2, \ldots, S$ とすれば、任意の証券 $d = \langle d^1, d^2, \ldots, d^S \rangle$ の価格は、

$$P = \sum_{s=1}^{S} d^s \psi_s$$

となる。ここで状態価格の和が 1 となるよう正規化する。すなわち $\psi_0 = \sum_{s=1}^{S} \psi_s$ に対して $q_s = \psi_s / \psi_0$ とおくと、価格式は、

$$P = \psi_0 \sum_{s=1}^{S} q_s d^s \tag{11.16}$$

となる。q_s、$s = 1, 2, \ldots, S$ は正でその和が 1 となるので、これを（人工的な）確率と考えることができる。

これを確率と見なすと、価格公式は、

$$P = \psi_0 \hat{\mathrm{E}}(d) \tag{11.17}$$

となる。ここで $\hat{\mathrm{E}}$ は人工的確率 q_s に関する期待値を表す。

ψ_0 は次のように解釈することができる。$\psi_0 = \sum_{s=1}^{S} \psi_s$ だから、ψ_0 は証券 $\langle 1, 1, \ldots, 1 \rangle$、すなわちすべての状態で 1 を支払う証券、すなわち無リスク証券の価格に等しい。定義により、R を無リスク収益とすると、その価格は $1/R$ となる。これより価格公式は、

$$P = \frac{1}{R} \hat{\mathrm{E}}(d) \tag{11.18}$$

となる。この式は、価格が人工的確率を用いて計算した支払いの期待値を割り引いたものとなることを示している。以下ではこれを**リスク中立価格付け**（risk-neutral pricing）と呼ぶ。なぜならそれは q_s を真の確率とし、リスク中立な効用関数（すなわち 1 次効用関数）を用いたときに得られる公式と一致するからである。また以下では q_s、$s = 1, 2, \ldots, S$ を**リスク中立確率**（risk neutral probability）という。

この仕掛けは一見単純なものに見えるが実はそうではない。以下の章では、この式がきわめて重要な結果をもたらすことを示すことにする。事実、第 III 部の主要部分は、この簡単な考え方を精微化したものである。以下にリスク中立確率 q_s、$s = 1, 2, \ldots, S$ を求める 3 つの方法を記しておく。

(a) リスク中立確率は、正の状態価格に無リスク金利をかけることによって得られる。これは、この節のはじめの部分のリスク中立確率の定義と同じである。

(b) 正の状態価格をポートフォリオ問題をもとに計算する場合、無リスク資産が存在するものとすれば、(11.6) 式より、

$$q_s = \frac{p_s U'(x^*)^s}{\sum_{t=1}^{S} p_t U'(x^*)^t} \tag{11.19}$$

となる。以下でしばしばこの公式を利用する。

(c) n 個の状態が存在する場合、価格が既知である n 個の 1 次独立な証券が存在し、しかも裁定の機会が存在しない場合には、リスク中立確率 q_s は次の方程式を解くことによって直接的に求めることができる。

$$P_i = \frac{1}{R} \sum_{s=1}^{S} q_s d_i^s, \quad i = 1, 2, \ldots, n$$

例 11.13（映画ベンチャー）　映画ベンチャーの 3 証券の状態価格は、

$$\psi_1 = 1/6, \psi_2 = 1/2, \psi_3 = 1/6$$

であった。これに無リスク収益 1.2 をかけると、リスク中立確率は、

$$q_1 = 0.2, q_2 = 0.6, q_3 = 0.2$$

となる。したがって支払い $d = \langle d^1, d^2, d^3 \rangle$ の証券の価格は、

$$P = \frac{0.2 d^1 + 0.6 d^2 + 0.2 d^3}{1.2}$$

となる。この価格公式は、原証券とその 1 次結合として表される証券のみに当てはまる。ここでは原証券の価格を求めるためにリスク中立確率を陽な形で計算した。

リスク中立確率は、状態数が有限ではない一般の場合に対しても拡張することができる（練習問題 17 を参照）。

11.13　まとめ

この章では一般理論を解説した。したがって、その内容は他の章に比べてやや抽象的なものとなったが、ここで提示した道具はきわめて強力である。第 III 部を読んだあと、また第 IV 部を読んだあとに、再びこの章を復習することをお勧めする。

この章ではまず期待効用理論の基礎を解説した。効用関数は意思決定の際のリスク回避の概念を明らかにするとともに、平均–分散アプローチよりも一般的かつ有用な方法を提供する。このアプローチのもとでは、期末の富はその富がもたらす効用の期待値によって評価される。2 つの確率変数が与えられたときに、その期待効用が大きいほうが好まれる。しばしば効用関数は解析的な形で表現される。よく用いられる効用関数としては、指数型、対数型、ベキ乗型、2 次関数などがある。効用関数 $U(x)$ が与えられたとき、$a > 0$ を用いて $V(x) = aU(x) + b$ として得られる新しい効用関数 V は、意思決定を行う上ではもとの効用関数 U と等価である。

通常われわれは、効用関数は単調増加であるものと仮定する。なぜなら富は多ければ多いほど、より好まれるからである。効用関数は凹関数であるとき、リスク回避型という。効用関数が単調増加で狭義凹であれば、$U'(x) > 0$ かつ $U''(x) < 0$ である。

富の大きさが確率的である場合、それと等価な確実同値額と呼ばれる数値 C が対応する。確実同値額は、効用関数 U をもつ投資家が確率的な富の代わりに受け入れる（確定的な）富の最小値として定義される。C の値は、確率的な富の期待効用と $U(C)$ が等しくなる水準として定義される。

効用関数アプローチを採用するにあたっては、適当な効用関数を選ぶことが必要となる。これを決める方法として、さまざまなくじの確実同値額を求め、そのような確実同値額を与えるように効用関数の関数形を定めるというやり方がある。

よく用いられる効用関数としては、指数関数 $-e^{-ax}$ で a を富の総額の逆数に近い値に設定したもの、対数関数 $\ln x$、ベキ乗関数 γx^γ で $\gamma < 1$ かつ 0 に近い値をとるものなどがある。このパラメータはくじに対する反応、もしくは投資家の資産状況やリスクに対する態度などに関する一連の質問に対する答えをもとに算定される。

この章の後半では、線形価格付けの一般理論の概要を説明した。完全な市場（この場合各証券の購入、売却に伴う取引コストは存在しない）においては、価格は線形性をみたさなくてはならない。このことは、いくつかの証券をひとまとめにしたものの価格が、その中に含まれる個々の証券の価格の和になることを意味する。これが成立しない場合には、裁定の機会が存在する。

この章では2種類の裁定を区別した。Aタイプは何も投資せずにいますぐ何かを得る可能性を排除し、Bタイプは現在まったくコストをかけずに、将来何かを得る機会を排除する。Aタイプの裁定を排除すると、価格は線形性をみたさなくてはならない。AタイプとBタイプの裁定を排除すると、期待効用を最大化するポートフォリオを求める問題が最適解をもつことが示される。

効用関数と富がわかると、裁定の機会が存在しないという条件のもとで、投資家は市場性証券の最適ポートフォリオをつくることができる。これによって、すべての市場性証券を正しく価格付けする線形価格公式をつくることができる。新たな資産 d が利用可能になったとき、この価格がある特定の範囲に入っていれば、新資産 d が追加された市場では裁定は起こらない。この範囲の価格で再最適化すれば、新資産は購入または空売りのどちらかで投資家のポートフォリオに含まれる。再最適化しても、最適ポートフォリオが変わらない特定の価格

P_d が存在する。新資産はゼロ水準でのみ入ることができる。この価格はその資産の**ゼロ水準価格**（zero-level price）と呼ばれる。この価格は、新資産が最適ポートフォリオに含まれるように線形価格付けルールを拡張することによって求められる。ゼロ水準価格が投資家の効用関数と富と独立ならば、それは**普遍的である**（universal）と言われる。

最適ポートフォリオ問題によって、（映画ベンチャーのような）現実的な投資問題を解くことができる。また最適性の必要条件を使えば、証券の価格をある確率変数の期待値として表すことができる。使用する効用関数が異なれば、得られる公式も異なるが、もとのポートフォリオ最適化問題に組み入れられた証券の1次結合として表される証券については、同じ価格が導かれる。価格公式を求める上で特に便利な効用関数は、2次効用関数（これを使うとCAPM公式が得られる）と指数効用関数、ベキ乗効用関数、対数効用関数などである。

有限状態モデルを使うと、さまざまな洞察と実用上の利点が得られる。この場合、状態価格の概念が大変役に立つ。考慮の対象となる証券の正の状態価格が存在するための必要十分条件は、裁定の機会が存在しないことである。正の状態価格を求めるには、最適ポートフォリオ問題を解けばよい。これによって得られる最適ポートフォリオをもとに、ただちに状態価格を求めることができる。

リスク中立確率の概念はきわめて重要である。人工的な確率を導入することにより、価格は $P = \hat{E}(d)/R$ と書くことができる。ここで R は無リスク資産の収益、$\hat{E}$ は人工的な（リスク中立）確率に関する期待値を表す。リスク中立確率を求めるには、状態価格に無リスク資産の収益 R をかけてやればよい。

練習問題

1. （確実同値額） 投資家の給与に対する効用関数は $U(x) = x^{1/4}$ である。彼にはいま新しい仕事が提示されている。年俸は8万ドルで、ボーナスは0ドル、1万ドル、2万ドル、3万ドル、4万ドル、5万ドル、6万ドルのいずれかが等確率で支払われるという。この仕事の確実同値額を求めよ。

2. （富の独立性） 投資家の効用関数は $U(x) = -e^{-ax}$ で、期初の富を W とする。いま確率的な収入 x をもたらす投資機会に、$w \leq W$ を投資するものとしよう。この追加投資の評価が W に依存しないことを示せ。

3. （不変リスク回避） アロー–プラット・リスク回避係数が $a(x)$ である効用関数を $U(x)$ とする。$V(x) = c + bU(x)$ としたとき、V のリスク回避係数を求めよ。

4. （相対的リスク回避） アロー–プラット相対リスク回避係数は、
$$\mu(x) = -\frac{xU''(x)}{U'(x)}$$
で与えられる。$U(x) = \ln x$ または $U(x) = \gamma x^\gamma$ の場合、相対リスク回避係数は定数となることを示せ。

5. （等価性） 若い女性が、第 11.4 節で説明した第 1 の手続きを用いて $A \leq x \leq B$ の区間で効用関数 $U(x)$ を求めようとしている。$U(A) = A, U(B) = B$ という正規化を行う。結果をチェックするため、$A < A' < B' < B$ をみたす区間 $A' \leq x \leq B'$ に対して、全体の手順を繰り返す。この結果、$V(A') = A', V(B') = B'$ をみたす効用関数 $V(x)$ が求まる。結果が一貫性をもつならば、U と V は等価でなくてはならない。すなわち $V(x) = aU(x) + b, (a > 0)$ が成り立つ。ここで a, b の値を求めよ。

6. （HARA ◇） HARA（hyperbolic absolute risk aversion）と称する効用関数の族は、以下の式で定義される。
$$U(x) = \frac{1-\gamma}{\gamma}\left(\frac{ax}{1-\gamma} + b\right)^\gamma, \quad b > 0$$
この関数は、括弧の中が非負である範囲で定義される。次の特別なケースに当てはまるパラメータ γ, a, b の選択方法を示せ。
   (a) 線形またはリスク中立：$U(x) = x$
   (b) 2 次：$U(x) = x - \frac{1}{2}cx^2$
   (c) 指数：$U(x) = -e^{-ax}$ （$\gamma = -\infty$ を試してみよ）
   (d) ベキ乗：$U(x) = cx^\gamma$
   (e) 対数：$U(x) = \ln x$ $[U(x) = (1-\gamma)^{1-\gamma}(x^\gamma - 1)/\gamma$ を試してみよ$]$
   アロー–プラット・リスク回避係数が、$1/(cx + d)$ の形になることを示せ。

7. （ベンチャー・キャピタリスト） 効用関数が $U(x) = \sqrt{x}$ であるベンチャー・キャピタリストが、例 11.3 の手続きを実行した。C を e の関数として解析的に表せ。また e を C の関数として表せ。表 11.1 の値はこれらの式と一致するか。

8. （確実近似 ◇） 確実同値額を求めるための簡単な近似方法がある。$\bar{x} = \mathrm{E}(x)$ のまわりで $U(x)$ を 2 次の項まで展開すると、
$$U(x) \approx U(\bar{x}) + U'(\bar{x})(x - \bar{x}) + \frac{1}{2}U''(x)(x - \bar{x})^2$$

となる。これより、

$$\mathrm{E}[U(x)] \approx U(\bar{x}) + \frac{1}{2}U''(\bar{x})\mathrm{var}(x)$$

となる。一方 c を確実同値額とし、それが $\bar{x}$ と近い値をもつものとすると、次の一次の展開式、

$$U(c) \approx U(\bar{x}) + U'(\bar{x})(c - \bar{x})$$

が成り立つ。これより、

$$c \approx \bar{x} + \frac{1}{2}\frac{U''(\bar{x})}{U'(\bar{x})}\mathrm{var}(x)$$

なる関係が成り立つことを示せ。

9. （2次平均–分散） 1単位の富をもつ投資家が、効用関数 $U(x) = ax - bx^2/2$ の期待値を最大化して、平均–分散効率的なポートフォリオを手に入れた。効用関数は同じであるが、富の量が W である人が同じ計算を行った結果、異なるポートフォリオ収益を得た。しかし b の値を b' に入れ替えると同じ結果が得られるという。このときの b' の値を求めよ。

10. （ポートフォリオ最適化） 投資家の効用関数を U とする。n 種のリスク資産が存在し、その収益率を $r_i, i = 1, 2, \ldots, n$ とする。また収益率が r_f の無リスク資産が存在するものとする。投資家の期初の富の量を W_0 とし、この投資家の最適ポートフォリオの（確率的な）収入を x^* とする。このとき、

$$\mathrm{E}\left[U'(x^*)(r_i - r_f)\right] = 0, \quad i = 1, 2, \ldots, n$$

が成り立つことを示せ。

11. （返金保証） 映画ベンチャーのプロモーターは、気のりしない投資家たちを惹きつけるべく、新たな投資機会を提案することにした。これに1単位投資すると、映画が大成功の場合には元本の3倍、それ以外の場合には元本を払い戻すという。例11.6で示した他の3つの代替案も利用できるものとして、この返金保証投資の価格を計算せよ。

12. （普遍的な射影価格） CAPMの枠組みでは、すべての平均-分散投資家にとって、新資産の射影価格は普遍的なゼロ水準価格になることを説明せよ。

13. （普遍的で部分的完備な市場） 市場の中にある m と実関数 f に対して、

$f(m)$ も市場にあるならば，市場は**部分的に**完備（partially complete）であるという．さらに，取引されない他の資産があるものとする．

その例として，表の左からの 4 列に示されているように，市場が 3 つの状態と，2 つの資産の A と B で形成されるとしよう．3 つの状態があるのに，資産は 2 つしかないので，市場は完備ではない．しかし，各資産の A と B に対して，状態 2 の値は状態 3 と同じであることに注意しよう．この結果，2 つの資産の関数もこの性質をもち，A と B の組み合わせはその関数を複製できる．5 列目は $U'(x^*)$ の要素を示し，x^* は最適ポートフォリオを表す．状態 2 と状態 3 の値は同じである．数値は基準化されていて，市場の資産 x の価格は $P_x = \mathrm{E}[U'(x^*)x]$ であるものとする．市場のすべての資産を価格付けできるので，ベクトル $U'(x^*)$ は一意的に決まる．

状態	確率	A	B	U'	d
s_1	1/4	1	0	u_1	1
s_2	1/2	0	1	u_2	2
s_3	1/4	0	1	u_2	3

資産 $d = (1, 2, 3)$ は市場空間にはない．その価格を $\mathrm{E}[U'(x^*)d] = \frac{1}{4}u_1 + \frac{1}{2} \cdot 2u_2 + \frac{1}{4} \cdot 3u_2$ として評価する．A と B の価格をそれぞれ 1 ドルとして，d のゼロ水準価格を求めよ．それが普遍的であるかどうかを議論せよ．

14. （一般の正の状態価格 ◇）　以下は行列理論の一般的結果である．A を $m \times n$ 行列とする．方程式 $Ax = p$ には，$p = 0$ 以外の $p \geq 0$ に対して解をもたないものとする．このとき，$A^T y = 0$ をみたす $y > 0$ が存在する．この結果を用いて，裁定の機会が存在しない場合には正の状態価格が存在すること（すなわち第 11.9 節の正の状態価格定理）を示せ ［ヒント：N 種の証券と S 個の状態がある場合，適当な $(S+1) \times N$ 行列 A を定義せよ］．

15. （2 次価格付け ◇）　投資家の効用関数を 2 次関数 $U(x) = x - \frac{1}{2}cx^2$ とする．n 種のリスク資産と 1 つの無リスク資産（その収益を R とする）が存在するものとする．R_M をリスク資産の最適ポートフォリオの総収益とする．このとき第 i 資産の収益率は，

$$\bar{R}_i - R = \beta_i (\bar{R}_M - R)$$

となることを示せ．ここで $\beta_i = \mathrm{cov}(R_M, R_i)/\sigma_M^2$ である ［ヒント：練習

問題 10 の結果を用いよ。その結果を R_M そのものに当てはめよ］。

16. （競馬場で）　ガビン・ジョーンズは、日曜の午後の競馬について研究した結果、ノー・アービトラージ号が勝つ確率を 25% と計算し、4 対 1 のオッズを公表した（1 ドルの賭金に対してノー・アービトラージ号が勝てば 5 ドル、負ければ何も払い戻さないという賭けである）。このレースに賭けても賭けなくてもよいガビンの効用関数は、平方根で与えられるという。
    (a) ガビンは資金の何%をノー・アービトラージ号に賭けるべきか。
    (b) 上で用いた戦略を採用したとき、ノー・アービトラージ号以外への 1 ドルの賭金に対する払い戻し金はいくらか。

17. （一般のリスク中立価格付け）　対数最適価格付け公式をリスク中立価格付け公式に変換することができる。対数最適価格付け方程式から、

$$P = \mathrm{E}\left(\frac{d}{R^*}\right)$$

をつくる。ここで R^* は対数最適ポートフォリオの収益である。ここで、

$$\hat{\mathrm{E}}(x) = \mathrm{E}\left(\frac{Rx}{R^*}\right)$$

という新たな期待値を定義する。これは人工的な確率のもとでの期待値と見なすことができる。通常の意味での期待値演算の規則が当てはまること、すなわち、

(a) x が確定値なら $\hat{\mathrm{E}}(x) = x$ である。なぜなら $\mathrm{E}(1/R^*) = 1/R$ だからである。

(b) 任意の確率変数 x, y に対して $\hat{\mathrm{E}}(ax + by) = a\hat{\mathrm{E}}(x) + b\hat{\mathrm{E}}(y)$ が成立する。

(c) 任意の非負の値をとる確率変数 x に対して、$\hat{\mathrm{E}}(x) \geq 0$ となる。

人工的確率によるこの新たな期待値演算を用いて、証券 d の価格が、

$$p = \frac{\hat{\mathrm{E}}(d)}{R}$$

と書けることを示せ。

参考文献

金融意思決定の基礎として、期待効用を体系的に使用するという考えは、von Neumann and Morgenstern [1] をもとにしている。彼らが用いた公理系のほか

に、Savage [2] によるものがある。この理論の応用については、[3] に詳しい解説がある。この理論のファイナンスへの体系的取り扱いについては、[4] を参照されたい。

　この章の後半、すなわち線形価格付けに関する部分は、[5] に多くを負っている。線形価格付けのアイデアは、[6] で提案されたものである。価格を決定するために対数最適ポートフォリオを用いる方法は、[7] で説明されている。リスク中立評価は、Black-Scholes のオプションに関する先駆的研究 [8] をもとにしている。またそれを体系化したのは [9] である。この概念は [10] で一般化され、いまでは現代投資科学の基礎となっている。ゼロ水準価格の概念は [11-13] で研究された。普遍性の考え方については、[14] と [15] を参照せよ。

1. von Neumann, J., and O. Morgenstern (1944), *Theory of Games and Economic Behavior*, Princeton University Press, Princeton, NJ.
2. Savage, L. J. (1954, 1972), *Foundations of Statistics*, Wiley, New York, 1954; 2nd ed., Dover, New York, 1972.
3. Luce, R. D., and H. Raiffa (1957), *Games and Decisions*, Wiley, New York.
4. Ingersoll, J. E., Jr. (1987), *Theory of Financial Decision Making*, Rowman and Littlefield, Savage, MD.
5. Duffie, D. (2001), *Dynamic Asset Pricing*, 3rd ed., Princeton University Press, Princeton, NJ.
6. Cox, J., S. Ross, and M. Rubinstein (1979), "Option Pricing: A Simplified Approach," *Journal of Financial Economics*, **7,** 229–263.
7. Long, J. B., Jr. (1990), "The Numeraire Portfolio," *Journal of Financial Economics*, **26,** 29–69.
8. Black, F., and M. Scholes (1973), "The Pricing of Options and Corporate Liabilities," *Journal of Political Economy*, **81,** 637–654.
9. Ross, S. (1961), "A Simple Approach to the Valuation of Risky Streams," *Journal of Business*, **34,** 411–433.
10. Harrison, J. M., and D. Kreps (1979), "Martingales and Arbitrage in Multiperiod Securities Markets," *Journal of Economic Theory*, **20,** 381–408.
11. Smith, J. E., and R. F. Nau (1995), "Valuing Risky Projects: Options Pricing Theory and Decision Analysis," *Management Science*, **41,** 795–816.
12. Holtan, H. M. (1997), *Asset Valuation and Optimal Portfolio Choice in Incomplete Markets*, Ph.D. dissertation, Department of Engineering-Economic Systems, Stanford University, Stanford, CA.
13. Luenberger, D. G. (1998), *Investment Science*, 1st ed., Oxford University Press, New York.
14. Luenberger, D. G. (2002), "Arbitrage and Universal Pricing," *Journal of Economic Dynamics and Control*, **26,** 1613–1628.
15. Guu, S. M., and J. N. Wang (2008), "Zero-Level Pricing and the HARA Utility Functions," *Journal of Optimization Theory and Applications*, **139,** 393–402.

第III部

派生証券

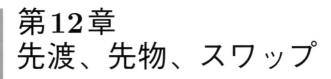

第12章
先渡、先物、スワップ

　派生証券（derivative security）とは、そのペイオフが何か他の変数の価値と明示的に結びついている証券である。このように一般的な定義が与えられてはいるものの、実務的にはしばしば次のように限定してもよいだろう。すなわち、派生証券とは、そのペイオフが何か他の金融証券の価格と明示的に結びついている証券である、と。そのような派生証券の仮想的な例としては、6カ月後にその時点の IBM 株 1 単位の価格と等しい額と換金できる保証書がある。ペイオフが将来の IBM 株の価格に依存しているので、この保証書は派生証券である。実在する派生証券のほとんどは、重要なリスクを管理する特徴をもつようにつくられており、ペイオフの関係は仮想的な保証書の例よりずっと巧妙である。もっと現実的な例としては、6 週間経ったときに 1 ポンドあたり 12 セントで 2,000 ポンドの砂糖を買う、という**先渡契約**（forward contract）がある。ペイオフに対する言及はないが（契約は単に砂糖の購入を保証するだけ）、実際にはペイオフは暗に示されている。ペイオフは 6 週間後の価格によって定まるのである。もしもその時点で砂糖の価格が 13 セントであったならば、その契約はポンドあたり 1 セント、つまり 20 ドルの価値をもつだろう。なぜならば、契約者は契約にしたがいポンドあたり 12 セントで砂糖を買うことができ、その後立場を変えて砂糖市場で 13 セントで売ればよいからである。その価値が砂糖の価格によって決まるので、この契約も派生証券である。別の現実的な例としては、ちょうど 3 カ月後に 1 単位あたり 60 ドルで GM 株を 100 単位購入する権利（義務ではない）を与える契約がある。これは GM 株を買う**オプション**（option）である。ペイオフは 3 カ月後に、GM 株のその時点における価格によって決まる。もし GM 株が 70 ドルで売られていたなら、オプションは 1,000

ドルの価値をもつだろう。なぜなら、その時点でオプションの所有者は契約にしたがい60ドルでGM株を買い、ただちに70ドルで売ることができるからである。派生証券の最後の例として、抵当貸付（モーゲージ：mortgage）を受ける場合を考えてみよう。この金利は、定期的に大手銀行から提供される新たな抵当貸付金利の加重平均にしたがって調整されるものとする。のちの時点での価値が他の金融資産の価格、すなわち代表的な金利によって決まるので、この抵当貸付も派生証券となる。

先に記した通り、派生証券のペイオフは通常他の金融証券の価格に基づいている。前述の例では、IBM株の価格、砂糖の価格、GM株の価格、代表的金利がそうである。派生証券の価格を決める証券のことを**原資産**（underlying security）と呼ぶ。しかし一般的な定義によれば、派生証券は、金融資産以外の、たとえば天気や選挙結果などを変数とする関数で表されるペイオフをもつこともある。重要な点は、派生証券によって得られる支払いは、ペイオフの時点またはそれ以前に価格が明らかになる他の変数の確定的な関数となっていることである。

派生証券の主要なものとしては、先渡契約、先物契約、オプション、先物のオプション、スワップ[1]がある。これらの証券は、原資産に関係するリスクをヘッジするのに有効な道具となるため、日々の取引において重要な役割を果たす。たとえば、大量の砂糖を扱う事業者（砂糖生産者、加工業者、市場商人、大口需要家等）は、しばしば砂糖価格の変動に起因する重大なリスクに直面する。そのような事業者は、派生証券を用いることによって（この場合は主に砂糖の先物契約によって）、リスクを管理することができる。実のところ、ポートフォリオにおける派生証券の主要な機能は、事業者にとってであれ、金融機関にとってであれ、あるいは個人にとってであれ、リスクを管理することなのである。

本書の第III部では派生証券のいくつかの側面を述べることにする。最初に、これら異なる証券がいかなるものであるかを説明しよう。すなわち、先渡、先物、オプション、スワップがどんな構造をもつかである。次に理論と例を通じて、派生証券が、リスク要素をもつポートフォリオの全体的な構造をいかに改善するかを示そう。3番目に、派生証券に適用できる特殊な価格付けの理論を説明する。ここが、テキスト中最も注意を要するところである。最後に示され

---

[1] ここに挙げた主なタイプのほかに、変動金利優先株、変動金利抵当証券、プライムレート貸付、LIBORベースの債券など、多くの派生証券がある。毎年のように金融機関によって新しい派生証券がつくられ、売り出されている。幸いにも、これらのさまざまな金融商品は少数の共通原理によって分析することが可能である。

る重要な技術的なテーマは、いかに証券価格の変動をモデル化するかという点にかかわっている。この章では、まず先渡と先物について取り上げる。これらは最も単純で最も役に立つ派生証券の1つである。

12.1 価格付けの原則

　派生証券の価格付け理論は、現代ファイナンス理論の優れた業績の1つと讃えられている。実際、この理論により、日々数十億ドル、あるいは数兆ドルものお金の流れを生み出す巨大な産業が発展した。多くの人たちが、その背後にある理論を、博士号取得者のみが読解できるような秘教的な代物と見なしていることは不思議ではないだろう。

　本当のところ、ほとんどの価格付け理論は、ほんの3つの驚くべき単純かつ直感的な原則に基づいている。それらを組み合わせることによって重要な結果を導くことができるのである。

　これらの原則は、**完全市場**（perfect market）に関する一連の仮定をみたす機能的な市場に対して適用される。これらの仮定は、任意の資産を売買可能で、かつ空売りができること、取引費用や税金がかからないこと、個人の行動が価格に影響しないこと、どの資産も無限に分割可能である（すなわち、任意の数量の資産が1つの資産となる）こと、ペイオフが（キャッシュのように）線形結合可能であること、市場に裁定機会が存在しないこと、などである。では、価格付けの原則を示そう。

1. 市場を用いよ。
2. 確定的なキャッシュは現在の金利で割り引け。
3. 線形価格付けを使え。

　1番目の原則を定義するにあたって、裕福な伯父さんが今から1年後にあなたに1オンスの金を贈与してくれると想定しよう（伯父さんは約束を守るはずだ）。金の値動きは大きく、あなたは、将来の不確かな贈り物が、今日どれほどの価値をもつのか、確定したいと思うだろう。価値を求める1つの方法は、今から1年後に金の価格がいくらになるか推定することである。今日は価格が1,000ドルであるとしよう。あなたは、価格が1年後に1,100ドルか1,200ドル、もしくはそれ以上に上昇すると合理的に予測できるかもしれない。あるいは、予期せざる状況のもとでは、900ドル、はたまた875ドルまで下落するかもしれない。何人かの専門家の意見を聞きにいくこともできよう。最終的に、期

待価値の適切な推定値が 1,150 ドルに落ち着いたとする。そうして、贈り物の現在価値を得るにあたって、リスクの存在のため大きく割り引こうとするだろう。割引率 15％ を用いるならば、贈り物の現在価値は $\$1,150/1.15 = \$1,000$ と結論づけられる。これは、(偶然にも？) 今日の金の価格であった。

このように将来を予測した後で割引を行うのは、資産の価格付けでは一般的な手続きである。しかしながら、派生証券に関してはもっとよい方法がある。

1 年後に金を贈与するという約束の価値は、正確に 1,000 ドル (すなわち今日の価格) の価値があるとただちに結論づけることができる。理由は、伯父さんは今日 1,000 ドルで金を買っておいて 1 年後に引き渡すことにより、約束にかかる費用を賄うことができるからである[2]。同様に、今日、1 オンスの金を空売りし、伯父さんが 1 オンスの金をくれた翌年に清算する (金を返す) ことによって、贈り物をもらった時点で 1,000 ドルに換金することができる。

市場を利用することで、予測と割引の手続きを省略できるのだ。これが、1 番目の原則「**市場を用いよ**」である。

次の原則を説明するために、裕福な伯父さんが 1 年後に 1,000 ドルをくれる約束をしたとしよう。この贈り物の今日の価値はいくらだろうか？ これはずっと簡単である。その価値は、1,000 ドルを 1 年間の金利で割り引いた額である。すなわち、もし金利が 10 ％であれば、価値は 909 ドルとなる。これが、2 番目の原則「**確定的なキャッシュは現在の金利で割り引け**」である。もし市場に無リスクな資産が存在した場合、2 番目の原則は 1 番目の原則の特殊な場合と見なすことができる。というのは、1 ドルを受け取る資産は、将来の 1 ドルのコスト、すなわち割引係数と同じ価値をもつからである。

最後の原則は、資産の組み合わせに対しては線形価格付けが適用されるというものである。具体的には、資産 A の価値が V_A、資産 B の価値が V_B のとき、A が a 単位と B が b 単位からなる資産の価値は $aV_A + bV_B$ となる。これがすなわち、3 番目の原則「**線形価格付けを使え**」である。

市場、割引、線形性という単純かつ直観的なルールが、派生証券の現代的な価格付けの核心をなしているということに驚かれることだろう[3]。本パートの数章を読み進む間、根底にあるこれらの原則の単純さを心に留めておくとよい。しかしながら、(空売りができないときなど) 市場が完全でない場合が存在する。

---

[2] 金の保管に費用はかからないと仮定している。

[3] 実際のところ、これら 3 つの原則は一物一価の法則と呼ばれる単一の原則から導くことができる。一物一価の法則とは、2 つの資産が同じペイオフをもつなら、それらの価格は等しくなければならないことをいう。しかしながら、ほとんどの目的において、直接上記の 3 原則から出発する方が簡単である。

そのようなときは、追加的な手法を用いねばならない。

第12.3節で、資産の先渡価格を手早く求めるために、3つの原則を用いることになる。

12.2　先渡契約

　先渡契約と先物契約は互いに関連した構造をもっているが、先渡契約の方が単純である。商品**先渡契約**（forward contract）とは、将来の特定された時点において特定の価格で特定の量を購入もしくは売却する契約である。たとえば、来年の3月15日における1ポンドあたり12セントで砂糖を購入するという契約は、典型的な先渡契約であろう。この契約は買い手と売り手の2人の当事者間で結ばれる。買い手は10万ポンドの砂糖を**ロング**（long）しているといい、売り手は**ショート**（short）しているという。ロングであれショートであれ、所与の量を当事者の**ポジション**（position）という。商品先渡契約は何千年も前から存在している。先渡契約は商業における実に自然な付属物だからである。商品を大量に供給する側も消費する側も、将来の商品の受け渡しに関して、価格を固定することに利点を見出すというのは珍しいことではない。

　先渡契約は法的文書により特定化される。そこに書かれた文言によって、将来の特定された取引を行う2人の当事者が結びつけられる。しかし、砂糖のような価格の付いた商品に関する先渡契約も金融資産である。なぜなら、この契約は原資産の市場によって決まる価値をもつからである。現代では、先渡契約は商品以外の原資産を含むまでに発展してきた。たとえば、多くの企業は外国為替や金利証券の先渡契約を用いている。

　ほとんどの先渡契約は、すべての請求権が将来の決められた期日（期間）に清算されるよう定めている。両当事者は、その時点にそれぞれの側の契約事項を実行しなければならない。ほぼ常に、先渡契約の初期支払いはゼロである。どちらの当事者も契約を結ぶために金を払うことはない（ただし、ときどき双方とも保証金が要ることもある）。**先渡価格**（forward price）とは受け渡しの際に適用される価格である。この価格は初期支払いがゼロになるように交渉して決められる。すなわち、契約の価値は契約が開始されるときにはゼロである。

　原資産がただちに受け渡しされる公開市場のことを、**現物市場**（spot market）という。これは、将来の受け渡しの契約を売買する**先渡市場**（forward market）とは区別されている。先渡契約を結んでいる間、現物市場の価格は変動するかもしれない。そのため、先渡契約の契約開始時の価値がゼロであっても、その

後の価値は現物市場の価格の関数として変化するだろう。あとで、現在の価格と先渡価格の関係を調べることにしよう。

◆**先渡金利**

金利の期間構造を学んだ第4章で、先渡契約のかなり高度な形態を論じた。先渡金利（フォワード・レート）は、将来の特定の期間における貸付契約に関する金利として定義される。標準的な金融資産を用いて、そのような貸付をいかに取り決めるかについては、あまり明らかとは言えないかもしれないが、実際のところは、以下の例が示すようにかなり単純である。

> **例 12.1（Tビル先渡）** 今から3カ月後に始まる6カ月間のローンを計画しているものとしよう。その期のフォワード・レートは10%であるとする。このローンを実現する適切な契約は、今から3カ月後に6カ月物のTビルを受け渡すよう銀行と約束すること（すなわち、受け渡しの日から6カ月間Tビルを運用すること）である。この受け渡しについて、その価格には今日合意して、満期にはTビルは額面の価値（1,000ドルとしておこう）が支払われる。額面1,000ドルのTビルの正確な価格は、フォワード・レートによって決定される。フォワード・レートは年率10%または6カ月で5%とする。したがって、Tビルの価値は1,000/1.05=952.38ドルである。この価格は、3カ月先にTビルが受け渡されるときに支払うことを、本日銀行と合意する価格である。結局、952.38ドルの6カ月間のローンを借りて、1,000ドルを返すことになる。この契約は、他の先渡契約と完全に対応しているが、引き渡される原資産がTビルとなっているのが特徴である。この契約に関する価格はフォワード・レートを直接反映している。

フォワード・レートは金利の期間構造から決定され、期間構造は順次現在の債券価格から決定される。これらのフォワード・レートは、比較のための目安を与えてくれるので、あらゆる商品や資産の先渡契約の価格付けの基礎となっている。与えられた先渡契約（たとえば砂糖）のペイオフを、純粋な貸付と借入のペイオフと比較することができる。一貫性が保持される（あるいは裁定機会がない）ならば、次に示すように（理論的な）先渡価格が求まる。

12.3 先渡価格

すでに述べたように、先渡契約に関しては2つの価格、あるいは価値がある。1つ目は、**先渡価格** F である。これは、将来の定められた時点において引き渡される原資産1単位の受け渡し価格である。今日結ばれた先渡契約において定められるのが、先渡価格である。先渡契約の2つ目の価格、あるいは価値は、当期の価値である。これを f と表そう。先渡価格 F は初期時点では $f = 0$ となるように決めるので、契約に合意した段階では一切金のやりとりは必要ない。初期時点以後は、価値 f は、現物市場における原資産や現行金利、またその他要因の変動に応じて変化するだろう。同じように、もとの契約と同じ原資産に関する新しい先渡契約の先渡価格 F も変化する。

この節では、時点 T で受け渡しを行うよう時点 $t = 0$ で結ばれた先渡契約に関する先渡価格 F の理論価格を決める。取引費用がゼロで資産は無限に分割可能という、標準的な仮定のもとで分析を行う。また、最初は原資産の保有には費用がかからず、空売りもできるという仮定をおく。あとで保管費用を認めることにするが、それでも契約期間中は原資産を保管しておけるものとする。これらは金や砂糖など多くの原資産に当てはまる仮定であるが、たとえばオレンジのように傷んでしまうような商品については適当とは言えないかもしれない。

時点 $t = 0$ において、原資産の現物価格が S で、時点 T で受け渡しを行う先渡契約を本日取り決めようとしている。先渡契約の価値をどのように決めればよいだろうか？　価格付けの原則を用いればよい。時点 T で商品を入手するものとしよう。第1の原則から、この商品を得ることの時点0での価値は、この商品の今現在の価格 S となる。これが、時点 T での引き渡しに対して時点0で支払う金額である。しかし、契約で定めたのは時点 T での支払いであって、時点0ではない。第2の原則（および標準的な割り引きの理論）より、支払いの先延ばしによって、契約の今日の価値は $S/d(0,T)$ となることを意味する。ただし、$d(0,T)$ は時点0から T までの割引係数である。よって、

$$F = S/d(0,T)$$

となる。

価格に裁定機会が生じてはならないという仮定に基づく議論によって、もっと手数をかけてこの結果を得ることもできる。この議論を詳しく説明することにしよう。

これは、ここでは必ずしも必要ではないのだが、市場の不完全性のために現在価値の表現が成り立たない場合がのちに出てくるので、その準備を行うためである。

先渡価格の式 資産が費用ゼロで保管でき、空売りもできるものとする。現時点（$t = 0$）における資産の現物価格を S とする。理論的な先渡価格（時点 $t = T$ での受け渡し）は、

$$F = S/d(0, T) \tag{12.1}$$

である。ただし、$d(0, T)$ は時点 0 と T の間の割引係数を表す。

証明：まず、導くべき式を否定して、$F > S/d(0, T)$ としよう。そこで、次のようにポートフォリオを組む。現時点で現金 S を借り、現物市場で原資産 1 単位を価格 S で購入し、先渡市場で 1 単位ショートする。このポートフォリオの費用は差し引きゼロである。時点 T で、（保管しておいた）資産を引き渡して現金 F を受け取り、$S/d(0, T)$ に相当するローンを返済する。結果として、正味ゼロの投資で正の利益 $F - S/d(0, T)$ を得た。これは裁定であり、そもそも不可能であると仮定してある。この取引の詳細は表 12.1 の通りである。

もし $F < S/d(0, T)$ ならば、逆のポートフォリオを組むことができる。しかしながら、これには資産 1 単位の空売りが必要となる。空売りを行うには、この期間資産を保有するつもりの人から資産を借りて現物価格で売り、時点 T で借りた資産を返せばよい。裁定ポートフォリオは、1 単位の空売り、時点 0 から T までの貸付額 S、先渡市場での 1 単位のロング・ポジションからなる。時点 0 での現金の出入りは正味でゼロである。時点 T では、貸出から $S/d(0, T)$ の収入を得る一方、F 支払って 1 単位の資産を得て、この 1 単位を空売りをさせてくれた人に返す。詳細は表 12.2 に示した。

利益は $S/d(0,T) - F$ である（この利益は、空売りのための資産を貸してくれた人と分けることになるだろう）。

いずれの不等式の場合も裁定機会が生じてしまうので、等号が成り立つ必要がある。■

表 12.1

時点 $t = 0$	初期費用	最終時点の収入
Sドルの借入	$-S$	$-S/d(0,T)$
1単位の購入と保管	S	0
先渡1単位のショート	0	F
合計	0	$F - S/d(0,T)$

表 12.2

時点 $t = 0$	初期費用	最終時点の収入
Sドルの貸付	S	$S/d(0,T)$
1単位の空売り	$-S$	0
先渡1単位のロング	0	$-F$
合計	0	$S/d(0,T) - F$

現物価格 S と先渡価格 F の間に成り立つ関係を図 12.1 に示した。$S(0)$ から出発した現物価格 S はランダムな動きをしつつ、$S(T)$ に達する。しかし、時点 0 での先渡価格は、現物価格を現行金利で外挿した値に基づいている。

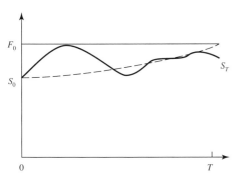

図 12.1 先渡価格
時点 0 での先渡価格は $S(0)$ 相当の現金の将来の予測値と等しい。

例 12.2（銅の先渡）　ある重電機器のメーカーが、9 カ月物の銅の先渡契約について買い方に回るつもりでいるとする。銅の現在の価格は 1 ポンドあたり 84.85 セントであり、9 カ月物の T ビルが 970.87 で売られている。銅の先渡の適正な価格はいくらになるか。

保管費用を無視でき、T ビルの金利を使うなら、適正な価格は 1 ポンドあたり 84.85/0.97087=87.40 セントである。

例 12.3（連続時間複利）　一定の金利 r で連続的に複利で回すと、先渡の価格の式は、

$$F = Se^{rT}$$

となる。

先渡価格式中の割引係数 $d(0,T)$ は、金利市場で入手できるものと同じでなくてはならない。先渡や先物のプロのトレーダーは、普通は**レポ・レート**（repo rate）を用いる。レポ・レートは、買い戻し約定（repurchase agreement）（証券を売って短期間のうちに少しだけ高い価格で買い戻すという契約である）にまつわる利率である。このレポ・レートは T ビルの金利より少しばかり高い。

◆持越し費用

上記の分析では原資産の保有には費用がかからないと仮定してきたが、つねにそうとは限らない。金のような物理的な資産の保有には、貸金庫の料金や保険料など保管のための費用が必要である。それとは別に、証券を保有していると、配当やクーポンなど負の費用がかかることもある。これらの費用（あるいは収入）も理論的な先渡契約に影響を与える。

この状況を記述するために、離散時間の（多期間）モデルを使おう。受渡期日 T は M 期（M カ月としておこう）先であるとする。保管費用は定期的に支払われ、時間は期間で表す。k 期から $k+1$ 期の間の証券 1 単位の保管費用は $c(k)$ である（期の初めに払われるとする）。資産の先渡価格は、フォワード・レートの構造を保管費用と資産に当てはめて得られる。

> **持越し費用がある場合の先渡価格の式**　資産には期間 k に保有費用 $c(k)$ がかかり、空売りが可能であるとする。初期現物価格を S とする。このとき理論的な先渡価格は、
>
> $$F = \frac{S}{d(0,M)} + \sum_{k=0}^{M-1} \frac{c(k)}{d(k,M)} \tag{12.2}$$
>
> である。ここで、$d(k,M)$ は k 期から M 期の割引係数である。同値な表現として、
>
> $$S = -\sum_{k=0}^{M-1} d(0,k)c(k) + d(0,M)F \tag{12.3}$$
>
> と書くこともできる。
>
> **証明:** この証明の単純版は以下の通りである。現物市場で商品を 1 単位買って、時点 T で受け渡しを行う先渡契約を結ぶ。これに伴うキャッシュ・フローは $(-S - c(0), -c(1), -c(2), \ldots, -c(M-1), F)$ である。このキャッシュ・フローの現在価値がゼロでなければならないことから、F について先ほど述べた式が得られる。無裁定条件に基づいた、もっと詳しい証明を行うことができる。
>
> 　一方向の取引について、詳細を表 12.3 に示した（練習問題 5 を参照）。■

　(12.2) 式の両辺に $d(0,M)$ を掛け、任意の k について、$d(0,M) = d(0,k)d(k,M)$ が成り立つことを用いれば、もう 1 つの式 (12.3) が得られる。これは標準的な現在価値方程式だから、この式は簡単に理解できるだろう。商品を価格 S で購入して、M 期に先渡契約にしたがい完全に確定的な形で引き渡すことがわかっている。商品を保管している間に生じるキャッシュ・フローは、保管費用と受け渡し価格である。このキャッシュ・フローの現在価値が価格 S に等しくなければならない。

表 12.3 裁定の詳細

時点0での行動	0期の費用	k期の費用	M期の収入
先渡1単位のショート	0	0	F
Sドルの借入	$-S$	0	$\dfrac{-S}{d(0,M)}$
現物1単位の購入	S	0	0
$c(k)$の借金	$-c(0)$	$-c(k)$	$-\sum_{k=0}^{M-1}\dfrac{c(k)}{d(k,M)}$
保管費用の支払い	$c(0)$	$c(k)$	0
合計	0	0	$F - \dfrac{S}{d(0,M)} - \sum_{k=0}^{M-1}\dfrac{c(k)}{d(k,M)}$

> **例 12.4（保管費用のある砂糖）** 現在の砂糖の価格は1ポンドあたり12セントである。5カ月後に受け渡しがある砂糖の先渡価格を知りたい。砂糖の保管費用は1月1ポンドあたり0.1セントであり、月の初めに支払われる。金利は一定で年利9%である。
>
> 月次の金利は $0.09/12 = 0.0075$ である。1カ月間の割引係数の逆数は（どの月でも）1.0075 である。よって、
>
> $$F = (1.0075)^5(0.12) + [(1.0075)^5 + (1.0075)^4 + (1.0075)^3 \\ + (1.0075)^2 + 1.0075](0.001)$$
> $$= 0.1295 = 12.95 \text{セント}$$
>
> となる。

> **例 12.5（債券先渡）** 額面1万ドル、クーポンが8%で、満期まで数年ある財務省証券（Tボンド）を考えよう。現在、この債券は9,260ドルで売られており、クーポンは支払われたばかりである。この債券の1年物の先渡価格はいくらになるか。金利は1年間9%に据え置かれているとする。
>
> 受け渡しまでに2回のクーポンの支払いがあることがわかっている。6カ月後と受け渡しの直前である。(12.3) の現在価値の式と6カ月複利の慣行にしたがえば、ただちに、
>
> $$9{,}260 \text{ドル} = \frac{F+400}{(1.045)^2} + \frac{400}{1.045}$$

を得る。これを解くと（あるいは (12.2) 式の形に直すと）、

$$F = 9,260(1.045)^2 - 400 - 400(1.045) = 9,294.15 \,(\text{ドル})$$

である（32進数ではなく、10進数表示である）。

◆取引が少ない市場（Tight Market）

どの時点でも、与えられた原資産について、各々受け渡し期日が異なるいくつもの異なる先渡契約を結ぶことは可能である。商品が大豆粉などのように物理的な商品ならば、上記の理論から、F の値は (12.2) 式で M とともに増加するので、受け渡し期日が長くなるにしたがい、これらさまざまな契約の先渡価格は滑らかに増加すると言えるはずである。しかし実際のところ、しばしばそうならない。

表 12.4 大豆粉の先渡契約

12月	188.20	8月	185.50
1月	185.60	9月	186.20
3月	184.00	10月	188.00
5月	183.70	12月	189.00
6月	184.80		

受け渡し期日が長くなるにしたがい、受け渡し価格が増加するわけではない。

たとえば、表 12.4 に示したような大豆粉の契約の価格を考えてみよう。この表[4]を見ると、実際にある期間にわたって価格が実際は下がっていることがわかる。これはどのように説明すればよいのだろうか。明らかに、大豆粉の保管費用は負にはならない。ところが現実には、大豆粉の保有者は裁定利益を得る機会を使おうとしないようだ。

裁定機会を確認するために、以下の点に注意しよう。だれでもいいが、たとえば大豆粉をもっている農民は現在（12月）に 188.20 ドルで売り、それを 3 月に 184.00 ドルで買い戻すようにすることができる。このことで、大豆粉をもっていたら要したであろう保管費用を払うことなく、確実な利益を得ることができる。では、なぜこの農民はそうしないのか。その理由は、大豆粉がしばしば供給不足になるからである。大豆粉の保有者は大豆粉を他の契約に回したり、自

---

[4] これは実は先物市場の価格であるが、先渡価格と見なすことができる。

分自身で使うため、供給が不足するのである。確かに、自分の保有分を売って、先渡契約を買うことで、少々利益を出すことは可能である。しかし、この小さな潜在的な利益は、大豆粉が手元にないことで生じるコストに比べると微々たるものである。

同様に、裁定を狙う人がいてもだれも大豆粉を貸してはくれないだろうから、先渡契約をショートすることができない。そのため、ショートを前提とした理論価格の関係式は当てはまらないのである。

保管が可能である限り、理論価格の関係式の一方向だけについては成り立つ。（大豆粉を含む）ほとんどの資産がそうである。保管が可能であれば、(12.1) 式と (12.2) 式の証明の前半の方向については成り立つ。言い換えると、裁定機会がないならば、

$$F \leq \frac{S}{d(0,M)} + \sum_{k=0}^{M-1} \frac{c(k)}{d(k,M)} \tag{12.4}$$

が成り立っていなければならない。

一方ショートは、時点 0 から T の間保管しておくべき量が借入でまかなえるということに依存している。そのためには、だれか、またはあるグループがこの期間中ずっと、市場がいかに変化しようとも超過在庫をもつ、と決めていなくてはならない。

在庫量が少ない、あるいは潜在的な在庫量が少ない場合には、現物価格での空売りは本質的に不可能である。これは (12.1) 式と (12.2) 式の証明の後半の方向が成り立たないことを意味する。したがって、不等式 (12.4) のみが成立する。大豆粉の例で示した通り、実際これはかなり一般的な状況である。

商品の保有の便益を図る**コンビニエンス・イールド**（convenience yield）を定義するというトリックを用いると、不等式を等式にできる。たとえば大豆粉の場合、コンビニエンス・イールドは農場の経営を続けるのに必要な量を手元に置いておく価値を表すだろう。コンビニエンス・イールドは負の保管費用とも見なすことができるので、(12.4) 式に導入すると、右辺は等式が成り立つ点まで減少する。導入の１つの仕方は (12.4) 式を以下のように修正することである。

$$F = \frac{S}{d(0,M)} + \sum_{k=0}^{M-1} \frac{c(k)}{d(k,M)} - \sum_{k=0}^{M-1} \frac{y}{d(k,M)}$$

ただし、y は１期間のコンビニエンス・イールドである。

◆投資性資産

投資性資産と消費性資産の2種類の資産を区別することは有益である。多くの人が投資を目的として投資性資産を保有している。金がその好例で、銀やさまざまな証券もそうである。一方、消費性資産は主に消費のために保有される。卵、大豆粉、石油がその例である。消費性資産はしばしば供給が細ることがあり、そのような場合は空売りをすることはできない。他方、投資性資産を保有している人は、確定的な利益を得る機会があれば、その資産を喜んで売ることだろう。

図 12.2 は、先渡価格が $F < S/d(0, T)$ の場合に確実な利益を生み出す取引の詳細を示している。これには 2 つのケースがある。(a) 空売りが可能なケースと、(b) 資産 S が投資性資産のケースである。費用と受け取りの列のパターンが同じであることに気づくだろう。しかしながら、(b) のケースでは、資産を借りてこなくても売ることができる。

投資性資産においては、先渡価格が裁定の可能性を消去するように調整され、そのために $F \geq S/d(0, T)$ となることが導かれる。保管費用が存在する場合も、同様の分析が用いられる。

時点 t = 0	初期費用	最終的な受け取り額
資産 1 単位の借入	0	0
資産 1 単位の売却	$-S$	
S ドルの貸出	S	$S/d(0,T)$
先渡し 1 単位のロング	0	$-F$
		資産 1 単位の返却
合計	0	$S/d(0,T) - F$

(a)

時点 t = 0	初期費用	最終的な受け取り額
資産 1 単位の売却	$-S$	0
S ドルの貸出	S	$S/d(0,T)$
先渡し 1 単位のロング	0	$-F$
合計	0	$S/d(0,T) - F$

(b)

図 12.2 2 つのケースにおける、$S/d(0, T) - F > 0$ の場合の裁定取引の組み立て
(a) 資産の空売りが可能なケース、(b) 資産を投資対象として保有しているケース。

12.4　先渡契約の価値

受け渡し価格 F_0 の先渡契約が過去においてすでに結ばれているものとしよう。現在の時点 t においては、同じ受け渡し日の先渡価格は F_t である。求めたいのは、最初の契約の現時点での価値 f_t である。この価値は、以下に述べる通りである。

> **先渡契約の価値**　将来の時点 T で受け渡しが行われる先渡契約が、受け渡し価格 F_0 をもち、また現在は先渡価格 F_t が付いているものとする。このとき契約の価値は、
>
> $$f_t = (F_t - F_0)d(t,T)$$
>
> である。ただし、$d(t,T)$ は時点 t から T の間の無リスク割引係数である。
>
> **証明：** 時点 t で以下のようなポートフォリオを組むことにする。受け渡し価格 F_t の先渡契約を1単位購入し、受け渡し価格が F_0 の先渡契約を1単位空売りする。このポートフォリオの初期キャッシュ・フローは f_t である。時点 T の最終的なキャッシュ・フローは、$F_0 - F_t$ である。ショートとロングで要求事項が相殺されるため、この資金の流列は完全に確定的である。このポートフォリオの現在価値は、$f_t + (F_0 - F_t)d(t,T)$ であり、これはゼロでなければならない。これからただちに上記の結果が得られる。∎

12.5　スワップ*

ほとんどの投資問題を動機づけるのは、適当な市場や技術的な活動を通じて、あるキャッシュ・フローの流列を別のものに変えたいという欲求である。**スワップ**（swap）はこれを直接達成してしまう。というのも、スワップはあるキャッ

シュ・フローの流列を別のキャッシュ・フローの流列と交換するという契約だからである。この直接的なアプローチが魅力に富むということは、スワップ市場が数千億ドルに達するということをもってしても明らかである。しばしばスワップは特定の状況に応じてつくられるが、最も一般的なのは**プレーン・バニラ・スワップ**（plain vanilla swap）である。これは、契約の一方の当事者が固定支払いの系列を変動支払いの系列に交換するものである。あとで見るように、スワップは先渡契約の系列と見なすことができるので、先渡の概念を用いて価格付けを行うことができる。

例として、金利に関するプレーン・バニラ・スワップを考えよう。当事者 A が当事者 B に対して、想定元本に対する固定金利に相当する分を半年ごとに支払う（賃借は存在しないので、**想定元本**（notional principal）という言葉が使われる。この元本は単に支払いの水準を決めるためだけにある）。逆に、当事者 B は当事者 A に対して、同じ元本に対する変動金利（たとえば現行の 6 カ月物 LIBOR 等）に応じた額を半年ごとに支払う。通常スワップでは、差額を負っている方が必要とされる差額分を支払うという意味で、ネットの支払いのみが行われる。

このようなスワップ取引が起こるのは、以下のような場合である。当事者 B は第三者 C から変動金利で借金をしている。しかし、当事者 B は固定支払いを望んでいる。当事者 A とのスワップ契約は、変動金利での支払いを固定金利の支払いへと効果的に変えてくれる。

商品のスワップとして、発電装置のために毎月石油を購入しなければならない電力会社の例を考えよう。会社が現物市場で石油を購入するなら、現物価格の変動に応じてキャッシュ・フローの変動にさらされることになる。会社は、こ

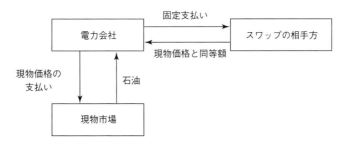

図 12.3 商品スワップ
電力会社は毎月現物市場で石油を購入している。会社はスワップの取り決めをして、相手方（もしくはスワップ・ディーラー）と現物価格の支払いと固定支払いの交換をした。ネットの効果は、電力会社が支払いの変動を免れている点である。

の支払いを固定支払いとスワップすることを望むことだろう。もしこの会社が、スワップを引き受けてくれる相手方さえ見つけることができれば、それは可能である。これを図12.3に示した。スワップの契約期間中ずっと、スワップの相手方は電力会社に、石油の現物価格に一定のバレル数を掛けた分を支払い、反対に電力会社は、固定費用に同じバレル数を掛けた分を支払う。これによって、変動キャッシュ・フローを固定キャッシュ・フローに変えることができる。

◆商品スワップの価値

各期に当事者 A が商品 N 単位を現物価格で受け取り、その一方で 1 単位あたり固定価格 X で N 単位分を支払う契約を考えよう。この契約が M 期間にわたって行われるのであれば、A が受け取るネットのキャッシュ・フローの流列は、$(S_1 - X, S_2 - X, S_3 - X, \ldots, S_M - X)$ に単位数 N を掛けたものである。ただし、S_i は商品の i 期の現物価格を表す。

この流列の価値を、先渡市場の概念を用いて評価することができる。i 期に受け渡しをする商品 1 単位の先渡価格は、時点 0 で F_i である。これは、i 期に S_i（現在はまだ値は確定してない）を受け取ろうが、i 期に F_i を受け取ろうが、どちらでも構わないということである。時点 0 まで割り引くことで、i 期に S_i を受け取ることの現時点における価値は、$d(0,i)F_i$ であるということができる。ここで、$d(0,i)$ は時点 0 から受け取りのある i 期の間の割引係数である。

この議論をすべての期に適用すると、流列全体の価値は、

$$V = \sum_{i=1}^{M} d(0,i)(F_i - X)N \tag{12.5}$$

であることがわかる。このことから、スワップの価値は先渡価格の系列で決めることができる。通常は、価値がゼロになるように X の値を選ぶので、スワップは等価な交換を表す。

> **例 12.6（金のスワップ）** 電子機器の会社が結んだ、固定支払いの見返りに金を現物価格で受け取る契約を考えよう。金は供給が豊富にあり、費用なしで保管できるものとする。このことから、スワップの式はほとんど自明である。この場合、先渡価格は $F_i = S_0/d(0,i)$ である。したがって、(12.5) 式は、
>
> $$V = \left[MS_0 - \sum_{i=1}^{M} d(0,i)X\right]N$$

となる。和の項は債券のクーポン支払いの系列の価値と同一である。この事実を用いると、価値評価式は、

$$V = \left\{ MS_0 - \frac{X}{C}[B(M,C) - 100d(0,M)] \right\} N \qquad (12.6)$$

と変形できる。ただし、$B(M,C)$ は満期が M、毎期クーポン C の支払いがある債券の（100 を基準とした）価格を表す。C はどんな値でもよい（練習問題 8 を参照）。

◆金利スワップの価値

以下のプレーン・バニラ型金利スワップを考えよう。その契約では、M 期にわたって、当事者 A は想定元本に対して固定金利 r で支払いを行う一方、同じ想定元本に対して変動金利を受け取る。A が受け取るキャッシュ・フローの流列は、$(c_1 - r, c_2 - r, \ldots, c_M - r)$ に元本 N を掛けたものである。c_i は変動金利である。

変動利付き債券が何たるかを知っていると、ある特殊なトリックを使って、このスワップの変動部分を評価することができる（先渡契約の概念を直接用いる証明は、練習問題 12 を参照）。変動金利のキャッシュ・フローの流列は、元本 N、満期 M の変動利付き債券によって得られるキャッシュ・フローの流列と、最終期の元本の支払いがないこと以外、まったく同じである。変動利付き債券の初期価格は（最終期の元本の償還も含めて）額面価格であることはわかっている。したがって、スワップの変動金利の部分の価値は、額面価格から M 期に受け取る元本の現在価値を引いたものになる。言い換えると、スワップの変動金利の部分の価値は、$N - d(0,M)N$ である。

流列の固定金利部分の価値は、その時点の期間構造にしたがう割引率で固定支払いを割り引いたものの和である。結局スワップの価値は、

$$V = \left[1 - d(0,M) - r \sum_{i=1}^{M} d(0,i) \right] N$$

である[5]。和の項は金のスワップの例で用いた方法を使えば簡単になる。

---

[5] 一般には、他にも詳しく説明しなければならない点がある。たとえば、固定支払いの金利は通常 1 年を 365 日として見積もられるが、変動金利は 1 年を 360 日として見積もられる、といったことである。

12.6　先物契約の基礎

　先渡契約は大変有益であるため、昔から契約を標準化し、組織だった取引所で売買することが望まれてきた。取引所のおかげで、一般的な価格が決められ、利便性と安全性が得られる。なぜならば、個人はもはや条件にかなう取引相手を見つける必要はなく、また相手方が破産するリスクを引き受けなくてもよいからである。個人は取引所を介して契約を行い、取引所自身が売り手に対しても買い手に対しても相手方となる。一方、標準化は興味深い試みである。取引所において、先渡契約と似たメカニズムを考えてみよう。受け渡し期日、受け渡し数量、受け渡される財の質、受け渡しの場所などを一式取り揃えて標準化するのは簡単である（もっとも、これらの事項といえどもいくつかこまごましたことはあるのだが）。しかし、先渡価格を標準化することはできない。この点を理解するために、受け渡し価格 F_0 で、今日契約が発効したものとしよう。取引所はそれらすべての契約を記録しておくだろう。翌日先渡価格は変化し、その日から始まる契約は別の受け渡し価格 F_1 をもつだろう。実際、適当な受け渡し価格は、一日を通じて途切れることなく変動しているだろう。数千もの継続中の先渡契約が、たとえ他の事項がすべて同一であっても、各々異なる受け渡し価格をもつこともありうる。これは記録係にとっては悪夢であろう。

　これを解決する方法は、先渡市場の代わりとなる**先物市場**（future market）というすばらしい発明によってもたらされた。複数の受け渡し価格は、価格の環境が変わるごとに、契約を見直すことで解消できる。再び、当初契約は F_0 で結ばれ、翌日には新しい契約の価格が F_1 になるという状況を考えよう。このためには、契約当事者は 2 つの価格の差額を、損失か利益になるかに応じて、支払うかもしくは受け取る。具体的に言うと、$F_1 > F_0$ として、価格 F_0 で 1 単位買っているものとする。この契約価格は翌日 F_1 となり、清算所から $F_1 - F_0$ を受け取る。これは、のちの商品の受け渡しの際に、F_0 ではなく F_1 を払わねばならないからである。

　契約を調整する手続きは、**市場における値洗い**（marking to market）と呼ばれる。もっと詳しく説明すると、これは以下のように機能する。個人は、仲買人のところに、**証拠金勘定**（margin account）を開く必要がある。この口座には、それぞれの先物契約ごとに一定額の現金（通常は契約の価値の 5―10% のオーダー）を積んでおかねばならない。すべての契約当事者は、売り手であれ買い手であれ、必ずこの口座をもっていなくてはならない。この口座は、一日の取引の終わりに値洗いが行われる。先物契約の価格（取引所で決まる価格）が

その日上昇したなら、買い手は価格の変化量に契約量を掛けた分だけの利益を得る。この利益は証拠金勘定に足される。売り手は同じ額を失い、この額は証拠金勘定から引かれる。

それゆえ、証拠金勘定は先物価格の変化に応じて変動する。この手続きにより、すべての先物契約を買っている当事者は同じ契約を保有し、すべての売り手となっている当事者についても同様である。

受け渡しの日には、その時点での先物価格で受け渡しが行われるのだが、その価格は最初に契約を結んだときの先物価格とは、かなり異なっているかもしれない。

実際、先物の契約事項のもとでの商品の受け渡しはきわめてまれである。90％以上の当事者は、受け渡し期日の前に自分のポジションを手仕舞う。生産のための商品を必要とする営利企業ですら、ロング・ポジションを閉じて、現物市場で通常の供給者から商品を購入している。

最高値	最安値		建玉残高	始値	高値	安値	清算値	前日比
2011 年 5 月 18 日（水）								
穀物								
小麦	(CBOT)	-	契約単位 5,000 ブッシェル			セント／ブッシェル		
950.75	539.75	Jul 11	219,010	816.75	822.25	767.00	817.00	+53.0
971.50	559.00	Sep 11	71,717	863.75	864.50	810.00	858.50	+51.3
986.75	342.00	Dec 11	94,399	908.00	908.50	858.25	902.75	+44.5
994.75	597.00	Mar 12	19,886	935.50	936.50	895.00	929.75	+35.0
993.25	604.00	May 12	6,769	944.00	944.00	908.25	940.00	+34.3
946.50	611.00	Jul 12	26,792	939.75	940.25	905.00	935.25	+34.3
961.00	644.25	Dec 12	11,795	957.00	960.00	930.00	957.50	+27.8
Est. Vol. 326,286		Vol. 108,137		open int 454,539 – 3,777				

図 12.4　2011 年 5 月 18 日付の小麦先物相場
表の見出しから、商品がシカゴ商品取引所で取引されている小麦であることがわかる。契約は 5,000 ブッシェルで、価格は 1 ブッシェルあたりのセントで表される。最初の 2 列は、契約開始からの最高値および最安値である。次の列は限月を表す。右から 2 列目は清算値である。
出典：インベスターズ・ビジネス・デイリー 2011 年 5 月 19 日付

先物価格は、たとえばインベスターズ・ビジネス・デイリーのように金融を扱う新聞に載っている。小麦の先物価格が載っている例を図 12.4 に示した。小麦の通常の契約は 5,000 ブッシェルであり、表の見出しから価格はブッシェルあたりのセントで表示されていることがわかる。2011 年 7 月の価格が 2011 年 5 月の価格より低いことに注意してほしい。これは取引が少ないことの効果である。建玉残高（オープン・インタレスト）とは、終了していない契約の総数である。商品は定められた月日に受け渡さなければならない。

証拠金勘定は、日々の利益を集めたり支払ったりするだけの口座ではなく、契約当事者が義務を履行しない場合の保証ともなっている。証拠金勘定には普通は利息は付かないので、実質的にはこの口座の現金は減っていくことになる。しかしながら多くの仲買人は、現金同様 T ビルや他の証券も証拠金として扱うことを認めているので、間接的に利息が付く。証拠金が事前に決められた維持証拠金のレベル（通常は初期証拠金所要額の 75％）を下回ってしまったときは、契約保有者に**追加証拠金**（margin call）が要請される。さもなくば、先物のポジションは等量の反対売買をすることで閉じられる。

> **例 12.7（証拠金）** スミス氏が（ブッシェルあたり）2.10 ドルの価格で 3 月に受け渡しが行われるとうもろこし（5,000 ブッシェル）の先物契約を 1 単位ロングの契約を結んだとする。仲買人は、維持証拠金を 600 ドルとした上で、証拠金として 800 ドルを要求したとしよう。
>
> 翌日、この契約の価格は 2.07 ドルに下がった。これは、$0.03 \times 5,000 = 150$ ドルの損失である。仲買人は同額を証拠金勘定から引き、差引残高は 650 ドルとなった。あくる日再び価格は下落し、2.05 ドルとなった。さらに 100 ドルの損失であり、再び証拠金勘定から引かれた。この時点で証拠金は 550 ドルとなり、維持レベルを下回っている。仲買人はスミス氏に電話をして、少なくとも 50 ドルを証拠金勘定に積むか、またはポジションを閉じなくてはならないと告げた。後者は、口座に 550 ドル残して契約を解消せざるをえないことを意味する。

12.7 先物価格

いかなるときであれ、先物契約についてはただ 1 つの価格しかない。それは受け渡し価格である。存在している契約の価値は、値洗いが行われるためすべてゼロである。一般には、受け渡し価格は原資産の現物価格とは異なっている

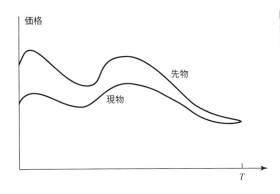

図 12.5　現物と先物市場の価格の収束
満期に近づくにつれ先物価格は現物価格に近づいていく。

だろうが、2つの価格には互いに関係しあっているはずである。事実、満期が近くなると先物価格と現物価格は互いに近づき、同じ価格に収束してしまう。この**収束**（convergence）と呼ばれる効果を、図 12.5 に示した。

　一般的な法則として、（理論的な）先物価格は先渡価格、すなわち先渡契約で取り決められた受け渡し価格と密接な関係をもつと思われる。どちらも、将来の受け渡しの価格である。とはいえ、たとえ取引費用がない、証拠金が必要ない（または証拠金が競争的金利を得る）といった仮定をおいて、先渡と先物の取引の仕組みを理想化したとしても、それでも先渡と先物に関するキャッシュ・フローの過程には根本的な相違点が残る。先渡では最終期に至るまでキャッシュ・フローは生じず、最終期において受け渡しが行われるか、または先に決められてあった受け渡し価格と現物価格の差額相当の現金で契約が清算される。先物では、最初の期からずっと、先物価格の変化によってキャッシュ・フローが生じる。このようにキャッシュ・フローのパターンが違うので、先渡と先物の価格は異なっていそうなものである。しかしながら実際のところ、金利が確定的で、第4章で示したように期待ダイナミクスにしたがうものと仮定すると、裁定機会が排除されているならば、先渡価格と先物価格は等しくなければならない。この重要な結果をここで示そう。

> **先物–先渡の等価性**　　金利が期待ダイナミクスにしたがうことがわかっているならば、対応する契約の 理論的な先渡価格と先物価格は一致する。

証明：F_0 を初期先物価格とする（ただし、初期時点では支払いがないことを思い出してほしい）。G_0 を対応する（受け渡し日に支払う）先渡価格とする。以下に示すように、$T+1$ 個の時点とそれに対応する先物価格が存在しているとする。

$d(j,k)$ を時点 k に満期を迎える債券の時点 j（$j<k$ とする）における割引係数とする。

$$\begin{array}{ccccc} F_0 & F_1 & F_2 & & F_T = S_T \\ \vdash & \vdash & \vdash & \cdots & \vdash \\ 0 & 1 & 2 & & T \end{array}$$

ここで先渡と先物市場に 2 つの取引戦略をもって参加することにしよう。

取引戦略 A
- 時点 0：$d(1,T)$ 単位の先物を買う。
- 時点 1：保有量を $d(2,T)$ 単位まで増やす。
- ⋮
- 時点 k：保有量を $d(k+1,T)$ 単位まで増やす。
- 時点 $T-1$：保有量を 1 単位まで増やす。

時点 $k+1$ において前の期間から得られる利益は、

$$(F_{k+1} - F_k)d(k+1, T)$$

である。

取引戦略 A の一環として、時点 $k+1$ の利益を時点 T まで金利市場で運用する。これによって、最終的な額は、

$$\frac{d(k+1,T)}{d(k+1,T)}(F_{k+1} - F_k) = (F_{k+1} - F_k)$$

となる。それゆえ、取引戦略 A の合計の利益は、

$$利益_A = \sum_{k=0}^{T-1}(F_{k+1} - F_k) = F_T - F_0 = S_T - F_0$$

である。最終期より前の各段階では、すべての利益（または損

失）は金利市場に投入されるので、正味のキャッシュ・フローはゼロであることに注意してほしい。したがって、投資額ゼロで 利益$_A$ が得られる。

取引戦略 B

先渡契約 1 単位を買う。これには初期投資額は要せず、しかも、

$$\text{利益}_B = S_T - G_0$$

の利益が得られる。

ここで新たな取引戦略 A − B をつくろう。この組み合わせによる取引戦略も最終期に至るまでキャッシュ・フローはなく、最終期には利益 $G_0 - F_0$ を生む。これは確定した額であり、裁定機会がないならば、ゼロとなっていなくてはならない。よって、$G_0 = F_0$ が成り立つ。∎

金利が確定的でないときは等号は成立しないのだが、型通りの分析に用いるには、かなり高い精度で一致していると考えることができる。この結果は重要である。なぜなら先渡契約では、キャッシュ・フローが生じるのは受け渡し日か清算日のみなので、先物のヘッジの分析を、対応する先渡のヘッジで置き換えて単純化することを、少なくとも部分的には正当化するからである。

例 12.8（小麦の契約） 1月の時点で、小売用小麦粉やパンの大手製造会社は、大量の小麦の注文に際して価格を固定したがっている。この製造会社は5月受け渡しの50万ブッシェルの小麦をあらかじめ買っておきたい。会社は特別の先渡契約を手配することもできるが、先物の方が組織化されていてずっと便利なので、代わりに先物市場を利用することにした。製造会社は、先物の価格が交渉可能な先渡価格と等しくなることを認識して（おり、また確認もして）いる。

現在の先物価格（または先渡価格）は、5月受け渡し物で1ブッシェルあたり3.30ドルである。標準的な小麦先物契約は5,000ブッシェルである。したがって、製造会社は 100 単位の契約が必要である。

先物取引の詳細は表 12.5 に示した通りである。簡単化のため、表は日次

表 12.5 先物と先渡の取引

日付	価格	先渡 利益	先物契約 1				先物契約 2			
			保有量	利益	利息	収支	保有量	利益	利息	収支
1月1日	330	0ドル	100	0ドル	0ドル	0ドル	97	0ドル	0ドル	0ドル
2月1日	340	0	100	50,000	0	50,000	98	48,500	0	48,500
3月1日	355	0	100	75,000	500	125,500	99	73,500	485	122,485
4月1日	345	0	100	−50,000	1,255	76,755	100	−49,500	1,225	74,210
5月1日	352	110,000	0	35,000	768	112,523	0	35,000	742	109,952
合計		110,000ドル		110,000ドル				107,500ドル		

先渡契約、固定した先渡契約、および先渡契約をまねるようにつくられた先物契約による取引戦略の詳細が示してある。

単位ではなく月次単位でまとめてある。表の左には日付とその日の5月受け渡しの先物契約の仮想的な価格（セントで表示）が記してある。"先渡"と見出しのついた次の箇所は、5月に50万ブッシェルの小麦の受け渡しを行う先渡契約を結んだ結果を示してある。ただし、実際の受け渡しは行わないよう契約は閉じてある。この契約では、5月までキャッシュ・フローは生じない。5月には、1ブッシェルあたり22セント合計では11万ドルの利益を得る。

次の、"先物契約1"とある箇所は、1月に100単位の先物契約を購入し、5月にそのポジションを閉じたときの集計結果である。すべての利益と損失をまとめる口座がつくってあると仮定している。さらに現行金利は年利で12%、月次で1%としてある。また、証拠金所要額もいらないものとした。注文を出すときは金がかからないことに注意しよう。2月には、先物価格が10セント上昇しているので、5万ドルの利益が出ている。この利益は口座に入れられる。次の月の収支は利益分と利息分が反映している。合計のキャッシュ・フローは11万ドルで、正確に先渡契約の場合と一致している。しかし、キャッシュ・フローが何回かに分けて起こっているので、実際には最終的な収支は112,523ドルである（早期に価格が上昇したので、今回は望ましい結果となったが、それは重要な点ではない）。

"先物契約2"とある3番目の箇所は、先物−先渡の等価性の証明を構成した方法で、いかにして先物で先渡価格を正確に複製するかを示したものである。金利が月次で1%なので、割引係数も1月ごとに1%ずつ増加する。したがって、この方法では、製造会社は当初97単位の契約を購入し、以後1単位ずつ毎月増やして、最後には100単位に達する。上記とまったく同じ口座を使うことにすると、結果として最終的な収支は109,952ドルとな

る。これは、純粋な先渡契約で得られる数値11万ときわめて近い。少し数値にずれがあるのは、契約単位数を整数にするために割引係数をすべて同じパーセンテージに丸めてしまったせいである。

この例が示すように契約単位を固定しておくと、実は先渡と先物契約の履行には若干違いがある。しかし実務的には、数カ月程度の短い期間では先物と先渡の違いは小さい。さらに、金利が一定で、期待ダイナミクスにしたがうなら、契約単位数を整数にするための丸めの誤差の範囲で、先物を使った場合と先渡を使った場合の差をゼロにすることができるのである。

12.8 期待現物価格との関係*

時点 0 で、時点 T における商品の現物価格についての見通しなり予測なりをもつことは論理的な態度である。時点 T での受け渡しがある先物の現在の価格は、将来の現物価格のよい推定値なのだろうか。すなわち、$F = E(S_T)$ は成立つであろうか。

もし不等式 $F < E(S_T)$ が成り立っていれば、投機家は期待利益 $E(S_T) - F$ を狙って先物を買い、時点 T で契約にしたがい F で商品を購入して、S_T で売却しようとするかもしれない。不等式が逆方向に成り立っていれば、先物についてショートポジションをとることで、逆の計画を実行するかもしれない。したがって、投機家は不等式がどちらの側でも行動を起こすことだろう。

一方ヘッジャーは、商品価格で投機を行うというより、主に企業活動のリスクを減らす目的で先物市場に参入してくる。そのため、ヘッジャーは先物価格と期待現物価格の小さな差異にはあまり影響されない。

さて、たまたま先物を買っているヘッジャーより売っているヘッジャーの方がずっと多いという状況を考えてみよう。市場が均衡するためには、投機家が市場に参入して買い方に回る必要がある。投機家がそうするのは、$F < E(S_T)$ と判断するときだけである。逆に、先物を売っているヘッジャーより買っているヘッジャーの方が多い場合、投機家は、$F > E(S_T)$ と判断したときのみ、対応するショートポジションをとるだろう。

これらの2種の状況は特別な名前をもっている。先物価格が現物価格の期待値を下回っている場合、**ノーマル・バックワーデーション**（normal backwardation）と呼ばれる。先物価格が現物価格の期待値を上回っていれば、それは**コンタンゴ**（contango）と呼ばれる。

12.9　完全ヘッジ

　先物契約は主としてリスクヘッジに用いられる。ヘッジ戦略は、単純な場合もあれば複雑な場合もある。この章の残りの部分で、ヘッジ戦略の設計のための主要なアプローチを示すことにしよう。

　最も単純なヘッジ戦略は**完全ヘッジ**（perfect hedge）である。完全ヘッジでは、先物市場で**同量かつ反対の**（equal and opposite）**ポジションをとること**で、将来の資産の引き渡しや受け取りの契約に付随するリスクを完全に消去してしまう。すなわち、将来の市場での売買を実質的に現時点で行ってしまうことで、ヘッジが構成される。これにより、将来の取引価格が固定されるので、価格リスクを完全になくすことができる。このような戦略が可能なのは、資産の性質と引き渡しの条項に関して、ヘッジされるべき義務に完全に適合した先物契約が存在している場合のみである。

> **例 12.9（小麦のヘッジ）**　例 12.8 の小麦粉とパンの製造会社の例を再び取り上げよう。製造会社は 5 月 20 日にある価格で引き渡す大量の注文を受けている。この注文をまかなうために、製造会社は納期の直前に現物市場で 50 万ブッシェルの小麦を調達するつもりである。製造会社は利益を現在の小麦の価格に基づいて計算しているが、小麦価格がある程度まで上昇すると、この注文は利益が出なくなってしまう。製造会社は小麦の先物を同量かつ反対のポジションをとることで、ヘッジをかけることができる（すなわち、製造会社は加工用の小麦を供給する義務があるので、これと反対の義務をとって小麦を買うわけである。言い換えると、製造会社は、結局は買わねばならない小麦を**早期に購入する**というふうに見なせるだろう）。
> 　キャッシュ・フローのタイミングの違いによる先物と先渡の多少の差異を無視すれば、先物契約をちょうど先渡であるかのように扱うことができる。製造会社は、先物市場でのポジションを閉じ、現物市場で小麦を買うだろう。現物市場の価格は閉じた先物価格と等しいので、ネットの効果として、会社は 1 ブッシェルあたり 3.30 ドルの価格を支払えばよい。

> **例 12.10（外国通貨のヘッジ）**　米国の電機会社が 90 日後にドイツの顧客に機器を売却する注文を受けた。注文の価格は 50 万ユーロと定められており、受け渡し時に支払われる。米国企業はユーロと米ドル間の交換レートに関するリスクにさらされている。
> 　企業は、90 日満期のユーロ契約 4 単位（1 単位が 125,000 ユーロ）に

よってリスクをヘッジすることができる。企業は 90 日後にユーロを受けとるので、いま同量の反対ポジションをとることで、すなわち 4 単位の契約をショートすることでヘッジを行う（別の見方をすると、ユーロを受け取った後、企業はそれを売ることになるだろう。だからショートすることによって先に売ってしまおうというのである）。

12.10　最小分散ヘッジ

　常に先物契約を用いて完全ヘッジを行えるとは限らない。その価値をヘッジしたい資産を正しく含む契約が存在しないかもしれない。使える契約の受け渡し期日が、資産に義務づけられた期日に合わないかもしれない。先物市場が十分な流動性を欠いていることもありうる。あるいは、受け渡しの条件が負っている義務の条件と一致しない場合もある。これらの状況では、もともとのリスクは先物契約によって完全には消去することはできないのだが、それでもリスクを減少させることはできるだろう。

　ヘッジが不完全であることを計る指標として、ベーシス（basis）がある。これは、現物と先物の価格のミスマッチによって定義される。具体的には、

$$\text{ベーシス} = \text{ヘッジすべき資産の現物価格} - \text{用いた先物契約の価格}$$

である。ヘッジする資産が先物契約の資産と同一であれば、受け渡し期日でベーシスはゼロになるだろう。しかし前述の理由により、一般的には最終ベーシスが期待通りにゼロになってくれない場合がある。通常最終ベーシスは確率変数であり、このことが完全ヘッジの可能性を閉ざしてしまう。ベーシスリスクには、別のヘッジ技術が必要である。

　ベーシスリスクがあるときによく用いられる方法としては、最小分散ヘッジがある。このヘッジの一般的な式は簡単に求めることができる。時点 0 においてヘッジすべき状態を、時点 T で生ずるキャッシュ・フロー x として表そう。たとえば、時点 T で W 単位の資産を購入する義務があったとして、資産の時点 T での現物価格が S であれば、$x = -WS$ である。F をヘッジに用いる先物契約の価格とし、h を先物のポジションとする。先物の口座におけるすべての利益（または損失）は、時点 T で清算されると仮定することで、証拠金勘定の利息支払いは無視する。それゆえ、時点 T でのキャッシュ・フローは、もともとの義務に先物の口座に入ってくる利益を加えたものに等しい。すなわち、

$$\text{キャッシュ・フロー} = y = x + (F_T - F_0)h$$

である。キャッシュ・フローの分散は以下の通りである。

$$\mathrm{var}(y) = \mathrm{E}[x - \bar{x} + (F_T - \bar{F}_T)h]^2 = \mathrm{var}(x) + 2\mathrm{cov}(x, F_T)h + \mathrm{var}(F_T)h^2$$

これは h について微分をし、それをゼロとおくことで、最小化できる。その結果を以下のようにまとめておく。

最小分散ヘッジの式 　　最小分散ヘッジとその結果得られる分散は、

$$h = -\frac{\mathrm{cov}(x, F_T)}{\mathrm{var}(F_T)} \tag{12.7}$$

$$\mathrm{var}(y) = \mathrm{var}(x) - \frac{\mathrm{cov}(x, F_T)^2}{\mathrm{var}(F_T)} \tag{12.8}$$

である。

証明：$\mathrm{var}(y)$ の h に関する導関数を 0 とおくと、$2\mathrm{cov}(x, F_T) + 2\mathrm{var}(F_T)h = 0$ となる。これより h の表現を得る。この h を $\mathrm{var}(y)$ の式に代入して、

$$\begin{aligned}\mathrm{var}(y) &= \mathrm{var}(x) - 2\frac{\mathrm{cov}(x, F_T)^2}{\mathrm{var}(F_T)} + \frac{\mathrm{cov}(x, F_T)^2}{\mathrm{var}(F_T)} \\ &= \mathrm{var}(x) - \frac{\mathrm{cov}(x, F_T)^2}{\mathrm{var}(F_T)}\end{aligned}$$

となる。■

契約義務が、現物価格 S_T の一定量 W（すなわち、$x = WS_T$）の資産と定められている場合、(12.7) 式は、

$$h = -\beta W \tag{12.9}$$

となる。ただし、

$$\beta = \frac{\mathrm{cov}(S_T, F_T)}{\mathrm{var}(F_T)}$$

である。当然のことながら、この式は第7章の一般的な平均–分散公式を思い起こさせる。実際、この式はそれと密接な関係をもっている。

例 12.11（完全ヘッジ） 特殊なケースとして、商品先物がヘッジする現物商品と一致する場合を考えよう。この場合は $F_T = S_T$ である。契約義務が商品 W 単位であるとすると、$x = WS_T$ である。このとき、$\text{cov}(x, F_t) = \text{cov}(S_T, F_T)W = \text{var}(F_T)W$ となる。したがって (12.7) 式より、$h = -W$ で (12.8) 式より $\text{var}(y) = 0$ である。言い換えると、先物価格がヘッジする商品の価格と完全に相関しているならば、最小分散ヘッジは完全ヘッジになる。

例 12.12（別の先物による外国通貨のヘッジ） BIG H コーポレーション（米国企業）が途上国の企業から大口の注文を得た。この国の通貨は、ズィーである[6]。60日後に100万ズィーが支払われる予定である。BIG H は為替リスクをヘッジしたいのだが、途上国にはよくあることで、その通貨の先物契約は存在していない。そこで、BIG H の財務担当副社長は、日本円を用いてクロスヘッジを行うことを決断した。円とズィーは完全に相関しているわけではないが、ズィーとドルよりははっきりとした関連性があるからである。

現在の為替レートは $Z = 0.164$ ドル／ズィー、$Y = 0.0125$ ドル／円であることがわかっている。このことから円とズィーの交換比率は $Z/Y = 0.164/0.0125 = 13.12$ である。したがって、現在の交換比率では、100万ズィーを受け取ることは、1,312万円を受け取ることと同じになる。そこで副社長は、同量反対ヘッジは1,312万円ショートすることであるとの結論を得た。

一方、BIG H で働いている研修生が、別の方法として最小分散ヘッジがあることを提案した。研修生は詳細を検討するよう数日時間が与えられることになった。彼は過去の履歴を一通り調べて、米国における為替レート Z と Y の月次の変動は、相関係数がおよそ 0.8 であると見積もった。またこれらの変動の標準偏差は、円については月次の値の 3%、ズィーについ

---

[6] 訳注　ズィーは架空の通貨単位。

てはやや少なく、2.5%であることもわかった。この問題では (12.7) 式の x は、60 日後の 100 万ズィーのドルで表した価値であり、F_T はその時点での 1 円のドルによる価値である。$x = Z \times 1,000,000$ とおける。研修生は、ベータの推定値を、

$$\beta = \frac{\text{cov}(Z,Y)}{\text{var}(Y)} = \frac{\sigma_{ZY}}{\sigma_Z \sigma_Y} \times \frac{\sigma_Z}{\sigma_Y} = \rho \frac{\sigma_Z}{\sigma_Y} = 0.8 \times \frac{0.025Z}{0.030Y}$$

とした。以上から、最小分散ヘッジは、

$$h = -\frac{\text{cov}(x,F)}{\text{var}(F)} = -\frac{\text{cov}(Z,Y) \times 1,000,000}{\text{var}(Y)}$$
$$= \left[-0.8 \times \frac{2.5}{3.0} \times 13.12 \times 1,000,000 \right] = -8,750,000 \text{ 円}$$

である。最小分散ヘッジは為替レートに基づくフルヘッジよりも小さい値となっている。小さくなったのは、相関係数と標準偏差同士の比率のためである。

ここでもう少し進んで、何もしない場合に比べて、このヘッジがどれくらい効果があるのかを見てみよう。$x = Z \times 1,000,000$ であった。よって、$\text{cov}(x,Y) = 1,000,000 \times \sigma_{ZY}$、$\sigma_x = 1,000,000 \times \sigma_Z$ である。この 2 つを合わせて、$\text{cov}(x,Y) = \sigma_{ZY} \sigma_x / \sigma_Z$ を得る。最小分散ヘッジの式を用いると、

$$\text{var}(y) = \text{var}(x) - \frac{\text{cov}(x,Y)^2}{\sigma^2_Y} = \left[1 - \left(\frac{\sigma_{YZ}}{\sigma_Y \sigma_Z} \right)^2 \right] \text{var}(x) = \sqrt{1 - \rho^2} \, \text{var}(x)$$

となる。それゆえ、

$$\text{stdev}(y) = \left(\sqrt{1 - 0.8^2} \right) \text{stdev}(x) = 0.6 \times \text{stdev}(x)$$

である。最小分散ヘッジは、0.6 の係数を乗じた分リスクが減少している。ヘッジに使える金融資産の中で、ズィーともっと高い相関をもつものが見つかれば、もっとリスクを減少させるヘッジが得られるだろう。

第 12 章　先渡、先物、スワップ　423

例 12.13（株式インデックス先物を使ってポートフォリオベータを変える）

スミス夫人は、ハイテク株に重点的に投資をしている大型のポートフォリオを所有している。彼女の信ずるところによれば、これらの証券は今後数カ月間にわたって、マーケット全体と比較してずっとよいパフォーマンスを示すはずである。しかし彼女のポートフォリオは、市場に関してベータ値が 1.4 であり、看過できないほど市場リスクにさらされていることに気づいた。たとえ彼女が信ずるように、CAPM などで予測されるよりはるかに高い超過収益をポートフォリオが達成したとしても、市場全体が下落すれば、彼女のポートフォリオもやはり下落してしまうだろう。

そこでスミス夫人は市場リスクをヘッジすることに決めた。株式インデックス先物をいくつか売ることで、彼女のポートフォリオのベータを変えることができる。満期が 120 日の S&P500 株式インデックス先物を 200 万ドル × 1.4 = 280 万ドルショートすることで、200 万ドルのポートフォリオの最小分散ヘッジを構成できるだろう。彼女のポートフォリオの標準的なベータは S&P500 に基づいているので、このベータは (12.9) 式中のベータと同じである。結局、株式インデックス先物をショートすることでヘッジされたポートフォリオの新しいベータはゼロである。

12.11　最適ヘッジ*

最小分散ヘッジは役に立つしかなり単純でもあるが、ヘッジの問題をポートフォリオの観点から見ると、これをもっと改善することができる。時点 T における、あるキャッシュ・フローに関する契約 x を再び考えよう。そして、先物契約を h 単位用いてヘッジを行い、最終的なキャッシュ・フローが $x + h(F_T - F_0)$ になるものとする。効用関数が割り当てられていれば、以下の問題[7]を解けばよいことになる。

$$\text{最大化}_{h} \ E\{U[x + h(F_T - F_0)]\} \tag{12.10}$$

このアプローチは、ベーシスリスクをすべて考量しており、リスクに直面した個人や企業のリスク回避の特性を完全に取り込んでいる。

例 12.14（平均–分散ヘッジ）　効用関数のわかりやすい選択肢の 1 つとして 2 次関数がある。

---

[7] 理想的には、効用は富全体の関数として表されるべきであるが、ここでは単純に追加的な富で U を定義できるとしている。

$$U(x) = x - \frac{b}{2}x^2$$

ただし、$b > 0$である。これにより (12.10) 式は、変数の平均値、分散、共分散を含む最大化問題となる。しかしこれが本質的にはある正定数 r について、

$$V(x) = \mathrm{E}(x) - r\mathrm{var}(x)$$

という式の最大化と等価であることに気づけば、滑らかな導関数や簡潔な方程式を得ることができる。V の式は、平均–分散型効用の別の表現と見なしてよい。

意味のある結果を得るには、r の大きさは問題それ自身から決まらねばならない。1つの適当な選択としては、$r = 1/(2\hat{x})$ がある。$\hat{x}$ は最終期の $\mathrm{E}(x)$ のおおよその推定値である。これによると、分散と $[\mathrm{E}(x)]^2$ の $\frac{1}{2}$ をだいたい同じ重みで評価することになる。

$V(x)$ を目的関数とすると、最適ヘッジ問題は、

$$\text{最大化}\ \{\mathrm{E}[x + h(F_T - F_0)] - r\mathrm{var}(x + hF_T)\} \tag{12.11}$$

となる。式変形や計算の結果、最適解、

$$h = \frac{\bar{F}_T - F_0}{2r\mathrm{var}(F_T)} - \frac{\mathrm{cov}(x, F_T)}{\mathrm{var}(F_T)} \tag{12.12}$$

を得る。注目すべきは、第2項がまさしく最小分散解であることである。最初の項は、先物の組み入れによる期待利得を付け加えている。言い換えると、第2項は純粋なヘッジ項で、一方第1項はヘッジが投資の形式をとり、その投資の期待収益がポートフォリオに組み込まれるべきであることを説明している。

とはいえ、この単純な式が、最適ヘッジに伴う実務的な困難を示している。$\bar{F}_T - F_0$ の信頼できる推定値を求めるのはかなり難しい。実際、多くの場合、適切な推定を行ってもこの差はゼロになる。このことから、ヘッジャーの多くがなぜ単に最適解の中の最小分散の部分のみを使うかがわかる。

例 12.15（小麦のヘッジ） 例 12.8 の小麦粉とパンの製造会社の例を考えよう。この製造会社が、市場で大量の取引をしているのであれば、おそらく小麦市場の状況をよく知っているだろう。この製造会社が、3 カ月後に小麦の価格が 5% 上昇することを予測していたとする。しかしその一方で、会社は小麦市場はおよそ（1 年で）30% のボラティリティをもっていることを認識しており、3 カ月先の予測として 15%（$15\% = 30\%/\sqrt{4}$）の変動を想定している。

$x = 500,000 F_T$ として、(12.12) 式を適用すると、

$$h = -500,000 + \frac{1}{2r\text{var}(F_T)}(\bar{F}_T - F_0)$$

$$= -500,000 + \frac{1}{2rF_0\text{var}(F_T/F_0)}\left(\frac{\bar{F}_T}{F_0} - 1\right)$$

$$= -500,000 + \frac{1}{6.60(0.15)^2 r} \times 0.05$$

$$= -500,000 + \frac{0.336}{r}$$

となる。$-500,000$ の項は、完全ヘッジのための同量反対のポジションを表すことに注意しよう。これに先物価格の推定値と r によって決まる投機の項が付け加わる。

r を選ぶのに前に示した方法を使うと、$r = 1/1,000,000$ である。これより、最終的なヘッジは、$h = -500,000 + 336,000 = -164,000$ である。

12.12 非線形リスクのヘッジ*

今までの例では、最終期の富 x が背景となる市場の変数（たとえば、商品の価格）の線形関数であるという意味で、ヘッジをかけるリスクは線形であった。一般的なヘッジの理論はこの仮定に依存しないし、実際、非線形のリスクは珍しくはない。たとえば、T ビルの債券ポートフォリオのイミュニゼーション（練習問題 17 を参照）は非線形のヘッジ問題である。なぜなら、債券ポートフォリオの価格の変化は、将来の T ビルの価格の非線形な関数だからである。

非線形リスクは複雑な契約のもとでも生じる。たとえば、米国企業が日本企業に将来の時点で、日本円で定められた価格で商品を売却する交渉を行っているとする。どちらの側も、米国企業が為替レートのリスクを被っていることを認識

している。そこで、米国企業は為替レートが不利な方向へ変化したとき10%までは引き受けるが、それ以上は両者が影響を分けあう、というような契約を結ぶかもしれない。

非線形リスクは、財の価格が売買した量に影響を受ける場合にも生じる。これが起こるのは、農業においてすべての農家の作物の出来が互いに相関しており、そのため特定の農家の収穫高と市場価格が相関をもってしまう場合である。このタイプについて、具体的な例を見てみよう。

例 12.16（とうもろこし農家） ある特定の商品（ここではとうもろこしとする）が多くの農家で栽培されており、どの農家でもとうもろこしの収量は天気に依存している。成長期によい天候だと、曇りがちの天候に比べて、とうもろこしが多く採れる。すべてのとうもろこしは同時期に収穫され、1ブッシェルあたりの価格は図12.6にあるような市場の需要関数によって決まる。D を需要とすると、この需要関数は、

$$P = 10 - D/100{,}000$$

である（需要 D は、需給の均衡を通じて、総収穫量に一致する）。各々の農家の収穫量からとうもろこしの量 C が決まるのだが、これはランダムである。各農家がつくるとうもろこしの量は、0から6,000ブッシェルまで散らばっており、平均は $\bar{C} = 3{,}000$ とする。個々の農家のつくる量は完全

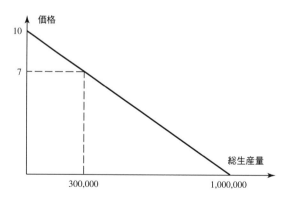

図 12.6 とうもろこしの需要
とうもろこし価格は、総生産量に応じて、1ブッシェルあたり10ドルから0ドルまで変動する。

に相関している。全部で 100 の農家があり、したがって $\bar{D} = 300{,}000$ である。農家の収入は、

$$R = PC = \left(10 - \frac{D}{100{,}000}\right)C = 10C - \frac{C^2}{1{,}000} \tag{12.13}$$

となる。この式が示す通り、歳入は基本となる不確実な変数 C に関して非線形関数である。C がランダムなため、どの農家も非線形リスクを被る。

農家は、先物市場に参入することであらかじめリスクをヘッジすることができるだろうか。分析結果を見る前に、よく考えてみてほしい。農家は、最後には（リスクのある）現物市場価格でとうもろこしを売ることになるのだから、今わかっている先物市場の価格で売ってしまうことに対しては慎重になるはずである。実際、もし農家が自分のつくるとうもろこしの量を完全にわかっていて、不確実性は価格のみであるとき、自分の収量と同じ量を先物市場で売る、という同量反対売買手法を用いることができる。おそらく、収量と価格の双方が不確実という現実的な状況では、もう少し売る量を減らすべきであろう。読者はどう判断するだろうか。

最適なヘッジを見つけるには、収入、生産、先物のポジションの間に成り立つ関係式を計算しなければならない。単純化のため金利はゼロとしよう。すべての農家が期待値 $\bar{C} = 3{,}000$ に相当する量を生産すると、$D = 300{,}000$ となり、価格は 1 ブッシェルあたり $P = 7$ ドルとなる。よって、7 ドルは名目的な予測価格を表す。また、現在の先物価格 P_0 も 7 ドルとしよう。求めたいのは、最適な先物の量である。

h を先物市場でのポジションとする。このポジションをとると、農家の収入は、

$$R = PC + h(P - P_0)$$

となる。P を C で表し、代入すると、

$$R = 10C - \frac{C^2}{1{,}000} + \frac{\bar{C} - C}{1{,}000}h$$

となる。これが農家が考慮すべき式である。単純な方法としては、表 12.6 のようにスプレッド・シートに並べて表してみることである。この表は、列方向にはとうもろこしの収量をとり、行方向に（100 ブッシェルあたりの）先物のポジションをとった。表の要素は、対応する収入である。たとえば、最終的な生産量が 3,000 ブッシェル（期待値である）ならば、先物のポジ

表 12.6 収量とヘッジによる収入の変動

先物の ポジション	とうもろこしの収量（単位：100ブッシェル）								
	10	15	20	25	30	35	40	45	50
50	19000	20250	21000	21250	21000	20250	19000	17250	15000
45	18000	19500	20500	21000	21000	20500	19500	18000	16000
40	17000	18750	20000	20750	21000	20750	20000	18750	17000
35	16000	18000	19500	20500	21000	21000	20500	19500	18000
30	15000	17250	19000	20250	21000	21250	21000	20250	19000
25	14000	16500	18500	20000	21000	21500	21500	21000	20000
20	13000	15750	18000	19750	21000	21750	22000	21750	21000
15	12000	15000	17500	19500	21000	22000	22500	22500	22000
10	11000	14250	17000	19250	21000	22250	23000	23250	23000
5	10000	13500	16500	19000	21000	22500	23500	24000	24000
0	9000	12750	16000	18750	21000	22750	24000	24750	25000
−5	8000	12000	15500	18500	21000	23000	24500	25500	26000
−10	7000	11250	15000	18250	21000	23250	25000	26250	27000
−15	6000	10500	14500	18000	21000	23500	25500	27000	28000
−20	5000	9750	14000	17750	21000	23750	26000	27750	29000
−25	4000	9000	13500	17500	21000	24000	26500	28500	30000
−30	3000	8250	13000	17250	21000	24250	27000	29250	31000
−35	2000	7500	12500	17000	21000	24500	27500	30000	32000
−40	1000	6750	12000	16750	21000	24750	28000	30750	33000
−45	0	6000	11500	16500	21000	25000	28500	31500	34000
−50	−1000	5250	11000	16250	21000	25250	29000	32250	35000

収入は先物のポジションと収量の結果の組み合わせからスプレッドシートを用いて計算できる。

ションによらず収入は 21,000 ドルである。その理由は、最終的な価格が 7 ドルになり、現在の先物価格と等しいからである。すなわち先物契約からは利益も損失も出ない。

同量反対売買のヘッジは、先物のポジションが −3,000 のとき（表では、−30 のとき）に相当する。気をつけてほしいのだが、これは実際は大変リスキーなポジションである（ゼロポジションより危険である）。このとき収入は 3,000 ドルから 31,000 ドルまで振れるのである。では、最もリスクが少ないポジションはいくらだろうか。行の方向に走査して、最も変動が少ない行を見つければよい。それは 40 と書かれた行で、+4,000 のポジ

ションを表している。なんと、最適なポジションは予測していたのとは符合が反対で、しかも収量の期待値よりずっと大きいのである[8]。

一体このような解の性質をどう理解すればいいのだろうか。もともとの収入の関数 (12.13) 式を図 12.7 に示した。もう 1 つ図に描かれているのは、ポジションが +4,000 のときの先物から得られる収入を、とうもろこしの量の関数として表したものである。先物契約から得られる利益は、とうもろこしがたくさん採れるほど減少してしまうことに着目しよう。とうもろこしが育つほど、最終的な現物価格が減少するからである。収入については、とうもろこしが多く採れるほど増加する（もっとも、収入の曲線は最終的には下向きになってしまう）。名目的な量 $C = 3,000$ においては、2 つの曲線の傾きはちょうど反対である。収入曲線の方は 4 で、先物の利益線の方は -4 である。両者の傾きが相殺されるのは、この値で純益曲線が水平になることを意味する。これは非線形ヘッジ問題に対する最適な線形近似である。

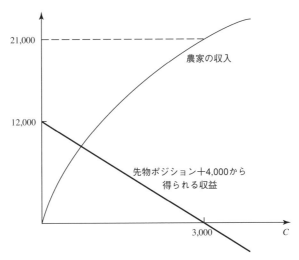

図 12.7　農家の収入とヘッジ
最適な先物のポジションが得られるのは、先物のペイオフの傾きが収入の傾きの逆符合と等しいときである。

この明らかな難問を解くために、問題の状況を考える 1 つの方法はこうであ

---

[8] 収量の分布が対称である限り、このポジションは効用がいかなる増加凹関数であっても最適になっている（練習問題 18 を参照）。

る。農家は価格変動に対して自然なヘッジの手段をもっている。とうもろこしの価格が下降した場合、農家の収入は増加するだろう。なぜなら収穫が影響を受けないならそれは減少しただろうが、収穫自身は増加しているからである。この自然なヘッジは、実は、純益を一定にしようとする同量反対売買ヘッジよりずっと大きな効果をもっている。したがって、自然なヘッジを打ち消すためには、農家は先物市場で正のポジションをとる必要があったのである。

12.13 まとめ

　先渡契約とは将来のある決まった時点で資産を売買する契約である。先渡契約に備わった価値は日々変動するが、キャッシュ・フローは受け渡しの期日まで生じない。先物契約も同様であるが、毎日値洗いをする点が異なる。値洗いで生じた利益や損失は証拠金勘定に集められ、結果として契約自身の価値はつねにゼロである。先渡契約の価格は、保管費用がなく商品が空売りできるならば、ちょうど $F = S/d$ である。ここで S は資産の現在の価値、d は受け渡し日までの期間に適用される割引係数である。言い換えると、F は現在の現物価格の将来の価格である。保管費用がある場合は、F は保管費用の将来の価値に S の将来価値を加えたものである。しばしば起こるように、空売りができないときは、先渡価格 F は S/d より小さい値に制限される。

　両者のキャッシュ・フローのパターンは少し異なるものの、金利が期待ダイナミクスにしたがうなら、先渡契約の価格と対応する先物契約の価格は一致する。そのため、分析のために先物契約を対応する先渡契約で近似することもある。

　先渡も先物も営業上の取引におけるリスクをヘッジするために使うことができる。最も単純なヘッジは完全ヘッジ、または同量反対売買ヘッジである。この手法は、同量の先物契約を結ぶことで、将来現物市場で売買を行うという義務が実質的には早期に既知の価格で実行できてしまう。義務を負っている商品に正確に適合したヘッジ手段がないときは、義務を負っている資産と相関のある資産を用いて最小分散ヘッジをつくり出すことができる。ただし、それなりのヘッジの効果を生むには、比較的高い相関が必要である。

　ポートフォリオ最適化の観点から、もっと洗練されたヘッジが得られる。これは、契約義務や市場の状態から課せられる制約のもとで期待効用を最大化するというものである。このアプローチは本質的にどんな状況も扱える利点がある。たとえなんらかの判断が、ポートフォリオの価値に非線形の影響を与えるような場合であってもよい。一方、欠点は詳細な情報を必要とする点である。い

練習問題

1. （金先物） 金の現在の価格は、1ポンドあたり412ドルである。年間の1ポンドあたりの保管費用は2ドルであり、四半期ごとに前払いされるものとする。金利は9%で一定であり四半期複利で利息がつくとすると、受け渡しが9カ月後の金先物の理論価格はいくらか。

2. （比例的保管費用 ◇） 時点0である資産に対する先渡契約を結び、受け渡しまで M 期あるものとしよう。k 期の保管費用は $qS(k)$ とする。ただし、$S(k)$ はこの資産の k 期の現物価格である。先渡価格が、

$$F = \frac{(1-q)^{-M}S}{d(0,M)}$$

となることを示せ［ヒント：資産の一部を売って、必要な持越し費用をまかなうポートフォリオを考えよ。k 期に保有している資産の単位数を $x(k)$ として、$x(M)$ を $x(0)$ で表すとよい］。

3. （銀の契約） ある年の4月の初めに、銀の先渡価格（1トロイオンスあたりセント表示）が、下記の通りであったとする（契約は各月の終わりに履行されるものとする）。

4月	406.50
7月	416.64
9月	423.48
12月	433.84

銀の持越し費用は年間1オンスあたり20セントで、月の初めに支払う。この時点における金利を推定せよ。

4. （連続時間の保管費用） 金利を固定して、連続複利の考えを使ってみることにしよう。単位時間あたりの保管費用が現物価格に比例するものとする。すなわち保管費用は $qS(t)$ である。時点 T で受け渡しが行われる契約の理論的な先渡価格が、

$$F = Se^{(r+q)T}$$

となることを示せ［ヒント：練習問題2を使え］。

5. （持越し費用に関する証明） 第12.3節の"持越し費用がかかるときの先

渡価格の公式"について、証明の残り半分を示そう。裁定をとるために、先渡を1単位買い、現物については1単位のショートポジションをとる。ショートポジションのためには、だれか（X氏とする）から資産を借りてこなければならない。X氏との取り決めでは、生じるはずの持越し費用を負担するようX氏に要求する。なぜなら、もし資産を貸さないなら、その費用はX氏が支払わねばならないからである。そうしてから、このキャッシュ・フローを投資に回す。最終時点では、先渡契約の条項にしたがい資産を1単位購入し、X氏にこの資産を返す。以上の議論について詳細に記述せよ。

6. （外国通貨に関する別の手法）例12.10の状況を考えよう。米国企業は先物契約をショートするのではなく、以下の方法をとることもできる。$500/(1+r_G)$ ユーロを借りる（r_G はドイツにおける90日間の金利とする）。このユーロをドルに替え、そのドルをTビルに投資する。あとでドイツ側から注文の代金として受け取った額を、貸出の返済にあてる。この方法がもとの方法とどのように関連しているかを示せ。

7. （債券先渡）ある10年物の債券が現在920ドルで売られている。友人がこの債券の先渡契約を保有しており、受け渡しは1年後で受け渡し価格は940ドルである。この債券は6カ月ごとに80ドルのクーポンが支払われることになっており、今から6カ月後と先渡契約の満期の直前に受け取ることができる。現在の金利は、6カ月に関しては7%で、1年間では半年複利で8%である。先渡契約の現時点での価値はいくらか。

8. （単純な公式）債券のキャッシュ・フローをスワップの固定支払いのキャッシュ・フローに置き換えることで、(12.6)式を導け。

9. （積分のペイオフ）時点Tで$\int_0^T S(t)dt$の支払いをする契約を時点0で結ぶものとする。ここで、$S(t)$は、ショート可能な、保管費用のない商品の時点tにおける現物価格である。金利はrである。時点0において、この契約の価値はいくらか。

10. （通貨の先渡し）英国と米国の金利が、年次の連続複利でそれぞれ4%、6%である。また、英ポンドの現物価格が1.6ドルであり、6カ月物の英ポンドの先渡価格が2.0ドルである。
    (a) 裁定機会があるかどうか確かめよ。
    (b) 裁定機会があるならば、無リスクな利益を示してその詳細を述べよ。

11. （エクイティ・スワップ）A.ゲイロード氏は年金基金を運用しており、銘柄選択には自信をもっている。しかし市場の落ち込みについて懸念をもっ

ていたので、エクイティ・スワップについて検討することにした。エクイティ・スワップにおいては、第 M 四半期までの各四半期に、契約の相手方 B に対して、S&P500 インデックスの前四半期を通じての収益率 r_i に想定元本を掛けた額を支払い、同じ元本の固定金利 r による利息を受け取る。収益率には配当支払いを含める。具体的に書くと、S_i, d_i をそれぞれ i 期のインデックスの価値、および $i-1$ 期から i 期にかけての配当として、$1+r_i = (S_i + d_i)/S_{i-1}$ である。以下のステップを踏んで、このスワップの価値を求めよ。

(a) $V_{i-1}(S_i + d_i)$ を、i 期に受け取る $S_i + d_i$ の、$i-1$ 期における価値とする。$V_{i-1}(S_i + d_i) = S_{i-1}$ を示し、$V_{i-1}(r_i)$ を求めよ。

(b) $V_0(r_i)$ を求めよ。

(c) $\sum_{i=1}^{M} V_0(r_i)$ を求めよ。

(d) スワップの価値を求めよ。

12. (バニラ先渡) 金利のプレーン・バニラ・スワップにおける変動金利側の各年度の支払いは、名目元本 1 単位に対して時点 1 から始まる流列 $(c_0, c_1, c_2, \ldots, c_{M-1})$ で定義される。ここで、c_i は年度 i の期首における実際の短期金利である。先渡の概念を用いて、時点 $i+1$ で受け取る c_i の時点 0 における価値が $d(0, i+1)r_i$ であることを確かめよ。ただし r_i は、現在(時点 0)での期間構造から得られる時点 1 の短期金利であり、$d(0, i+1)$ は時点 $i+1$ までの割引係数である。この結果、流列の価値は $\sum_{i=0}^{M-1} d(0, i+1)r_i$ となる。これが、第 12.5 節の終わりにある V の式と等しいことを示せ。

13. (具体的なバニラ・スワップ) 現在の金利の期間構造が $(0.070, 0.073, 0.077, 0.081, 0.084, 0.088)$ であるとする。金利のプレーン・バニラ・スワップでは、各年度の期首に決まる変動短期金利で、各年度の期末に支払いが行われる。想定元本 100 万ドルをもつ、6 年間のスワップを設定しようとしているところである。

(a) このスワップの変動金利側の価値はいくらか。

(b) スワップの変動側と固定側の価値が等しくなるためには、固定側の金利をいくらにすべきか。

14. (式の導出) (12.12) 式で与えられる平均–分散ヘッジの式を導け。

15. (グレープフルーツのヘッジ) 農業を営む D. ジョーンズ氏の畑ではグレープフルーツが今まさに収穫を迎えようとしており、これらは 3 カ月後には、15 万ポンドのグレープフルーツジュースとして売られることに

なっている。ジョーンズ氏は価格が変動するのではないかと心配しており、ヘッジすることを目論んでいる。グレープフルーツジュースには先物契約はないのだが、オレンジジュースでは先物契約を結ぶことができる。最近息子のガビンは最小分散ヘッジを学んだところで、このアプローチが使えるのではないかと提案した。現在のオレンジジュースの現物価格は1ポンドあたり1.20ドルであり、グレープフルーツジュースは1ポンドあたり1.50ドルである。オレンジジュースとグレープフルーツジュースの価格の標準偏差は年間およそ20%で、相関係数は0.7であった。ジョーンズ氏にとっての最小分散ヘッジはいくらか。またそのヘッジは、ヘッジをしない場合に比べてどれくらいの効果があるか。

16. （反対ヘッジの分散）キャッシュ・フローが $y = S_T W + (F_T - F_0)h$ で与えられるとする。$\sigma_S^2 = \text{var}(S_T)$、$\sigma_F^2 = \text{var}(F_T)$、$\sigma_{ST} = \text{cov}(S_T, F_T)$ とおく。

    (a) 同量反対ヘッジにおいて、h は反対売買するヘッジ資産のドル相当額である。したがって、k を資産とヘッジ資産の価格比とすると、$h = -kW$ である。y の標準偏差を、同量反対ヘッジについて以下の式で表せ。

    $$\sigma_y = W\sigma_S \times B$$

    （すなわち、B を求めよ、ということである）

    (b) これを例 12.12 に適用して、最小分散ヘッジと比較せよ。

17. （ヘッジとしてのイミュニゼーション ◇）年金基金は年金の給付を行ったばかりで、結果として基金は完全にはイミュナイズされているとは言えない状態である。ファンドマネジャーはポートフォリオを組み換える代わりに、Tボンドの先物契約を使ってポートフォリオのポジションのヘッジをすることにした。ファンドマネジャーがヘッジしようとしているのは、スポット・レート・カーブの平行移動に対してである。以下の情報に基づいて、ヘッジポジションの価値を計算せよ。

    - 年次のスポット・レートの系列：0.05, 0.053, 0.056, 0.058, 0.06, 0.061
    - 給付金：1年目が100万ドル、2年目が200万ドル、3年目が100万ドル。
    - 現在の債券のポートフォリオ：2年後に満期を迎えるゼロ・クーポン債に 4,253,000 ドルを投資（割引には連続時間の式を用いよ：e^{-rt}）。
    - ヘッジは6年後に満期を迎えるゼロ・クーポン債の先物契約を用い

て行う。受け渡し期日は1年後という契約である。

18. （対称な分布 ◇） 将来の時点 T に受け取る富が以下の式で与えられるとする。

$$W = a + hx + cx^2$$

ただし、a は定数で、x は確率変数である。変数 h の値は投資家によって選ばれる。投資家の効用関数が非減少狭義凹関数であるとし、x の確率分布が対称であるとしよう。分布が対称とは、x と $-x$ が同じ分布をするということである。これより $\mathrm{E}(x) = 0$ となり、投資家は富の期待値に影響を及ぼすことはできない。

(a) 最適な選択は $h = 0$ であることを示せ。
(b) この結果をとうもろこし農家の問題に適用し、最適な先物のポジションが $+4,000$ であることを示せ。

19. （2重の対称な分布 ◇） 収入が以下の式で表されているとする。

$$R = Axy + Bx - hy$$

ただし、h は選択可能で、x と y は確率変数である。x と y は $(0,0)$ に対して対称に分布している。つまり $-x$ と $-y$ が x、y と同じ分布をしているということである。R の分散を最小にするには h を、

$$h = B\sigma_{xy}/\sigma_y^2$$

とすればよいことを示せ。

20. （一般的な農家の問題 ◇） とうもろこし農家の例のように、農家の収穫量がランダムで、同じ需要関数にしたがうとする。ただし、農家の収穫高は総需要とは完全には相関しておらず、σ_{CD} と σ_D^2 がわかっているものとしよう。また現在の先物価格は最終的な現物価格の期待値に等しい。最小分散ヘッジのポジションが、

$$h = 100{,}000 \left(\frac{-3}{100} + \frac{7\sigma_{CD}}{\sigma_D^2} \right)$$

となることを示せ。特別な場合として (a) $D = 100C$ と (b) $\sigma_{CD} = 0$ に対する解を確認せよ［ヒント：練習問題 19 を使え］。

参考文献

先物市場については、いくつかの本がある。たとえば、[1-3] などである。[4] は、この教科書と同じ水準で書かれたすばらしい本である。固定金利のもとでの先物–先渡の同値性は [5] で証明された。ヘッジの手法については [6] を、練習問題 17 と同様な金利先物の使用については、[7] を参照されたい。

1. Duffie, D. (1989), *Futures Markets*, Prentice Hall, Englewood Cliffs, NJ.
2. Teweles, R. J., and F. J. Jones (1987), *The Futures Game*. McGraw-Hill, New York.
3. Stoll, H. R., and R. E. Whaley (1993), *Futures and Options*, South-West Publishing, Cincinnati, OH.
4. Hull, J. C. (2008), *Options, Futures, and Other Derivative Securities*, 7th ed., Prentice Hall, Englewood Cliffs, NJ.
5. Cox, J. C., J. E. Ingersoll, and S. A. Ross (1981), "The Relation between Forward Prices and Futures Prices," *Journal of Financial Economics*, **9**, 321–346.
6. Figlewski, S. (1986), *Hedging with Financial Futures for Institutional Investors*, Ballenger Publishing, Cambridge, MA.
7. Kolb, R. W., and G. D. Gay (1982), "Immunizing Bond Portfolios with Interest Rate Futures," *Financial Management*, **11**, 81–89.

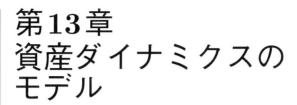

第13章
資産ダイナミクスの
モデル

　実際の多期間投資は、その価値が変動し、配当がランダムで、変動する金利環境のもとにあり、さらにその他の継続的な不確実性の影響を受ける。この章では、資産価格の変動をいかに簡便かつ現実的にモデル化するかを示すことで、そのような投資の研究をスタートさせることにする。まずは、後の章で展開する分析の基礎となる数理モデルから始めることにしよう。

　価格の変動を表現するために2種の基本モデルを用いる。2項格子と伊藤過程である。2項格子は伊藤過程より解析が簡単で、投資問題に関する計算についてすばらしい基礎を与えてくれる。このため最初は2項格子モデルを学ぶのがよい。重要な投資の概念はすべて、2項格子の枠組みで表現することができるし、また解くことができるのである。実際、後の章の内容のおおむね8割は、2項格子モデルによって表される。

　伊藤過程は、各期においてとりうる株価が2つだけではなく連続的であるという意味で、2項格子モデルより現実的である。また伊藤過程モデルを使うと、数値的のみならず解析的に解くことができる問題もある。さらに伊藤過程モデルは、明快で一貫したやり方で2項格子モデルを構成するための基礎を与えてくれる。これらの理由により、伊藤過程モデルは動的な問題にとってなくてはならないものである。投資の根本的な原理を完全に理解するためには、これらのモデルを理解することが重要である。

　この章は、上で述べた異なるモデルの役割を考慮して書くことにした。最初の節で2項格子モデルを示す。後の章の内容のほとんどはこれを基礎としている。

　残りの節では、価格が連続的な値をとるモデルを考える。これらのモデルは、離散時間モデルから伊藤過程に基づいた連続時間モデルへと進んでゆく。

13.1 2項格子モデル

2項格子モデルを定義するために、基本となる期間の長さ（たとえば1週間）を定める。このモデルでは、期首の価格がわかっていれば、次の期の初めの価格は、とりうる可能性のある2つの価格のうちのどちらかである。通常これらの2つの可能な値は、前の期の価格を何倍かしたもの――u 倍（上昇）と d 倍（下降）――で定義される。u と d はどちらも正で、$u > 1$ かつ（普通は）$d < 1$ である。すなわち、もし前期の初めの価格が S であれば、次の期には uS か dS のどちらかになる。これらの可能な値をとる確率は、ある $p(0 < p < 1)$ に対して、それぞれ p と $1-p$ である。つまり現在の価格が S であったとして、新しい価格が uS になる確率は p で、dS になる確率は $1-p$ である。このモデルは何期間かにわたって続く。

そのような格子の一般的な形を図 13.1 に示す。株価はノードからノードへ右方向に動くものとして視覚化できる。どのノードからも上へ行く確率は p で、下へ行く確率は $1-p$ である。この場合、格子の方がツリーより適切な構造をしている。なぜなら、上に行ってから下に行くのと、下に行ってから上に行くのは同じことだからである。どちらも価格は ud 倍となる。

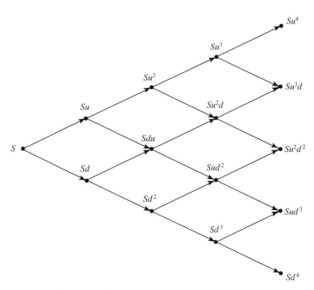

図 13.1　株式の 2 項格子モデル
各ステップで株価 S は uS か dS のいずれかになる。

このモデルは、次の期にとりうる値が2つしかないので、最初は単純すぎると思われるかもしれない。しかし期間の長さが短ければ、何回かの短いステップの後には多くの値をとることができる。

モデルを完全に特定するためには、u、d、および確率pの値を選ばねばならない。これらは、後に論じるように、可能な限り忠実に証券の確率的な性質をとらえるよう選ぶべきである。

その性質上、このモデルは乗法的（新しい価格は、$u > 0$、$d > 0$のもとでuSおよびdS）なので、価格は決して負になることはない。したがって、基礎となる変数として、価格の対数を考えることも可能である。後の節で論じるいくつかの理由により、対数を用いることは実際非常に有益であり、パラメータの選択のための簡潔な式が得られる。

そこで、νを年次期待成長率としよう[1]。具体的には、S_0を初期証券価格、S_Tを1年後の価格として、

$$\nu = \mathrm{E}[\ln(S_T/S_0)]$$

とする。

同じように、σを年次の標準偏差としよう。具体的には、

$$\sigma^2 = \mathrm{var}[\ln(S_T/S_0)]$$

である。

期間長を1より十分小さい値をもつΔtとすると、2項格子のパラメータは、

$$\begin{aligned} p &= \frac{1}{2} + \frac{1}{2}\left(\frac{\nu}{\sigma}\right)\sqrt{\Delta t} \\ u &= e^{\sigma\sqrt{\Delta t}} \\ d &= e^{-\sigma\sqrt{\Delta t}} \end{aligned} \quad (13.1)$$

とすることができる。このように選ぶことで、2項格子モデルは（後で示すように）νとσの値に合わせることができる。すなわち、2項格子モデルにおける$\ln S$の期待成長率はほぼνとなり、その分散はほぼσ^2となる。Δtを小さくすれば一致の度合いはより高まり、Δtをゼロにもっていくと完全に一致する。

---

[1] 株価の過程が確定的なら、$\nu = \ln(S_T/S_0)$は$S_T = S_0 e^{\nu T}$を意味する。これは、νが指数的成長率であることを示している。

例 13.1（変動の大きな証券） パラメータ $\nu = 15\%$、$\sigma = 30\%$ をもつ証券を考えよう。週次のモデルをつくりたいものとする。(13.1) 式より、

$$u = e^{0.30/\sqrt{52}} = 1.04248, \quad d = 1/u = 0.95925$$

となり、

$$p = \frac{1}{2}\left(1 + \frac{15}{30}\sqrt{\frac{1}{52}}\right) = 0.534669$$

である。この例に対する格子を、$S(0) = 100$ として図 13.2 に示した。

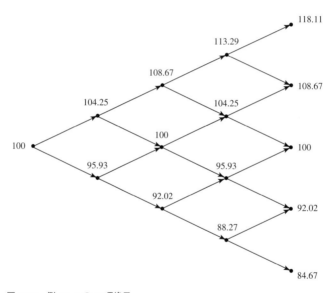

図 13.2　例 11.1 の 2 項格子
パラメータは、株価の対数の期待成長率と分散が資産の既知の値と一致するように選んだ。

連続的な価格をとるモデルを学んだあと、この章の後の部分でまた 2 項格子に戻ることにしよう。2 項モデルは、連続モデルの自然な近似であることがわかるはずである。

13.2 加法的モデル

ここで、価格が連続的に動くようなモデルを学ぶことにする。まずこの節の加法的モデルを出発点として離散時間モデルを考え、次に伊藤過程で定義される連続時間モデルを考える。

$N+1$ 個の時点を取り出し、それらに、添字 k を用いて $k = 0, 1, 2, \ldots, N$ と番号を付けよう。また、各時点の価格で特徴づけられるある資産を考えよう。時点 k における価格を $S(k)$ で表す。以下のモデルでは、どの時点の価格もある程度それ以前の価格に依存するものと想定している。

最も単純なモデルは**加法的モデル**（additive model）で、$k = 0, 1, 2, \ldots, N-1$ について、

$$S(k+1) = aS(k) + u(k) \tag{13.2}$$

が成り立っている。この方程式で、a は定数で（通常 $a > 1$)、$u(k)$, $k = 0, 1, \ldots, N-1$ は確率変数である。$u(k)$ は、価格を変動させる原因となる"ショック"、あるいは"攪乱"と見なすことができる。このモデルを動かすためには、初期価格 $S(0)$ が決まっていなくてはならない。確率変数 $u(0)$ が与えられれば、ただちに $S(1)$ が決まる。この過程を繰り返すことによって、次々と $S(2), S(3), \ldots, S(N)$ が決まっていく。

このモデルの鍵となる要素は、確率変数 $u(k), k = 0, 1, 2, \ldots, N-1$ の系列である。これらは相互に統計的に独立であるものと仮定する。

どの時点の価格も、直近の価格と確率的攪乱項のみに依存していることに注意してほしい。もっと前の時点の価格には明示的には依存しないのである。

◆正規価格分布（Normal Price Distribution）

(13.2) 式を用いて価格のいくつかを明示的に求めてみるとわかりやすいだろう。直接代入を行えば、

$$\begin{aligned} S(1) &= aS(0) + u(0) \\ S(2) &= aS(1) + u(1) \\ &= a^2 S(0) + au(0) + u(1) \end{aligned}$$

が得られる。簡単な帰納法により、一般の k に対して、

$$S(k) = a^k S(0) + a^{k-1} u(0) + a^{k-2} u(1) + \cdots + u(k-1) \tag{13.3}$$

であることがわかる。すなわち、$S(k)$ は $a^k S(0)$ に k 個の確率変数を加えたものとなっている。

確率変数 $u(k), k = 0, 1, 2, \ldots, N-1$ は、共通の分散 σ^2 をもつ独立な正規確率変数であると仮定することが多い。この場合、正規確率変数の線形和はやはり正規分布となる（付録 A 参照）ので、(13.3) 式より $S(k)$ それ自身も正規確率変数となる。

すべての $u(k)$ の期待値が 0 ならば、$S(k)$ の期待値は、

$$\mathrm{E}[S(k)] = a^k S(0)$$

である。$a > 1$ のとき、このモデルは価格の期待値が幾何級数的に（すなわち、a^k にしたがって）増加するという特徴をもつ。実際、定数 a はモデルの成長率を表す係数である。

加法的モデルは単純な構造をしており、操作が容易である。価格の期待値は幾何級数的に増加し、価格はすべて正規確率変数である。しかしながらこのモデルには、現実性を欠いているという重大な欠点がある。正規確率変数は負の値をとりうる。これは、モデルにおける価格も負となるかもしれないことを意味する。しかし現実の株価は決して負になることはない。さらに、もし価格が仮に 1 ドルから始まり、そのときの σ が 0.5 ドルであったとして、100 ドルまで価格が上昇したときも σ が 0.5 ドルのままというのは、およそありえないことである。標準偏差は価格に比例する方が自然だろう。これらの理由から、加法的モデルは証券の変動についての一般的なモデルとして適切であるとは言えない。このモデルは、短期間（普通の株であればおそらく数カ月程度）の局所的な分析には有益である。また他のモデルの基礎となる点でも役に立つ。しかし、長期的、あるいは中長期的な変動を表す実用的なモデルとして単独で使うことはできない。そのため、よりふさわしい他のモデルを考える必要がある。それは乗法的モデルである（ただし、加法的モデルを理解しておくことは、より高度なモデルのために重要である）。

13.3　乗法的モデル

乗法的モデル（multiplicative model）は、$k = 0, 1, \ldots, N-1$ について、

$$S(k+1) = u(k)S(k) \tag{13.4}$$

という形をしている。ここでも再び、$u(k), k = 0, 1, 2, \ldots, N-1$ は互いに独

立な確率変数である。$u(k)$ は、時点 k から時点 $k+1$ の間の相対的な変化を表している。この相対的な変化とは $S(k+1)/S(k)$ であり、$S(k)$ の大きさとは独立である。また価格の単位とも独立である。たとえば、単位を米ドルからユーロに変えても、相対的な価格変化はやはり $u(k)$ である。

乗法的モデルは、両辺の自然対数をとるとすでにおなじみの形になる。対数をとると、$k = 0, 1, 2, \ldots, N-1$ に対して、

$$\ln S(k+1) = \ln S(k) + \ln u(k) \tag{13.5}$$

となる。つまりこの形にすると、価格それ自身ではなく価格の対数に関して、モデルは加法的なタイプとなる。したがって、加法的モデルの知識を乗法的モデルの分析に援用することができる。

こうしてみると、確率的撹乱項を直接 $\ln u(k)$ を用いて表現するのが自然だろう。特に、$k = 0, 1, 2, \ldots, N-1$ について、

$$w(k) = \ln u(k)$$

とし、$w(k)$ を正規確率変数としよう。以下では、これらは互いに独立で各々が期待値 $\bar{w}(k) = \nu$ と分散 σ^2 をもつものと仮定する。

もともとの乗法的撹乱項は、$k = 0, 1, 2, \ldots, N-1$ について、

$$u(k) = e^{w(k)} \tag{13.6}$$

と表現される。実際その対数が正規確率変数となることから、各々の変数 $u(k)$ は**対数正規**（lognormal）**確率変数**と呼ばれる。

いまや、負の値についての問題は生じないことに注意してほしい。正規変数 $w(k)$ は負になるかもしれないが、(13.6) 式で与えられるように、対応する $u(k)$ は常に正である。価格に掛けられる確率的係数は $u(k)$ なので、このモデルでは価格も正の値をとることになる。

◆対数正規価格

乗法的モデルの一連の価格には、

$$S(k) = u(k-1)u(k-2) \cdots u(0)S(0)$$

という関係をみたすことはすぐにわかる。この方程式の両辺の自然対数をとると、

$$\ln S(k) = \ln S(0) + \sum_{i=0}^{k-1} \ln u(i) = \ln S(0) + \sum_{i=0}^{k-1} w(i)$$

となる。$\ln S(0)$ の項は定数で、$w(i)$ はすべて正規確率変数である。正規確率変数の線形和はやはり正規確率変数となる（付録 A 参照）ことより、$\ln S(k)$ も正規確率変数である。言い換えると、乗法的モデルでは価格はすべて対数正規である。

もしもどの $w(i)$ も互いに独立で期待値 $\bar{w}(i) = \nu$ と分散 σ^2 をもつならば、

$$\mathrm{E}[\ln S(k)] = \ln S(0) + \nu k \tag{13.7a}$$

$$\mathrm{var}[\ln S(k)] = k\sigma^2 \tag{13.7b}$$

である。したがって、期待値も分散も k に関して線形に増加する。

◆現実の株価の分布

ここで、これらの理論価格が現実の株価のふるまいにどれくらい合っているのかを問うのが自然である。実際の株価は対数正規なのだろうか？

答えを言えば、過去の株価の記録の分析をもとにすると、ほとんどの株の価格は実際のところかなり対数正規に近い分布を示す。これを確かめるには、名目的な期間長（1 週間としよう）を選んで、できるだけ多くの k について $\ln S(k+1) - \ln S(k)$ を記録してみよう。すなわち、多くの週にわたって価格の対数の週次の変化を記録するのである。これらの値のヒストグラムを作成し、同じ期待値と分散をもつ正規分布と比べてみよう。たいていの場合、観測されたヒストグラムは対応する対数正規分布の密度と似ているが、いくつか重要な相違点がある。これらの相違点は端の部分、すなわち分布の裾（tail）に見出される。しばしば、分布の裾の確率は、対数正規密度の場合より大きな比率となる。これに対して、分布の裾が厚い、あるいは密度がファットテールをもつという表現が用いられる。観測されたヒストグラムにおいて他によく見られる特徴として、片方の裾が他方より厚い場合がある。そのとき、分布は**歪んでいる**（skew）と言われる。負の歪度は下側の裾が上側より厚いことを示している[2]。株価がときとして急速に下落する一方、概してゆっくりと回復することを見れば、負の歪度をもつ株式があることに説明がつく。裾が厚く、同時に歪度が負である資産は多い（図 13.3 参照）。株式ポートフォリオのデザインのように、多くの応用においては、これらの相違点は重要ではない。なぜならば、裾にお

---

[2] 対数リターンの歪度は $\mathrm{E}\left[\ln S - \mathrm{E}(\ln S)\right]^3 / \sigma^3$ である。

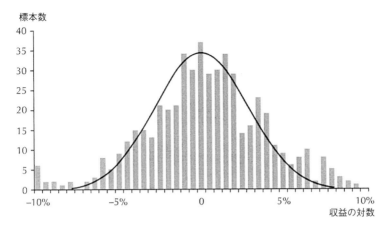

図 13.3　観測された密度
2002〜2012 年におけるウォルト・ディズニーの週次対数株価リターンのヒストグラム。この分布は裾が厚く、基本的に歪みがないことを示している。

ける違いは、分布全体からは小さい比率だからである。しかしながら、ある種の投資、たとえば"アウト・オブ・ザ・マネー"の株式オプションなどでは、原資産の裾部分における変動が非常に大きな影響を与える。

13.4　典型的なパラメータの値*

k 期と $k+1$ 期の間の収益率は $S(k+1)/S(k)$ である。乗法的モデルでは、これは $u(k)$ と等しくなる。したがって、$w(k) = \ln u(k)$ の値は収益率の対数になる。$w(k)$ の期待値を ν、$w(k)$ の分散を σ^2 で表す。通常の株式のような証券に関するこれらのパラメータの値は、対応する収益率の知識から推測することができる。株式については、$\nu = \mathrm{E}[w(k)]$ や $w(k)$ の標準偏差 σ の典型的な値は、期間長を 1 年としたとき、

$$\nu = 12\%, \quad \sigma = 15\%$$

といったところであろう。期間長が 1 年より短ければ、これらの値はスケールダウンされる[3]。つまり、期間長が 1 年のうち p の割合である場合には、

$$\nu_p = p\nu, \quad \sigma_p = \sqrt{p}\sigma$$

---

[3] 対数収益率を使うと、スケーリングは正確に比例的である。収益率に関して（対数の計算以外は）丸めの誤差は一切生じていない（練習問題 2 を参照）。

である。

標準的な方法によって、ヒストリカルデータからこれらの値を推定することができる（ただし第9章で指摘したように、これらの推定値の妥当性については注意を要する）。N 期にわたる $N+1$ 時点のデータがあれば、1 期間の ν の推定値は、

$$\hat{\nu} = \frac{1}{N} \sum_{k=0}^{N-1} \ln\left[\frac{S(k+1)}{S(k)}\right] = \frac{1}{N} \sum_{k=0}^{N-1} [\ln S(k+1) - \ln S(k)]$$
$$= \frac{1}{N} \ln\left[\frac{S(N)}{S(0)}\right]$$

となる。結局問題となるのは、最後と最初の価格の比である。

通常 σ^2 は、

$$\hat{\sigma}^2 = \frac{1}{N-1} \sum_{k=0}^{N-1} \left\{\ln\left[\frac{S(k+1)}{S(k)}\right] - \hat{\nu}\right\}^2$$

で推定することができる。

収益率のパラメータの推定に関しては、これらの値の誤差はその分散で特徴づけることができる。ν については、その分散は、

$$\mathrm{var}(\hat{\nu}) = \sigma^2/N$$

である。また、σ^2 については（$w(k)$ が正規分布にしたがうなら）、

$$\mathrm{var}(\hat{\sigma}^2) = 2\sigma^4/(N-1)$$

である。

したがって、前に仮定した $\nu = 0.12$ と $\sigma = 0.15$ の場合は、ν の推定値[4]の標準偏差を 0.05（これでも真の値から見てかなりの大きさである）にまで減らすには、10 年分のデータが必要であることがわかる。一方、週次のデータが 1 年分あれば、σ^2 について非常によい推定値[5]が得られる。

13.5 対数正規確率変数

u が対数正規確率変数なら、$w = \ln u$ は正規確率変数である。この場合、乗法的モデルにおける価格はすべて対数正規確率変数になる。対数正規確率変数

---

[4] $\sigma(\hat{\nu}) = \frac{\sigma}{\sqrt{N}} = \frac{\sigma}{\sqrt{10}} = \frac{0.15}{3.16} = 0.05$
[5] 第 9.2 節を参照。

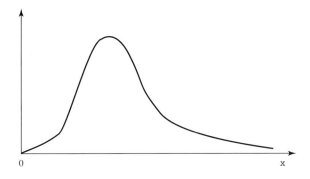

図 13.4　対数正規密度関数
対数正規密度関数は $x > 0$ でのみ値をとる。

の重要な性質を学んでおくことにしよう。

対数正規確率変数がしたがう確率分布の一般的形状を図 13.4 に示した。変数は常に非負で、確率密度がやや歪んでいることに気をつけよう。

w が正規確率変数で、その期待値は $\bar{w}$ で分散は σ^2 であるものとする。では、$u = e^w$ の期待値はどうなるだろうか？　少し考えてみると、$\bar{u} = e^{\bar{w}}$ となりそうだが、これは誤りである。実際のところ、$\bar{u}$ はこの値よりも $e^{\frac{1}{2}\sigma^2}$ 倍だけ大きい。すなわち、

$$\bar{u} = e^{\bar{w} + \frac{1}{2}\sigma^2} \tag{13.8}$$

である。σ が増加するにつれ対数正規密度関数が広がっていくことを考えれば、この結果は直観的に理解できるだろう。密度関数は決してゼロ以下にはならないが、上側には無限に延びている。このため、平均値は σ が増加するにつれ大きくなるのである。

変動が小さい証券では、おまけの項 $\frac{1}{2}\sigma^2$ はかなり小さい。たとえば、年次の $\bar{w} = 0.12$ で年次の $\sigma = 0.15$ である株式を考えよう。修正項は $\frac{1}{2}\sigma^2 = 0.01125$ なので、$\bar{w}$ と比べれば小さい。しかし変動が大きい株式の場合は、この修正項は重要になってくる。

13.6　ランダムウォークとウィーナー過程

第 13.7 節では乗法的モデルの期間長を次第に短くして、ゼロにまでもっていくことで極限をとる。この方法で、連続時間モデルを構成できるだろう。このための準備として、ランダムウォークとウィーナー過程と呼ばれる、時間に関

する特殊な確率関数を導入する。

長さが Δt の期間が N 期あるとしよう。加法過程 z を、$k = 0, 1, 2, \ldots, N$ について以下のように定義する。

$$z(t_{k+1}) = z(t_k) + \epsilon(t_k)\sqrt{\Delta t} \tag{13.9}$$

$$t_{k+1} = t_k + \Delta t \tag{13.10}$$

この過程は**ランダムウォーク**（random walk）と呼ばれる。これらの方程式において、$\epsilon(t_k)$ は平均 0、分散 1 の正規確率変数（**標準正規確率変数**〈standardized normal random variable〉）である。これらの確率変数は互いに相関がない。つまり $j \neq k$ であれば、$\mathrm{E}[\epsilon(t_j)\epsilon(t_k)] = 0$ である。この過程は $z(t_0) = 0$ から始まる。したがって一つ一つの実現経路は、確率変数 $\epsilon(t_k)$ がどのような値をとるかに応じて、ふらふらと動くことになる［(13.9) 式で $\sqrt{\Delta t}$ を用いた理由はすぐに明らかになる］。あるランダムウォークの経路を図 13.5 に示した。

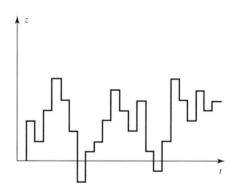

図 13.5　ランダムウォークの例
動きは正規確率変数で決定されている。

特別興味深いのは、確率変数の差分 $z(t_k) - z(t_j), j < k$ である。この差分は、

$$z(t_k) - z(t_j) = \sum_{i=j}^{k-1} \epsilon(t_i)\sqrt{\Delta t}$$

と書くことができる。正規確率変数の和なので、これは正規確率変数である。

$$\mathrm{E}[z(t_k) - z(t_j)] = 0$$

であることもすぐにわかる。

また $\epsilon(t_k)$ の独立性を使えば、

$$\mathrm{var}[z(t_k) - z(t_j)] = \mathrm{E}\left[\sum_{i=j}^{k-1} \epsilon(t_i)\sqrt{\Delta t}\right]^2$$

$$= \mathrm{E}\left[\sum_{i=j}^{k-1} \epsilon(t_i)^2 \Delta t\right]$$

$$= (k-j)\Delta t = t_k - t_j$$

が得られる。$z(t_k) - z(t_j)$ の分散は、2 点間の時間差 $t_k - t_j$ と完全に一致している。この計算によって、なぜ $\sqrt{\Delta t}$ がランダムウォークの定義に使われるかがわかるだろう。つまり、その結果分散に Δt が現われるようにするためなのである。

異なる 2 時点間の差分を表す確率変数が、区間が重ならない限り相関をもたないことは明らかであろう。つまり、$t_{k_1} < t_{k_2} \leq t_{k_3} < t_{k_4}$ ならば、$z(t_{k_2}) - z(t_{k_1})$ と $z(t_{k_4}) - z(t_{k_3})$ は無相関である。なぜならこれらの差分は、それぞれ異なる ϵ からなり、互いに相関がないからである。

ウィーナー過程は、(13.9) 式のランダムウォークを $\Delta t \to 0$ として極限をとることによって得られる。ウィーナー過程にしたがう方程式を、形式的に、

$$\mathrm{d}z = \epsilon(t)\sqrt{\mathrm{d}t} \tag{13.11}$$

と書く。ただし、$\epsilon(t)$ は標準正規確率変数である。確率変数 $\epsilon(t')$ と $\epsilon(t'')$ は $t' \neq t''$ ならば無相関である。

ウィーナー過程についての上記の説明は、極限の操作が定義できるかどうか保証がないため、厳密なものではない。しかし直観的には十分な説明になっている。ウィーナー過程のもう 1 つの定義の仕方として、単にその必要な特徴を列挙するやり方がある。このアプローチでは、以下の条件をみたす確率過程 $z(t)$ を**ウィーナー過程**（Wiener process）（あるいは**ブラウン運動**（Brownian motion））と呼ぶ。

1. 任意の $s < t$ について、$z(t) - z(s)$ が平均 0、分散 $t - s$ の正規確率変数となる。
2. 任意の $t_{k_1} < t_{k_2} \leq t_{k_3} < t_{k_4}$ について、確率変数 $z(t_{k_2}) - z(t_{k_1})$ と $z(t_{k_4}) - z(t_{k_3})$ は無相関である。

3. 確率 1 で $z(t_0) = 0$ である。

この性質は、先に述べたランダムウォークの性質に対応している。

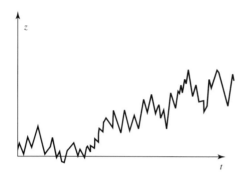

図 13.6　ウィーナー過程の経路
ウィーナー過程は連続的に動くが、微分不可能である。

ウィーナー過程の実現値を図示してみるとおもしろい。とりうる経路の略図を図 13.6 に示した。時点 t において $z(t)$ が与えられたとき、時点 $s > t$ の値 $z(s)$ は、平均的には $z(t)$ と同じだが、標準偏差 $\sqrt{s-t}$ に応じた変動をしていることを記憶して頂きたい。

ウィーナー過程は時間に関して微分不可能である。それを大まかに示すと、$t < s$ に対して $s \to t$ とすると、

$$\mathrm{E}\left[\frac{z(s) - z(t)}{s - t}\right]^2 = \frac{s - t}{(s - t)^2} = \frac{1}{s - t} \to \infty$$

となるからである。

しかし、dz/dt という項を用いることが役立つこともある。この項は確率方程式にしばしば現れるものである。システム工学（ウィーナーの業績に始まる分野である）では、**白色ノイズ**（white noise）という言葉がよく用いられる。白色ノイズの図は実に興味深い。図 13.7 にその図を 1 つ挙げておく。

◆一般のウィーナー過程と伊藤過程

ウィーナー過程（あるいはブラウン運動）は、より一般的な過程を扱うための基礎となる。これらの一般化は、常微分方程式に白色ノイズを挿入することで得られる。

この種の単純な拡張は以下の式で表現される。**一般化ウィーナー過程**（generalized Wiener process）である。

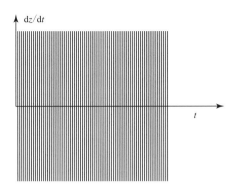

図 13.7　空想的な白色ノイズ
白色ノイズはウィーナー過程の導関数である。しかしこの導関数は通常の意味では存在しない。

$$dx(t) = adt + bdz \tag{13.12}$$

ただし、$x(t)$ はすべての t について確率変数、z はウィーナー過程、a と b は定数である。

一般化ウィーナー過程は、解析的な解をもつ（両辺を積分すると得られる）という点で、特に重要である。具体的には、

$$x(t) = x(0) + at + bz(t) \tag{13.13}$$

である。

伊藤過程（Ito process）は、それよりもやや一般的である。伊藤過程は、次の方程式で記述される。

$$dx(t) = a(x,t)dt + b(x,t)dz \tag{13.14}$$

前と同じように、z はウィーナー過程を表す。しかしながら、ここでは $a(x,t)$ と $b(x,t)$ が x と t に依存しているので、一般的な解を解析的に表すことはできない。次の節で見るように、伊藤過程の特別な形をしたものは、しばしば金融資産のふるまいを表現するために用いられる。

13.7　株価過程

いまや株価の乗法的モデルを連続モデルに拡張するための道具が揃った。乗法的モデルが、

$$\ln S(k+1) - \ln S(k) = w(k)$$

であったことを思い出そう。ここで $w(k)$ は相関のない正規確率変数である。この式の連続時間版は、

$$\mathrm{d}\ln S(t) = \nu\mathrm{d}t + \sigma\mathrm{d}z \tag{13.15}$$

である。ただし、ν と $\sigma \geq 0$ は定数で、z は標準ウィーナー過程である。この式の右辺全体で、離散時間モデルの確率変数 $w(k)$ の役割を果たしていると見なすことができる。この右辺は、定数項と平均ゼロの正規確率変数の和と見ることができるので、全体として正規確率変数になる（式の中のすべての項は、導関数かもしくは導関数の倍数なので、通常の意味での大きさをもたないが、$\mathrm{d}t$ と $\mathrm{d}z$ を Δt と Δz を"小さく"したものと考えるとわかりやすい）。したがって $\nu\mathrm{d}t$ の項は右辺の期待値である。これは平均値が $\mathrm{d}t$ に比例することを意味しており、乗法的モデルの対数版で、$\ln S$ の変化量の期待値が期間長に比例していたこととつじつまが合う。右辺の標準偏差は $\mathrm{d}z$ の標準偏差の σ 倍である。それゆえ $\sigma\sqrt{\mathrm{d}t}$ のオーダーをもち、これもまた乗法的モデルの対数版で、$\ln S$ の変化量の標準偏差が期間長の平方根に比例したことと一致している。これらは $(13.7a)$ 式、$(13.7b)$ 式に表されている。

(13.15) 式は $\ln S(t)$ によって表されているので、実際、これは一般化ウィーナー過程である。よって (13.13) 式を用いて、以下のように解くことができる。

$$\ln S(t) = \ln S(0) + \nu t + \sigma z(t) \tag{13.16}$$

これは、$\mathrm{E}[\ln S(t)] = \mathrm{E}[\ln S(0)] + \nu t$ となることを示しており、$\mathrm{E}[\ln(S_t)]$ は t について線形に増加する。この過程の対数の期待値は、あたかも銀行の連続複利のように t に関して線形に増加するので、この過程は**幾何ブラウン運動**（geometric Brownian motion）と呼ばれる。

◆対数正規価格

離散時間の乗法的モデルと同様、(13.15) 式で表される幾何ブラウン運動は対数正規過程である。これは (13.16) 式からも容易に見てとれる。この式の右辺は、期待値が $\ln S(0) + \nu t$ で標準偏差が $\sigma\sqrt{t}$ である正規確率変数である。

結局 $S(t)$ それ自身が対数正規分布にしたがうことがわかる。これを形式的に、$\ln S(t) \sim N(\ln S(0) + \nu t, \sigma t^2)$ と表す。ただし、$N(m, \sigma^2)$ は平均 m、分散 σ^2 の正規分布を表す。

$S(t) = \exp[\ln S(t)] = S(0)\exp[\nu t + \sigma z(t)]$ と書けるが、だからといって $S(t)$ の期待値が $S(0)e^{\nu t}$ となるわけではない。期待値は対数正規変数に適用可能な一般的な公式 (13.8) によって決まるのである。したがって、

$$\mathrm{E}[S(t)] = S(0)e^{(\nu + \frac{1}{2}\sigma^2)t}$$

である。$\mu = \nu + \frac{1}{2}\sigma^2$ とおくと、

$$\mathrm{E}[S(t)] = S(0)e^{\mu t}$$

と書ける。$S(t)$ の標準偏差もやはり対数正規変数の一般的な関係式から与えられる。標準偏差の場合は、計算は少しばかりややこしい。標準偏差の式は、

$$\mathrm{stdev}[S(t)] = S(0)e^{\nu t + \frac{1}{2}\sigma^2 t}(e^{\sigma^2 t} - 1)^{1/2}$$

となる（練習問題 5 を参照）。

◆ **標準的な伊藤形式**

　$S(t)$ に関する確率過程を、直接 $S(t)$ で表すのではなく、$\ln S(t)$ を用いて表現した。$\ln S(t)$ を使うと式の展開が容易になり、この過程が対数正規分布を導く乗法的モデルを直接一般化したものであることがはっきりわかる。それでもこの過程の $S(t)$ 自身による表現が役立つこともある。

　通常の微分で、

$$\mathrm{d}\ln[S(t)] = \frac{\mathrm{d}S(t)}{S(t)}$$

となることはご存じの通りである。そこで、$\mathrm{d}S(t)/S(t)$ を基本方程式 [(13.15)式] の $\mathrm{d}\ln S(t)$ の部分に代入してみよう。すると $\mathrm{d}S(t)/S(t) = \nu \mathrm{d}t + \sigma \mathrm{d}z$ が得られる。これでほとんど正しいのだが、伊藤過程で変数変換をする際には、修正項を加えねばならない（なぜならばウィーナー過程は普通の関数ではないので、通常の微分の規則にしたがわないのである）。

　$S(t)$ に関する適切な伊藤過程は、

$$\frac{\mathrm{d}S(t)}{S(t)} = \left(\nu + \frac{1}{2}\sigma^2\right)\mathrm{d}t + \sigma \mathrm{d}z \tag{13.17}$$

となる。修正項 $\frac{1}{2}\sigma^2$ は、対数正規確率変数の期待値を表すのに必要な項とまったく同じであることに注意されたい。$\mu = \nu + \frac{1}{2}\sigma^2$ とおくと、価格変動の標準伊藤形式は、

$$\frac{\mathrm{d}S(t)}{S(t)} = \mu \mathrm{d}t + \sigma \mathrm{d}z \tag{13.18}$$

と書くことができる。$\mathrm{d}S(t)/S(t)$ の項は株式の収益の微分と見なせる。それゆえ、この形式では収益の微分は単純な形をしている。

　$\ln S(t)$ から $S(t)$ に式変形する際に必要な修正項は、**伊藤の定理**（Ito's

Lemma）で表される一般的な式変形の特殊な事例である。伊藤の定理は伊藤過程で定義される変数に適用するもので、これについては次節で説明する。

(13.17)のように、標準形の式が S を分母にもつ形で表されるなら、それは $\mathrm{d}S/S$ の式であることに注意しよう。この項は、瞬間的な収益率と解釈できるため、標準形式はしばしば瞬間的なリターンの式と呼ばれる。

> **例 13.2（債券の価格変動）** 時点 $t = T$ で 1 ドルが支払われ、それ以外は支払いのない債券の価格を $P(t)$ で表すものとする。金利は r で一定としよう。この債券の価格は、
>
> $$\frac{\mathrm{d}P(t)}{P(t)} = r\mathrm{d}t$$
>
> をみたす。これは確定的な伊藤の方程式であり、株価の方程式と対応している。この方程式の解は $P(t) = P(0)e^{rt}$ である。$P(T) = 1$ を用いると、$P(t) = e^{r(t-T)}$ である。

ここで、$S(t)$ と $\ln S(t)$ の関係をまとめておこう。

幾何ブラウン運動の関係式 z を標準ウィーナー過程として、幾何ブラウン運動過程 $S(t)$ が、

$$\mathrm{d}S(t) = \mu S(t)\mathrm{d}t + \sigma S(t)\mathrm{d}z$$

にしたがうものとする。$\nu = \mu - \frac{1}{2}\sigma^2$ とおく。すると、$S(t)$ は対数正規確率変数で、以下の式が成り立つ。

$$\mathrm{E}\{\ln[S(t)/S(0)]\} = \nu t$$
$$\mathrm{stdev}\{\ln[S(t)/S(0)]\} = \sigma\sqrt{t}$$
$$\mathrm{E}\{S(t)/S(0)\} = e^{\mu t}$$
$$\mathrm{stdev}\{S(t)/S(0)\} = e^{\mu t}(e^{\sigma^2 t} - 1)^{1/2}$$

◆シミュレーション

連続時間の価格過程は、時間間隔を小さくとった区間の系列を用意し、1期ごとに順番に確率過程を進めていくことで、シミュレートすることができる。これには2つの自然な方法があるが、それらはまったく同等とは言えない。

まず、(13.18) 式で定義される標準型の過程を考えよう。基本となる期間長 Δt をとり、初期時点 $t = t_0$ に与えられる初期価格を $S(t_0) = S_0$ とする。対応するシミュレーションの方程式は、

$$S(t_{k+1}) - S(t_k) = \mu S(t_k)\Delta t + \sigma S(t_k)\epsilon(t_k)\sqrt{\Delta t}$$

である。ここで、$\epsilon(t_k)$ は平均 0、標準偏差 1 の相関のない正規確率変数である。これより、

$$S(t_{k+1}) = \left[1 + \mu\Delta t + \sigma\epsilon(t_k)\sqrt{\Delta t}\right]S(t_k) \tag{13.19}$$

が得られる。これは乗法的モデルであるが、確率的な係数は対数正規ではなく、正規確率変数である。そのため、このシミュレーション法では、対象としている伊藤過程（それがどちらの式であれ）の特徴である、対数正規分布にしたがう価格をつくることはできない。実際、$S(t_k)$ が負になることもある。

2番目の方法は、対数型（または乗法型）の表現 (13.15) 式を使う。離散的な形式は、

$$\ln S(t_{k+1}) - \ln S(t_k) = \nu\Delta t + \sigma\epsilon(t_k)\sqrt{\Delta t}$$

となる。これより、

$$S(t_{k+1}) = e^{\nu\Delta t + \sigma\epsilon(t_k)\sqrt{\Delta t}}S(t_k) \tag{13.20}$$

を得る。これは乗法的モデルであるが、こちらでは、確率的な係数は対数正規になっている（実際、(13.20) によって得られる結果は、正確な結果と分布が一致する。すなわち、$S(t_{k+1})$ の分布は、連続時間過程によって得られる分布と一致する）。

2つの手法は異なっているものの、長い期間走らせると両者の違いが互いに打ち消しあっていくことを示すことができる。したがって、実務的には両者ともほぼ同じと言える。

例 13.3（2種の方法によるシミュレーション） 初期価格 10 ドル、$\nu = 15\%$、$\sigma = 40\%$ である証券を考えよう。基本となる区間長を 1 週間（$\Delta t = 1/52$）とし、1年間の株式の値動きをシミュレートしてみる。こ

表 13.1 価格変動のシミュレーション

週	dz	$\mu + \sigma dz$	P_1	$\nu + \sigma dz$	P_2
0			10.0000		10.0000
1	.06476	.00802	10.0802	.00648	10.0650
2	−.19945	−.00664	10.0132	−.00818	9.9830
3	−.83883	−.04211	9.5916	−.04365	9.5567
4	.49609	.03194	9.8980	.03040	9.8517
5	−.33892	−.01438	9.7557	−.01592	9.6961
6	1.39485	.08180	10.5536	.08026	10.5064
7	.61869	.03874	10.9625	.03720	10.9046
8	.40201	.02672	11.2554	.02518	11.1827
9	−.71118	−.03503	10.8612	−.03656	10.7812
10	.16937	.01382	11.0113	.01228	10.9144
11	1.19678	.07081	11.7910	.06927	11.6973
12	−.14408	−.00357	11.7489	−.00511	11.6377
13	.80590	.04913	12.3261	.04759	12.2049
26	−1.23335	−.06399	13.1428	−.06553	12.9157
39	.68140	.04222	17.6850	.04068	17.3668
52	.69955	.04323	15.1230	.04169	14.7564

価格過程は 2 種の方法でシミュレートできる。それらはステップごとに異なっているが、最終結果は同様になる。

の節で説明したどちらの方法も、同じ確率変数 ϵ を用いている。確率変数 ϵ は平均 0、標準偏差 1 の正規分布から発生させている。表 13.1 に結果が載っている。1 列目はそれぞれの週の確率変数 $dz = \epsilon\sqrt{\Delta t}$ である。2 列目は乗法の項に対応している。P_1 は (13.19) 式で表される標準的な手法を用いてシミュレートされた価格である。4 列目は、(13.20) 式の手法における指数的な項である。P_2 はその手法を用いてシミュレートされた価格である。すでに最初のステップから両者は異なっているが、最終的にはかなり近い結果が得られている。

13.8　伊藤の定理*

すでに見てきたように、$S(t)$ と $\ln S(t)$ の 2 つの伊藤の方程式は異なっている。その違いは、$S(t)$ から $\ln S(t)$ への変数変換に通常の微分の規則を適用して得られるものと、正確に同じというわけではない。追加的な項 $\frac{1}{2}\sigma^2$ が必要だからである。この追加項が生じるのは、確率変数が $\sqrt{dt}$ のオーダーをもってい

るため、その積が2次のオーダーではなく、1次のオーダーで効いてくるためである。そのような変数変換を一般的な場合について体系だてて行う手法が伊藤の定理に集約されている。

伊藤の定理　　z をウィーナー過程として、確率過程 x が伊藤過程、
$$\mathrm{d}x(t) = a(x,t)\mathrm{d}t + b(x,t)\mathrm{d}z \qquad (13.21)$$
で定義されているものとする。また、$y(t)$ が $y(t) = F(x,t)$ と定義されているとする。このとき、$y(t)$ は次の伊藤方程式をみたす。
$$\mathrm{d}y(t) = \left(\frac{\partial F}{\partial x}a + \frac{\partial F}{\partial t} + \frac{1}{2}\frac{\partial^2 F}{\partial x^2}b^2\right)\mathrm{d}t + \frac{\partial F}{\partial x}b\mathrm{d}z \qquad (13.22)$$
ただし、z は (13.21) 式と同じウィーナー過程である。

　証明：通常の微分により (13.22) 式と同じような式が得られるが、1/2 が付いた項は出てこない。

　式全体について証明の大まかな概略を示そう。y を微小変化 Δy について展開する。展開の際、Δt については 1 次のオーダーまで保持するようにしよう。ただし、Δx は $\sqrt{\Delta t}$ のオーダーをもつので、Δx については 2 次のオーダーまで展開する必要がある。したがって、

$$\begin{aligned} y + \Delta y &= F(x,t) + \frac{\partial F}{\partial x}\Delta x + \frac{\partial F}{\partial t}\Delta t + \frac{1}{2}\frac{\partial^2 F}{\partial x^2}(\Delta x)^2 \\ &= F(x,t) + \frac{\partial F}{\partial x}(a\Delta t + b\Delta z) + \frac{\partial F}{\partial t}\Delta t \\ &\quad + \frac{1}{2}\frac{\partial^2 F}{\partial x^2}(a\Delta t + b\Delta z)^2 \end{aligned}$$

となる。最後の項の 2 次式は特別な方法で扱わなければならない。展開すると $a^2(\Delta t)^2 + 2ab\Delta t\Delta z + b^2(\Delta z)^2$ となる。最初の 2 つの項は Δt に関してオーダーが 1 より大きいので、これら

は外すことができる。残っているのは $b^2(\Delta z)^2$ の項だけである。しかし、Δz は期待値が 0 で分散が Δt なので、この最後の項は Δt のオーダーをもち、外すことはできない。実際、Δt を 0 にもっていった極限で、$(\Delta z)^2$ は非確率的になり Δt に一致することを示すことができる。これをもとの展開の式に代入すると、

$$y + \Delta y = F(x,t) + \left(\frac{\partial F}{\partial x}a + \frac{\partial F}{\partial t} + \frac{1}{2}\frac{\partial^2 F}{\partial x^2}b^2\right)\Delta t + \frac{\partial F}{\partial x}b\Delta z$$

が得られる。両辺の極限をとり $y = F(x,t)$ を使うと、伊藤方程式 (13.22) に帰着する。■

例 13.4（株式の価格変動） $S(t)$ が以下の幾何ブラウン運動にしたがうものとしよう。

$$dS = \mu S dt + \sigma S dz$$

伊藤の定理を使って、過程 $F(S(t)) = \ln S(t)$ がしたがう方程式を導こう。

$a = \mu S$、$b = \sigma S$ とおく。また、$\partial F/\partial S = 1/S$ で、$\partial^2 F/\partial S^2 = -1/S^2$ である。したがって (13.22) 式より、

$$d\ln S = \left(\frac{a}{S} - \frac{1}{2}\frac{b^2}{S^2}\right)dt + \frac{b}{S}dz$$
$$= \left(\mu - \frac{1}{2}\sigma^2\right)dt + \sigma dz$$

となり、以前得られた結果と一致している。

13.9　2 項格子再訪

図 13.8（図 13.1 と同じである）に示した 2 項格子モデルをもう一度考えることにしよう。このモデルは、この章の前半で論じた乗法的モデルの仲間である。なぜなら各ステップで価格に確率変数が掛けられているからである。この場合、確率変数は 2 つの実現値 u と d しかとらない。この u、d、p の値を、乗法的モデルにできるだけ近くなるように、うまく決めることが可能である。こ

第 13 章 資産ダイナミクスのモデル

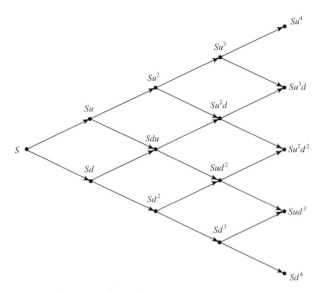

図 13.8　株式の 2 項格子モデル
各ステップで株価 S は uS か dS のいずれかになる。

れには価格変化の対数の期待値と分散の両方を一致させればよい[6]。

　数値合わせのためには、第 1 ステップ後の価格を表す確率変数 S_1 が正しく特徴づけられているか確認するだけでよい。なぜならこの過程は、それ以後はすべて同じことの繰り返しだからである。$S(0) = 1$ として直接計算すると、

$$\mathrm{E}(\ln S_1) = p \ln u + (1-p) \ln d$$
$$\mathrm{var}(\ln S_1) = p(\ln u)^2 + (1-p)(\ln d)^2 - [p \ln u + (1-p) \ln d]^2$$
$$= p(1-p)(\ln u - \ln d)^2$$

となる。したがって、方程式に合う適切なパラメータは、$U = \ln u$、$D = \ln d$ として、

$$pU + (1-p)D = \nu \Delta t \tag{13.23}$$

---

[6] 2 項格子においては、格子の各々の最終ノードがとる確率は 2 項分布で与えられる。具体的には、価格 $Su^k d^{n-k}$ をとる確率は、$\binom{n}{k} p^k (1-p)^{n-k}$ である。ただし、$\binom{n}{k} = \dfrac{n!}{(n-k)!k!}$ は 2 項係数である。この分布は、n が大きくなると（ある意味で）正規分布に近づく。最終ノードの価格の対数は、$k \ln u + (n-k) \ln d$ の形をしており、k の 1 次式である。それゆえ、最終ノードでの価格の分布はほぼ対数正規分布であると考えることができる。

$$p(1-p)(U-D)^2 = \sigma^2 \Delta t \tag{13.24}$$

である。

　注意してほしいのだが、決めるべきパラメータは U、D、p の 3 つである。しかし、方程式は 2 本しかない。したがって、自由度が 1 ある。この自由度を利用する 1 つの方法として、$D = -U$ とおいてみよう（$d = 1/u$ とおくのと同じである）。こうすると、方程式 (13.23) 式と (13.24) 式は、

$$(2p-1)U = \nu \Delta t$$
$$4p(1-p)U^2 = \sigma^2 \Delta t$$

となる。最初の式を 2 乗して、2 番目の式に加えると、

$$U^2 = \sigma^2 \Delta t + (\nu \Delta t)^2$$

となる。これを最初の式に代入すると、p について解くことができ、それから $U = \ln u$ が決まる。パラメータ合わせの方程式を解いた結果は、

$$\begin{aligned} p &= \frac{1}{2} + \frac{\frac{1}{2}}{\sqrt{\sigma^2/(\nu^2 \Delta t) + 1}} \\ \ln u &= \sqrt{\sigma^2 \Delta t + (\nu \Delta t)^2} \\ \ln d &= -\sqrt{\sigma^2 \Delta t + (\nu \Delta t)^2} \end{aligned} \tag{13.25}$$

Δt が小さければ、(13.25) 式は以下のように近似できる。

$$\begin{aligned} p &= \frac{1}{2} + \frac{1}{2}\left(\frac{\nu}{\sigma}\right)\sqrt{\Delta t} \\ u &= e^{\sigma \sqrt{\Delta t}} \\ d &= e^{-\sigma \sqrt{\Delta t}} \end{aligned} \tag{13.26}$$

これが第 13.1 節で用いた値である。

13.10　まとめ

　2 項格子は単純かつさまざまに役立つ資産変動モデルである。このモデルでは、資産価格は各期に確率 p および $1-p$ で、それぞれ u 倍もしくは d 倍とな

る。このモデルは理論構築に際して、また投資問題の解の計算の基礎としても広く使われている。

もう1つの広いクラスをなすモデルとして、資産価格が連続値をとるとするモデルがある。そのタイプで最も単純なのは加法的モデルである。このモデルで確率的な項が正規確率変数であれば、資産価格も正規確率変数となる。しかしこのモデルは、価格が負になりうるという欠点をもつ。

より適切なモデルとしては、$S(k+1) = u(k)S(k)$ という形の乗法的モデルがある。乗数 $u(k)$ が対数正規確率変数なら、将来の価格 $S(k)$ も対数正規確率変数である。このモデルは、$\ln S(k+1) - \ln S(k) = \ln u(k)$ という形で表現することもできる。

期間長をゼロにすると、乗法的モデルは伊藤過程 $d \ln S(t) = \nu dt + \sigma dz(t)$ になる。ここで z は標準ウィーナー過程である。伊藤過程のこの特殊な式は、幾何ブラウン運動と呼ばれる。このモデルは、別の(しかし同等な)式 $dS(t) = \mu S(t)dt + \sigma S(t)dz(t)$ で表すことができる。ただし、$\mu = \nu + \frac{1}{2}\sigma^2$ である。

伊藤過程は資産変動の有益な表現である。その確率過程の変形に用いる重要な手法が伊藤の定理である。$x(t)$ が伊藤過程にしたがうとして、$y(t) = F(x,t)$ とおくと、伊藤の定理により $y(t)$ がみたす確率過程が定まる。

2項格子モデルは伊藤過程の近似と見なすこともできる。格子のパラメータは、収益の対数の期待値と標準偏差が2つのモデルで一致するように選ぶことが可能である。

練習問題

1. (株価の格子) 現在の価値が $S(0) = 100$ である株式の対数をとったものの成長率の期待値が $\nu = 12\%$ で、ボラティリティが $\sigma = 20\%$ であるものとする。基本となる期間長を3ヵ月として、この株式を表す2項格子のパラメータを適切に定めよ。ノードに価格を記入して、1年分の格子を書け。最終ノードのさまざまな価格に至る確率はそれぞれいくらか。

2. (時間のスケーリング) 株価 S が以下のモデルにしたがうものとする。

$$\ln S(k+1) = \ln S(k) + w(k)$$

ただし、区間の長さは1ヵ月とする。すべての k について $\nu = \mathrm{E}[w(k)]$、$\sigma^2 = \mathrm{var}[w(k)]$ とおく。ここで区間長を1年間に換えたとしよう。する

とモデルは、
$$\ln S(K+1) = \ln S(K) + W(K)$$
となる。各 K における変動は 1 年間の値である。$W(K)$ をどのように定義するのが自然か？ また $\mathrm{E}[W(K)] = 12\nu$、$\mathrm{var}[W(K)] = 12\sigma^2$ となることを示せ。このことからパラメータのスケールは時間に比例することがわかる。

3. （算術平均と幾何平均） $v_1, v_2, \ldots, v_n$ を正の数とする。これらの数値の**算術平均**と**幾何平均**はそれぞれ、
$$v_A = \frac{1}{n}\sum_{i=1}^{n} v_i, \quad v_G = \left(\prod_{i=1}^{n} v_i\right)^{1/n}$$
である。

  (a) 常に $v_A \geq v_G$ が成り立つ。$n = 2$ の場合にこの不等式を証明せよ。

  (b) $r_1, r_2, \ldots, r_n$ が n 期間における各期の株式の収益率であるならば、収益率の算術平均と幾何平均は以下の通りである。
$$r_A = \frac{1}{n}\sum_{i=1}^{n} r_i, \quad r_G = \left(\prod_{i=1}^{n}(1+r_i)\right)^{1/n} - 1$$

  40 ドルを投資して、それが 1 年後には 60 ドルに増加し、2 年後には 48 ドルに減少した。2 年間の収益率の算術平均と幾何平均はいくらか。

  (c) 投資のパフォーマンスを見るのに、どちらの平均が適しているか。

4. （平方完成 ◇） w が期待値 $\bar{w}$、分散 σ^2 をもつ正規分布にしたがうものとし、$u = e^w$ とする。すると、
$$\bar{u} = \frac{1}{\sqrt{2\pi\sigma^2}}\int_{-\infty}^{\infty} e^w e^{-(w-\bar{w})^2/2\sigma^2}\,\mathrm{d}w$$
となる。以下の式が成り立つことを示せ。
$$w - \frac{(w-\bar{w})^2}{2\sigma^2} = -\frac{1}{2\sigma^2}[w - (\bar{w} + \sigma^2)]^2 + \bar{w} + \frac{\sigma^2}{2}$$
以下の関係式を用いて、$\bar{u}$ を求めよ。
$$\frac{1}{\sqrt{2\pi\sigma^2}}\int_{-\infty}^{\infty} e^{-(x-\bar{x})^2/2\sigma^2}\,\mathrm{d}x = 1$$

5. （対数の分散 ◇） 練習問題 4 の手法を用いて、対数正規確率変数の分散をもとになる正規分布のパラメータによって表せ。

6. （期待値） 株価が $\mu = 0.20$、$\sigma = 0.40$ の幾何ブラウン運動にしたがうものとする。初期価格は $S(0) = 1$ である。以下の 4 つの値を求めよ。

$$\mathrm{E}[\ln S(1)], \quad \mathrm{stdev}[\ln S(1)]$$
$$\mathrm{E}[S(1)], \quad \mathrm{stdev}[S(1)]$$

7. （伊藤の定理の応用） 株価 S が以下の式にしたがうものとする。

$$\mathrm{d}S = aS\mathrm{d}t + bS\mathrm{d}z$$

ただし、z は標準ウィーナー過程である。以下の関係をみたす過程を求めよ。

$$G(t) = S^{1/2}(t)$$

8. （逆向きのチェック） ガビン・ジョーンズは伊藤の定理を初めて習ったときはどうも腑に落ちなかったので、それを検証してみることにした。まず、

$$\mathrm{d}S = \mu S\mathrm{d}t + \sigma S\mathrm{d}z$$

にしたがう S から始めて、$Q = \ln S$ が、

$$\mathrm{d}Q = (\mu - \frac{1}{2}\sigma^2)\mathrm{d}t + \sigma\mathrm{d}z$$

をみたすことを確かめた。その後最後の式に、$S = e^Q$ と変数変換をした上で、伊藤の定理を適用した。彼の計算を再現せよ。彼が得た結果は何か。

9. （先渡価格過程） $F(S, t)$ を、$\mathrm{d}S(t) = \mu\mathrm{d}t + \sigma\mathrm{d}z$ にしたがう、保管費用のない商品に関する満期 T の先渡価格過程とする。F はどのような確率過程か（S でなく F の過程で表せ）。

10. z を標準ウィーナー過程とし、$w = e^{\sigma z - \frac{1}{2}t^2}$ とおく。w がしたがう式を求めよ。

11. （期待値の伊藤過程） 以下のような幾何ブラウン運動過程にしたがう価格を考える。

$$\mathrm{d}S(t) = \mu S(t)\mathrm{d}t + \sigma S(t)\mathrm{d}z$$

ここで、z は標準ウィーナー過程である。

(a) ($S(t)$ が既知である）時点 t における、将来時点 T の資産価格の期待値はいくらか。この期待値を $\mathrm{E}_t[S(T)]$ とする。

(b) $W(t) = \mathrm{E}_t[S(T)]$ とする。$W(t)$ はどのような過程にしたがうか。

(c) $W(0) = 1$ とする。$\mathrm{E}_0[W(t)]$、および $\mathrm{E}_0[\ln W(t)]$ はいくらか。

(d) $\mathrm{Var}_0[W(t)]$、および $\mathrm{Var}_0[\ln W(t)]$ はいくらか。

12. （p を固定） 2 項モデルにおいて $d = 1/u$ とおくかわりに、$p = 1/2$ とおいて残る自由度を利用する方法がある。

    (a) $p = 1/2$ とおき、$pU + (1-p)D = \nu \Delta t$ および $p(1-p)(U-D)^2 = \sigma^2 \Delta t$ の条件を満たす u と d の値を求めよ。ただし、$U = \ln u$、$D = \ln d$ である［比較のため、u、d のかわりに得られる値を $\hat{u}$、$\hat{d}$ とせよ］。

    (b) 応用において、どちらの格子が望ましいか。また、その理由は何か。

13. （2 つのシミュレーション◇） 以下の展開は大変役に立つ。

    $$e^x = 1 + x + \frac{1}{2}x^2 + \cdots$$

    これを使って、(13.20) 式の指数関数を Δt の 1 次のオーダーまで用いて表せ。これは (13.19) 式と異なるので、シミュレーションの標準型および乗法（あるいは対数正規）型の式も、1 次のオーダーにおいてすら異なっていることに注意しなければならない。その一方で、2 つの表現に関して期待値は 1 次のオーダーまで等しいことを示せ。この結果 2 つの表現は、長期間のシミュレーションでは同様の結果をもたらす。

14. （シミュレーション実験 ⊕） 以下の幾何ブラウン運動にしたがう株価 S を考える。

    $$\frac{\mathrm{d}S}{S(t)} = 0.10\mathrm{d}t + 0.30\mathrm{d}z$$

    (a) $\Delta t = 1/12$、$S(0) = 1$ として、この過程についてどちらかの手法を用いて何年分かの（長期間の）シミュレーションを行い、

    $$\frac{1}{t}\ln[S(t)]$$

    を t の関数として評価せよ。この値は極限 p に近づくはずである。この極限の理論値はいくらか。

    (b) 2 桁の精度を得るには、t をどのくらい大きく選ぶ必要があるか。

    (c) t の関数として、

$$\frac{1}{t}[\ln S(t) - pt]^2$$

を評価せよ。これは極限に近づくだろうか。もしそうならその理論値を求めよ。

参考文献

この章で扱ったのと同様の株価モデルをよくまとめた本としては、[1] がある。確率過程についての詳細は [2] を、株価の実際のふるまいに関する一般的な情報は [3] を参照してほしい。

正規分布と対数正規分布を論じた確率の教科書は数多く書かれている。[4] は古典である。Wiener が書いた [5] によって、ウィーナー過程を含む分野における大変重要な理論的、実務的成果がもたらされた。伊藤の定理は最初 [6] で発表されて、後に [7] にまとめられた。

1. Hull, J. C. (2008), *Options, Futures, and Other Derivative Securities*, 7th ed., Prentice Hall, Englewood Cliffs, NJ.
2. Björk, Thomas (2004), *Artitrage Theory in Continuous Time*, 2nd ed., Oxford University Press, Oxford.
3. Cootner, P. H., Ed. (1964), *The Random Character of Stock Market Prices*, M.I.T. Press, Cambridge, MA.
4. Feller, W. (1950), *Probability Theory and Its Applications*, vols 1 and 2, Wiley, New York.
5. Wiener, N. (1950), *Extrapolation, Interpolation, and Smoothing of Stationary Time Series*, Technology Press, M.I.T., Cambridge, MA, and Wiley, New York.
6. Ito, K. (1951), "On a Formula Concerning Stochastic Differentials," *Nagoya Mathematics Journal*, **3**, 55–65.
7. Ito, K. (1961), *Lectures on Stochastic Processes*, Tata Institute of Fundamental Research, India.

第14章
基本的なオプション理論

　オプション（option）とは、指定された条件のもとで資産を買う（売る）権利のことをいう（買う義務はない）。通常、オプションには指定された有効期間と価格が対応する。例として、ある家（仮にあなたが今借りているとしよう）を1年以内ならいつでも20万ドルで購入できるオプションを考えてみよう。何かを買う権利を与えるオプションを**コール**（call）オプションという。一方、何かを売る権利を与えるのは**プット**（put）である。通常、オプションそれ自身に価格が付いている。しばしばこの価格はオプション**プレミアム**（premium）と呼ばれる。これはオプションの契約で定められる売買の価格とは別物である。プレミアムは、オプションが発行された資産の価格に比べて小さな値をもつ。たとえば、20万ドルで家を購入するオプションに対して支払うプレミアムは、15,000ドルほどであろう。オプションの保有者がオプション契約にしたがって実際に資産を売買するとき、オプションの保有者はオプションを**権利行使**（exercise）するという。いずれの場合も、もともとのプレミアムが返ってくることはない。

　オプションとは派生証券であり、その原資産はここで例として挙げた家のように売買可能な資産である。オプションの最終的な金銭的価値は、権利行使が可能な時点での原資産の価値に依存している。たとえば、年度末に家の価格が30万ドルであったとすると、20万ドルのオプションは10万ドルの価値がある。その理由は、20万ドルで家を購入できるので、これをただちに30万ドルで売却して、10万ドルの利益が得られるからである。

　オプションはリスクを制御するうえで卓越した機能をもち、また最小の費用で資源を確保できるため、商業において長い歴史をもっている。以下のアリストテレスの引用[1]は、投資について著述を物する先生方のお気に入りである。

---

[1] アリストテレス、「政治学」第1部11章、Jowett訳。Gastineau（1975）から引用した。

ミレトスのタレスと彼の理財の術にまつわる逸話がある。もっぱら彼の賢明さにまつわる評判に帰せられるものの、これは広範に適用しうる原理を含んでいる。タレスは貧困のため面目を失っていた。哲学が無益であることを示すように思われたからである。伝説によれば、彼は占星術を用いて、まだ冬であったにもかかわらず、翌年にはオリーブが豊作であることを知ったという。そこでわずかな持ち合わせで、キオスとミレトスのすべてのオリーブ搾を使うための手付金を支払った。彼と競って値を上げるものはいなかったので、低い価格で借りることができた。収穫のときとなるやいなや、人々はこぞってオリーブ搾を使いたがった。そこで彼は望むがままの値でオリーブ搾を貸し出し、大もうけをしたのである。ここで彼が世間に示したのは、哲学者たるもの、欲しさえすれば富を得るのはいともたやすいということである……

別の古典的な例は、1600年頃のオランダの**チューリップ熱**（tulip mania）に関する例である。チューリップはその美しさを尊ばれて活発な投機の対象となり、価格が高騰した。プット・オプションは球根の価格を保証するために栽培者側が用い、コール・オプションは将来の価格を保証するために買付け業者側が用いた。市場はいかなる形でも規制されておらず、ついには1636年に大暴落に至り、オプションは以後悪名を馳せることとなった。

現在は、オプションは市場の規制のもと、（債券や株式のように）金融資産として幅広く利用されている。実体的な資産のオプションもやはり重要であるが、それに加えて、その他の財務状況の中にオプションが暗に含まれていたり、隠れていたりすること数多くある。たとえば油井から原油を採掘するか、あるいはより適当な時期までおいておくかという選択、また抵当保証を受けるか交渉を続けるか、という選択などである。これらの状況について、本章で説明するオプションの理論によって実り多い分析を行うことができる。

14.1　オプションの概念

オプションを特定するには、まず何を買うことができるのか（コールの場合）、あるいは何を売ることができるのか（プットの場合）をはっきりと記述することが必要である。株式のオプションであれば、通常は決められた株式100単位である。つまりIBM株のコール・オプションであれば、IBM株100単位を買うことができるというオプションである。次に買い取り価格、または**権利行使**

価格（strike price）を決めなければならない。これはオプション行使時に資産が取引される価格である。IBM株について権利行使価格が70ドルであれば、IBM株1単位を70ドルで買うことができる。3番目に定めるべきは、その日まではオプションが有効であると期限、すなわち満期日である。オプションは1日だけ有効であったり、1週間であったり、あるいは数カ月ということもある。満期日前にオプションの行使を認めるか否かについては、主として2種類の慣習がある。**アメリカン・オプション**（American option）は、満期日その日も含めて満期日前のいかなる時点での権利行使を認めている。**ヨーロピアン・オプション**（European option）は、満期日でしか権利行使を認めていない。アメリカン、ヨーロピアンという言葉は、株式オプションがアメリカやヨーロッパでつくり出されてきた際に、それぞれ異なった方法をとったことに基づいている。しかしオプションがどこで発行されようと、これらはオプションの2つの異なる種類の構造を指す標準的な言葉となっている。アメリカにもヨーロピアン型のオプションがいくつもある。たとえば1年後に家を買うオプションが、売却はちょうど1年後であってそれ以前にはありえないと定めていたら、これはヨーロピアン・オプションと見なせるであろう。

　資産の記述、コールかプットか、権利行使価格、（ヨーロピアン型かアメリカン型かも含めて）満期日の4つの特徴がオプションの詳細を特定する。最後に、これは少し分けて考えるべきだが、オプションの価格それ自身、つまりプレミアムも重要な特徴である。オプションが個別に設計されるなら、このプレミアム価格はもともとの交渉事項の1つとして定められ、契約の中に含まれている。オプションが取引所で売買される場合には、プレミアムは市場の需給に応じて決まり、これは取引活動に応じて変動する。

　どんなオプションにも2人の当事者が対応する。オプションを与える側の当事者はオプションを**発行する**（write）すると言い、一方、オプションを得る側の当事者はオプションを購入すると言う。オプションを買った側は、購入に要したプレミアムを失う以外には、いかなる損失のリスクも負わない。しかしオプションを発行した側は、オプションが行使されたときは、定められた条件で資産を売ったり買ったりしなければならないため、大きな損失を被る可能性がある。コール・オプションが行使されたとき、オプションの発行者が資産をもっていない場合には、定められた権利行使価格での受け渡しをするために資産を購入しなければならない。この権利行使価格は、現在の市場価格よりずっと低いかもしれない。同じように、プット・オプションが行使されたとき、発行者は権利行使価格で資産を買い取らねばならないが、その価格はそのときの市場

			9月		10月		1月	
終値		行使価格	取引量	終値	取引量	終値	取引量	終値
413.35	p	350	3.7k	1.67	1.1k	4.30	592	11.00
413.35	p	360	5.7k	2.42	562	5.64	512	13.10
413.35	p	370	3.8k	3.40	1.1k	7.20	340	15.70
413.35	c	380	6.4k	38.60	492	43.60	1.5k	52.50
413.35	p	380	3.6k	4.95	853	9.60	311	18.65
413.35	c	390	4.2k	30.75	1.0k	36.09	1.3k	46.20
413.35	p	390	3.3k	7.10	973	12.25	451	21.75
413.35	p	400	6.1k	10.10	1.0k	15.85	687	26.00
413.35	c	400	14k	22.10	4.1k	29.80	4.8k	39.95
413.35	c	410	1.1k	17.75	2.4k	24	1.1k	34.30
413.35	p	410	6.5k	13.95	1.1k	20	281	21.95
413.35	c	420	21k	12.80	4.4k	18.60	1.8k	28.95
413.35	p	420	4.9k	19.95	1.4k	25	369	33.85

図 14.1　2011 年 9 月 21 日のアップルのオプション
さまざまな行使価格と満期日をもつコール (c) とプット (p) が載っている。各々のオプションに対して、取引量と終値が示されている。1 列目にあるのは、アップル株の終値である。
出典：インベスターズ・ビジネス・デイリー

価格よりはるかに高いかもしれないのである。

多くの株式に関わるオプションが取引所で売買されている。この場合、個々のオプション取引は仲買人を通じてなされ、仲買人は取引所と売買を行う。取引所の交換所が、すべての当事者の取引を保証している。オプションに付随するリスクのため、オプションの発行者は取引保証のため**証拠金**（margin）[2]（保証のための供託金）を積む必要がある。

取引所で売買されるオプションは、金融を扱う新聞やネットで見ることができる。アップル社のオプションのリストを図 14.1 に示した。いくつか異なるオプションが載っている。コールやプットがあり、さまざまな権利行使価格や満期がある。満期日は、9 月、10 月、1 月である。満期日は、満期カレンダーにしたがう。アップル社の 9 月のオプションの満期日は、9 月 23 日である。すべての価格はオプション 1 枚あたりの価格だが、1 つのオプションの契約は 100 枚単位である。この 9 月は、市場においてボラティリティが大きかった。

原資産が売買されていても、先物契約と同様に金融証券のオプションはめったに行使されない。そのかわりに、証券価格が有利な方向に変動すると、オプション価格（プレミアム）はそれに応じて上昇し、ほとんどのオプション所有

---

[2] 最初の証拠金の水準はオプションの書かれた株式の価値の 50%、維持水準は 25% であることが多い。

者は満期前にオプションを売却することを選ぶ。

オプションの取引に関しては、株式分割、配当、取引制限、証拠金要求額など特殊な状況を規定する細かい取り決めがたくさんある。これらは、オプションの本格的な取引を開始する前に知っておかねばならない。しかしながら、オプションの基本的な仕組みを理解するにはここで述べた概要で十分である。

14.2　オプション価格の性質

　この章の主要な目的は、金融証券に対するオプションの価値がいかにして決まるかを示すことである。今まで学んできた基本的な原理を、実に魅惑的かつ創造的な方法で適用することによってオプションの価格付けが行われている。ゆえに、オプション理論が重要なのは、オプション自身が重要な金融資産であることもさることながら、いかにして金融工学の基本原理が新たな水準、すなわち動的な構造が基本原理をなす水準に到達したのかをその理論が示しているからである。本節では定性的な面からオプション価格の性質を検討する。以下の節におけるより掘り下げた分析の準備となるだろう。

　権利行使価格 K の株式コール・オプションを1単位保有しているものとしよう。満期日における原資産の価格は S とする。その時点でのオプションの価値はいくらだろうか？　簡単にわかることだが、$S < K$ ならオプションの価値はゼロである。オプションの契約条件では、権利を行使して株式を価格 K で購入することができるわけだが、権利行使をしなくても開いている市場でもっと安い価格 S で買うことができる。そんなときはわざわざオプションを行使しない。したがってオプションに価値はない。一方 $S > K$ ならば、オプションはまさしく価値をもつ。オプションを行使して価格 K で株式を購入し、市場でより高い価格 S で売却することができる。これより $S - K$ の利益が上がり、これがオプションの価値と言うことができる。満期での価値を以下のように表記することで、両方の場合をまとめることができる。

$$C = \max(0, S - K) \tag{14.1}$$

この式の意味は、C は0と $S-K$ のうちの大きい方の値と等しいということである。このように、満期のコール・オプションの価値は、原資産の価格 S の関数として明示的に表すことができる。この関数を図 14.2(a) に示した。図から、$S < K$ のとき値は0だが、$S > K$ ではオプションの価値は価格に関して1対1に対応し、線形に増加することがわかる。

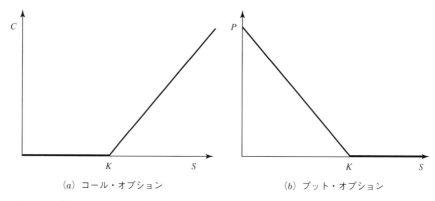

図 14.2　満期時のオプションの価値
コールは $S > K$ なら価値をもつ。プットは $S < K$ なら価値をもつ。

　プット・オプションでは結果は逆になる。プット・オプションは、権利行使価格で資産を売る（義務ではなく）権利を与える。権利行使価格 K の株式プット・オプションを 1 単位保有しているものとしよう。満期の株式の価格 S が $S > K$ ならば、このオプションは価値がない。オプションの権利を行使をして、権利行使価格 K で株式を売ることもできるが、かたや市場ではより高い価格 S で売ることができる。したがってオプションを行使することはないであろう。一方、株価が権利行使価格より低ければ、プット・オプションは価値をもつ。市場で価格 S で株式を買い、そこで権利行使して同じ株式を高い価格 K で売ることができる。満期時のプット・オプションの価値の一般的な式は、

$$P = \max(0, K - S) \tag{14.2}$$

である。この関数を図 14.2 (b) に示した。プットの価値は有限だが、コール・オプションのペイオフは有限ではないということは重要である。逆に、コール・オプションを発行した場合は、潜在的な損失は有限ではない。コール・オプションは、$S > K$、$S = K$、$S < K$ のいずれの状態かに応じて、それぞれ**イン・ザ・マネー**（in the money）、**アット・ザ・マネー**（at the money）、**アウト・オブ・ザ・マネー**（out of the money）と呼ばれる。この言葉はどの時点でも用いられるが、満期時においてはオプション価値の本質を表すものとなっている。プットの場合、権利行使時のペイオフは $S < K$ のとき正の値となるので、言葉の使い方は逆になる。

◆オプションの時間価値

上記の分析ではオプションの満期での価値に焦点を当てた。この価値はオプションの基本的な構造から導かれる。しかし、(満期以外での権利行使はできない) ヨーロピアン・オプションでさえ、初期の時点で価値をもつ。それは将来権利を行使する可能性をもつからである。変動が大きい場合の例として、行使価格が 420 のアップル社の 9 月のコール・オプションを考えよう。このオプションはわずか 2 日間で満期となるが、アウト・オブ・ザ・マネーであっても 12.8 の価格が付いている (翌日、アップル社の株価の終値は 412.14 で、コール・オプションの終値は 6.90 であった)。

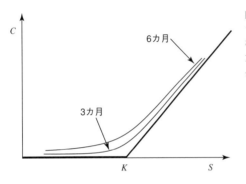

図 14.3 満期までの期日が異なる場合のオプション価格曲線
株価が与えられたとき、満期までの時間が増加するにつれコール・オプションの価値も上昇する。

一般的に、満期まで時間があるときは、株価の関数として見たオプションの価値は、満期時の完全に折れ曲がった直線と異なり、滑らかな曲線となっている。この滑らかな曲線は、実際のオプション価格のデータを用いた推定値によって求めることができる。この推定が示す事実は、どの満期の期間をとってもオプションの価格曲線は、どうやら図 14.3 にあるような曲線になるらしいということである。この図では、太線の折れ曲がった直線が満期時のコール・オプションの価値を表している。上にある曲線は、満期までの期間が異なるオプションに対応している。最初の曲線は、満期まで 3 カ月のコール、その上にあるのが 6 カ月である。満期までの期間が長くなるにしたがって、曲線も高くなる。なぜなら、期間が長くなるとそれだけ株価も上昇する可能性が高まり、最終的なペイオフも増加するからである。しかし、権利行使価格と比べて株価が非常に高いか、または非常に低い場合、時間を付加することの効果は減じてしまう。株価 S が K よりずっと小さい場合、S が K を上回ることはほとんどないであろう。したがってオプションの価値はゼロのままである。S が K よりずっと大きい場合、

株式それ自身を保有していることに比較して、オプションを保有する利点はほとんどない。

この章の主な目的は、オプション価格の理論を確立することである。図14.3で示した一連の曲線がこの理論から導かれるだろう。

◆オプションの価値に影響を与えるその他の要因

オプション価格に重大な影響を与えるもう1つの要因は、原資産のボラティリティである。これを理解するのに、株式は異なるが他の条件が同じオプションを想定してみよう。2つの株式の価格はともに90ドルとし、オプションの行使価格は100ドル、満期まで3カ月とする。ここで片方の株式は変動が大きく、他方は落ち着いた動きをするものとしよう。どちらのオプションの方が価値が高いだろうか？　明らかに変動の大きい株式の方が、満期までの残りの期間が短くても100ドルを超える可能性はより大きく、そのオプションの価値はより高いだろう。したがってコール・オプションの価値は、ボラティリティとともに増加することが予測される。理論を展開していく過程で、これを確認することになるだろう。

他にもオプションの価値に影響を与える要因はあるだろうか。1つは市場金利（もしくは期間構造のパターン）である。コール・オプションの購入は、ある意味で株式を割引した価格で購入することである。つまり利息支払いを浮かすことができる。よってオプション価格は金利にも依存するだろう。

他に重要そうな要因としては株式の成長率がある。成長率が大きいとオプションの価値も高まるというのは、もっともらしく聞こえる。しかし、おそらく驚かれるだろうが、成長率は理論的なオプション価値に影響を与えることはない。その理由は理論式を求めることによって明らかになるだろう。

14.3　オプションの組み合わせとプット-コール・パリティ

特別なヘッジを実現するため、あるいは投機戦略のため、オプションを組み合わせた投資はよく行われている。組み合わせより得られるペイオフ曲線は、いくつかの線分をつなげた形をしている。すべてのペイオフ曲線は、コール、プット、原資産それ自身のペイオフ関数を組み合わせて構成されている。その手続きは、例を用いて図解をすればうまく説明することができる。

例 14.1（バタフライ・スプレッド〈butterfly spread〉）　オプションの組み合わせで最も興味深いのは、バタフライ・スプレッドだろう。これを図 14.4 に示した。このスプレッドは、$K_1 < K_2 < K_3$ として、行使価格が K_1 のコール・オプションと行使価格が K_3 のコール・オプションを買い、行使価格が K_2 のコール・オプションを 2 単位売ることでつくることができる。通常、K_2 として現在の株価に近い値が選ばれる。図で破線によって示したのが、各構成要素の（ペイオフともとの費用を含む）利益である。組み合わせ全体の収益を表す関数は、個々の構成要素の関数の和である。この特殊な組み合わせは、満期時に株価が K_2 に近ければ利益をもたらす。そうでない場合も損失はかなり小さい。このスプレッドのペイオフは、水平部分が軸に接するまで関数を上に持ち上げて得ることができる。動かした距離はオプションのネットの費用に相当する。

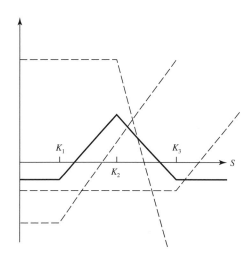

図 14.4　バタフライ・スプレッドの収益
このスプレッドは権利行使価格 K_1、K_3 のコールを買い、K_2 のコール 2 単位を売ることでつくられる。原資産の株価が K_2 の周りから動かないと予想しているときに、この組み合わせは有益である。

ここで大事なのは、実質的にどんなペイオフ関数であっても、オプションと株式の組み合わせを用いて折れ線近似することが可能だという点である。そのペイオフの費用は個々の要素の費用の和に等しい。

◆プット-コール・パリティ

ヨーロピアン・オプションには、対応するコールとプットの価格について単純な理論的関係が存在する。この関係式は、コール、プット、無リスク貸付の組み合わせのペイオフが、原資産のペイオフそのものとなることから導かれる。

以下の組み合わせを考えよう。1 単位のコールを買い、1 単位のプットを売り、満期までの割引係数を d として dK を貸し出す。最初の 2 つの組み合わせのペイオフは、水平軸上の K 点を通る 45° 線である。dK の貸出でさらに K だけペイオフが増加し、ペイオフの直線が上昇して原点を通る 45° 線となる。図 14.5 を見てほしい。最終的なペイオフが株式それ自身のペイオフと一致するので、これは株式の価値 S と等しくなければならない。言い換えると、

$$C - P + dK = S$$

である。

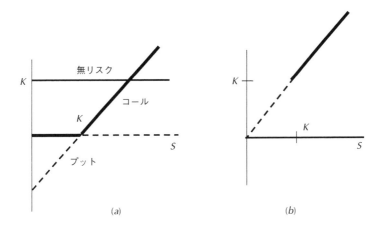

図 14.5 (a) 1 単位のコール、1 単位のプットのショート、K の無リスクなペイオフ K。全体の初期費用は、$C - P + dK$ である。(b) コールとプットのペイオフの図は、K だけ上に引き上げられ、合成されたペイオフを表す。これは、原資産の株式それ自体のペイオフである。

表 14.1 プット–コール・パリティの確認

満期	$C - P + K$		
9 月	$38.60 - 4.95 + 380$	=	413.65
10 月	$43.60 - 9.60 + 380$	=	414.00
1 月	$52.50 - 18.65 + 380$	=	413.85

> **プット−コール・パリティ** C と P をそれぞれヨーロピアン・コール・オプション、ヨーロピアン・プット・オプションの価格とする。2つのオプションはともに権利行使価格 K をもち、株価が S である同じ株式を原資産としている。プット−コール・パリティは、以下の式で表される。
>
> $$C - P + dK = S$$
>
> ただし、d は満期までの割引係数である。

例 14.2（パリティの確認） 図14.1のアップルのオプションを考えよう。プット−コール・パリティの関係は金利に依存しているが、この時点では短期金利は実質ゼロである。したがって、

$$C - P + K = S$$

となることが期待される。

行使価格が380のコールとプット・オプションに着目して、プット−コール・パリティの式の左辺を評価しよう。それが株価413.35となるはずである。表14.1より、3つの満期すべてで、計算結果がきわめて近い値となっていることがわかる。

実際のところ、パリティの関係にはわずかながら不一致が見られることがある。これについてはいくつかの説明が可能だろう。最も重視されるべき点は、株価の値とオプションの値の出所が異なるという点である。株価は証券取引所の終値であり、一方オプション価格はオプションの取引所で行われた最後の取引の価格である。最後の取引の時刻は異なっているだろう。練習問題2で論じるように、配当もパリティの関係に影響しうる。

14.4　早期権利行使

アメリカン・オプションには早期権利行使の可能性がある。すなわち、オプションの満期日の前に権利行使をすることである。この節では株式のコール・オプションについて、裁定が不可能な価格付けがされている限り、満期前に株式

の配当支払いがない場合には、早期権利行使は最適とはなりえないことを示す。

この結果は直観的に以下のように理解できよう。時点 t でコール・オプションをもっており、満期は時点 $T > t$ とする。現在の株価 $S(t)$ が権利行使価格 K より小さいときは、損をするのでオプションを行使しないだろう。一方株価が K より大きければ、つい権利行使をしてしまうかもしれない。しかしもしそうするならば、株式を得るために今 K を支払わねばならない。もしもう少しだけオプションを保有して権利行使をするなら、やはり価格 K で株式を得た上で、さらに買い取り額 K に付いた利子まで得ることができるかもしれない。行使を控えている間に株価が K を下回ってしまったら権利行使はしないだろう。さらに、[今は株式の価値が下がってしまったので] 急いで権利行使をしなくてよかったと思うはずである。

14.5　1期間の2項格子オプション理論

さてここで、オプションの理論価格を計算する問題に取りかかることにしよう。これは**オプションの価格付け理論**（option pricing theory）と呼ばれる分野である。この問題に対しては、市場、株価のふるまいのダイナミクス、個人の選好などについての異なる仮定に基づいたいくつかのアプローチがある。最も重要な理論は無裁定原理に基づくものである。これは原資産のダイナミクスが特定の形をとる場合に適用することができる。この理論の中で最も単純なのは、株価の変動が第13章で論じた2項モデルで与えられる場合である。この理論が実務的に広範に用いられている理由は、その簡潔さと計算の容易さにある。それは前章で論じた理論の美しさたるやここに極まれり、というところである。

2項モデルによるオプションの価格付け理論は、前に述べた議論中にすでにそれとなく示されている。ここでは自己充足的な立場から理論を展開するが、読者はぜひ前の節との関わりを認識してほしい。

まず、1期間の場合から始めよう。用いるのは2項過程の最初のステップだけである。したがって初期株価を S とすると、期末には確率 p で uS となるか、$(1-p)$ で dS となるかのいずれかである。$u > d > 0$ を仮定しておく。またどの期でも、共通の無リスク金利 r で現金の貸借ができるものとする。$R = 1 + r$ としよう。裁定機会を避けるには、

$$u > R > d$$

でなければならない。これを理解するために、まず $R \geq u > d$ かつ $0 < p < 1$

としよう。そうすると、格子上で株価が上昇しても株式のパフォーマンスは無リスク資産より悪い。よって、株式1.00ドルを空売りし得たお金を貸し出すと、結果の状態に依存して得られる利益は、$R-u$もしくは$R-d$となる。初期投資額はゼロだが、どちらの場合でも利益は正である。これは裁定機会がない場合には不可能である。同様の議論で、$u > d \geq R$の場合も除外することができる。

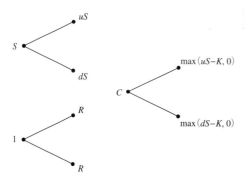

図 14.6 3つの関連する格子
株価、無リスク貸付、コール・オプションの価値はすべて共通の格子上を動くが、ここでは3つの格子に分けて表している。

ここでさらに、株式に対してコール・オプションが存在して、権利行使価格がK、満期は期末であるとする。コール・オプションの価値を求めるために、図14.5を参照しながら、無裁定の議論を用いることにしよう。この図は、株価、無リスク資産の価値、オプション価値の2項格子を表している。すべては同じ枝に沿って動くという意味で、3つの格子は共通の枝をもっている。株価が上側の枝を動くなら、無リスク資産もコール・オプションも同様に上側の枝を動く。無リスク資産の価値は確定的だが、これもどちらの枝にも同じ値を与えることで、株式の（退化した）派生証券であるかのように扱うことにする。

株価Sが既知であるとすると、コール・オプションの価値Cを除いて、1ステップの格子上のすべての値がわかる。コール・オプションの価値は他の値から決めることができるだろう。

洞察力を発揮すると、左側のどの格子も2つの実現値しかもたないということに気づかれることだろう。この2つの格子をさまざまな比率で組み合わせれば、いかなるパターンの実現値であっても構成することができるのである。その特別な場合としてオプションの実現値に対応したパターンをつくることも可能である。

以下のようにC_u、C_dを表す。

$$C_u = \max(uS - K, 0) \tag{14.3}$$

$$C_d = \max(dS - K, 0) \tag{14.4}$$

この 2 つの実現値を複製するため、株式を x ドル分、無リスク資産を b ドル分購入したとしよう。次の期にはこのポートフォリオは、どちらの経路上を動いたかによって $ux + Rb$ の価値をもつか、もしくは $dx + Rb$ の価値をもつことだろう。オプションの実現値と一致させるため、

$$ux + Rb = C_u \qquad (14.5a)$$

$$dx + Rb = C_d \qquad (14.5b)$$

とする必要がある。この方程式を解くために、1 番目の式から 2 番目の式を引くと、

$$x = \frac{C_u - C_d}{u - d}$$

が得られる。これから簡単に、

$$b = \frac{C_u - ux}{R} = \frac{uC_d - dC_u}{R(u - d)}$$

を得る。2 つを合わせるとポートフォリオの価値が求まる。

$$\begin{aligned} x + b &= \frac{C_u - C_d}{u - d} + \frac{uC_d - dC_u}{R(u - d)} \\ &= \frac{1}{R}\left(\frac{R - d}{u - d}C_u + \frac{u - R}{u - d}C_d\right) \end{aligned}$$

ここでは比較の原理（同じことだが、無裁定の原理）を用いて、$x + b$ の価値がコール・オプションの価値 C でなくてはならないことを主張している。その理由は、構築されたポートフォリオの実現値が、コール・オプションの実現値とまったく同じだからである。このポートフォリオの費用がコール・オプションの価格より低ければ、だれもコール・オプションを買わないだろう。実際、このポートフォリオを買い、オプションを売って利益を上げれば、その後はいかなる収支もないので、裁定による利益を得ることができてしまう。価格が逆の方向で等しくないときも、単に議論を逆にすればよい。したがって、コール・オプションの価格は次式で与えられると結論づけることができる。

$$C = \frac{1}{R}\left(\frac{R - d}{u - d}C_u + \frac{u - R}{u - d}C_d\right) \qquad (14.6)$$

オプションの実現値を複製するのに用いた、株式と無リスク資産からなるポートフォリオは、**複製ポートフォリオ**（replicating portfolio）と呼ばれることが

多い。これはオプションを複製してるからである。複製というアイデアは、同じ格子上に定義されるどんな証券であっても、その価値を求めるのに用いることができる。すなわちそれは、株式のいかなる派生証券であってもよい。

(14.6) 式を単純化して理解する方法がある。以下のように q をおく。

$$q = \frac{R-d}{u-d} \tag{14.7}$$

$u > R > d$ と仮定しておいたので、$0 < q < 1$ である。よって、q はあたかも確率であるかのように見なすことができる。C_u と C_d の係数の和が 1 になることに注意しよう。(14.6) 式は、以下のように書き表すこともできる。

> **オプションの価格式** 2項格子で記述される株式の 1 期間のコール・オプションの価値は、
> $$C = \frac{1}{R}[qC_u + (1-q)C_d] \tag{14.8}$$
> である。

(14.8) 式は、C が、確率 q を用いてオプションの価値の期待値をとってから、無リスク資産の金利で割り引くことで得られると解釈することができよう。このため、この確率 q は**リスク中立確率**（risk–neutral probability）と呼ばれている。この評価法はあらゆる証券に対して有効である。実際、リスク中立評価式が原資産それ自身についても成り立つようにすることによって、q を求めることもできるのである。すなわち、

$$S = \frac{1}{R}[quS + (1-q)dS]$$

が成り立つものとすると、(14.7) 式が得られる。

示唆に富む記法を用いて、(14.8) 式を、

$$C(T-1) = \frac{1}{R}\hat{\mathrm{E}}[C(T)]$$

と書くことにする。ここで $C(T)$ と $C(T-1)$ はそれぞれ T 期、$T-1$ 期のコールの価値であり、$\hat{\mathrm{E}}$ はリスク中立確率 q、$1-q$ に関する期待値を表している。

はじめは驚くかもしれないが、価格評価式 (14.6) の重要な特徴は、オプション価格が格子の上昇確率 p とは関係がないという事実である。これは確率的な事象間にトレードオフが生じていないためである。株式と無リスク資産の組み合わせをオプションの実現値に完全に一致させることで価格が決まる。一致の計算には確率は一切関与しないのである。

このようにしてオプション価格を求める方法は、実は第 11 章で説明したリスク中立概念の特殊ケースである。価格式は、線形価格付けを用いるとすぐに導出できる。線形性より、適当な a と b によってただちに、

$$C = \frac{a}{R}C_u + \frac{b}{R}C_d$$

と書くことができる。裁定機会を排除するには、$a \geq 0$ かつ $b \geq 0$ でなくてはならない。これを無リスク資産に適用すると、$1 = a + b$ を得る。したがって、価格式は、$0 \leq q \leq 1$ である適当な q を用いて、

$$C = \frac{1}{R}\{qC_u + (1-q)C_d\}$$

という形式で表せる。株式に適用すると、

$$1 = \frac{1}{R}\{qu + (1-q)d\}$$

となるので、$q = (R-d)/(u-d)$ である。

14.6　多期間のオプション

さて、次は各時点で 1 ステップ後方へ戻ることで、解法を多期間のオプションに拡張することにしよう。2 期間のコール・オプションを表す 2 段階の格子を図 14.7 に示した。前と同じように初期株価を S とし、格子上を動くにつれ上昇時の係数 u と下降時の係数 d によって株価が変化するものとする。格子上に示したのは、権利行使価格が K で満期が格子の最終ノードであるコール・オプションの価値である。格子の最終ノードでのオプションの価値はわかっている。具体的には、

$$C_{uu} = \max(u^2 S - K, 0) \tag{14.9a}$$

$$C_{ud} = \max(udS - K, 0) \tag{14.9b}$$

$$C_{dd} = \max(d^2 S - K, 0) \tag{14.9c}$$

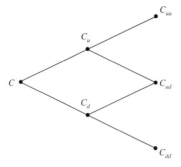

図 14.7　2 期間のオプション
価格は一度に 1 ステップ、後に戻ることで求められる。

である。再度、リスク中立確率を、

$$q = \frac{R-d}{u-d}$$

と定義しておく。ただし、R は無リスク資産の 1 期間の収益である。早期権利行使はない（すでに見た通り権利行使をしないのが最適であるが、再び簡単に示そう）ものと仮定した上で、前節で示した 1 期間の計算を用いて、C_u と C_d の値を求めることができる。具体的には、

$$C_u = \frac{1}{R}[qC_{uu} + (1-q)C_{ud}] \tag{14.10}$$

$$C_d = \frac{1}{R}[qC_{ud} + (1-q)C_{dd}] \tag{14.11}$$

である。次に、再びリスク中立割引評価式を使えば C の値が求まる。よって、

$$C = \frac{1}{R}[qC_u + (1-q)C_d]$$

となる。もっと期間数が多い格子でも同じ手続きを使うことができる。最終ノードから出発して、初期時点まで戻りながら、1 期間の無リスク割引を格子上のすべてのノードで繰り返せばよい。

例 14.3（5 カ月物のコール）　　株価の対数のボラティリティが $\sigma = 0.20$ である株式を考える。現在の価格は 62 ドルであり、配当はない。この株式についてあるコール・オプションが存在しており、満期日は今から 5 カ月先で、権利行使価格は 60 ドルである。現在の金利は 10％で、月次の複利となっている。ここでは、2 項格子オプションアプローチを用いて、このオプションの理論価格を求めることにする。

まず株価の変動の2項モデルのパラメータを決めなくてはならない。期間長を1カ月とすると、$\Delta t = 1/12$ である。パラメータは (13.1) 式より、

$$u = e^{\sigma\sqrt{\Delta t}} = 1.05943$$
$$d = e^{-\sigma\sqrt{\Delta t}} = 0.94390$$
$$R = 1 + 0.1/12 = 1.00833$$

となる。よってリスク中立確率は、

$$q = (R - d)/(u - d) = 0.55770$$

である。

ここで、連続する6カ月（当月も含めている）の月初めの株価を表す2項格子をつくることにする。これは図14.8で与えられる。ノードの上の数値はそのノードでの株価である。株価が上がってから下がると、正味の乗

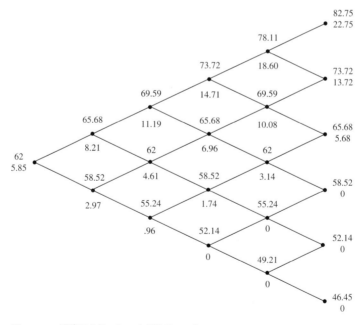

図 14.8　2項格子を用いた 5 カ月物のコール
上の数値が株価を表し、下の数値はオプションの価値である。オプション価値は、格子上を後方にたどって求める。

数は 1 となることに注意しよう。

次に、コール・オプションの価値を計算しよう。まず最終ノードから始めて、満期での価値を最終ノードの下に記入する。満期での価値はゼロと $S-K$ の大きい方である。たとえば一番上のノードでは、$82.75-60=22.75$ である。

1 期前の価値は、1 期間の価格評価式を用いれば求まる。どのノードの値も、続く 2 つの値の割引期待値となっている。ただし、期待値はリスク中立確率 q と $1-q$ に関してとっている。たとえば、[4 カ月目の] 一番上のノードでは、$[0.5577 \times 22.75 + (1-0.5577) \times 13.72]/1.00833 = 18.60$ である。

一度に 1 期間分、左側へ移行し作業を行い、最終的に初期時点に達するまで続ける。この場合、結果としてオプションの価値は 5.85 ドルとなる。

手続き全体が、株式の期待成長率とは無関係であることに注意しよう。この値は、株式の 2 項モデルにおいて唯一確率 p を通じて関係してくる。しかし、確率 p はオプションの評価には使われない。その代わりリスク中立確率 q が用いられる。しかしながら、オプション価格が p とは独立であるという結果は、パラメータを定める際に Δt の近似を用いたことによっている。実際のところ、実務的には、(たとえ Δt が 1 年に相当したとしても) ほとんど変わることなくこの近似は用いられている。もっと一般的な式でパラメータを定めれば、成長率は結果に (わずかではあるが) 影響を与える。

◆**早期権利行使なし***

先ほどの例では、オプションは早期行使されないものと (正しく) 仮定した。ここで、2 項モデルの方程式から直接証明しよう。基本的なペイオフの構造より、

$$C_{uu} \geq u^2 S - K$$
$$C_{ud} \geq udS - K$$
$$C_{dd} \geq d^2 S - K$$

が成り立つ。これより、

$$C_u \geq [u^2 qS + ud(1-q)S - K]/R$$
$$= u[qu + (1-q)d]S/R - K/R$$
$$> uS - K$$

が得られる。同じようにして、

$$C_d > dS - K$$

が得られる。

　図 14.7 の 2 期間の格子において、最初の期の終わりにオプションを行使したとすると、どちらのノードに動いたかによって $uS - K$ か $dS - K$ を得るだろう。上記の不等式によれば、1 期目の終わりにおけるオプションの価値は、その期に権利行使をして得た額よりも大きいことがわかる。したがって、オプションは権利行使をすべきではないことになる。

　格子がより多くの期間で構成されていたとしても、この不等式を次の期にも同じように拡張することが可能である。それゆえ帰納法を用いることで、一般的にオプションの行使が最適でないことを示すことができる。

　早期権利行使が行われないという主張は、すべてのオプションに当てはまるわけではない。場合によっては、価格評価の再帰的手続き中に、付加的な操作を取り込まねばならないこともある。これを次の節で説明しよう。

14.7　より一般的な 2 項格子問題

　2 項格子によるオプションの評価法は、きわめて簡単でかつ応用が広い。このことにより、2 項格子モデルは投資や財務の世界では標準的な道具となっている。前節で説明したように、配当がない株式に対するオプションに適用するとき、この手法は最も簡単である。本節では基礎的な手法をいかにしてより複雑な状況に拡張するかを示す。

◆プット・オプション

　ヨーロピアン・プット・オプションの価値を計算する方法は、コール・オプションの場合とよく似ている。主な違いは、オプションの期末での価値が異なっている点である。しかしいったんこれらが与えられれば、再帰的手続きは同様に機能する。

　アメリカン・プットに関しては、早期行使が最適な場合もある。以下のような再帰的手続きを使えば簡単に計算できる。まず、各ノードでリスク中立割引評価式を使ってプットの価値を計算する。次に、プットを早期行使したら得られるであろう価値を計算する。最後に、これら 2 つの値の大きい方をそのノードにおけるプットの価値として選ぶ。

62.00	65.68	69.59	73.72	78.11	82.75
	58.52	62.00	65.68	69.59	73.72
		55.24	58.52	62.00	65.68
	株価		52.14	55.24	58.52
				49.21	52.14
					46.45
1.56	0.61	0.12	0.00	0.00	0.00
	2.79	1.23	0.28	0.00	0.00
		4.80	2.45	0.65	0.00
プット・オプション			7.86	4.76	1.48
				10.79	7.86
					13.55

図 14.9　5 カ月物のプット価格の計算
下半分の値は後退計算によって求めた。太字の箇所は、オプションを行使するのが最適であることを示す。

例 14.4（5 カ月物のプット）　例 14.3 の 5 カ月物のコール・オプションを評価した際に用いたのと同じ株式を考えよう。ただし、今度はアメリカン・プット・オプションの評価で、権利行使価格は $K = 60$ ドルとする。必要なパラメータは、$R = 1.008333$、$q = 0.55770$、$u = 1.05943$、$d = 0.94390$ であったことを思い出そう。2 項格子の計算には、スプレッドシート・プログラムが大変便利である。そのため、図で表すよりもスプレッドシートで格子を表すことが多い。こうすれば限られた場所にも大きな格子を書くことができるし、また計算がどのように系統だって行われるかを直接示すことができる。

株価の 2 項格子を図 14.9 の上半分に記した。この図では株価の上昇は真横への移動で表され、株価の減少は右へ行ってから 1 ステップ下がる移動となる。

プット・オプションの評価のため、再び後退計算を用いて株価の 2 項格子の下に新しい格子をつくった。最終期の値（最後の列の値）は、この場合、0 と $K - S$ の大きい方である。次に一度に 1 列分左へ移動する。要素の値を計算するには、まず先ほど同様、リスク中立確率を用いて割引期待値を求める。ただし、今度はこの値がその時点で権利行使して得られる価値 $K - S$ を上回っているか否かを確かめねばならない。2 つの値のうち大きい方をそのノードの値として割り付ける。たとえば、後ろから 2 列目 4 番目の要素を見てみよう。そこでの割引期待値は $[0.5577 \times 1.48 + (1 - 0.5577) \times 7.86]/1.00833 = 4.266$ である。権利行使をすると、$60 - 55.24 = 4.76$ の価値になる。4.76 の方が大きいので、こちらをオプション価値の格子に記入する。権利行使の価値の方が大きいのであれば、そのことが格子上でわかるようにしておくとよ

いだろう。図では権利行使が行われる箇所を太字で示してある（あるいは、権利行使の場所を示す、0と1からなるもう1つの2項格子をつくってもよい）。この例では、何カ所かで権利行使が最適となっている。プット・オプションの価格は、格子の最初の要素、すなわち1.56ドルである。

プットの早期権利行使が最適になるのは、直観的に言うと、利益に上限があるせいだろう。たとえば株価がゼロになれば、それ以上大きい利益は得られないのだから、明らかにオプションの権利が行使されるだろう。連続性に関する議論を使うと、株価がゼロに近づくと権利行使が最適であることを示すことができる。

◆配当と期間構造の問題 *

モデルのパラメータがノードごとに変化してもよいとすれば、他の多くの問題を2項格子モデルで扱うことができる。たとえそうしても、計算方法の基本的な構造は変わらない。単にリスク中立確率と割引係数が期間ごとに変わるだけである。

例としては、配当支払いのある株のコール・オプションの評価がある。配当が株価に比例するならば（たとえば k 期に配当 δS が支払われるとする）、株価の格子上で、k 期の終わりにおいて係数 u と d を $u(1-\delta)$、$d(1-\delta)$ に替えれば済む。配当がある固定額 D だけ支払われることがあらかじめわかっているような場合は、上記の手法を直接には使えないものの、2項格子アプローチはやはり有効である。

金利が一定でない場合もパラメータは変動する。この場合は、所与の期間に対して適当な1期間の利率が用いられるだろう。このときは R の値が変化するので、q の値も変化する。

◆先物オプション *

先物オプション、つまり先物に関するオプション契約を取り上げる準備はできているだろうか？　これは最初は複雑に聞こえるかもしれない。だが、先物オプションの分析はかなり簡単である。またこの分析を通じて、リスク中立評価法を完全に理解できるようになるだろう。分析方法を学ぶ最善の方法は例を考えることである。

■ **例 14.5（先物契約）**　ある商品（費用なしで保管が可能で、供給も豊富で

0	1	2	3	4	5	6	0	1	2	3	4	5	6
100.00	102.00	104.04	106.12	108.24	110.41	112.62	4.16	5.05	6.04	7.12	8.25	9.42	10.62
	99.00	100.98	103.00	105.06	107.16	109.30		2.50	3.21	4.07	5.07	6.17	7.30
		98.01	99.97	101.97	104.01	106.09			1.14	1.59	2.20	3.02	4.09
			97.03	98.97	100.95	102.97				0.28	0.42	0.64	0.97
商品価格				96.06	97.98	99.94	商品オプション				0.00	0.00	0.00
					95.10	97.00						0.00	0.00
						94.15							0.00
106.15	107.20	108.26	109.34	110.42	111.51	112.62	4.28	5.21	**6.26**	7.34	**8.42**	9.51	10.62
	104.05	105.08	106.12	107.17	108.23	109.30		2.54	3.27	4.15	**5.17**	**6.23**	7.30
		101.99	103.00	104.02	105.05	106.09			1.15	1.61	2.22	**3.05**	4.09
			99.97	100.96	101.96	102.97				0.28	0.42	0.64	0.97
先物価格				97.99	98.96	99.94	先物オプション				0.00	0.00	0.00
					96.05	97.00						0.00	0.00
						94.15							0.00

図 14.10 商品に関する 2 項格子
左上の格子は商品価格である。他の格子は、商品価格の格子から後退リスク中立評価法で計算した。

あるとする）が現在 100 ドルで、$u = 1.02$、$d = 0.99$、$R = 1.01$ のパラメータをもつ月次の 2 項格子モデルで価格過程が記述できるものとしよう。現実の確率はこの分析では重要ではない。6 カ月先までのこの格子を図 14.10 の左上に書いた。リスク中立確率はすぐに計算できて、$q = (R-d)/(u-d) = \frac{2}{3}$、$1 - q = \frac{1}{3}$ となる。

6 カ月後に満期となる先物契約の先物価格を、2 項格子を使って計算してみよう。これを図 14.10 の左下に記した。第 12 章の結果を用いるのが、この格子の計算の 1 つの方法である。すなわち先物価格は、契約の残り期間中の金利で現在の商品価格を乗じた値に等しい、という結果である。これより先物価格は、格子上に示した通り、$100(1.01)^6 = 106.15$ ドルとなる。格子のどのノードでの先物価格も同じ手法で求められる。単にその時点の商品の価格に、残り期間の金利を掛ければよい。

先物価格は、リスク中立確率を再帰的に用いることによっても求めることができる。6 カ月後の最終的な先物価格はわかっており、これはその時点での商品の価格と等しくなければならない。したがって、最後の列はこれらの値を記入すればよい。直前の列 (5 期目の列) の一番上の先物価格を F とおこう。この価格で 1 期間の先物契約を買うと、次の期のペイオフは、2 つのノードのどちらに達するかによって、$112.62 - F$ か $109.30 - F$ のいずれかになる。この 2 つの値をそれぞれ q、$1-q$ 倍し、その和を 1 期分割り引いたものが、5 期目の初めの価値である。ところが、先物契約は契約開始時には価値が 0 になるように取り決められるので、$q(112.62 - F) + (1 - q)(109.30 - F) = 0$ ということになる。これより $F = q112.62 + (1 - q)109.30$ である。言い

換えると、F は次の期の価格の加重平均となっている。しかもその重みはリスク中立確率にほかならない。ただし、この平均値は割引をしない。

リスク中立確率を使って加重平均（または期待値）を計算する手続きを、初期時点まで後退しながら続けると、再び最終的な価格が 106.15 ドルという結果となった。

もととなる商品価格も、リスク中立価格評価を用いて後向きに再構成できることに注意してほしい。最終期の値が与えられた場合に、リスク中立確率によって期待値を計算し、今度は割引をした値を直前の期の値とする。後向きに格子の値を求めていくことで、左上のもとの数値を複製できる。

先物契約を後向きに計算した手続きも、商品価格を後向きに計算した手続きも、先物契約においては割引評価をしないという以外はまったく同一である。したがって、先物価格は金利でインフレートしていない以外、商品価格と同じなのである。

例 14.6（いくつかのオプション）　今度は、例 14.5 の商品に関して、いくつかのオプションを考えよう。まず権利行使価格 102 ドル、満期が 6 カ月の商品それ自身のオプションを考えることにする。2 項格子を使えば、もはやこれは簡単に計算できる。結果を図 14.10 の右上に示した。最後の列に数値を入れて、それから後向きに割引リスク中立評価を行っていけばよい。オプションの正しい値は 4.16 ドルとなる。

次に、権利行使価格が 102 ドルの先物契約のコール・オプションを考えよう。このオプションが行使されると、オプションの発行者は先物価格 102 ドルの先物契約を、値洗いした上で引き渡さねばならない。権利行使時に実際の先物価格が 110.42 ドル（先物価格の格子において 4 と記された列の一番上のノード）であったとしよう。そうすると、オプションの発行者は 110.42 ドルの先物契約を（費用ゼロ）で購入し、これと差額 110.42 − 102.00 = 8.42 ドルをオプションの保有者に受け渡すことになる。この差額の支払いによって、オプションの発行者が、約束していた先物価格 102.00 ドルの契約の代わりに、110.42 ドルの契約を引き渡さざるをえないことを補償するわけである。言い換えると、オプションの保有者は、権利行使時に現在の先物価格での契約に加えて、現在の先物価格と権利行使価格の差額を現金で受け取るのである。

そのようなコール・オプションも、他のオプションと同様の方法で計算することができる。その結果を図 14.10 の右下の格子に示した。この場合

も、各ノードで権利行使をすべきかどうかを確かめる必要がある。これは、先物価格から権利行使価格を引いた値が、オプションを保有し続けることのリスク中立確率の下での割引価値より大きいかどうかで判断することができる。権利行使が最適である箇所を太字で示した。たとえば、4と記された列の一番上のノードでは、割引リスク中立価値は 8.33 となっている。しかしながら、権利を行使すると、オプションの価値は 8.42 になる。なお、オプションの価値は 4.28 ドルである。2 つのオプションは最終期でのペイオフは同じだが、先物オプションの方が高い価格がついていることに注意しよう。その理由は、途中の先物価格が高いときには早期の権利行使がありうるからである。

14.8　実物投資機会の評価

オプションの理論は、純粋な金融資産ではない投資機会の評価にも用いることができる。再度、金鉱の採掘権の問題を例にとってこのことを説明しよう。ただし、今回は金の価格はランダムに変動するものと仮定する。採掘予定地の採掘権の評価には、この変動を考慮に入れなければならない。

例 14.7（シンプリコ金鉱）　第 2 章のシンプリコ金鉱を思い出そう。この金鉱からは、1 オンスあたり 200 ドルの費用で年間 1 万オンスに達する比率で金がとれる。現在、金の市場価格は 1 オンスあたり 400 ドルであるが、金の価格はランダムに変動することがわかっている。金利の期間構造は 10% の水準でフラットとなっているものと仮定する。その年に採掘された金に適用される価格は、その年の初めの価格であるとする。ただし、すべてのキャッシュ・フローは年末に生じる。10 年間の採掘権の価値を評価したい。

まず金の価格を 2 項格子で表そう。毎年、価格は係数 1.2 で増加するか（確率は 0.75）、もしくは係数 0.9 で減少する（確率は 0.25）。その結果、格子は図 14.11 で示したようになる。

さて、オプションの価格付けに用いた方法を使って、どうやって採掘権の価値を求めればよいだろうか？　そのトリックは、金の採掘権を金融資産とみなしてしまうことである。金の価格変化に応じて採掘権の価値も変動する。実際、どの時点でも金の採掘権の価値は、金の価格と金利（今は一定と仮定している）のみで表される関数である。言い換えると、金の採

0	1	2	3	4	5	6	7	8	9	10
400.0	480.0	576.0	691.2	829.4	995.3	1194.4	1433.3	1719.9	2063.9	2476.7
	360.0	432.0	518.4	622.1	746.5	895.8	1075.0	1289.9	1547.9	1857.5
		324.0	388.8	466.6	559.9	671.8	806.2	967.5	1161.0	1393.1
			291.6	349.9	419.9	503.9	604.7	725.6	870.7	1044.9
				262.4	314.9	377.9	453.5	544.2	653.0	783.6
金の価格（単位：ドル）					236.2	283.4	340.1	408.1	489.8	587.7
						212.6	255.1	306.1	367.3	440.8
							191.3	229.6	275.5	330.6
								172.2	206.6	247.9
									155.0	186.0
										139.5

図 14.11　金の価格の 2 項格子
毎年、価格は係数 1.2 で増加するか、もしくは係数 0.9 で減少する。毎年のとりうる結果はスプレッドシート形式で表示した。

掘権は原資産が金の派生証券である。したがって、採掘権の価値を金の価格の格子上のノードからノードへと記入していくことができる。

10 年後の最終ノードでは、格子上の採掘権の価値は簡単に求まる。その時点では所有者に返却しなければならないので、採掘権の価値はゼロである。そこまで 1 年残っているノードでの採掘権の価値は、その年金鉱から得られた利益を、年の初めまで割り引いた価値に等しい。9 年目の一番上のノードを例にとると、$10{,}000(2{,}063.9 - 200)/1.1 = 16.94 \times 10^6$ である。さらに 1 年前のノードでの採掘権の価値は、その年の利益と次の期の採掘権の価値のリスク中立期待値の和を 1 期間分割り引いた値になる。リスク中立確率は、$q = (1.1 - 0.9)/(1.2 - 0.9) = \frac{2}{3}$、$1 - q = \frac{1}{3}$ である。したがって、採掘権の価値はこれらの値を後向きに再帰的に計算することで求められる（ちなみに、金の価格が 200 ドル以下の場合は、採掘を行わない）。この結果を図 14.12 に示した。結論としては、採掘権の価値は 24,074,548 ドルである（桁をすべて表示した）。

読者の多くは、この例を通じて、本書を読み始めたときと比べて投資に対する理解が深まったことに気づくであろう。第 2 章では、採掘権の契約期間中は金の価格は 400 ドルに固定されているという仮定をおいて、シンプリコ金鉱について議論した。これとは別に、金利が 10% で一定であることも仮定した。これらの仮定は、この種の問題においてはかなり普通に用いられており、おそらく大部分の読者もそれほど深刻な矛盾があるとは思わないだろう。しかし今と

0	1	2	3	4	5	6	7	8	9	10
24.1	27.8	31.2	34.2	36.5	37.7	37.1	34.1	27.8	16.9	0.0
	17.9	20.7	23.3	25.2	26.4	26.2	24.3	20.0	12.3	0.0
		12.9	15.0	16.7	17.9	18.1	17.0	14.1	8.7	0.0
			8.8	10.4	11.5	12.0	11.5	9.7	6.1	0.0
				5.6	6.7	7.4	7.4	6.4	4.1	0.0
採掘権の価値（単位：100万ドル）					3.2	4.0	4.3	3.9	2.6	0.0
						1.4	2.0	2.1	1.5	0.0
							0.4	0.7	0.7	0.0
								0.0	0.1	0.0
									0.0	0.0
										0.0

図 14.12　シンプリコ金鉱
採掘権の価値は後向きに求める。金の価格が 1 オンスあたり 200 ドル以上であれば、鉱山から利益が上がる。そうでなければ、採掘は行われない。

なっては、これは単純化というより、事実上矛盾であることに気づくはずである。金の価格が一定であることがわかっているなら、金はあたかも利率ゼロの安全資産として機能する。これは無リスク資産の金利が 10% であるという仮定と衝突してしまう。実際、金の価格の 2 項格子では、$u > R > d$ となるように u、d、R を選ばなくてはならない。

さて、シンプリコ金鉱に精通したところで、ずっと大変な問題に挑戦してみよう（もし本当にシンプリコ金鉱の問題を修得したと思うなら、練習問題 8 を解いてみよう）。

> **例 14.8（コンプレクシコ金鉱[3*]）**　コンプレクシコ金鉱については第 5 章で論じた。この金鉱では、採掘費用は残っている金の量に依存している。そのため、この金鉱の採掘権を得たなら、ある期間の採掘が将来の採掘費用に影響を与えることを考慮しつつ、各期にどれくらい採掘をすべきかを決めねばならない。さらに今回は、前の例における 2 項格子にしたがって金の価格が変動するとしよう。
>
> x を年初の金の残存量、z をその年の採掘量（オンス）とおくと、どの年も採掘費用は $500z^2/x$ である。初期時点では、この金鉱の金は $x_0 = 50{,}000$ オンスである。再び金利は 10% で期間構造はフラットと仮定しよう。また採掘による利益は、期首の金の価格に基づいて評価され、キャッシュ・フ

---

[3] これはかなり難易度の高い例なので、この章の手法に十分熟達してから学んでほしい。

ローも期首に生じるとする。

この問題を解くためにはいくつか準備的な分析が必要となる。最終時点では採掘権の価値は明らかにゼロである。9年目の終わりに相当するノードでは、10年目の採掘量を決めねばならない。したがって、利益を次式で計算する必要がある。

$$V_9(x_9) = \max_{z_9}(gz_9 - 500z_9^2/x_9)$$

ただし、g は各ノードでの金の価格である。例 5.5 の計算から、最大化によって、

$$V_9(x_9) = \frac{g^2 x_9}{2,000}$$

となることがわかる。これより採掘権の価値が金の残存量 x_9 に比例していることがわかる。そこで、$V_9(x_9) = K_9 x_9$ と書くことにしよう。ただし、

$$K_9 = \frac{g^2}{2,000}$$

とする。対応する金の価格に応じて K の値の格子を用意しよう。最後の列の要素はすべて $K_{10} = 0$ とし、9番目の列に K_9 の値を記入する。前に出てきた例の分析と同様にして、8期目のノードでは、

$$V_8(x_8) = \max_{z_8}[gz_8 - 500z_8^2/x_8 + d\hat{K}_9 \times (x_8 - z_8)]$$

となる。ただし、

$$\hat{K}_9 = qK_9 + (1-q)K_9'$$

である。K_9 は右横のノードでの値で、K_9' はその下の値である。これから、

$$z_8 = \frac{(g - d\hat{K}_9)x_8}{1,000}$$

が導かれ、$V_8(x_8) = K_8 x_8$ となる。ただし、

$$K_8 = \frac{(g - \hat{K}_9/R)^2}{2,000} + \hat{K}_9/R$$

である。8期目のノードでは、K_8 はそれぞれ異なった値をとるだろう。同じ式を使って後向きに格子に値を入れていくと、図 14.13 をつくることができて、$K_0 = 324.4$ が得られる。したがって、採掘権の価値は $V_0 = 50,000 \times K_0 = 16,220,000$ ドルである。

0	1	2	3	4	5	6	7	8	9	10
324.4	393.8	478.1	580.8	706.6	862.3	1058.7	1313.4	1656.1	2129.9	0.0
	272.5	329.9	398.6	480.7	578.4	694.4	831.7	995.0	1198.0	0.0
		225.8	272.2	327.0	390.7	463.4	542.9	621.9	673.9	0.0
			182.8	218.9	260.0	305.2	351.1	387.3	379.1	0.0
				143.6	169.5	197.0	222.5	237.3	213.2	0.0
Kの値					108.1	124.4	138.1	142.8	119.9	0.0
						76.9	84.1	84.6	67.5	0.0
							50.3	49.5	37.9	0.0
								28.7	21.3	0.0
									12.0	0.0
										0.0

図 14.13 コンプレクシコ金鉱の問題の解
金鉱の価値は金の残存量に比例する。比例係数 K は後向きの再帰式で求められる。

◆リアル・オプション

 ときおり、金融資産ではない投資機会にまつわるオプションが見受けられる。たとえば、工場の操業時にマネジャーは従業員を増やすか、新しい機械を導入するかの選択を迫られることがあるだろう。別の例としては、土地を購入したとして、そこで石油を探して試掘を行うか、あるいは後に石油が見つかってから採掘を行うかという選択もある。実際、ほぼどんなプロセスであっても、それがコントロールできるのであれば、操作の選択肢が連なったプロセスと見ることもできる。これら操作に関するオプションは、しばしば**リアル・オプション**（real option）と呼ばれている。これは、たとえば株式の場合のように純粋な金融資産とは異なり、現実の活動や実際の商品であることを強調した名称である。

 一般的な投資の問題に適用する場合でも、リアル・オプションという名称が意味するのは、やはり問題の分析にオプション理論を用いることができる（またそうすべきである）ということである。

例 14.9（工場のマネジャーの問題） ある製造工場が、**固定費用**（fixed cost）（設備費、管理費、家賃）と、生産量に比例する**変動費用**（variable cost）（材料費、人権費、電気水道代）によって説明できるとする。したがって総費用は $T = F + Vx$ である。ただし、F は固定費用を、V は変動費用のレートを、x は生産量を表すとする。工場の生産量が x の月の利益は、p を製品の市場価格として、$\pi = px - F - Vx$ と表される。もし $p > V$ な

ら、明らかに工場は x を工場の最大キャパシティーまで増加させる。一方、$p < V$ なら操業をしないだろう。したがって、工場は権利行使価格が変動費のレートに等しい、操業に関する連続的なオプションをもっているものと考えることができる（例14.7 のシンプリコ金鉱はこのタイプである）。

リアル・オプションは、金融資産のオプションと同じ方法で分析することができる。具体的には、通常は2項格子を用いて適切に不確実性を表現した上で、後退計算で価値を評価する。本当のことを言えば、この解法手続きは、オプションという特定の応用というよりは、もっと本質的なものである。それゆえ、すべての制御しうる機会を無理矢理オプション（リアル・オプションであれ、その他のオプションであれ）にしてしまうのは不必要であるし、ときには人為的にすぎると思われる。熟達した分析者であれば、そのようなことはせずに問題をあるがままにとらえ、直接取り扱うだろう。

シンプリコ金鉱は、投資のタイミングに関する複雑なリアル・オプションの説明に使うことができる。

例 14.10（シンプリコ金鉱の拡張）* シンプリコ金鉱は年間1オンスあたり200ドルの費用で、1万オンスの金を採掘可能であったことを思い出そう。この金鉱が一連のリアル・オプションからなることはすでに見た通りである。すなわち、年度ごとに採掘を行うかどうかというオプションである。実際のところ、採掘権の価値はこれら個々のオプションの価値の和となっている（もっとも、そう考えたところで別段役に立つわけではない）。今回の例では別のオプションを考えることにしよう。これは掛け値なしのリアル・オプションである。

　新しい採掘用の機械を買って金鉱の構造を変えることで、生産レートを上げられる可能性があるとしよう。この拡張には400万ドルかかるが、金鉱の採掘量は25％増の年間1万2,500オンス、費用は1オンスあたり240ドルとなる。

　必ずしもそうしなくてはならないわけではないので、拡張策はオプションである。さらにこのオプションは、契約期間中いつでも利用できる。拡張は年初に実行され（すなわち権利行使され）、いったん導入されると将来にわたって稼働する。しかし、契約期間の終了時には金鉱の所有者の財産になるものとする。

　図14.14は、拡張オプションが利用可能なときの採掘権をいかに評価す

	0	1	2	3	4	5	6	7	8	9	10
	27.0	31.8	36.4	40.4	43.5	45.2	44.8	41.4	33.9	20.7	0.0
		19.5	23.3	26.6	29.3	31.0	31.2	29.2	24.1	14.9	0.0
			13.5	16.3	18.7	20.4	21.0	20.0	16.8	10.5	0.0
				8.6	10.8	12.5	13.4	13.2	11.3	7.2	0.0
					4.9	6.5	7.7	8.0	7.2	4.7	0.0
拡張が実施されていると仮定した場合の採掘権の価値						2.3	3.4	4.1	4.1	2.8	0.0
							0.8	1.3	1.8	1.4	0.0
								0.1	0.2	0.4	0.0
									0.0	0.0	0.0
										0.0	0.0
											0.0
	24.6	28.6	32.6	**36.4**	39.5	41.2	40.8	37.4	29.9	16.9	0
		18.0	20.9	23.5	25.6	**27.0**	27.2	25.2	20.1	12.3	0
			12.9	15.0	16.7	17.9	18.1	17.0	14.1	8.7	0
				8.8	10.4	11.5	12.0	11.5	9.7	6.1	0
					5.6	6.7	7.4	7.4	6.4	4.1	0
拡張オプションの価値						3.2	4.0	4.3	3.9	2.6	0
							1.4	2.0	2.1	1.5	0
								0.4	0.7	0.7	0
									0.0	0.1	0
										0.0	0
											0

図14.14 採掘を拡張するオプション

るかを示している。まず、すでに拡張が実施されているものとして、採掘権の評価を行う。この計算結果は、図の上半分の格子を作成することで得られたものである。この2項格子をつくるには、例14.7とまったく同じ手法を用いたが、生産量と採掘費用は新しい値を用いている。これらの条件のもとでは、採掘権の価値は2,700万ドルである。ただし、ここには拡張の費用が含まれていない。時点0で拡張を行ったとすると、ネットの採掘権の価値は2,300万ドルとなり、以前求めた拡張がない場合の価値である2,410万ドルよりもやや小さい値である。したがって、すぐに拡張を実行しても無益である。

拡張オプションの価値を評価するには、図の下半分に示したような別の2項格子が必要になる。ここでは、生産量と費用に関してはもともとの値（年間1万オンスの生産量、1オンスあたり200ドルの費用）を用いている。しかし、すべてのノードで、通常の計算に加えて、400万ドルを支払って上側の格子に飛ぶのが有益かどうかを確かめている。具体的に言うと、最初

に下側の格子の各ノードで、通常のリスク中立確率による評価を行う。次にこの値と、対応する上側の格子のノードの値から400万ドルを引いた値を比較する。この値のうち大きい方を、そのノードの値として下の格子に記入する。太字で表された数字が、拡張を実行して上側の格子に移るべきノードを示している。これらの値は、上側の対応するノードの値よりちょうど400万ドル少ないことに注意しよう。

オプションがある場合の全体的な価値は、最初のノードの値で与えられている。ここではすでに400万ドル分が引かれている。結局、拡張オプションがある場合の採掘権の価値は2,460万ドルとなり、当初の2,410万ドルよりやや改善している。

◆線形価格付け

通常、派生証券の評価にはリスク中立確率が用いられるが、この評価は線形価格付けに基づいていることを認識することが重要である。線形価格付けの意味は、特定の派生証券を既知の証券に一致させ、その価値を足して評価をするというものである。次の例はこの手法の根底にある簡明さを強調している。

例14.11（ガビンの説明） ガビンは新しい価格付けの手法に興奮しており、それがどのような仕組みか父親のD.ジョーンズに話したくてたまらない。ガビンは、ポケットから25セントのコインを1枚取り出し、やり方を説明した。「コイン投げの結果に賭けることができる。1ドル賭けて表が出たら、3ドルもらえる。でも、裏が出たら何ももらえず、1ドルは返ってこない。これは、リスクのある株みたいなものだよ。もちろん、お金はポケットにしまったままでもいい。その場合は、コイン投げの後でも1ドルはそのままだ」。ジョーンズ氏がわかったと頷くと、ガビンは続けた。「どれだけ賭けてもいい。コイン投げをショートするために負の金額でもいい。いつでもどれにでも賭けることができる」

話を強調しようとガビンは数回コインを投げて、説明を続けた。「さあ、ここで新しい提案だよ。コインを2回投げて、もし1回でも表が出たら9ドルもらえるとする。両方とも裏なら何ももらえない。もちろん、望むなら、前と同じようにそれぞれのコイン投げに対して賭けをしてもいい。この提案の価値はいくらになるかな？」

ジョーンズ氏は少し考えて言った。「確率を計算するんだな」

ガビンは言った。「実際の確率とはまったく関係ないんだ」

ジョーンズ氏は疑っているようだ。「教えてもらうほうがよさそうだ」

紙切れに、ガビンはもとの賭けと新しい提案を表す図 14.15 の最初の 3 つのツリーを描いた。それから、ガビンは 1 回コイン投げをして表が出た場合の価値がいくらかを尋ねた。ジョーンズ氏は、それが 9 ドルであることをすぐに理解した。なぜなら、次のステップは無リスクのペイオフの 9 倍だからである。同じようにして、最初のコイン投げが裏だった場合、そこからのペイオフは株のペイオフの 3 倍に等しいことがわかった。ジョーンズ氏はガビンに手伝ってもらって、9 と 3 のペイオフが、6 と 0、および 3 と 3 のペイオフに分解できること、および全体として 2+3=5 の価値であることを知った。

そうしてガビンは、リスク中立確率 1/3 を用いると、期待値が正しい答えとなることを示した。

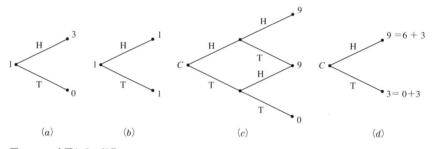

図 14.15 命題とその部品
ツリー (a) は基本的リスキーポジション、ツリー (b) は無リスク投資機会、ツリー (c) は新たな複雑な命題、である。C は部品に分解することで求められる。最終的な部品を (d) に示した。

例 14.12（完全ヘッジ） コイン投げの例で、価値が 5 ドルであることの導出は納得できるものであったが、それでもリスクの問題がある。誰かがコイン投げ 2 回の例のペイオフを約束してくれたとして、明らかにリスクが存在している。現実には、5 ドルを確実に得られるわけではなく、9 ドルか 0 ドルのいずれかになるからである。

しかし、実際には、不確実なペイオフを確実な 5 ドルのペイオフに変換して、途中のステップでの収支を 0 に保つことが可能である。そのトリックは、適切にヘッジをすることである。そして、このヘッジの結果によって、真の価値が 5 ドルであることをより深く理解できるだろう。

図14.16の格子を考えよう。初めに最初のノードで株2単位を空売りし、無リスク資産を2単位購入するとしよう。この費用は0である。図では、この取引は、最初のノードにおいて $-2S+2B$ と表されている。表が出たら、ペイオフは $-6+2=-4$ となる。つまり、4ドルの借金があるということである。その時点での収支を0にするため、図で示してあるように4単位の債券を借りよう。次のコイン投げで表が出ても裏が出ても、提案から9ドルが得られ、借りた4ドルを返済して5ドルが残る。終端の真ん中のノードでは、上側の計算が用いられている。

同じように、最初のコイン投げが裏だった場合、そのノードで2ドルが得られる。5単位の債券を購入し、3単位の株を空売りする。先に得た2ドルと合わせて、この取引によりその時点で収支は0である。最後に、次のコイン投げが表であったなら、真ん中のノードの下側に示したように $9-9+5=5$ ドルが得られる。一方、裏が出たときは $0+5=5$ ドルとなる。

何が起きようと、5ドルが得られるのである！

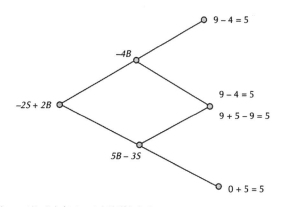

図14.16　適切なヘッジにより無リスクな取引となる。

14.9　一般的なリスク中立価格付け*

一般的なリスク中立価格付けは、前の数節での分析と手法から推測できるだろう。この原理により、2項格子形式のもとで、派生証券の価格評価のためのコンパクトな関係式が得られる。資産の価格 S が2項格子によって表され、また

f はどの時点 k においても、そのキャッシュ・フローが時点 k のみの関数であるものとする。そうすると、資産の無裁定条件下での価格は、

$$f_{\text{val}} = \hat{\text{E}}\left(\sum_{k=0}^{N} d_k f_k\right) \tag{14.12}$$

で与えられる。この式において、和は割引キャッシュ・フローを表しており、d_k は時点 0 で観測される無リスク割引係数である。f_k は期ごとのキャッシュ・フローであり、k 期にどのノードが生じるかに依存した値である。したがって f_k は確率変数である。期待値 $\hat{\text{E}}$ は、原資産の 2 項格子に伴うリスク中立確率に関して計算される。権利行使価格 K のヨーロピアン・コール・オプションを考えよう。価格評価式 (14.12) は、

$$C = \frac{1}{R_T}\hat{\text{E}}[\max(S_T - K, 0)] \tag{14.13}$$

となる。ただし、R_T は満期に至るまでの全期間の無リスク資産の収益率である。この場合は、最終期だけにキャッシュ・フロー $\max(S_T - K, 0)$ が生じる。これのリスク中立期待値をとり、割引をしているわけである。注意してほしいのだが、この式を用いた実際の計算を行うにあたっては、最後から後向きに求めていくのが一番よい方法である。一度に 1 段階ずつ、逐次現在価値評価法を用いて順番に計算するのである。

多くの場合、キャッシュ・フローの流列は、偶然の変動にも影響されるし、われわれのとる行動によっても影響される。たとえば、満期前に権利行使をするかどうか、金鉱で金をどれくらい採掘するか、拡張を加えるかどうかを決める機会をもつものとしよう。そのような場合の一般的な評価式は、

$$f_{\text{val}} = \max\left[\hat{\text{E}}\left(\sum_{k=0}^{N} d_k f_k\right)\right]$$

となる。可能なすべての行動の中から最大化が行われる。本章のいくつかの例を通じて、多くの場合、この最大化問題が、後向きの再帰的評価の手続きの一部として実行されることを見てきた。もっとも、ときどき格子の規模を増加させる必要がある。この一般的な形式は大変有効である。というのもこれを用いて、多くの興味深い重要な投資問題を解くことができるからである。

14.10 三原則の効能

再びここで、例 14.7 のシンプリコ金鉱を考えよう。以下で、1 つの格子すら構築する必要がなく、そのかわり 3 つの価格付けの原則に基づく簡単な計算を少しばかり行えばその価値を求めることができるということを示そう。読者は、先に進む前にどうすればいいのか考えてみるとよい。

毎年、採掘を行うか行わないかという 2 つの選択肢があるが、金の価格がオンスあたり 200 ドルを下回らない限り、採掘を行うのが最適である。200 ドル以下になるのは、価格の格子の右下の一部のセルだけである。この選択肢を無視して毎年採掘を行っても、金鉱の価値の低下は（数値誤差を含めて）25 ドルにすぎない。

金鉱の収入は、各期における 10,000 オンスの金の販売によってもたらされる。時点 0 で将来の金の価格は不明であるが、将来時点での金 1 オンスの売上の時点 0 における価値は、第 1 の価格付け原則により単に現在の金の価格 400.00 ドルとなる。したがって、金の売上の総価値は、$10,000 \times 10 \times \$400 = \$40,000,000$ である。実際には、売上金は期末に得られるので、10% の金利で 1 期分割り引く必要がある。すなわち、時点 0 における金販売の総価値は、$G = \$40,000,000/1.1 = \$36,363,636.36$ である。

費用は毎期オンスあたり 200 ドルで、一定である。第 2 の価格付け原則より総費用の現在価値は、10 年間 200 ドルの年金の価値を 10,000 倍したものとなる。これは、スプレッドシードを用いるか、第 3.2 節の年金公式によって容易に計算できる。年金公式によれば、$C = 10,000 \frac{\$200}{0.10} \left[1 - \frac{1}{1.1^{10}}\right] = \$12,289,134.21$ である。時点 0 における金鉱の最終的な価値は、$G - C = 24,074,502.15$ であり、格子による計算法とほぼ正確に一致する。線形価格付けの原則は、複数の個別なキャッシュフローを統合するのに用いられている。

ここで練習問題 8 に取り組んでいただくことにしよう。

◆価格付け原則の分解

ペイオフが原資産の市場価格の線形関数である場合、価格付けの基本原則を直接適用することが可能である。先渡などの派生証券がそれに該当するが、オプションなど他の派生証券には当てはまらない。しかし、単一の 2 項分岐で決まる資産のペイオフには適用可能である。なぜならば、すべての実現値が原資産の株式と債券の線形結合で表せるからである。多段階の 2 項過程（2 項格子やツリー）は一連の線形な 2 項分岐に変換できるため、基本原則によってすべて

の過程を価格付けできる。読者は次の章で、基本原則が同じようなやり方で連続時間の場合にも適用可能であることを学ぶだろう。

14.11　まとめ

　オプションとは、指定された条件のもとで資産を買う（売る）権利であって、義務ではない。オプションは変化に富んだ歴史をもつが、この20年間で金融において不可欠の役割を担うようになった。賢明に用いればリスクを制御しポートフォリオのパフォーマンスを改善できるが、不注意に用いると著しくリスクを増大させ、取り返しのつかない損失を招いてしまう。

　オプションの用語は以下の通りである。コール、プット、権利行使、権利行使価格、満期、コールの発行、プレミアム、イン・ザ・マネー、アット・ザ・マネー、アウト・オブ・ザ・マネー、アメリカン・オプション、ヨーロピアン・オプション。

　オプション理論の主要なトピックは、オプションの正しい価格（またはプレミアム）を決定することである。オプション価格は、原資産の価格、権利行使価格、原資産のボラティリティ、資産によって生み出されるキャッシュ・フロー（たとえば、配当支払い）、そして市場金利に依存している。適切なオプション価格を決めるのは容易ではないが、単純な無裁定条件のもとでは、ある関係式を導くことができる。たとえば、ヨーロピアン・オプションにおいては、権利行使価格が等しいプットとコールの間にある関係式が成り立つ。オプションの組み合わせ（たとえば、バタフライ・スプレッド）の価値は、構成要素のオプションの価値の合計に等しい。

　配当支払いのない株式のアメリカン・コール・オプションにおいては、満期前の権利行使は決して最適にならないという、1つの重要な結果が得られている。

　オプション価格を求める一般的な方法は、2項格子による評価法である。原資産の確率過程は、2項格子によってモデル化することができる。まず、満期時のオプションの価値を対応するオプションの格子の最後の列に書き入れる。オプションの格子上の他のノードでの値は、一度に1期ずつ期間に関する後向きの計算を行うことで求められる。（早期行使を伴わない）ヨーロピアン・オプションであれば、オプション格子上の各ノードの値は、リスク中立確率による次の期の値の期待値を計算することによって求められる。次に、この期待値を1期間分の金利で割り引く。オプションがアメリカン・タイプであれば、前と同じように計算された値を、その時点で権利行使したら得られる値と比較し、大きい方をそのノードでの最終的な値とする。

リスク中立確率は簡単に求めることができる。上昇時のリスク中立確率は $q=(R-d)/(u-d)$ である。この式を導く最も簡単な方法は、原資産の価格を次の期の値の割引期待値と一致させるような q を求めるというものである。

2項格子による評価法は、オプション以外の投資の価値に対しても用いられる。実際この方法は、そのキャッシュ・フロー流列を原資産とする取引可能な資産によって定まる任意のプロジェクトの評価に対しても適用することができる。これには、先物オプション、金の採掘権、油井、林業農家などの例がある。たとえ複雑なリアル・オプションであっても、2 ないし3つの相互連関した2項格子を構成することによって、巧妙に評価を行うことができる。

練習問題

1. （ブル・スプレッド）　ある株式について強気の相場観をもつ（価格が上昇すると見込む）投資家は、その株式についてブル・スプレッドの契約を行おうとするであろう。そのスプレッドを組むには、権利行使価格が K_1 のコールを1単位購入し、同じ満期で権利行使価格が $K_2 > K_1$ のコールを売却するのが1つの方法である。このペイオフ曲線はどのような形状をしているか。また、このスプレッドの初期費用は正か負か。

2. （プット-コール・パリティ）　$[0,T]$ の期間に、ある株式が金利 r での現在価値が D となる配当を支払うものとする。$t=0$ において、満期が T のヨーロピアン・オプションのプット-コール・パリティの関係式が、

$$C + D + Kd = P + S$$

となることを示せ。ただし、d は 0 から T までの割引係数である。

3. （特許保険）　1年前、バイオテクノロジーに関するインキュベータ企業のビオエッタ社は、大手製薬会社のファーム社に特許を売却する2年間で1,000万ドルの先渡契約を結んだ。

　契約を1年残すのみとなった現在、両者は特許の市場価値の不確実性に対して懸念を抱いている。その両者に対して、大手の保険会社プロテック社が損失保険の提供を申し出ている。プロテック社は、ビオエッタ社に対して、40万ドルの保険料で、特許の市場価値が固定売却価格1,000万ドルを上回った場合、市場価値と1,000万ドルとの差額を支払う。上回らない場合は、支払いはない。

　同じように、100万ドルの保険料で、特許の市場価値が売却価格1,000

万ドルを下回った場合、プロテック社はファーム社に市場価値と1,000万ドルとの差額を支払う。下回らない場合は、支払いはない。

額面100ドル、満期が1年の債券が90ドルであるとすると、プロテック社は特許の価値をいくらと見積もっているか（保険は取引可能と仮定してよい）。

4. （コールの権利行使価格）　配当支払いのない株式について、権利行使価格以外はすべて条件が同じコール・オプション群を考えよう。権利行使価格が K のコール・オプションの価値を $C(K)$ で表す。裁定の議論を用いて以下の3つの一般的な関係式を証明せよ。
(a) $K_2 > K_1$ ならば $C(K_1) \geq C(K_2)$
(b) $K_2 > K_1$ ならば $K_2 - K_1 \geq C(K_1) - C(K_2)$
(c) $K_3 > K_2 > K_1$ ならば
$$C(K_2) \leq \left(\frac{K_3 - K_2}{K_3 - K_1}\right) C(K_1) + \left(\frac{K_2 - K_1}{K_3 - K_1}\right) C(K_3)$$

5. （固定配当 ⊕）　株式が時点 τ で配当 D を支払うものとしよう。この株式に関するヨーロピアン・コール・オプションの価格を2項格子の手法で求めることにする。そこでオプションの残存期間 $[0, T]$ を N 個の区間に分割し、結果として $N+1$ 個の時点を得る。配当の支払い日 τ が k 期と $k+1$ 期の間であると仮定する。この問題に対する1つのアプローチとしては、通常のように株価の格子をつくってから、k 期のノードでの値から D を引くというのがある。この手続きによると、図14.17に示したようなノードが再結合しないツリーが出来上がる。

この手法で問題を解くことができるが、ノードが再結合する表現方法も別に存在する。配当の額がわかっているので、これを株価の非確率的な要素と見なすことができる。配当が支払われる前は、どの時点でも株価が2つの要素からなると見なすのである。2つの要素とは、確率的要素 S^* と将来の配当支払いの現在価値に等しい確定的要素である。確率的要素 S^* は、初期価格 $S(0) - De^{-r\tau}$ と、株価のボラティリティ σ から求まる u と d をもつ2項格子で記述される。オプションはこの格子を用いて評価することができるのだが、以下に述べる点のみ計算を修正する必要がある。ノードでオプションの価値を評価する際に、$t < \tau$ において評価式中の株価として S^* ではなく $S = S^* + De^{-r(\tau-t)}$ を用いなければならない。この手法を用いて、$S(0) = 50$、$K = 50$、$\sigma = 20\%$、$r = 10\%$、$D = 3$ドル（支払いは $3\frac{1}{2}$ カ月目）の6カ月物のコール・オプションの

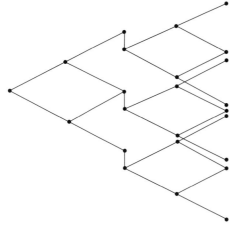

図 14.17 再結合しない配当のツリー

価値を求めよ。

6. （コールの不等式）　配当支払いのないヨーロピアン・コール・オプションを考える。権利行使価格は K で、満期は T、満期 T のゼロ・クーポン債 1 単位の価格が $B(T)$ である。コールの価格を $C(S,T)$ と表す。以下の不等式が成り立つことを示せ。

$$C(S,T) \geq \max[0, S - KB(T)]$$

［ヒント：2 つのポートフォリオを考えよ。(a) コール 1 単位を買う (b) 株式 1 単位を買い、債券を K ドル分売る］

7. （無期限コール）　無期限オプションとは満期のないオプションのことである（この種のオプションは必然的にアメリカン・タイプである）。練習問題 6 を用いて、配当支払いのない株式の無期限コール・オプションの価値は $C = S$ であることを示せ。

8. （意外な事実 ⊕）　すべて正であるような確定的なキャッシュ・フロー流列 $(x_0, x_1, x_2, \ldots, x_n)$ を考える。金利 r のもとでの流列の現在価値を $\mathrm{PV}(r)$ で表す。
   (a) r が減少した場合、$\mathrm{PV}(r)$ は増加するか、それとも減少するか。
   (b) シンプリコ金鉱の問題を $r = 4\%$ として解き、採掘権の価値が 2,210 万ドルであることを確かめよ。$r = 10\%$ の場合に比べて、値が減少している理由を説明できるか。

9. （コイン）　2 つの取引が提示されている。(a) コインを投げて、表が出

たら3ドルもらえる。裏なら0ドル受け取る。この取引に参加するには1ドルかかる。この取引には何口乗ってもよく、何度も行ってよい。ペイオフはその口数や回数に比例する。(b) お金をポケットにしまっておく（利息は付かない）。ここで3つ目の取引が示された。(c) コインを3回投げ、少なくとも2回表が出たら27ドルもらえる。それ以外のときは1ドルももらえない。3つ目の取引にはいくらの価値があるか。

10. （ハッピー・コール）　ニューヨークの企業が"ハッピー・コール"という新しい金融資産を売り出した。時点 T におけるそのペイオフ関数は $\max(0.5S, S-K)$ である。ただし S は株価で、K は固定された権利行使価格である。ハッピー・コールでは必ず何がしかの支払いがある。P を $t=0$ の株価とし、C_1 と C_2 をそれぞれ権利行使価格が K、$2K$ の通常のコールの価格とすると、ハッピー・コールの妥当な価格は以下の式で表される。

$$C_H = \alpha P + \beta C_1 + \gamma C_2$$

定数 α、β、γ を求めよ。

11. （あなたが社長）　今日は8月6日である。あなたはある小規模な電気機器会社の社長である。会社には当面の3カ月使うあてのないいくばくかの現金が手元にあるのだが、金利はきわめて低い状態にある。会社の財務担当役員（CFO）によれば、先進的な証券会社には株式市場で損失を被ることなく値上がり益だけをとることが保証された投資があるという。実際に、11月の第3週までの総収益率が、$\max(0, 0.25r)$ に確定している。ここで r は3カ月間のS&P100株式インデックスの（配当を無視した）総収益率を表す。CFOはこの保守的な投資は金利市場への投資に代わる理想的な投資であると提案し、あなたの意見を求めてきた。あなたはウォールストリート・ジャーナルを取り上げると、いくつか簡単な計算をして、その取引が本当に割のいい取引なのかどうか確かめてみた。その計算を示し、結論を述べよ。データ：株価インデックスは14.2である。11月満期で行使価格が410と420のコール・オプションがあり、価格は13と7.5である。11月の国債の利回りは3.11である。

12. （シンプリコの不変性）　シンプリコ金鉱の問題を、$u=1.2$ を $u=1.3$ に変えた以外は同じパラメータを用いて解くと、採掘権の価値は小数第3位まで変化しない。実際 u と d をかなり大きく動かしても、採掘権の価値にほとんど影響を与えない。これについて直感的な説明を与えよ。

13. （区間長の変化 ⊕）　ある株式がボラティリティ $\sigma=0.30$ をもち、現在

の価格が36ドルであった。この株式のアメリカン・プット・オプション
は権利行使価格が40ドルで、満期は5カ月である。金利は8%であった。
区間の長さを1カ月とした2項格子を用いてこのプットの価格を求めよ。
区間の長さを半分にした同じ格子を用いて、再度計算を行え。

14. (平均価値によるコンプレクシコ ⊕)　k期から$k+1$期の間に採掘される金の価格は、その2つの期の金の価格の平均値とする。つまり$(g_k+g_{k+1})/2$である。ただし、費用は期首に徴収され、収入が入るのは期末である。この場合のコンプレクシコ金鉱の価値を求めよ。

15. ("お気に召すままに"オプション)　例14.3と例14.4の株式は、ボラティリティは$\sigma = 0.20$で、初期価格は62ドルである。また金利は10%で、毎月の複利である。権利行使価格60ドルの5カ月物のオプションを考えよう。このオプションは3カ月後に、購入した人によってヨーロピアン・コールかヨーロピアン・プットのどちらであるかが宣言される。この"お気に召すままに"オプションの価格を求めよ。

16. (森林の伐採 ⊕)　林業農家への投資を考えている。木は各年度に以下の成長率にしたがって育つ。

年度	1	2	3	4	5	6	7	8	9	10
成長率	1.6	1.5	1.4	1.3	1.2	1.15	1.1	1.05	1.02	1.01

    森林の価格は$u=1.20$、$d=0.9$の2項格子にしたがう。金利は10%で一定である。伐採地の地代は、毎年200万ドルで、年初に支払うことになっている。森林の初期価格は500万ドルである(ただちに伐採可能であると仮定している)。伐採はどの年度末に行ってもよく、その後は地代を支払う必要はない(気にする読者のために言っておくと、伐採した材木に保管費用はかからない)。

    (a) 地代がゼロならば、木が育っている限り伐採は行うべきではないことを示せ。
    (b) 毎年度の地代が200万ドルのときの、最適な伐採計画と投資の価値を求めよ。

17. (コインの市場)　コイン投げの結果に賭ける市場がある。起こりうる結果は、表、裏、エッジ[4]である。この市場では、3つの資産が取引されている。
    資産A　結果にかかわらず1ドル支払う。

---

[4] 訳注: コインが立っている状態。

資産B　表が出たら 1.50 ドル、裏が出たら 0 ドル、エッジで立ったら 1 ドル支払う。

資産C　エッジで立った場合のみ 10 ドル支払う（他の場合は支払わない）。

これらの資産の価格は常に 1 ドルに固定されている。結果が確定したらただちに賭けに勝った人に支払いが行われるものと仮定する。

(a) この市場で想定される無リスク金利はいくらか。

(b) コイン投げの結果（表、裏、エッジ）のそれぞれのリスク中立確率はいくらか。

18. （高い金利）　図 14.18 の左側の株と債券に関する格子を考えよう。いずれも単位費用 1 ドルに対して終端ノードに記されたペイオフをもつ。新しい資産として、この 2 つの資産の派生証券があるとする。この派生証券のペイオフは、図の右側の格子における 2 期目の終わりに示してある。

(a) 新しい資産の価格を求めよ。

(b) 2 期目の終わりに得ることができる確定的なペイオフはいくらか。

(c) 確定的なペイオフが得られるように、株と債券を取引して新しい資産をヘッジする方法を示せ［ヒント：ペイオフが 16, −8, 0 となる格子をつくり、その費用が 0 となることを述べよう。各ノードで実現する価値を求めてから、ノードの値に一致するような自己充足型ポートフォリオを調べてみよう。2 項格子に適合させるために、$x = (C_u - C_d)/(u - d)$ としたことを思い出そう］。

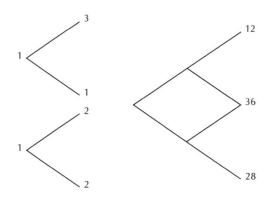

図 14.18　不確実性のヘッジ

19. （オプションの組み合わせ）　満期が 1 年のヨーロピアン型の派生証券のペイオフは $\max(0, \min(3K - S, S - K))$ である。ただし、$K = 10$ は行使

価格、S は満期における原資産である株の価値である。株は現在 25 で取引されており、この下部のヨーロピアン型オプションの価格は以下の通りである（すべて満期は 1 年）。

タイプ	行使価格	価格
コール	10	16.76
コール	20	7.02
プット	10	0.85
プット	30	6.05

(a) このペイオフのグラフを S の関数として描け。
(b) 1 年間の金利 r はいくらか。
(c) 派生証券の価格 P はいくらか。

参考文献

オプションの一般的な背景的事項を知りたければ、[1-3] を参照されたい。Bachelier[4] が統計的手法によって、初めて数理的にオプションの価格付けを扱っている。原資産の株価の過程とは独立に、プット－コール・パリティをはじめさまざまな価格の不等式が [5] で系統だって展開されている。無裁定条件の原理に基づく合理的なオプション価格は、Black と Scholes[6] によって示されたのが最初であり、ここでは株価は幾何ブラウン運動にしたがうものと仮定している。2 項格子モデルを用いた単純化されたアプローチは、はじめ [7] で発表され、後に [8,9] で発展させられた。オプションのリスク中立評価式は [10] で他の派生証券にまで一般化されている。練習問題 4 は [2] から採用した。

1. Sincere, M., (2007), *Understanding Options*, McGraw-Hill, New York.
2. Cox, J. C., and M. Rubinstein (1985), *Options Markets*, Prentice Hall, Englewood Cliffs, NJ.
3. Hull, J. C. (2008), *Options, Futures, and Other Derivative Securities*, 7th ed., Prentice Hall, Englewood Cliffs, NJ.
4. Bachelier, L. (1900), "Théorie de la Spéculation," *Annals de l'Ecole Normale Superieure*, **17**, 21–86. English translation by A. J. Boness (1967) in *The Random Character of Stock Market Prices*, P. H. Cootner, Ed., M.I.T. Press, Cambridge, MA, 17–78.
5. Merton, R. C. (1973), "Theory of Rational Option Pricing," *Bell Journal of Economics and Management Science*, **4**, 141–183.

6. Black, F., and M. Scholes (1973), "The Pricing of Options and Corporate Liabilities," *Journal of Political Economy*, **81**, 637–654.
7. Sharpe, W. F. (1978), *Investments*, Prentice Hall, Englewood Cliffs, NJ.
8. Cox, J. C., S. A. Ross, and M. Rubinstein (1979), "Option Pricing: A Simplified Approach," *Journal of Financial Economics*, **7**, 229–263.
9. Rendleman, R. J., Jr., and B. J. Bartter (1979), "Two-State Option Pricing," *Journal of Finance*, **34**, 1093–1110.
10. Harrison, J. M., and D. M. Kreps (1979), "Martingales and Arbitrage in Multiperiod Securities Markets," *Journal of Economic Theory*, **20**, 381–408.

第15章
オプションについての追加事項

15.1 イントロダクション

オプション理論は、現代ファイナンス理論の中核を占めている。その理由は、裁定機会が存在しないという仮定のもとでは、比較原則が際だった力を発揮するからである。前章において、2項格子の枠組みを利用して、理論を簡単かつ実用的な形で表現した。この方法はそれだけでほとんどのオプションの問題を解くのに十分である。しかし一方で、この理論の連続時間版、および2項格子理論の拡張が存在する。これらは金融について新しい洞察を与え、より複雑な派生証券を考えることを可能とする。さらには、別の計算手法をもたらし、次章以下で述べる完成度の高い投資理論を準備するものとなる。

15.2 ブラック–ショールズ方程式

有名なブラック–ショールズのオプション価格式は、無裁定原理に基づく現代金融理論のさきがけとなった。その理論の発展に伴い膨大な量の研究が産み出され、金融の実務に革命が起きた。この評価式は、原資産の価格が第13章で示した伊藤過程によって記述できる、という仮定のもとで導き出された。とはいえ、評価式の背景にある論理は、2項格子の理論と概念としては同一である。その理論とは、どの時点においても2つの資産を組み合わせてポートフォリオをつくり、派生証券の局所的な動きを複製するというものである。歴史的には、ブラック–ショールズのオプション理論は2項格子モデルに数年先行しており、2項格子モデルはそれを単純化した結果得られた理論である。

ブラック–ショールズ方程式を説明するにあたって、原資産（株式と見なすことにしよう）の価格 S が、期間 $[0,T]$ に以下の式で表される幾何ブラウン運動

$$\mathrm{d}S = \mu S \mathrm{d}t + \sigma S \mathrm{d}z \tag{15.1}$$

にしたがうものとする。ここで、z は標準ブラウン運動（もしくはウィーナー過程）である。さらに、無リスク資産（債券）が存在し、期間 $[0,T]$ でその金利は r であるものとしよう。この債券の価値 B は次の式をみたす。

$$\mathrm{d}B = rB\mathrm{d}t \tag{15.2}$$

最後に、S の派生証券を考えよう。S の派生証券なので、その価格は S と t の関数となる。時点 t において株価が S であるときの派生証券の価格を $f(S,t)$ と表すことにする。ここで欲しいのは、価格式 $f(S,t)$ がみたす（非確率的な）方程式である。それをもとに派生証券の価格が明示的に求まるであろう。この価格式は、以下に示すブラック-ショールズ方程式を解くことによって得られる。

> **ブラック-ショールズ方程式**　証券の価格が (15.1) 式にしたがい、金利が r であるとする。派生証券の価格 $f(S,t)$ は、以下の偏微分方程式をみたす。
>
> $$\frac{\partial f}{\partial t} + \frac{\partial f}{\partial S}rS + \frac{1}{2}\frac{\partial^2 f}{\partial S^2}\sigma^2 S^2 = rf \tag{15.3}$$

　この結果の証明はこの節の後の方で示すことにして、まずこの式の重要性を見ることにしよう。

　簡単な例として、株式それ自身を考える。株式は（自明な形で）S の派生証券である。したがって $f(S,t) = S$ は、ブラック-ショールズ方程式をみたさねばならない。実際 f を上記のように選ぶと、$\partial f/\partial t = 0$、$\partial f/\partial S = 1$、$\partial^2 f/\partial S^2 = 0$ である。これより (15.3) 式は $rS = rS$ となり、$f(S,t) = S$ は解となっていることがわかる。

　別の簡単な例として、債券を考えよう。こちらもまた（自明な形で）S の派生証券である。したがって $f(S,t) = e^{rt}$ は、ブラック-ショールズ方程式をみたさねばならない。実際、そのように f を選ぶと、$\partial f/\partial t = re^{rt}$、$\partial f/\partial S = 0$、$\partial^2 f/\partial S^2 = 0$ である。これより、(15.3) 式は $re^{rt} = re^{rt}$ となり、確かに $f(S,t) = e^{rt}$ は解となっている。この方程式の解は無数に存在するのである。

一般に、ブラック–ショールズ方程式には2つの見方がある。第1は、自分たちで任意に関数 $f(S,t)$ を特定して、それが新しい証券の価格であると言ってみたとする。自分で関数を定めるのだから、ブラック–ショールズ方程式をみたさないように関数を決めることができる。そうすると一体何がまずいのだろうか？ $f(S,t)$ がブラック–ショールズ方程式をみたさなければ、S、B、f の間に裁定機会が生じてしまうのである。正しい組み合わせ（これは時間とともに変化するかもしれない）をつくることによって、リスクなしで利益を上げることができるのである。したがって第1の見方は、ブラック–ショールズ方程式は、派生証券がみたすべき性質を与えるというものである。

2つ目の見方は、実際にさまざまな派生証券の価格式を求めるためにこの方程式を使うことができる、というものである。適当な境界条件のもとでブラック–ショールズ方程式を解くことによって、価格方程式を求めることができるのである。たとえば、$f(S,T) = S(T)$ とすると $f(S,t) = S(t)$ が得られ、$f(S,T) = e^{rT}$ とすると $f(S,t) = e^{rt}$ が得られる。次の例は自明とは言えないが、配当支払いのない株式のヨーロピアン・コール・オプションは、（f の代わりに C を使うと）ブラック–ショールズ方程式をみたさねばならず、かつ以下の境界条件もみたさねばならない。

$$C(0,t) = 0 \tag{15.4}$$

$$C(S,T) = \max(S - K, 0) \tag{15.5}$$

同様に、価格 $P(S,t)$ のヨーロピアン・プット・オプションの境界条件は、

$$P(\infty, t) = 0 \tag{15.6}$$

$$P(S,T) = \max(K - S, 0) \tag{15.7}$$

である。

その他の派生証券は、異なる式で表される境界条件をもつであろう。ただし、その境界条件は関数 $f(S,T)$ を決めるのに十分なものでなければならない。たとえば、配当支払いのない株式のアメリカン・コール・オプションとアメリカン・プット・オプションは、上記の境界条件に加えて、早期行使に関する条件が必要になる。これらは、

$$C(S,t) \geq \max(0, S - K) \tag{15.8}$$

$$P(S,t) \geq \max(0, K - S) \tag{15.9}$$

である。もちろん配当支払いのない株式のアメリカン・コールは決して早期行使されないので、コールについては付け加えた境界条件は不必要である。

> **例 15.1**（無期限コール〈perpetual call〉）　権利行使価格 K の無期限コール・オプションを考えよう。$T = \infty$ なので、終端での境界条件はない。しかし、これはアメリカン型なので、解 $f(t)$ はすべての t に対して、早期権利行使がないという条件 $f(S,t) \geq \max(0, S-K)$ をみたさねばならない。さらに、コールは証券自身より低いコストでなければならないので、すべての t に対して $f(S,t) \leq S$ でなくてはならない。当て推量で、単純な解 $f = S$ を試してみよう。確かに、これがブラック-ショールズ方程式をみたすことはわかっている。さらに、2つの境界条件もみたしている。
>
> 　解 $f(S) = S$ は、無期限コールの価値として直観に合っている。コールを長期間保有していられるうちに、株価はほぼ確実に非常に高い値に達するだろう。そうなると、権利行使価格 K は相対的に重要ではなくなる。したがって、コールをもっていれば、後で実質ただで株を手に入れられるし、最初に株を買った場合のポジションを複製することができる。

◆ブラック-ショールズ方程式の証明 *

どうやればブラック-ショールズ方程式を導くことができるのだろうか？　鍵となるアイデアは、第14章で2項格子評価法を導くのに使ったものと同じである。どの時点でも、株と債券からなるポートフォリオをつくって、派生証券の（瞬間的な）収益の特徴に一致させることができる。このポートフォリオの価値は、派生証券の価値と等しくなければならない。2項格子の枠組みでは、各期ごとにその期の価値を次の期の価値と関連づけて、値を一致させることができた。連続時間の枠組みでは、あらゆる瞬間にその時点の価値をその時点の変化率と関連づけることによって、価値を一致させる。どちらの場合も複製が使われている。以下が従来型の証明である（別の証明は第15.13節を参照）。

> **証明**：伊藤の定理 [(13.22) 式] より、
>
> $$\mathrm{d}f = \left(\frac{\partial f}{\partial t} + \frac{\partial f}{\partial S}\mu S + \frac{1}{2}\frac{\partial^2 f}{\partial S^2}\sigma^2 S^2\right)\mathrm{d}t + \frac{\partial f}{\partial S}\sigma S \mathrm{d}z \quad (15.10)$$
>
> となる。これは、派生証券の価格に関する伊藤過程である。こ

の価格は、株価 S とブラウン運動 z に伴ってランダムに変動する。

株式 S と債券 B からなるポートフォリオをつくって、派生証券のふるまいを複製することにしよう。特に、時点 t での株式の量を x_t、債券の量を y_t とすると、ポートフォリオ全体の価値は、$G(t) = x_t S(t) + y_t B(t)$ である。$G(t)$ が派生証券の価値 $f(S, t)$ を複製するように、x_t と y_t を選びたい。証券の価格変化によるこのポートフォリオの瞬間的な利得（投資の利得）は、

$$\mathrm{d}G = x_t \mathrm{d}S + y_t \mathrm{d}B \tag{15.11}$$

である。これを展開すると、

$$\begin{aligned}\mathrm{d}G &= x_t \mathrm{d}S + y_t \mathrm{d}B \\ &= x_t \{\mu S \mathrm{d}t + \sigma S \mathrm{d}z\} + y_t r B \mathrm{d}t \\ &= (x_t \mu S + y_t r B)\mathrm{d}t + x_t \sigma S \mathrm{d}z \end{aligned} \tag{15.12}$$

となる。ポートフォリオ $G(t)$ の利得がちょうど f による利得と同じになるようにしたいのだから、(15.12) 式の $\mathrm{d}t$ と $\mathrm{d}z$ の係数を (15.10) 式の係数と一致させることにする。このためには、まず $\mathrm{d}z$ の係数について、

$$x_t = \frac{\partial f}{\partial S} \tag{15.13}$$

とおく。$G = x_t S + y_t B$ かつ $G = f$ とする必要があるので、

$$y_t = \frac{1}{B}\left[f(S, t) - S\frac{\partial f}{\partial S}\right]$$

となる。これらの表現を (15.12) 式に代入し、(15.10) 式の $\mathrm{d}t$ の係数に一致させると、以下の式を得る。

$$\frac{\partial f}{\partial S}\mu S + \frac{1}{B}\left[f(S,t) - S\frac{\partial f}{\partial S}\right]rB = \frac{\partial f}{\partial t} + \frac{\partial f}{\partial S}\mu S + \frac{1}{2}\frac{\partial^2 f}{\partial S^2}\sigma^2 S^2$$

最終的に、
$$\frac{\partial f}{\partial t} + \frac{\partial f}{\partial S}rS + \frac{1}{2}\frac{\partial^2 f}{\partial S^2}\sigma^2 S^2 = rf \tag{15.14}$$

となる。これはブラック–ショールズ方程式である。■

◆ **自己充足型取引**[*]

ポートフォリオの取引戦略によってポートフォリオの構成を調整するが、ポートフォリオの価値 G の変化の仕方は基本的に 2 通りある。1 つは、S と B の市場価値の変化および資金の追加と引き出しによるものである。純粋な市場の変動に伴う変化は、$dG(t) = x_t dS(t) + y_t dB(t)$ となる。基本的に、x_t と y_t が所与であるとき、ポートフォリオの価値は市場性資産価格の変化に伴って変化する。一方、市場価格は変わらないが、投資額全体が変わるという意味で投資量 x_t と y_t が変化することによって、ポートフォリオの価値が変わるとする場合もある。しかしながら、ブラック–ショールズ方程式の証明において、複製ポートフォリオの構築には制約式 (15.11) が課せられる。この制約は、現金の追加や引き出しがないことを保証している。このような複製戦略は、**自己充足型** (self–financing) 戦略と呼ばれる。複製ポートフォリオの価値 $G(S,t)$ は、市場価値の変化のみで $f(S,t)$ と一致させることができる[1]。

15.3 コール・オプションの評価式

通常は、ブラック–ショールズ方程式の解析解を得ることはできないが、ヨーロピアン・コール・オプションに関しては可能である。この解析解は実務的にも理論的にも非常に有益である。

解の式は関数 $N(x)$ ——標準**累積正規確率分布関数** (cumulative normal probability distribution) ——を用いている。これは平均 0、分散 1 の標準正規確率変数の累積分布である。これは以下の式で与えられる。

$$N(x) = \frac{1}{\sqrt{2\pi}}\int_{-\infty}^{x} e^{-y^2/2} dy \tag{15.15}$$

---

[1] 一般の場合、G の変化は、$dG(S,t) = x_t dS(t) + y_t dB(t) + dx_t S(t) + dy_t B(t) + dx_t dS(t) + dy_t dB(t)$ となるが、ブラック–ショールズ式の構築において、最後の 4 つの項は 0 になる。

関数 $N(x)$ を図 15.1 に示した。$N(x)$ の値は、$-\infty$ から x までのおなじみのつり鐘型の曲線の下の面積に相当する。特に、$N(-\infty) = 0$、$N(0) = \frac{1}{2}$、$N(\infty) = 1$ である。

関数 $N(x)$ は閉じた式では表現できないが、数表を利用できるし、また正確な近似式もある（練習問題 1 を参照）。

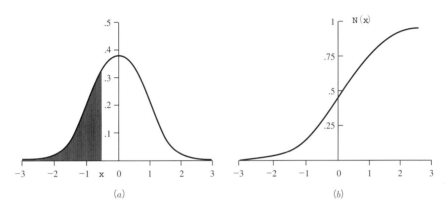

図 15.1　正規密度関数と累積分布関数
(a) この曲線は正規密度関数 $(1/\sqrt{2\pi})e^{-x^2/2}$ である。点 x までの曲線の下の面積が累積分布関数 $N(x)$ の値である。(b) 累積分布関数自身は 0 から 1 まで滑らかに上昇していくが、閉じた表現式をもたない。

ブラック-ショールズのコール・オプション評価式　権利行使価格 K、満期 T のヨーロピアン・コール・オプションを考えよう。期間 $[0, T]$ 中に原資産に配当支払いがなく、利息が一定で金利 r の連続複利ならば、ブラック-ショールズの解 $f(S, t) = C(S, t)$ は以下の通りである。

$$C(S,t) = SN(d_1) - Ke^{-r(T-t)}N(d_2) \tag{15.16a}$$

ただし、

$$d_1 = \frac{\ln(S/K) + (r + \sigma^2/2)(T-t)}{\sigma\sqrt{T-t}} \quad (15.16b)$$

$$d_2 = \frac{\ln(S/K) + (r - \sigma^2/2)(T-t)}{\sigma\sqrt{T-t}} = d_1 - \sigma\sqrt{T-t} \quad (15.16c)$$

である。また $N(x)$ は標準累積正規確率分布である。

特殊な場合について確認しよう。$t = T$ とする（オプションの満期を意味する）と、

$$d_1 = d_2 = \begin{cases} +\infty & S > K \text{ の場合} \\ -\infty & S < K \text{ の場合} \end{cases}$$

である。なぜならば、このとき d は $\ln(S/K)$ の符号のみに依存するからである。したがって、$N(\infty) = 1$、$N(-\infty) = 0$ より、

$$C(S, T) = \begin{cases} S - K & S > K \text{ の場合} \\ 0 & S < K \text{ の場合} \end{cases}$$

となり、これは時点 T の既知の値と一致している。

次に、$T = \infty$ の場合を考えよう。すると、$d_1 = \infty$ で $e^{-r(T-t)} = 0$ となる。よって $C(S, \infty) = S$ となり、先ほど導いた無期限コールの結果と一致する。

例 15.2（5 カ月物のオプション） 第 14 章の例 14.3 で考えたのと同じオプションの価値を計算してみよう。そのオプションは、5 カ月物のコール・オプションで、原資産の株式は現在の価格が 62 ドルで、ボラティリティは年間 20%であった。また権利行使価格は 60 ドルで、金利は 10%である。$S = 62$、$K = 60$、$\sigma = 0.20$、$r = 0.10$ とすると、

$$d_1 = \frac{\ln(62/60) + 0.12 \times 5/12}{0.20\sqrt{5/12}} = 0.641287$$

$$d_2 = d_1 - 0.2\sqrt{5/12} = 0.512188$$

を得る。対応する標準累積正規確率分布の値を練習問題 1 の近似を使って求めると、

$$N(d_1) = 0.739332, \quad N(d_2) = 0.695740$$

である。よって、コール・オプションの価値は、

$$C = 62 \times 0.739332 - 60 \times 0.95918 \times 0.695740 = 5.798 \text{ドル}$$

である。これは、2項格子評価法で求めた値5.85ドルと近い値である。

配当支払いのない株式のヨーロピアン・コール・オプションに対しては閉じた解が存在するが、アメリカン・オプションも含めて、他のオプションに関して同様な評価式は一般には存在しない。ブラック–ショールズ方程式は、アメリカン・オプションの境界条件が含まれていると、解析的な形では解くことができない。

15.4 リスク中立評価法*

2項格子の枠組みでは、オプションや他の派生証券の価格付けを、割引リスク中立価格付けによって正確に表現することができた。この概念は伊藤過程の枠組みでも同じように機能する。

幾何ブラウン運動にしたがう株価過程、

$$dS(t) = \mu S dt + \sigma S dz \tag{15.17}$$

に関しては、第13.7節で見た通り、

$$\mathrm{E}[S(t)] = S(0)e^{\mu t} \tag{15.18}$$

である。リスク中立評価では、時点0における株価は、時点tでの株価のリスク中立期待値を無リスク資産の金利で割り引いた値として求められる。これは、

$$S(0) = e^{-rt}\hat{\mathrm{E}}[S(t)]$$

が成り立たねばならないことを意味する。$\hat{\mathrm{E}}[S(t)] = S(0)e^{rt}$ であれば、この式が成り立つのは明らかである。(15.17) 式と (15.18) 式から、これは以下のように過程を定義した場合に該当する。

$$dS = rSdt + \sigma Sd\hat{z} \tag{15.19}$$

ここで $\hat{z}$ は標準ウィーナー過程であり、期待値 $\hat{E}$ は過程 $\hat{z}$ に関してとるものとする。言い換えると、成長率 μ の対数正規伊藤過程として出発して、成長率 r をもつ以外は同様の過程を構成することによって、等価なリスク中立な過程を得ることができるのである。

この式の変換は、株価過程として2つの2項格子を用いたことと類似している。2つの2項格子とは、実際の株価過程用とリスク中立な株価過程用である。前者の2項格子では、上昇と下降の確率はそれぞれ p と $1-p$ である。リスク中立な2項格子では、各ノードでの株価の値は同じだが、上昇と下降の確率が q と $1-q$ に変化している。2項格子と同様、伊藤過程の場合にも2つの過程が存在しているのである。確率構造が異なるので、両者を区別するために z と $\hat{z}$ を用いている。

いったんリスク中立確率の構造が与えられれば、S から派生するいかなる証券であれ、リスク中立評価法を用いて評価をすることができる。具体的には、コール・オプションの評価式は、

$$C = e^{-rT}\hat{E}\{\max[S(T) - K, 0]\} \tag{15.20}$$

となる。これは、第 14 章の (14.13) 式と瓜二つである。

(15.19) 式をみたす $S(T)$ のリスク中立な分布は、すでに知っている通り、$E\{\ln[S(T)/S(0)]\} = rT - \frac{1}{2}\sigma^2 T$、および $\mathrm{var}\{\ln[S(T)/S(0)]\} = \sigma^2 T$ である対数正規分布である。その結果は、ブラック–ショールズ方程式によるコール・オプションの価格と同じはずである。具体的に対数正規分布を使って詳しく記すと、

$$C = \frac{e^{-rT}}{\sqrt{2\pi\sigma^2 T}} \int_{\ln K}^{\infty} (e^x - K)e^x e^{-[x - \ln S(0) - rT + \sigma^2 T/2]^2/(2\sigma^2 T)} dx \tag{15.21}$$

である。これはブラック–ショールズ方程式の積分形である。

15.5 デルタ

どの時点を固定しても、派生証券の価値は原資産の価格の関数である。原資産の価格変化に対するこの関数の感度は、**デルタ**（delta、Δ）の大きさで表される。派生資産の価値が $f(S,t)$ ならば、デルタは形式的に、

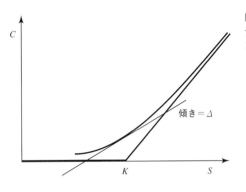

図 15.2 コール・オプションのデルタ
デルタは原資産の価格変化に対するオプションの感度を示す。

$$\Delta = \frac{\partial f(S,t)}{\partial S}$$

である。デルタはしばしば、以下のように近似形で表現される。

$$\Delta = \frac{\Delta f}{\Delta S}$$

コール・オプションのデルタを図 15.2 に示した。これはオプション価格を株価で表す曲線の傾きである。例として、オプションのトレーダーが、あるコール・オプションが割高だと考えたものとしよう。このトレーダーはオプションを発行して（または売って）、コール・オプションに関して大きな（負の）ポジションをとることだろう。ただし、そうすることでトレーダーは大きな価格リスクにさらされることになる。彼のオプション価格の評価が現在の価格より正しかったとしても、原資産の価格が上昇したら損をしてしまうことになる。トレーダーは株式自体へ投機を行いたいのではなく、オプションが割高であるという判断から利益を得たいのである。それにはオプションの売却と同時に株式を購入することによって、株価の変動の影響を中立化することができる。購入すべき株式の適正な量は、デルタに売却するオプションの量を掛けたものである。株価が 1 ドル上昇すると、保有している株式から得る利益は、オプションの損失で相殺される。

ブラック–ショールズ方程式 (15.3) から求めた、コール・オプションのデルタは、

$$\Delta = N(d_1) \tag{15.22}$$

である。この式を用いて、コール・オプションを用いたデルタ・ヘッジ戦略を実現することができる。

一般には、証券のポートフォリオが与えられたとき、その構成要素がすべて共通の原資産をもつ派生証券であれば、**ポートフォリオのデルタ**（portfolio delta）はポートフォリオの構成要素の各々のデルタの和として求められる。原資産の価格で利益を上げようとするのでなければ、トレーダーは全体としてデルタがゼロとなるような**デルタ中立**（delta neutral）なポートフォリオを組むだろう。先ほどのトレーダーの例の場合には、ポートフォリオの価値は $-C + \Delta \times S$ である。S のデルタは 1 なので、このヘッジされたポートフォリオ全体のデルタは、$-\Delta + \Delta = 0$ である。

Δ 自身も S と t に応じて変化する。したがって、最初はデルタ中立だったポートフォリオが、その後もずっとデルタ中立であるとは限らない。したがって、中立性を維持するためには、証券の比率を組み換える**リバランス**（rebalance）が必要である。この手続きは、**動的ヘッジ戦略**（dynamic hedging strategy）と呼ばれる。理論的には、リバランスは連続的に行うのだが、現実には、一定期間ごとにか、もしくはデルタがゼロから著しく変化したときに行うことになる。

リバランスの量は**ガンマ**（gamma、Γ）と呼ばれる別の定数に関係する。ガンマは以下のように定義される。

$$\Gamma = \frac{\partial^2 f(S,t)}{\partial S^2}$$

ガンマは派生証券の価格曲線の曲率を与える。図 15.2 では、ガンマは考慮している点でのオプション価格の 2 階の微係数である。

他に役立つ数値としては**シータ**（theta、Θ）がある。シータは以下のように定義される。

$$\Theta = \frac{\partial f(S,t)}{\partial t}$$

シータは派生証券の価値の時間に対する変化を測るものである。もう一度図 15.2 を参照すると、時間の増加にしたがい、オプション価格は右へ移動している。シータはこの移動量を示す。コール・オプションにおいては、

$$\Theta = -\frac{SN'(d_1)\sigma}{2\sqrt{T}} - rKe^{-rT}N(d_2)$$

となる。

これらのパラメータによって、微小な時間区間上での派生証券の価格変化を十分推定することができるので、適切なヘッジ戦略を定義するために使うことができる。特に、δf、δS、δt が f、S、t の微小変化を表すものとすると、f の

1次近似として[2]、

$$\delta f \approx \Delta \cdot \delta S + \frac{1}{2}\Gamma \times (\delta S)^2 + \Theta \times \delta t$$

が成り立つ。

> **例 15.3（コール・オプションの推定）**　$S = 43$、$K = 40$、$\sigma = 0.20$、$r = 0.10$、満期まで $T-t = 6$ カ月 $= 0.5$ であるようなコール・オプションを考えよう。ブラック−ショールズ評価式より、$C = 5.56$ ドルとなる。また、$\Delta = 0.825$、$\Gamma = 0.4235$、$\Theta = -4.558$ と計算できる（練習問題 7 を参照）。
>
> 2 週間後に株価が 44 ドルまで上昇したとしよう。すると、$\delta S = 1$、$\delta t = 1/26$ である。これより、その時点でのコール・オプションの価値は近似的に、
>
> $$C \simeq 5.56 + \Delta \times 1 + \frac{1}{2}\Gamma \times (1)^2 + \Theta \times (1/26) = 6.233 \text{ ドル}$$
>
> となる。ブラック−ショールズ評価式から導かれるその時点の実際の値は $C = 6.23$ ドルである。

15.6　複製、合成オプション、ポートフォリオ・インシュランス*

ブラック−ショールズ方程式の導出において、原資産と無リスク資産を適切に組み合わせたポートフォリオを構成することで、派生証券をコピーできることを示した。このポートフォリオは派生証券を**複製**（replicate）しているという。ポートフォリオにおける株式と無リスク資産の比率は、時間に関して連続的に調整しなければならないが、現金を追加したり引き出したりする必要はない。そのようなポートフォリオは**自己充足的**（self-financing）であるという。実務上、原資産と無リスク資産を用いて、**合成**（synthetic）派生証券をつくる目的で複製が行われる。もちろん、その組み合わせは毎期（あるいはブラック−ショールズの枠組みにおいては連続的に）変化するので、ポートフォリオの構成は動的である必要がある。

コール・オプションの場合の手続きは以下の通りである。初期時点で、理論価格 C を計算する。C に相当する金額を複製ポートフォリオに回す。このポー

---

[2] δS は $\sqrt{\delta t}$ に比例することを思い出そう。このため、$(\delta S)^2$ の項まで必要となる。

トフォリオでは、株式に ΔS 投資し、残りを無リスク資産に投資することにする（もっとも、通常は、貸すのではなく借りることになるだろう）。そうすると、ポートフォリオのデルタと価値は、オプションのデルタと価値に一致するだろう。確かに、両者の短期間のふるまいは一致している。

短期間後には、デルタは変化しているから、ポートフォリオはリバランスしなければならない。しかし、このポートフォリオの価値はオプションの新しい価値とほぼ等しいから、やはりオプション1単位と等価な価値を保有していると言えるだろう。このリバランスは何度も繰り返し行われる。（合成）オプションの満期が近づいたとき、株価が K を超えていれば、このポートフォリオは主に株式から構成される。そうでなければ、ポートフォリオの価値はゼロとなっていることが多い。

例 15.4（複製の実験） 実験として、権利行使価格 35 ドル、満期まで 20 週のエクソン株の合成コール・オプションをつくってみよう。エクソン株を買い、無リスク資産を売る（すなわち、借入を行う）ことによってオプションの価値を複製する。期間は 20 週とする。週次の終値を表 15.1 の第 2 列に示した。この期間のシグマの測定値は、年次ベースで $\sigma = 18\%$ である。この値をコール・オプションの価格とデルタの理論値の計算に用いることにしよう。金利は 10％とする。まず表の第 1 行を横に見ていこう。このオプションは満期まで 20 週ある。初期株価は 35.50 ドルである。3 列目は、（ブラック–ショールズ評価式から計算された）コールの初期の値が 2.62 ドルであることを示している。同様にデルタの値は 0.701 である。複製ポートフォリオをつくるため、コール・オプションの初期値と同じ 2.62 ドルを投入する。これが、"ポートフォリオの価値" と題された列に示されている。ただし、ポートフォリオは 2 つの構成要素からなるので、それらを次の 2 つの列に示した。エクソン株に投資した額は、デルタにその時点の株価を掛けた 24.89 ドルである。残りの 2.62 − 24.89 = −22.27 ドルが、無リスク資産に投資される額である。言い換えると、22.27 ドルを借りて 2.62 ドルに足し、合計 24.89 ドルをエクソン株の購入に使うわけである。

次に第 2 行を見てみよう。こちらはやや異なる方法で計算されている。最初の 4 つの項目は、残りの期間が 19 週であること、新しい株価が 34.63 ドルであること、ブラック–ショールズ式によるオプションの評価値が 1.96

表 15.1　オプションの複製実験

週次	エクソン 終値	コール・オプション の価格	デルタ	ポートフォリオ の価値	株式の ポートフォリオ	債券の ポートフォリオ
20	35.50	2.62	.701	2.62	24.89	−22.27
19	34.63	1.96	.615	1.97	21.28	−19.32
18	33.75	1.40	.515	1.39	17.37	−15.98
17	34.75	1.89	.618	1.87	21.47	−19.59
16	33.75	1.25	.498	1.22	16.79	−15.58
15	33.00	0.85	.397	.81	13.09	−12.28
14	33.88	1.17	.494	1.14	16.74	−15.60
13	34.50	1.42	.565	1.41	19.48	−18.07
12	33.75	0.96	.456	.96	15.39	−14.43
11	34.75	1.40	.583	1.38	20.27	−18.89
10	34.38	1.10	.522	1.13	17.94	−16.81
9	35.13	1.44	.624	1.49	21.92	−20.43
8	36.00	1.94	.743	2.00	26.74	−24.75
7	37.00	2.65	.860	2.69	31.80	−29.11
6	36.88	2.44	.858	2.53	31.65	−29.12
5	38.75	4.10	.979	4.08	37.92	−33.84
4	37.88	3.17	.961	3.16	36.39	−33.23
3	38.00	3.21	.980	3.22	37.25	−34.03
2	38.63	3.76	.998	3.76	38.56	−34.79
1	38.50	3.57	1.000	3.57	38.50	−34.93
0	37.50	2.50		2.50		

権利行使価格 35、満期 20 週のエクソン株のコール・オプションは、エクソン株を買い、金利 10%の無リスク資産を売ることで複製できる。ポートフォリオは毎週その時点でのデルタの値にしたがって調整される。ボラティリティを 18%（この期間の実際の値）におくと、ポートフォリオの値はコールのブラック-ショールズ式による評価値とほぼ等しい。

であること、デルタが今は 0.615 であることを示している。次の項目 "ポートフォリオの価値" は、その上の行の値を更新することで得られる。24.89ドルで購入した株式の価値は、今は $(34.63/35.5) \times 24.89 = 24.28$ ドルとなっている。22.27 ドルの借金は、今は $(1 + 0.10/52)22.27 = 22.31$ ドルとなった。したがって、先週つくったポートフォリオの価値は、今週は $24.28 - 22.31 = 1.96$ ドルである（表では丸め誤差を調整してある）。この新しい価値は、現在のコール・オプションの価値と完全に一致しているわけではない（もっともこの例では、たまたま小数点第 2 位まで一致している）。この価値に対しては、何も足さず、また何も引いていないが、株式に 21.28 ドル（これはデルタに株価を掛けた値）を投資し、19.32 ドルの借入

をするようにリバランスをすると、ネットのポートフォリオの価値はやはり 1.96 ドルなのである。

続く行も同様の方法で計算を行っている。各段階で、更新されたポートフォリオの値は、その時点でのコール・オプションの価値と正確に一致しているわけではないが、表の値を見てコールとポートフォリオの価値を比較するとわかるように、だいたいにおいて近い値である。差は最大で 11 セントである。この例では、20 週目のポートフォリオの価値は、正確に（誤差 1 セント以内で）コール・オプションの価値と等しい。

この結果は、仮定したボラティリティの値に依存している。設定した $\sigma = 18\%$ はこの 20 週の実際の値を表しており、それがよい結果をもたらした。このオプションの時期より前の長い期間のデータを用いると、ボラティリティは 20% である。もし表 15.1 をつくるにあたってこの値を用いると、ポートフォリオの最終的な価値は 2.50 ドルではなく、2.66 ドルとなる。もし $\sigma = 15\%$ ならば、ポートフォリオの最終的な価値は 2.27 ドルとなるであろう。

一致の度合いは、取引費用によっても影響を受ける。エクソン株のコール・オプションの実験では、取引費用はゼロと仮定し、株式もどんな半端な量でも買うことができるものとしていた。現実には、これらの仮定が正確にみたされることはない。しかし、典型的な機関投資家の取引がそうであるように、取引量が大きければ、これらの仮定からの乖離はあまり大きいものではないので、複製は実用に耐えると言える。

例 15.5（ポートフォリオ・インシュランス） 株式から構成される巨大なポートフォリオを保有する機関投資家は、大幅に市場が下落するリスクに対する保険を望んでいる。もし、ある定められた権利行使価格 K でポートフォリオを売る権利を与えるプット・オプションを購入することができれば、ポートフォリオの価値を守ることが可能である。

S&P500 のような主要なインデックスに対しては、プット・オプションを利用できるので、ポートフォリオを守る 1 つの方法は、インデックスのプット・オプションを購入することである。しかしながら、個別のポートフォリオはインデックスと完全に連動しているわけではないので、この防御法は不完全である。

別のアプローチとして、ポートフォリオに含まれている現実の株と無リスク資産を用いて、合成プット・オプションを構成する方法がある。プッ

トは負のデルタをもつので、プットを構成するには株式はショート・ポジションを、無リスク資産はロング・ポジションをとる必要がある。したがって、最初はいくつかのポートフォリオを売却し、市場が上向いたら後で買い戻すことになる。この戦略の欠点は、ポートフォリオの構成を崩してしまうこと、および取引コストがかかることである。

3番目のアプローチは、ポートフォリオに含まれる株式ではなく、株式の先物を用いて合成プット・オプションを構成する方法である。この戦略を実現するには、必要とされるプットの価値を計算し、デルタにこの値を乗じた量の先物を買えばよい（$\Delta < 0$ なので、実際は売ることになる）。空売りしている株式の価値とプットの価値の差が、無リスク資産としてもつ分である。

このポジションは、デルタが変化するたびに定期的に調整しなければならない。この手法は**ポートフォリオ・インシュランス**（portfolio insurance）と呼ばれ、1987年10月の米国市場での大暴落までの短い期間、機関投資家（たとえば年金基金）には大変人気のある手法であった。大暴落のときは、ヘッジのルールに沿って必要な量を先物で売ろうにも売ることができなくなった。この結果ポートフォリオを守ることができずに、損失が生じてしまったのである。

15.7　ボラティリティ・スマイル

トレーダーはオプションの価値を述べるにあたって、価格そのものではなく、ブラック–ショールズ式による価格計算に用いるボラティリティを使うことがよくある。結局、ブラック–ショールズの理論価格を計算するには、無リスク金利と行使価格、満期日、そして最後にボラティリティを与える必要がある。ボラティリティを除き、これらのパラメータは基本的に客観的なものであって、すべての投資家がその値に合意するだろう。オプションの評価値の違いは、ボラティリティの推定値の違いに帰着する。逆にいえば、価格が定まれば、ブラック–ショールズ評価式を逆算して、価格を決めているボラティリティを求めることができる。これを、オプションの**インプライド・ボラティリティ**（implied volatility）と呼ぶ。

ここまでは、インプライド・ボラティリティの概念は、単に独立変数と従属変数の関係、およびそれをいかに逆算するかを述べたものにすぎない。しかし、この概念はもう少し興味深いものであることが明らかになる。この問題を突き

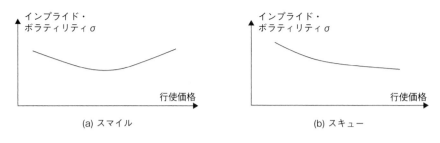

図 15.3　インプライド・ボラティリティ・カーブの 2 つの例

詰めると、現代的な価格付け理論を深く理解するための訓練となるだろう。

　まず、同じ原資産に対する複数のオプションにおいて、インプライド・ボラティリティがしばしば異なるという観測事実から出発しよう。これは、幾何ブラウン運動過程に基づくブラック–ショールズ方程式において成り立つはずの性質と矛盾する。定義より、同一の原資産に関するすべてのオプションは、同じインプライド・ボラティリティをもたねばならない。理論的にはそうなのだが、現実には、インプライド・ボラティリティはわずかながら変動する。わずかとはいえ、その変動はシステマティックである。

　同じ資産に依存する、満期は等しく行使価格が異なる外国為替のコール・オプションを考えよう。行使価格に対するインプライド・ボラティリティの典型的なカーブの形状を、図 15.3(a) に示した。これは、特徴的な**スマイル**（smile）カーブである。異なるカーブを図 15.3(b) に示してある。この形状は、**スキュー**（skew）と呼ばれている。他によく見られる形状には、"スマーク"（smirk、ニヤニヤ笑い）や"スニア"（sneer、冷笑、嘲笑）のような思わせぶりな名前が付いている。

◆インプライド・ボラティリティの等式

　プットのインプライド・ボラティリティは、（同じ満期、同じ行使価格をもつ）コールとつねに等しいことを示すことができる。これは、プット・コール・パリティから導かれる。パリティの標準的な主張は、裁定に関する議論に基づいており、市場価格に適用できる。理論的には、ブラック–ショールズの理論価格もパリティにしたがわなくてはならない。したがって、第 14.3 節より、プット・コール・パリティを、第 1 に市場価格で、第 2 にブラック–ショールズの価格で記述できるだろう。

$$C_M - P_M = S - dK$$

$$C_{BS} - P_{BS} = S - dK$$

ここで、C_M, P_M はそれぞれコールとプットの市場価格で、C_{BS}, P_{BS} は対応するブラック–ショールズの価格である。これよりただちに、

$$C_M - C_{BS} = P_M - P_{BS} \tag{15.23}$$

が得られる。ブラック–ショールズのコール価格が市場価格と等しくなるように、想定ボラティリティが調整されているものとしよう。そうすると、(15.23)式の左辺は0とならなければならない。右辺も0となり、プットのインプライド・ボラティリティはコールのインプライド・ボラティリティと等しくなることを意味する。言い換えれば、プットのインプライド・ボラティリティのカーブ（スマイル）は、コールのそれと同一であるということである。この事実より、インプライド・ボラティリティを、行使価格 K と満期 T の関数 $\sigma(K,T)$ として定義することは理にかなっている。この関数は、資産が与えられたとき、それがコールであれ、プットであれ、すべてのヨーロピアン・オプションに対して適用される。もちろん、一般的に、直接観測することができるのは、K と T の限られた組み合わせの場合だけである。

◆リスク中立確率密度*

　オプションや（これから見ることになる）他のもっと複雑な派生証券の取引において、ボラティリティ・スマイルは実務的に重要な意味をもつ興味深い現象である。しかしながら、それは同時にリスク中立価格付けの役割と含意を掘り下げて吟味する機会を与えてくれる。基本に立ち返り、スマイル現象の原因を背後にある確率の構造に遡って見ていくことにしよう。

　資産価格が幾何ブラウン運動にしたがうのであれば、T 期の資産価格の確率密度は、対数の期待値 νT, 対数の分散 $\sigma^2 T$ をもつ対数正規分布である。さらに、対応するリスク中立確率密度は、やはり対数正規分布であって、その対数の期待値が rT, 対数の分散が $\sigma^2 T$ であることもわかっている。実際、この知識に基づいてオプション価格を明示的に計算することができる。その価格は、(15.21)式で示したように、オプションのペイオフのリスク中立期待値を割り引いたものになる。しかしながら、現実の価格が対数正規分布にしたがうという仮定は近似にすぎず、真の確率密度は裾が厚かったり、ゆがみをもっていたりする可能性が高い。明らかに、対応するリスク中立確率が対数正規であると見なせる根拠はない。むしろ、それは真の確率分布の裾の厚みや分布のゆがみを、どこかゆがめられた形で引き継いでいることであろう。

リスク中立確率を $g(S,T)$ とおこう。時点 T におけるペイオフ $F(S,T)$ の現在の価格は、割引リスク中立期待値で与えられる。

$$V = e^{-rT} \int_{-\infty}^{\infty} F(S,T)g(S,T)dS$$

$C(K,T)$ を行使価格 K, 満期 T のコール・オプション価格とすると、

$$C(K,T) = e^{-rT} \int_{K}^{\infty} (S-K)g(S,T)dS$$

となる。K で偏微分すると、

$$\frac{\partial C(K,T)}{\partial K} = -e^{-rT} \int_{K}^{\infty} g(S,T)dS$$

を得る。再度、偏微分することで、

$$\frac{\partial^2 C(K,T)}{\partial K^2} = -e^{-rT} g(K,T)$$

となる。最後の等式を逆向きにすると、

$$g(K,T) = e^{rT} \frac{\partial^2 C(K,T)}{\partial K^2} \tag{15.24}$$

となる。これは、確率密度をオプション価格関数から復元できることを示している。

実際、T を固定したとき、価格関数 $C(K,T)$ とリスク中立確率密度 $g(S,T)$、およびインプライド・ボラティリティ $\sigma(K,T)$ は、すべて同じ情報を有している。いずれの関数も、他の関数から導くことができる。たとえば、$C(K,T)$ と $\sigma(K,T)$ はブラック–ショールズ評価式のもとで等価な関係である。また、$g(K,T)$ は (15.24) 式より得られる。$C(K,T)$ はコール・オプションの価値のリスク中立期待値として評価される。もちろん、これらの変換には、偏微分方程式の逆変換（すなわち陽な解）が必要になるなど複雑なものもある。そのため、特殊な数値解析手法が精度のいい近似解を得るために開発されてきた。

満期 T もやはり動かすことができる。$\sigma(K,T)$ を T の関数と見た場合、**ボラティリティの期間構造**（term structure of volatility）となる。K と T の双方が変動しうるので、**ボラティリティ曲面**（volatility curve）を構成する。これらの関数により、リスク中立密度関数 $g(S,T)$ を推定する方法が得られる。

ここまで学んだことを用いて，インプライド・ボラティリティ曲線を説明し

てみよう。裾が重い確率密度をもつ資産を考える。リスク中立確率密度も同じ特徴をもつことが想定される。今、この資産のヨーロピアン・コール・オプションが、十分アウト・オブ・ザ・マネーであるとする。このコールの価格は、リスク中立確率密度の上側の裾部分にもっぱら依存している。なぜならば、このコールをイン・ザ・マネーにするには、原資産価格の大幅な上昇が必要だからである。もしリスク中立確率密度が、対数正規分布より厚い裾をもつならば、オプション価格はブラック–ショールズの価格より大きくなることが予想される。結果として、インプライド・ボラティリティは、対数正規ボラティリティより相対的に大きくなるだろう。同じ論法で、実際の確率密度の下側の裾が厚ければ、アウト・オブ・ザ・マネーのヨーロピアン・プット・オプションは、相対的に大きなインプライド・ボラティリティをもつだろう。(15.23) 式よりプットとコールのインプライド・ボラティリティは同一なので、上記の2つを合わせてスマイルの形が生じる。

下側にゆがんだ確率密度をもつ資産について、インプライド・ボラティリティは行使価格とともに減少することが予想される。したがって、インプライド・ボラティリティ曲線はゆがみをもつ形状となるだろう。これらの推測は、観測結果によっても支持されている。

ボラティリティ・スマイルは、リスク中立確率密度の情報を反映していると見なせる。異なる行使価格、異なる満期のオプション価格を十分多く観測することにより、本章で論じた関係式を逆向きに用いて、リスク中立確率密度 $g(S, T)$ の精確な近似を構成することができる。このリスク中立確率は、同じ原資産に関するその他の複雑な派生証券を評価する手段となる。

15.8　計算手法

この章で示した理論を、さまざまな計算手法として用いることができる。本節では、これらの手法の概略を簡潔に述べよう。

◆モンテカルロ・シミュレーション

モンテカルロ・シミュレーション（Monte Carlo simulation）は、オプション価格の計算に最も有効で、最も簡単に実装することができる手法である。ただし、この手法はその性質上、満期までいかなる決定も行われないヨーロピアン型のオプションにしか用いることができない。時点 T でペイオフ $f(S(T))$ をもつ派生証券を考えよう。また、株価 $S(t)$ は以下の幾何ブラウン運動にしたが

うものとする。

$$dS = \mu S dt + \sigma S dz$$

ここで、z は標準ウィーナー過程である。モンテカルロ法はリスク中立評価式にその基礎をおいている。この式では、派生証券の初期価格は、

$$P = e^{-rT} \hat{\mathrm{E}}[f(S(T))]$$

と表されている。右辺をモンテカルロ・シミュレーションで評価するためには、リスクがない世界での株価の確率的ダイナミクスを表す式、

$$dS = rSdt + \sigma S d\hat{z}$$

に関して、時間区間 $[0,T]$ を長さ Δt の区間に分割してシミュレーションを行う。シミュレーション式は、

$$S(t_k + \Delta t) = S(t_k) + rS(t_k)\Delta t + \sigma S(t_k)\epsilon(t_k)\sqrt{\Delta t}$$

となる。ただし $\epsilon(t_k)$ は、期待値 0 分散 1 の正規分布にしたがって発生させた乱数から選ぶ（場合によっては、第 13.7 節の乗法的モデルが使われる）。各シミュレーションの後で、$f(S(T))$ の値を計算する。派生証券の真の理論価格の推定値 $\hat{P}$ は以下の式で求められる。

$$\hat{P} = e^{-rT} \times [f(S(T)) \text{ の平均値}]$$

ただし、平均はすべてのシミュレーションの試行についてとる。

この手法の欠点は、適切な精度を得るには、シミュレーションの試行回数が大変多くなる点である。一般に、試行回数を n とすると、期待誤差は $1/\sqrt{n}$ 倍の割合で減少する。したがって、精度を 1 桁上げるには、100 倍の試行回数が必要になる。2 桁の精度を得るためにはしばしば数万回の試行を必要とする。

例 15.6（5 カ月物のコール） 他にもっとよい方法があるので、コール・オプションをシミュレーションで評価する必要はない。しかし、すでに例 15.2 で解いているこの例は、この手法を簡単に説明してくれるだろう。このコール・オプションは、$S(0) = 62$ ドル、$K = 60$ ドル、$\sigma = 20\%$、$r = 10\%$、満期は 5 カ月である。

シミュレーションを行うにあたって、5 カ月間を 80 の小区間に分割した。株価のダイナミクスは以下のようにモデル化される。

第 15 章 オプションについての追加事項　533

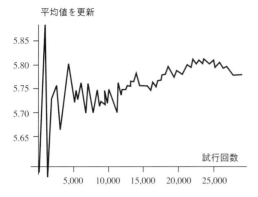

図 15.4　コール・オプションのモンテカルロ評価

コール・オプションの価値は、シミュレーションがリスク中立過程にしたがうとき、最終ペイオフの割引平均値として推定される。この手法は簡単に実行できるが、適当な精度を得るには、多くの試行回数が必要である。

$$S(t_k + \Delta t) = S(t_k) + rS(t_k)\Delta t + \sigma S(t_k)\epsilon(t_k)\sqrt{\Delta t}$$

ここで、$\epsilon(t)$ は期待値 0、分散 1 の正規分布からランダムに選んできた値である。

　各シミュレーションの試行のあと、コール・オプションの最終時点の価値 $\max(S - K, 0)$ を最終時点の株価から求め、これを初期時点まで割り引く。継続して試行がなされる間、これらの割引値の平均を更新していく。図 15.4 に、得られた割引値の平均を総試行回数の関数として表した。適当な精度をもち、安定した解を得るためには、およそ 2 万 5,000 回の試行を要した。図より、コール・オプションの価格は、5.80 ドルのおよそプラスマイナス 10 セントの範囲にあるということができる。ブラック–ショールズ式の評価では確かに 5.80 ドルである。

　さまざまな**分散減少法**（variance reduction procedure）を用いることによって、シミュレーションを改善することができる。最も普通に使われる 2 つの手法は、**制御変量法**（control variate method）と**負相関変量法**（antithetic variable method）である（練習問題 13 を参照）。

◆有限差分法

　オプション価格の計算法の 2 つ目のアプローチは、ブラック–ショールズ偏微分方程式を数値的に解く方法である。この手法では、巨大な長方形のグリッドをつくる。小型版を図 15.5 に示した。このグリッドでは水平方向の軸が時間を表し、垂直方向の軸が S を表す。水平方向のとなり合う点の間の距離は Δt で、

垂直方向のとなり合う点の間の距離は ΔS である。関数 $f(S,t)$ がすべてのグリッド上の点で定義される。グリッドでは S の値が添字 i で表され、t の値が添字 j で表されるものとし、グリッドの点 (i,j) での関数の値を $f_{i,j}$ とする。

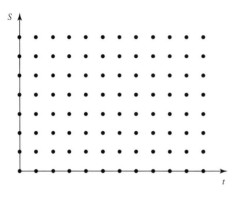

図 15.5　有限差分法のグリッド
有限差分法は、グリッドの点の値の間に成り立つ解析的な関係を用いて、ブラック-ショールズ方程式を近似する。この方法はヨーロピアン・オプション同様、アメリカン・オプションに対しても適用できる。

この手法は、以下のような偏微分方程式の有限差分近似を用いて実現される。

$$\frac{\partial f}{\partial S} \approx \frac{f_{i+1,j} - f_{i,j}}{\Delta S}$$
$$\frac{\partial^2 f}{\partial S^2} \approx \frac{f_{i+1,j} - f_{i,j} - f_{i,j} + f_{i-1,j}}{(\Delta S)^2} = \frac{f_{i+1,j} - 2f_{i,j} + f_{i-1,j}}{(\Delta S)^2}$$
$$\frac{\partial f}{\partial t} \approx \frac{f_{i,j+1} - f_{i,j}}{\Delta t}$$

終端条件は、グリッドの右側の境界で $f_{i,j}$ が既知であることを意味する。その他の境界条件は、個々の派生証券に応じて付加される。たとえば、プット・オプションの場合であれば、どの場所であれプット・オプションの価値は少なくとも $K-S$ よりは大きいことがわかっており、また $S \to \infty$ のときプット・オプションの価値はゼロに近づくため、グリッドの最上端では値をゼロとおくことになるだろう。

これらの近似をブラック-ショールズ方程式に用いると、代数的な等式と不等式の巨大な集合となる。これらは、グリッドの右端から左に向かって後向きの計算をすることで系統的に解くことができる。実際、これらの方程式は、格子上を後向きに解いた方程式と深い関係をもっている。

有限差分法の利点は、アメリカン・プット・オプションのように、終端条件以外の境界条件をもつ派生証券に対しても適用できることである。しかしなが

らその性質上、次の欠点をもつ。方程式群が実際の偏微分方程式の近似でしかなく、それゆえ、明らかな近似誤差に加えて、解が不安定であったり一貫性を欠いてしまうことがある（計算に伴って確率が負になってしまうために起こることが多い）。これは本来の偏微分方程式自身の特徴ではない。数値計算解法の一般的な法則として、問題が有限ステップ近似で解けるなら、問題自身を有限ステップに直して直接解いた方が、問題を連続時間で定式化し、有限差分で解を近似するよりもよい結果が得られる。この場合に即して言うと、ブラック-ショールズ方程式を近似するより、離散時間のリスク中立価格評価式や2項格子形式などの離散的な定式化を行う方がよいということである。これらの離散的な定式化は近似誤差をもたらすだろうが、数値的な不安定性が入り込むことはない。このような留意事項があっても、注意深く設計すれば、有限差分法は派生証券の評価に有益な役割を果たす。

◆2項格子と3項格子

派生証券の価格を求めるために広く使われている方法は、第14.6節の2項格子による評価法である。この手法は単純であり、時間の区切りが粗くても（たとえば、残りの時間間隔を10個程度の小区間に分けても）それなりに精度の高い結果が得られる。ただし、他のツリーの構造や格子構造が使えないわけではない。たとえば、図15.6に示すような3項格子を用いるのもよい考えである。所与の期間数のもとでは、3項格子の方が2項格子よりもノード数が多く、そのため連続時間の解に対してよりよい近似となっている。

2つの資産だけ（株式と無リスク資産）では、起こりうる3つの実現値を複製することはできない。したがって最初は、2項格子を3項格子で置き換えることはできないと思うかもしれない。それは確かに正しく、複製は不可能である。したがって、3項格子はオプション理論の基礎として用いることはできない。しかし、いったん理論が他の方法（たとえばブラック-ショールズの方法）で導かれてしまえば、その理論を実現する別のやり方を探すことができる。3項格子はリスク中立評価式を実現するのに便利な構造をもっている。

適切な3項格子をつくるには、格子の一片を表す図15.7を参照していただきたい。3つの経路がノードから延びており、その確率は、p_1, p_2, p_3である。行き着いた先の3つのノードは、それぞれ株価がu倍、1倍、d倍になることを表す。ただし、上昇してから下降したときに1になるように、$d = 1/u$としてある。

3項格子にパラメータを割り振る際、uの値は自由に選べる。そこで、1ス

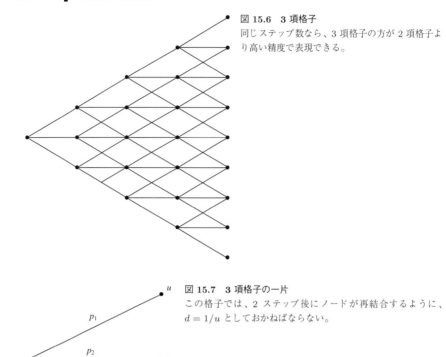

図 15.6　3 項格子
同じステップ数なら、3 項格子の方が 2 項格子より高い精度で表現できる。

図 15.7　3 項格子の一片
この格子では、2 ステップ後にノードが再結合するように、$d = 1/u$ としておかねばならない。

テップの平均値が $1 + \mu\Delta t$、分散が $\sigma^2\Delta t$ ならば、以下をみたすように確率を選ぶ。

$$p_1 + p_2 + p_3 = 1$$
$$up_1 + p_2 + dp_3 = 1 + \mu\Delta t \qquad (15.25)$$
$$u^2 p_1 + p_2 + d^2 p_3 = \sigma^2\Delta t + (1 + \mu\Delta t)^2$$

（最後の式は、x を確率変数を掛けた後の 1 期間後の株価として、$\mathrm{E}(x^2) = \mathrm{var}(x) + \mathrm{E}(x)^2$ であることを表している）。これは、3 つの確率を変数とする 3 元 1 次の連立方程式である。確率が求まれば、原資産のダイナミクス（ここでは暗に (13.19) 式のダイナミクスを想定している）のよい近似を手に入れたことになる。

第 15 章　オプションについての追加事項　　537

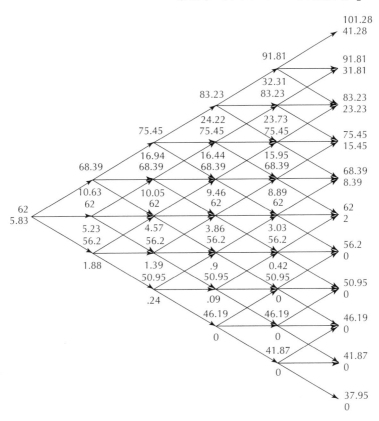

図 15.8　3 項格子を用いた 5 カ月物コール・オプション
株価はノード上に記されている。オプション価値は下側である。割引リスク中立評価法は 3 項格子まで簡単に一般化できる。

3 項格子を価格評価に使うには、本来の確率の代わりにリスク中立確率 q_1、q_2、q_3 を用いる必要がある。これは、期待値の中の $\mu\Delta t$ を $r\Delta t$ に変えて、(15.23) 式と同じ連立方程式を解くことで求められる。リスク中立確率が求まれば、2 項格子での手続きと同じように、3 項格子を用いて後向きに解けばよい。

例 15.7（5 カ月物のコール）　3 項格子を用いて例 14.3 の 5 カ月物のコール・オプションの値を計算し、結果を比較してみよう。用いる値は、$S(0) = 62$ ドル、$K = 60$ ドル、$r = 10\%$、$\sigma = 20\%$ である。満期までの期間は 5 カ月 $= 0.416667$ である。格子をつくるのに、u の値を選び、連

立方程式(15.23)（ただし、μ を r としておく）を式の中の確率について解かねばならない。u の値の選び方によっては、リスク中立確率が正でなくなることがあるので、いくつか u の値を試す必要がある。たとえば、$u = 1.06$ とおくと、$q_1 = 0.57$、$q_2 = -0.03$、$q_3 = 0.46$ となってしまう。代わりに、$u = 1.1031277$ とおくと、$q_1 = 0.20947$、$q_2 = 0.64896$、$q_3 = 0.14156$ である。これより、図 15.8 に示した 3 項格子が得られる。3 項格子によって得られたオプション価格は 5.83 ドルで、これは 2 項格子で得られた値 5.85 ドルより少しだけブラック-ショールズの結果 5.80 ドルに近いことに注目しよう[3]。

図 15.8 の 3 項格子では、株価は各ノードの上に書かれており、オプション価値は下に書かれている。最終ノードのオプションの価値は、単に $\max(0, S - K)$ である。他のノードのオプションの価値は、リスク中立価格付けによって求めた。たとえば、4 カ月目の最上端のノードの値は $(1 + 0.10/12)^{-1}(q_1 \times 41.28 + q_2 \times 31.81 + q_3 \times 23.23) = 32.31$ である。この計算で、オプション価値の代わりに、株価 101.28、91.81、83.23 を用いると株価 91.81 が得られるが、もちろん株価を後向きに計算する必要はない。

15.9　エキゾチック・オプション

オプションの基本的な設計に関しては、おびただしい数のバリエーションが考案されてきた。各々のバリエーションによって、特定の投資家集団のリスクを効果的に制御できたり、あるいは投資の実行や帳簿上の取り扱いが簡単になったりする。これらのバリエーションのいくつかをリストした。

1. **バミューダ・オプション**（Bermudan option）　このオプションでは、権利行使が可能な期間が制限されている。ある場合は、指定された期日であったり、またはオプションの満期までの間の特定の期間であったりする。株式のワラントはこの特徴をもつ。
2. **先スタート・オプション**（forward start option）　これはある時点で支払いをしても、後の時点にならないと始まらないオプションである。

---

[3] この例では月次の複利を用いているが、ブラック-ショールズ評価式では暗に連続複利を仮定している。この例においても連続複利に対応した値を使うことができ、その結果は 5.83 ドルと 1/10 セント異なるだけである。

3. コンパウンド・オプション（compound option） コンパウンド・オプションはオプションのオプションである。
4. "お気に召すままに"オプション（"as you like it" option）、または"選択者"オプション（"chooser" option） "お気に召すままに"オプションの保有者は、一定期日後に、そのオプションがプットであるか、またはコールであるかを宣言することができる。
5. **CAPs** このオプションでは、利益が一定のレベルに達したら自動的に権利行使されるため、オプションの保有者が得られる利益に限度がある。CAP20ドルのコール・オプションは、株価が権利行使価格より20ドル上回ると、その時点で権利行使が行われる。
6. **LEAPS** これは長期株価指数先行証券（Long–term Equity AnticiPation Securities）の略である。これは交換所で取引される、権利行使期日が最長3年間の長期間のオプションである。
7. デジタル・オプション（Digital option） デジタル・オプションのペイオフは、K を権利行使価格として、$S(T) > K$ なら1ドル、$S(T) < K$ ならゼロである。
8. エクスチェンジ・オプション（exchange option） このオプション1単位を保有していると、指定された証券1単位と交換できる権利をもつ。
9. 利回りオプション（yield–based option） 債券についての利回りオプションは、価格ではなく利回りが権利行使の対象となる。債券の利回りは価格と逆方向に動くので、利回りオプションの所有者は債券価格が下落すると利益を得る。
10. クロス・レシオ・オプション（cross-ratio option） 他の通貨に影響される通貨オプションである。たとえば、権利行使価格が日本円となっているユーロのオプションなどである。
11. ノックアウト・オプション（knockout option） このオプションは、原資産の価格がある一定の点に達した時点で終了（価値がゼロ）となる。コールにおいては、これは"ダウン・アンド・アウト"（down and out）オプションと呼ばれ、原資産が一定値を下回ると終了する。プットについて同様のオプションは、"アップ・アンド・アウト"（up and out）オプションである。
12. 不連続オプション（discontinuous option） このオプションのペイオフは、原資産の価格に関して不連続な関数となっている。たとえば、原資産の最終価格が決められた行使価格を上回るか下回るかによって、何もも

らえないか20ドルもらえるかが決まるようなコール・オプションである。

13. **ルックバック・オプション**（lookback option） ルックバック・オプションでは、契約発効時には権利行使価格は特定されず、オプションの期間中の原資産の最小値（コールの場合）または最大値（プットの場合）によって決まる。たとえば、ヨーロピアン型のルックバック・コール・オプションの場合、契約開始時から終了時 T までの原資産の価格 S の最小値を $S_{\min}$ とすると、そのペイオフは $\max(S_T - S_{\min}, 0) = S_T - S_{\min}$ となる。実際このオプションは、（$S_T = S_{\min}$ でなければ）常に正の価値をもつので、投資家にとって魅力的な資産である。当然ながら価格は、その魅力を反映しているはずである。

14. **アジアン・オプション**（Asian option） アジアン・オプションのペイオフは、期間中の原資産の価格の平均値 S_{avg} に依存している。平均値を用いるには、基本的に2つのやり方がある。1つ目は、S_{avg} を権利行使価格とするものである。その結果、たとえばコールの場合、ペイオフは $\max(S_T - S_{\mathrm{avg}}, 0)$ である。2つ目は、S_{avg} を最終価格とするものである。コールならば、K を権利行使価格として、ペイオフは $\max(S_{\mathrm{avg}} - K, 0)$ となる。

◆**価格付け** *

これらバリエーションのいくつかについては、その価格を本章で示した理論や手法を用いて計算することが可能である。またブラック-ショールズ評価式に似た式を導くことができる場合もある。一方で、投資の分析に携わる人々が必死になって価格付けの技術を探しているようなオプションもある。

> **例 15.8（ダウン・アンド・アウト）** 配当支払いのない株式に対する、ダウン・アンド・アウト・コール・オプションを考えよう。このオプションは権利行使価格が K で、"ノックアウト" 価格 $N < K$ をもつ。株価 S が N 以下になれば、オプションはその価値をゼロとして終了する。ブラック-ショールズの枠組みを用いれば、このオプションの初期時点の価値を表す閉じた解を求めることができるが、その詳細はかなり面倒である。もっと単純な場合を考えよう。それは無期限オプション（すなわち、$T = \infty$）で、ダウン・アンド・アウト条項が付いているものである。
>
> 無期限オプションは明示的には時間に依存しないので、ブラック-ショールズ方程式は以下のようになる。

$$\frac{1}{2}\sigma^2 S^2 C''(S) + rSC'(S) - rC(S) = 0 \qquad (15.26)$$

境界条件は、

$$C(N) = 0$$

である。また、$S \to \infty$ のとき、$C(S) \approx S$ であることもわかっている。

(15.26) 式を解くにあたって、$C(S) = S^\alpha$ を試してみよう。これより、次の多項式が得られる。

$$\frac{1}{2}\sigma^2 \alpha(\alpha - 1) + r\alpha - r = 0$$

これの解は $\alpha = 1$、もしくは $\alpha = -\gamma$ である。ただし、$\gamma = 2r/\sigma^2$ とする。(15.26) 式の一般解は、これら2つの線形結合で表現される。すなわち、

$$C(S) = a_1 S + a_2 S^{-\gamma}$$

である。

境界条件を用いると、$a_2 = -a_1 N^{\gamma+1}$ となる。よって、$C(S) = a_1[S - N(S/N)^{-\gamma}]$ となり、漸近的な性質を用いると、$a_1 = 1$ が得られる。以上より、最終的な結果は以下の通りである。

$$C(S) = S - N(S/N)^{-\gamma}$$

無期限コール・オプションの価値は S なので、上式の第2項は、ダウン・アンド・アウト条項に関する割引と見なすことができる。

ルックバック・オプションとアジアン・オプションで特に興味深い点は、そのペイオフが**経路依存**（path dependent）があるところである。すなわち、ペイオフが、原資産の最終時点の価格に依存するのみならず、価格がどのようにしてその価格に達したかということにも依存している。したがって、いつもの2項格子による評価法は使えない。しかし、そのような場合にも適用できるよう、格子によるアプローチを修正する方法がいくつもある。ただし、容易に想像できるように、普通のオプションに比べて計算量ははるかに多くなる。

経路依存のヨーロピアン型のオプションに対しては、モンテカルロ法が簡単でかつ有効な手段である。リスク中立価格付けの原理はこの場合にも適用でき

る。したがって必要なのは、原資産の価格変動から得たリスク中立確率を用いて繰り返しシミュレーションを行い、シミュレーションで得られるペイオフの平均をとるだけである。変量制御法は、これらのオプションでは必要なシミュレーション回数を減らすのに、特に有効である。対応する非経路依存オプションはすぐに解が求まり、それを制御変量として使用することができるからである（練習問題13を参照）。

15.10　手法の比較

各々の計算手法ごとに特徴があり、しばしばこれらの特徴が所与の派生証券の価格付けのためにいずれの手法を用いるべきかを決める目安となる。一般的な結論を導くことは難しいが、表15.2に各手法における2つの主要な差異をまとめた。具体的には、（オプションをいつ行使するかなどの）判断を含む派生証券を評価できるか、価値が経路に依存する派生証券を評価できるか、である。これらの区別は絶対的なものではないし、すぐに判別できるものでもない。というのも、標準的なバージョンでは取り扱えないケースであっても、その手法を拡張することで取り扱えるようになることがあるからである。

小規模から中規模のサイズの問題を簡単にプログラムできるため、格子は教科書で頻繁に用いられている。大きな長所は、オプションの行使や新しい設備の購入をいつ行うべきか、などの意思決定について最適化ができることである。欠点は、経路依存の派生証券を（簡単には）取り扱えないことである。

モンテカルロ・シミュレーションは派生証券評価の基本的な道具である。難しい設定の場合（CMOなど）でも、どちらかといえば簡単にプログラムが書ける。その主要な欠点は、状況に依存した決定を最適化できないこと、および時間がかかる可能性があることである。

表 15.2　各手法の特徴

	格子	シミュレーション	ツリー	有限差分法
意思決定	可	不可	可	可
経路依存性	不可	可	可	不可

価格付けの最適な計算手法はしばしば問題の性質に依存する。

ツリーは時間のステップ数に応じて指数的に大規模化するが、それらをかなりうまく取り扱えるソフトウェアが存在している。ツリーは決定と経路依存の両方を扱えるという長所をもつ。

有限差分法は派生証券を扱うのに自然な手法である。なぜならば、派生証券の汎用的な理論は、偏微分方程式の形式で表現されるのが普通だからである。この手法は変数を離散化し、問題を大規模な方程式系に変換した上で、反復計算で解を求める。この方程式系は、格子のように後ろ向きに解くことができ、それゆえ意思決定を取り扱うことができる。ただし、収束の保証に注意しなくてはならない。

手法によっては、固有の欠点を緩和するたくみな方法がある。たとえば、早期行使の可能性のあるアメリカン・プット・オプションを考えよう。モンテカルロ法を使う場合、行使境界を定義する曲線を表す関数 $S_E(t)$ が存在すると仮定する。すなわち、所与の時間 t において、$S \leq S_E(t)$ ならばその時点でオプションを行使するということである。モンテカルロ法や有限差分法では、このように事前に行使ポリシーが決まっているオプションを評価することができる。その上で、$S_E(t)$ の関数をパラメータで記述してからその値を変えるというようなやり方でさまざまな曲線を試し、最適な曲線を選択することができる。

15.11　保管費用と配当[*]

商品の保管費用や証券の配当があると、価格評価の手法が複雑になってしまうが、重要な特殊例として費用や配当が比例的な場合がある。これを扱うのは簡単だし、応用にも役に立つ。そこに含まれている手法を学ぶことで、リスク中立価格付けについての理解を深めることができるだろう。

◆2項過程による表現

商品価格が、上昇時の係数 u、下降時の係数 d をもつ2項過程にしたがうものとしよう。毎期保管費用 c が発生し、これを各期の終わりに支払う。各期間を通じて無リスク資産の収益は R である。

もし期間の初めに商品に投資をしたとすると、現在の価格 S を払わねばならない。期の終わりには、商品の新しい価格から保管費用を引いたものを受け取る。すなわち、$(u-c)S$ か $(d-c)S$ である。新しい係数 $u-c$ と $d-c$ は、商品を保管した結果を規定する合理的な係数である。したがって、この係数を用いて複製の議論ができる。その結果上昇、下降のリスク中立確率は、それぞれ、

$$q = \frac{R-d+c}{u-d}, \quad 1-q = \frac{u-c-R}{u-d}$$

となる（裁定を避けるには、$u-c > R > d-c$ でなければならない）。これら

のリスク中立確率を用いて、商品の派生証券であるような証券やベンチャーを評価することができる。

> **例 15.9（外国通貨のプット・オプション）** スミス氏は商売上手で用心深い米国のビジネスマンである。彼は日本企業に製品を販売して、6 カ月後に 1,000 万円受け取ることになっている。現在の為替レート u は 1 円あたり 0.00825 ドルである。この予測される支払いの価値を守るため、スミス氏は、1 円につき 0.008 ドルの権利行使価格をもつ、1,000 万円の 6 カ月物のプット・オプションを購入することを検討している。スミス氏は、市場価格が適正かどうかを知るために、そのプット・オプションの正しい価値を計算しようとしている。
>
> 　計算を行うにあたって、スミス氏が気づいたところでは、米ドルの金利は 5% で、日本円の金利は 8% であった。日本円に付く利息は、あたかも比例的配当もしくは負の保管費用と見なすことができる。為替レートのボラティリティは 1 月あたり 3% である。
>
> 　プット・オプションの値を求めるために、スミス氏は 6 カ月間の 2 項格子をつくり、$u = e^{0.03} = 1.03045$、$d = 1/u = 0.97045$ とした。上昇時のリスク中立確率は、
>
> $$q = \frac{(1 + 0.05/12) - d - 0.08/12}{u - d} = 0.451$$
>
> である。こうして、スミス氏は通常の後退計算によりプット・オプションの評価を行った。具体的には以下の通りである。まず、ボラティリティより決まる係数 u、d を用いて、円の価格を表現する 2 項格子をつくる。それから、プットの価値を表す 2 項格子を構成する。最終ノードの価値はすぐに決まる。他の値はリスク中立確率を用いた割引リスク中立評価法により求める。

◆ブラウン運動による表現*

価格が以下の幾何ブラウン運動にしたがう商品——ここでは銅を選ぼう——を考える。

$$dS = \mu S dt + \sigma S dz \tag{15.27}$$

ただし、z は標準ウィーナー過程である。投資家が銅を購入し保管しておく際に、1 単位時間あたり c のレートで比例的保管費用がかかる。任意の時点 t で

投資家が総価値 $W(t)$ の銅を保有していたとすると、保管費用は、$cW(t)dt$ のレートで銅を売ることで支払われる。したがって、銅を保有することの価値を表す過程は、

$$dW = \mu W dt + \sigma W dz - cW dt$$
$$= (\mu - c)W dt + \sigma W dz \qquad (15.28)$$

である。ただし、$W(0) = S(0)$ とする。ここで、(15.28) 式は保管費用を考慮した証券の価格がしたがう過程と見なすことができる。W は保管費用を払った後のネットの価値なので、W をネットの銅の価値と呼ぶことができる。

銅先物のオプションや、商品として銅を含むプロジェクト（たとえば、銅鉱山の採掘や電子機器のプロジェクトなど）のリアル・オプションなど、銅に関連した投資機会を考慮するならば、その投資機会の価値をリスク中立評価手法を用いて評価することができる。他証券の複製を構成するのに使われるのはネットの銅なので、ネットの銅の価値過程をリスク中立化することになる。具体的に言うと、金利 r でリスク中立評価を行うと、ネットの銅は、

$$dW = rW dt + \sigma W d\hat{z} \qquad (15.29)$$

にしたがう。ここで $\hat{z}$ は標準ウィーナー過程である。

先に述べたことを具体的に表す式変形は、(15.28) 式から (15.29) 式への変形であるが、煎じ詰めれば、$\mu - c \to r$ の置き換えである。これは、$\mu \to r + c$ と同じことである。したがって、もとの銅の価格過程はリスク中立な世界では、

$$dS = (r + c)S dt + \sigma S d\hat{z} \qquad (15.30)$$

をみたす。これが、銅に関連する投資のリスク中立評価に用いる式である。

15.12　マルチンゲールによる価格付け[*]

連続時間の価格過程が $S(t)$ である任意の証券を考えよう。金利が r で、$0 \leq t \leq T$ の間に証券には支払いがないものとする。リスク中立価格付けの理論の主張によれば、$[0, T]$ 上のリスク中立な過程が存在して、

$$S(0) = e^{-rt}\hat{E}[S(t)] \qquad (15.31)$$

をみたす。ただし、$\hat{E}$ はリスク中立な世界での期待値を表す。任意の $t_2 > t_1$ について、この表現を時間 t_1 に対して変形して、

$$S(t_1) = e^{-r(t_2-t_1)} \hat{\mathrm{E}}_{t_1}[S(t_2)]$$

と書くことができる。ただし、$\hat{\mathrm{E}}_{t_1}$ は時点 t_1 から見た[4]リスク中立な世界での期待値を表す。この式をさらに変形して、

$$e^{-rt_1} S(t_1) = e^{-rt_2} \hat{\mathrm{E}}_{t_1}[S(t_2)]$$

とすることができる。同じことなのだが、すべての t について、

$$\bar{S}(t) = e^{-rt} S(t)$$

を定義すると、すべての $t_2 > t_1$ について以下の非常に単純な式を得る。

$$\bar{S}(t_1) = \hat{\mathrm{E}}_{t_1}[\bar{S}(t_2)] \tag{15.32}$$

一般に、すべての $t_2 > t_1$ に対して $x(t_1) = \mathrm{E}_{t_1}[x(t_2)]$ をみたす確率過程 $x(t)$ を**マルチンゲール**（martingale）と呼ぶ。マルチンゲールの将来の値の期待値は、確率過程の現在の値である——規則的なドリフトはない。

(15.32) 式によれば、0 から t 期までの割引係数で調整された証券価格 $S(t)$ は、リスク中立確率の構造のもとでマルチンゲールになる。

さらにリスク中立評価の結果が意味するのは、S から派生した（途中のキャッシュ・フローがない）証券の価格過程 P も、やはり同じ確率構造のもとでマルチンゲールになっていなければならないということである。すなわち、

$$\bar{P}(t_1) = \hat{\mathrm{E}}_{t_1}[\bar{P}(t_2)] \tag{15.33}$$

である。これはリスク中立価格付けの評価式を言い換えたものにすぎない。なぜならば、(15.33) 式をもとの表現に直すと、

$$P(t_1) = e^{-r(t_2-t_1)} \hat{\mathrm{E}}_{t_1}[P(t_2)] \tag{15.34}$$

となるからである。

例 15.10（先渡の価値） 価格過程が S である証券の先渡契約を考えよう。先渡価格 F_0、時点 T での受け渡しの契約を $t = 0$ で結ぶ。この契約の契約開始時の価値は $f_0 = 0$ である。時点 $t > 0$ での新しい契約は先渡価格

---

[4] (15.31) 式では $\hat{\mathrm{E}}_{t_0}$ と書くことができるのだが、どの時間が参照されているかは書かずともわかるだろう。

F_t をもつ。では、もとの先渡契約の時点 t の価値 f_t はいくらだろうか。

f_t は証券 S の派生証券である。したがって、その割引調整後の価格はリスク中立の世界ではマルチンゲールとなっていなくてはならない。よって、

$$\bar{f}_t = \hat{\mathrm{E}}_t(f_T)$$

である。等価な表現として、

$$e^{-rt} f_t = e^{-rT} \hat{\mathrm{E}}_t[f_T] = e^{-rT} \hat{\mathrm{E}}(S_T - F_0) \tag{15.35}$$

が得られる。

時点 t で結ばれた先渡価格 F_t の契約（価値はゼロ）に対して同様の議論を適用すると、

$$0 = e^{-rT} \hat{\mathrm{E}}_t(S_T - F_t)$$

となるが、これは $\hat{\mathrm{E}}(S_T) = F_t$ と同じである。このことと (15.35) 式を用いると、

$$f_t = e^{-r(T-t)}(F_t - F_0)$$

が得られる。これは、第 12.4 節で初等的な（だが一般的ではない）議論を用いて導いた式と一致している。

マルチンゲールによる評価式は、2 項過程の枠組みでも同様に用いることができる。(15.33) 式に対応する式は、$j > k$ に対して、

$$\bar{P}_k = \hat{\mathrm{E}}_k\left(\bar{P}_j\right) \tag{15.36}$$

となる。ただし、

$$\bar{P}_k = \frac{P_k}{(1+r)^k}$$

であり、$\hat{\mathrm{E}}_k$ はリスク中立確率に関する k 期の期待値を表す。2 項格子の枠組みにおいては、(15.36) 式は 1 時点 1 ステップごとに当てはまる。この場合、金利が明示的に与えられれば、これはおなじみの再帰的リスク中立評価の手続きと同一である。

このように、リスク中立確率はマルチンゲールと結びついているため、しばしば**マルチンゲール確率**（martingale probability）とも呼ばれる。ただし、本書では、マルチンゲール確率ではなくリスク中立確率を使うことにする。

15.13　公理とブラック–ショールズ式

派生証券価格付けの基本原則から、連続時間の設定のもとでの価格付けに関する重要な結果を導くことができる。特に、このアプローチによって、複製ポートフォリオを生成せずにブラック–ショールズ方程式がただちに得られる。また、連続時間の枠組みでの価格付けの原則に対して新たな洞察がもたらされる。

われわれの設定では、x は伊藤過程にしたがう連続時間の市場変数である。この手法においては、x の派生証券の価格付けは継続的な手続きと見なされる。時間 t において、$t+dt$ に生じる状況を価格付けしなくてはならない。このために、時点 $t+dt$ のペイオフを時点 t で評価する価格付け演算子 $\mathbb{P}$ を導入する。この演算子は、次の4つの公理に基づく**演算子法**（operational calculus）にしたがって操作することができる。

1) **市場変数の価格付け：**

 x が、配当支払いや保管費用が生じない市場性資産の価格であるならば、$\mathbb{P}\{x+dx\} = x$ である（これは、後の時点 $(t+dt)$ における市場価格が t 時点における価格に等しいことを述べている）。

2) **定数の価格付け：**

 もし C が定数ならば、$\mathbb{P}\{C\} = C(1-rdt)$ である（これは、まず第1に、無リスク資産が存在すること、第2に、その価格が公理1をみたすことを述べている。すなわち、rdt で成長する無リスクの金額は $(1-rdt)$ で割り引かれるということである）。

3) $\mathbb{P}$ は**線形**。

4) $\mathbb{P}\{dt\} = dt$。dt より高次の項は無視できる。

最初の3つの公理が、第12.1節で導入した派生証券価格付けの原則と対応関係にあることは明らかだろう。

これらの公理から容易に重要な結果が得られる。公理1、2、3より、$x = \mathbb{P}\{x+dx\} = \mathbb{P}\{x\} + \mathbb{P}\{dx\} = (1-rdt)x + \mathbb{P}\{dx\}$ となる。なぜなら時点 t においては、変数 x は定数だからである。両辺から x を引いて、

$$rx\,dt = \mathbb{P}\{dx\} \tag{15.37}$$

を得る。これが基本価格式である。今、$V(x,t)$ が市場性資産 x と r で表される価値関数であるとすると、

$$rV(x,t)dt = \mathbb{P}\{dV(x,t)\} \tag{15.38}$$

とならねばならない。これが、一般化された連続時間における派生証券の価格式である。

この方法を用いて、標準的なブラック–ショールズ方程式を手早く導いてみよう。いつものように、原資産 x の価格が幾何ブラウン運動過程 $dx = \mu x dt + \sigma x dz$ にしたがうと仮定する。さらに、最終価値 $V(x,T)$ をもつ価値関数 V が存在するものとする。伊藤の定理および $(dx)^2 = \sigma^2 x^2 dt$ より、

$$\begin{aligned} dV &= V_t dt + V_x dx + \frac{1}{2} V_{xx} (dx)^2 \\ &= V_t dt + V_x dx + \frac{1}{2} V_{xx} \sigma^2 x^2 dt \end{aligned}$$

となる。価格付け演算子を適用し、基本価格式 (15.37) を用いると、$\mathbb{P}\{dV\}$ は、

$$\mathbb{P}\{dV\} = V_t dt + V_x rx dt + \frac{1}{2} V_{xx} \sigma^2 x^2 dt \tag{15.39}$$

と評価される。(15.38) に代入し、dt を消去すると、標準的なブラック–ショールズ方程式が得られる。

$$rV(x,t) = V_t(x,t) + V_x rx + \frac{1}{2} V_{xx} \sigma^2 x^2 \tag{15.40}$$

μ は導出の過程にすら表れないことに注意しよう[5]。

例 15.11（期間中のキャッシュ・フロー） 例として、時点 t で $h(x,t)$ のレートでキャッシュ・フローが生じる派生証券を考えよう。このキャッシュ・フローが $dV(x,t)$ に加わるので、結果として、

$$rV(x,t) = h(x,t) + V_t(x,t) + V_x rx + \frac{1}{2} V_{xx} \sigma^2 x^2 \tag{15.41}$$

となることは容易にわかる。

◆リスクの市場価格

dz が標準ウィーナー過程であるとして、いつもどおり x が確率過程 $dx = \mu x dt + \sigma x dz$ にしたがうとしよう。価格式 (15.37) より、

---

[5] この導出を厳密に正当化するには、もっと高度な分析が必要である。一般に、演算子法によって、緩い仮定の集合のもとで正しい答えが導かれる。第 19 章の第 19.9 節で、さらに演算子法を用いて一般化を行っている。

$$rxdt = \mathbb{P}\{dx\} = \mu xdt + \sigma x\mathbb{P}\{dz\}$$

となる。ゆえに、

$$\mathbb{P}\{dz\} = -\frac{\mu - r}{\sigma} = -\lambda dt \tag{15.42}$$

である。ここで、定数 $\lambda = \frac{\mu - r}{\sigma}$ は**リスクの市場価格**（market price of risk）と名づけられている。$\mu - r = \lambda \sigma$ と書くと、$\mu - r$ はボラティリティ σ を補償する超過リターンと解釈できる。別の見方をすれば、$-\lambda dt$ は**リスクのコスト**（cost of risk）である。つまり、dz の存在によって、実効リターン μdt が減ぜられる量である。すなわち、$\mu - \lambda \sigma = r$ である。

費用 $\mathbb{P}\{dz\}$ は、dz により変動する任意の派生証券に対して同一である。たとえば、派生証券が $dy = \mu_1 y dt + \sigma_1 y dz$ にしたがうならば、リスクの市場価格は等しくなくてはならない。つまり、

$$\frac{\mu_1 - r}{\sigma_1} = \frac{\mu - r}{\sigma}$$

となる。

例 15.12（再びブラック-ショールズ） ブラック-ショールズ方程式を即座に導くことができる。f に対する伊藤過程 (15.10) より始めて、基本式 $\mathbb{P}\{df\} = rfdt$ を使い、$\mathbb{P}\{dz\}$ の値を用いて、両辺から dt を消去すればよい（読者はこのことを確認してほしい）。

15.14 まとめ

ブラック-ショールズ方程式は、原資産の価格過程が、

$$dS = \mu S dt + \sigma S dz$$

である派生証券の価値 $f(S, t)$ がみたさねばならない偏微分方程式である。ただし、ここで z は標準ウィーナー過程である。特に、S と e^{rt} はどちらもブラック-ショールズ方程式をみたす。オプションなどの他の派生証券の価格の関数も同じ式をみたすが、境界条件が異なっている。

所与の境界条件のもとで、ブラック-ショールズ方程式を陽に解くのは、一般的には困難もしくは不可能である。陽な解が求まる特別な場合として、契約期間中配当支払いのない証券に関するコール・オプションがある。結果として

得られる解を表す式 $C(S,t)$ は、コール・オプションの価格に関するブラック–ショールズ評価式と呼ばれる。この評価式は、標準正規確率変数の累積分布関数 N を用いて表される。N は閉じた式では表現できないが、精度の高い近似を利用できる。

ブラック–ショールズ方程式は、リスク中立価格付けの例と見なすことができる。実際、時点 T にのみペイオフ $V(T)$ をもつ派生証券の価値は、$V = e^{-rT}\hat{E}[V(T)]$ と表すことができる。ここで、$\hat{E}$ はリスク中立過程 $\mathrm{d}S = rS\mathrm{d}t + \sigma S\mathrm{d}\hat{z}$ に関する期待値である。

デルタは $\Delta = \partial f/\partial S$ で定義される。したがって、デルタは原資産の価格 S の変化に対する派生証券の感度を表している。ネットのデルタがゼロになるようにポートフォリオをつくることで、ヘッジをかけることができる。デルタは複製によって合成派生証券をつくるためにも用いられる。これを行うには、原資産の価格にデルタをかけた値に相当する額の原資産を購入した特殊なポートフォリオをつくる。このポートフォリオは、無リスク資産も（ショートであれロングであれ）含んでおり、その量はポートフォリオ全体の価値が派生証券の理論価格に等しくなる量である。このポートフォリオは、その価値が派生証券の理論価格を正しく追随し続けるように、定期的にリバランスされる。ポートフォリオ・インシュランスはこのアイデアを拡張したものである。ただし、複製ポートフォリオ構築の際、原資産自身ではなく、原資産の先物契約を用いている。

オプション価格は、ブラック–ショールズ評価式から導かれるインプライド・ボラティリティと結びついている。もしすべての価格がブラック–ショールズ評価式にしたがうのであれば、さまざまな行使価格をもつオプションのインプライド・ボラティリティはすべて等しくなる。しかし、一般には、行使価格に対するインプライド・ボラティリティのグラフが、スマイルやスキューの形状となることが観測される。この形状が意味しているのは、原資産のリスク中立確率密度が対数正規ではないということである。実際、手の込んだ形状の曲線によって、リスク中立確率密度を表すことができる。逆に、この曲線を与えることで、当該資産に関する複雑な派生証券を価格付けすることができる。

オプションやその他の派生証券の価値を求める数値計算法がいくつか存在している。モンテカルロ・シミュレーションは、ヨーロピアン型のオプションに適した簡単な方法である。最終ペイオフが最終価値に加えて原資産の特定の価格の経路にも依存しているという意味で、それが経路依存であっても構わない（例として、権利行使価格がオプションの満期までの原資産の平均価格であるよ

うなコール・オプションがある)。モンテカルロ・シミュレーションの欠点は、大変多くの試行回数を要する点である。

　有限差分法は、ブラック−ショールズ方程式を多数の方程式系で近似して、数値計算を行う方法である。この方法はヨーロピアン型オプションに加えて、アメリカン型のオプション評価も行うことができるが、特殊な場合を除けば、経路依存型のオプションの評価はできない。

　格子とツリーを用いた手法はよく普及している。この欠点は、そのサイズがしばしば巨大になってしまうことである。経路依存型オプションの場合は、格子ではなくツリーが必要になり、ノードは莫大な数となる。

　オプションのコンセプトに関しては多くのバリエーションが存在する。これらエキゾチック・オプションのいくつかについては理論的な価格が得られているが、大部分の価格は数値的にしか得られない。

　資産を保有している間、保管費用がかかるか、または配当の受け取りがあるような場合、それらはその資産から派生する証券の価格にも影響を与える。保管費用や配当が資産価格に比例する場合、リスク中立確率を適切に調整するか、連続時間モデルであれば、資産のしたがうリスク中立過程の成長率の項を調整することで、派生証券の価格を求めることができる。

　派生証券自身を保有している間に途中での支払いがあったり、保管費用がかかる場合、2項格子の枠組みを使えば、第14章で示したように、これら追加的キャッシュ・フローを割引リスク中立評価法の手続きにとり入れることが可能である。連続時間の枠組みでは、追加的なキャッシュ・フロー率は追加項としてブラック−ショールズ方程式に導入される。

　リスク中立評価式は、マルチンゲール形式に（容易に）変換できる。すなわち、割引係数で調整された派生証券の価格は、リスク中立確率の構造のもとでマルチンゲールとなる。

　第12章で導入した派生証券価格付けの3原則は、4つの公理にしたがう価格付け演算子を用いることで、連続時間の枠組みにおいても適用できる。この4つの公理のうち3つは、価格付け原則に直接対応している。これらの公理から、ブラック−ショールズ方程式がただちに導かれる。これは、根本的にブラック−ショールズ方程式が、価格付けの基本原則の簡潔な表現式であることを意味している。有益な概念として、リスクの市場価格 $(\mu - r)/\sigma$ がある。リスクの市場価格は、同じウィーナー過程にしたがう任意の派生証券において共通である。

練習問題

1. （正規分布の数値評価法） 累積正規分布関数は、以下の修正多項式により（小数点以下第 6 桁まで）近似できる。

$$N(x) = \begin{cases} 1 - N'(x)(a_1 k + a_2 k^2 + a_3 k^3 + a_4 k^4 + a_5 k^5) & \text{for } x \geq 0 \\ 1 - N(-x) & \text{for } x < 0 \end{cases}$$

ただし、

$$N'(x) = \frac{1}{\sqrt{2\pi}} e^{-x^2/2}$$

$$k = \frac{1}{1 + \gamma x}$$

$$\gamma = 0.2316419$$

$$a_1 = 0.319381530$$

$$a_2 = -0.35653782$$

$$a_3 = 1.781477937$$

$$a_4 = -1.821255978$$

$$a_5 = 1.330274429$$

である。この式を使って、$T = 0.5$、$\sigma = 0.25$、$r = 0.08$、$K = 35$、$S_0 = 34$ ドルのときのコール・オプションの価格を求めよ。

2. （無期限プット） 無期限アメリカン・プット・オプション $(T = \infty)$ を考えよう。株価が低いときはプットの権利行使をすると利益が得られる。G をそのような株価のうち最大のものを表すとしよう。時間に依存しないブラック–ショールズ方程式は、$G \leq S \leq \infty$ に対して、

$$\frac{1}{2}\sigma^2 S^2 P''(S) + rSP'(S) - rP(S) = 0$$

となる。適切な境界条件は、$P(\infty) = 0$、$P(G) = K - G$ である。G はオプションの価値を最大にするよう選ばなくてはならない。

(a) $\gamma = 2r/\sigma^2$ とおくと、$P(S)$ の式が以下の形となることを示せ。

$$P(S) = a_1 S + a_2 S^{-\gamma}$$

(b) 2つの境界条件を用いて以下の式を示せ。

$$P(S) = (K - G)(S/G)^{-\gamma}$$

(c) $P(S)$ を最大にするように G を選ぶと、結局以下のようになることを示せ。

$$P(S) = \frac{K}{1+\gamma} \left[\frac{(1+\gamma)S}{\gamma K} \right]^{-\gamma}$$

3. (シグマの推定) 大手金融機関のトレーダーはブラック–ショールズ方程式を逆向きに用いることで、他のトレーダーの σ の推定値をオプション価格から推測している。実際、取引を行うにあたって、トレーダーは価格というよりはシグマを見積もっているのである。ここで、6カ月は配当支払いのない株式のコール・オプションが、満期まで7週間あり、権利行使価格が35ドルで、プレミアムが2.15ドルであったとしよう。現在の短期のTビルの金利が7%で、原資産である株式の価格が36.12ドルであったとき、原資産のボラティリティはいくらと推測されるか。

4. (ブラック–ショールズ方程式の近似) 1次の項まで近似すると、$N(d) = \frac{1}{2} + d/\sqrt{2\pi}$ となることに注意しよう。これを用いて、株価の現在価値が権利行使価格に等しいとき (すなわち $S = Ke^{-rT}$) のコール・オプションの価値を導け。具体的に言うと、$C \simeq 0.4 S\sigma\sqrt{T}$ となることを示せ。さらに、$\Delta \simeq \frac{1}{2} + 0.2\sigma\sqrt{T}$ となることも示せ。これらの近似を用いて、例15.2のコール・オプションの価格を評価せよ。

5. (デルタ) 例15.2と同じパラメータの値を用いて、株式の初期価格が63ドルであったときの5カ月物のコール・オプションの価格を求めよ。それから、$\Delta = \Delta C/\Delta S$ と $\Theta = \Delta C/\Delta t$ を評価せよ。

6. (特別な恒等式) ガビン・ジョーンズは派生証券に関して、その価格 $P(S)$ と Δ、Γ、Θ の値の間にはある関係があると信じている。実際に以下の式が成り立つことを示せ。

$$\Theta + rS\Delta + \frac{1}{2}\sigma^2 S^2 \Gamma = rP$$

7. (ガンマとシータ ◇) 配当支払いのない株式のヨーロピアン・コール、またはプットに関して、

$$\Gamma = \frac{N'(d_1)}{S\sigma\sqrt{T}}$$

$$\Theta = -\frac{SN'(d_1)\sigma}{2\sqrt{T}} - rKe^{-rT}N(d_2)$$

となることを示せ [ヒント：練習問題 6 を用いよ]。

8. （S のベキ乗） 配当のない株式が確率微分方程式 $dS_t = \mu S_t dt + \sigma S_t dz_t$ にしたがい、無リスク資産が固定金利 r をもつと仮定する。無リスク資産の価値 B は、$dB = rBdt$ をみたす。時点 T において、株価の k 乗 (ただし、k は正の整数とする) を支払うヨーロピアン型の契約を考えよう。この契約の時点 t ($t \leq T$) における価格が、

$$P(t, S_t) = S_t^k A(T) e^{-\alpha t}$$

となることを示すことができる。$A(t)$ と α を明示的に求めよ。

9. （平均回帰） 市場性資産 x の価格が平均回帰過程、

$$dx = \eta(\theta - x(t))dt + \sigma dz$$

にしたがうものとする。ただし、η、θ、σ は正定数で、z はウィーナー過程である。
   (a) $V(x, t)$ を所与の関数とする。V がしたがう伊藤過程を求めよ。
   (b) さらに、$r > 0$ として、取引可能な債券が $dB(t) = rB(t)dt$ にしたがうとする。$V(x, t)$ を x と B に関する派生証券の価格とする。価格付けの公理を用いて、V がしたがう偏微分方程式を求めよ。

10. （ベガ） 標準幾何ブラウン運動にしたがう資産の派生証券に関して、原資産のパラメータに対する派生証券価格の感応度を求めることは有益である。特に、パラメータ σ に対する感応度はベガ(vega) と呼ばれ、

$$\mathcal{V} = \frac{\partial f(S, t)}{\partial \sigma}$$

と書ける。幾何ブラウン運動にしたがう株式に関するコール・オプションにおいては、$\mathcal{V} = S\sqrt{T}N'(d_1)$ が成り立つ。ただし d_1 は、(15.16b) 式で与えられる。プット・オプションにおけるベガはどうなるか。

11. （ロー） 練習問題 10 と同じように、金利 r に対する派生証券価格の感応度はロー(rho) と呼ばれ、

$$\text{rho} = \frac{\partial f(S,t)}{\partial r}$$

で定義される。ブラック–ショールズの枠組みにしたがう株式のコール・オプションにおいては、$\text{rho} = KTe^{-rT}N(d_2)$ である。ただし、d_2 は、(15.16c) 式で与えられる。プット・オプションにおけるローはどうなるか（$N(-d_2)$ を用いて表せ）。

12. （グレートウエスタンの CD） グレートウエスタン銀行は S&P500 と連動した特殊な譲渡性預金（certificate of deposit：CD）を提供している。ファンドは月の初めに口座に集められ 3 年間保持される。利息は年度末に口座に記入されるが、支払われる利息額は S&P500 インデックスの直前 12 カ月間のパフォーマンスに基づいている。具体的には以下の通りである[6]。もし k 月の終わりのインデックスの値が $S_k, k = 0, 1, 2, \ldots, 12$ であったなら、12 カ月間の平均値を $A = \frac{1}{12}\sum_{k=1}^{12} S_k$ として、最初の年の終わりに支払われる利息は、

$$I = \max[0, (A - S_0)/S_0]$$

に初期残高額を掛けたものである。残高額とインデックスに関して新しい値を用いて、翌年の利息も同様に計算される。S&P500 インデックスの月次の変動が $\sigma = 0.20$ の幾何ブラウン運動にしたがうと仮定すると、この CD と等価な無リスク金利はいくらになるか［ヒント：区間長を 2 カ月としたツリーを用いよ］。

13. （分散制御法） 確率変数 x の期待値を欲しているとしよう（この確率変数が、リスク中立な確率過程にしたがう株式に関するオプションの期末の価値を割り引いたものとすると、その期待値はオプションの価格となるだろう）。評価法の 1 つに、確率分布にしたがって多くの x の標本を発生させて、その平均値をとる方法がある。この手法の問題点は、満足のいく結果を得るためにはきわめて多くのサンプルを要する場合があるという点である。ただし、**制御変量**（control variate）と呼ばれる確率変数 y を追加することで、少しばかり手続きを早くすることができる。制御変量は x と相関をもち、その期待値もわかっていなければならない。たとえば、x をダウン・アンド・アウトの特性をもつコール・オプションの期末の価値とすると、y としてダウン・アンド・アウトの特性をもたないコール・オプションの価値を用いることができる。ブラック–ショールズ

---

[6] 実際の方式とは若干細部に相違がある。

方程式や2項格子などを用いれば、直接 $E(y) = \bar{y}$ を求めることができる。だが、もし特定の試行において期末の株価が高くなった場合、x と y もともに相対的に高い値となると思ってよいだろう。したがって2つの変数は相関している。

$E(x)$ の推定値 $\hat{x}$ は、以下の式で求まる。

$$\hat{x} = x_{\text{avg}} + a(y_{\text{avg}} - \bar{y})$$

a の値として任意の小さい値を選ぶ場合もある。しかし、a の最適な値も選ぶことができる。$\hat{x}$ の分散を最小にするような a の値を求めよ（結果は分散と共分散に依存している）。

14. （制御変量法の応用 ⊕）　練習問題13にある制御変量法を用いて、$S_0 = 62$ ドル、$\sigma = 20\%$、$r = 10\%$、権利行使価格が60ドルの5カ月物のアジアン・コール・オプションを価格を求めよ。
    (a) 例14.3で扱った標準的な5カ月物のコール・オプションを制御変量として用いよ。
    (b) S_{avg} を制御変量として用い、(a) の場合と比較せよ。

15. （後払いオプション）　後払いオプション（pay–later option）とは、購入者が前払い（契約を開始した時点）でプレミアムを払う必要のないオプションである。満期において、後払いオプションの所有者は、イン・ザ・マネーでは**必ず**権利を行使しなければならず、その場合にその時点でのプレミアムを支払う。それ以外の場合は、オプションは行使されず、プレミアムの支払いはない。

    CCC コーポレーションの株式は現在12ドルであり、幾何ブラウン運動の特徴をすべて有している。年次の予測収益率は15%で、年次のボラティリティは20%、年次の無リスクな収益率は10%である。
    (a) 2項格子を用いて、CCC 株について満期が10カ月、権利行使価格が14ドルのコール・オプションの価格を求めよ（格子のノード間の間隔を1カ月とせよ）。
    (b) 同様にして、(a) の場合と同じパラメータの値を使って、後払いオプションのプレミアムを求めよ。
    (c) (a) と (b) の結果を比較せよ。答えは異なっているか。もしそうならその理由は何か。そうでない場合、それはなぜか。どのような条件であれば、それぞれのオプションが好まれるだろうか。

16. （カリフォルニアの住宅のプット ⊕）　あなたは新居を購入し、銀行から

住宅価格の 90% 相当額の抵当貸付を得たものとする。数年後に住宅価格が抵当の残高を下回り、ローンの不履行を宣言することに決めたとしよう。カリフォルニア州の反不足金判決規制によると、銀行が受け取ることができるのは抵当残高の全額ではなく、住宅の価値分だけである[7]。

あなたは住宅価格の 90% について 15 年間の抵当貸付を受けたとし、また無リスク金利が 10% で一定だったとする。さらに、各年度において、住宅のネットの価値はあなたにとって、その年の市場価値の 5% の価値（おそらく家賃の節約分）をもつと仮定する。住宅の価値は年間 15% のボラティリティをもつ。90 ドルのローンに対するプット・オプションの価値はいくらになるか。抵当貸付の正当な金利はいくらであるべきか（Δt を小さくして近似を用いよ）。

17. （森林の価値）　伐採した材木の年間の保管費用を価格の 5% として、第 14 章の練習問題 16 を解け。
18. （スミス氏のプット）　例 15.9 にあるスミス氏のプットの価値を求めよ。

参考文献

Black と Scholes による古典的論文 [1] によってオプション評価の現代的なアプローチが始まった。他に Merton も早い時期から重要な貢献をしており、その論文の多くは [2] に集められている。Merton は無期限コールなど多くの重要な特殊例を研究している。オプション取引の詳細は [3] にまとめられている。ポートフォリオ・インシュランスが論じられているのは [4,5] である。スマイルに関する先駆的な研究については、[6] を参照せよ。モンテカルロ法は期待値評価の古典的技法である。オプション評価への応用は [7,8] で取り扱われている。[9] は一般的な有限差分法の教科書である。[10,11] でオプション評価への応用が論じられている。エキゾチック・オプションについては、[12,13] を参照せよ。練習問題 4 のアイデアは [14] からとった。

1. Black, F., and M. Scholes (1973), "The Pricing of Options and Corporate Liabilities," *Journal of Political Economy*, **81,** 637–654.
2. Merton, R. C. (1990), *Continuous-Time Finance*, Blackwell, Cambridge, MA.
3. *Characteristics and Risk of Standardized Options*, American Stock Exchange, New York; Chicago Board Options Exchange, Chicago; New York Stock Exchange, New York; Pacific Stock Exchange, San Francisco; Philadelphia Stock Exchange, Philadelphia, February 1994.
4. Leland, H. E. (1980), "Who Should Buy Portfolio Insurance," *Journal of Finance*, **35,** 581–594.

---

[7] もちろん、ここでは法規を単純化している。

5. Rubinstein, M., and H. E. Leland (1981), "Replicating Options with Positions in Stock and Cash," *Financial Analysts Journal*, **37,** July/August, 63–72.
6. Breeden, D. T., and R. H. Litzenberger (1978), "Prices of State-Contingent Claims Implicit in Option Prices," *Journal of Business*, **51**, no. 4, 621–651.
7. Boyle, P. P. (1977), "Options: A Monte Carlo Approach," *Journal of Financial Economics*, **4,** 323–338.
8. Hull, J. C., and A. White (1988), "The Use of the Control Variate Technique in Option Pricing," *Journal of Financial and Quantitative Analysis*, **23,** 237–251.
9. Mitchell, A., and D. Griffiths (1980), *The Finite Difference Method in Partial Differential Equations*, Wiley, New York.
10. Brennan, M., and E. S. Schwartz (1977), "The Valuation of American Put Options," *Journal of Finance*, **32,** 449–462.
11. Courtadon, G. (1982), "A More Accurate Finite Difference Approximation for the Valuation of Options," *Journal of Financial and Quantitative Analysis*, **17,** 697–705.
12. Rubinstein, M. (1991), "Pay Now, Choose Later," *Risk* (February). (Also see similar articles on other exotic options by the same author in subsequent issues of *Risk*.)
13. Hull, J. C. (2008), *Options, Futures, and Other Derivative Securities*, 7th ed., Prentice Hall, Englewood Cliffs, NJ.
14. Brenner, M., and M. G. Subrahmanyam (1994), "A Simple Approach to Option Valuation and Hedging in the Black–Scholes Model," *Financial Analysts Journal*, March/April, 25–28.

第16章
金利派生証券

支払いが金利に依存する証券は、**金利派生証券**（interest rate derivatives）と呼ばれる。この派生証券はきわめて重要である。なぜならば、ほぼすべての金融取引は金利リスクにさらされており、金利派生証券は金利リスクを制御する手段を与えてくれるからである。さらに、他の派生証券と同じように、金利派生証券を用いて投資ポートフォリオのパフォーマンスを従来にない手法で改善することもできるだろう。

金利派生証券のいくつかの例を次の節に挙げた。これらの例が示すのは、金利にまつわる環境がいかに複雑であるか、またその複雑さを制御するために設計された金融資産がいかに多様か、ということである。

金利市場の複雑さは、その分析に用いられる理論構造の反映である。たとえ確定的な場合でも、債券価格を説明するには金利の期間構造全体の定義が必要であった。不確実性が導入されると、確率的に変動する期間構造を定義する必要がある。しかし、この数章で展開してきた概念と手法すなわち、リスク中立価格付け法、2項格子、伊藤過程などを期間構造のアイデアと巧妙に結びつけて、首尾一貫したアプローチを用いて金利派生証券の価格付けを行うことができる。このトピックは投資の世界においてそれ自身きわめて重要であること、および前章までの内容をまとめた上で、それをさらに拡張しているので、きっと読者はこの章を興味深く読むことだろう。

16.1 金利派生証券の例

金利派生証券は、さまざまな形態の投資に関係する。以下に例を記す。
1. **債券**（bond）　債券自身も金利の派生証券と見なすことができる。ただし債券と金利との関係はかなり直接的である。特にリスクのない満期 N 年

のゼロ・クーポン債の価格は、N 年の金利そのものの指標となっている。クーポンがある債券は、いつものようにゼロ・クーポン債の組み合わせと見なすことができる。

2. **債券先物**（bond futures）　Tボンド、Tノート、その他の金利証券の先物を取引所で売買することができる。これは第12章で論じた。

3. **債券オプション**（bond option）　債券にもオプションを設定することができる。10年物のTボンドのアメリカン・コール・オプションをもっていると、定められた期間内に決められた価格（権利行使価格）で債券を買う権利が得られる。

4. **債券先物オプション**（bond future option）　実物の債券に対するオプションよりも、債券先物に対するオプションの方が一般的である。そのようなオプションは、Tボンドや他の金利証券に関する先物を扱う取引所で売買されている。このオプションは、原資産となる先物契約の受け渡しを定めている。

5. **債券に埋め込まれたオプション**（embedded bond option）　多くの債券は償還請求が可能（callable）である。これは債券の発行者が契約条項にしたがって、債券を買い戻す権利を指す（通常は一定の年数を経過した後で、償還可能となる）。コール条項は、発行者に与えられたオプションと見なすことができる。このオプションは債券そのものに埋め込まれている。この種の債券の発行者は、金利が発行時より下落した場合に、そのコール・オプションの行使によって利益を得る。逆の償還条項の付いた（putable）オプションもある。この場合、債券の保有者がある条件のもとで、発行者に対して償還を要求できる。この債券にはプット・オプションが埋め込まれており、それは債券の所有者に与えられている。

6. **モーゲージ**（mortgage）　普通、住宅モーゲージにはある種の期限前返済の特約が付属している。この条項により、モーゲージはいかなる時点でも、借入金を返済することが認められている（およそ2年間は期限前返済には罰則がもうけられていることが多い）。期限前返済条項は、債券のコール条項と類似しており、この場合は住宅の所有者が発行者の役割を果たす。利率が現行金利に調整されるという特徴をもつモーゲージもある。

7. **モーゲージ担保証券**（mortgage–backed security）　モーゲージは通常モーゲージ・プールにひとまとめにされる。モーゲージ担保証券とは、そのプールから得られる収入の部分的な所有権、あるいはそのプールを担

保とする債券である。プール中の個々のモーゲージは通常銀行から提供される。銀行は月々のモーゲージの支払いを受け取り、それをモーゲージの所有者に送る。この理由により、これらの証券は**パススルー証券**（pass through）とも呼ばれる。モーゲージ担保証券全体の市場規模は巨大であり、社債市場をしのぐほどである。

8. **キャップ、フロア付き金利**（interest rate cap and floor）　金融機関が事業に提供する貸出においては、通常、未払い残高にプライム・レートや**LIBOR**[1]などの基準となる金利に連動した金利が課される。満期が T の想定元本 A のローンを考える。（簡単化のため）返済は年1回とする。k 年目の基準金利は r_k である。毎年度初頭に基準金利が観測され、その年に適用される金利が定まる。つまり、その年度末の返済額が、年初の金利によって決まるということである。しかし、このローンを借りている企業は、基準金利の大幅な上昇、たとえばある値 r_C を超える上昇を心配するであろう。このリスクは、満期 T のプレーン・バニラ・キャップ（plain vanilla cap）を購入し、毎時点 k で、$A \max[r_{k-1} - r_C, 0]$ を支払うことで消去することができる。この支払いによって、もとのローンの（r_C を超える）余分な金利を支払わずに済むのである。変動利付きモーゲージは、キャップとフロアをもつことが多い。モーゲージの利率は指標利回りにしたがって定期的に見直される。しかし、返済額は各期に定められた一定額を超えることはなく、また契約期間中を通じて、全体のキャップが定められている。

9. **スワップ**（swap）　スワップとは2人の当事者間で結ばれる、金利証券のキャッシュ・フローを交換する契約である。たとえば、当事者Aが自分の固定金利の流列を当事者Bの変動金利の流列と交換する場合である。

10. **スワップション**（swaption）　これは、スワップ・オプションを縮めた言葉である。スワップションとは、金利スワップに関するオプションである。このオプションは、金利のリスクヘッジを望む企業の間では頻繁に利用されている（練習問題9を参照）。学生にとっては、いかに金利市場がかつてないほど複雑になっているかを示すよい例となるだろう。

---

[1] ロンドン銀行間取引金利（London Interbank Offered Rate：LIBOR）とは、ロンドンの仲介機関を通じて貸し出される米ドルの金利である。1カ月、3カ月、6カ月、などのさまざまな満期のLIBORがある。

16.2 理論に必要な事項

　賢明な投資家は、金利の変動をリスクの形態として考慮に入れる。このリスクを系統だてて分析するには、金利の変動をモデル化するのが一番である。そうは言っても金利のモデルをつくるのは難しく見える。なぜなら、金利の状況はいつの時点でも、単一の金利によって特徴づけられるのではなく、スポット・レートの系列やスポット・レート・カーブ曲線からなる期間構造の全体によって特徴づけられるからである。この曲線のすべてが時間とともに変動するのである。

　金利の変動モデルに対する最も単純なアプローチは、各々のスポット・レートが互いに独立でかつ完全にランダムに動くとするものである。これは考え方としてはありうるが、満期が隣接する金利は連動する傾向があるという観測結果に合わない。現実的な理論ならば、これらの観測結果を考慮し、起こりえる変動について追加的な構造をモデルに導入することになるだろう。しかしながら具体的なモデルが提唱されるやいなや、新たな問題がもち上がる。それは裁定の可能性である。

　この問題が生じる様子を見るために、変動に関して制約を設けた、以下のような単純なモデルを想定しよう。期間構造は常にフラットだが、ランダムに上下し、しかもすべての金利は同じ量だけ一緒に動くものとする。実は、この単純なモデルは第3章でイミュニゼーションを分析するのに用いている。モデル化の仕上げとして、上下動についての確率的な構造を決めてやろう。変動について離散的な値をとるジャンプの集合と仮定しようが、連続的な分布を仮定しようが、当面の議論のためには具体的に決める必要はない。どのように確率を割り当てようとも、期間構造の変動の単純なモデルは裁定機会が存在することを示している。それを最も簡単に証明するには、もう一度、第3章のX社のイミュニゼーション問題を扱った例3.10を見ればよい。その例によれば、金利が9%で一定であれば、債券1を292,788ドル相当買い、債券2を121,854ドル相当買い、満期が10年のゼロ・クーポン債を414,642ドル相当をショートするポートフォリオを組むことになる。ポートフォリオ全体のコストはゼロである。しかし、期間構造が上か下に動くと、ポートフォリオのネットの価値は増加する。そうなると、ポートフォリオから正の利益を取り出せる可能性があり、しかも損失の可能性はない。これは、Bタイプの裁定の状況である（第3章の練習問題20で示したように、期間構造がフラットの場合に一般的に成り立つ結果である）。この例からわかる通り、裁定機会を避けようとするなら、期間構造の変動の枠組みを勝手に選んでくるわけにはいかない。では、裁定が生じないよ

うな現実的な枠組みをどうすれば求めることができるだろうか？

16.3　2項格子によるアプローチ

　我々にはおなじみの道具である2項格子は、金利モデルをつくるのに適切な枠組みを提供してくれる。つながったノード間の基本区間長が、表現しようとしている期間構造に用いる区間と一致するように2項格子をつくる。この区間は、おそらく1週間、1カ月、四半期、1年といったところだろう。次に、**短期金利**（short rate）すなわち、1期間の金利を格子上のすべてのノードに割り当てる。これは、この格子をたどってあるノードに達したとき、その次の期間中に適用される1期間の金利がそのノードに割り当てられた金利であると解釈することができる。モデルを完成するために、ノード間の推移を表す確率を与えよう。そうすれば短期金利の確率的な挙動をすべて記述できる。しかし以下の価格付けの理論では、ノードの真の推移確率は関係がない。その代わり、ここでもまたリスク中立な推移確率を割り当てることにする。以下で簡潔に示すように、短期金利の値と対応するリスク中立確率を割り当てることによって、すべての満期に関して金利の構造を完全に定義することができる。心して理解してもらいたいのだが、この場合リスク中立確率は、複製の議論から導かれたのでなく、天下り式に割り当てられている。

　リスク中立確率は、計算によらずに割り当てられているのだから、いっそのことすべて $\frac{1}{2}$ にしてしまうと便利である。以下ではこの方式でいくことにする。また同様に、格子のノードにインデックスを付ける方式も決めてしまうと便利である。それには、図16.1に示したように直角三角形で格子を書くのが簡単である。時点 t では全部で $t+1$ 個のノードがあり、これに0から t までインデックスを付けることにしよう。この書き方を視覚化するには、各ノードから2つの枝が「上昇」と「水平」を表していると考えると便利である。時点 t のインデックス i は、そのノードに達するのに何回上昇があったかを示している。格子の特定のノードを表すには、t を時点、i をその時点におけるノードのインデックスとして、(t,i) という組み合わせのインデックスを用いる。ノード (t,i) では、短期金利 $r_{ti} \geq 0$ が与えられている。これはその時点における1期間の金利である。

　この2項格子は、リスク中立価格付けを用いて金利証券を評価するための基礎をなす。金利の過程があるノードに達したとき、いかなる金利証券でも、その価値はそのノードのみに依存している。さらに、ノードでの価値はすべてリ

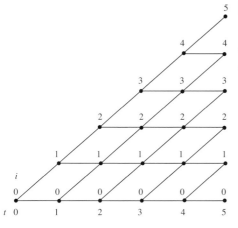

図 16.1　短期金利の格子におけるインデックスの付け方

ノードは (t, i) という 2 重インデックスが付けられる。t は格子の下部に示された時点を表し、i は格子の下端から何番目の高さにあたるかを表す。

スク中立価格付けの評価式で関連づけられているものと仮定しよう。たとえば、格子のどこか真ん中あたりでノード (t, i) と、適当な金利証券が与えられているものとしよう。またこの証券のノード (t, i) の価値が V_{ti} であったとする。するとこの価値は、2 項格子の規則にしたがい、リスク中立価格付けの評価式を用いて、続いてとりうる 2 つのノードでの価値と次のように関連づけられる。

$$V_{ti} = \frac{1}{1 + r_{ti}} \left(\frac{1}{2} V_{t+1, i+1} + \frac{1}{2} V_{t+1, i} \right) + D_{ti} \quad (16.1)$$

ここで、D_{ti} は時点 (t, i) での配当支払い[2]である。

◆期間構造の導出

手元にあるのは短期金利だけなので、期間構造モデルを完全に特定するにはまだまだ長い道のりがあるように思われる。しかし実のところ、すべての構造はそこにあり、あとはそれを取り出すだけでよいのである。そのためには、確定的な場合に 1 期間のフォワード・レートの系列からスポット・レート・カーブを導いたのと同じようにすればよい。2 項格子ではリスク中立価格付けに基づく導出法となる。これがどのように行われるかを見るために、初期時点のノード $(0, 0)$ にいるものとしよう。1 期間のスポット・レートは、単にそのノードで定義された r_{00} である。2 期間のスポット・レートを求めるために、時点 2 で

---

[2] この式では D_{ti} は t と i のみに依存していると仮定している。この仮定が成り立たず、価値過程が経路依存しているような複雑な証券もある。

1ドルが支払われる債券を考えよう。この価値は、リスク中立価格付け評価式を後向きに用いて、2つの段階を踏んで求められる。以下の説明では、簡略化のために期間の長さをちょうど1年とする。2年目に満期になる債券のノード(t,i)での価格を$P_{ti}(2)$と表そう。すると、

$$P_{10}(2) = \frac{1}{1+r_{10}}\left(\frac{1}{2}\times 1 + \frac{1}{2}\times 1\right) = \frac{1}{1+r_{10}}$$

$$P_{11}(2) = \frac{1}{1+r_{11}}\left(\frac{1}{2}\times 1 + \frac{1}{2}\times 1\right) = \frac{1}{1+r_{11}}$$

となり、次に、

$$P_{00}(2) = \frac{1}{1+r_{00}}\left[\frac{1}{2}P_{10}(2) + \frac{1}{2}P_{11}(2)\right]$$

となる。kがどの時点であっても、価格$P_{00}(k)$を評価するにはこの手続きを使えばよい。対応するk期のスポット・レートは、以下の式をみたす利率s_kで与えられる。

$$\frac{1}{(1+s_k)^k} = P_{00}(k)$$

> **例 16.1（単純な短期金利の格子）** 図16.2に示したのは、6年間分の金利を与える短期金利の2項格子である（区間長を1年としている）。この図は、上昇時の係数を$u=1.3$、水平なとき（下降時）の係数を$d=0.9$として計算した。格子のリスク中立確率は、上昇時が$q=0.5$で、水平時が$1-q=0.5$とした。
> 　金利の期間構造の全体は、さまざまな満期のゼロ・クーポン債の価格を計算することで決めることができる。その計算の例として、4期目に満期を迎える債券について図の下側の格子に表した。価格はいつものように格子上で後退計算により求めている。各々の時点で次の時点の価値をリスク中立確率で重み付けし、1期間の金利で割り引いている。たとえば、3列目の一番上の要素は$P_{22}(4) = \frac{1}{2}(0.8667+0.9038)/1.1183 = 0.7916$である。時点0での債券価値は額面の0.7334倍となっていることがわかる。これに対応して、時点0から時点4までの間のスポット・レートは$s_4 = (1/0.7334)^{0.25}-1 = 0.0806$である。他のスポット・レートも、その期間に応じた格子をつくり最終ノードでの価格を1とおいて、同じようにして計算することができる。その結果、期間構造は$(0.0700, 0.0734, 0.0769, 0.0806, 0.0844, 0.0882)$となる。現実の期間構造にしばしば特徴的に見られる、金利が次第に上昇していく様子に着目しておこう。

図 16.2 単純な短期金利の格子と 4 年物の債券価格

債券価格は、下側の格子で後向きに計算して求めた。最終ノードの価格 1 から始めて、上側の格子の短期金利で割引を行っている。

```
短期金利                               .2600
                             .2000  .1800
                      .1538  .1384  .1246
               .1183  .1065  .0958  .0862
        .0910  .0819  .0737  .0663  .0597
 .0700  .0630  .0567  .0510  .0459  .0413

                                    1.0000
債券価格                       .8667  1.0000
                      .7916  .9038  1.0000
               .7515  .8481  .9314  1.0000
 .7334  .8180  .8909  .9514  1.0000
```

短期金利の 2 項格子がスポット・レート・カーブの集合全体を生み出し、期間構造がランダムに変動する状況を表現している。これを理解するために、ノード $(0,0)$ から始まる確率過程を考えてみよう。対応する期間構造（スポット・レート・カーブ）は前述の例で示した計算によって求められる。1 期後には、この過程は後続の 2 つのノードのどちらかに動く。そうすると、この後続のノードは、もとの格子の一部をなす（小さな）短期金利の格子の新しい初期ノードと見なすことができる。対応するスポット・レート・カーブは前と同じように計算できるが、その曲線は以前の曲線とやや異なる値をもつであろう。それが 1 期間分の変化を表している。過程が別のノードに動いたときも、対応するスポット・レート・カーブはやはり異なっている。こうして格子上のすべてのノードについてスポット・レート・カーブを描くことができるわけである。背後にある確率過程がノードからノードへ移るにつれ、スポット・レートの全体は変化していく。

◆裁定機会の禁止

短期金利の 2 項格子から求めた期間構造は、裁定機会を免れているのだろうか？　その通り。裁定機会はないのである。この重要な事実は、リスク中立価格付け評価法からもたらされる。その証明には、まずノード (t,i) から始まる 1 期間の裁定機会の可能性を考えてみよう。そのノードでは、すべての証券は時点 $t+1$ の価値 $V_{t+1,i}$ と $V_{t+1,i+1}$ と、(t,i) での価格 $P_{t,i}$ によって定義される。これらの間に成り立つ関係は、

$$P_{ti} = \frac{1}{2} \frac{V_{t+1,i} + V_{t+1,i+1}}{1 + r_{ti}}$$

である。この証券に裁定機会があるのなら、$P_{ti} \leq 0$、$V_{t+1,i} \geq 0$、$V_{t+1,i+1} \geq 0$ のいずれかの不等式が狭義に成り立っていなければならない。これは明らかに不可能である。というのも、これらの値を結びつけている式中の係数はすべて正だからである。よって1期間では裁定をとることはできない。

2期間についても同様の議論が成り立つ。ある証券が、時点 t で価格 P_{ti} が付いており、時点 $t+1$ で支払い $D_{t+1,i}$、$D_{t+1,i+1}$ があり、時点 $t+2$ での価値が $V_{t+2,i}$、$V_{t+2,i+1}$、$V_{t+2,i+2}$ となっているとしよう。これらの値の間に以下の関係が成り立つことは明らかである（図16.3参照）。

$$P_{ti} = \frac{1}{2}\frac{D_{t+1,i} + D_{t+1,i+1}}{1 + r_{ti}} + \frac{1}{4}\frac{V_{t+2,i} + V_{t+2,i+1}}{(1 + r_{t+1,i})(1 + r_{ti})} + \frac{1}{4}\frac{V_{t+2,i+1} + V_{t+2,i+2}}{(1 + r_{t+1,i+1})(1 + r_{ti})}$$

裁定が生じるためには、やはり、右辺のすべての変数はゼロより大きいか等しく、P_{ti} はゼロより小さいか等しく、さらに不等式の中の少なくとも1つは等号が成り立たないことが必要である。明らかにこれは不可能である。よって2期間でも裁定は生じない。この議論はいかなる期間数にも伸ばすことができる。結局、短期金利の2項格子による金利のモデル化のアプローチでは裁定は生じず、短期金利の格子を特定することで、適切に機能する金利の変動モデルが得られる。

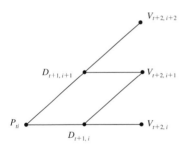

図 16.3 裁定は不可能
初期価格 P_{ti} は割引リスク中立評価法で求まる。支払いが非負なら初期価格も非負でなければならない。

16.4　価格付けの応用

短期金利の格子を用いて、多くの興味深い証券を価格付けすることができる。ある場合においては、短期金利の格子と、あらかじめ決められたペイオフのパターンさえ与えられれば、後退計算で価格が求まる。またある場合は、もう少し巧妙なテクニックを使う必要がある。しかし多くの問題は、2項格子の枠組みでかなり手早く計算できてしまう。本節では、この種の問題の中から重要かつ興味深い事例の代表的なグループを取り上げて説明することにしよう。

◆債券派生証券

前節では、ゼロ・クーポン債の価値を 2 項格子で計算する手法を説明した。これは他の債券の計算にもすぐに拡張できる。債券の派生証券の価値を計算するには、2 つのステップが必要である。最初に債券自身の価値の格子を計算し、次いで派生証券の価値を計算するのである。債券のオプションを使ってこの手続きを説明しよう。

例 16.2（債券オプション） 満期まで 4 年のゼロ・クーポン債があって、その現在の価格は 73.34 であるものとする。2 年後に権利行使価格 84.00 でこの債券を買うことができるヨーロピアン・オプションを考えよう。このオプションの価値はいくらになるだろうか。

期間構造が、例 16.1 の短期金利の 2 項格子から得られるものと仮定する。各時点において、このゼロ・クーポン債の価値は図 16.2 の下側の格子で示されている。オプションの評価には、格子の最初の 3 期間分があればよい。P を満期時の債券価格、K を権利行使価格とすると、満期でのオプションの価値は $\max(0, P - K)$ である。後は、図 16.4 にあるように小さな格子をつくってオプションの価格を求めればよい。最後の列が満期でのオプション価値である。前の列はリスク中立確率 0.5 と、対応する短期金利の格子での割引を用いて、(いつも通り) 後退計算で求めた価値が表示してある。この結果オプションの価格は 1.4703 となった。

```
                              0
                 .3712      .81
       1.4703   2.7752     5.09
```

図 16.4 債券オプションの計算
通常の後向きの計算を適用した。

◆先渡と先物 *

債券のような金利証券の先渡契約と先物契約も、2 項格子の手法で容易に扱うことができる。この手法においては、必ずしも金利は確定的でなくてもよいので、これは第 12 章の結果に対して新たな知見を加えるものであり、またその結果をより重要な方向へ一般化したものと言えよう。実際、先渡契約に関する結果は、不確実性の導入でさほど影響を被らないが、先物の場合は重大である。具体的に言うと、先物–先渡間の等価性はもはや成り立たない。もっとも、金利先物に要する計算は簡単である。

例 16.3（債券先渡） 今から 4 年後に、2 年物の利率 10% の T ボンドを

購入する先渡契約を考えよう。短期金利過程が図 16.2 に示した、先ほどの例の格子にしたがうものとする。さらに、クーポンは 1 年ごとに支払われ、4 年目の期首、クーポンが支払われた直後に受け渡しを行うよう取り決めたとする。

計算の最初のステップは、4 年目の期首における T ボンドの価値を求めることである。これは普通に後退計算をすればよい。結果を図 16.5 の右側に示した。計算においては、5 年目と 6 年目に支払われるクーポンも考慮してある。たとえば、5 年目の一番上の要素は、$\frac{1}{1.26}(0.5 \times 110 + 0.5 \times 110) + 10 = 97.31$ である。4 年目の列も同様にして求めるが、クーポンは含めない。4 列目の数値は、その時点での債券の価格である。

左側の部分は後向き計算の続きであるが、クーポン支払いは含んでいない。この結果得られる初期時点での価値が、4 年後に引き渡される 2 年物の債券の価値である。ただし、これは 0 年目に支払うとした場合の価値で、72.90 となっている。

先渡契約では初期時点での支払いはなく、支払いは 4 年後となる。支払いの時間差は時間価値をもち、これは 4 年物のゼロ・クーポン債の価値から求められる。そのようなゼロ・クーポン債の価値は、例 16.1 で求めた通り 73.34 である。

正しい先渡価格は、4 年後に引き渡される現金 100 ドルの先渡価格と比較することで求められる。もちろんこの先渡価格はちょうど 100 ドルである。よって、正しい先渡価格は以下の通りである。

$$F_0 = 債券の先渡価格$$
$$= 現金 100 ドルの先渡価格 \times \frac{現在の債券の価値}{現在の 100 ドルの価値}$$
$$= 100 \times \frac{72.90}{73.34} = 99.40$$

			年			
0	1	2	3	4	5	6
				債券		110
					97.31	110
	先渡期間			83.56	103.23	110
			76.38	92.69	107.82	110
		73.07	87.06	99.96	111.27	110
	72.2	84.46	95.69	105.5	113.80	110
72.9	83.81	93.72	102.4	109.7	115.63	110

図 16.5 債券先渡の 2 項格子
債券の価格は、6 年目から 4 年目にかけての後向き計算で求まる。先渡価格は、4 年目の債券の価値を最終価値として後向きに計算される。

◆ 先物 *

先物契約の価値もやはり 2 項格子で求められる。このやり方は、例 16.3 の続きとして説明するのがいいだろう。

> **例 16.4（債券先物）**　今から 4 年後に 2 年物の利率 10% の T ボンドを購入する先物契約を考えよう。前の例と同じく、先物契約が実施される 4 年後の債券の価値を知る必要がある。この計算は前の例ですでに実行されており、あとは図 16.6 の新しい格子の 4 年目の列にその数値を書き入れるだけである。今 3 年目の一番上のノードにいるものとし、そこでの先物価格を F としよう。そこでは何も支払いをしなくてもいいが、次の期には、$83.56 - F$ か $92.69 - F$ の利益を得るだろう。したがって、3 年目に付くべき価格は、$0.5(83.56 - F) + 0.5(92.69 - F)$ をその時点の短期金利で割り引いた値である。契約では支払いは生じないので、価格はゼロとなっていなければならず、結果として $F = 0.5(83.56 + 92.69) = 88.13$ となる。言い換えると、先物価格は次の期の価値の（リスク中立確率を用いた）平均値である。この議論は前のすべての期に対して適用できるので、結局後向きの計算は割引なしの平均値の計算となる。初期時点の価値が先物契約の価格となり、すなわち 99.12 である。確かにこの値は対応する先渡価格 99.40 と若干異なっていることに注意しよう。これは金利がランダムなときは、先物–先渡間の等価性は成り立たないことを示している（もっとも通常はその差は小さい）。

		年		
0	1	2	3	4
先物期間				83.56
			88.13	92.69
		92.23	96.33	99.96
	95.88	99.54	102.75	105.53
99.12	102.36	105.18	107.61	109.68

図 16.6　債券先物の 2 項格子
先物価格は、割引を行わずに後向きに平均をとることで計算される。

16.5　レベリングと変動利付きローン *

幸いにも、本書におけるほとんどの価格付けの問題は、複雑なツリー構造を用いることなく、2 項格子によって解くことができた。終端ノードの数は、期間

数 n に比例して増加するするだけである点が、格子の望ましいところである。一方、一般的なツリー構造では、ノード数は幾何級数的に増加してしまう（たとえば、2項ツリーでは 2^n である）。もし格子が使えるならば表現は相対的に簡単となり、計算にかかる手間も相対的に少なくて済む。だがツリー構造が必要となると、すべては面倒になってしまう。可能な限り、ツリー構造を格子構造に変換すべく大いに努力を傾けるのは当然だろう。本節ではそのことを説明し、しかる後にその手法を変動利付きローンの評価に適用することにする。

　格子を用いる際、通常はそのノードでのキャッシュ・フローを一意に定める基礎的な変数の価値によってノードが定義されている。例を挙げると、標準的なオプションでは株価がその機能を果たしており、債券では短期金利が用いられている。ノードに関するキャッシュ・フローが、そこに至る経路にも依存しているとき、キャッシュ・フローの過程は**経路依存**（path dependent）と呼ばれ、第15.10節で論じたように、格子構造には向かない。一方、ツリー構造では各ノードへの経路が一意に定まるので、この欠点をもたない。そこで、経路依存の問題を解く1つの方法は、格子のノードの結合を切り離し、同じ問題を表すツリー構造をつくることである。

　経路依存が起こるのは、通常、ノードでのキャッシュ・フローを記述するために、1つ以上の変数が必要な場合である。これらの変数をひとまとめにして、格子を復活させることができる場合もある。

　この手法は**レベリング**（leveling）と名づけられているが、その理由はまもなく明らかになるだろう。この手法が使えるのは、キャッシュ・フローが2つの変数、たとえば j と x によって決まるような状況である。前者は離散的な変数で、それだけで格子が定まる。2つ目の変数は、キャッシュ・フローを決めるのに必要な連続変数である。例として、金の価格が確率的なコンプレクシコ金鉱を考えてみよう（第14章の例14.8で取り上げた）。金の価格は2項格子でモデル化したので、金の価格は格子変数 j に相当する。だが、いったん格子のノードにたどり着くと、そこでのキャッシュ・フローは金鉱に残っている金の埋蔵量にも依存していた。そのため埋蔵量が x となる。いかなる金の価格であれ、埋蔵量 x はそのノードに至る経路に依存するので、金鉱の価値も経路依存となる。この種の問題は、x の依存性を表現するために多くのノードが必要となるので、うまくいきそうもない。

　ところが、もしノードでの価格が変数 x に比例するなら、経路–独立のジレンマを避けることができる。その場合は、x をある水準 x_0 に固定して、すべてのノードでこの値を用い、得られた結果に適切なスケーリングを施せばよい。具

体的には、後退計算をする際に、基礎変数の値として j と x_0 を用いてノード j での証券価格 V を評価する。その結果、価値 V_j が得られる。1 段階ごとの後退計算が簡単に済むのは、各段階での x の変化に追随するのは容易だからである。たとえば、ノード j にいて、1 ステップ先のノード $j+1$ での価格を用いるとしよう。ただし、$x \neq x_0$ のときの $j+1$ での価格が必要である。線形性によって、この価格は $(x/x_0)V_{j+1}$ となる。ここで V_{j+1} は、$x = x_0$ のときの $j+1$ での価格である。$x_0 = 1$ としておくともっと簡単である。ノード j で x の水準にあれば、価格は $V_j(x) = K_j x$ となる。なすべきことは K_j を求めておくことで、後は適当な x との積をとるだけでよい。

◆ **変動利付きローン**

変動利付きローンは非常に一般的であり、大変重要でもある。典型的な変動利付きローンは、3 カ月物 T ビルの金利などの指標となるインデックスに連動した金利が各期間に課せられている。たとえば、T ビルの金利プラス 2% といった利率である。ローンの返済期間が固定されているとき（すなわち、基本的に返済額が一定であるとき）、金利が変化すると必要な返済額の水準が変化する。どの時期の支払い額も、ローンを期日までに返済し終えるように、以後の金利を一定と仮定して計算される。

そのようなローンを評価することにしよう。読者は、ローンを行う銀行の立場に立って、ローンの返済スケジュールで表される（確率的な）収入の流列に対して、銀行がいくら支払うかを考えてみてほしい。まずは、T ビルの格子をつくるところから始める。それから、格子上のノードに支払うべき額を記入しようとして、この支払いの構造をいつも通り後退計算で評価する、というのが一般的なところである。しかし、こう考えていくうちに、返済額は格子のノード上で一意には決まらないことにすぐ気がつくはずである。各ノードでの返済すべき額は、そのノードのみならず、そのノードに至る経路にも依存しているからである。たとえば、高い金利が適用される経路をたどってくる場合は、低い金利が適用される経路をたどってくる場合に比べて、ローンの残高は大きくなる。したがって、ノードにおけるローン残高は、金利の個別の履歴に依存する。ここに至って、読者はこう思うはずである。「しまった！これでは格子の代わりに、ノードが何千もあるような 2 項ツリーを使わなくてはならない。いや待てよ、もしかしたらレベリングが使えるかもしれない」

▇ **例 16.5（車を買うときのジレンマ）**　大学を卒業したばかりのデニース

	年						年				
0	1	2	3	4	5	0	1	2	3	4	5
返済額					2,638	ローンの価値					2,638
				2,638	2,638					4,836.5	2,638
			2,638	2,638	2,638				6,881.3	4,955.3	2,638
		2,638	2,638	2,638	2,638			8,914.7	7,157.1	5,045.3	2,638
	2,638	2,638	2,638	2,638	2,638		11,009.0	9,350.8	7,368.0	5,111.9	2,638
−10,000	2,638	2,638	2,638	2,638	2,638	561.1	11,591.7	9,684.8	7,524.7	5,160.2	2,638

図 16.7　固定金利のローンの価値
右側の格子は、通常の割引リスク中立評価法を用いて左側の返済額を評価したものである。

は、新車を買うことに決めた。彼女が今直面しているのは、頭金を支払った後に残る1万ドルの支払いをどうやってまかなうかという問題である。彼女は5年間のローンを組むことにしたのだが、2つの選択肢がある。(A) 10%の固定金利での返済、もしくは (B) 毎年、年初の1年物のTビルの金利に2ポイント上乗せする変動利付きローンである。現在はTビルは7%の利率である。彼女はどちらが得か知りたがっている。

デニースはスプレッド・シートのプログラムにかなり精通していたので、その夜少しばかり宿題をすることにした。まず、すでに例16.2で行ったように、2項格子でTビルの金利をモデル化することに決めた。次に、彼女は銀行の立場から、2つのローンがどれくらいの価値をもつかを見ることにした。返済はすべて年度ごとに、初年度の終わりから始まると仮定している。

固定金利は簡単である。返済額は第3章の年金公式を使って求められる。すなわち、

$$A = \frac{r(1+r)^n P}{(1+r)^n - 1}$$

である。$P = 10{,}000$ ドル、$r = 10\%$、$n = 5$ とおくと、$A = 2{,}638$ ドルが年間の返済額である。各ノードでのキャッシュ・フローを図16.7の左側に示した。図の右側の格子は、例16.1の金利を用いて計算したこのキャッシュ・フローの価値である[3]。デニースは、固定金利のローンは銀行にとって561.10ドルの価値があるという結果を得た。

変動利付きローンにおいては、ノードでのキャッシュ・フローが一意に決

---

[3] ローンの価値は、同じようにして $-10{,}000 + \sum_{k=1}^{5}[2{,}638/(1+s_k)^k]$ として求まる。ただし、s_k は短期金利の格子から導かれるスポット・レートである。

		年						年			
0	1	2	3	4	5	0	1	2	3	4	5
					100						0
返済レート				122	100	価値（%）				1.667	0
			63.38	115.8	100				2.535	1.757	0
		42.95	59.67	111.6	100			3.436	2.665	1.825	0
	32.3	40.35	57.13	108.6	100		4.3744	3.601	2.763	1.876	0
25.71	30.39	38.57	55.39	106.6	100	5.349	4.56512	3.723	2.835	1.912	0

図 16.8　変動利付きローンの価値
右側の格子は、残高を 100 ドルに固定して、レベリングのテクニックを使って求めた。左側の格子にあるのは、100 ドルの残高についての返済額である。

まらず、ノードに達するまでの個別の経路に依存していることに、デニースは気づいた。彼女は、ツリーをつくってすべてのノードで短期金利とローンの残高の両方を記録する方法をとることもできる。キャッシュ・フローをこれら 2 つの値で求めることができる。しかしその代わりに、彼女はレベリングのテクニックを用いて、格子の構造を残すことにした。どのノードでも同じローン残高を用いて計算を行うのだが、それは 100 ドルということにしてある。各ノードで、その年に始まり第 5 年度に返済が終わるように、100 ドルのローンの年間の返済額を計算した。これらの値は図 16.8 の左側の格子に示してある。たとえば、第 4 年度の一番上の要素は 122 ドルとなっているが、これは 1 年目の終わりに利率 20.00% ＋ 2% の 100 ドルのローンを清算するために返済すべき額である。同様に、最初のノードの 25.71 ドルは、5 年間にわたって金利を 7% ＋ 2% に固定したときの 100 ドルのローンの年間返済額である。この表をつくるために償却公式（amortization formula）を用いた。この表を途中で使うことで、変動利付きローンの実際の返済額を求めることができるだろう。その際デニースは単にノードでの残高を求めて（これはそのノードへの経路に依存する）、格子中の値を残高 100 ドルごとの返済額として適用すればよいのである。その返済額が年の終わりに支払われることになる。

　図 16.8 の右側の格子は、各ノードで銀行が 100 ドルの変動利付きローンを開始したときの価値を表している。ただし、そのローンの期間はもともとの償却年度である 5 年度に終了するようになっている。最終期での価値がゼロになっているのは、そこで開始されるローンはただちに返済されてしまい、利子の分の支払いを受け取れないからである。4 年度の最上段のノード

では、銀行は 22% の利率で 100 ドルを貸し出している。銀行は翌年に 122 ドルを受け取ることになる。この受取額の現在価値は、$122/1.20 = 101.67$ ドルである。貸し出す 100 ドルを差し引くと、ネットの現在価値は 1.67 ドルとなる。これより前のノードはもう少し複雑である。3 年度の最上段のノードでは、新しく 100 ドルのローンを開始すると、翌年には 63.38 ドルのキャッシュ・フローが生じることを考慮して計算される。返済の一部は利払いにあてられ、一部は元本の償却にあてられる。未償却の元本は $100 - 63.38 + (15.38 + 2.00) = 54.00$ ドルとなる。銀行はこの元本を受け取り、翌年にその時点で決まる金利で再度デニースへの貸出に回す（実質的にはデニースは銀行に $63.38 + 54$ ドルを支払い、銀行は新たに 54 ドルの貸出を彼女に対して行うことになる）。この翌年のローンの価値は、それぞれ（リスク中立）確率が 1/2 で、100 ドルあたり 1.67 ドルか、もしくは 100 ドルあたり 1.76 ドルである。2 つの値と最初の返済額を合わせて 1 期間分割り引いてから 100 ドルを差し引くと、ローン全体のネットの現在価値 2.535 ドルが得られる。具体的には、銀行にとって 100 ドルのローンの価値は、

$$\frac{63.38 + 54 + \frac{1}{2}(1.67 + 1.76)54/100}{1.1538} - 100 = 2.535$$

である。

分子の最初の 2 項は、100 ドルのローンに対してデニースが次の期に銀行に支払う額である。デニースが実際に次の期にその額を支払えるならば、その場合の残高は 0 になる。しかし、彼女はその支払いのために 54 ドルを借りている。その時点における銀行にとっての価値が、分子の残りの項で表されている。これらはすべて現在の金利で割り引かれ、貸出額 100 ドルが差し引かれる。

デニースは格子を後向きに最後まで計算していって、初年度に貸し出される 100 ドルのローンは 5.349 ドルの価値があることを知った。したがって、1 万ドルのローンでは、534.90 ドルに相当する。これは、固定金利で求めた 561.10 ドルよりほんのわずかだが低い値である。そこで彼女は、価格から見て、変動利付きローンの方が固定金利のローンよりやや有利であるとの結論に達した（もっとも、不確実性をヘッジするためにわざわざ T ビルを動的に運用しようとは思わないだろうから、効用関数を用いて何が最適かを判断する別の分析法を行うかもしれない）。

16.6　前進計算式

　格子、またはツリーの上で行う後退評価法は、金融証券の評価手法として大変強力である。ただ、対となる手法、すなわち前進再帰計算がずっとふさわしい場合もある。前進計算法は短期金利の格子上で期間構造を求めるのに特に適している。

　第16.4節では短期金利の格子によって、期間構造が完全に決定されることを見た。この期間構造は、すべての満期についてゼロ・クーポン債の価格を後退評価法で計算して求めた。しかし、すべての満期ごとに別々の再帰計算と価格の格子が必要である。つまり n 期間の場合には、期間構造全体を計算するために n 回の再帰計算が必要となる。n の値が大きいと、ツリー全体で経路1本の計算を $n^2/2$ 回行うのに比べて、1つのノードの評価をおよそ $n^3/6$ 回行うことになる[4]。次に説明する前進再帰計算では、1回の再帰計算で済む。

　前進計算は**状態価格**（状態基本価格、elementary prices）の計算に基づいている。状態価格 $P_0(k,s)$ とは、時点 k、状態 s で1単位の支払いがあり、それ以外の時点、状態では何も支払われない証券の0時点での価格である。価格 $P_0(k,s)$ が状態価格と呼ばれるのは、それが1つのノードでのみペイオフがある状態証券の価格だからである。$P_0(k,s)$ を求めるのに、k と s を固定して格子のノード (k,s) に1を割り当て、他には何も割り当てずに時点0まで後退計算を施してもよいのだが、それとは逆の前進計算でも可能なのである。

　時点0から時点 k にかけて格子上のすべてのノードで、すでに状態価格が求まっているとする。$s \neq 0$, $s \neq k+1$ として、$(k+1,s)$ で表されるノードを考えてみよう。すなわち、時点 $k+1$ の格子のノードのうち、最上端と最下端ではないノードである。この状況は図16.9に示してある。これらのノードは2つの先行するノード（次にそこに向かうノード）をもち、それは $(k,s-1)$ と (k,s) である。ここで、ノード $(k+1,s)$ で1単位の支払いがあり、そこ以外は支払いのない証券を考えよう。この格子で後退計算をすると、この証券の価値は先行するノード上ではそれぞれ $0.5d_{k,s-1}$ と $0.5d_{k,s}$ となるはずである。ただし、$d_{k,s-1}$ と $d_{k,s}$ は1期間の割引係数である（これはそのノードの短期金利で決まる）。

　時点0では、2つの先行ノードでの価値は、状態価格の定義よりそれぞれ、

---

[4] $j-1$ 期の再帰計算には、j 個のノードの評価がいる。満期が k の債券を評価するには、$1+2+\cdots+k = (k+1)k/2$ 回の評価が必要である。これを n 個の満期について行うので、合計では $\sum_{k=1}^{n}(k+1)k/2 = [n(n+1)^2/6][1+1/(n+1)]$ となる。ツリー全体を通じて1つの経路に要する評価の回数は $n(n+1)/2$ である。

$0.5d_{k,s-1}P_0(k,s-1)$ と $0.5d_{k,s}P_0(k,s)$ に相当する。時点 0 での総価値は両者を足したものだが、これが $(k+1,s)$ での**状態価格**になる。すなわち、$P_0(k+1,s) = 0.5d_{k,s-1}P_0(k,s-1) + 0.5d_{k,s}P_0(k,s)$ である。時点 $k+1$ の価格が時点 k での値で表現されているので、これは前進計算である。$s=0$ または $k+1$ のときは、先行するノードが 1 つしかなく、結果もそれに合わせて修正することになる。結局、ノードが格子の中間、上端、下端のどこにあるかに応じて、3 つの前進計算式を得る。

$$P_0(k+1,s) = \frac{1}{2}[d_{k,s-1}P_0(k,s-1) + d_{k,s}P_0(k,s)], \quad 0 < s < k+1 \quad (16.2a)$$
$$P_0(k+1,0) = \frac{1}{2}d_{k,0}P_0(k,0), \quad s = 0 \quad (16.2b)$$
$$P_0(k+1,k+1) = \frac{1}{2}d_{k,k}P_0(k,k), \quad s = k+1$$

この式を導出するのに直観的な説明を用いたが、後退計算式から代数的に求めることも可能である。この前進計算式は、根本にあるリスク中立評価式を単に別の形に書き換えたものである。

いったん状態価格がわかってしまえば、どんな金利証券であっても価格を簡単に求めることができる。ノード (k,s) でのペイオフに価格 $P_0(k,s)$ を掛けて、すべてのノードについて和をとりさえすればよい。たとえば、時点 n で満期となる額面が 1 のゼロ・クーポン債の価格は、

$$P_0 = \sum_{s=0}^{n} P_0(n,s)$$

である。

前進計算式を使うと、短期金利のツリーに対応した期間構造全体を求めるのに、1 回だけの前進再帰計算で済む。なぜなら、すべてのゼロ・クーポン債の価格が求められるからである。

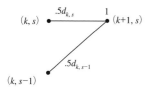

図 16.9 前進計算式の作り方
ノード $(k+1,s)$ での状態価格は、2 つの先行ノード上の状態価格で表現できる。

例 16.6（簡単な格子） 例 16.1 に前進計算式を適用してみよう。状態価格は短期金利の格子から直接計算できる。結果として得られるゼロ・クーポン債の価格と期間構造を図 16.10 に一緒に示した。

計算の例は以下の通りである。2 列目の要素はどちらも 1 つの先行ノードから導かれている。これらの要素は、$\frac{1}{2}$ を 1 期目の割引係数に掛け、さらに時点 0 での状態価格（これは 1 である）を掛けたものである。すなわち、$0.5/1.07 = 0.4673$ となる。格子の直下にあるのは、上の要素の和である。これがゼロ・クーポン債の価格に相当する。一番下にある数値は、上の債券価格から直接求めたスポット・レートで表した期間構造である。これらの値は、例 16.1 においてもっと手間のかかる方法で計算した値と一致している。

短期金利						.2600
					.2000	.1800
				.1538	.1384	.1246
			.1183	.1065	.0958	.0862
		.0910	.0819	.0737	.0663	.0597
	.0700	.0630	.0567	.0510	.0459	.0413
状態価格						.0069
					.0173	.0468
				.0415	.0943	.1302
			.0958	.1754	.2028	.1894
		.2142	.2963	.2757	.2155	.1527
	.4673	.4340	.3046	.1913	.1134	.0648
	1.0000	.4673	.2198	.1040	.0495	.0237	.0114
債券価格	.9346	.8679	.8006	.7334	.6670	.6021
スポット・レート	.0700	.0734	.0769	.0806	.0844	.0882

図 16.10 前進計算を用いた期間構造の計算
状態価格は、格子上を前進方向へ一度走査すれば求められる。各列の和をとると、その満期のゼロ・クーポン債の価格が得られる。短期金利は、来る年度に対して適用されることに注意してほしい。短期金利の最初の値とスポット・レートの最初の値は一致しているものの、1 列分ずれている。

16.7 期間構造とのマッチング

短期金利の2項格子をつくったのを手掛かりに、金利派生証券の価格付けに活用できる手法に関して、すばらしいスタートを切ることができたのは喜ばしい。この格子から、リスク中立評価式と後退再帰計算を使って、期間構造の計算と金利派生証券の評価が可能になったわけである。まだすっかり説明してはいないのだが、この手法の肝心な点は、実際の金利のダイナミクスを表すべく、いかにして最初の短期金利の格子をつくり上げるかという点にある。これが本節の主題である。

金利の変動は、その性質において株価の変動と共通点がある。それゆえ、短期金利の格子もその特徴を反映すべきであろう。しかしその一方で、いったん短期金利を決めると、期間構造が定まることもわかっている。したがって、最初の期間構造が現在観測されている期間構造に一致するよう、格子を構成するのがふさわしいと思われる。前節で展開してきた概念と手法があれば、それも簡単にやり遂げることができる。

◆**Ho–Lee モデル（Ho–Lee model）**

短期金利の格子のノードを、いつも通りに k を時点 $(k=0,1,\ldots,n)$、s を状態（時点 k においては $s=0,1,\ldots,k$）として、(k,s) の形式でインデックスを付けよう。なすべきことはすべてのノードに短期金利 r_{ks} を割り当てることである。

1つの単純な割り当て方として、

$$r_{ks} = a_k + b_k s \tag{16.3}$$

とおく方法がある。これが Ho–Lee の式である。$k=0,1,\ldots,n$ について、パラメータ a_k、b_k を選ぶだけでよい。所与の時点でのノード間の変動は、パラメータ b_k で決まる。実際、時点 $k-1$ でのどのノード $(k-1,s)$ からも、次の金利は $a_k+b_k s$ か $a_k+b_k(s+1)$ となり、その差は b_k である。1期間の金利の（リスク中立な）標準偏差が、ちょうど $b_k/2$ になることを示すのは簡単である（練習問題6を参照）。そこで、b_k をボラティリティ・パラメータ（volatility parameter）と見なすことにしよう。パラメータ a_k の方は、0期から k 期までの総ドリフト（aggregate drift）を表している。

標準的な Ho–Lee モデルでは、ボラティリティ・パラメータをすべて定数 b に固定する。b は金利のボラティリティの観測値をもとに求める（係数 $\frac{1}{2}$ が付い

ている)。そこで、後は a_k を選ぶだけだが、これらは時点 0 で観測された期間構造と一致するように決めることができる。

時点が $0, 1, \ldots, n$ であれば、選ぶべき a_k の値は $n+1$ 個あり、一致させるスポット・レートは $n+1$ 個ある。すなわち、変数の数と制約式の本数が等しいわけである。唯一困難なのは、a_k とスポット・レートの関係がやや間接的である点である。だが、数値的な方法を用いて、パラメータのマッチングができる。

例 16.7（14 年間のマッチング） 第 4.9 節の例 4.8 で用いた 12 年間の期間構造を、ここでは 14 年間に延長している。これがスポット・レート・カーブの観測値であると仮定する。Ho–Lee モデルを完全に一致させるには、ボラティリティに関してある仮定が必要となる。ボラティリティが 1 年で 1.0% であるものとしよう。これは、短期金利が 1 年間でおよそ 1% 変動するということである。

マッチングは、方程式の解を求めるルーチンをもつスプレッドシート・パッケージがあれば実行できる。詳しい数値を図 16.11 に示した。図の最初の 2 行の数値は、14 年間のスポット・レートを表している。次の行は、Ho–Lee モデルで用いるパラメータ a_k の値である。このパラメータは、プログラム上では変数として扱われている。パラメータに基づいて、図 16.11 の中央にあるように短期金利の格子をつくる。短期金利の格子から前進計算式によって、もう 1 つの格子をつくる。この格子の各列の値の合計が、その時点で満期となるゼロ・クーポン債の価格であり、この値よりスポット・レートが直接計算される。最下行の a_k の値が、2 行目にあるスポット・レートと仮定した数値に一致するまで、方程式系の解を求めるルーチンを実行する。

◆Black–Derman–Toy モデル（Black–Derman–Toy model）

(16.3) 式とは異なるもう 1 つのモデルは、短期金利の格子上の値が以下の式をみたすものと仮定するものである。

$$r_{ks} = a_k e^{b_k s} \tag{16.4}$$

これは、Ho–Lee モデルを $\ln r_{ks}$ に適用したものと見なすことができる。この場合、b_k は時点 $k-1$ から k の間の短期金利の対数のボラティリティを表す。

Black–Derman–Toy モデル (16.4) の最も単純な形式は、すべての b_k が一定値 b に等しいとするものである。a_k については、推定期間構造がフォワード・

年	0	1	2	3	4	5	6	7	8	9	10	11	12	13	14
スポット	7.67	8.27	8.81	9.31	9.75	10.16	10.52	10.85	11.15	11.42	11.67	11.89	12.09	12.27	
a	7.67	8.863	9.878	10.79	11.49	12.18	12.64	13.12	13.5	13.79	14.1	14.23	14.4	14.51	

State 短期金利

State	0	1	2	3	4	5	6	7	8	9	10	11	12	13
13														14.77
12														14.75
11													14.45	14.73
10												14.43		14.71
9											14.30	14.41		14.69
8									13.66	13.97	14.28	14.39		14.67
7								13.26	13.64	13.95	14.26	14.37		14.65
6							12.76	13.24	13.62	13.93	14.24	14.35		14.63
5						12.28	12.74	13.22	13.60	13.91	14.22	14.33		14.61
4					11.57	12.26	12.72	13.20	13.58	13.89	14.20	14.31		14.59
3				10.85	11.55	12.24	12.70	13.18	13.56	13.87	14.18	14.29		14.57
2			9.92	10.83	11.53	12.22	12.68	13.16	13.54	13.85	14.16	14.27		14.55
1		8.88	9.90	10.81	11.51	12.20	12.66	13.14	13.52	13.83	14.14	14.25		14.53
0	7.67	8.86	9.88	10.79	11.49	12.18	12.64	13.12	13.50	13.79	14.10	14.23		14.51

状態価格

State	0	1	2	3	4	5	6	7	8	9	10	11	12	13	14
14															1E-05
13														3E-05	2E-04
12													6E-05	4E-04	.001
11												1E-04	8E-04	.002	.004
10											3E-04	.002	.004	.008	.012
9										8E-04	.003	.008	.014	.02	.024
8									.002	.007	.015	.024	.031	.036	.036
7								.004	.014	.027	.04	.048	.05	.047	.041
6							.009	.027	.048	.063	.069	.067	.059	.048	.036
5						.02	.052	.081	.096	.095	.083	.067	.05	.036	.024
4					.044	.098	.131	.136	.12	.095	.07	.048	.031	.02	.012
3				.097	.175	.196	.175	.136	.096	.063	.04	.024	.014	.008	.004
2			.213	.291	.263	.196	.131	.082	.048	.027	.015	.008	.004	.002	.001
1		.464	.427	.291	.175	.098	.053	.027	.014	.007	.003	.002	8E-04	4E-04	2E-04
0	1	.464	.213	.097	.044	.02	.009	.004	.002	8E-04	3E-04	1E-04	6E-05	3E-05	1E-05

	0	1	2	3	4	5	6	7	8	9	10	11	12	13	14
P_0	1	.929	.853	.776	.7	.628	.56	.496	.439	.386	.339	.297	.26	.227	.198
フォワード・レート	7.67	7.67	8.27	8.81	9.31	9.75	10.16	10.52	10.85	11.15	11.42	11.67	11.89	12.09	12.27

図 16.11 期間構造との一致

スポット・レート・カーブの観測値は図の最上段にある。その下段は，a_k の暫定的な数値である。この a_k の値を用いて，短期金利の格子をつくり，状態価格を前進計算によって求める。状態価格を列ごとに足すと，ゼロ・クーポン債の価格が得られる。これをさらに最下行にあるフォワード・レートにまで転換する。連立方程式の求解ルーチンを実行して，上段のスポット・レートに一致するまで a_k の暫定値を調節する。

レートの観測値と一致するように割り当てればよい。計算の仕方は、Ho–Lee モデルとほとんど同じである。

◆インプライド・ボラティリティのマッチング

単純な Ho–Lee モデルや Black–Derman–Toy モデルの基本要素は、ボラティリティである。このパラメータの値は、通常、短期金利の変動の履歴から決まる経験値が用いられる。実際のところ、結果として得られる格子では、キャップ、フロア、スワップなどの他の金利派生証券の観測された価格を正確に予測できないことが多い。したがって、実務的には、格子の各ステップでボラティリティの値が変動してもよいとしている。それゆえ、最初に示唆した通り、短期金利は、

$$r_{k,s} = a_k + b_k s$$

という形をしている。$b_k/2$ が、時点 k における短期金利のリスク中立なボラティリティである。これらの b_k の値は、a_k の値とともに、金利キャップやフロア、スワップを正確に価格付けすると同時に、期間構造にも適合するように定められる。したがって、ボラティリティ $b_k/2$ は、既存の派生証券の市場価格から得られるインプライド・ボラティリティと見なすことができる。

期間が $0 \leq k \leq K$ の格子において、インプライド・ボラティリティを決めるにあたっては、特に、各時点 $k > 0$ に満期となる $K - 1$ 個のプレーン・バニラ・キャップが用いられる[5]（第 16.1 節を参照）。

16.8　イミュニゼーション

金利の変動と、それが期間構造に与える影響について新たな理解に達したことにより、第 3〜5 章で論じた債券ポートフォリオのイミュニゼーションに対して、より新しく、より洗練されたアプローチをとるための手段が手に入った。第 3〜5 章では、不確実性を明示的には取り扱わなかった。その代わり、ポートフォリオをスポット・レート・カーブの平行移動に対してイミュナイズした。しかし、第 16.2 節で見たように、平行移動は単純すぎるばかりでなく、裁定を排除する理論と事実上矛盾している。新しいアプローチはこの欠点をもたない。

新しいアプローチは、2 項格子の枠組みに基づいている。n 年まで、将来の決められた時点での現金の継続的な支払い義務を負っているものとしよう。さら

---

[5] この場合も、a_k と b_k を逐次的に求める方法が用いられる

に、短期金利を表す2項格子がすでに求められているとする。そうすると、格子を用いて負債の流列の初期時点の価値を計算できる。この値の計算には、まず時点 0 での期間構造を（前進計算によって）求め、次に第 4 章で学んだ通りに負債の流列の現在価値を求める、というのが 1 つの方法である。もう 1 つの、しかし等価な方法は、リスク中立割引後退計算法を負債の流列に適用して、その初期時点の価値を求めるというものである。初期ノードでの値が流列の（現在）価値となる。負債の流列の支払いのために、同じ現在価値をもつ債券ポートフォリオを組まねばならない。

第 1 期以降、負債の流列の価値は、後続の 2 つのノードに対応する値のうちのどちらかをとる。簡略化のために、この時点では支払いの必要はないものとしよう。各々のノードでの値は、そのノードでの新しい期間構造で評価した現在価値に相当する。負債の流列同様、債券ポートフォリオの方も 2 つの後続ノードで新しい価値をもつ。これらのノードで負債の現在価値とその価値が等しくなるようにした場合、債券ポートフォリオはイミュナイズされていると言うことができる。言い換えると、1 期間分イミュナイズするには、現在価値を 3 カ所（初期ノードと後続の 2 つのノード）で一致させねばならない。

これを一致させるのは複雑に見えるかもしれないが、金利の構造は裁定が生じない特性をもつため、何もかもうまく収まるようになっている。これがどう機能するかを見るために、時点 0 で 1 ドルの価値をもつ 2 つの異なる債券を想定しよう。債券の 1 つは、1 期間の無リスク債券で、後続の 2 つのノードのどちらにおいても $1+r_{00}$ が支払われる。もう一方は、1 ドルの価値をもち、n 年に満期となるゼロ・クーポン債である。後者の債券は、次の期にスポット・レートが上昇すれば相対的に価値が下がり、逆にスポット・レートが下落すれば相対的に価値が上がるだろう。2 つの債券の次の期の結果は互いに独立なので、これらを組み合わせて、他のどんな金利証券のパフォーマンスも複製することができるのである。負債のふるまいについても、組み合わせによって複製が可能である。

イミュニゼーションの問題をいかに解くべきかはもはや明らかだろう。2 つの異なる債券を使って、次の期の 2 つの状態の両方で、等しい値をもつようなポートフォリオを構成するのである。無裁定機会の性質より、このポートフォリオの初期時点の価値は、複製された負債の流列の価値と等しくなる。さらに、これらの債券と負債の流列からなるポートフォリオ全体は、初期時点でも、また次の期にどちらの状態であろうとも価値がゼロであるという意味で、イミュナイズされているのである。1 期間後、このポートフォリオをリバランスして、

その次の期に対しても同じようイミュナイズされるようにする。各時点で常にリバランスを行うと（結果はどの状態が起きるかによる）、全期間を通じての完全なイミュニゼーションが可能である。

例 16.8（例 4.8 で取り上げた問題） 再び第 4 章の例 4.8 のイミュニゼーションの問題を考えることにしよう。この問題では、5 年目の終わりに 100 万ドルの負債がある。この負債を 2 つの債券でイミュナイズしたい。債券 1 は利率 6% の 12 年物債券で、価格は 65.95 ドルである。債券 2 は利率 10% の 5 年物債券で、価格は 101.67 ドルである。スポット・レート・カーブはすでにわかっており、前節で解いた Ho–Lee モデルのマッチングの問題と同じである。

イミュニゼーションを実行するために、例 16.7 の短期金利の格子を用いることにする。前の例で与えられた期間構造と一致しているからである。この格子を用いて、2 つの債券と負債のそれぞれの価格を後退計算で求めた。最初に 2 期間の結果だけが必要なので、それを図 16.12 に示した（初期時点の価格は、丸め誤差のため以前の計算結果と少し異なっている）。どの場合も、示した価値は額面に対するパーセンテージである。

イミュニゼーションを構成するために、x_1 と x_2 をそれぞれ債券 1 と債券 2 のポートフォリオにおける保有単位数とする。そうすると解くべき方程式は、

$$65.95147 x_1 + 101.6677 x_2 = 628,025.6 \tag{16.5}$$
$$70.96636 x_1 + 109.4342 x_2 = 675,949.9 \tag{16.6}$$

となる（1 期目の状態 0 に関しては、明示的に複製を行う必要はない。自動的に複製されているからである。もしそうでなければ裁定機会が存在することになるが、これは不可能だからである）。結果として、

$$x_1 = 2,165.66 \tag{16.7}$$
$$x_2 = 4,772.38 \tag{16.8}$$

を得る。この結果は、短期金利の格子をつくるときに仮定したボラティリティの値にはあまり左右されない。注目すべきは、この解が第 4 章で扱った通常のデュレーション・マッチング法で得られる値 $x_1 = 2,208.17$、$x_2 = 4,744.03$

債券1		70.96636
	65.95147	71.05353
債券2		109.4342
	101.6677	109.497
負債		675,949.9
	628,025.6	676,440.4

図16.12　初期時点での価値の分岐
2つの債券と負債に関して、初期時点と次の期の価値を示した。2つの債券を組み合わせると負債を1期間複製できる。

とかなり近いことである。これはどうやら一般的に成り立つようである。したがって、ずっと洗練された格子の理論の代わりに、普通のデュレーション・マッチングの手法を使っても、実務的にはよい結果を出せるのである。

16.9　CMO*

モーゲージ担保債務証書（collateralized mortgage obligation：CMO）はモーゲージ・プールからつくり出される証券である。このプールから生じるキャッシュ・フローはさまざまな形に切り分けられ、その1つ1つが各CMOの支払い額を決める。切り分けの手続きは非常に複雑で、単に元本や利払いを分割しただけというわけではない。CMOを構成する小口化された証券は、利息や元本の割合が時間とともに変化する。この一般的なテーマには数多くのバリエーションがあり、しかもしばしば新しいデザインが導入されている。

　CMO導入を背後で動機づけているものは、不動産モーゲージに備わっている期限前返済のオプションである。住宅を所有している人は、モーゲージの残高を（多少の制限はあるものの）どの時点で支払ってもよく、モーゲージを終了させることができる。この期限前返済が意味するのは、元本を早期に返済することができるので、モーゲージの支払いの流列があらかじめ固定されていないということである。この時間に関する不確実性は、プールにはそれをならす効果があるので若干緩和されるが、期限前返済のパターンが完全には予測できない以上、すべて消去されることはない。CMOは返済に起因するこのキャッシュ・フローの変動を軽減するために考案されたのである。

　CMOは、個人のモーゲージを購入しプールをつくっている連邦住宅貸付抵当公社（Federal Home Loan Mortgage Corporation、フレディ・マック〈Freddie Mac〉とも呼ばれる）によって初めて発行された。フレディ・マックが発行しているCMOは、全米で債務不履行の保障をしている。他の代理店や企業も現在はCMOを提供している。フレディ・マックが最初につくったCMOが市場の

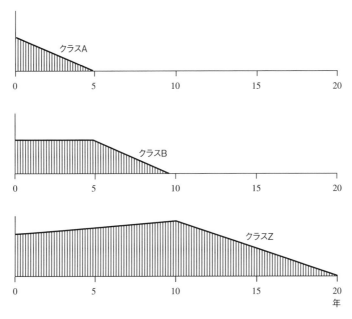

図 16.13　3 クラスの逐次型 CMO の元本残高のパターン
クラス A の元本残高は他のクラスより早く償還される。クラス A の償還が終わると、クラス B への支払いが始まる。クラス Z は先行クラスの償還が終わるまで利息収入はない。その代わり、未収利息は元本残高に加算される。

多数を占めている。

　最初の CMO は逐次型 CMO で、今も広く用いられている。この構造では、元本の支払いは順番に CMO 債の異なるクラス（class）あるいはトランシェ（tranche）に割り当てられる。普通は 4 個から 12 個程度のクラスがある。プールの全元本を、最初にクラスの間で分割する。早期の段階では、プールが受け取るモーゲージの支払いは、Z 債券とされない限り、未払い元本の残高に応じてすべてのクラスへの利払いにあてられる。Z 債券の場合は、負っている利息は支払われない代わりに、未収利息はそのクラスの元本に加算される。受け取ったモーゲージの支払いの残りの部分は、最初のクラスに支払われ、元本の残高が減らされる。これは、最初のクラスの償還が完了するまで続く。その後、2 番目のクラスへの償還が完了するまで、元本が減らされていく。以後同様である。すべての先のクラスの償還が終わってから、Z クラスの債券は収入を受け取るようになり、（以前より増加している）元本が減らされ、また利息が支払われる。

たとえば、クラスA、B、Zがあるものとしよう。最初のモーゲージの支払いが行われると、利息はクラスAとBに支払われ、残りの収入はクラスAの元本を減らすのに回される。クラスZに行くはずの利息は、クラスAの元本の償却に回るので、その分クラスAの償還は早い。受け取れなかった利息分はクラスZの元本に加算される。クラスAの償還が完了すると、元本への支払いはクラスBに向かい、最後にクラスZに支払われる。20年分のモーゲージ・プールについて、元本の残高のパターンを図16.13に示した。

CMOの評価は、期限前返済パターンにおいた仮定に強く依存している。単純なアプローチは、期間中固定した返済パターンを仮定することである。実際に全米証券業協会（Public Securities Association：PSA）で採用されている基準パターンがある。このパターンでは、期限前返済率は最初の月が0.2％（年次ベース）、2カ月目が0.4％、3カ月目が0.6％と、以下30カ月目まで仮定している。それ以降の期限前返済率の仮定は、年次6％、すなわち月次0.5％で固定である。このパターンに対して、あるいは同様のパターンに対して、どのCMOのクラスのキャッシュ・フロー・パターンでも容易に予測できる。あとはそのまま、現時点でのスポット・レート・カーブを使って割引をすれば、対応するCMOクラスの価値が得られる。格子やツリーの計算はいらない。

現実には、期限前返済は市場金利に依存している。住宅所有者は、金利が相対的に下がれば、ローンの借り替えをする（これは現在のローンの満期前償還を伴う）ことが多い。そのようなモデルを採用するならば、今まで学んできた格子とツリーを使った手法でCMOクラスを評価できる。

例16.9（クイック氏、CMOを購入） ジョナサン・クイック氏はホワイトフォールズ市の財務担当者である。氏は若く、高学歴で、市の財務事情を近代化しようとしていた。ある大手のニューヨークの銀行が、クイック氏にホワイトフォールズ市の勘定で、フレディ・マックが始めたCMOのクラスAの一部を購入してはどうかともちかけてきた。このCMOには、A、B、C、Zの4クラスがあり、30年物のモーゲージ・プールの元本をそれぞれ1/4ずつ受け取ることができ、利率は12％である。さらに氏は、これらのモーゲージは連邦政府によって保障されているとも告げられた。現在の短期金利は10％で、氏に提示されたクラスAの債券価格は105.00ドルである。

クイック氏は、このCMOの評価について簡単なプロトタイプをつくってみることにした。そのために、まず簡単な計算をいくつか行った。12%の30年物モーゲージの年次の受取額は、100ドルあたり12.41である（第3章参照）。クラスAの償還が終わる前にクラスB、Cが受け取る利息は$25 \times 12\% = 3$となる。

次にクイック氏は、図16.14の上部にある4年分の短期金利の格子をつくった（格子は左側の一番上から始まっている。後続の2つのノードは次の行にある）。格子のリスク中立確率は0.5としてある。次に、期限前返済率の予測値を割り振った。短期金利が下落したときはいつも年次で5%とし、上昇時は2%とした。次いで、短期金利の格子上に、プールに残っている比率を記入した（図16.14の別の格子に示した）。

クイック氏はクラスAが保有する元本を追跡する必要がある。残念ながら、この元本はもとの格子上では経路依存となっている。そこで、格子ではなくツリーを使うことにした。初期元本を25とおいたのは、クラスAが全元本の25%を保有する権利があるからである。氏は図16.14に示したように、下向きにツリーをつくっていった。計算の例を挙げると、ツリーの最終ノードの値は、

$$13.725 \times 1.12 - 12.41 \times 0.960 + 2 \times 3.00$$
$$-(0.960 - 0.941)[13.725 + 50 + 25(1.12)^3] = 7.551$$

である。言葉で説明すると、新しい元本は以下のようにして求められる。古い元本に1＋ローンの金利（12%）を掛け、残っているプールからの年間の全返済額12.41を引き、クラスBとCに行く（ただし、クラスZには行かない）利払いを加え、新しく期限前返済された量を引く（これは、プールサイズの変化と元本の全残存量の積である）。ツリーは3期までとした。クイック氏はクラスAの元本は少ししか残っていないので、翌年にはすべて支払われるものと仮定したからである。

クラスA債券の価値を求めるため、ツリーを用いてリスク中立評価法を後向きに適用した。3年目のノードでの価値は、3年目のキャッシュ・フローと、その翌年の元本とキャッシュ・フローを割り引いたものとの和に等しい。前の期のノードでは、そこでのキャッシュ・フローと後続ノードの割引期待価値との和によって評価される。たとえば、最終ノードでの価値は、

$$7.551 \times 1.12/1.145 + 12.41 \times 0.960 - 2 \times 3.00$$

```
 .100                    短期金利の格子                  1.000            プールサイズの格子
 .095      .115                                       .950    .980
 .090      .110     .130                              .903    .931    .960
 .085      .105     .125      .145                    .857    .884    .912     .941
```

```
25.000              元本のツリー
    ┌──────────────┐
16.436              19.526
    ┌────────┐         ┌─────────┐
 7.969     10.756   10.759      13.725
    ┌───┐     ┌───┐    ┌───┐       ┌───┐
 0.000  2.041 2.026 4.704 2.029 4.707 4.703 7.551
```

```
25.758              価値のツリー
    ┌──────────────┐
28.627              28.041
    ┌────────┐         ┌─────────┐
18.860     18.508   21.969      21.665
    ┌───┐     ┌───┐    ┌───┐       ┌───┐
 9.405  8.953 12.074 12.026 12.078 12.029 15.351 15.207
```

図 16.14 クイック氏の CMO の評価
図の最上部にあるのは短期金利の格子である。隣にある格子は対応するプールサイズの比率である。これらの格子は上から始まり下向きに動く。下落時はそのまま真下に移動し、上昇時は下に行ってから右に動く。その下側にあるのはクラス A がもつ元本のツリーであり、一番下はクラス A の価値のツリーである。

$$+(0.960 - 0.941)[13.725 + 50 + 25(1.12)^3] = 15.207$$

である。その前の行の最後のノードでは、

$$12.41 \times 0.980 - 2 \times 3.00 + (0.980 - 0.960)[19.526 + 50 + 25(1.12)^2]$$
$$+0.5(15.351 + 15.207)/1.130 = 21.665$$

となる。

全体の価値は 25.758 となり、100 をベースに基準化すると、$4 \times 25.758 = 103.032$ であった。クイック氏の結論は、提供された価格 105.00 は少し高いということである。

そこで、もう一度スプレッドシート・プログラムに戻り、短期金利の値すべてに 1% 足してみたところ、値として 101.112 を得た。したがって、実質的な修正デュレーションは $D_M = 100(103.032 - 101.112)/103.032 = 1.863$ 年である。これは、クラス A の償還が早期に完了するという観測結果と整

合的である。
　クイック氏は他のクラスも調べることにした。というのも、彼の考えでは、他の債券はもっと大きな収益をもつかもしれないし、その分析は必ずやもっと知的な業務となるだろうからである。

　前述の例からわかるように、CMO の評価はかなり骨が折れる試みである。他のクラスの評価に、この例と同様ツリーを用いた手法を月次ベースで使おうとすると、大変巨大なツリーが必要となってしまう。もちろん、困難なのは主として元本の量が経路依存となる点にある。実務では、CMO の評価がもっぱらシミュレーション（モンテカルロ法）の手法を用いて行われるのは、この理由からである。ただし、やはり例から明らかなように、前の数章でその概略を論じてきた概念上の原理は、ファイナンスのこの分野においても有効なのである。

16.10　金利変動のモデル*

　前節では、短期金利はすべての時点と状態に関して直接割り当てられていた。これは適切かつ実務的な方法であるが、株式の動きを定義するのに用いたのと同様、伊藤過程で短期金利の過程を定義する方法もある。これにより連続時間での計算ができる。
　このアプローチでは、（瞬間的な）短期金利 $r(t)$ が以下の伊藤形式の方程式をみたすものとして与えられる。

$$\mathrm{d}r = \mu(r,t)\mathrm{d}t + \sigma(r,t)\mathrm{d}\hat{z} \tag{16.9}$$

ここで、$\hat{z}$ はリスク中立な世界での標準ウィーナー過程である。初期状態 $r(0)$ が与えられれば、この方程式で確率過程 $r(t)$ が定義される。
　現実の金利の過程をうまく近似するように、多くのモデルが提案されてきた。よく知られたモデルをいくつか挙げる。

1. **Rendleman and Bartter モデル**

$$\mathrm{d}r = mr\mathrm{d}t + \sigma r\mathrm{d}\hat{z}$$

　このモデルは、株式の変動に用いた標準的な幾何ブラウン運動とそっくりである。これより、将来の短期金利の分布は対数正規分布となる。しかし、現在は短期金利の現実的なモデルとは見なされていない。

2. **Ho–Lee モデル**

$$dr = \theta(t)dt + \sigma d\hat{z}$$

これは Ho–Lee モデルの極限をとって連続時間としたものである。関数 $\theta(t)$ は、モデルから得られるフォワード・レート・カーブが現在の期間構造と一致するように選ばれる。ある時点 t で $r(t)$ が負の値をとるかもしれない、という点に潜在的な問題がある。

3. **Black–Derman–Toy モデル**

$$d\ln r = \theta(t)dt + \sigma d\hat{z}$$

このモデルは Ho–Lee モデルとほとんど同じであるが、原資産の変数が r ではなく $\ln r$ という点が異なる。伊藤の定理を使うと、等価な式、

$$dr = [\theta(t) + \frac{1}{2}\sigma^2]rdt + \sigma r d\hat{z}$$

に変形できる。

4. **Vasicek モデル**

$$dr = a(b - r)dt + \sigma d\hat{z}$$

このモデルは、b の値に戻ろうとする点において**平均回帰**（mean reversion）の性質をもっている。やはりこのモデルも、$r(t)$ が負になる可能性があるのだが、平均回帰効果により他のモデルよりそうなりにくい。実際、もし確率項がなければ（すなわち $\sigma = 0$ なら）、r が b より大きいときは減少し、b より小さければ増加する。この平均回帰の性質は、多くの研究者や実務家から大変重要視されている。それというのも、金利にはある自然に落ち着く場所（6%程度）があって、ここから大きく乖離するともとの場所に戻ろうとする強い力が働くと思われているからである。

5. **Cox–Ingersoll–Ross モデル**

$$dr = a(b - r)dt + c\sqrt{r}d\hat{z}$$

このモデルでは、ドリフトが平均回帰するばかりでなく、確率項が $\sqrt{r}$ 倍されているため、r が増加すると金利過程の分散も増加するという性質ももっている。

6. **Hull and White モデル**

$$dr = [\theta(t) - ar]dt + \sigma d\hat{z}$$

これは本質的には Ho–Lee モデルだが、平均回帰の項が追加されている。

7. **Black and Karasinski モデル**

$$\mathrm{d}\ln r = [\theta - a \ln r]\mathrm{d}t + \sigma \mathrm{d}\hat{z}$$

これは平均回帰する Black–Derman–Toy モデルである。

これらのモデルはすべて、1つのウィーナー過程 $\hat{z}$ に依存しているので、1ファクター・モデルと見なすことができる。他にマルチ・ファクター・モデルもあって、2つかそれ以上のウィーナー過程に依存している。

16.11　連続時間の解[*]

離散時間における3つの一般的な解法について、それぞれ連続時間に対応する解析的な手法がある。(1) 後退再帰計算法は一般化ブラック-ショールズ偏微分方程式になり、(2) 割引リスク中立評価法は積分による評価法となり、(3) 前進再帰計算は、ブラック-ショールズ方程式と対になった前進偏微分方程式になる。こららのうち最初の2つについて、もう少し詳しく説明することにしよう。

◆後退方程式

後退方程式はおそらく最も役に立つだろう。短期金利がリスク中立の世界で、(16.9) 式の伊藤過程にしたがうとする。さらに、$f(r,t)$ が最終期以外支払いのない金利証券の価格関数とする。そうすると、f は一般化ブラック-ショールズ方程式、

$$\frac{\partial f}{\partial t} + \frac{\partial f}{\partial r}\mu(r,t) + \frac{1}{2}\frac{\partial^2 f}{\partial r^2}\sigma(r,t)^2 - rf(r,t) = 0 \qquad (16.10)$$

にしたがう。境界条件は $t=T$ で定義され、最終ペイオフの構造による。この方程式は後退再帰計算と同様の性質をもっている。

たとえば、現在（時点 t）の短期金利が r のとき、時点 T で満期となるゼロ・クーポン債の時点 t での価格を $P(r,t;T)$ としよう。$f(r,t) = P(r,t;T)$ と定義して、適切な境界条件は $f(r,T) = 1$ である。

後退計算式 (16.10) が解析的に解ける場合があり、そのときは金利派生証券の価格を表す解析的な式が得られる。しかし通常、実務では数値計算が必要である。

■ **例 16.10**（一定の金利）　　一番単純なのは、短期金利が $\mathrm{d}r = 0$ にしたがう

場合である。このとき金利は一定である。ゼロ・クーポン債の価格 $P(r,t;T)$ を求めるために、$f(r,t) = P(r,t;T)$ とおく。ただし r は定数なので、r に依存した部分を取り除いて $f(t)$ と書く。後退計算式は、

$$\frac{\mathrm{d}f(t)}{\mathrm{d}t} - rf(t) = 0$$

と簡単になる。これは、

$$\frac{\mathrm{d}f(t)}{f(t)} = r\mathrm{d}t$$

と書くことができるが、以下の等価な式で表すこともできる。

$$\mathrm{d}\ln f(t) = r\mathrm{d}t$$

この解は、c を定数として、

$$\ln f(t) = c + rt$$

である。境界条件は $f(T) = 1$、あるいは等価な $\ln f(T) = 0$ なので、$c = -rT$ となる。したがって最終的に、解は、

$$P(r,t;T) = e^{-r(T-t)}$$

である。これは、すでに知っている通り、金利が一定の場合の債券価格に一致している。

例 16.11（**Ho–Lee モデルの解**） 解析解のもう少し複雑な例として、短期金利が以下の式にしたがう特殊な場合を考えよう。

$$\mathrm{d}r = a\mathrm{d}t + \sigma\mathrm{d}\hat{z}$$

以下ではゼロ・クーポン債の価格 $P(r,t;T)$ を求めることにしよう。$f(r,t) = P(r,t;T)$ とおき、(16.10) 式を解く。直前の例から類推して、解として以下の式を試してみよう。

$$f(r,t) = C(t;T)e^{-r(T-t)}$$

これをブラック–ショールズ方程式に代入して、

$$\frac{\mathrm{d}C(t;T)}{\mathrm{d}t} - (T-t)C(t;T)a + \frac{1}{2}(T-t)^2\sigma^2 C(t;T) = 0$$

を得る。ただし、すべての項から共通のファクター $e^{-r(T-t)}$ を消去している。この式から次の方程式が導かれる。

$$\mathrm{d}\ln C(t;T) = [(T-t)a - \frac{1}{2}(T-t)^2\sigma^2]\mathrm{d}t$$

境界条件 $\ln C(T;T) = 0$ を考慮すると、

$$\ln C(t;T) = -\frac{1}{2}(T-t)^2 a + \frac{1}{6}(T-t)^3\sigma^2$$

となる。よって $P(r,t;T)$ の陽な解が得られた。

◆アフィン過程 *

$\mu(r,t)$ と $\sigma^2(r,t)$ がともに r のアフィン関数ならば、期間構造の確率過程 $\mathrm{d}r = \mu(r,t)\mathrm{d}t + \sigma(r,t)\mathrm{d}\hat{z}$ は、アフィンであると言われる[6]。以下の形をしたアフィン過程を考えよう。

$$\mathrm{d}r = (\theta - \gamma r)\mathrm{d}t + \sqrt{\sigma^2 + \alpha r}\,\mathrm{d}\hat{z}$$

ただし、θ、r、γ は t の確定的な関数である。

このクラスには、第 16.10 節の Ho–Lee モデル、Vasicek モデル、Cox–Ingersoll–Ross モデル、Hull–White モデルが含まれることに注意してほしい。これらのモデルは、そのゼロ・クーポン債が以下のような関数型となる。

$$P(r,t;\,T) = e^{A(t;T) - B(t;T)r(t)}$$

ただし、$A(t;T)$ と $B(t;T)$ は、境界条件 $A(T;T) = 0$、$B(T;T) = 0$ のもと、次の微分方程式をみたす。

$$\frac{\partial B(t;T)}{\partial t} = B(t;T)\gamma + \frac{1}{2}B(t;T)^2 a - 1 \quad (16.11)$$

$$\frac{\partial A(t;T)}{\partial t} = B(t;T)\theta - \frac{1}{2}B(t;T)^2\sigma^2 \quad (16.12)$$

これらの方程式が閉形式解をもつ場合もある。一般的には、時間 $t = T$ から後ろ向きに (16.11) 式を数値積分するという簡単な手続きで、ほぼ閉形式と言え

---

[6] 一般に、変数 x の関数が $a + bx$ という形をしていればアフィンである。

る解が得られる。得られた解を (16.12) 式に代入して、今度はそれを後ろ向きに数値積分する。

例 16.12（再び **Ho–Lee** モデル）　Ho–Lee モデルにおいて、$B(t;T)$ の方程式は、
$$\frac{\partial B(t;T)}{\partial t} = -1$$
となり、その解は $B(t;T) = T - t$ である。これを用いると、$A(t;T)$ の方程式は、
$$\frac{\partial A(t;T)}{\partial t} = \theta(T-t) - \frac{1}{2}\sigma^2(T-t)^2$$
となる。これは簡単に積分でき、
$$A(t;T) = -\frac{1}{2}\theta(T-t)^2 + \frac{1}{6}\sigma^2(T-t)^3$$
が得られ、ただちに完全な解を得る。
$$\ln P(r,t;T) = -\frac{1}{2}\theta(T-t)^2 + \frac{1}{6}\sigma^2(T-t)^3 - (T-t)r$$

◆リスク中立価格評価式

割引リスク中立価格評価式は連続時間の場合でも機能し、これを用いてどの金利派生証券でもその価値を求めることができる。時点 t で配当 $Y(r,T)$ が支払われる証券を考えよう。また短期金利がリスク中立過程、
$$dr = \mu(r,t)dt + \sigma(r,t)d\hat{z}$$
にしたがうものとする。すると、証券の時点 0 での価値は、
$$v(0) = \hat{E}\left\{\int_0^T \exp\left[\int_0^t -r(s)ds\right] Y(r,t)dt\right\} \qquad (16.13)$$
である。ただし、$\hat{E}$ は $\hat{z}$ で決まるリスク中立確率に関する期待値を意味する。もちろん、この式はまれにしか直接評価することはできない。しかし、これはシミュレーションの基礎を与えてくれる。

16.12 拡張

　金利の確率的なふるまいを表現するにあたって、短期金利過程は、洗練され、実務的であり、かつ相当に現実的である。しかしながら、その確率的な性質が単一の確率的要素で表される、すなわち短期金利を動かすのがウィーナー過程であるという点で、限界が存在する。それは **1 ファクター・モデル**（single-factor model）なのである。現実の金利の世界はそれよりもっと複雑であり、このことは**マルチ・ファクター・モデル**（multi-factor model）を用いる動機となる。マルチファクター・モデルにおいては、短期金利は複数の確率要素の関数であり、それぞれの確率要素は独自の確率過程にしたがう。別の修正は、突発的なジャンプをもつ確率過程を組み込むことである。というのは、そのような変動が、市場で時折観測されるからである。

　さらに別のアプローチは、Heath-Jarrow-Morton によって提案されたもので、瞬間的なフォワード・レートによって表されるイールド・カーブ全体を用いて理論が形成されている。この HJM モデルは、トレーダーが用いるモデルと同類であるという利点がある一方、短期金利に基づくモデルに比べて、解析やパラメータの決め方が難しい。LIBOR モデルとして知られるモデルは HJM モデルと似ているが、LIBOR モデルは有限個の区間におけるフォワード・レートを用いて構成される点が異なっている。この区間は、金利キャップやフロアなどのさまざまな証券の開始時点に対応する。

16.13 まとめ

　ほとんどすべての投資が金利リスクを伴っているので、金利証券はきわめて重要な位置を占めている。債券オプション、スワップ、変動利付きモーゲージ、モーゲージ担保証券などの金利派生証券は、リスクを制御する手段となりうる。金利証券の分析には、期間構造の変動のモデルが必要である。単に期間構造曲線にランダムな要素を加えただけでは、裁定機会を避けることができず、適切なモデルとはならない。

　エレガントかつ実践的なアプローチは、数期間にわたって短期金利の格子をつくる方法である。各ノードに記載される金利は、そのノードでの 1 期間の貸出に適用される金利である。格子の枝に割り当てられる確率は 2 種類ある。1 つ目は、真の確率を与えるものであり、さまざまな推移の起こりやすさを表す。2 つ目は、価格評価に用いられるリスク中立確率である。実際のところ、金利

派生証券の評価に必要なのは後者だけである。

リスク中立確率と結びつけて短期金利の格子を構成すれば、格子上を後向きに計算する割引リスク中立価格付け法によって、ただちに債券などの証券を評価することができる。ノードの短期金利は、そのノードでの計算に用いる割引率となる。

債券のオプションや債券先物のオプション、あるいは変動利付きモーゲージ証券のように、一見複雑に見える証券も、割引リスク中立アプローチで評価をすることができる。ノードでのキャッシュ・フローを決めるために必要な変量が、ノードのみならずノードに至る経路にも依存するという意味で、経路依存な場合もある。そのような場合は、格子ではなくツリーを用いると、リスク中立評価の手続きに必要な情報を正確に記録することができる。ただし、ノードの数が著しく増加してしまうかもしれない。レベリングと呼ばれる特別な手法があり、明らかに経路依存な状況を、経路依存しないように変形することができる。この手法が適用できるのは、ノードでのキャッシュ・フローが、そのノード自身に依存しており、経路依存している基礎変量の線形関数となっている場合である。変動利付きローンはこの手法で評価ができる。

期間構造全体を短期金利の格子から構成することができる。これを行う方法の１つは、すべての満期でゼロ・クーポン債の評価をすることである。この手法では、個別の評価手続きを大量に行う必要がある。もっと効率的に期間構造を求めるには、状態価格の格子を構成すればよい。それには、もとの短期金利の格子上で一度だけ前進方向に計算を行うだけで済む。

意味のある結果を得るためには、短期金利の格子の構成を注意深く行う必要がある。よく用いられている手法の１つに、推定される期間構造を現在の期間構造と一致するように格子を構成する方法がある。同様にして、他にボラティリティを一致させる場合も多い。簡単な手法としては、Ho–Lee モデルと Black–Derman–Toy モデルなどがある。

短期金利は、債券ポートフォリオのイミュニゼーションに対しても新しいアプローチを与える。このアプローチでは、ポートフォリオは初期時点での短期金利の上昇と下降に対してイミュナイズされる。

モーゲージ担保債務証書（CMO）の評価は、金利派生証券評価の方法論を適用するにあたって、非常に重要でかつやりがいのある事例である。これらの証券はたいへん複雑な構造をしており、適切な評価をするには注意深い分析が必要である。通常、それらの数理的表現はある面で経路依存となっており、そのためツリーを使うか、モンテカルロ・シミュレーションを使わざるをえない。

期間構造の連続時間モデルは、短期金利を伊藤過程で定義することでつくり出される。これらの過程は、特殊なリスク中立標準ウィーナー過程によって動いている。この種のモデルの中には、期間構造の解析的な表現をもつものもある。

練習問題

1. (随時償還公債 ⊕) 1期間を1年とおき0期から9期まで、初期値を6%にとり、以後係数 $u = 1.2$ か $d = 0.9$ を掛けることによって短期金利の格子をつくれ。リスク中立確率は0.5とせよ。
   (a) この格子を使って10年物6%の債券価格を求めよ。
   (b) この債券は5年以内ならいつでも発行者によって償還されうるとする（債券が償還請求されると、額面とその時点でのクーポンが支払われ、債券はキャンセルされる）。この債券の適正な価格はいくらか。

2. (一般的な変動価格式) V_{ks} を、k 期の状態 s から始まる初期元本100の変動利付きローンの価値とする。このローンは n 期までに完済される。1期ごとに利息が付いて、その金利はその期の短期金利にプレミアム p を加えたものである。各期の返済額は、その期にかかる金利が以後の期でも用いられるとした場合のローンを償還するのに必要な額である。V_{ks} を求める後退計算のための陽な式を、k と s の関数として表せ。

3. (債券先物オプション) 債券先物オプションの価値を求める方法を説明せよ。

4. (変動利付き CAP ⊕) 例16.5の変動利付き自動車ローンにおいて、適用される金利は11%を超えないことを借り手に保証する CAP 条項が付け加えられたとしよう。銀行から見てこのローンの価値はいくらになるか。

5. (先渡の構成 ⊕) 練習問題1の格子において前進計算を用いてスポット・レート・カーブを求めよ。

6. (Ho–Lee のボラティリティ) Ho–Lee モデルにおいて1期間の金利の（リスク中立）標準偏差は $b_k/2$ になることを示せ。

7. (期間構造の一致 ⊕) Black–Derman–Toy モデルを用い、$b = 0.01$ として例16.7と期間構造を一致させよ。

8. (スワップ) 金利に関するプレーン・バニラ・スワップを考えよう。このスワップでは、当事者 A は6年間当事者 B に対して名目元本1,000万ドルにつき固定金利で支払いを行い、一方当事者 B は当事者 A に対して同じ元本につき変動金利で支払いを行うことで合意している。短期金利の

過程が例 16.1 の格子で表されているとしよう。
(a) 短期金利の格子のすべてのノード上に変動金利によるキャッシュ・フローの流列の価値を記入し、そこから流列の初期時点での価値を求めよ。
(b) 固定金利をいくらにすると、スワップ契約の両側の価値が等しくなるか（第 12 章の練習問題 11 と比較せよ）。

9. （スワップションの価格付け） スワップションとは、将来にあるスワップ契約を行うオプションである。企業 B が 6 年間 8.64% の固定金利で 1,000 万ドルの融資を受けているとしよう。企業 A は企業 B に対してスワップションの売却を申し出た。このスワップションは、固定金利での支払いを変動金利での支払いにスワップすることができ、その際の支払いは同じ元本、同じ満期での短期金利による支払い額と等しい。スワップションは 2 年度の期首に権利を行使することができる（ちょうど前年分の支払いを終えた後で、かつその年の短期金利が明らかになる時点である）。短期金利の過程が例 16.1 と同じであるとすると、スワップションはどれほどの価値をもつか。

10. （変数変換 ◇） $\hat{z}(t)$ を標準ウィーナー過程として、リスク中立な世界での短期金利の過程が以下のように定義されているとする。

$$\mathrm{d}r = \mu(r,t)\mathrm{d}t + \sigma(r,t)\mathrm{d}\hat{z}$$

時点 (r,t) において小時間間隔 Δt 間の、上式の標準的な近似法は図 16.15 の 2 項格子によるものである。この近似では、

$$r^+ = r + \sigma(r,t)\sqrt{\Delta t}$$
$$r^- = r - \sigma(r,t)\sqrt{\Delta t}$$
$$q = \frac{1}{2} + \frac{\mu(r,t)\sqrt{\Delta t}}{2\sigma(r,t)}$$

となる。
(a) 一般にこの方法では格子は再結合しないことを示せ。すなわち、上昇してから下降したときと、下降してから上昇したときでは異なることを示せ。
(b) 以下の変数変換を行うものとする。

$$w(r,t) = \int_0^r \frac{\mathrm{d}y}{\sigma(y,t)}$$

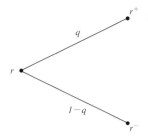

図 16.15 近似手法
適当な変数変換を用いると、短期金利は 2 項格子で近似できる。

$w(r,t)$ がみたす過程について伊藤の定理を適用し、ボラティリティの項が定数になることを示せ。結果として $w(r,t)$ を近似する格子は再結合することを言え。

(c) 以下の幾何ブラウン運動過程における適切な変数変換を求めよ。

$$\mathrm{d}r = \mu r \mathrm{d}t + \sigma r \mathrm{d}\hat{z}$$

11. （Ho–Lee の期間構造） 例 16.11 を参照せよ。$F(t)$ を 0 から t までのフォワード・レートとする。フォワード・レートの基本的な定義より、以下の恒等式を得る。

$$e^{-F(t)t} = P(r,0;t)$$

$F(t)$ の陽な式を求めよ。

12. （ゼロ・クーポン債の価格 ◇） ガビンは価格付けの理論をさらに深く追求しようと考え、(16.11) 式の応用問題に取り組むことにした。リスク中立な世界における金利の単純なモデルが、$\hat{z}$ を標準ブラウン運動とし、$r(0) = r_0$ として、

$$\mathrm{d}r = \sigma \mathrm{d}\hat{z}$$

と書くことができるものと想定した。ガビンはブラック–ショールズ方程式に頼らず、(16.11) 式に基づいて、時点 T で 1 ドルが支払われるゼロ・クーポン債の価格の式をついに導いた。読者には可能だろうか。例 16.11 と比べてみよ。

13. （逆変動金利債） 額面が $1,000$ ドルで、クーポンが各期 k の終わりに、$c_k = \max[6\% - r_k, 0]$ のレートで支払われる債券を考えよう。ただし、r_k は k 期の短期金利である。このような種類の債券を、**逆変動金利債**（inverse floater）と呼ぶ。

1期間のスポット・レートは、現在 4% であり、各期において 1.5 倍に上昇するか、もとの値のままであるかのいずれかである。現在の期間構造から与えられるリスク中立確率は 0.5 である。今から 2 期間後に満期を迎えるこの逆変動金利債の価格はいくらか。クーポン支払いは 2 回あり、最初の支払いは今から 1 期間後であることに注意しよう。

14. （先渡しと先物） 2 年後のペイオフ C を考えよう。C は、3 つの値 C_0、C_1、C_2 のいずれかをとる。この 2 年間の短期金利の格子を図 16.16 に示した。$d_{ij} = \frac{1}{1+r_{ij}}$ は短期金利の割引係数で、リスク中立確率はすべて 0.5 である。

    (a) C の先渡し価格 F_0 はいくらか。
    (b) C の先物価格 G_0 はいくらか。
    (c) C_0、C_1、C_2 のすべての可能な値に対して、$F_0 = G_0$ となるための条件は何か。

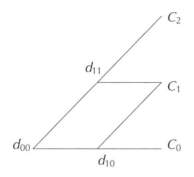

図 16.16 短期金利

参考文献

金利派生証券の一般的な表現に関する教科書としては、[1-3] を参照せよ。前進計算式は Jamshidian[4] によって提案された。Ho–Lee モデルは、もともとは短期金利の格子の概念の助けを用いることなく、[5] でつくられたものである。短期金利の格子は、[6] で Black–Derman–Toy モデルを表現するために用いられた。アフィン・モデルに関する一般理論については、Duffie[1] を参照せよ。Heath–Jarrow–Morton モデルは [7] で述べられている。CMO とモーゲージ担

保証券の概略は [8] にある。連続モデルについては [9-14] を参照せよ。練習問題 10 は [15] に基づいている。

1. Duffie, D. (2001), *Dynamic Asset Pricing*, 3rd ed., Princeton University Press, Princeton, NJ.
2. Hull, J. C. (2008), *Options, Futures and Other Derivative Securities*, 2nd ed., Prentice Hall, Englewood Cliffs, NJ.
3. Veronesi, P. (2010), *Fixed Income Securities*, Wiley, New York.
4. Jamshidian, F. (1991), "Forward Induction and Construction of Yield Curve Diffusion Models," *Journal of Fixed Income*, **1,** 62–74.
5. Ho, T. S. Y., and S.-B. Lee (1986), "Term Stmcture Movements and Pricing Interest Rate Contingent Claims," *Journal of Finance*, **41,** 1011–1029.
6. Black, F., E. Derman, and W. Toy (1990), "A One-Factor Model of Interest Rates and Its Application to Treasury Bond Options," *Financial Analysts Journal*, January-Febmary, **46,** 33–39.
7. Heath, D., R. Jarrow, and A. Morton (1990), "Bond Pricing and the Term Stmcture of Interest Rates: A Discrete Time Approximation," *Journal of Financial and Quantitative Analysis*, **25,** 419–440.
8. Fabozzi, F. J., Ed. (1988), *The Handbook of Mortgage-Backed Securities*, rev. ed., Probus, Chicago, IL.
9. Brennan, M., and E. Schwartz (1979), "A Continuous Time Approach to the Pricing of Bonds," *Journal of Banking and Finance*, **3,** 133–155.
10. Vasicek, O. A. (1977), "An Equilibrium Characterization of the Term Structure," *Journal of Financial Economics*, **5,** 177–188.
11. Hull, J., and A. White (1990), "Pricing Interest Rate Derivative Securities," *Review of Financial Studies*, **3,** 573–592.
12. Black, F., and P. Karasinski (1991), "Bond and Option Pricing when Short Rates are Lognormal," *Financial Analysts Journal*, July-August, **47,** 52–59.
13. Rendleman, R., and B. Bartter (1980), "The Pricing of Options on Debt Securities," *Journal of Financial and Quantitative Analysis*, **15,** March, 11–24.
14. Cox, J. C., J. E. Ingersoll, and S. A. Ross (1985), "A Theory of the Term Structure of Interest Rates," *Econometrica*, **53,** 385–407.
15. Nelson, D., and K. Ramaswamy (1989), "Simple Binomial Processes as Diffusion Approximations in Financial Models," *Review of Financial Studies*, **3,** 393–430.

第17章
信用リスク

　信用リスクとは、デフォルトに至るような窮状、もしくは意図的な破棄により、相手方が金融商品の条項を履行しないことに関するリスクである。筆頭に挙げられるのは、（社債という）企業負債の保有者が被るデフォルト・リスク（破産リスク）である。他には、銀行に倒産の可能性がある場合に預金者が被るリスクがある。さらに他の例として、企業、あるいは国家に貸出を行っている金融機関が被るリスクがある。デフォルト、リストラクチャリング、クーポンの不払い、および信用状況が明るみに出ることで市場価値の急落を引き起こすようないかなるイベントも、不利な信用イベントに含まれる。本章では、主にデフォルトやデフォルト確率の変動に着目する。信用イベントは、相対的には起こりにくいが、その影響は重大である。ときには破局的ですらある。クレジット派生証券は、そのようなイベントが生じたときの影響を緩和するためにつくられている。あるいは、本質的には、逆にそのようなイベントが発生すること自体に賭けるためにつくられる。詰まるところ、クレジット派生証券は保険と類似した商品なのである。

　実際、最も普及しているクレジット派生証券は、**クレジット・デフォルト・スワップ**(credit default swap：CDS)と呼ばれ、保険商品の構造とほぼ完全に対応している。この商品の所有者は、デフォルト・リスクから保護される。定期的な（たとえば、四半期ごとの）支払いを保証機関に対して行うことで、その見返りに所定の期間中にデフォルトが生じた場合に被る損失と同額の支払いを受け取ることができるのである。この一般的な仕組みには、さまざまなバリエーションがある。しかしながら、これらの契約における最大の相違点は、火災保険などと異なり、たとえ原資産を保有していなくても、だれでも売買されているCDSを指定して購入できることである。あたかも、自宅にかけられた火災保険をだれか別の人が受け取るような具合である。

クレジット派生証券の市場は急速に巨大化した。具体的には、CDSの総額が数十兆ドル、クレジット派生証券全体の総額が数百兆ドルである。

信用リスクとそれに関するクレジット派生証券の数学的分析は、おそらく本書で最も難解な箇所である。新しい概念と手続きを導入することになるだろう。それでも、本章で用いられる手法は、その大部分が、前の章における先物、オプション、金利派生証券で学んだファイナンスの基本原則に基づいている。

信用リスクの特徴づけにおいては、はっきりと異なる複数のアプローチが存在する。いずれも本質的には、特定の信用イベント（たいていはデフォルト）の生起確率、もしくは生存確率を決定するのが共通の目的である。期間 $[0,t]$ にデフォルトが生じない確率である生存確率を、しばしば $p(t)$ と表記する。しかしながら、この確率が実確率であるか、リスク中立確率であるかを区別しなければならない。信用分析ではどちらも用いられるからである。一般的な議論の際、もしくは実確率を表す際に p を用い、リスク中立確率に特定する場合に q を用いる。リスク中立期待値と割引で価格評価をする際に用いられるのがリスク中立確率である。実確率は、分散あるいはバリュー・アット・リスクの形式でより直接的にリスクを特徴づける。

17.1　マートンの古典的モデル

信用リスクに対する現代的な分析アプローチは、1974年にマートンが提唱したデフォルト過程に対するオプション型モデルに端を発する。この手法およびその拡張は、企業の財務構造に着目し、それをもとにしてリスク尺度を組み立てるので、構造モデル（structured model）と呼ばれる。このモデルは、これに引き続く重要な信用分析の基礎を与えるものである。

基本となる設定は単純である。株式と負債からなる市場価値が V の企業を考えよう。負債は額面が K、満期が T のゼロ・クーポン債である。企業価値が V_T のとき、時点 T における債券の市場価格は、図17.1(a)で示すように、

$$B_T = \min(V_T, K) = K - \max(0, K - V_T) \tag{17.1}$$

となる。この式は、企業価値が K より大きい場合はデフォルトは生じず、債券の保有者は取り決め通りの金額 K を得られることを示している。一方、時点 T で企業価値が K を下回った場合、債券保有者が絶対優先権をもつため、企業の所有者となって市場価値で売却するであろう。債券の価格式は、(17.1) の2番目の式にあるように、K のリターンと行使価格 K のプット・オプション1単

位をショートとしたときのリターンと見なすことができる。

同様に、時点 T における株式 E_T は、

$$E_T = \max(0, V_T - K) = V_T - K + \max(0, K - V_T) \tag{17.2}$$

となる。最初の等式は、図 17.1(b) で示した、行使価格 K のヨーロピアン・コール・オプションのペイオフにほかならない。あるいは、(17.2) の 2 番目の等式で表されるように、E_T は $V_T - K$ に加えて行使価格 K のプット・オプション 1 単位をもつ企業の価値と見なすことができる。株式と負債の合計はつねに V_T と等しいことに留意されたい。

もし金利 r が定数で、企業価値が、

$$dV = \mu V dt + \sigma V dz \tag{17.3}$$

で表される幾何ブラウン運動にしたがうならば（z はいつものように標準ウィーナー過程）、途中の時点 t における株式の価値は、第 15.3 節におけるブラック-ショールズ公式をそのまま使って表すことができる。すなわち、

$$E_t = V_t N(d_1) - e^{-r(T-t)} K N(d_2)$$

となる。ただし、

$$d_1 = \frac{\ln(V_t/K) + \left(r + \frac{1}{2}\sigma^2\right)(T-t)}{\sigma\sqrt{T-t}}$$
$$d_2 = d_1 - \sigma\sqrt{T-t}$$

である。

時点 0 における債券の価値は、ペイオフ K の時点 0 における価値が $e^{-rT}K$ であること、およびプット・オプションの価値がブラック-ショールズ公式で（プット・コール・パリティにより）求まることから導かれる。別の見方をすれば、債券の価値はすべての時点 t において、$E_t + B_t = V_t$ が成り立つことから得られる。したがって、

$$B_t = V_t - V_t N(d_1) + e^{-r(T-t)} K N(d_2) \tag{17.4}$$

となる。

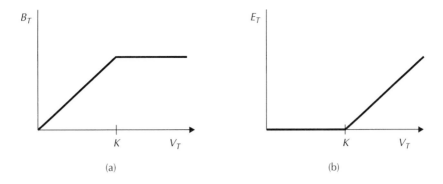

図 17.1 (a) デフォルトのある債券の満期価値は企業価値の関数、(b) 対応する純資産の価値

例 17.1（負債比率の高い企業） ハイテック社の企業価値は現在 100 万ドルで、その一部は 5 年間のローンとなっており、5 年後には 80 万ドルの支払いが必要である。無リスク金利は 5%である。ハイテック社の 5 年後の企業価値が 80 万ドル以下であれば、ハイテック社はデフォルトし、債券保有者が企業の所有者となって売却するであろう。ハイテック社の企業価値のドリフト率を $\mu = 0.15$、ボラティリティを $\sigma = 0.25$ とする。ローンの価値は直接評価できる。(17.4) 式を用いて、

$$d_1 = \left[\ln(10/8) + (0.05 + 0.0625/2)5\right]/(0.25\sqrt{5}) = 1.2589$$
$$d_2 = d_1 - 0.25\sqrt{5} = 0.566876$$

となることから、$B_0 = 575{,}331$ ドルを得る（当然のことながら、この値はドリフト率 μ には依存しない）。この値を、80 万ドルの 5 年満期のゼロ・クーポン債の現時点での価値、$800{,}000 \exp(-0.05 \times 5) = 623{,}041$ ドルと比較してみよう。デフォルトの可能性により、ローンの価値が減少していることがわかる。

◆デフォルト確率

信用リスクの文脈において、企業価値以外にも関心を集める指標がある。その 1 つはデフォルト確率であるが、本節の古典的モデルを使えば容易に求まる。

まず、企業価値を幾何ブラウン運動モデル (17.3) で表すと、

$$\ln V_T = \ln V_0 + \nu T + \sigma z_T$$

となる（第 13.7 節参照）。ただし、$\nu = \mu - \frac{1}{2}\sigma^2$ である。したがって、時点 T におけるデフォルト確率は、

$$\begin{aligned}
\mathrm{P}[V_T < K] &= \mathrm{P}[\ln V_T < \ln K] \\
&= \mathrm{P}\left[z_T < \frac{\ln K - \ln V_0 - \nu T}{\sigma}\right] = F_N\left(\frac{\ln(K/V_0) - \nu T}{\sigma\sqrt{T}}\right)
\end{aligned} \quad (17.5)$$

となる。いつものように F_N は標準正規確率変数の分布関数である。最後の等式は z_T が分散 T をもつ正規確率変数であることから導かれる。(17.5) 式は、実確率を与える。リスク中立確率を得るには、単に μ を r に置き換える、すなわち ν を $r - \frac{1}{2}\sigma^2$ とすればよい (第 15.4 節を参照)。

> **例 17.2**（ハイテック社の続き）　この会社の債券の価値が、同じようなゼロ・クーポン債の価値 $623{,}041$ ドルより少し割り引かれていることから見て、この会社がデフォルトする可能性は少しばかりあるようだ。その（実）確率は、(17.5) 式より、$\nu = 0.15 - \frac{1}{2}(0.25^2) = 0.119$ とおいて、
>
> $$\mathrm{P}\left[V_T < 800{,}000\right] = F_N\left(\frac{\ln 0.8 - 0.119 \times 5}{0.25 \times \sqrt{5}}\right) = 0.072 \quad (17.6)$$
>
> と計算される。したがって、デフォルトの確率は約 7%ある。

◆クレジット・スプレッド

クレジット・スプレッド (credit spread) は、デフォルトのある債券とデフォルトが生じないこと以外は、同じ条件の債券の約定利回りの差である。このスプレッドは、デフォルト・リスクにより生じる価格の違いについて、簡便でかつ有意義な解釈を与える。

時点 $t = 0$ で、満期 T のデフォルト可能なゼロ・クーポン債の価格が B_T であるものとする。その利回り y は、F を額面として、$B_T = \exp(-yT)F$ をみたすものとして定義される。$\bar{B}_T$ と $\bar{y}$ を、同じ条件で安全な債券の価格と利回りとしよう。両債券のスプレッドは以下のように定義される。

$$S(T) \equiv y - \bar{y} = -\frac{1}{T}\ln(B_T/\bar{B}_T) \quad (17.7)$$

クレジット・スプレッドの期間構造（term structure of credit spread）とは、異なる長さの満期 T に対応する $S(T)$ で表される曲線である。

> **例 17.3**（ハイテック社のスプレッド）　ハイテック社の場合、$B = 575{,}331$ ドルであり、先に求めたように $\bar{B} = 623{,}041$ ドルである。したがって、
> $$S(T) = \frac{1}{5}\ln(623{,}041/575{,}331) = 0.0159$$
> すなわち、159 ベーシスポイントである[1]。デフォルトのある債券に必要とされる利回りは、$5\% + 1.59\% = 6.59\%$ である。デフォルトのリスクを補うため、利回りの増加が必要とされる。

17.2　初到達時間

　古典的マートン・モデルには、いくつか欠点があった。重要な修正点は、デフォルトが満期日 T より早く発生しうると想定することである。たとえば、どの時点であっても企業価値が負債の水準 K を下回ったら、デフォルトが発生すると定義する方がより現実的であろう。さらに、この性質に手を加えて、図 17.2 で示したように、基準値 D を下回った任意の時点でデフォルトが発生すると定義することもできる。純粋なマートン・モデルは、$t < T$ に対しては $D = 0$ と設定することに対応している。したがって、$D > 0$ となる任意の値に対して、マートン・モデルよりデフォルト確率は大きくなる。もし $D \geq K$ ならば、債券保有者は損失を完全に免れている。なぜならば、デフォルトの場合、債券保有者は企業の所有者となるのだが、企業価値は少なくとも K を上回っているからである。しかしながら、通常は、$D < K$ とするのが現実的であり、その場合債券保有者はいくばくかのリスクに晒されることになる。

　このような修正を施したペイオフ構造は、解析的によい性質をもつ。この場合、ペイオフがダウン・アンド・アウト・コール・オプションを含むと見なすことができて、時点 $t = 0$ の純資産の価値 E_0 を解析解で表すことができるのである[2]。

　現実の信用イベントをより適切に表現すべく、さらなる修正が提唱されてきた。たとえば、境界 D が時間とともに変動する場合、デフォルト時の債券保有者への支払いに遅延が生じたり、訴訟費用や手続き費用が影響する場合、同一

---

[1] 1 ベーシスポイントは 1% の 1/100 である。

企業から異なるパラメータをもつ複数の債券が発行される場合、デフォルトが再交渉を含む場合、などである。最後に挙げると、企業価値のダイナミクスは、幾何ブラウン運動では適切に捉えられないかもしれない。解析的な操作性と実務的な現実感を適切に折衷させたモデルをつくり上げるのは、非常に困難な作業である。

◆格子法

計算手法、特にシミュレーションと格子を用いた手法は、純粋に解析的な手法を代替する強力な手段である。実際、デフォルトのある債券に見られる特質の多くは、以前の章で扱った派生証券の評価手法と類似した手法に容易に取り込むことができる。ごく簡単な状況をいくつか例示しよう。

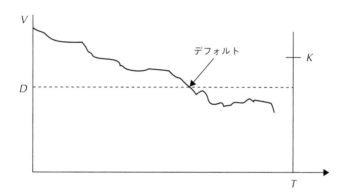

図 17.2 企業価値があらかじめ定められた値 D を下回ると、企業はデフォルト状態にあると見なされる。

---

[2] $D < K$ において、

$$E_0 = C(\sigma, T, K, r, V_0) - V_0 \left(\frac{D}{V_0}\right)^{\frac{2r}{\sigma^2}+1} N(d_1) + Ke^{-rT} \left(\frac{D}{V_0}\right)^{\frac{2r}{\sigma^2}} N(d_2)$$

ただし、

$$d_1 = \frac{\left(r + \frac{1}{2}\sigma^2\right)T + \ln(D^2/(KV_0))}{\sigma\sqrt{T}}$$

$$d_2 = \frac{\left(r - \frac{1}{2}\sigma^2\right)T + \ln(D^2/(KV_0))}{\sigma\sqrt{T}}$$

例 17.4（ハイテック社 2） 例 17.1 のハイテック社の社債を考えよう。企業価値は、$V(0) = 1,000,000$ ドル、$\mu = 0.15$, $\sigma = 0.25$, $r = 0.05$ とした幾何ブラウン運動にしたがうとする。債券は、$T = 5$, $K = 800,000$ ドルとなっている。第 13.9 節で構築した格子法によれば、$\Delta t = 1$（微小近似 Δt を用いない）として、対応する格子のパラメータは、$u = 1.3188$, $d = 1/u$, $p = 0.7145$, $R = 1.05127$ となる。また、$q = (R - d)/(u - d) = 0.5227$ である。無論、$\Delta t = 1$ の格子は、連続時間モデルに対するかなり粗い近似であるが、この例は格子法のアプローチを説明するためのものである。債券の価値は、リスク中立確率 q と無リスク・リターン R を用い、後退計算をそのまま使って求めることができる。

図 17.3 は、企業価値の格子とデフォルトのある債券の価格の格子である。上の格子が、u と d を用いて 100 万ドルから始めた企業価値の予測値である。2 番目の格子の最後の列は債券の最終的なペイオフを表している。V を対応する企業価値とすると、最終的なペイオフは $\min(V, 800)$ になる。債券の初期価格を計算すると、$564,340$ ドルになる。これは、連続時間版のブラック–ショールズ式で求めた値 $575,331$ ドルと似ている。しかし、$\Delta t = 1/4$ とした格子では、債券価格は $572,250$ ドルとなり、こちらは連続時間モデルの値ときわめて近い。

企業価値

1000	1318.80	1739.23	2293.70	3024.93	3989.28
	758.27	1000.00	1318.80	1739.23	2293.70
		574.97	758.27	1000.00	1318.80
			435.98	574.97	758.27
				330.59	435.98
					250.67

債券の価格

564.34	631.75	684.66	723.87	760.98	800.00
	551.14	641.67	715.27	760.98	800.00
		511.19	630.00	742.04	800.00
			435.98	574.97	758.27
				330.59	435.98
					250.67

図 17.3 企業価値とデフォルトがある債券の価格（単位は千ドル）
標準的な格子法による後退計算を用いた。

例 17.5（デフォルト確率）

デフォルトの（実またはリスク中立）確率は、別々の格子をつくることで簡単に計算できる。実確率（すでに求めたように $p = 0.715$）における格子を図 17.4 に示した。終端のノードの値は、デフォルトが生じるか否かに応じて、それぞれ 0 か 1 である。終端以前のノードにおける値は、$D = pD^u + (1-p)D^d$ という式を用いて後退計算により得られる。p は "上昇" の（実）確率、D^u、D^d は 2 つの後継ノードのデフォルト確率である。この例では、全体のデフォルト確率は 14.4% であり、連続モデルで求まる 7% と比較してかなり大きい。一方 $\Delta t = 1/4$ とした同じモデルでは、デフォルト確率は 9% となる。

デフォルト確率

0.144	0.073	0.023	0	0	0
	0.322	0.197	0.081	0	0
		0.634	0.489	0.285	0
			1	1	1
				1	1
					1

図 17.4　デフォルト確率の格子

◆早期のデフォルト*

格子法は、デフォルトと補償に関する別のモデルに対しても容易に適用できる。例として、企業価値がローンの額面を下回った最初の時点でデフォルトが生じ、債券保有者がただちにその時点での企業価値を得るような状況に対応した格子を図 17.5 に示した。この格子は、最初に太字のセルに値を記入してつくる。太字のセルは、（図 17.3 の企業価値の格子に見られるように）デフォルトが生じるセルである。太字のセルの値は、そのセルに対応する企業価値である。他のセルは標準的な後退計算で求められる。ただし、太字のセルは更新しない。この例では、債券の価値は 671,520 ドルとなり、デフォルトが期末でしか生じないとする場合よりも大きい。早期のデフォルトは、債券保有者にとって、貸出金の大部分を早期に回収できるため望ましい場合もある。

この文脈でクレジット保険を考察しよう。債券保有者は信用リスクを取り除きたがっているとする。これは、保証を購入することで達成できる。図 17.5 のすべてのノードにおいて、保険会社は債券保有者に額面 800 と、その時点の企業価値の差額を払うものとすると、この "保証付き" 債券の価値を決めることが

できる。図 17.5 において、単に各デフォルトのセル（太字のセル）の値を 800 に変えればよい。そうすれば、債券の価値は 696,680 ドルに達する。

無論、保険会社はこれを無料で行うわけではない。通常、支払いは**クレジット・デフォルト・スワップ**（credit default swap）で行われる。このスワップについては第 17.11 節でより詳しく説明するが、基本的に、デフォルトが生じなかった期末に定額のプレミアムを支払うという合意に基づき、保険金が支払われる。一度でもデフォルトが起きるか、あるいはデフォルトが生じることなく満期に至れば、契約は終了する。

今回の例では、各年度末に固定の支払いがある。適切な支払い水準を決めるため、前と同じくデフォルトのノードに額面を記入する。次に、最初以外のすべての太字でないセルに支払い額（費用）A を記入する。それから、通常のリスク中立割引評価によって、この格子を評価する。最後に、保証付き債券の価値が、保証のない債券と同じ価値をもつように A を調整する。この例では、A の適正額は 13.13 ドルである。保険のプレミアムを説明する格子を図 17.6 に示した。

早期デフォルト

671.52	658.19	684.66	723.87	760.98	800.00
	758.27	699.90	715.27	760.98	800.00
		574.97	758.27	742.04	800.00
			435.98	574.97	758.27
				330.59	435.98
					250.67

図 17.5　早期行使のための格子　太字のセルはデフォルトが生じる場所である。リスク中立確率を用い、後退計算で他のセルに値を入れる。

CDS を適用した債券の価値

671.52	620.08	640.99	686.37	735.36	786.87
	800.00	692.70	689.08	735.36	786.87
		800.00	**800.00**	741.32	786.87
			800.00	**800.00**	**800.00**
				800.00	**800.00**
					800.00

図 17.6　保証付き債券に適用されるクレジット・デフォルト・スワップ

◆クーポン*

固定配当をもつ株式や固定額のクーポンを支払う債券を表現するには、通常、経路依存性を導入することになる（第 14 章の練習問題 5 を参照）。しかし、そのような価値過程も、標準的な 2 項格子の枠組みで評価することが可能である。そのトリックは、前進方向に格子をつくるには積を用いるのに対し、後退方向の評価では価値は和として求められることにある。さらに、クーポン債を評価するにあたって、債務の水準ではなく企業の純資産の推移を記録する。そうすると、時点 0 における初期純資産の価値が得られ、企業価値との差をとることで初期債務の値を得ることができる。

> **例 17.6** 図 17.7 は、同じハイテック社の債券を使った例だが、今回はやや控えめではあるものの、年間 1 万ドルのクーポンがある点が異なる。まず、図 17.3 と同じように、企業価値の格子を前進方向に作成する。最後の列を、$E = \max(0, V - F - C)$ によって純資産で置き換える。ただし、V は企業価値、F は債券の額面、C はクーポンである。たとえば、最後列一番上のノードでは、$3{,}989 - 800 - 10 = 3{,}179$ 千ドルとなる（図 17.3 参照）。次に、その前の期の純資産の価値を、後ろ向きに求める。前のノードにおける E の値は、$E_{\text{new}} = \max[0, (qE^u + (1-q)E^d)/R) - C]$ で与えられる。もちろん、E^u, E^d は、それぞれ次の期に上昇、下降したときの純資産の値である。
>
> 初期点まで到達したときの値が、初期純資産の値である。債務（債券）の値は、全企業価値 1,000 千ドルと純資産の価値の差額である。よって、債務の価値は、$1{,}000 - 389.3 = 610.7$ 千ドルとなる（比較対象として、クーポンがない債券の価値は 564.34 千ドルである）。このテクニックは、別の問題を調べるためにも同様に使うことができる（参考文献を参照のこと）。

17.3　格付け手法

数多くの企業が、政府機関や債券などを含んだ金融商品の格付けを公表している。格付けはカテゴリーで定義される。トリプル A（スタンダード・アンド・プアーズでは AAA、ムーディーズでは Aaa と表記される）が最上級の格付けであり、最も安全性が高いとされる。C や D の格付けは、デフォルト寸前もしくは実際にデフォルトしていることを意味する。図 17.8 に、いくつかの格付け会社の格付け区分を示した。

クーポン支払いを伴う純資産の格子

389.30	644.91	1018.34	1541.27	2244.44	3179.28
	173.19	327.23	577.03	958.74	1483.70
		45.10	110.82	242.99	508.80
			0.00	0.00	0.00
				0.00	0.00
					0.00

債務 = 1000 − 389.30 = 610.70

図 17.7 クーポン債の価格
この手法はさまざまな債券の評価に使える。特にこの例においては、クーポンの存在により価格が上昇しているが、それでも早期のデフォルト処理は価値をもつ。

信用リスク	ムーディーズ	スタンダード・アンド・プアーズ	フィッチ・レーティングス
投資適格			
最高格付け	Aaa	AAA	AAA
高格付け	Aa	AA	AA
上位の中格付け	A	A	A
中格付け	Baa	BBB	BBB
投資不適格			
下位の中格付け	Ba	BB	BB
低格付け	B	B	B
投機的	Caa	CCC	CCC
非常に投機的	Ca	CC	CC
ほぼ債務不履行	C	C	C
債務不履行	D	D	D

図 17.8 大手格付け会社の格付け区分 カテゴリーの名前に若干異同がある。

いくつかの商業的格付け会社における主要な手法は、古典的マートン・モデルに基づいている。その１つの手法が、KMV 社（ムーディーズが所有）の手法で、これはマートンの手法とかなり似ている。詳細は企業秘密であるが、おおまかに言って、企業価値が幾何ブラウン運動にしたがうものとしてモデル化している。これより、期末の企業価値が対数正規分布にしたがうという性質より、倒産確率を計算することができる。この確率は、いわゆる**デフォルト距離**（distance to default）の単純な関数となる。デフォルト距離は企業価値の対数が、債務の対数から標準偏差で何単位分離れているかで定義される。しかしな

がら、この値を単独で用いるのではなく、KMV 社はデフォルト確率を修正するために、過去のデフォルトのデータも利用している。修正された確率は、その後、格付け区分に移し替えられる。別の手法は、CreditMetrics^{TM} で用いられているものである。CreditMetrics^{TM} もやはり、旧来の格付け区分を利用している。しかし、それに加えて、1 年以上のカテゴリー間の移動を推移確率によって表している。この確率を得る 1 つの方法は、マートン・モデルである。この他により普通に用いられているものとして、1 年のカテゴリー間の推移確率を、過去の推移の記録から求める方法がある。

格付けの推移確率は推移行列によって表される。推移行列の例を図 17.9 に示した。任意の将来（たとえば今から n 年後）のデフォルト確率は、繰り返しこの行列の積を計算することによって求めることができる。推移確率は、直接計算でも、シミュレーションでも求めることができる。シミュレーションでは、初期カテゴリーから出発して、次のカテゴリーへの遷移は推移確率で決まる。そうして n ステップ後に、最終的なカテゴリーが得られる（練習問題 4 参照）。最終的にデフォルトの区分に入った回数の平均が、初期区分から始めてデフォルトする確率の推定値である。

期首／期末	AAA	AA	A	BBB	BB	B	CCC/C	D	NR
AAA	68.89	31.11	0	0	0	0	0	0	0
AA	0	84.09	12.88	0	0	0	0	0	3.03
A	0	0.57	94.26	3.06	0	0	0	0	2.1
BBB	0	0	3.07	91.9	1.54	0.14	0	0	3.35
BB	0	0	0	4.74	82.62	5.19	0.23	0	7.22
B	0	0	0.13	0	6.32	82.06	1.94	1.16	8.39
CCC/C	0	0	0	0	0.63	28.93	37.74	22.64	10.06

図 17.9 2010 年の米国企業の格付け推移の割合（％）
出典：「2010 年度　全米デフォルト調査および格付け推移」スタンダード&プアーズ、2011 年 3 月 30 日

この手法は幾通りにも一般化できる。たとえば、格付けの推移をポートフォリオを構成する証券に個別に適用することができる。ただし、異なる証券間の相関を考慮しなくてはならない。また別の例としては、格付けの推移確率を、信用 VaR の決定に用いることもできる。信用 VaR とは、VaR と類似の信用リスクを計測する指標である。

17.4 強度（誘導型）モデル

　信用リスクを表現するもう 1 つのモデルは、構造モデルのようにデフォルトの背後にあるメカニズムをモデル化するのではなく、市場に存在する特定の事業体ごとの信用スプレッドを分析するモデルである。この信用スプレッドは、その事業体もしくは類似した事業体の発行したさまざまな証券の現在の価格に見出される。この手法は、金利リスクを特徴づけるために短期金利過程を用いたのと似ている。その場合も、金利の変動は観測可能な変数と関連づけられてはいなかった。信用リスクに対するこの新しいアプローチは、デフォルト傾向の強さをモデル化するので、**強度モデル**（intensity method）と呼ばれる。このモデルは**誘導アプローチ**（reduced–form）と呼ばれることもあるが、それはリスクを決めるにあたって事業体の構造を用いないからである。

◆ポアソン過程

　デフォルトの強度モデルでは、デフォルトが予告なくランダムに起こると仮定する。この種の確率過程は、ポアソン過程（Poisson process）と呼ばれ、物理的なイベントが生じる時刻を表す際にしばしば用いられる。たとえば、電球の消耗、放射性崩壊、インターネットのサイトの閲覧などである。基本となる確率過程は、**強度**（intensity）と呼ばれる単一パラメータ $\lambda > 0$ によって定義される。このパラメータは、短時間にイベントが起きる可能性を測るものである。具体的には、微小時間幅 Δt 内にイベントが起きる確率は、

$$\mathrm{P}\bigl[\text{イベント} \in [t, t+\Delta t]\bigr] = \lambda \Delta t + o(\Delta t)$$

であるものとする。この時間幅の中で 2 回以上イベントが起きる確率は、$o(\Delta t)$ である。すなわち、Δt が 0 に近づくとき、それ以上の速さでこの確率は 0 になる。

　信用リスク分析の文脈では、デフォルトなどの信用イベントが、このような確率過程で発生することを意味している。もととなる確率過程は無限に続くのだが、ほとんどのクレジット・デフォルト・モデルでは、事業体に関して、最初の信用イベントの発生時刻 τ と満期 T のいずれか早い方の時刻で確率過程が終了するものと仮定する[3]。

　本モデルをクレジット感応証券の評価に用いる際、このモデルに関わる確率

---

[3] しかしながら、証券のバスケット（たとえば複数の債券）を考慮しているなら、強度過程を採用するにあたって複数のイベントを考慮しなければならない。

はリスク中立と仮定する。実確率も、実際のデフォルト確率など、さまざまな統計的特性を評価するのに用いられるだろう。しかし以下では、実確率 p ではなく、リスク中立確率 q を用いることにする。

長さ t の期間内になにもイベントが起きない確率、すなわち**生存確率**（survival probability）（これは容易に求まる）について知っておくことは重要である。区間 $[0, t]$ を長さ $\Delta t = t/m$ の小区間に m 等分すると、その小区間内で何も起きない確率は、1 からイベントが起きる確率を引いたものである。したがって、長さ t/m の小区間内での生存確率は $1 - \lambda t/m$ である。このことから、全区間 $[0, t]$ において何も起きない確率は、近似的に $(1 - \lambda t/m)^m$ である。$m \to \infty$ とした極限では、区間 $[0, t]$ 内で何も起きない確率 $q(t)$ は、

$$q(t) = e^{-\lambda t} \tag{17.8}$$

となる[4]。これより、$[0, t]$ 内のある時点 τ でイベントが起きるリスク中立確率は、

$$\hat{P}[\tau \leq t] = 1 - e^{-\lambda t}$$

となる。

誘導モデルが価格付けにどのように使われるかを見るために、満期 T、額面 F のデフォルトのないゼロ・クーポン債を考えよう。金利 r は定数とする。債券価格が、

$$B = e^{-rT} F$$

となることはわかっている。今度は、同じ条件でデフォルトのある債券を考えよう。これに対応するポアソン過程により、$[0, T]$ 内でイベントが生じれば、この債券はデフォルトする。もし債券がデフォルトしたら、債券保有者は何も得られない。この債券の価格は、単に、割引リスク中立期待値である。

$$V = e^{-rT} \hat{E}[ペイオフ] = e^{-rT} q(T) F = e^{-rT} e^{-\lambda T} F = e^{-(r+\lambda)T} F$$

ここで、$q(t)$ はリスク中立生存確率である。この式から、λ は金利の増分のように機能していることが示される。したがって、λ は**短期クレジット・スプレッド**（short–term credit spread）と呼ばれる。

---

[4] 一般的に、$\lim_{m \to \infty} (1 - x/m)^m = e^{-x}$ である。

◆不均一過程

ここで、強度 λ が関数 $\lambda(t)$ にしたがって時間とともに変動すると仮定しよう。その結果得られるポアソン過程は、λ が定数の場合の**均一過程**（homogenious）に対して、**不均一過程**（inhomogenious）と呼ばれる。区間 $[0, t]$ における不均一過程の生存確率を得るために、再度、区間 $[0, t]$ を長さ $\Delta s = t/m$ の m 個の小区間に分割し、$s_i = i\Delta s$ とおく。i 番目の小区間で何も生じない確率は、近似的に $e^{-\lambda(s_i)\Delta s}$ である。よって、生存確率 $q(t)$ は、

$$q(t) = \lim_{\Delta s \to 0} \left(e^{-\lambda(s_1)\Delta s}\right)\left(e^{-\lambda(s_2)\Delta s}\right)\cdots\left(e^{-\lambda(s_m)\Delta s}\right)$$
$$= \lim_{\Delta s \to 0} e^{\sum_1^m \lambda(s_i)\Delta s} = e^{-\int_0^t \lambda(s)\mathrm{d}s} \tag{17.9}$$

となる。

短期金利が曲線 $r(t)$ で表されることがわかっているとする。額面 F、満期 T、デフォルト時に支払いのないゼロ・クーポン債の価格は、やはりペイオフの割引リスク中立期待値で与えられる。この場合は、

$$V = \hat{\mathrm{E}}\left[e^{-\int_0^T r(s)\mathrm{d}s} F\right] = e^{-\int_0^T r(s)\mathrm{d}s} q(T)F = e^{-\int_0^T \left(r(s) + \lambda(s)\right)\mathrm{d}s} F$$

となる。強度のカーブは、そのままクレジット・スプレッドのカーブとなる。

17.5　確率強度モデル*

現実には、強度のカーブ $\lambda(t)$ も短期金利過程と同じように、ランダムに変動することが多い。これを表現するにはいくつもの方法があるものの、解析的、計量的な操作を可能にするためには、ランダムさが 2 段階で生成されることが重要である。第 1 段階では、リスク中立な確率過程（たとえば、第 17.7 節で論じる CIR 過程）によって、強度の 1 つの経路 $\{\lambda(s) : 0 \leq s \leq T\}$ を生成する。第 2 段階では、与えられた強度経路をもつ不均一ポアソン過程にしたがって、デフォルト時刻 τ を生成する。これは、**2 重確率過程**（doubly stochastic process）、もしくは**コックス**（Cox）**過程**と呼ばれる。この確率過程の生存確率は、2 段階の手続きを逆向きにたどることによって求められる。まず、不均一過程の 1 つの経路に対応する生存確率が $e^{-\int_0^T \lambda(s)\mathrm{d}s}$ で与えられる。次いで、$\lambda(t)$ に関する確率過程に基づき、この値のリスク中立期待値を評価する。すなわち、第 17.4 節で導いたのと同様に、

$$\hat{\mathrm{P}}\big[(イベント > T) \mid \lambda(s) : 0 \leq s \leq T\big] = e^{-\int_0^T \lambda(s)\mathrm{d}s}$$

となって、以下の簡単な式を得る。

$$q(T) = \hat{P}(イベント > T) = \hat{E}\left[e^{-\int_0^T \lambda(s)ds}\right] \qquad (17.10)$$

λの時間変動は以前の章で扱った多数の手法で表すことができる。その中には、伊藤過程、シミュレーションで用いた離散時間確率過程、格子モデルが含まれる。ただし、λは非負でなければならない。これらをすべてひっくるめて、クレジット派生証券価格付けのための確率過程と評価法は、短期金利過程によって金利派生証券を価格付けするのに用いた手法と同じである。単に、確率過程がとりうるすべての（リスク中立な）実現値について、割引リスク中立期待値を計算するだけである。

具体的には、額面Fのゼロ・クーポン債について、時点0での価格は、

$$V = \hat{E}\left[e^{-\int_0^T [r(u)+\lambda(u)]du} F\right] \qquad (17.11)$$

となる。この式は、λの経路に関するリスク中立な平均値と見なすことができる。

17.6　期間中の受け取り

これまでのところ、デフォルトが生じた際、債券保有者は何も得られない場合のみを考察してきた。実際には、債券保有者は額面の一定割合を受け取る場合がある。満期に固定回収金額があるならば、債券の価格付けは簡単である。たとえば、回収金額がcなら、総支払い額のリスク中立期待値は、

$$q(T)F + [1 - q(T)]c$$

である。

実際には、回収金はデフォルト時もしくはその直後に支払われることがある。そのような状況を考えるには（そして、クレジット感応証券を評価するには）、デフォルト時のキャッシュ・フローを評価する必要がある。この評価額は、（ランダムな）デフォルト時刻τの確率密度に依存する。

不均一過程の場合、時点tでの確率密度は、期間中のデフォルト確率の変化率である。すなわち、確率密度は、

$$\begin{aligned}h(t) &= \frac{d}{dt}\text{Prob}[\tau \leq t] = \frac{d}{dt}(1 - q(t)) = -\frac{d}{dt}q(t) \\ &= \lambda(t)e^{-\int_0^t \lambda(s)ds}\end{aligned} \qquad (17.12)$$

となる。特殊ケースである均一確率過程の場合、この式は、

$$h(t) = \lambda e^{-\lambda t} \tag{17.13}$$

となる。一般的な 2 重確率モデルの場合、デフォルト時に 1 ドルを得ることの価値は、

$$V = \int_0^T \hat{\mathrm{E}} \left[e^{-\int_0^u [r(s)+\lambda(s)] \mathrm{d}s} \lambda(u) \right] \mathrm{d}u$$

である。

> **例 17.7**（1 ドル）　r と λ が定数であるとする。デフォルト時刻の確率密度は $h(t) = \lambda e^{-\lambda t}$ であり、デフォルト時における 1 ドルの支払いの価値は、
>
> $$D = \int_0^T \lambda e^{-(r+\lambda)u} \mathrm{d}u = \frac{\lambda}{r+\lambda} \left[1 - e^{-(r+\lambda)T} \right] \tag{17.14}$$
>
> である。例として、金利が 5%でクレジット・スプレッドが 1%のときの 10 年物のゼロ・クーポン債を考えよう。デフォルト時の 1 ドルの支払いの価値は、$D = \frac{0.01}{0.06}[1 - e^{-0.6}] = \frac{1}{6}[1 - 0.549] = 0.075$、すなわち $7\frac{1}{2}$ セントとなる。比較のために挙げると、デフォルトが生じた際に満期に受け取る 1 ドルの価値は、$(1 - e^{-0.1}) \exp(-0.5) = 0.0577$、約 5.8 セントである。

17.7　解析的な取り扱いが可能なコックス過程

信用リスクの誘導モデルにおいて、λ を生成するのに用いられるモデルは、たいていの場合、金利モデルで短期金利を生成するのに用いられるモデルとよく似ている。（第 16.10 節および第 16.11 節で論じた）アフィン・モデルがよく用いられている。

広く使われているのは、次に示す Cox–Ingersoll–Ross (CIR) モデルである。

$$\mathrm{d}\lambda = c(\mu - \lambda)\mathrm{d}t + \sigma\sqrt{\lambda}\,\mathrm{d}\hat{z}$$

$2c\mu > \sigma^2$ かつ $\lambda(0) > 0$ のとき、この過程は厳密に正の値をとる。他の重要な性質は、平均回帰性をもつことである。λ が μ を下回るならば λ は増加傾向となり、μ を上回るなら λ は減少傾向となる。

さらに、生存確率は、

$$q(t) = \exp[a(t) - b(t)\lambda(t)] \qquad (17.15)$$

である。ただし、

$$b(t) = \frac{2(e^{\gamma t} - 1)}{(\gamma - c)(e^{\gamma t} - 1) + 2\gamma}$$

$$a(t) = \frac{2c\mu}{\sigma^2} \log\left(\frac{2\gamma e^{(\gamma-c)t/2}}{(\gamma - c)(e^{\gamma t} - 1) + 2\gamma}\right)$$

であり、$\gamma = \sqrt{c^2 + 2\sigma^2}$ である。このような式は、CIR モデルにおけるゼロ・クーポン債の価格と類似している。生存確率の式は、いくつかのクレジット派生証券の陽な価格付けに役立つ。

これらのモデルはすべて、単一の確率因子によって変動するシングル・ファクター・モデルである。いずれの場合も、シングル・ファクターの短期金利モデルと組み合わせると、全体としては 2-ファクター・モデルになる。他のファクター（たとえば、株式市場の変動を表す確率過程）も同様に組み込むことができる。その結果得られるのはさらに高次のモデルである。

◆モデルのフィッティング

形式的リスク管理の黎明期においては、1 つの事業体に関するクレジット感応証券の数は比較的少なかった。大手企業はたいていわずかな数しか未払債券をもっていなかった。その上、クレジット保証のある証券もほとんどなかった。そのような世界では、債券発行企業を（場合によっては確率過程で）モデル化して、デフォルトの起きやすさを推定することには意味がある。しかし、信用リスクがより緊急性を帯びた世界、つまり大手企業は複数の未払い債券をもち、広範かつ活発な市場において、ことによると 1 ダースもの 2 次的な証券が存在する世界では、おそらく企業よりも市場をモデル化する方が意味があるだろう。誘導型アプローチは、このタイプのものである。その一般的な考え方は、クレジット・スプレッドに着目し、そのパラメータを、さまざまな既存の派生証券を用いて市場にフィットするように調整するというものである。これは、リスク中立の枠組みを想定し、期間構造に適合するように枠組みを調整する、金利派生証券の分析とよく似ている。信用リスクの場合、適合させるのはスプレッド・カーブである。

例 17.8（単純なフィット） 5年物のゼロ・クーポン債の価格が 72.25 であるとする。無リスク金利は $r = 6\%$ である。同じ事業体が新しい3年物のゼロ・クーポン債を発行した。この債券の期待価格はいくらだろうか？手続きを簡単にするために、この事業体の強度は定数であるとする。既存の5年物債券価格を $72.25 = e^{-5(0.06+\lambda)}100$ と表すことで λ を推定する。これを解くと、$\lambda = 0.005$ となる。この推定値を用いて、3年物債券の価格は $e^{-3(0.06+0.005)}100 = 82.28$ となる。

17.8　シミュレーション

特殊な償還手続きがあったり、周期的なキャッシュ・フローが生じたり、マルチ・ファクターの確率強度モデルで表されたりするような複雑な金融商品の分析は、研究者にとって取り組みがいのある対象である。一般に、これらの商品について、適正な価格の解析解を得ることは不可能である。そのため、シミュレーションが自然な選択肢となる。そこで、モンテカルロ・シミュレーションを用いる手法の概略を述べることにしよう。

シミュレーションにおける一般的なモンテカルロ法は第 15.8 節で説明した。基本的に、X が確率変数であるとき、$\mathrm{E}[f(X)]$ を評価するには、X の独立な標本の系列、$x_i, i = 1, 2, \ldots, N$ を生成し、期待値を以下のようにして近似する。

$$\mathrm{E}[f(X)] \approx \frac{1}{N}\sum_{i=1}^{N} f(x_i)$$

誤差の標準偏差は $1/\sqrt{N}$ の定数倍で減少する。そのため、通常この手法には、きわめて大きな N が必要である。特にそれが当てはまるのは、X が多次元で、分布の裾において高い精度が必要とされる場合である。しかし、次に説明する手法は、モンテカルロ法をやや違ったやり方で用いている。

◆直接シミュレーション

おおまかに言って、直接アプローチでは、シミュレーションのプロセスは長さ Δt の離散時間のステップで実行される。各ステップで、リスク中立な λ は（r や他のファクターとともに）原資産過程にしたがって更新される。ステップ間のデフォルト確率は $1 - e^{-\lambda \Delta t}$ である。それに合わせて、$[0, 1]$ 上の一様分布にしたがう確率変数を生成する。もしその結果（u とおく）が、$u \leq 1 - e^{-\lambda \Delta t}$ をみたすなら、その期にプロセスがデフォルトしたことにする。条件をみたさ

ないならデフォルトはせず、プロセスは次のステップに進む[5]。デフォルトが生じたら、支払うべき額を計算し、そのときのリスク中立割引係数で初期時点まで割り引く。1回のプロセスは、デフォルトするか満期に至るか、いずれか早い方で終了する。

この方法は柔軟かつ直接的であるが、残念なことにひどく時間がかかる。遅い理由は、終了時刻の決定のため、各ステップで一様分布確率変数を生成する必要があるからである。さらに、デフォルト確率は小さいが、企業価値への影響が大きいので、それなりの精度を得るには、実に多くの試行を行わなくてはならない。練習問題11を参照されたい。

◆より優れた方法

直接法では、何千もの（あるいは何万もの）経路および対応するデフォルト・イベントを生成し、毎回適切なペイオフを計算して、その結果を平均する。最終的な結果は全体的な評価値、すなわちペイオフの割引リスク中立期待値である。このプロセスは、計算を進めながら平均をとることで、劇的にスピードアップすることができる。

たとえば、時間長 Δt だけ次の期に進む際に、直接法は、リスク中立なデフォルト確率にしたがって、デフォルトをするかしないか判断する。結果として得られる（金利で割り引かれた）ペイオフを記録し、デフォルトでなければ次に進む。

別の方法では、プロセスが次の期に進む際に、ペイオフはデフォルトと生存の2通りに応じて評価され、それぞれのリスク中立確率で重み付けられる。結果として得られるペイオフは、金利で割り引かれると同時に、その時点までの生存確率に応じて割り引かれる。この過程はすべてのケースで継続する。

具体的には、シミュレーションの手続きは以下のステップからなる。

1. 時間幅 Δt を定め、各時点での短期金利とデフォルト強度を生成するモデルを選択する。
2. 1ステップずつプロセスを進める。それぞれのステップで r や λ、その他の確率的ファクターを現在の値に更新する。
3. 所与のステップでの生存確率を $q = e^{-\lambda \Delta t}$ とする。各ステップごとに、その時点まで生存していたものとして、デフォルトと生存の場合に対応する現時点のキャッシュ・フロー c_d と c_s を計算する。$C = (1-q)c_d + qc_s$ とする。C に（時点 $t = 0$ から）現時点までの生存確率をかけ、$t = 0$ まで金

---

[5] もう少し異なるやり方については、練習問題9を参照せよ。

利を考慮して割り引く。
4. すべてのキャッシュ・フローを足して、この試行における価値とする。
5. 多くの試行について平均をとり、全体価値の推定値を得る。

この評価手続きでは、デフォルトは生じないことに注意しよう。そのかわり、2つの可能性が、両者の平均的な影響という意味で、勘定に入れられる。この方法は大変強力であるが、基本的には、直接法で可能であったように、経路依存性のような複雑な仕組みを効率的に扱うことはできない。しかしながらいずれの方法も、意思決定の機会を含む状況を扱えないことは同じである。

17.9 格子法

格子はクレジット派生証券の評価に対してきわめて有効である。特に、クレジット・デフォルト・スワップやコーラブル債など、意思決定の機会が存在するような状況に有用である。格子は解析解と同様、いったんつくってしまえば、パラメータ値の変化に対応してただちに修正結果を生み出してくれる。もちろん、格子の欠点は、複数のファクターをもったり、経路依存性をもつモデルを表そうとしたりすると、非常に規模が大きくなってしまうことである。経路依存性をもつ状況では、格子ではなくツリーが必要である。とはいえ、格子法を学ぶことは、原資産過程を明確に理解するのに非常に有益である。

クレジット派生証券評価のための標準的な誘導モデルは、2つのファクターをもつ。短期金利過程と強度の確率モデルである。したがって、たいていの場合、それに適した格子は少なくとも次元が2以上である。上手なやり方は、2つ別々の格子をつくるところから始める。1つは λ のため、1つは r のためである。それから、観測された市場価格、金利、ボラティリティ、共分散などの値にうまく合うように、両者を統合するのである。

2項格子を用いる手法の概要を述べよう。以下では主として強度の格子に焦点を当てる。簡単化のため、短期金利は定数であると仮定する。後に、短期金利の格子を取り入れて、モデルを拡張する方法を説明する。

まず、時間長 Δt を決定する。格子は、前向きに1期ごとに大きくなる。図 17.10 に示したように、格子の任意の時点 A において、3つの枝のいずれかに沿って前向きに動くことができる。3つの枝とは、"上昇"、"下降"、"デフォルト" である。A からのびるデフォルトの枝には、A の強度で決まるリスク中立確率が付与される。具体的には、$q_{\text{default}} = 1 - \exp(-\lambda \Delta t)$ であり、λ は現在(ノード A)の強度である。

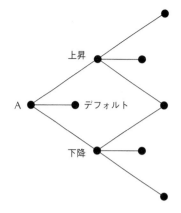

図 17.10　強度の格子の開始部分
3つの後継ノードが存在するが、デフォルト・ノードはプロセスが終了するポイントである。

強度モデルに、平均回帰性を取り入れるのは珍しいことではない。格子法の場合この特質は、λ に依存して異なるリスク中立確率を異なる枝に付与することによって取り入れることができる。上昇確率と下降確率について、次のような式を用いることにする。

$$q_{\text{up}} = \frac{\lambda_0}{\lambda + \lambda_0} - \frac{1}{2}q_{\text{default}} \qquad (17.16a)$$

$$q_{\text{down}} = 1 - \frac{\lambda_0}{\lambda + \lambda_0} - \frac{1}{2}q_{\text{default}} \qquad (17.16b)$$

ここで λ_0 は基準値である。明らかに、$q_{\text{down}} + q_{\text{default}} + q_{\text{up}} = 1$ である。(17.16) によれば、$\lambda = \lambda_0$ のとき、上昇と下降の確率が等しくなることに注意してほしい。λ が λ_0 より大きな値を取ったとすると、上昇の確率は減少するので、λ は λ_0 に戻ろうとする。λ が λ_0 を下回った場合は反対のことが起きる。当然のことだが、単純な構造の (17.16) 式にかわる式を仮定することは可能である。(17.16) 式でも、λ_0 への回帰速度の変化を組み入れることで、簡単に修正することができる[6]。

格子のノードに具体的な λ の値を割り振れば、格子は完成する。これは、第16章の第16.7節で説明した短期金利に対する Ho–Lee の手法と同じような手続きで行うことが可能である。この手法は、Black–Derman–Toy によって最初に提案された。この手法によれば、ノードは (k, s) とラベルが付けられる。k と s はそれぞれ時間と状態のインデックスである。$\lambda_{k,s}$ とインデックスを付けられた λ に値を入れて格子がつくられる。具体的な式としては、b をボラティリ

---

[6] たとえば、適当な定数 γ によって、$q_{\text{up}} = \left(\lambda_0/(\lambda + \lambda_0)\right)^\gamma - \frac{1}{2}q_{\text{default}}$ と設定できる。

ティのパラメータとして、

$$\lambda_{k,s} = a_k + bs \tag{17.17}$$

とする。

例 17.9（ジャンク債を買ってください）　ジュリオ・ジャンク氏は、希少な骨董品の巨額な輸出入事業を営んでいる。彼の事業は、一連の債券発行によって得た資金によって一層盛んになった。彼は今回、6%のクーポンをもつ 10 年間 1 億ドルの債券を発行し、大手銀行を説得して、それを大量に買わせようとしている。銀行はジャンク氏の債券に投資することに懸念をもってはいるが、それについて検討することにやぶさかではない。銀行は、何よりも債券の価格を知りたがっている。銀行は、デフォルト時に回収額がないと仮定して格子を作成することをわれわれに依頼してきた。

　固定金利 5%、期間長を $\Delta t = 1$ 年として、10 年間の格子をつくる。$b = 0.002$ とし、観測されたクレジットの期間構造に適合するように a_k の値を設定して、(17.17) 式から格子の数値を決めた（クレジットの期間構造は、同じ発行元の別の債券に関する過去の価格の調査から実際に得られている）。クレジットに関する年次の短期レートは、$Y(t) = 0.08 - 0.02\exp(-t/2)$ として、図 17.11 の一番上の行に示した。確率は、平均回帰の式 (17.16) で $\lambda_0 = 2\%$ とおいたものを用いる。

　完成した格子を図 17.11 の上部に示す。対応するリスク中立の上昇確率 q の格子を載せたのは、平均回帰の度合いを示すためである（上昇確率は、ノードが上に行くほど減少しており、下向きの力が働いていることを示している）。メインとなる λ の格子は、格子に対応する短期レートと与えられた短期レートが合うよう、a_k の値（λ の格子の最下行にある）を選択してつくられる。この手続きは、第 16 章で Ho–Lee の短期金利 r の格子に用いたのと同じである。図 17.11 の格子にある a_k の値は、この値合わせの結果である[7]。

　ここで、この事業体の信用リスクに関する派生証券の分析者にとって、主たる格子が利用可能となった。無リスク金利の短期金利カーブは、10 年間 5%でフラットである。

　図 17.12 より、回収額 0 のデフォルトの可能性を考慮した、ジャンク氏

---

[7] 全体を通じて、毎年度、連続複利の利率で割り引くことにしている。つまり、$1/(1 + r\Delta t)$ ではなく、$\exp(-r\Delta t)$ で割り引く。

の債券の価値は、66.79ドルである。予測された通りこの額は、完全に信用リスクがない場合の額である106.7ドルより小さい。

図のノードの値は、3つの値の和から構成される。(1) デフォルト時に得られる額（今回のケースでは0）に、その期のリスク中立デフォルト確率 $1 - \exp(-\lambda \Delta t)$ を乗じたもの、(2) 次に、クーポン支払い額にリスク中立生存確率を乗じたもの、(3) 最後に、通常の次期の上昇時、下降時の価値にリスク中立確率を乗じて和をとったものを、さらにその時点の短期金利で1期間割り引いたもの、である。

具体的には、最後の列の値は、1期間の生存確率と、額面とクーポンの和との積として求まる。したがって、一番上のノードでは、$e^{-0.043}106 = 101.58$である。次の列の一番上の値は、

0	1	2	3	4	5	6	7	8	9	10
				クレジットの短期レート						
0.060	0.068	0.073	0.076	0.077	0.078	0.079	0.079	0.080	0.080	0.080
										0.043
									0.042	0.041
								0.041	0.040	0.039
							0.040	0.039	0.038	0.037
			λ の格子			0.040	0.038	0.037	0.036	0.035
					0.039	0.038	0.036	0.035	0.034	0.033
				0.039	0.037	0.036	0.034	0.033	0.032	0.031
			0.037	0.037	0.035	0.034	0.032	0.031	0.030	0.029
		0.034	0.035	0.035	0.033	0.032	0.030	0.029	0.028	0.027
	0.026	0.032	0.033	0.033	0.031	0.030	0.028	0.027	0.026	0.025
0.010	0.024	0.030	0.031	0.031	0.029	0.028	0.026	0.025	0.024	0.023
										0.299
									0.304	0.310
								0.308	0.316	0.323
							0.312	0.321	0.328	0.336
			q の格子			0.315	0.325	0.333	0.342	0.350
					0.318	0.328	0.338	0.347	0.356	0.365
				0.322	0.331	0.341	0.352	0.362	0.372	0.381
			0.331	0.335	0.345	0.356	0.367	0.378	0.388	0.398
		0.354	0.345	0.349	0.359	0.371	0.383	0.395	0.406	0.416
	0.418	0.369	0.359	0.364	0.375	0.387	0.401	0.413	0.425	0.437
0.662	0.438	0.385	0.375	0.380	0.392	0.405	0.419	0.433	0.446	0.459

図 17.11　上段の格子は与えられたクレジットの期間構造に適合するようにしてつくられる。下段の格子は、リスク中立の上昇確率 q_{up} を表しており、平均回帰性を示す。

0	1	2	3	4	5	6	7	8	9	10
										101.58
									94.78	101.79
								89.16	95.33	101.99
							84.50	89.98	95.87	102.19
			基本評価値			80.63	85.55	90.81	96.42	102.40
					77.39	81.86	86.61	91.65	96.98	102.60
				74.73	78.78	83.11	87.68	92.49	97.54	102.81
			72.64	73.24	80.19	84.38	88.77	93.35	98.10	103.02
		71.26	74.25	77.78	81.62	85.66	89.87	94.20	98.66	103.22
	71.03	72.98	75.91	79.35	83.08	86.97	90.98	95.07	99.23	103.43
66.79	72.85	74.74	77.60	80.96	84.56	88.30	92.10	95.94	99.80	103.64

図 17.12 ジャンク氏の債券の基本評価値 短期金利は 5%で固定
クレジット・スプレッドは図 17.11 の強度過程で定義される。

$$e^{-0.042}\{6 + e^{-0.05}[q_{\text{up}}101.58 + q_{\text{down}}101.79]\} = 94.78$$

となる。

第 17.11 節で、このモデルを用いて、ジャンク氏の債券のクレジット・デフォルト・スワップの評価を行う。

一般には、金利の期間構造を表す格子を含めなくてはならない。金利 r の格子は最初に、強度の格子とは独立に構築することができて、先に得られている金利の期間構造と値が合うようにしておく。次に、金利の格子を含む形で、強度の格子を作成する。最終的な格子は 2 つの格子を合成したものであり、この総合格子では、各点が合計 5 つの子ノードをもつ。もし、λ と r が（リスク中立の意味で）独立ならば、総合格子のノードの確率は単純な積である。λ と r に相関があるときは、第 19 章の第 19.5 節で説明する手法で正しい値を評価しなくてはならない。

17.10　デフォルトに相関がある場合

米国における実際のデフォルトの歴史を見ると、デフォルトは時間に関して独立に生じるのではなく、むしろ群となって生じている。図 17.13 を見てほしい。この群は、同じ産業の企業を含んでいることが多い。たとえば、1982 年から 1986 年にかけて、22 社の石油会社がデフォルトしている。また、747 個の

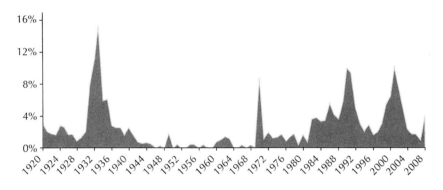

図 17.13　1920-2008 年の各年の投機的格付け企業のデフォルト率
出典：ムーディーズ・デフォルト・リスク・サービス

貯蓄貸付会社が、1980 年代および 1990 年代の金融危機で破綻している。この現象を考慮するために、基本モデルに対する修正や拡張がいくつか提案されてきた。

　n 個のクレジット感応型事業体からなるグループは、投資において 2 つの異なる機能をもちうる。1 つは、これらが資産のポートフォリオを構成して、通常のポートフォリオ問題と同様に、それぞれが異なる値をとるというものである。全体の信用リスクは、資産の重みと事業体間の信用の相関によって決まる。もう 1 つは、これらの n 個の企業が固定バスケットを構成していて、それに対して総合クレジット保証商品が設定されているというものである。この商品のペイオフは、構成事業体が 1 つでもデフォルトしたとき、あるいはバスケットの中であらかじめ決められた数（たとえば 3 つ）のデフォルトが生じたときといったように、所与の条件によって定まる。いずれの場合でも、n 個の事業体は相互依存性をもつ。すなわち、1 つの事業体に関する情報は、他事業体のデフォルト確率に影響を及ぼす。

　相関（correlation）という言葉は、事業体間の相互依存性を表すものであるが、この言葉は、必ずしも通常の（いわゆる線形）相関を意味するものではないことを指摘しておくべきだろう。通常の定義ではうまく特徴を捉えることができない依存の形がありうる。たとえば、ある企業がその産業のリーダーで、他は追随企業である場合がそれである。リーダー企業が破綻した場合、追随企業も破綻する可能性が高い。しかし、その逆は起こらないだろう。

　相関が存在する場合の信用リスクの分析手法の大半は、単一の事業体の評価に用いた手法の拡張である。おおまかに言って、それらの手法は以下の 4 つに

分類される。
1. 信用格付け法

    相関を考慮するために単一事業体の信用格付けの推移を、結合推移に拡張するのは自然である。必要となるのは、相関のある事業体のつながり合った動きを表す推移確率の拡張セットである。明らかに、相関を考慮しない場合に比べて、そのような推移行列の次元は非常に大きい。推移確率行列の要素を推定するのも難しい。

2. 構造法

    構造アプローチで用いられる企業価値のモデルを一般化して、複数企業の価値が相関をもっている場合を含めることができる。そうすれば、ある企業の価値が境界を下回ったことによって引き起こされる、別の企業のデフォルト確率を（もっぱらシミュレーションを通じて）計算することができる。不規則に変動する価値過程を導入することによって、現実的な挙動を記述できることもある。

3. 誘導法

    λ を生成する確率微分方程式を、n 個の事業体を表す確率過程の集合に一般化することができる。あるいは、イベントの系列を考慮すれば、単一の確率過程で十分かもしれない。下記で定義するコピュラは、広く用いられている誘導アプローチの代表である。

4. コピュラ

    シミュレーションを行うためには、n 個の適切な相関をもつデフォルト時刻 $\tau_1, \tau_2, \ldots, \tau_n$ を生成する方法が役に立つ。それらは相関があるものの、個別に見れば、それぞれの τ_i が自らの生存確率関数 $p_i(t_i)$ によって導かれる確率分布をもつことが望ましい（ここでは p を使って実確率を表しているが、同じ手続きはリスク中立確率にも適用される）。コピュラとして知られるものを用いて、相関を導入しよう。コピュラの一般理論は存在するが、この応用の場合について言えば、今のところ最も人気があるのはガウス・コピュラである。それを以下で説明しよう。これには 3 つのステップがある。

    (a) 所与の相関行列をもつ n 個の標準正規（ガウス型）確率変数 $X_1, X_2, \ldots, X_n$ を生成する。これは比較的簡単である。

    (b) これに伴って確率変数 $U_i = F_N(X_i)$ を定義する。F_N は標準正規分布関数である。各 U_i は $[0,1]$ 上の一様分布にしたがう。なぜならば、

$$P[U_i \leq u_i] = P[F_N(X_i) \leq u_i] = P[X_i \leq F_N^{-1}(u_i)] = u_i$$

となるからである。U_i は一様分布であるが、もとの X_i が相関をもつため、一般に独立ではない。

(c) すべての i について、τ_i が $p_i(\tau_i) = U_i$ をみたすとする。ここで、p_i は i 番目の生存確率である。すると以下の式が得られる。

$$P[\tau_i \geq t_i] = P[p_i^{-1}(U_i) \geq t_i] = P[U_i \leq p_i(t_i)] = p_i(t_i)$$

最後の等式は、U_i が一様分布であることによる。これより、結果として、ランダムなデフォルト時刻の集合が得られる。このデフォルト時刻は、既知の生存確率と整合的でかつ、同時正規分布から変換された相関をもつ。

3 つのデフォルト時刻の場合に対して、この手続きを図 17.14 に示した。

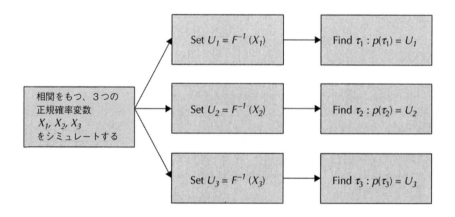

図 17.14 3 変数の場合のガウス型コピュラを用いたシミュレーション 最初に、3 つの同時正規確率変数を、あらかじめ定められた共分散構造のもとで生成する。これより、標準正規分布の逆関数を用いて、$[0,1]$ 上の一様分布確率変数を生成する。最後に、個別の生存時間分布の逆関数を通じて停止時刻を求める。

17.11 クレジット派生証券

過去のほんの数年の間に考案された、さまざまな形態のクレジット派生証券の一覧をつくるには莫大な労力を要する。さらに、長大な文書をつくったとし

ても、新しい商品が現れるたびに頻繁に更新しなければならないだろう。したがって、ここでは、そのような派生証券のうち重要な形式のみを取り上げることにしたい。さらに、何ができるのかを感じてもらうため、いくつか単純な手法もしくはやや複雑な手法を使った例示的な分析も提示する。

◆債券とローン

債券については本章でずっと論じてきたが、それは債券がクレジット感応証券の基本形を表しているからである。標準的な債券では、固定キャッシュ・フローが保証される。それは決まった期間ごとの支払い（クーポン）と満期における額面の支払いからなる。債券を満期まで保有した場合、キャッシュ・フローには信用リスク以外のリスクは存在しない。満期日以外での債券の価値は、金利に応じて変動する。

ときとして、債券は特殊な性質をもつ場合がある。たとえば、コール償還条項がついていたり、株式に変換するオプションが付属していたりする。

ローンも同様であるが、ときに支払いが別の変数と結びつけられている場合がある点が異なる。別の変数とは、ほとんどの場合特定の金利である。たとえば建設ローンは（変動）LIBORに依存した支払いが必要である。

◆クレジット・デフォルト・スワップ（CDS）

クレジット・デフォルト・スワップは、デフォルトからのプロテクションを得るために用いられる最も一般的な派生証券である。プロテクションを得たいパーティAが、保険の引受手であるパーティBに対して、事業体Cの債券（参照債務）のデフォルトからのプロテクションと引き換えに、定期的な支払いを行う。これを実行するにあたって、たとえば1億ドルといった、想定元本を設定する。パーティAは、取り決めにしたがい、Bに対して**CDSスプレッド**（CDS spread）で決まる金額を定期的に支払う。もしスプレッドが300ベーシスポイントであれば、Aの支払いは毎年想定元本の3%である。支払いは4半期ごとであり、毎期の終わりまで待たされる。これは、プロテクション期間の終わりに支払うという意味である。支払いはデフォルト時に終了する。参照債券の参照発行体Cがデフォルトしたとき、現物決済においては、AはBに想定元本と額面が等しいCの債券を引き渡し、Bから額面の金額を得る権利をもつ。たとえば、AはCが発行した額面1億ドルの債券を保有していて、それが保護されているとしよう。デフォルト時に、Aはその債券をその額面の金額と交換できるのである。また、Aが参照債券を保有していない場合、決済は現金のみで

行われる。A は、債券の額面とその時点での市場価値との差額を受け取る（図17.15 参照）。デフォルトが支払い期間の途中で生じた場合は、A は B に対してデフォルト時点に応じた割合を支払わねばならない。

取り決めによっては、**デジタル・スワップ**（digital swap）が定義される。デジタル・スワップでは、デフォルト時、B は A に対して事前に決められた額を支払う。

CDS の構造を決める 1 つの方法は、以下の方程式をみたすように、定期的な固定支払い額の水準を設定する。

$$\text{プロテクションの価値} - \text{定期支払い額} = \text{プロテクションがないときの価値} \tag{17.18}$$

プロテクションの価値とは、デフォルト時に額面全額がプロテクションの買い手に支払われることを仮定したときの価値である。この価値は一般に、デフォルトがない同条件の債券の価値とは異なっている。

(17.18) 式は、少しだけ違う書き方ができる。

$$\text{PV}(\text{プレミアムの支払い}) = \text{PV}(\text{プロテクションの支払い})$$

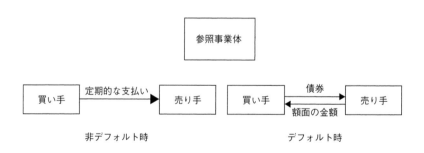

図 17.15　CDS の構成図　プロテクションの買い手は、売り手に対して定期的な支払いを行う。デフォルト時、現物決済では買い手は売り手に参照事業体の債券を渡し、売り手は買い手に額面の金額を渡す。

例 17.10（今ジャンク債をスワップせよ）　大手銀行の担当者は、まだジャンク氏の債券を大量に購入するのを躊躇している（例 17.9 参照）。しかしながら、担当者は、対応するクレジット・デフォルト・スワップを購

入することができるならば、債券の購入を考慮するかもしれない。再び、われわれは助けを求められた。

適正なスワップの値段（定期支払い額）を 2 段階で求める。まず、デフォルト時に完全な回収が可能な場合の価値を求める。それには、単純に、すべてのデフォルト・ノードに債券の額面（ただし、クーポンは入れない）を記入していく。これにより、債券の価値は 66.79 百万ドルから、86.21 百万ドルに変化する。これが、デフォルトからの完全なプロテクションをもつときの価値である。適正なスワップの手数料を得るため、クーポンの値を下げるように調整して、修正された債券の価値が、プロテクションがないときの価値に等しくなるようにする。ジャンク氏の債券において適正なクーポンは 2.61% となった。これは、もともとの 6% のクーポンを得て、3.39% をスワップの支払いに充てることと等しい。したがって、スワップの支払いに必要なのは 339 ベーシスポイントである。

完全なプロテクションと、339 ベーシスポイントの手数料に対応する格子を図 17.16 に示した。通常のノードは $V = e^{-\lambda}\{C + e^{-r}[q_{\text{up}}V_{\text{up}} + q_{\text{down}}V_{\text{down}}]\} + (1 - e^{-\lambda})100$ という式で評価される。$C = 6$ の場合が完全なプロテクションに相当し、$C = 2.61$ とすると図に示した格子が得られる。任意の列における分散は、もとの格子と比べて小さいことに注意しよう。もちろん、主たるリスクの低減はデフォルトから保護されていることにある。

0	1	2	3	4	5	6	7	8	9	10
										102.50
									96.29	102.51
								91.02	96.47	102.51
							86.52	91.33	96.65	102.52
						82.65	86.92	91.64	96.83	102.52
		プロテクトされた評価値			79.32	83.13	87.33	91.95	97.01	102.53
				76.45	79.84	83.61	87.74	92.26	97.19	102.53
			73.99	77.00	80.37	84.09	88.16	92.58	97.37	102.54
		71.95	74.57	77.57	80.92	84.59	88.58	92.90	97.56	102.54
	70.37	72.54	75.16	78.15	81.47	85.09	89.01	93.23	97.74	102.55
66.80	70.98	73.15	75.77	78.75	82.03	85.61	89.45	93.56	97.93	102.55

図 17.16 ジュリオ・ジャンク氏の債券評価　これは、完全なプロテクションとスワップ手数料 339 ベーシスポイントに対応している。

◆CDS の先渡しとオプション

CDS 市場は非常に大きい上にかなり流動性が高い。したがって、CDS の先渡しとオプションを定義することができる。これは、株式や商品におけるオプションや先渡しとよく似ている。

◆トータル・リターン・スワップ（TRS）

トータル・レート・オブ・リターン・スワップ（TRORS）とも呼ばれるこの商品は、市場リスクと同時に信用リスクのヘッジを可能とする。パーティAが債券を保有しており、そのプロテクションをパーティBから得ようとしているものとする。A はすべてのクーポン支払いと（金利変動に伴う）キャピタルゲインを B に渡す。お返しに、B は LIBOR に固定スプレッドを加えたものを継続的に支払う。B はまた A に対して、すべてのキャピタルロスを支払う。デフォルトが生じたとき、B は A に債券のもとの価値を支払う。

トータル・リターン・スワップを、逆の視点から見てみよう。パーティBは債券からの収入流列を保有したがっていて、その購入のための資金を調達しようとしているものとする。そこで、B は A から債券の費用を借りて、そのローンのため LIBOR とスプレッドの和を支払う。そうして、あたかも B が債券を保有しているかのように、A からクーポンとキャピタルゲインを受け取るのである。

◆債務担保証券（CDO）

CDO では、収入を生む多数の資産を束ね、その束を切り分けて投資家に販売する。資産には、債券、住宅ローン、自動車ローンなど、収入を生むものならほとんどなんでも含まれる。しばしば、資産の束（プール）の所有権は、複数のトランシェに分解される。これは、第16.9節で論じた CMO と同様で、資産プールからの収入をいかにして投資家に分配するかを決めるものである。キャッシュ型 CDO では、原資産はキャッシュ型の証券（たいていは債券）である。各トランシェは、投資に対するリターンについて（名目の）パーセンテージが約束されている。たとえば、第1トランシェが6%、第2トランシェが8%、などとデフォルトが生じないことを仮定してリターンを約束する。資産プールからの収入は、第1トランシェの6%に達するまで配分され、次いで第2トランシェの8%をみたすまで配分され、順次トランシェ全体へと配分される。デフォルトの可能性があるので、すべてのトランシェで約束された額が受け取れるとは限らない。明らかに、後のトランシェは、先のトランシェと比べて大きなリスク

を抱えている。

例 17.11（2 つはつねに同じからず） 額面が 1 億ドルの 2 つの債券のみからなる CDO プールを考えよう。この債券は同じ仕組みで、両者のリスク中立確率は独立であり、どちらも $q = 10\%$ の確率をもつ。簡単な分析を通じて、設定された 2 つのトランシェのリスク特性がどのように変化するかを示そう。その変化とは、個別に扱ったときに比べて、一方のトランシェは他方に比べてリスクが低減する、というものである。2 つのトランシェを A、B と名づける。2 つを合わせた額面は 2 億ドルである。これより、120 百万ドルを A に配分し、80 百万ドルを B に配分する。しかしながら、A は優先トランシェとされ、先に A の約束額がみたされるまで支払いが行われる。残りが B に配分される。デフォルト時の回収額は 30%、無リスク金利は 5%、満期は 1 年とする。

全体の状況と分析結果を表 17.1 にまとめた。シナリオは 3 種類あり、デフォルトが 0 回、1 回、2 回のいずれかが起きる。リスク中立確率を左の列に示した（独立の仮定を用いている）。表の上側で、3 つのシナリオに応じて得られる全体の収入を確率の次の列に、A と B への配分を続く 2 列に記入してある。分析結果は表の下側にある。"単独"と名づけられた列には、債券単体の性質が示されている。

1 つの債券の価格（個別に販売された場合）は、割引リスク中立期待値 $[0.9 \times 100 + 0.1 \times 30] \exp(-0.05) = 88.45$ である。同じように、トランシェ A の価格は、$[0.81 \times 120 + 0.18 \times 120 + 0.01 \times 60] \exp(-0.05) = 113.58$ となる。約束された利回りは、約束された支払い額に対する価格の比の対数である。トランシェ A では、$\ln(120/113.58) = 0.055$ となる。

単一の債券と 2 つのトランシェの価格を表に示した。A と B の価格を足すと、単一の債券価格の 2 倍になるが、これは当然そうなるところである。表が示すように、トランシェ A は、単独の債券およびトランシェ B の両方に対し、より安全だが利回りは低い。いずれのケースにおいても、デフォルト確率は、約束された支払いが達成できない場合のリスク中立確率となっている。

例 17.12（相関のある資産）* たいていの場合、CDO プールの資産のデフォルトしやすさは相関をもつであろう。前の例において、相関をモデル化することができる。それには、債券 1 と 2 に関して、デフォルト時に

表 17.1　2 つのトランシェをもつ CDO

デフォルト数	確率	支払い総額	A への配分	B への配分
0	.81	200	120	80
1	.18	130	120	10
2	.01	60	60	0
		単独	A	B
平均支払い額		93.000	119.400	66.600
価格		88.464	113.577	63.352
約定利回り		.123	.055	.233
デフォルト確率		.010	.010	.190
標準偏差*		21.00	5.970	27.685

A は 120,000 ドルを、B は 80,000 ドルを約束する。しかし、A は B より優先する。その結果、トランシェ A は、トランシェ B に比べて価格が高く利回りは低いが、分散は小さい。

*注：分散は、（表示されていない）実確率ではなく、リスク中立確率で計算してある。

1、デフォルトでないときに 0 をとるデフォルト変数 D_1, D_2 を想定する。1 をとるリスク中立確率は、いずれの変数においても、$q = 0.10$ である。どちらの D 変数も、期待値は q、分散は $q(1-q)$ となる。もし、2 つの確率変数が相関をもつならば、00, 01, 10, 11 という結果を表す 4 つの確率が必要になる。ここで、01 を例にとると、これは債券 1 が 0 で債券 2 が 1 をとることを意味している。これらの確率を、

$$q_{00} = (1-q)^2 + \rho q(1-q)$$
$$q_{01} = q(1-q)(1-\rho)$$
$$q_{10} = q(1-q)(1-\rho)$$
$$q_{11} = q^2 + \rho q(1-q)$$

として与えると、各変数は、以前と同じくデフォルト確率 q をもつ。たとえば、D_1 の確率は、$q_{10} + q_{11} = q$ である。ここにおいて、2 つの D は相関をもち、相関係数は ρ となる[8]。

新しい確率に対応する価格および他の結果について、$\rho = 0.7$ の場合を表 17.2 に示した。

正の相関の主たる効果は、両方がデフォルトする確率が増加するため、単独のデフォルト確率が減少することである。

---

[8] これを見るのに、共分散を計算する。$\text{cov}(D_1, D_2) = \overline{D_1 D_2} - \overline{D_1}\,\overline{D_2} = q_{11} - q^2 = \rho q(1-q)$ である。また、$\text{var}(D_1) = \text{var}(D_2) = q(1-q)$ である。よって、$\text{cov}(D_1, D_2)/[\sigma(D_1)\sigma(D_2)] = \rho$ を得る。

一般論として、多数の資産から構成されるCDOに対しても、同じような構造を適用することは可能だが、評価にあたっては通常シミュレーションが必要になるだろう。

表17.2　デフォルトの相関係数が0.7の場合の結果

デフォルト数	確率	支払い総額	Aへの配分	Bへの配分
0	0.873	200	120	80
1	0.054	130	120	10
2	0.073	60	60	0
		単独	A	B
平均支払い額		93.00	115.620	70.380
価格		88.464	109.981	66.948
約定利回り		.123	.087	.178
デフォルト確率		.01	.073	.127
標準偏差*		21.00	15.608	25.284

17.12　まとめ

　クレジット派生証券は、事業体が債務を返済できない場合、一般にはデフォルトと見なされる場合に伴うリスクを低減するように設計されている。標準的なクレジット派生証券は、クレジット・デフォルト・スワップ（CDS）である。これは、保険商品とほとんど同じ構造をもっている。

　信用リスク評価の現代的なアプローチの嚆矢は、マートン・モデルである。このモデルは、企業に対する銀行の貸付に、企業が行使できるプット・オプションが含まれているとしている。（銀行にとってであれ、企業にとってであれ）企業価値は、それが幾何ブラウン運動にしたがうという仮定のもとで、通常のオプション価格のメカニズムによって評価される。このアイデアは、企業価値をモデル化するためにさまざまな確率過程を用いて拡張され、商用の格付け手法の基礎となっている。企業価値の軌跡に基づく手法は**構造モデル**（structual model）と呼ばれる。

　対照的に、**強度モデル**（**誘導モデル**）では、任意の期間内におけるデフォルト確率を与える基礎的なパラメータが存在すると仮定する。この強度パラメータは時間とともに（確率的に）変動しても構わない。その挙動は、短期金利とほぼ同じようにモデル化される。実際、本質において、強度は標準的な短期金利に加えられるスプレッド・ファクターとして機能している。誘導モデルは、

所与のクレジット・リスクをもつ事業体によって特徴づけられ、通常、モデルによって得られるスプレッドを、同じ（あるいは類似の）事業体の別の証券のスプレッドに合わせることによってパラメータの値を決める。強度過程に関して、具体的な解析的モデルが想定されてきた。いくつかのケースでは、簡単に扱えるわけではないにしろ、生存確率や他の変量に関して、コンピュータで実装可能な解が導かれている。たいていは、これらの計算にはモンテカルロ・シミュレーションが用いられる。基本的なアプローチでは、確率的なデフォルト時刻を生成する必要があるが、これは計算時間がかかる。修正バージョンでは、デフォルトの影響に関する期待値の系列を記録するだけであり、より効率的である。解を求める別のアプローチは、格子を利用することである。格子法はきわめて柔軟であり、CDSに対するオプションの場合のように、最適な意思決定を扱うことができるという利点がある。

単独の事業体のクレジット・リスクを分析する有効な手法はいくつも存在するが、なんらかの形で相関をもつ資産の束を取り扱うのは著しく困難である。1つのアプローチは、コピュラを用いることである。コピュラを使えば、個別の周辺生存確率を保存しつつ、そこに相互依存の構造を埋め込むことができる。

練習問題

1. （デフォルト確率）ハイテック社の例17.1において、リスク中立デフォルト確率を求めよ。
2. （期末のデフォルト）ハイテック社の社債の例17.4において、デフォルトがわかるのは満期の終わりのみであり、回収額はないものとする。すなわち、デフォルトが見過ごされるものとする。このときの社債の価値はいくらか。
3. （もっと大きい）例17.6の企業が100,000ドルではなく、200,000ドルの価値をもつとする。おそらく、債券はより安全になるだろう。実際のところ、この場合の債券の価値はいくらか。
4. （格付け推移）格付けのカテゴリーが、A、B、Dの3つだけであるとする。1年間の推移確率は次の行列で与えられる。

　　2年間の推移確率行列を求めよ。

	期末		
期首	A	B	D
A	.8	.2	0
B	.2	.7	.1

5. （全期間の平均） λ が固定の場合の停止時刻の確率密度関数を用いて、全期間 $[0, \infty]$ における最初のイベントまでの平均時間を求めよ。

6. （固定 λ） 利率 10 ％の 3 年物の債券を考える。短期金利は、初期値が $R = 1.15$、上昇時の係数が 1.02、下降時の係数が 0.99、リスク中立確率が 0.5 として格子によって表される。
   (a) デフォルト・リスクがない場合の債券の価値を求めよ。
   (b) リスク中立強度が定数で、デフォルト確率が毎年 0.9 になるとして、この債券の価値を求めよ。
   (c) これらの 2 つの債券のスプレッドはいくらか。

7. （減少する回収額） r と λ が定数である場合を考える。ゼロ・クーポン債があって、その額面は F、満期は T である。時点 t でデフォルトした場合、$e^{-r(T-t)}F$ に等しい回収額が得られる。この債券の価値を求めよ。

8. （フォワード・デフォルト率） $p(t)$ を 0 から t までの生存確率とする。時点 t で生存していたとして、時点 s まで生存する確率は、

$$p(s \mid t) = \frac{p(s)}{p(t)}$$

となる。

$$f(t) = -\frac{p'(t)}{p(t)}$$

とおく。以下の式を示せ。

$$p(s \mid t) = e^{\int_t^s f(u) \mathrm{d}u}$$

9. （デフォルトのシミュレーション） 第 17.8 節を参照せよ。$q(t)$ を生存確率とし、q^{-1} をその逆関数とする。U を $[0, 1]$ 上の一様分布確率変数とする。任意の実現値 u に対して、$q(\tau) = u$ をみたすように τ を選ぶ。ひとつながりの関係式 $\mathrm{P}[\tau * t] = \mathrm{P}[q^{-1}(U) * t] = \mathrm{P}[U * q(t)]$ において、$*$ 印が、$\leq$ か、$=$ か、あるいは $\geq$ のどれに該当するか述べよ。U が一様分布にしたがうことから、$\mathrm{P}[\tau \geq t] = q(t)$ となることを示せ。

10. （10年物債券） 額面が100ドルの10年物のゼロ・クーポン債を考える。金利は5%で固定である。この債券のクレジット・スプレッドが（(a)以外は）1%と推定されたものとして以下を計算せよ。
    (a) デフォルトの可能性がない場合の債券価格
    (b) デフォルト確率
    (c) 回収額がない場合の債券価格
    (d) 満期に50%の回収額がある場合の債券価格
    (e) デフォルト時に支払われる100ドルの価値
    ［ヒント：(a)のとき、$e^{-rT}F = 6.65$ドル］

11. （難しい推定） 稀なイベントの確率（たとえばデフォルト確率）を推定したいものとする。確率変数 X は、イベントが起きたときは1を、そうでないときは0をとる。このとき、$p = \mathrm{E}[X]$ である。通常のモンテカルロ法では、n 個の標本 x_i を用い、以下のように平均をとる。

$$\hat{p} = \frac{1}{n}\sum_{i=1}^{n} x_i$$

    (a) $\hat{p}$ の分散はいくらか。
    (b) 絶対誤差 $\varepsilon_{\mathrm{ab}} = \hat{p} - p$ の標準偏差はいくらか。
    (c) 相対誤差の標準偏差を $\varepsilon_{\mathrm{rel}} = \varepsilon_{\mathrm{ab}}/p$ で定義する。$p = 1\%$ であるとする。相対誤差を1%まで減らすには、おおよそ何個の標本が必要か。

12. （TRORSの難しさ） クーポン債と固定比率支払い間のトータル・リターン・スワップを考えよう。ペイオフが経路依存となることを論じよ。

13. （CDO） 例17.11において、AとBの約束額がそれぞれ、110ドルと90ドルであるとする。結果の表を新たにつくれ。AとBの価格はいくらになるか。

参考文献

破産に関するマートン・モデルは最初に[1]で示唆され、後に[2]で詳しく記述された。これらの2つの論文によって、信用リスクに対する構造アプローチが始まった。境界交差のアイデアは[3]で提案されている。クーポン債評価に対する巧妙な格子法と、その拡張が[4]にある。[5]は構造モデルの実証分析である。第17.11節のCDOにおける手法も含めた信用リスクに関する入門的な説明が[6]にある。[7]は信用リスクに関する重要なレビュー論文である。[8][9][10]

の3冊は、信用リスクに関する重要かつ権威あるテキストである。本章の内容はこれらの優れた文献と、[11][12]の概論を参照して記述した。企業のデフォルト・リスクの測定に関しては、[13]も参照されたい。

1. Black, F., and M. Scholes (1973), "The Pricing of Options and Corporate Liabilities," *Journal of Political Economy*, **81**, 637–654.
2. Merton, R. C. (1974), "On the Pricing of Corporate Debt: The Risk Structure of Interest Rates," *Journal of Finance*, **29**, 449–470.
3. Black, F., and J. Cox (1976) , "Valuing Corporate Securities: Some Effects of Bond Indenture Provisions," *Journal of Finance*, **31**, 351–367.
4. Broadie, M., and Özgür Kaya (2007), "A Binomial Lattice Method for Pricing Corporate Debt and Modeling Chapter 11 Proceedings," *Journal of Financial and Quantitative Analysis*, **42**, no. 2, 279–312.
5. Eom, Y. H. , J. Helwege, and Jing-Zhi Huang (2004), "Structural Models of Corporate Bond Pricing: An Empirical Analysis," *The Review of Financial Studies*, **17**, no. 2, 499–544.
6. McDonald, Robert L. (2009), *Fundamentals of Derivatives Markets,* Prentice Hall, Boston.
7. Jarrow, R. A. (2009), "Credit Risk Models," *Annual Review of Financial Economics*, **1**: 37–68.
8. Duffie, Darrell and Kenneth J. Singleton (2003), *Credit Risk: Pricing, Measurement, and Management*, Princeton University Press, Princeton, NJ.
9. Schönbucher, Philipp J. (2003), *Credit Derivatives Pricing Models: Models, Pricing, and Implementation,* Wiley, Chichester, England.
10. Lando, David (2004), *Credit Risk Modeling*, Princeton University Press, Princeton, NJ.
11. Giesecke, Kay (April 2009), "An Overview of Credit Derivatives," Department of Management Science & Engineering, Also: (2009), *Jahresbericht der Deutschen Mathematiker-Vereinigung*, **111**.
12. Giesecke, Kay (October 2002), "Credit Risk Modeling and Valuation: An Introduction," Cornell University, Ithaca or, NY. Also abridged in D. Shimko (ed.) (2004), *Credit Risk: Models and Management, Vol. 2*, Riskbooks, London.
13. Duffie, Darrell (2011), *Measuring Corporate Default Risk*, Oxford University Press, New York.

第IV部

一般的なキャッシュ・フロー流列

第18章
最適ポートフォリオ成長

　多期間の投資状況についての結論は、1期間投資の結論を単に変形したものではなく、しばしば反対の結果が導かれる場合がある。このため問題は理論的にも実践的にも、魅惑的なものとなる。ひとたび、多期間投資の微妙さが理解されると、投資から得られる報酬はきわめて大きなものとなる。

　幸運にも、多期間の状況に対する概念と方法は、以前の章のものを足場にしている。内部収益率、現在価値、比較原則、ポートフォリオ設計、格子とツリーによる評価はすべて、一般的な状況に対して自然に拡張することができる。しかしここでは、ボラティリティは「悪い」、または分散化は「よい」というような結論は、もはや普遍的な真実ではない。話はますます興味深い。

　この章は、内部収益率の基礎的な概念を拡張することから話を始める。それは、最大成長をもたらすポートフォリオを設計する方法を示すものである。次の章では現在価値分析を拡張する。

18.1　投資回転盤

　ポートフォリオ成長を理解するためには、長期的な視点を採用することが必要である。そのような視点の重要性を強調するために、図18.1に示す投資回転盤を考えてみよう。回転盤の3つの領域のいずれかに賭けることができる。実際には、領域のそれぞれに異なる金額を独立に投資することができる。領域の数字は、回転盤が回転した後のその領域に対するもうけを示す。たとえば、回転盤が回転した後に、上の領域でポインターが止まったならば、その領域に投資をした1ドルごとに、3ドルを受け取る（それは、2ドルの正味利益を意味する）。

　上の領域は全体の回転盤の半分を占めるにもかかわらず、1に対して3が支

払われるので、大変魅力的である。1ドルを賭ける（または投資する）と、それぞれ 1/2 の確率で 0 ドルか 3 ドルになる。それゆえ、期待利益は $\frac{1}{2} \times 3$ ドル $+ \frac{1}{2} \times 0$ ドル $- 1$ ドル $= 0.50$ ドル である。これはかなり有利である。

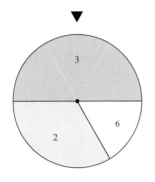

図 18.1 投資回転盤
示される数字はその領域への 1 単位の投資に対する払い戻し単位数である。投資が適切に管理されれば、回転盤は有利であり、資本の成長が期待できる。

一方、左下の領域は不利な賭け率をもつ。なぜならば、全体の 1/3 しかない領域に対して、2 倍しか支払われないからである。それよりわずかによいのは右下の部分で、それは 1/6 の領域に対して 6 倍が支払われるので、相応の支払いが行われることになる。

今、100 ドルから始めて、お金の一部または全部を賭け、そのもうけを回転盤の次の回転に再投資する機会があるものと仮定しよう。有利な上の部分があるため、思慮深く投資をすることにより、長期的には資本を増大させることができる。問題はまさに、何が思慮深い投資なのかである。

計算した賭け率を見る限りでは、注意（と資本）を上の領域に集中するのが適切であるように思われる。1 つの戦略は、お金のすべてをその領域に投資するというものである。実際、この戦略は最大の 1 期間期待収益をもたらすものである。100 ドルを投資すると、最初の回転で追加的に 50 ドルが得られるものと期待される。問題は、50％の確率で破産するので、次の回転に賭けることができないことである。たとえここで勝ったとしても、この戦略を続けると次の回転で再び破産のリスクに直面するだろう。繰り返し行う機会が与えられるとき、ほとんどの人々は、この戦略は大変危険であることに気づくであろう。

2 番目のより保守的な戦略は、各回転で上の領域にあなたのお金の半分を投資し、残りの半分はもち続けるというものである。その場合、もし好ましくない結果が生じても、完全にはゲームから追い出されない[1]。しかし、これが最善の方法であるか否かは明らかではない。

◆回転盤の分析

よい戦略を体系的に探すために、まず検討の対象を**固定比率戦略**（fixed-proportion strategy）に限定しよう。これは、投資盤の各領域に賭ける比率を固定する戦略である。この比率は各回転での賭けの際に、現在の富の割合を表す。上、左、右の領域をそれぞれ、1、2、3と番号付けしよう。回転盤に対する固定比率戦略は、3つの数の集合 $(\alpha_1, \alpha_2, \alpha_3)$ によって記述される。ここで、それぞれ $\alpha_i \geq 0$, $i = 1, 2, 3$ で、$\alpha_1 + \alpha_2 + \alpha_3 \leq 1$ である。α_i は異なる領域に賭ける比率を表す。残りの $1 - \alpha_1 - \alpha_2 - \alpha_3$ は予備としてとっておく。たとえば、各回で上の部分に資本の半分を投資するという以前示した戦略は、$(\frac{1}{2}, 0, 0)$ である。

それぞれの固定比率戦略は、資本成長を支配する一連の乗法係数を導く。たとえば、$(\frac{1}{2}, 0, 0)$ 戦略を使って100ドルを賭けると仮定しよう。1つの回転に対して2つの可能性がある。(1) $\frac{1}{2}$ の確率で好ましい結果が得られ、50ドル $+ 3 \times 50$ ドル $= 200$ ドルになる。(2) $\frac{1}{2}$ の確率で好ましくない結果が得られ、50ドルになる。一般的にこの戦略では、あなたのお金は各回転で2倍になるか、半分になるかであり、それぞれは確率 $\frac{1}{2}$ で起こる。したがって、1回の回転での乗法係数は 2 と $\frac{1}{2}$ であり、それぞれの確率は $\frac{1}{2}$ である。この投資にしたがって長期間投資をした後では、2 と $\frac{1}{2}$ がほぼ等しい回数だけ出現する。$(\frac{1}{2})(\frac{1}{2})(2)(\frac{1}{2})(2)(2)\cdots(2)(\frac{1}{2})$ という形式の倍数を最初の100ドルに掛けることになる。ゆえに、全体の係数はおよそ1になりそうである。これは、多くの回転を行っている間、資本は増えたり減ったり変動する傾向にあるが、著しく増大しそうには見えない。

もう1つの戦略は、上の領域にお金の $\frac{1}{4}$ を賭けることである。それは、$(\frac{1}{4}, 0, 0)$ に相当する。回転の結果、上の領域が実現されるならば、お金は、$1 - \frac{1}{4} + \frac{3}{4} = \frac{3}{2}$ 倍になる。そうでないときは、お金は、$1 - \frac{1}{4} = \frac{3}{4}$ 倍になる。平均すると、2回の回転で、$(\frac{3}{2})(\frac{3}{4}) = \frac{9}{8}$ 倍になる。したがって、1回の回転では、平均的に、$\sqrt{\frac{9}{8}} = 1.06066$ 倍になる。この戦略を使うとお金は平均的に、各回 6%以上増大する（練習問題1で、この戦略が極限の意味で最適になることを示す）。

---

[1] おもちゃのお金を使うか、記録をとりながらみんなで行うと、この投資回転盤の問題は実におもしろいゲームになる。実際にこのゲームで遊ぶと、どのように投資したいかをきちんと考えることになる。大事な点は、長期間の投資は、1回限りの投資と同じではないということである。

18.2 成長に対する対数効用アプローチ

投資回転盤は、特定の戦略がランダムな成長過程を導く重要な一群の投資問題の代表である。このクラスには、この節の後半で示すように、通常の株式への投資が含まれる。X_k を k 番目の試行後の資本とすると、一般的に、$k = 1, 2, \ldots,$ に対して、

$$X_k = R_k X_{k-1} \tag{18.1}$$

と定式化される。この方程式では、R_k はランダムな収益を表す変数である。以下では R_k は、**定常かつ独立な**（stationary independent）過程であることを仮定する。すなわち、すべての R_k は同一の確率分布をもち、互いに独立であるものとする。

投資回転盤で上の領域に資本の半分を投資する戦略の場合、R_k は 2.0 か、0.5 の 2 つの値のどちらかをとる。変数 R_k はすべて同じ確率密度をもち、互いに独立である（すなわち、過去の結果は現在の結果に影響を与えない）。

一般的な資本成長過程において、n 回目の試行が終わったときの資本は、

$$X_n = R_n R_{n-1} \cdots R_2 R_1 X_0$$

となる。両辺の対数をとると、

$$\ln X_n = \ln X_0 + \sum_{k=1}^{n} \ln R_k$$

となる。ここで少々操作を施すと、

$$\ln \left(\frac{X_n}{X_0} \right)^{1/n} = \frac{1}{n} \sum_{k=1}^{n} \ln R_k \tag{18.2}$$

となる。$n \to \infty$ のときの (18.2) 式の右辺を考えてみよう。変数 $\ln R_k$ はそれぞれ独立で同一の確率分布にしたがう確率変数である。**大数の法則**[2]（law of large numbers）により、

$$\frac{1}{n} \sum_{k=1}^{n} \ln R_k \to \mathrm{E}(\ln R_1)$$

---

[2] 大数の法則とは、$Y_1, Y_2, \ldots$ が同一の確率分布にしたがう独立な確率変数ならば、$(1/n) \sum_{k=1}^{n} Y_k \to \mathrm{E}(Y_k)$ になるというものである。簡単な例は、コインを投げ、k 回目の試行で表が出たら、$Y_k = +1$ を、裏が出たら、$Y_k = -1$ を割り当てるというものである。その数の平均は、ゼロに至る。

となる（期待値はすべての k に対して同じなので、この式では $\mathrm{E}(\ln R_1)$ を使うことができる）。ここで $m = \mathrm{E}(\ln R_1)$ と定義すると、(18.2) 式より、

$$\ln\left(\frac{X_n}{X_0}\right)^{1/n} \to m$$

を得る。これはきわめて基本的な結果なので、以下で強調しておこう。

対数的パフォーマンス　$X_1, X_2, \ldots$ を以下の過程、

$$X_k = R_k X_{k-1}$$

によって生成される資本価値のランダムな数列とすると、$n \to \infty$ のとき、

$$\ln\left(\frac{X_n}{X_0}\right)^{1/n} \to m \tag{18.3}$$

となる。ここで、

$$m = \mathrm{E}(\ln R_1) \tag{18.4}$$

である。

(18.3) 式は、

$$\left(\frac{X_n}{X_0}\right)^{1/n} \to e^m$$

になる。そして、（あまり正当な操作ではないが）形式的に両辺を n 乗すると、

$$X_n \to X_0 e^{mn}$$

と等価である。言い換えると、n を大きくすると、資本は n に関しておおむね比率 m で指数的に増大する。

前述の分析は、(18.4) 式で定義した数 m の重要性を明らかにしている。それは、長期間にわたって、反復試行を行う投資の成長率を支配する。それゆえ、m が最大になる戦略を選択するのが適切であるように思われる。

◆対数効用の形状

一定値 $\ln X_0$ を (18.4) 式に加えるならば、

$$m + \ln X_0 = \mathrm{E}(\ln R_1) + \ln X_0 = \mathrm{E}(\ln R_1 X_0) = \mathrm{E}(\ln X_1)$$

となることに注意しよう。ゆえに、特別な効用関数 $U(X) = \ln X$ を定義するならば、成長率 m を最大化する問題は、期待効用 $\mathrm{E}[U(X_1)]$ を最大化し、毎回この同じ戦略を使うことと等価になる。言い換えると、効用関数として対数を使うことによって、あたかも1期間問題のように問題を取り扱うことができる。基準として期待対数を使って、最初の試行でとるべき最善の戦略を求めれば、最適成長戦略を求めることができる。この単一ステップ問題の答えが長期間での最大成長を保証する。

◆例

この節で表される枠組みを用いて、多くの重要で興味深い状況を取り扱うことができる。

> **例 18.1（賭けに関するケリー〈Kelly〉のルール）** 資金が2倍になるか、ゼロになるかという投資機会があると仮定しよう。好ましい結果の確率を p とする。初期資本として X_0 をもっていて、この投資を何度も繰り返すことができると仮定しよう。各回にどれだけ投資すべきか？
>
> この状況は、出てきたトランプのカードの履歴を頭の中で追っているプレーヤーが行うブラック・ジャックのゲームに大変よく似ている。残っているカードの構成を考えた上で戦略を調整することによって、そのプレーヤーの勝機は平均的に約 50.75% であるという。プレーヤーはそのような状況で、いくら賭けるかを決定しなければならない。
>
> 1回のゲームで投資する（または、賭ける）資本の比率を α としよう。プレーヤーは、最善の α の値を見つけたいと考える。プレーヤーが勝てば、資本は、$1 - \alpha + 2\alpha = 1 + \alpha$ の倍率で増加する。一方負ければ、その倍率は $1 - \alpha$ である。ゆえに、対数最適な α を求めるために、
>
> $$m = p \ln(1 + \alpha) + (1 - p) \ln(1 - \alpha)$$
>
> を最大化する。α に関して微分をとり0に等しいとおくと、
>
> $$\frac{p}{1 + \alpha} - \frac{1 - p}{1 - \alpha} = 0$$

を得る。これは、以下の方程式、

$$p(1-\alpha) - (1-p)(1+\alpha) = 0$$

と等価である。$\alpha = 2p - 1$ を得る[3]。ゆえに、ブラック・ジャックの例では、$p = 0.5075$ のとき、プレーヤーはそれぞれの回で、総資本の 1.5% を賭けるべきである。プロのブラック・ジャックのプレーヤーは、実際にこのルールもしくはそれを修正したものを使っている。

ブラック・ジャックで楽な生活ができるように思われるかもしれない！ケリー・ルールを用いた戦略の成長率は、

$$m = p\ln 2p + (1-p)\ln(2-2p) = p\ln p + (1-p)\ln(1-p) + \ln 2$$

である。$p = 0.5075$ の場合には、これは、$e^m \approx 1.0001125$ だから、0.01125%の利益となる。資金を 2 倍にするためには、$72/0.01125 = 6{,}440$ 回行わなければならない（第 2 章の 72 ルールを思い出していただきたい）。これを実現するには、約 80 時間プレイすること、現実的には約 1 カ月間通い詰めることが必要である。しかし、この稼業の道のりは平坦でない。

例 18.2（ボラティリティの出し入れ）　投資に利用可能な 2 つの資産があると仮定しよう。1 つは、各期間でそれぞれ確率 50% で 2 倍になるか半分になるかという株式である。もう 1 つは、マットレスの下にお金を置くように、価値はそのままというものである。これらの投資のどちらもあまり魅力的とは言えない。株式への投資は、価値が大きく変動するが、全体的には成長率はゼロである。もう 1 つは、明らかに成長率はゼロである。それにもかかわらず、これらの 2 つの投資を組み合わせて、成長を達成することができる。

どのようにするかを見るために、各期間で、各資産に資本の半分を投資すると仮定しよう。したがって、資本の半分を各資産に割り当てるように期間の初めにリバランス（rebalance）をする。好ましいパフォーマンスのもとでは、資本は、$\frac{1}{2} + \frac{1}{2} \times 2 = \frac{1}{2} + 1$ の倍数で成長する。好ましくないパフォーマンスのもとでは、その倍数は、$\frac{1}{2} + \frac{1}{2} \times \frac{1}{2} = \frac{1}{2} + \frac{1}{4}$ である。したがって、この戦略の期待成長率は、

---

[3] 答えは暗黙のうちに、$p > 0.5$ を仮定している。$p \leq 0.5$ ならば、最適な α は $\alpha = 0$ である。

$$m = \frac{1}{2}\ln\left(\frac{1}{2}+1\right) + \frac{1}{2}\ln\left(\frac{1}{2}+\frac{1}{4}\right) \approx 0.059$$

である。したがって、$e^m = 1.0607$ で、ポートフォリオの利益は各期約6％である。

図 18.2 に、それぞれ $\frac{1}{2}$ の確率で 2 資産を組み合わせた場合と、株式のみの場合についてのシミュレーション結果を示した。組み合わせたポートフォリオのパフォーマンスは、株式のパフォーマンスを上回っている。

利益は、**出し入れする**（pumping）活動で、株式のボラティリティを使って達成される。株式がある期間で上昇すれば、その収益のいくらかが脇に置かれる。一方株式が下降したら、追加的な資本が株式に投資される。一方だけの場合よりも大きな成長を達成するために、資本が 2 つの資産間を行ったり来たりするのである。

この戦略は平均的に見て、リバランスによって自動的に、「低いときに買い、高いときに売る」という格言にしたがっていることに注目しよう。本質的に、これが成長を生み出す理由である。

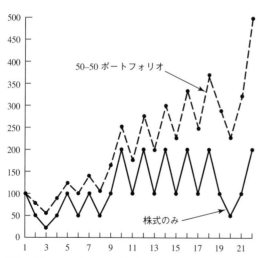

図 18.2　2 資産の組み合わせ
平凡な株式を 2 つ組み合わせて、高い成長が得られる。

例 18.3（2 つの株式の出し入れ）　両方の資産が、各期間で確率 $\frac{1}{2}$ で、2 倍になるか半分になるかという性質をもつと仮定することによって、例 18.2 を修正しよう。各資産は互いに独立に動くものと仮定する。再び、各期間でリバランスを行い、資本の半分を各資産に投資する。するとただちに、

$$m = \frac{1}{4}\ln 2 + \frac{1}{2}\ln\frac{5}{4} + \frac{1}{4}\ln\frac{1}{2} = \frac{1}{2}\ln\frac{5}{4} = 0.1116$$

となる。ゆえに、$e^m = \sqrt{\frac{5}{4}} = 1.118$ である。これは、各期間で 11.8% の成長率に相当する。これは、以前の例の結果を大きく上回っている。2つの変動する資産の間で資金を動かすことは、大きな成長をもたらす。

例 18.4（大規模な株式ポートフォリオ） 任意の1期間（たとえば1週間）で、$R_i, i = 1, 2, 3, \ldots, n$ の収益をもつ n 個の株式を想定しよう。これらの収益はランダムであるが、毎期同じ確率分布にしたがう。異なる株式の収益は相関があるかもしれないが、異なる期間の収益には相関はない。それぞれの i に対して、$w_i \geq 0$ で $\sum_{i=1}^{n} w_i = 1$ となる重み $w_1, w_2, w_3, \ldots, w_n$ を割り当てることによって、これらの株式のポートフォリオをつくる。ポートフォリオ全体の収益は、$R = \sum_{i=1}^{n} w_i R_i$ である。このポートフォリオの最大可能な成長を得るため、$m = \mathrm{E}(\ln R)$ を最大化するよう重みを選択する。こうすると、ポートフォリオは平均的に、おおよそ e^{mk} で成長することが期待される。ここで、k は期間数である。

この章の後半で、より詳しくこの例を勉強しよう。

例 18.5（投資回転盤） すべての領域に投資することを許す投資回転盤に対する完全な最適戦略を計算しよう。戦略[4] $(\alpha_1, \alpha_2, \alpha_3)$ に対して、次のような結果になる。

1. 1が起これば、$R = 1 + 2\alpha_1 - \alpha_2 - \alpha_3$
2. 2が起これば、$R = 1 - \alpha_1 + \alpha_2 - \alpha_3$
3. 3が起これば、$R = 1 - \alpha_1 - \alpha_2 + 5\alpha_3$

この収益構造の期待対数を最大化するために、

$$m = \frac{1}{2}\ln(1 + 2\alpha_1 - \alpha_2 - \alpha_3) + \frac{1}{3}\ln(1 - \alpha_1 + \alpha_2 - \alpha_3) \\ + \frac{1}{6}\ln(1 - \alpha_1 - \alpha_2 + 5\alpha_3)$$

を最大化する。その解が、$i = 1, 2, 3$ に対して、$\alpha_i > 0$ をみたすことを仮定すれば、m の式を各 α_i に対して微分し、0 に等しいとおくことによって解を求めることができる。これより以下の方程式を得る。

---

[4] 1, 2, 3 はそれぞれ、上、左、右の領域に相当し、それぞれ 3, 2, 6 の収入が得られることを思い出していただきたい。

$$\frac{2}{2(1+2\alpha_1-\alpha_2-\alpha_3)} - \frac{1}{3(1-\alpha_1+\alpha_2-\alpha_3)} - \frac{1}{6(1-\alpha_1-\alpha_2+5\alpha_3)} = 0$$

$$-\frac{1}{2(1+2\alpha_1-\alpha_2-\alpha_3)} + \frac{1}{3(1-\alpha_1+\alpha_2-\alpha_3)} - \frac{1}{6(1-\alpha_1-\alpha_2+5\alpha_3)} = 0$$

$$-\frac{1}{2(1+2\alpha_1-\alpha_2-\alpha_3)} - \frac{1}{3(1-\alpha_1+\alpha_2-\alpha_3)} + \frac{5}{6(1-\alpha_1-\alpha_2+5\alpha_3)} = 0$$

この形の方程式を解析的に解くのは一般に難しい。しかしこの場合、$\alpha_1 = \frac{1}{2}$, $\alpha_2 = \frac{1}{3}$, $\alpha_3 = \frac{1}{6}$ が解であることは容易に確かめられる（この問題の一般化とその解については、練習問題 4 を参照）。このことは、回転盤のすべての領域に投資すべきこと、また賭ける比率はその発生確率に等しいことを意味する。

もとの期待対数の目的関数にこの最適な戦略を入れると、

$$m = \frac{1}{2}\ln\frac{3}{2} + \frac{1}{3}\ln\frac{2}{3} + \frac{1}{6}\ln 1 = \frac{1}{6}\ln\frac{3}{2}$$

となる。そして、

$$e^m \approx 1.06991$$

となることがわかる。したがって、最適解は約 7% の成長率を達成する。それは、上の領域に $\frac{1}{4}$ を投資し、他の 2 つには何もしないという戦略によって達成される約 6% とほぼ同じである。

投資回転盤の 50 回の試行のシミュレーション結果を、図 18.3 に示した。図は、最適戦略、上の領域に $\frac{1}{4}$ を賭ける簡単な戦略、上の領域に $\frac{1}{2}$ を賭ける劣った戦略という 3 つの戦略に対する結果を示す。

また、7% の成長率を表す曲線も示した。シミュレーション結果は大きく変動する。別のシミュレーション結果は、これとはまったく異なるように見えるかもしれない。長期間の効果は、たとえば株式市場で毎日投資した場合の 1 年間の結果のように、何百回もの試行をするときに現れる。

最適な戦略は、1 ドルに対して 2 ドルしか支払われない不利な領域 2 への投資も必要とするということに注目していただきたい。この投資は他の領域に対するヘッジとして役に立つ。それは、他のもので勝てないときに勝つからである[5]。それは、家に対する火災保険のようなものである。

---

[5] 最適解を定義する方程式は、実はこの問題に関しては退化している。同じ m の値を与える最適解の完全な族が存在する。$\alpha_1 = \frac{5}{18}$, $\alpha_2 = 0$, $\alpha_3 = \frac{1}{18}$ は別の解である。この解では、不利な領域には投資されない。

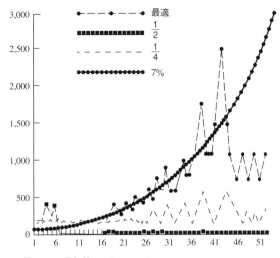

図 18.3　回転盤のシミュレーション
最適戦略のもとでは、回転盤はほぼ 7% の成長率を与える。

18.3　対数最適戦略の特性*

　対数最適戦略は期待成長率を最大化するが、短期成長率については結果は異なるかもしれない。しかし、対数最適戦略についてはきわめて印象的な特性を導くことができる。

　2 人が同じ初期資本レベル X_0 から始めると仮定しよう。A は対数最適戦略を用いて投資し、B は m の値がより低い他の戦略を用いると仮定しよう。期間 $k = 1, 2, \ldots$ に対して得られる資本流列をそれぞれ、X_k^A, X_k^B とする。すると、すべての k に対して、

$$\mathrm{E}(X_k^B / X_k^A) \leq 1$$

であることを示すことができる。

　これは、最適戦略 A の資本に対する代替戦略 B の資本の比率は、各段階で 1 よりも小さくなるものと期待されるという事実を示している。この特性は、対数最適戦略を利用することが有利であることを主張するもので、実際に多くの人がこれを採用すべきであると信じている。

18.4　代替的アプローチ*

対数最適戦略は、必ずしも反復的な投資状況のもとでは最善の方法とは限らない。しかし、これ以外の方法を考慮するときに、心に留めておくべきよいベンチマークとなるものである。この節では、いくつかの代替的方法を示す。

◆他の効用

1つの方法は、(第11章の最初の部分にあるような)期待効用最大化の標準的な枠組みを使うことである。投資を K 回繰り返すならば、K 期末の富に対する効用関数を定義し、それによって $\mathrm{E}[U(X_K)]$ を最大化するのである。

$U(X_K) = \ln X_K$ は、1つの特別な場合である。実際、特別な再帰的性質のために、固定戦略に関して $\mathrm{E}(\ln X_K)$ を最大化することは、$\mathrm{E}(\ln X_1)$ を最大化する対数最適戦略とまったく同じである。これは、以下の結果から得られる。

$$\mathrm{E}(\ln X_K) = \mathrm{E}[\ln(R_K R_{K-1} \cdots R_1 X_0)] = \ln X_0 + \mathrm{E}(\ln R_1) + \sum_{k=2}^{K} \mathrm{E}(\ln R_k)$$

左辺の最大化は、$\mathrm{E}(\ln R_1)$ を最大化することと等価である。なぜならば、すべての R_k は同一の確率変数だからである。これはまた、$\mathrm{E}(\ln X_1) = \ln X_0 + \mathrm{E}(\ln R_1)$ を最大化することと等価である。したがって、$U(X_K) = \ln X_K$ を選択すれば、再び対数最適戦略が導かれる。

1つの興味深い効用関数としてベキ乗関数、すなわち $\gamma \leq 1$ に対する $U(X) = (1/\gamma)X^\gamma$ がある。このクラスには、対数関数が含まれている [なぜならば、$\lim_{\gamma \to 0}\{(1/\gamma)X^\gamma - 1/\gamma\} = \ln X$ だからである]。また、それは線形効用 $U(X) = X$ も含んでいる。

このクラスの関数は、対数効用と同じ再帰的特性をもっている。すなわち、期間数が変わっても構造は不変である。これは以下のことからわかる。

$$\mathrm{E}[U(X_K)] = \frac{1}{\gamma}\mathrm{E}[(R_K R_{K-1} \cdots R_1 X_0)^\gamma] = \frac{1}{\gamma}\mathrm{E}(R_K^\gamma R_{K-1}^\gamma \cdots R_1^\gamma)X_0^\gamma$$
$$= \frac{1}{\gamma}\mathrm{E}(R_K^\gamma)\mathrm{E}(R_{K-1}^\gamma) \cdots \mathrm{E}(R_1^\gamma)X_0^\gamma$$

最後の等式が成り立つのは、独立な確率変数の積の期待値は、期待値の積に等しいからである。ゆえに固定比率戦略で、$\mathrm{E}[U(X_K)]$ を最大化するには、$\mathrm{E}[(R_1 X_0)^\gamma]$ を最大化すればよい。そのため、$\mathrm{E}[U(X_K)]$ を最大化するには、$\mathrm{E}[U(X_1)]$ を最大化すればよいことになる。

$\gamma > 0$ ならば、ベキ乗効用関数はきわめて積極的である。（期待値基準を導く）$U(X) = X$ に相当する $\gamma = 1$ という極端なケースは、以前に投資回転盤について議論したときに考慮した。

期待値を最大化する戦略は、最も有利な領域にすべての資本を賭けるものであるが、早く破産しやすい。実際に、破産は $1 \geq \gamma > 0$ をみたすいかなる γ に対しても起こりうる。たとえば、$\gamma = \frac{1}{2}$ を仮定して、次のような 2 つの機会を考えよう。(a) 資本は確率 0.9 で 2 倍になるか、確率 0.1 で 0 になる。(b) 資本は確実に 25% だけ増加する。$0.9 \times \sqrt{2} > \sqrt{1.25}$ なので、平方根効用のもとでは、機会 (a) は (b) よりも好ましい。しかし、長い反復試行を行う場合は、機会 (a) にしたがう投資家は、ほとんど破産する。ほとんどの人は、多くの試行を行う場合には、(b) を好む。同じような議論が $1 \geq \gamma > 0$ の範囲のいかなる γ に対しても当てはまる。

$\gamma < 0$ の場合は、より保守的である。しかし多くの人々は、これはあまりに保守的であると考えるであろう。たとえば、$\gamma = -\frac{1}{2}$ であると仮定しよう。再び、次のような 2 つの機会を考えよう。(a) 資本が確実に 4 倍になる。(b) 確率 0.5 で資本はそのままであり、確率 0.5 で資本が 1,000 万倍（もしくは無限大倍）になる。$-4^{-1/2} > -0.5 - 0.5(10,000,000)^{-1/2}$ なので、効用関数 $U(X) = -X^{-1/2}$ の投資家は (a) を好む。これはきわめて保守的である。同じような議論が、いかなる $\gamma < 0$ に対しても当てはまる。ただし γ が 0 に近ければ、この傾向はあまり顕著ではなくなる。

前述の議論により、投資家がベキ乗効用関数を使うならば、$\gamma < 0$ であってその値は 0 に近いものと結論づけられる。このような効用関数は対数関数に近い。（正確ではないが）似たような結果が、より広い効用関数についても成り立つ。すなわち、長期的な結果を検証するときには、対数関数に近いもののみが適切である。したがって、原則として投資家は、個々のリスク許容度をもとにして任意の効用関数を選ぶことができるが、反復状況では効用は対数に近いものになっていく傾向がある。

ほとんどの長期投資家は、成長率自体と同様に、ポートフォリオの成長のボラティリティを考慮している。この結果、収益の対数の期待値と同様、収益の対数の分散を考慮する必要がある。実際、投資家が長期的な視点をもつならば、（ある仮定のもとでは）これらの 2 つの値のみが重要であることが示される。

> **成長効率の命題** 長期的な成果のみを考慮する投資家は、1期間の収益の対数に基づいて、ポートフォリオをその期待値と分散のみを使って、評価するだろう。

この命題は、ベキ乗効用関数に関する議論と一致している。効用関数 $U(X) = (1/\gamma)X^\gamma$ が選択されるならば、$\gamma < 0$ と $\gamma \approx 0$ になることがわかった。この場合には、以下の近似を使うことができる。

$$\frac{1}{\gamma}(X^\gamma - 1) \approx \ln X + \frac{1}{2}\gamma(\ln X)^2$$

これは、この効用関数を使うと、収益の対数の期待値とその対数の分散の加重平均を使うこととほとんど同じであるということを示している。言い換えると、期待対数とその分散の 2 つが興味の対象となる。

成長効率の立場からは、通常の平均-分散による効率的フロンティアと同じように、m と σ の効率的フロンティアを調べるのが自然である。ここで m と σ は、それぞれ収益の対数の平均と標準偏差である。次節では、価格が連続時間方程式で記述される株式に対して、これを行う。

18.5 連続時間成長

最適ポートフォリオ成長は、いかなるリバランス期間（年、月、週、日）に対しても適用することができる。時間を短くした極限として、連続的なリバランスを考える。

実際、極限状況を考える重要な理由がある。この場合、最適戦略に関する方程式はより簡単になり、結果的に最適解の計算が大変簡単になるのである。ゆえに、リバランスが週単位で実行されるときでも、計算のためには連続時間の公式を使うのが便利である。

連続時間版も重要な洞察を与える。たとえばそれは、ボラティリティの出し入れがどのように機能するかを明らかにしてくれる。

◆複数株式のダイナミクス

最初に、第 13 章で説明した株式のダイナミクスの連続時間モデルを、複数の

相関のある株式の場合に拡張しよう。このモデルは株式ポートフォリオの分析に使うことにする。

n 個の資産があると仮定しよう。資産 i $(i = 1, 2, 3, \ldots, n)$ の価格 p_i は、以下の標準幾何ブラウン運動にしたがう。

$$\frac{\mathrm{d}p_i}{p_i} = \mu_i \mathrm{d}t + \mathrm{d}z_i$$

ここで、z_i はウィーナー過程を表すが、その分散パラメータは 1 ではなく、σ_i^2 である。これは、単一の株式の標準モデルと等価である。ここでの新しい要素は、資産がウィーナー過程の項を通じて相関をもつことである。具体的には、

$$\mathrm{cov}(\mathrm{d}z_i, \mathrm{d}z_j) = \mathrm{E}(\mathrm{d}z_i \mathrm{d}z_j) = \sigma_{ij} \mathrm{d}t$$

である。成分 σ_{ij} をもつ**共分散行列**（covariance matrix）$\mathbf{S}$ を定義する。便宜上、$\sigma_i^2 = \sigma_{ii}$ という記号を使う。通常、$\mathbf{S}$ は正則と仮定する。

第 13 章の結果を使うと、各資産 i は対数正規分布にしたがい、時点 t で、

$$\mathrm{E}\left[\ln\left(\frac{p_i(t)}{p_i(0)}\right)\right] = (\mu_i - \frac{1}{2}\sigma_i^2)t \equiv \nu_i t$$

および、

$$\mathrm{var}\left[\ln\left(\frac{p_i(t)}{p_i(0)}\right)\right] = \sigma_i^2 t$$

である。

◆ポートフォリオ・ダイナミクス

$\sum_{i=1}^{n} w_i = 1$ をみたす重み $w_i (i = 1, 2, \ldots, n)$ を使って、n 資産のポートフォリオが構築されるものと仮定しよう。V をポートフォリオの価値とする。ポートフォリオの瞬間的な収益率は、個々の資産の瞬間的な収益率の加重和に等しいので、

$$\frac{\mathrm{d}V}{V} = \sum_{i=1}^{n} w_i \frac{\mathrm{d}p_i}{p_i}$$

$$= \sum_{i=1}^{n} \{w_i \mu_i \mathrm{d}t + w_i \mathrm{d}z_i\}$$

となる。確率項の分散は、

$$\mathrm{E}\left(\sum_{i=1}^{n} w_i \mathrm{d}z_i\right)^2 = \mathrm{E}\left[\left(\sum_{i=1}^{n} w_i \mathrm{d}z_i\right)\left(\sum_{j=1}^{n} w_j \mathrm{d}z_j\right)\right] = \sum_{i,j=1}^{n} w_i \sigma_{ij} w_j \mathrm{d}t$$

であり、ゆえに、価値 $V(t)$ は以下の値をもつ対数正規となる。

$$\mathrm{E}\left[\ln\left(\frac{V(t)}{V(0)}\right)\right] = \nu t = \sum_{i=1}^{n} w_i \mu_i t - \frac{1}{2}\sum_{i,j}^{n} w_i \sigma_{ij} w_j t \tag{18.5}$$

$\ln[V(t)/V(0)]$ の分散は、

$$\sigma^2(t) = \sum_{i,j}^{n} w_i \sigma_{ij} w_j t$$

である。以下のことに注意しよう。

$$\nu = \frac{1}{t}\mathrm{E}\left[\ln\left(\frac{V(t)}{V(0)}\right)\right]$$

ゆえに、ν はポートフォリオの成長率を表す。これは前節の m に似ている。重み係数 $w_1, w_2, \ldots, w_n$ の選択によって、この成長率をコントロールすることができる。

◆成長の意味

(18.5) 式は、大きな成長を得るためにボラティリティの出し入れがどのように効くかを説明している。ある特別な例として、n 個の資産が互いに無相関で、すべての資産は同じ平均と分散をもつものと仮定しよう。すなわち、資産の価格は、以下の過程にしたがうものとする。

$$\frac{\mathrm{d}p_i}{p_i} = \mu \mathrm{d}t + \mathrm{d}z_i$$

それぞれの $\mathrm{d}z_i$ の分散は $\sigma^2 \mathrm{d}t$ である。各株式の期待成長率は、$\nu = \mu - \frac{1}{2}\sigma^2$ である。いま n 個の株式が、それぞれ $1/n$ の重みでポートフォリオの中に含まれていると仮定しよう。(18.5) 式から、そのポートフォリオの期待成長率は、

$$\nu_{\text{port}} = \mu - \frac{1}{2n}\sigma^2$$

となる。出し入れが、$-\frac{1}{2}\sigma^2$ という修正項の大きさを削減し、それによって成長率が増加している。この例の場合、成長率は、単一の株式の ν よりも以下の分だけ増加する。

$$\nu_{\text{port}} - \nu = \frac{1}{2}\left(1 - \frac{1}{n}\right)\sigma^2 = \frac{1}{2}\left(\frac{n-1}{n}\right)\sigma^2$$

第 18 章　最適ポートフォリオ成長　　663

明らかに、もとの分散が大きいほど出し入れ効果は大きい。これを確信したあとでは、ボラティリティを楽しみ始めるだろう。投資に対して、第 6 章と第 7 章の 1 期間の理論を勉強した後のようにボラティリティを避けるのではなく、それを求めることになるであろう。ボラティリティはリスクと同義語ではない。ボラティリティは好機なのである。

例 18.6（役に立つボラティリティ）　　株式が 1 年あたり 15%の期待成長率と、20%の（対数の）ボラティリティをもつものと仮定しよう。これらはかなり典型的な値である。この場合、$\nu = \mu - \frac{1}{2}\sigma^2 = 0.15$ と $\sigma = 0.20$ となる。ゆえに、$\mu = 0.15 + 0.04/2 = 0.17$ である。同じ割合で、10 株式を組み合わせると（そして、無相関であると仮定することによって）、$(9/20) \times 0.04 = 1.8\%$ という具合に、全体の成長率を改善する。これはよい結果であるが劇的とは言えない。

　一方、個々のボラティリティが 40%であれば、成長率の改善は 7.2%となる。これは十分な大きさである。ボラティリティが 60%の場合には、改善率は 16.2%である。これは誠に申し分のない改善である。あいにくこのボラティリティの水準の場合、10 個の無相関な株式を見つけることは難しい。それゆえ実際には、より少ない利益で満足しなければならない[6]。

◆最大成長率をもつポートフォリオ

成長率 ν を最大化することによって、最適成長ポートフォリオを得ることができる。(18.5) 式を参照すると、これは以下の問題の重み $w_1, w_2, \ldots, w_n$ を求めることによって達成される。

$$\text{最大化} \quad \sum_{i=1}^{n} w_i \mu_i - \frac{1}{2} \sum_{i,j=1}^{n} w_i \sigma_{ij} w_j$$

$$\text{条件} \quad \sum_{i=1}^{n} w_i = 1$$

次節でこの問題を解く。

---

[6] もちろん手数料を考えれば、やたらと取引しすぎないように頭を冷やす必要がある。

18.6　実現可能領域

おなじみのマーコビッツのやり方にならって、νとσの2次元図表の上にポートフォリオをプロットすることができる。すべての実現可能なポートフォリオを構成する領域が、**実現可能領域**（feasible region）を定義する（図18.4を参照）。

しかしこの領域とマーコビッツの領域では、その一般的な形状に重要な相違がある。新しい領域は、無限に上方に広がっていない。その代わりに、対数最適ポートフォリオの成長率に相当するνの最大値が存在する。またマーコビッツの場合と同様に、σの最小点が存在する。これらの点を図の上に示した。

◆**効率的フロンティア**

再びマーコビッツの枠組みのように、境界の左上側に実行可能領域の**効率的フロンティア**（efficient frontier）を定義する。このフロンティアは、第18.4節の成長効率の命題が述べるように、成長の意味で効率的である。この場合効率的フロンティアはかなり限定されており、最小分散点と対数最適点の間の境界線によって構成される。

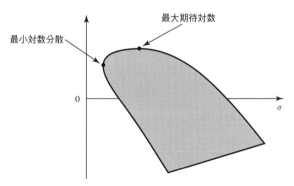

図 18.4　実現可能領域
　　実現可能領域には、最大期待対数値と最小対数分散値がある。

実際、強い意味での**2-ファンド定理**（two-fund theory）が得られる。すなわち、効率的フロンティア上のいかなる点も、最小分散ポートフォリオと対数最適ポートフォリオの組み合わせによって実現することができる。以下では、これを定理として記述する。証明ではベクトルと行列の表記法を使うことにする（証明は読みとばしても問題ない）。

2-ファンド定理 効率的フロンティア上のいかなる点も、そのフロンティア上の任意の2つの点の組み合わせとして実現することができる。特に2つの資産として、最小対数分散ポートフォリオと対数最適ポートフォリオを使うことができる。

証明：n 個の証券が存在するものと仮定する。$\mathbf{u} = (\mu_1, \mu_2, \ldots, \mu_n)$ とし、$\mathbf{w} = (w_1, w_2, \ldots, w_n)$ をポートフォリオの重みとしよう。$\mathbf{w}$ が効率的ならば、ある s に対して、次の問題の解になっていなければならない。

$$\text{最大化} \quad \mathbf{w}^T\mathbf{u} - \frac{1}{2}\mathbf{w}^T\mathbf{S}\mathbf{w}$$

$$\text{条件} \quad \mathbf{w}^T\mathbf{1} = 1$$

$$\mathbf{w}^T\mathbf{S}\mathbf{w} = s$$

ラグランジュ乗数 λ と $\gamma/2$ を導入することによって、以下のラグランジュ関数をつくる。

$$L = \mathbf{w}^T\mathbf{u} - \frac{1}{2}\mathbf{w}^T\mathbf{S}\mathbf{w} - \lambda(\mathbf{w}^T\mathbf{1} - 1) - \frac{1}{2}\gamma(\mathbf{w}^T\mathbf{S}\mathbf{w} - s)$$

1次の条件は、

$$\mathbf{u} - \mathbf{S}\mathbf{w} - \lambda\mathbf{1} - \gamma\mathbf{S}\mathbf{w} = \mathbf{0}$$

となる。ゆえに解は、

$$\mathbf{w} = \frac{1}{1+\gamma}\mathbf{S}^{-1}(\mathbf{u} - \lambda\mathbf{1})$$

となる。定数 λ と γ は、解 $\mathbf{w}$ がもとの問題の2つの制約式を満足するように定められる。

$\gamma = 0$ と設定することは、2番目の制約式が効いていないことを意味する。ゆえにこの解は、対数最適ポートフォリオに相当する。

すべての解は、2つのベクトル $\mathbf{S}^{-1}\mathbf{u}$ と $\mathbf{S}^{-1}\mathbf{1}$ の1次結合とな

> る。それゆえ、このような形の 2 つの解を用いて他のすべてのものをつくることができる。特に、対数最適な解と最小分散解を使うことができる。■

◆無リスク資産の導入

一定の金利 r_f の無リスク資産の存在を仮定しよう。この資産は、価格 $p_0(t)$ が次の方程式を満足する債券と考えることができる。

$$\frac{\mathrm{d}p_0(t)}{p_0} = r_f \mathrm{d}t$$

分散がゼロとなる資産の組み合わせは存在しないものと仮定すると、無リスク資産は効率的フロンティア上に存在する。実際それは最小分散点になる。したがって全体の効率的フロンティアを求めるには、対数最適点を求めることだけが必要となる。それをやることにしよう。

対数最適ポートフォリオは、リスク資産に対する重みの集合 $w_1, w_2, \ldots, w_n$ と無リスク資産に対する重み $w_0 = 1 - \sum_{j=1}^{n} w_j$ によって定義される。リスク資産に対する重みは、全体の成長率を最大にするように選ばれる。すなわち、以下の問題を解くことになる。

$$\max \left[\left(1 - \sum_{j=1}^{n} w_j \right) r_f + \sum_{j=1}^{n} \left(\mu_i w_j - \frac{1}{2} \sum_{k=1}^{n} w_j \sigma_{jk} w_k \right) \right]$$

w_k に関して微分をとり 0 とおくと、対数最適ポートフォリオに対する方程式 $\mu_i - r_f - \sum_{j=1}^{n} \sigma_{ij} w_j = 0$ を得る。これを以下にまとめておく。

> **対数最適ポートフォリオ** 無リスク資産が存在するとき、対数最適ポートフォリオのリスク資産の重みは、
>
> $$\sum_{j=1}^{n} \sigma_{ij} w_j = \mu_i - r_f, \quad i = 1, 2, \ldots, n \tag{18.6}$$
>
> を満足する。

(18.6) 式は、n 個の重みに関する n 本の連立 1 次方程式である。

無リスク資産を含む効率的フロンティアを図 18.5 に示した。この図から、ほとんどの投資家が、実際に対数最適点に相当する戦略を望んでいないことは明らかである。

その理由は、標準偏差を 1 次のオーダーで減少させるには、期待（対数）値を 2 次オーダーで減らすしかなく、そうしても効率的フロンティアに沿ってわずかに左に動くだけだからである。

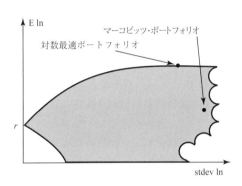

図 18.5 実行可能な成長率の領域
マーコビッツ・ポートフォリオは成長の意味で効率的ではない。

マーコビッツ戦略は、マーコビッツ・ポートフォリオの重みを使い、定期的にリバランスをすることによって定義することができる。この戦略は、期待対数分散基準に関しては非効率的になるだろう。

例 18.7（単一のリスク資産） 価格 S の株式と価格 B の無リスク債券があるものと仮定しよう。これらの価格は以下の方程式にしたがう。

$$\frac{dS}{S} = \mu dt + \sigma dz$$

$$\frac{dB}{B} = r_f dt$$

ここで z は標準ブラウン運動過程である。対数最適戦略は、(18.6) 式によって与えられる株式に対する重みをもつ。この場合それは、

$$w = (\mu - r_f)/\sigma^2$$

になる。対応する最適成長率と分散は、

$$\nu_{\text{opt}} = r_f + \frac{(\mu - r_f)^2}{2\sigma^2}$$

$$\sigma_{\text{opt}}^2 = \frac{(\mu - r_f)^2}{\sigma^2}$$

となる。

いくつかの数値を考えてみよう。株式は、15%の期待成長率と20%の標準偏差をもつと仮定しよう。また、無リスク金利は10%と仮定する。$\sigma = 0.20$、$\nu = \mu - \frac{1}{2}\sigma^2 = 0.15$ である。これは、$\mu = 0.17$ であることを意味する。$w = 1.75$ である。これは、株式の保有をレバレッジするために、無リスク資産を借りることを意味する。また、ν の最適値は、$\nu_{\text{opt}} = 0.10 + (0.07)^2/0.08 = 16.125\%$ である。これは、株式のみをもつ場合に得られる15%よりもわずかな改善である。さらに新しい標準偏差は、$0.07/0.20 = 35\%$ である。これは株式の標準偏差よりも悪い。その状況を図18.6に示した。

対数最適戦略は、期待値をあまり大きく改善せず、分散を著しく悪くする。高い分散をもつさまざまな株式間で資金を出し入れする機会がある場合には、対数最適アプローチによって劇的な改善を行うことができるが、それがなければ対数最適アプローチはあまり役に立たないことを示している。

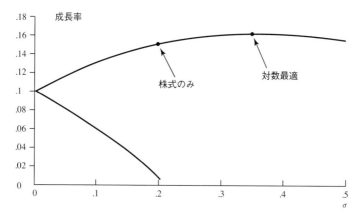

図18.6　1つの株式と無リスク資産に対する実現可能領域
対数最適戦略は、標準偏差の増大という犠牲を払っても、株式のみをもつ場合に比べて成長率をわずかしか改善できない。

例 18.8（3 つの株式） 価格が次の方程式にしたがう 3 つのリスク株式があるものと仮定しよう。

$$\frac{dS_1}{S_1} = 0.24dt + dz_1$$

$$\frac{dS_2}{S_2} = 0.20dt + dz_2$$

$$\frac{dS_3}{S_3} = 0.15dt + dz_3$$

$d\mathbf{z}$ の共分散は、

$$\begin{bmatrix} 0.09 & 0.02 & 0.01 \\ 0.02 & 0.07 & -0.01 \\ 0.01 & -0.01 & 0.03 \end{bmatrix}$$

である。無リスク金利は 10% である。これに対応する成長率を計算すると、$\nu_1 = 19.5\%$、$\nu_2 = 16.5\%$、$\nu_3 = 13.5\%$ となる。

(18.6) 式を参照すると、対数最適ポートフォリオの重みは、以下の方程式を満足する。

$$0.09w_1 + 0.02w_2 + 0.01w_3 = 0.14$$
$$0.02w_1 + 0.07w_2 - 0.01w_3 = 0.10$$
$$0.01w_1 - 0.01w_2 + 0.03w_3 = 0.05$$

その解は、

$$w_1 = 1.05$$
$$w_2 = 1.38$$
$$w_3 = 1.78$$

となる。μ_{opt} は個々の μ の加重和となる。すなわち、$\mu_{\text{opt}} = 1.05 \times 0.24 + 1.38 \times 0.20 + 1.78 \times 0.15 + (1 - 1.05 - 1.38 - 1.78) \times 0.10 = 0.4742$ である。そして、

$$\begin{aligned}
\sigma_{\text{opt}}^2 &= \sum_{i,j=1}^{3} w_i w_j \sigma_{ij} \\
&= 0.09(1.05)^2 + 0.02(1.05)(1.38) + 0.01(1.05)(1.78) + 0.02(1.38)(1.05) \\
&\quad + 0.07(1.38)^2 - 0.01(1.38)(1.78) + 0.01(1.78)(1.05) \\
&\quad - 0.01(1.05)(1.38) + 0.03(1.78)^2
\end{aligned}$$

$$= 0.3742$$

である。ゆえに、$\sigma_{\text{opt}} = 61.17\%$ である。成長率は、

$$\nu_{\text{opt}} = \mu_{\text{opt}} - \frac{1}{2}\sigma_{\text{opt}}^2 = 28.71\%$$

である。

図18.7は3つの株式に対応する点と実現可能領域の境界の一部分を示している。

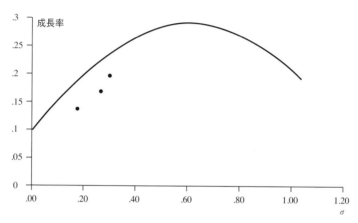

図 18.7　3つの株式の例の境界点
3つの株式は、無リスク資産とともに、対数平均と対数分散に関して最適な点の境界を定義する。

18.7　対数最適価格公式[*]

対数最適戦略［によって得られるポートフォリオ］は、普遍的な価格付け資産として、重要な役割をもっている。その価格評価式を導くのは簡単である。以前のように、価格がそれぞれ以下のような幾何ブラウン運動にしたがう n 個のリスク資産があると仮定する。

$$\frac{\mathrm{d}p_i}{p_i} = \mu_i \mathrm{d}t + \mathrm{d}z_i, \quad i = 1, 2, \ldots, n$$

すべての i に対して、$\mathrm{E}(\mathrm{d}z_i) = 0$ なので、共分散 σ_{ij} は $\mathrm{E}(\mathrm{d}z_i\mathrm{d}z_j) = \sigma_{ij}\mathrm{d}t$ によって定義される。また、無リスク資産（資産番号0）の収益率を r_f とする。い

つも通り $\sum_{i=0}^{n} w_i = 1$ をみたす任意の重みの集合 $w_0, w_1, w_2, \ldots, w_n$ で、ポートフォリオを定義する。このポートフォリオの価値も幾何ブラウン運動にしたがう。資産 i の過程とポートフォリオの過程の共分散を $\sigma_{i,\text{port}}$ とする。

特別な場合として、添字 opt によって対数最適ポートフォリオを示す。このポートフォリオの分散を σ_{opt}^2、資産 i との共分散を $\sigma_{i,\text{opt}}$ で示す。

対数最適ポートフォリオと資産との共分散を評価することによって、対数最適ポートフォリオから、任意の資産の μ を求めることができる。実質的には、これが価格評価式である。なぜならばそれが、ドリフトと不確実性の間の関係を示すからである。価格評価式を（4つの異なる形式で）以下に示す。

対数最適価格評価式（LOPF） 　任意の株式 i に対し、以下の関係が成立する。

$$\mu_i - r_f = \sigma_{i,\text{opt}} \tag{18.7a}$$

$$\nu_i - r_f = \sigma_{i,\text{opt}} - \frac{1}{2}\sigma_i^2 \tag{18.7b}$$

同様に、

$$\mu_i - r_f = \beta_{i,\text{opt}}(\mu_{\text{opt}} - r_f) \tag{18.8a}$$

$$\nu_i - r_f = \beta_{i,\text{opt}}\sigma_{\text{opt}}^2 - \frac{1}{2}\sigma_i^2 \tag{18.8b}$$

である。ここで、$\beta_{i,\text{opt}} = \sigma_{i,\text{opt}}/\sigma_{\text{opt}}^2$ である。

証明： 結果は、対数最適戦略に対する方程式 (18.6)、すなわち、

$$\mu_i - r_f = \sum_{j=1}^{n} \sigma_{ij} w_j, \quad i = 1, 2, \ldots, n \tag{18.9}$$

から求められる。V が対数最適ポートフォリオの価値ならば、

$$\frac{dV}{V} = \sum_{j=1}^{n} w_j (\mu_j dt + dz_j)$$

となる。ゆえに、$\sigma_{i,\text{opt}} = \mathrm{E}(dz_i dz_{\text{opt}}) = \sum_{j=1}^{n} \sigma_{ij} w_j = \mu_i - r_f$

となる。ここで最後の等式は、(18.9) 式そのものである。これから (18.7a) 式が得られる。(18.7b) 式は、$\nu_i = \mu_i - \frac{1}{2}\sigma_i^2$ から得られる。

もう 1 つの数式を得るために、最初の価格評価式 [(18.7a) 式] を対数最適戦略そのものに適用すると、$\mu_{\text{opt}} - r_f = \sigma_{\text{opt}}^2$ を得る。(18.8a) 式はただちに得られる。(18.8b) 式は $\beta_{i,\text{opt}}$ の定義から直接求められる。∎

これらの評価式によれば、資産と対数戦略ポートフォリオの共分散が、その資産の瞬間的な期待超過収益を完全に決定する。$\mu - r_f$ に関する (18.7a) 式と (18.8a) 式を覚えるのは簡単である。なぜならば、それらは CAPM の方程式とそっくりだからである。これらの方程式は、単一の共分散として、またはベータタイプの公式として、瞬間的な期待超過収益を表現する。

例 18.9（再び 3 株式の例） 例 18.8 の 3 つの株式を考えよう。(18.7a) 式を使って、μ_1 を求めよう。S_1 と対数最適ポートフォリオの共分散は、

$$\mathrm{E}[\mathrm{d}z_1(w_1\mathrm{d}z_1 + w_2\mathrm{d}z_2 + w_3\mathrm{d}z_3)]$$
$$= [1.05 \times 0.09 + 1.38 \times 0.02 + 1.78 \times 0.01]\mathrm{d}t = 0.14\mathrm{d}t$$

となる。したがって、

$$\mu_1 = r_f + 0.14 = 0.24$$

となる。これは、最初に仮定した μ_1 と一致するので正しい。

$\nu - r_f$ に関する (18.7b) 式と (18.8b) 式は、最も大事な方程式である。なぜならば、ν は実際に観測される成長率だからである。(18.8b) 式、すなわち $\nu_i - r_f = \beta_{i,\text{opt}}\sigma_{\text{opt}}^2 - \frac{1}{2}\sigma_i^2$ を考えよう。低いボラティリティをもつ（すなわち、σ_i^2 が小さい）株式については、超過成長率はおおよそ $\beta_{i,\text{opt}}$ に比例する。これは CAPM の結果と同じである。より大きなリスクはより大きな成長をもたらす。しかしボラティリティが大きいと、$-\frac{1}{2}\sigma_i^2$ の項が作用して ν は減少する。特に、証券 i が対数最適ポートフォリオと無相関ならば、その成長率は無リ

スク金利よりも小さくなることに注意しよう。これはボラティリティが、無リスク資産にはない機会を与えるからである。

ボラティリティの項は、リスクと収益の関係が CAPM 理論のように線形ではなく、2次であることを意味している。この2次的な特徴を強調するために、(平均的には正しい仮定である) 任意の株式の σ がその β に比例しているものと仮定しよう。すなわち、$\sigma = \gamma\beta$ とする。ここで γ は定数である。すると、

$$\nu - r_f = \sigma_{\mathrm{opt}}^2 \beta - \frac{\gamma^2 \beta^2}{2}$$

となる。この関数のグラフを図 18.8 に示した。この曲線は、CAPM の伝統的なベータの図とは異なる形になることに注意しよう。それは、$\beta_{\mathrm{opt}} = \sigma_{\mathrm{opt}}^2/\gamma^2$ で最大値をとる放物線である。

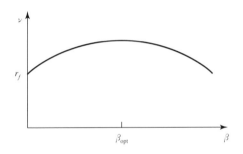

図 18.8　対数収益対ベータ

◆市場データ

多くの実物株式の集合を考えると、それが図 18.8 に示すような単一の曲線上に乗るとは思えない。なぜならば、真の関係は2つの自由度、すなわち β と σ をもつからである。しかしこれまで議論してきた理論によると、すべての株式が放物線に乗るような散布図を予想するであろう。何十年ものデータを含む市場収益に関する有名かつ包括的な研究の結果を用いて、これを調べることができる[7]。図 18.9 と図 18.10 に示されたデータは、その研究からとったものである。図は、1963 年から 1990 年までの期間にわたる、月次ベースで計算された年間収益を示している。もちろん、研究で使われた β は対数最適ポートフォリオではなく、市場収益に基づく通常の β である。この研究は、CAPM によって予測される伝統的な関係は成立しないことを主張するために使われた。なぜな

---

[7] これは、章の最後で引用されている Fama と French の研究である。その文献の表 1 を参照。

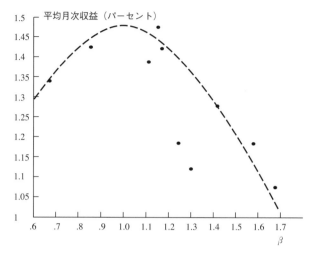

図 18.9　中型企業に対する観測収益対 β
データは、収益が $\beta = 1$ の周りでピークをもち、β に関してほぼ 2 次的であるという LOPF の結論を支持している。

らば、明らかに収益は β に比例していないからである。それぞれの図に、点線の放物線を描いた。これを見ると、データは収益と β の間にはおよそ 2 次の関係があるという結論を支持している。これを理解するために、LOPF は投資家の行動とは独立であることを強調しておこう。それは数学的な恒等式にすぎない。したがって、市場の研究で検証できるのは、株式価格がモデルによって仮定されたように、実際に幾何ブラウン運動過程にしたがうかどうかという点だけである。実際、収益は対数正規に近いので、対数最適価格付けモデルもまたほぼ正しいものとなるはずである。

18.8　対数最適価格付けとブラック–ショールズ方程式[*]

　対数最適価格評価式は、派生資産に適用することができる。その結果得られる式は、まさにブラック–ショールズ方程式そのものである。ゆえに、重要なブラック–ショールズ方程式の新しい解釈を得ることができる。またこれによって LOPF の威力がわかる。対数最適価格評価式は、ブラック–ショールズ方程式よりも一般的である。なぜなら対数最適価格評価法は、派生資産だけでなくよ

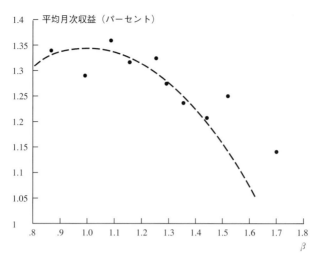

図 18.10 すべての証券のクロスセクションに対する観測収益対 β
データは、収益は $\beta = 1$ でピークをもち、β に関してほぼ 2 次的であるという LOPF の結論を支持している。

り一般に適用可能だからである。

標準的なブラック-ショールズの枠組みにならって、原資産の価格は幾何ブラウン運動過程、

$$dS = \mu S dt + \sigma S dz$$

にしたがうものと仮定しよう。ここで、z は標準ウィーナー過程である。また、金利は一定値 r をとるものと仮定しよう。最後に株式の派生資産の価格は、ある（未知な）関数 F に対して、$y = F(S, t)$ と書けるものと仮定しよう。

価格 y はそれ自体の伊藤過程にしたがって確率的に変動する。この過程の方程式は、伊藤の定理によって、

$$dy(t) = \left(\frac{\partial F}{\partial S} \mu S + \frac{\partial F}{\partial t} + \frac{1}{2} \frac{\partial^2 F}{\partial S^2} \sigma^2 S^2 \right) dt + \frac{\partial F}{\partial S} \sigma S dz \qquad (18.10)$$

となる。(18.10) 式の左辺を $y(t)$ で割り、右辺を $F(S, t)$ で割れば、派生資産の瞬間的な収益率に対する方程式が得られる。右辺の最初の項は、瞬間的な収益率の期待値である。それは派生資産の μ なので、これを μ_{deriv} と呼ぶことにする。すると $\mu_{\text{deriv}} - r$ は、派生資産の瞬間的な収益と対数最適ポートフォリオの共分散に等しくなければならない。この方程式を書けば最後の結果が得られ

る。これを実行する前に、まず対数最適ポートフォリオを求めよう。

対数最適ポートフォリオは、株式と無リスク資産の組み合わせである。派生資産は、これらの2資産によって達成される収益を大きくすることはできない。なぜならそれは、定義により派生資産だからである。したがって対数最適ポートフォリオは、例 18.7 で求めた組み合わせである。具体的には、株式の重みが $w = (\mu - r)/\sigma$ となる組み合わせである。

この結果、対数最適価格評価式を直接的に以下のように書くことができる。

$$\frac{1}{F}\left(\frac{\partial F}{\partial S}\mu S + \frac{\partial F}{\partial t} + \frac{1}{2}\frac{\partial^2 F}{\partial S^2}\sigma^2 S^2\right) - r = \frac{1}{F}\left(\frac{\partial F}{\partial S}\sigma S\right)\left(\frac{\mu - r}{\sigma}\right)$$

左辺は、$\mu_{\text{deriv}} - r$ そのものである。ここで μ_{deriv} は派生資産の期待瞬間収益である。それは、(18.10) 式の右辺の最初の部分を F で割り、r を引くことによって求められる。右辺は対数最適ポートフォリオと派生資産の共分散である。派生資産と対数最適ポートフォリオの価格は両方とも確率項は $\mathrm{d}z$ だけなので、その共分散を評価するためには、瞬間的な収益率の式において対応する係数同士を掛けるだけでよい。最初の部分は、まさに (18.10) 式の $\mathrm{d}z$ の係数を F で割ったものであり、2 番目の部分は例 18.7 で求めたように、対数最適ポートフォリオの標準偏差である。

方程式に F を掛け、μ を含む2つの同一の項を相殺して簡単化すると、以下の式を得る。

$$\frac{\partial F}{\partial t} + \frac{\partial F}{\partial S}rS + \frac{1}{2}\frac{\partial^2 F}{\partial S^2}\sigma^2 S^2 = rF$$

これはブラック–ショールズ方程式である。

この結果、ブラック–ショールズ方程式には4つの異なる解釈が可能である。1番目は、無裁定についての解釈である。これは、2つのリスク資産の組み合わせは無リスク資産を生み出し、その収益率は無リスク金利と同一でなければならないという観察に基づいている。2番目は、リスク中立価格評価式を用いて後向きに解を求める過程である。3番目は、価格公理に基づいている。4番目は、対数最適価格評価式の特別な場合である。

18.9 まとめ

（投資回転盤への賭け、または株式ポートフォリオの定期的なリバランスのような）一連の同じ予想のもとでの反復投資の機会が与えられたとき、資本に対する長期的な効果に関して可能な投資戦略を比較するのが賢明なやり方であ

る。このための、1つの有益な尺度は期待資本成長率である。機会の確率的な特性が同一であれば、この尺度は1回の試行の収益の期待対数と同じである。言い換えると、長期的な期待資本成長は、各試行における収益の期待対数を最大化する戦略を選択することによって最大化することができる。これが対数最適戦略である。

2倍になるか、ゼロになるかの賭けに対する対数最適戦略は、ケリー・ルールとして知られている。このルールによれば、勝つ確率 p が0.5よりも大きければ、富の $2p-1$ の割合を賭けるべきであり、そうでなければ、何も賭けるべきでない。

株式に対する対数最適戦略は、各株式への資本の投資比率を一定に保つように、各期間でリバランスを行うことによって、変動する株式間で資金を出し入れすることである。この戦略は平均的に、「低いときに買い、高いときに売る」という行動原理に自動的にしたがっている。株式に対する対数最適アプローチは、数学的には離散時間の枠組みよりも連続時間の枠組みを使った方が扱いやすい。というのは、連続時間の枠組みでは、対数最適戦略と期待成長率に対する陽な公式が得られるからである。2次最適化問題を解くことだけが必要である。期待成長率に対して得られる公式は、明らかに出し入れ効果の源泉を示している。基本的に、成長率は $\nu = \mu - \frac{1}{2}\sigma^2$ である。資産がある重みで組み合わされているとき、得られる μ は個々の μ をその重みで組み合わせたものになる。しかし、σ^2 はより大きく削減される。なぜならそれは、個々の σ^2 に重みの2乗を掛け合わせているからである。したがって得られる ν は、個々の ν の重みで組み合わせたものよりも大きくなる。ゆえに ν は、ボラティリティ項の削減効果によって大きくなる。

成長効率の命題は、どの投資家も収益の対数の平均と分散の項だけで戦略を評価すべきであると述べている。この結果、期待対数収益対対数収益の標準偏差を示す効率的フロンティアの概念が導かれる。成長効率的な投資家は、この効率的フロンティア上の点を選ぶ。このフロンティアは、対数最適点と最小対数分散点という2つの端点をもっている。この枠組みにおける2-ファンド定理によれば、いかなる効率的フロンティアの点も、これらの2つの端点ポートフォリオの組み合わせである。無リスク資産があるならば、これを最小対数分散点として使うことができる。

対数最適ポートフォリオは、価格付けポートフォリオとして、特別な役割を果たす。具体的には、任意の資産 i について、$\mu_i - r_f = \sigma_{i,\text{opt}}$ となる。すなわち、資産の期待超過瞬間収益は、その資産と対数最適ポートフォリオの共分散に等しい。こ

の方程式、すなわち対数最適価格評価式（LOPF）を、$\nu_i - r_f = \beta_{i,\text{opt}} \sigma_{\text{opt}}^2 - \frac{1}{2}\sigma_i^2$ に変換することができる。これは成長率 ν_i が、CAPM のように $\beta_{i,\text{opt}}$ とともに増加する傾向がある一方、σ_i^2 とともに減少することを示している。大まかに言って、証券市場線が線形ではなく、2次関数として導かれるということである。経験的な事実はこの結論を支持している。

対数最適価格評価式（LOPF）の威力は、ブラック-ショールズ偏微分方程式が LOPF から直接得られるという事実によって示されている。しかし LOPF は、派生証券の価格付けに限定されない一般的な結果なのである。

練習問題

1. （簡単な回転盤の戦略） 投資回転盤に対して、$(\gamma, 0, 0)$ の形の戦略を考える。n 段階後で、資金に掛ける総係数は、$(1+2\gamma)^{n/2}(1-\gamma)^{n/2}$ となることを示せ。この係数を最大にする γ の値を見つけよ。
2. （状態宝くじのやり方） ある状態宝くじにおいて、6つの数字をランダムに引く前に、人々は8つの数字を選択する。だれかの選択がその6つの数字を含むならば、彼らは多額の賞金を受け取るが、この賞金は他の勝者と分けなければならない。ビクターは、いくつかの数字は「不人気」で、宝くじの参加者によってほとんど選ばれないことを発見した。彼の計算では、これらの数字を選ぶと、1ドルの宝くじに対して、100万回に1回、1,000万ドルを勝ち取る機会がある。10対1で彼が勝つということである。ビクターの現在の財産は、10万ドルであり、その期待対数を最大化したい。
   (a) ビクターは宝くじを買うべきか。
   (b) ビクターは友人と資金プールをつくることによって、宝くじの一部を買うことができることを知っている。宝くじのどの割合が最適であるか。
3. （簡単な政策） 例 18.2 に対する最適政策が $(\frac{1}{2}, \frac{1}{2})$ であることを示せ。
4. （一般的な賭けの回転盤 ◇） n 個の領域をもつ回転盤を考える。回転盤のポインターが領域 i を指したなら、その領域の 1 単位の賭け金に対して r_i が支払われる。領域 i を指す確率は、$p_i, i = 1, 2, \ldots, n$ である。α_i を領域 i に賭けられる資金の割合としよう。$\sum_{i=1}^n \alpha_i \leq 1$ かつ $\alpha_i \geq 0 (i = 1, 2, \ldots, n)$ である。
   (a) 以下の数式を解くことによって、最適成長戦略が得られることを示せ。

$$\max \sum_{j=1}^{n} p_j \ln \left(r_j \alpha_j + 1 - \sum_{i=1}^{n} \alpha_i \right)$$

(b) すべての $i = 1, 2, \ldots, n$ に対し、$\alpha_i > 0$ であることを仮定すると、その最適値はすべての $k = 1, 2, \ldots, n$ に対して以下の数式をみたすことを示せ。

$$\frac{p_k r_k}{r_k \alpha_k + 1 - \sum_{i=1}^{n} \alpha_i} - \sum_{j=1}^{n} \frac{p_j}{r_j \alpha_j + 1 - \sum_{i=1}^{n} \alpha_i} = 0$$

(c) $\sum_{i=1}^{n} 1/r_i = 1$ を仮定しよう。この場合、解は、$\alpha_i = p_i, i = 1, 2, \ldots, n$ であることを示せ。

(d) 例 18.5 で与えられる回転盤に対し、最適解を求め、対応する最適成長率を決定せよ。

5. （再び、回転盤上で ◇） 練習問題 4 の記号を使って、$\sum_{i=1}^{n} 1/r_i = 1$ を仮定する。このとき、α_k の 1 つが 0 になる解を求めよう。領域は、すべての $i = 1, 2, \ldots, n$ に対して、$p_n r_n < p_i r_i$ をみたす順序で並んでいる。したがって、領域 n は「最悪」の領域である。

(a) $\alpha_n = 0$ で、他の α_i が正のときの解を求めよ。

(b) 例 18.5 の回転盤に対し、この解を評価せよ。

6. （ボラティリティの出し入れ） n 個の株式があると仮定しよう。価格はすべて幾何ブラウン運動にしたがうものと仮定する。それぞれ、$\nu_i = 15\%$ で、$\sigma_i = 40\%$ である。ただし、これらの株式は相関をもつ。簡単化のため、すべての $i \neq j$ に対して、$\sigma_{ij} = 0.08$ と仮定する。各株式に同じ比率で投資したポートフォリオの ν の値はいくらか。

7. （ダウ・ジョーンズ平均・パズル） ダウ・ジョーンズ工業平均は、30 社の工業株の価格を、すべて同じ重みで加重平均したものである（ただし、重みの合計は 1 よりも大きくなる）。ときおり（およそ年に約 2 回）、30 株式の 1 つが株式分割を行う（通常その理由は、価格が 1 株あたり、100 ドル近い水準に達したためである）。これが起こると、すべての重みを、それぞれ ε の大きさを加えて、上方に調整する。ここで ε は、ダウ・ジョーンズ工業平均が連続的であるように選ばれる。

　ガビン・ジョーンズの父の D. ジョーンズ氏は 10 年間にわたって次の投資戦略を用いてきた。その 10 年間の初めに、ジョーンズ氏はダウ・ジョーンズ平均の中の 30 株式をそれぞれ 1 株ずつ購入する。株券を引き出しの

中にしまって、それ以上の取引はしない。配当があれば消費する。株式分割に伴い、追加の株式が送られてきたら、それを他の株券と一緒に引き出しの中に放り込んでおいた。10年目の終わりに、すべての株券を現金化した。ジョーンズ氏は、最初にかかった費用と最終的な価値の比率を、10年前から今までのダウ・ジョーンズ工業平均の仮想的な収益と比較してみた。そして、そこに違いがあるのを見て驚いた。どちらの収益が大きいと思うか。それはなぜか（取引費用を無視せよ。そして、30株式すべては10年間ダウ・ジョーンズ平均に残っていると仮定せよ）〔実際に測ってみると、年あたり1％ほど異なっている〕。

8. （ベキ乗効用）　株価が以下の式にしたがう。

$$\frac{dS}{S} = \mu dt + \sigma dz$$

ここで、z は標準ウィーナー過程である。金利は r で一定とする。投資家は、すべての時点 t で、ベキ乗効用 $U(X) = (1/\gamma)X^\gamma, \gamma < 1$ の期待値を最大にする、これらの2資産のコンスタント・リバランス・ポートフォリオを構築したいと思っている。リスク資産に投資される比率 w は、$w = (\mu - r)/[(1-\gamma)\sigma^2]$ となることを示せ。次の手順を用いよ。

(a) 以下を示せ。

$$X(t) = X(0)e^{\{rt + w(\mu-r)t - w^2\sigma^2 t/2 + wn\sigma\sqrt{t}\}}$$

ここで、n は、平均0、分散1の正規分布にしたがう確率変数である。

(b) $E(e^{an}) = e^{a^2/2}$ を用いて、以下を示せ。

$$E[U(X(t))] = \frac{1}{\gamma}e^{\gamma[rt + w(\mu-r)t - w^2\sigma^2 t/2] + \gamma^2 w^2 \sigma^2 t/2}$$

(c) w を求めよ。

9. （長期間ポートフォリオ）　あなたが長期成長率の最大化を目標にして、年金基金を運営しているものとする。3資産が利用可能である。資産1は無リスク資産で収益率は5％である。資産2と資産3はそれぞれ幾何ブラウン運動にしたがっていて、そのパラメータ値は次の通りである。$\mu_2 = 0.1$, $\mu_3 = 0.15$, $\sigma_2 = 0.3$, $\sigma_3 = 0.4$, $\rho = 0.5$。ここで、ρ は2つのブラウン運動間の相関係数である。最適なポートフォリオ・ウェイトはいくらか。

10. （リバランス間隔）　リバランス頻度に対する対数最適性の感度を調べよう。金利0％の無リスク資産と株式で構成される市場を考えよう。株式は1年後に、等確率で $a > 1$ 倍に増えるか、もしくは $1/a$ 倍に減少する。

- (a) この状況での対数最適ポートフォリオを求めよ。
- (b) ポートフォリオが 2 年ごとにリバランスされるとしよう。この場合の対数最適ポートフォリオを求めよ。
- (c) $a = 2$ の場合、(a) と (b) の成長率はいくらか [成長率は対数成長率の年あたり期待値である]。

11. (リスク中立と対数最適)　価格が 1 で、2 項分布にしたがう 2 つの資産を考える。1 番目の資産は期末に、確率 p で 3 もしくは確率 $1-p$ で 0 を支払う株式である。2 番目の資産は無リスクで、期末に R を支払う資産である。

- (a) 富の α の割合を株式に投資し、残りの $1 - \alpha$ を無リスク資産に投資するポートフォリオを設定する。α の対数最適値を求めよ。
- (b) この状況でのリスク中立確率はいくらか。
- (c) $p = q$ ならば、α の値はいくらか。

12. (投資回転盤)　投資回転盤によって、買った場合には賭け金の n 倍をもらい、負けた場合には何ももらえないゲームが行われる。あるギャンブラーは勝つ確率が $1/n$ ではなく、$\alpha/n (\alpha > 1)$ になるように、投資回転盤を制御する装置を開発した。

- (a) 1 ドルで始めるとすると、対数最適となるためには、ギャンブラーはいくら賭けるべきか。
- (b) 1 回の賭けのあとで、富の期待対数値はいくらになるか。
- (c) n は極めて大きな整数とし、ギャンブラーは n 回この戦略を使うとしよう。n が無限に大きくなるとき、最終的な富の期待対数値を n の関数として記述せよ。
- (d) n を百万とする。百万ドルをもっているとき、一番最初にいくら賭けるべきか。百万回の賭けの後の期待利益はいくらになるか。

13. (ベキ乗効用をもつ投資家)　$F(S) = \frac{1}{\gamma} S^{\gamma} \, (\gamma \leq 1)$ となるベキ乗効用関数を考えよう。n 資産が利用可能であり、各資産は幾何ブラウン運動にしたがうとしよう。また、無リスク資産の収益率は r とする。これらのポートフォリオは、$dP = \mu P dt + \sigma P dz$ の確率過程にしたがう。

- (a) ベキ乗効用をもつ投資家は、$\mu + \frac{1}{2}(\gamma - 1)\sigma^2$ を最大化することを示せ。
- (b) $\text{cov}(P_{\text{opt}}, S_i)$ を用いて、$\mu_i - r$ に対する価格公式を求めよ。ここで、P_{opt} はベキ乗効用をもつ投資家の最適ポートフォリオである。

14. (ポートフォリオの感度)　株式と債券が次の方程式にしたがうものとし

よう。

$$dx = \mu x dt + \sigma x dz$$
$$dB = rBdt$$

期待対数収益を最大化するように、これらの 2 つの証券のポートフォリオを構築するのが望ましい。ただし、σ と r は確実なパラメータであるが、μ は不確実なパラメータである。μ の最良推定値は $\hat{\mu} = \mu + \varepsilon$ の形で求められる。ここで、ε の平均はゼロで、分散は w^2 である。

(a) α を株式に投資する富の割合、$1 - \alpha$ を債券に投資する割合とする。μ が既知であるとき、α が与えられたら、ポートフォリオの収益率 dP/P を表す方程式はどうなるか。

(b) μ が既知の場合の最適期待対数収益率はいくらか。それを R_O と呼ぶことにする。

(c) $\hat{\mu}$ が真の μ であると信じて α を決定すると、最適な期待対数収益率は（平均的に）いくらになると思うか。それを R_T と呼ぶことにする。R_T を R_O と比較せよ。

(d) α を求めるために、推定値 $\hat{\mu}$ を使うならば、平均的に得られる実際の対数収益率はいくらか。それを R_A と呼ぶことにする。R_A を R_O と比較せよ。

(e) $\hat{\mu}$ を n 年にわたる株式の平均対数収益率として推定するものとしよう。比率 w^2/σ^2 はいくらか。もし、5 年間のデータを利用して推定し、期待される最適対数収益率が年あたり 15% ならば、R_T と R_A の値はいくらか。

15. （離散時間、対数最適価格評価式） n 個の資産を仮定しよう。資産 i, $i = 1, 2, \ldots, n$ の 1 期間の収益率は r_i である。また、無リスク資産の収益率は r_f である。1 期間の対数最適ポートフォリオの収益率は r_0 であり、$P_0 = 1/(1 + r_0)$ と定義する。

(a) 以下の価格評価式を求めよ。

$$\overline{r}_i - r_f = -\frac{\text{cov}(r_i, P_0)}{\text{E}(P_0)}$$

(b) 長さ Δt の微小期間における資産 i の収益は $1 + \mu_i \Delta t + n_i \sqrt{\Delta t}$ であると仮定しよう。ここで、n_i は平均 0、分散 σ_i^2 の正規分布にしたがう確率変数である。(a) における離散時間の価格評価式は、$\Delta t \to 0$

のときの極限では、第 18.7 節で与えられた連続時間の対数最適価格評価式になることを示せ。

参考文献

反復投資の状況において、対数効用関数を用いると特別有利なことは、Kelly [1] と Latané [2] によって最初に発見された。Breiman [3] によってこの理論はより完全なものになった。漸近的な性質の優れた議論については [4] を参照。長期の行動において重要なのは、期待対数と対数の分散の 2 つの量だけであるという考え方は [5] に示されている。対数最適ポートフォリオが価格付けのために使われるという事実は、[6] の中で示された。[7] は証券の収益に関する古典的な実証研究である。

1. Kelly, J. L., Jr. (1956), "A New Interpretation of Information Rate," *Bell System Technical Journal*, **35,** 917–926.
2. Latané, H. (1959), "Criteria for Choice among Risky Ventures," *Journal of Political Economy*, **67,** 144–155.
3. Breiman, L. (1961), "Optimal Gambling Systems for Favorable Games," Fourth Berkeley Symposium, vol. I, 65–78.
4. Algoet, P. H., and T. M. Cover (1988), "Asymptotic Optimality and Asymptotic Equipartition Properties of Log-Optimum Investment," *Annals of Probability*, **16,** 876–898.
5. Luenberger, D. G. (1993), "A Preference Foundation for Log Mean–Variance Criteria in Portfolio Choice Problems," *Journal of Economic Dynamics and Control*, **17,** 887–906.
6. Long, J. B., Jr. (1990), "The Numeraire Portfolio," *Journal of Financial Economics*, **26,** 29–69.
7. Fama, E. F., and K. R. French (1992), "The Cross-Section of Expected Stock Returns," *Journal of Finance*, **47,** no. 2, 427–465.（特に表 1 を参照）

第19章
一般の投資評価

本章の主題は、これまで学んできたものより複雑なキャッシュ・フローに対して、**現在価値**（present value）の基本概念を拡張することである。

19.1 一般化現在価値

これまでの章において、市場を定義する既存の資産の集合との関連で現在価値が定義されることを学んだ。たとえば、確定的な1期間システムにおいて、現在価値の最も単純な基礎的評価尺度は、既存の金利に関連づけられる。後に、複数期間にわたる確定的なシステムにおいては、現在価値は金利の期間構造に依存していることを知った。リスクのある1期間システムでは、CAPMによって所与の資産の現在価値と見なすことができる価格が与えられる。また、その評価尺度は、市場に存在している資産群と当該資産との関係に依存している。

本章では、市場は概ね多期間（もしくは連続時間）で、ランダムなキャッシュ・フローをもつ資産が存在する場合を考える。価格付けしたい資産のキャッシュ・フローも同様に多期間かつランダムである。しかしながら、資産のランダムさは他の資産と必ずしも正確に連動しているとは限らず、そのかわりに既存の市場の外部にあるランダムなファクターにしたがいうるという点において、派生証券より複雑である。ある連続時間の設定のもとでは、価格付けの公理と射影法を用いて取引不可能な資産を評価することができる。これはブラック-ショールズ方程式の一般化に相当する。

◆プロジェクトと投資機会

われわれが考察する資産は、通常有限な期間で終了するプロジェクト、あるいは投資機会と見なすことができる。たとえば、第2章の木材の伐採を思い起

こそう。1つのケースとして、営林事業を、土地の購入、植林、伐採からなる、数年間にわたる1期間のプロジェクトと見なすことができる場合を扱った。この場合、現在価値分析を用いることは理にかなっている。一方、営林事業を、拡大し続ける植林と伐採のサイクルに対する継続的な再投資と見なすこともできる。このような事業は、(第18章の投資回転盤と似た) **内部収益率** (internal rate of return) を拡張して検討する方が自然である。投資後にキャッシュ・フローが生じる通常のベンチャービジネスも、プロジェクトの一種であるが、金融派生証券の類似物と見なすことができる。たとえば、企業の株価に対してではなく収益に対するオプションは、この一例である。このオプションは厳密に言えば派生証券ではない。なぜならば、収益に対する原資産は存在しないからである。

ここで概要を述べたタイプのプロジェクト、あるいは投資機会に対して現在価値を求めるためには、市場環境の特性を記述しなければならない。一般にこの特性とは、キャッシュ・フロー過程の確率的性質のことである。これらの性質は、ここまでに用いてきた格子、ツリー、伊藤過程などの構造を用いてモデル化することが可能である。場合によっては、より多くの構造を含むようにモデルを拡張する。

19.2　多期間証券[*]

まず最初に[1]、第11章での議論を一般化して、離散時間・多期間・有限状態の証券を記述する枠組みをつくることから始めよう。多期間モデルの基礎となるのは、図19.1に示した状態の推移を表すグラフ(通常はツリーまたは格子状のグラフ)である。左側のノードは時刻 $t = 0$ における出発点を表す。確率過程は、時刻 $t = 1$ においてその後継ノードのどれか1つに移動する。各枝に推移確率が付与される。どの確率もゼロ以上で、各ノードから出ている枝の確率の和は1でなくてはならない。

グラフ上のノードは、"金融空間のさまざまな状態" を表すものと考えることができる。状態の例としては、農作物価格に影響を及ぼすさまざまな気象条件や、賃金や利益に影響を及ぼす失業率、さらには金の価格などを考えればよい。グラフは関心のある金融問題を十分に表現するよう、十分な数の枝をもつことが必要である。特定の証券プロセスは、以下で見るように各ノードに価値や数量を割り当てることによって定義される。

---

[1] 最初は、この節は単に目を通すだけにして、後で必要になったときに参照すればよい。

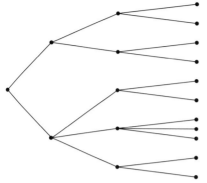

図 19.1 状態グラフ
各ノードは異なる状態を表す。このグラフはツリー構造グラフであるが、一般にはいくつかのノードは結合されている。

◆資産

　資産はキャッシュ・フロー・プロセスによって定義される。このために、グラフ上の各ノードにキャッシュ・フロー（もしくは配当）を割り当てる。このキャッシュ・フローを $\delta = (\delta_0, \delta_1, \ldots, \delta_T)$ と表す。ここで δ_t は時刻 t におけるキャッシュ・フローである。この δ_t は時刻 t で生起する状態に依存する確率変数である。つまり δ_t は t において起こりうるすべての状態を表している。

　各資産ごとに、$S = (S_0, S_1, \ldots, S_T)$ で表される価格プロセスが対応する。S_t は時刻 t でキャッシュ・フロー δ_t を受け取ったあとの取引に適用される価格を表す。S_t もまた、時刻 t でどのノードが実現されるかに依存する確率変数である。

　状態モデルを使うと、多数の資産を同時に表現することができる。資産が異なれば、キャッシュ・フロー・プロセスも価格プロセスも異なる。

　ここでグラフの構造を検討することにしよう。一番安全なのは、グラフを結合ノードのない完全なツリーにすることである。しかしその一方で、計算を行う際にはできる限り積極的にノードを結合して、格子表現にもち込むことを考える。そして効率のよい計算方法を組み立てるため、できる限りノードが分離しないよう工夫を施すのである。

◆ポートフォリオ戦略

　今 n 個の資産が存在するものとし、資産 $i\,(i = 1, 2, \ldots, n)$ が生み出す（確率的）キャッシュ・フロー・プロセスを $\delta^i = (\delta_0^i, \delta_1^i, \ldots, \delta_T^i)$ とする。また資産 i の価格プロセスを $S_i = (S_0^i, S_1^i, \ldots, S_T^i)$ とする。**取引戦略**（trading strategy）は、これらの資産のポートフォリオで、その構成は時間と特定のノードに依存

して決まる。取引戦略を θ と書く。θ_t^i は時刻 t におけるポートフォリオ中に含まれる資産 i の量を表す。ここで θ_t^i は状態に依存して決まる変数である。すなわち、$\theta^i = (\theta_0^i, \theta_1^i, \ldots, \theta_T^i)$ は各資産をどれだけ保有するかを表すプロセスで、それはもとになるグラフ上で定義される。

取引戦略は、キャッシュ・フロー・プロセス δ^θ に対応する新しい資産を定義する。ここで、

$$\delta_t^\theta = \sum_{i=1}^n \left[(\theta_{t-1}^i - \theta_t^i) S_t^i + \theta_{t-1}^i \delta_t^i \right]$$

で、すべての i について $\theta_{-1}^i = 0$ とする。この式の右辺の和の第 1 項は、時刻 t でポートフォリオを組み換えることに伴う資金の量を表す。第 2 項は、時刻 $t-1$ で保有していたポートフォリオから得られる配当を表す。

簡単な例として、時刻 $t=0$ で資産を価格 S で購入し、それを買い持ちする取引戦略を考えよう。この場合、キャッシュ・フロー流列は $(-S, \delta_1, \delta_2, \ldots, \delta_T)$ となる。

◆ 裁定

まったくコストをかけずにお金を手に入れることが保証される戦略が存在するものとしよう。このような戦略は**裁定**（arbitrage）である。形式的に言えば、取引戦略 θ は $\delta^\theta \geq 0$, $\delta^\theta \neq 0$ であるとき裁定である。すなわち θ は、その配当プロセスの少なくとも 1 つの要素が正で、残りすべてがゼロ以上の場合に裁定である。すでにこれまでの章で多くの例を示したので、これ以上多言を要しないであろう。

◆ 短期無リスク金利

時刻 $t+1$ における配当が $\delta_{t+1} = 1$ で、それ以外ではすべて配当がゼロとなる資産は、時刻 t において**短期無リスク**（short-term risk free）であるという。その時刻 t における価格 S_t は割引係数 $d_t = S_t$ と一致する。時刻 t でこの資産を購入すると、キャッシュ・フロー・プロセスは $(0, 0, \ldots, -S_t, 1, 0, \ldots, 0)$ となる。このような資産が存在しない場合でも、取引戦略によってそれを人工的に合成できる場合がある。この場合、短期無リスク借入が可能であるという。無リスク収益を $R_{t,t+1} = 1/d_t$ と定義する。

19.3　リスク中立価格付け

　ここで本書全体を通しての重要なテーマの 1 つである、リスク中立価格付けについて説明することにしよう。離散時間のアプローチを用いる。以下では前節で述べた通り、すべての t で無リスク金利が存在するものとする。この結果、ツリーの上のすべてのノードで短期金利を定義することができる。

　状態プロセス・グラフ上で定義される n 種の資産が存在するものとする。これらの資産を用いて、取引戦略によって新たな資産を構成することができる。各枝にリスクと確率を割り当て、すべての $t = 0, 1, 2, \ldots, T-1$ に対して、

$$S_t = \frac{1}{R_{t,t+1}} \hat{E}_t(S_{t+1} + \delta_{t+1}) \tag{19.1}$$

が成立するとき、この確率をリスク中立確率という。ここで $\hat{E}_t$ は時刻 t におけるリスク中立確率に関する期待値を表す。

　これは一度に 1 期間のみ、そして逆向きに定義されるものである。この公式は、S_t を実現可能な値 S_{t+1} と δ_{t+1} の関数として表したものである。

　考慮の対象となるすべての資産に対してリスク中立確率が存在するとは限らない。しかし裁定の機会が存在しないように価格が決まっているならば、リスク中立確率が存在する。これが次の定理が述べている内容である。リスク中立公式 (19.1) は単一期間公式なので、第 11 章の結果を用いてただちにこの定理を証明することができる。

> **リスク中立確率の存在**　n 資産の状態プロセスが与えられているものとする。また各時刻 t で無リスク借入が可能であるものとする。このときリスク中立確率が存在して、これらの資産の取引戦略がリスク中立価格公式、
>
> $$S_t = \frac{1}{R_{t,t+1}} \hat{E}_t(S_{t+1} + \delta_{t+1})$$
>
> をみたすための必要十分条件は、裁定の機会が存在しないことである。

証明：証明はすでに上で述べたことから明らかである。まずリスク中立確率が存在するならば、裁定の機会は存在しない。これを示すには、第16.3節で短期金利格子の場合に示した証明をそのままたどればよい。

以上より、裁定の機会がなければリスク中立確率が存在することを示せばよい。もしT期間にわたって裁定の機会が存在しないのであれば、ある特定の1期間tについても裁定は存在しない。第11章で示した通り、この場合、時刻tに対応するノードから出ている枝に対してリスク中立確率が存在する。これはすべての時刻tのすべてのノードについて成り立つので、完全なリスク中立確率が存在する。■

リスク中立価格公式(19.1)は、

$$S_t = \hat{\mathrm{E}}_t \left(\sum_{s=t+1}^{T} \frac{\delta_s}{R_{ts}} \right) \tag{19.2}$$

と書くこともできる。ここで$\hat{\mathrm{E}}_t$は、時刻tにおけるある既知のノードを出発点として、すべての将来の量に関する期待値をとることを意味する。この式はS_tが、それ以後の時点で得られるすべてのキャッシュ・フローのリスク中立評価値を、現在価値に割り引いたものに等しいことを示している。これは確定的なキャッシュ・フローに関する現在価値公式を一般化したものになっている。しかしこの公式は、実際にR_{ts}を求める上では不便である。なぜならR_{ts}を計算するには、完全なツリー表現が必要となるからである（練習問題2を参照）。もちろん、金利が確定的な場合のように、結果をより簡単に表せることもある。

19.4　最適な価格付け

前述の定理によれば、資産の間に裁定の機会が存在しない場合、リスク中立確率が存在する。しかしその確率は一意的に決まるとは限らない。そして一般には、それは一意的には決まらないのである。

2項グラフ上の2つの資産といったケースのように、資産数がそのもとになるグラフの自由度と一致するなら、リスク中立確率は一意的に決まる。そうで

ない場合、たとえば3項グラフで資産が2つしかないような場合には、リスク中立確率は一意的に定まらない。

自由度が大きすぎる場合にリスク中立確率を特定するには、最終段階の富を測定する効用関数 U を導入し、$U(X_T)$ の期待値を最大化する取引戦略を計算すればよい。第11章で議論した単一期間問題の場合と同様にして、リスク中立確率を求めてやることもできる。

ここでは、分離可能な効用関数に議論を絞ることにする。分離可能性は対数効用関数の場合にも成り立ち、指数効用関数 $U(X_T) = (1/\gamma)X_T^\gamma$ の場合にも成立する。分離可能性がみたされれば、多期間問題は同一の効用関数のもとでの一連の単一期間問題に帰着される。これによって必要な計算量は大幅に減少する(一般的結論の多くは他の効用関数の場合でも成立する)。

◆単一期間問題

市場に n 種の資産があるものとする。時刻 t のあるノードにおける単一期間問題は、ポートフォリオの成分 $\theta_t^i, (i = 1, 2, \ldots, n)$ を選択することである。時刻 t におけるポートフォリオの価値を 1 として、時刻 $t+1$ における期待効用を最大化する。したがって θ_t^i を求める問題は、以下のように定式化することができる。

$$\text{最大化} \quad \mathrm{E}_t\left[U(X_{t+1})\right] \tag{19.3}$$

$$\text{条件} \quad \sum_{i=1}^{n} \theta_t^i S_t^i = 1 \tag{19.4}$$

$$\sum_{i=1}^{n} \theta_t^i (S_{t+1}^i + \delta_{t+1}^i) = X_{t+1} \tag{19.5}$$

ここでの期待値は、後継ノードの確率に関する期待値である。ノード数が K であるものとして、確率を $p_1, p_2, \ldots, p_K$ としよう。$\theta_t^i, (i = 1, 2, \ldots, n)$ が与えられれば、次の期間の富 X_{t+1} の価値は、どのノード k が実現されるかに依存する。したがって $U(X_{t+1})_k$ をノード k における $U(X_{t+1})$ の値とすると、目的関数は $\sum_{k=1}^{K} p_k U(X_{t+1})_k$ と書くことができる。

(11.16)式の導出方法を使うと、リスク中立確率を最適解から求めることができる。具体的には、

$$q_k = \frac{p_k U'(X_{t+1}^*)_k}{\sum_{k=1}^{K} p_k U'(X_{t+1}^*)_k} \tag{19.6}$$

となる。ここで X_{t+1}^* は、次の期における最適な富の量を表す確率変数である。

効用関数 U が増加関数であれば、$U'(X^*_{t+1})_k$ は正の値をとるから q_k はすべて正である（$X^*_{t+1} > 0$ を仮定している）。

このリスク中立確率を使えば、以下の公式で任意の資産の価格を求めることができる。

$$S_t = \frac{\hat{\mathrm{E}}_t(S_{t+1} + \delta_{t+1})}{R_{t,t+1}}$$

この式は以下の式と等価である。

$$S_t = \frac{\sum_{k=1}^K q_k(S_{t+1} + \delta_{t+1})_k}{R_{t,t+1}}$$

◆応用

基本資産の数より状態の数が多い場合に、上の方法を用いてリスク中立確率を求めると、その値は効用関数と富の選択に依存する。リスク中立確率が変わっても、原資産の価格は変化しない。しかし他の（新たな）資産の価格は変化するであろう。価格が変化するのは、その個人の最適ポートフォリオの中に含めようとしない資産である。すなわち、その投資家にとって、ゼロ水準価格である。

株価の格子

						99.85
					90.77	90.77
				82.52	82.52	82.52
			75.02	75.02	75.02	75.02
		68.20	68.20	68.20	68.20	68.20
62.00	62.00	62.00	62.00	62.00	62.00	62.00
	56.36	56.36	56.36	56.36	56.36	56.36
		51.24	51.24	51.24	51.24	51.24
			46.58	46.58	46.58	46.58
				42.35	42.35	42.35
						38.50

対数価格付け格子

						39.85
					31.27	30.77
				23.51	23.02	22.52
			16.51	16.01	15.52	15.02
		10.43	9.85	9.27	8.70	8.20
5.8059	5.20	4.56	3.85	3.03	2.00	
	1.92	1.43	.92	.43	.00	
		.26	.09	.00	.00	
			.00	.00	.00	
				.00	.00	
						.00

図 19.2 3 項格子を用いた 5 カ月物コール・オプションの対数最適価格付け
上の格子は、すべての起こりうる株価を表している。一方下の格子は、リスク中立確率を用いて計算した価格を表している。

例 19.1（5 カ月物コール）　ここでは例 14.3 で取り上げた、5 カ月物のコール・オプションを考えよう。原株の価格は $S(0) = 62$ ドル、$\mu = 0.12$、$\sigma = 0.20$ である。また無リスク金利を $r = 10\%$ とし、行使価格 $K = 60$ ドルとする。

精度を上げるため、ここでは1カ月単位の3項格子を採用しよう。株のパラメータとマッチさせるため、3項格子のパラメータを $u = 1.1$、$d = 1/u$ とし、中間の枝については係数を1とする。実際の確率を求めるには、以下の3つの条件をみたす方程式を解く必要がある。(1) 確率の和は1となる、(2) 平均値をマッチさせる、(3) 分散をマッチさせる。第15.7節で示した通り、この方程式は、

$$p_1 + p_2 + p_3 = 1$$
$$up_1 + p_2 + dp_3 = 1 + \mu\Delta t$$
$$u^2 p_1 + p_2 + d^2 p_3 = \sigma^2 \Delta t + (1 + \mu\Delta t)^2$$

となる。この方程式の解は $p_1 = 0.228$、$p_2 = 0.632$、$p_3 = 0.140$ である。

格子のパラメータが決まったので、適切なリスク中立確率を求めるために、1期間の最適化問題、すなわち次の問題を解かねばならない。

$$\underset{\alpha}{\text{最大化}} \quad \mathrm{E}\left\{\ln\left[\alpha R + (1-\alpha)R_0\right]\right\}$$

ここで R は1期間の株の収益を表す確率変数、R_0 は無リスク・リターンである。これを詳細に書くと、

$$\underset{\alpha}{\text{最大化}} \quad \{p_1 \ln\left[\alpha u + (1-\alpha)R_0\right] + p_2 \ln\left[\alpha + (1-\alpha)R_0\right]$$
$$+ p_3 \ln\left[\alpha d + (1-\alpha)R_0\right]\}$$

となる。最適値は $\alpha = 0.505$ である。この結果 (19.6) 式よりただちにリスク中立確率が求まる。すなわち、

$$q_1 = \frac{p_1}{\alpha u + (1-\alpha)R_0} c \qquad (19.7)$$

$$q_2 = \frac{p_2}{\alpha + (1-\alpha)R_0} c \qquad (19.8)$$

$$q_3 = \frac{p_3}{\alpha d + (1-\alpha)R_0} c \qquad (19.9)$$

となる。ここで c は正規化するための定数である。正規化を行ったあとの値は、$q_1 = 0.218$、$q_2 = 0.635$、$q_3 = 0.148$ である。

この値が求まった後は、通常の後退解法を当てはめることができる。その結果を図 19.2 に示した。得られた価格は 5.8059 ドルで、これはブラック–ショールズ公式を用いて計算した価格 5.80 ドルと十分近い値となっている。

19.5　2重格子

この章の一般的投資分析の出発点は、資産群の価格変動プロセスを表現するグラフであった。各資産の特徴と資産の間の関係を記述するグラフを、どのように構築すればよいだろうか。グラフを構成するプロセスは、当然のことながらきわめて入り組んでいる。

この節では、各資産の別々のグラフ表現をもとに、2つのリスク資産に関するグラフを構築する方法について説明する。具体的には、2つの2項格子を組み合わせて、2つの資産の関係を忠実に表現するための2重格子をつくる方法を取り上げる。

いま2項格子で表現される2つの資産A、Bがあるものとする。どちらも上昇確率、下降確率はわかっているが、両者の動きには相関があるかもしれない。図 19.3 に1期間のグラフ表現を示した。

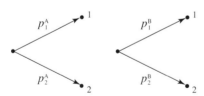

図 19.3　2つの格子の 1 ステップ
これらの動きには互いに相関があるかもしれない。

この2つの格子を組み合わせると、各時刻で4つの枝のある格子ができる。この新たな格子を表現するには、ノード 11、12、21、22 という具合に、2つの数字を用いると具合がよい。1つ目の数字は第1格子に、また2つ目の数字は第2格子に対応する。各々のノードに対応する推移確率を p_{11}、p_{12}、p_{21}、p_{22} とする。組み合わせた格子を図 19.4 に示した。中央にあるのが初期ノードで、外側にあるのが4つの後継ノードである。

株式 A の格子では、ノード・ファクターが u^A、d^A で、その確率が p_1^A、p_2^A

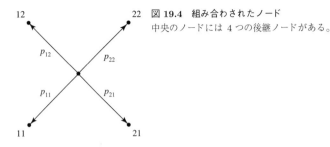

図 19.4 組み合わされたノード
中央のノードには 4 つの後継ノードがある。

であるものとし、株式 B の格子ではノード・ファクターが u^B、d^B で、その確率は p_1^B、p_2^B であるものとする。2 つの収益ファクターの対数をとったものの共分散 σ_{AB} がわかっているものとして、2 重格子の確率を以下の関係をみたすように選ぶ。

$$p_{11} + p_{12} = p_1^A$$
$$p_{21} + p_{22} = p_2^A$$
$$p_{11} + p_{21} = p_1^B$$
$$(p_{11} - p_1^A p_1^B)U^A U^B + (p_{12} - p_1^A p_2^B)U^A D^B$$
$$+ (p_{21} - p_2^A p_1^B)D^A U^B + (p_{22} - p_2^A p_2^B)D^A D^B = \sigma_{AB}$$

ここで $U^A = \ln u^A$、$D^A = \ln d^A$、$U^B = \ln u^B$、$D^B = \ln d^B$ である。

共分散が 0 となるのは、2 資産のリターンが独立な特殊な場合である。この場合、格子の確率は、$p_{11} = p_1^A p_1^B$、$p_{12} = p_1^A p_2^B$、$p_{21} = p_2^A p_1^B$、$p_{22} = p_2^A p_2^B$ となる。

p_{ij} に関する方程式の線形性より、$\sigma_{AB} \neq 0$ のとき、独立な場合とは確率が異なり、σ_{AB} の定数倍だけの増減がありうる。このことから、容易に、

$$p_{11} = p_1^A p_1^B + \bar{c}$$
$$p_{12} = p_1^A p_2^B - \bar{c}$$
$$p_{21} = p_2^A p_1^B - \bar{c}$$
$$p_{22} = p_2^A p_2^B + \bar{c}$$

となることを示すことができる。ただし、

$$\bar{c} = \frac{\sigma_{AB}}{(U^A - D^A)(U^B - D^B)}$$

である。

例 19.2（2 つの株）　2 つの株があって、両方ともその 2 項格子は同一で、$u = 1.3$, $d = 0.9$, $p_u = 0.6$, $p_d = 0.4$ であるものとする。また相関係数を $\rho = 0.3$ とする。この場合の 2 重格子表現を求めてみよう

株 A、B の初期値を 1 とし、S_A, S_B を 1 期間後の株価を表す確率変数とする。すると、

$$\mathrm{E}(\ln S_A) = \mathrm{E}(\ln S_B) = 0.6 \times \ln 1.3 + 0.4 \times \ln 0.9 = 0.11527$$

$$\sigma^2 = \mathrm{var}(\ln S_A) = \mathrm{var}(\ln S_B)$$
$$= 0.6(\ln 1.3)^2 + 0.4(\ln 0.9)^2 - 0.11527^2 = 0.03245$$

$$\mathrm{cov}_{AB} = 0.3\sigma^2 = 0.009736$$

である。$\bar{c} = \mathrm{cov}_{AB}/(\ln 1.3 - \ln 0.9)^2 = 0.072$ である。これより、ただちに、

$$p_{11} = 0.6 \times 0.6 + 0.072 = 0.432$$
$$p_{12} = 0.6 \times 0.4 - 0.072 = 0.168$$
$$p_{21} = 0.4 \times 0.6 - 0.072 = 0.168$$
$$p_{22} = 0.4 \times 0.4 + 0.072 = 0.232$$

を得る。

19.6　2 重格子上での価格付け

2 重格子を使えば、2 つの資産の動きを適切に表現することができるが、1 つ問題がある。なぜならここに無リスク資産を追加しても、4 つのノードに対して 2 つのリスク資産と 1 つの無リスク資産、すなわち全部で 3 つの資産しか存在しない。すなわち自由度が 1 つ多いのである。したがって、もとの 2 項格子の場合と違って、リスク中立確率を完全に特定することはできない。

リスク中立確率を特定する 1 つの方法は、前節と同様に効用関数を導入することである。用いる効用関数が違えば、リスク中立確率も違った値をもつが、以下に示す通り、ある条件のもとでは効用関数の如何にかかわらず、第 4 の関係式を導くことができる。

効用関数を U としよう。期待効用を最大化することによってリスク中立確率を決定しよう。期末のノード ij における最適な富の値を X_{ij}^* とし、$U_{ij}' = U'(X_{ij}^*)$

とすると、リスク中立確率は (19.6) 式より、

$$q_{ij} = \frac{p_{ij}U'_{ij}}{\sum_{k,l=1}^{2} p_{kl}U'_{kl}}, \quad i,j = 1,2 \tag{19.10}$$

となる。効用関数 U が狭義増加関数なら、リスク中立確率 q_{ij} の値は正である。

特別な場合には、リスク中立確率が一意的に決まるように、追加的関係式を決めることができる。以下の定理でそのような 2 つのケースを示そう。

比率定理　　q_{ij} を (19.10) 式で与えたとする。このとき以下の 2 つの条件、

(a) 最適ポートフォリオにおいて、少なくとも一方の資産の重みはゼロである、

(b) 期間の長さ Δt は十分小さい、

のいずれか一方がみたされるときには、次の関係式、

$$\frac{q_{11}q_{22}}{q_{12}q_{21}} = \frac{p_{11}p_{22}}{p_{12}p_{21}}$$

が成立する。

証明： 条件 (a) または (b) のもとで $U'_{11}U'_{22} = U'_{12}U'_{21}$ が成立することを示す。これよりただちに定理が証明される。

(a) 最適ポートフォリオにおける資産 A の重みがゼロならば、資産 A の変化は U' に影響を与えない。よって $U'_{11} = U'_{21}$、$U'_{12} = U'_{22}$ である。したがって $U'_{11}U'_{22} = U'_{12}U'_{21}$ が成立する。資産 B の重みがゼロである場合も同じである。

(b) 次に Δt が小さいものとする。$\tilde{R}^A_i$, $\tilde{R}^B_j$, $\tilde{R}^0$ をそれぞれリスク資産 A、B と無リスク資産の収益とすると、最適ポートフォリオにおいて $X_{ij} = (\tilde{R}^A_i + \tilde{R}^B_j + \tilde{R}^0)X_t$ と書くことができる。Δt が小さければ 1 期間の収益は 1 に近い値となる。よって、

$$\tilde{R}_i^{\mathrm{A}} + \tilde{R}_j^{\mathrm{B}} + \tilde{R}^0 = 1 + r_i^{\mathrm{A}} + r_j^{\mathrm{B}} + r^0$$
$$\approx (1 + r_i^{\mathrm{A}})(1 + r_j^{\mathrm{B}})(1 + r^0)$$

となる。同様に U' についても、

$$\begin{aligned}U'_{ij} &= U'\left[(1 + r_i^{\mathrm{A}} + r_j^{\mathrm{B}} + r^0)X_t\right] \\ &\approx U'(X_t) + U''(X_t)(r_i^{\mathrm{A}} + r_j^{\mathrm{B}} + r^0)X_t \\ &\approx U'(X_t)(1 + \gamma r_i^{\mathrm{A}})(1 + \gamma r_j^{\mathrm{B}})(1 + \gamma r^0)\end{aligned}$$

となる。ここで、

$$\gamma = \frac{U''(X_t)X_t}{U'(X_t)}$$

である。この式から、

$$U'_{11}U'_{22} = U'_{12}U'_{21}$$

であることがわかる。

以上より条件 $(a)(b)$ のいずれか一方が成立すれば、$U'_{11}U'_{22} = U'_{12}U'_{21}$ となる。したがって、

$$\frac{q_{11}q_{22}}{q_{12}q_{21}} = \frac{p_{11}U'_{11}p_{22}U'_{22}}{p_{12}U'_{12}p_{21}U'_{21}} = \frac{p_{11}p_{22}}{p_{12}p_{21}}$$

が示された。■

重要な特殊ケースとして、もとの 2 つの格子が独立である場合を考えよう。この場合 $p_{11} = p_1^{\mathrm{A}}p_1^{\mathrm{B}}$、$p_{12} = p_1^{\mathrm{A}}p_2^{\mathrm{B}}$、$p_{21} = p_2^{\mathrm{A}}p_1^{\mathrm{B}}$、$p_{22} = p_2^{\mathrm{A}}p_2^{\mathrm{B}}$ だから、

$$\frac{p_{11}p_{22}}{p_{12}p_{21}} = 1$$

である。したがって、定理の条件 (a) または (b) がみたされれば、

$$\frac{q_{11}q_{22}}{q_{12}q_{21}} = 1$$

となる。このことから、2 つの格子はもとの確率に関して独立であるだけでな

く、リスク中立確率についても独立であることが示される。つまりもとの確率に関して独立であれば、リスク中立確率についても独立である[2]。

ここでもとの問題に戻ろう。2重格子の場合、4つのノードに対して3つの資産しか存在しないのであった。Δt が小さければ上に示した比率公式を用いると、リスク中立確率を一意的に決定することができる。

2格子問題の重要な特別ケースは、一方の格子が短期金利格子の場合である。以下のシンプリコ金鉱の例で示す通り、この問題も同じやり方で扱うことができる。

例 19.3（2重確率的シンプリコ金鉱） シンプリコ金鉱の10年間の採掘権を考えよう。この採掘権を評価する上での問題は、金価格も金利もともに確率的に変動するという点である。以下では両者は独立であるものと仮定しよう。

まず毎年1万オンスまでであれば、1オンスあたり200ドルで金を採掘することができるものとする。期初の金価格は1オンスあたり400ドルで、期末価格は2項格子上で $u = 1.2$、$d = 0.9$ の動きをする。金の販売価格は年初の価格と同一で、その代金は年末に支払われるものとする。

また以下では短期金利は4%で、$u' = 1.1$、$d' = 0.9$ の2項格子にしたがって変動し、そのリスク中立確率は 0.5 であるものとする。また Δt は十分短いものとし、比率定理が成立するものと仮定する。すると金価格の変動と短期金利の変動が独立であることにより、リスク中立確率も独立となる。この結果実際の確率は価格決定とは無関係になる。

2重格子を用いて問題を解くことにしよう。格子上のノードを金価格 g と短期金利 r を用いて (g, r) と表す。この格子上の各ノードは、4つのノード $(ug, u'r)$、$(ug, d'r)$、$(dg, u'r)$、$(dg, d'r)$ に隣接する。これらの枝に対応するリスク中立確率は、もとの格子のリスク中立確率の積となる。短期金利については、リスク中立確率はどちらも 0.5 である。金については、上昇変動のリスク中立確率は $q_u = (1 + r - d)/(u - d)$ である。ここで r は現在の短期金利である。したがって2重格子上の確率は $q_{11} = 0.5 q_u$、$q_{12} = 0.5 q_u$、$q_{21} = 0.5(1 - q_u)$、$q_{22} = 0.5(1 - q_u)$ となる。

---

[2] これを簡単に言えば次の通りである。$\mathbf{Q}$ を $[q_{ij}]$ を成分にもつ 2×2 行列としよう。このとき不変条件は $\mathbf{Q}$ が特異であること、すなわちある 2×1 ベクトル $\mathbf{a}$、$\mathbf{b}$ に対して $\mathbf{Q} = \mathbf{a}\mathbf{b}^T$ と書けることを意味する。2つのベクトルの成分の和が1になるように規準化すれば、これによって確率が定まる。

この2次元格子を10個直列に並べると、10年リース問題の2重格子が得られる。各2次元格子はそのノードにおける可能な (g, r) 対からなる。この格子をリスク中立価格付け公式で結合する。この公式によれば、4つの後継ノードの価値にリスク中立確率を掛けて、それらに年末のキャッシュ・フローを加え、そのときの短期金利で割り引いてやればよい。時刻10における価値はすべてゼロである。図19.5は時刻9と8におけるノードでの価値を表している。

第1列の数字は r がとりうる値を、第1行は g のとりうる値を示している。中心部分は採掘権の価値（単位は100万ドル）を示している。第8期のノードの値は、図に示した通り第9期のノードの値を用いて計算される。

このように逆向きに計算を行うと、最終的に22.2551ドルの価値をもつ第0期の単一ノードの列が求まる。

第9期

g	0.0155	0.0189	0.0231	0.0283	0.0346	0.0423	0.0517	0.0631	0.0772	0.0943	r
2063.91	18.355	18.293	18.217	18.126	18.016	17.883	17.724	17.532	17.304	17.033	
1547.93	13.274	13.229	13.174	13.108	13.029	12.933	12.817	12.679	12.514	12.318	
1160.95	9.463	9.431	9.392	9.345	9.288	9.220	9.137	9.039	8.921	8.781	
870.71	66.048	6.582	6.555	6.523	6.483	6.435	6.378	6.309	6.227	6.129	
653.03	4.461	4.446	4.428	4.406	4.379	4.347	4.308	4.261	4.206	4.140	
489.78	28.535	2.844	2.832	2.818	2.801	2.780	2.755	2.726	2.690	2.648	
367.33	1.648	1.642	**1.635**	**1.627**	1.617	1.605	1.591	1.574	1.553	1.529	
275.50	7.435	0.741	**0.738**	**0.734**	0.730	0.724	0.718	0.710	0.701	0.690	
206.62	0.065	0.065	0.065	0.064	0.064	0.064	0.063	0.062	0.061	0.061	
154.97	0	0	0	0	0	0	0	0	0	0	

第8期

g	0.0172	0.0210	0.0257	0.0314	0.0384	0.0470	0.0574	0.0702	0.0857	r
1719.93	29.917	29.812	29.685	29.531	29.345	29.121	28.852	28.529	28.144	
1289.95	21.463	21.390	21.301	21.194	21.064	20.907	20.719	20.493	20.224	
967.46	32.925	15.073	15.013	14.941	14.853	14.747	14.619	14.466	14.283	
725.59	21.784	10.336	10.297	10.251	10.194	10.126	10.044	9.946	9.828	
544.20	14.492	6.782	6.760	6.733	6.701	6.661	6.613	6.555	6.486	
408.15	9.058	4.118	4.107	4.095	4.080	4.062	4.040	4.013	3.980	
306.11	4.123	2.119	**2.118**	2.117	2.115	2.113	2.110	2.106	2.100	
229.58	1.900	0.620	0.626	0.633	0.641	0.651	0.662	0.675	0.690	
172.19	0.025	0.026	0.026	0.027	0.028	0.030	0.031	0.033	0.035	

図 19.5 シンプリコ金鉱の2期間分の配列
第 k 期の各ノードには、第 $k+1$ 期の4つの後継ノードが対応する。これを太字によって示した。金額の単位は100万ドルである。

19.7 個別的不確実性のもとでの投資

期初に一定の資金を投入してプロジェクトを開始すれば、1年後に不確実なキャッシュ・フローが得られるものとする。ここで不確実性は、**市場の不確実性**（market uncertainly）と**個別的不確実性**（private uncertainly）の2つの部分からなるものとする。基本的に、市場の不確実性は市場参加によって複製することができるが、個別的不確実性の場合はそうはいかない。たとえば金鉱の採掘権問題におけるキャッシュ・フローは、金の価格に関する市場の不確実性と、まだ開発されていない金鉱にどれだけの金が埋蔵されているか、という個別的不確実性に依存する。

このようなプロジェクトの価値を求める方法は、まずプロジェクトの価値が価格で表されるものと考え、プロジェクトの一部を買うか買わないかが無差別になるような価格を決めるというやり方である。これを**ゼロ水準価格付け**（zero-level pricing）という。その理由はプロジェクトをゼロ・レベルで購入するからである。もちろんこの場合、他の資産たとえば総収益が R の無リスク証券などを買うという選択肢もあるものとする。

不確実性として個別的不確実性しかない場合には、ゼロ水準価格は（現実の確率を用いて計算した）期待値を割り引いたものと一致する。なぜならこれ以上であればその一部を売る（空売りする）であろう。したがって価格は、

$$V = c_0 + \frac{1}{R}\mathrm{E}(c_1)$$

となる。ここで c_0 と c_1 はそれぞれ期初と期末のキャッシュ・フローである。

これは市場で取引されている資産の価格公式と、いくぶん異なることに注意されたい。市場で取引されている資産にはすでに価格が付いていて、それを（ロングまたはショートの形で）ゼロでない水準でポートフォリオに加えようと考えるのである。

> **例19.4（樹木をいつ伐採するか）** いま木材を得るために木を植えることができるものとする。木の成長はランダムである。1年後と2年後の収益に伴うキャッシュ・フローを、図19.6の左側のダイヤグラムに示した。各枝の確率は0.5である。不確実性は個別的である。なぜなら木の成長はその地方の気象条件に依存し、市場変数とは無関係だからである。
>
> プロジェクトを開始するには、期初に1単位の投資を行わなくてはならない。期末のキャッシュ・フローは、1年後に木を伐採した場合の数値を示し

ている。同様に最後に示した値は、2年後まで伐採しなかった場合のキャッシュ・フローである。金利は一定で年10%であるものと想定して、このプロジェクトを評価してみよう。このためには木を伐採する最適な戦略を求める必要がある。

以下ではゼロ水準価格付けを行う。また1期以上の期間にまたがるので、通常のように逆向きに計算を行う。最終期の2つのノードでの価格期待値は2.6である。10%で割り引くとこの値は2.36となる。これは2.2以上なので、これが1年後に上のノードに到達した場合の最適値である。図19.6(b)のバリュー・ダイヤグラムにこの最適値を記録する。またここに到達した場合には木を伐採しないという印を付ける。同様に下の2つのノードの最終期における期待値は1.05である。これを割り引くと0.95になる。これは1.0より小さいので、バリュー・ダイヤグラムの次の後退ノードに1.0と値を割り付け、ここに到達した場合には木を伐採するという印を付ける。これら2つの最適1期間の期待値は0.5(2.36+1.0)=1.68である。これを割り引くと1.52となる。この結果全体の価値は0.52となる。

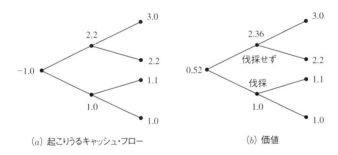

(a) 起こりうるキャッシュ・フロー   (b) 価値

図19.6 樹木をいつ伐採するか
(a) 木をそのノードで伐採したときに、そのノードで生み出されるキャッシュ。
(b) ノードでの価値と最適政策。

◆一般的なアプローチ

個別的不確実性に関するプロジェクトのゼロ水準価格付けを一般化して、個別的不確実性と市場の不確実性が混在するプロジェクトの評価を行うことにしよう。個別的不確実性の中には、未知の生産効率（これは新たな生産プロセスに依存する）、資産の不確実性（油井の中の原油の量など）、結果の不確実性（研究開発プロジェクトの場合）、流動的な市場がない商品の価格に関する不確実性（孤立した土地の将来価格）などが含まれる。これに対して市場の不確実性は、

市場で取引されている商品やそれ以外の資産の価格に付随するものである。

以下では、世の中の状態が形式的に2つの部分に分解されるものとする。すなわち市場成分と非市場（個別的）成分の2つである。一般の状態（あるいは状態グラフ上のノード）は、時刻tの市場成分と非市場成分に対応して(s_t^m, s_t^n)と書くことができる。単純化のため、以下では2つの成分は統計的に独立であるとする。

ある状態にはさまざまな後継状態が対応する。これを格子によって表すために後継市場状態（格子のノード）をi、非市場ノードをjで表す。第i市場ノードの確率をp_i^m、第j非市場ノードの確率をp_j^nとする。2つの成分は独立だから、iとjが同時に起こる確率は$p_{ij} = p_i^m p_j^n$となる。こう考えれば先に説明した2重格子を利用できることがわかる。

以下では市場は完備であるものと仮定する。この場合には、市場の状態に関する一意的なリスク中立確率q_iが存在する。

プロジェクトそれ自体が最適ポートフォリオに含まれない場合には、U'_{ij}はjに依存しない。そして前節の比率定理によりq_{ij}は独立である。この結果$q_{ij} = q_i^m p_j^n$と書けることになる。ここでq_i^mは市場状態に関するリスク中立確率で、p_j^nは非市場状態に関する確率である[3]（これはまたその状態に関するリスク中立確率である）。

プロジェクトが市場成分を含まないときには、プロジェクトの価格（もしくは価値）は通常の確率によって決まる。すなわち、この場合キャッシュ・フローの期待値を割り引いたものとなる。もう一方の極端なケースである、プロジェクトが非市場成分を含まない場合には、キャッシュ・フローのリスク中立確率による期待値を割り引いたものとなる。以下の問題は、本書で取り扱った多くの概念を統合したもので、総合的にそれらをレビューするため注意深く検討する価値がある。

例 19.5（ラピド：急速に減少する油井） 油井ベンチャーに投資する可能性を考えよう。うまくいけば油井の寿命は25年程度である。地殻の組成とその他のデータを分析した結果、これは有望なサイトである。初期掘削を行う前の推定によると、この油井から出る油の量は、表19.1に示した確率分布として与えられるという。以下の分析は5年間を対象とする（それは問題の規模があまり大きくならないよう、また説明があまり長くならないようにするためである）。5年間の操業によって得られる油の量とその確

---

[3] 独立性に関する議論は、2重格子の各部分に2つ以上の状態がある場合にも当てはまる。

表 19.1 最初の 5 年間の操業期間の原油生産量（単位は 1,000 バーレル/5 年）

原油生産量	0	20	40	60	100
確率	0.3	0.1	0.2	0.3	0.1

率は表に示した通りである。最初の採掘コストは 22 万ドルである。採掘を行えば、初期産出量はきわめて正確に推定できる。この段階で油井を完全な状態にセットし、石油の生産を行うか否かの決定を行う。このための経費は 50 万ドルである。油井が完成すると、石油の生産量は埋蔵量の減少とともに減少していく。

生産量が 5 年ごとに次のレベルまで落ちる確率は 30%である。これは油井としてはきわめて急速な減少である。そんなわけでこの油井を "ラピド" と名づけた。

油井を操業すると 5 年間の操業コストは、固定量 40 万ドルの固定費プラス 1 バレルあたり 5 ドルの変動費の和として与えられる。汲み上げた原油は現在 1 バレル 16 ドルで売ることができる。そこでこの油井ベンチャーの適正価格を求めよう。このベンチャーには将来の原油価格に伴う市場リスクと、石油生産の不確実性に伴う技術的（個別的）リスクがある。

石油生産に伴う技術的不確実性については、図 19.7 の格子にまとめておいた。

次にやるべきことは市場の不確実性を規定することである。簡単のため、以下では金利は一定で年 7%（あるいは 5 年間で 40%）とする。まだ原油市場の状況を規定する仕事が残っている。まず原油価格のボラティリティについては、過去の原油スポット価格をもとに推定することができるが、その代わりにオプション価格を用いて直接推定することもできる。ところが原油スポットにはオプションは存在しないので、ここでは先物オプションを使うことにしよう。図 19.8 の左側の表にこのオプション価格を列記した。

権利行使価格が 1,600、1,700 の 8 月満期のコール・オプションを調べた結果、ブラック–ショールズ評価式を用いて、インプライド・ボラティリティとインプライド先物価格を計算することができる。この結果 $\sigma = 21\%$ となる（練習問題 7 を参照）。そこでこの数値を使うことにしよう。通常の 2 項格子近似を行うと、石油のファクターが $u = e^{\sigma\sqrt{\Delta t}} = e^{0.21\sqrt{5}} = 1.60$、$d = 1/1.60 = 0.625$ が定まる（$\Delta t = 5$ 年を "小さい" と見なすには想像力が必要とされる。しかしわれわれはこれをプロトタイプ・モデルとして使

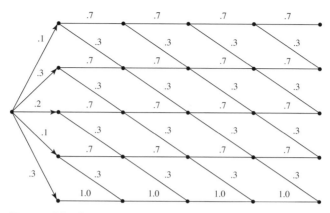

図 19.7　油井の技術
初期フローの水準には 5 つの可能性がある。これは初期ノードの 5 つの後継ノードに対応している。どの後継ノードが実現されるかは、掘削の結果次第である。その後 5 年ごとの原油の産出量は、（確率 0.7 で）同じ水準にとどまるが、（確率 0.3 で）1 水準だけ減少する。

OIL						METALS AND PETROLEUM							
CRUDE OIL (NYM)												Lifetime	Open
1,000 BBLS.; $ PER BBL.							Open	High	Low	Settle	Chg	High Low	Interest
Strike	Calls-Settle			Puts-Settle		**CRUDE OIL, Light Sweet (NYM) 1,000 bbls.; $ per bbl.**							
Price	Jun	Jly	Aug	Jun	Jly	Aug	Jun	16.84	17.30	16.78	17.29	+ .43	21.35 14.02	124,032
1600	1.33	1.21	1.29	0.04	0.21	0.42	July	na	17.02	16.60	17.00	+ .35	20.78 14.15	73,360
1650	0.86	0.86	0.97	0.10	0.36	0.59	Aug	na	16.90	16.56	16.88	+ .30	20.78 14.35	34,123
1700	0.51	0.58	0.70	0.22	0.60	0.82	Sept	na	16.81	16.57	16.83	+ .27	20.78 14.50	28,809
1750	0.25	0.40	0.50	0.46	0.90	......	Dec	16.57	16.80	16.55	16.80	+ .23	21.25 14.93	28,690
1800	0.11	0.25	0.34	0.82	1.25	......	Jun	16.90	16.87	16.87	16.96	+ .18	21.21 15.73	17,396
1850	0.04	0.16	0.24	......	......	......	Dec				17.18	+ .16	20.80 16.50	10,793
Est vol 3,794 Wed 18,173 calls 8,785 puts							Jan	17.40	17.58	17.40	17.43	+ .14	20.26 17.22	14,698
Op int Wed　211,586 calls 170,881 puts							Dec	......	......	......	17.73	+ .13	20.40 17.53	19,072

図 19.8　原油先物オプションと原油先物のデータ
ボラティリティは、オプション価格をもとに推定することができる。リスク中立確率は、将来の市場価格からただちに決定することができる。
出典：ウォールストリート・ジャーナル

っているので、ここではそれでよいことにしよう。より完全な分析を行うためには、より短い Δt を使う必要があることはもちろんである）。

ここから先、普通であれば公式 $q_u = (R - d)/(u - d)$ を用いてリスク中立確率 $q_u = 0.80$ を求めるわけであるが、この場合それは適当でない。石油にはかなりの貯蔵コストが伴うからである。したがって石油を用いた複製には、石油貯蔵コストを含める必要がある（第 15.11 節を参照）。実際、

石油は投資のために貯蔵するものではない。なぜならそうすることの期待収益率は、高い貯蔵コストに見合うものではないからである。図 19.8 の右側の表を見ると、原油市場はタイトであることがわかる。そこから、原油先物契約の価格の上昇率は金利以下であることがわかる。もし市場がタイトでなければ、その価格はもっと上昇するはずである（第 12.3 節を参照）。事実、決済日を 2.5 年先に延ばしても、先物価格は $17.73/17.29 = 1.025$ しか増加しない。これは年でいうと 1% 程度にすぎない。

しかし先物価格を用いて、適切なリスク中立確率を求めることができる。われわれのモデルによれば、スポット価格を S とすると、次の期の価格は Su または Sd となる。5 年後を満期とする先物契約の価格は $F = 1.05S$ である。先物契約の現在の価格はゼロだから、5 年後の支払いは $Su - F$ または $Sd - F$ となる。したがって、

$$0 = q_u S(1.6 - 1.05) + q_d S(0.62 - 1.05)$$

から、

$$q_u = 0.44, \qquad q_d = 0.56$$

を得る。これが原油価格に関するリスク中立確率である。

ゼロ水準価格を求めるために後退反復計算を行う。最終期すなわち $t = 20$ から $t = 25$ までの期間に対して 5 つの原油生産量、5 つの原油価格に対応する 25 の可能な状態が存在する。これを 5×5 の行列上に示そう。その前の期については 5 つの原油生産量、4 つの原油価格が対応する。このパターンが油井が完成した第 0 期まで逆向きに進行する。第 0 期には 5×1 の行列が対応する。また第 0 期、掘削を開始する前には単一のノードが存在する。

このプロセスの全体を図 19.9 に示した。この数表をつくるために、まずいつものように、2 項格子を用いて起こりうるすべての原油価格を生成する。そしてその価格を年度別に表の第 1 行に列挙する。起こりうるフローの値を表の最後の列に示した。

後退反復手続きを用いて、キャッシュ・フローと価値の期待値を割り引く。ここではすべてのキャッシュ・フローは 5 年の期間の最初に発生するものとした。最終列は、最終期の生産から得られる利益のみからなっている。それ以前の期では、その期の利益に次の期の価値のリスク中立期待値を割り引いたものを加える。たとえば $t = 15$ における右上端の成分は、

	$t=0$		$t=5$			$t=10$				$t=15$				$t=20$				
価格	16	10	25.6	6.25	16	41	3.91	10	25.6	65.5	2.44	6.25	16	41	105	Flow
	1,938	517	3,994	67	1,523	6,713	0	279	2,756	9,395	0	0	700	3,196	9,586	100
	860	167	2,061	14.2	651	3,735	0	61	1,398	5,418	0	0	260	1,758	5,591	60
全体	288	46.9	1,000	1.94	203	2,085	0	8.8	694	3,292	0	0	40	1,038	3,594	40
31.7	34.8	3.98	153	0	18.1	618	0	0	82.2	1,251	0	0	0	319	1,597	20
	0				0	0	0	0	0	0	0	0	0	0	0	0

図 19.9 ラピド油井の評価

第 2 行に示した原油価格は、2 項格子をもとに生成したものである。したがって、各期ごとにその行の数字は 1 つずつ増えている。各期の原油産出量には 5 つの可能性がある。いったん適正なリスク中立確率が決まれば、後退評価は簡単である。

$$v = \text{フロー} \times \text{価格} - \text{コスト} + \frac{1}{R} \text{ (次期のリスク中立期待値)}$$
$$= 100 \times 65.5 - 400 - 5 \times 100$$
$$+ \frac{1}{1.4}(0.44 \times 0.7 \times 9586 + 0.44 \times 0.3 \times 5591$$
$$+ 0.56 \times 0.7 \times 3196 + 0.56 \times 0.3 \times 1758)$$
$$= 9395$$

こうして得られるゼロ水準価格は、油井を完成させるかさせないかというオプションの価格を表している。ゼロ水準価格は 31,700 ドルである。この面倒な問題は単純なスプレッドシート・プログラムで解けることに注意しよう。ここでの分析にはさまざまな理論が統合的に用いられている。

19.8　購入価格分析

　ある一定水準の投資を行うか、それともまったく投資を行わないか、のいずれかを決めなければならないような投資機会がしばしば現れる。そのような例としては、各参加者が一定の割合の責任をもたなくてはならないプロジェクトを考えればよい。またある土地を購入するプロジェクトに、単独で参加する場合を考えてもよい。このような場合には、ゼロ水準価格は適当とは言えない。なぜならこの場合、かなりの金額の投資を行わなくてはならないからである。

　このような状況で役に立つのが、**購入価格**（buying price）の概念である。購入価格とは、投資家がある決められた水準でプロジェクトに参加するために支払ってもよいと考える金額である。この価格 v_0 を理解するには、期待効用の助けを借りるのがよい。まずプロジェクトに参加しない場合の期待効用を計算す

る。次にこのプロジェクトに参加した場合の期待効用を求める。この際初期に支払う金額 v_0 を考慮することはもちろんである。この2つの期待効用が等しくなるような v_0 が購入価格である。別の言葉で言えば、プロジェクトに対して支払う価格が v_0 であれば、投資家にとってそのプロジェクトを購入してもしなくても、何の違いも生じない。この価格はゼロ水準価格とは異なるものである。なぜなら、ゼロ水準価格は、きわめて小さな水準でプロジェクトに参加するかしないのかについて、投資家が無差別であるような価格だからである。

◆確実同値額と指数効用

投資家の効用関数が指数型であること、すなわち $U(x) = -e^{-ax}, a > 0$ を仮定すれば、購入価格を求めるのは容易である。ここでは期待効用ではなく、確実同値額を利用する。

ここで簡単に確実同値額の概念を復習しておこう。投資家の効用関数を U とし、X を期末の投資家の富の水準を表す確率変数とする。富の期待効用は $\mathrm{E}[U(X)]$ である。確実同値額とは $U(\bar{x}) = \mathrm{E}[U(X)]$ をみたす（確定的な）値 $\bar{x}$ のことをいう。しばしば X の確実同値額を $\mathrm{CE}(X)$ と書く。

特別なケースとして $U(X) = -e^{-aX}$ とし、確率変数 X の実現値を X_1, X_2 とする。またその生起確率をそれぞれ p_1, p_2 とする。このとき期待効用は、

$$\mathrm{E}[U(X)] = p_1 U(X_1) + p_2 U(X_2) = -p_1 e^{-aX_1} - p_2 e^{-aX_2}$$

となる。この確実同値額 $\bar{x}$ を求めるために、

$$e^{-a\bar{x}} = p_1 e^{-aX_1} + p_2 e^{-aX_2}$$

を解くと、

$$\mathrm{CE}(X) = \bar{x} = -\frac{1}{a} \ln\{p_1 e^{-aX_1} + p_2 e^{-aX_2}\} \tag{19.11}$$

となる。この式は複雑に見えるかもしれないが、実際には特別かつ重要な性質をもっている。

特別な性質とは、確率変数 X に定数 Δ を加えると確実同値額も Δ だけ増加するという性質である。この性質はしばしば**デルタ特性**（delta property）と呼ばれる。形式的に書くと、任意の確率変数 X と定数 Δ に対して、

$$\mathrm{CE}(X + \Delta) = \mathrm{CE}(X) + \Delta$$

が成立する。(19.11) 式を使えば起こりうる結果が2つの場合について、この関

係をチェックするのは容易である。

指数効用関数について上の関係を一般的に証明しよう。

$$E(e^{-aX}) = e^{-a\mathrm{CE}(X)}$$

より、

$$E[e^{-a(X+\Delta)}] = e^{-a\Delta}E(e^{-aX}) = e^{-a\Delta}e^{-a\mathrm{CE}(X)} = e^{-a[\mathrm{CE}(X)+\Delta]}$$

よって、

$$\mathrm{CE}(X+\Delta) = \mathrm{CE}(X) + \Delta$$

である。このデルタ特性が成り立つのは、指数効用関数と線形効用関数の場合だけである。

> **デルタ特性** すべての確率変数 X とすべての定数 Δ に対して、
> $$\mathrm{CE}(X+\Delta) = \mathrm{CE}(X) + \Delta$$
> が成り立つための必要十分条件は、効用関数が指数型か線形であることである。

◆ CE の逐次計算

期初にキャッシュ・フロー c_0 を投入すると、期末に確率 p_1, p_2 でキャッシュ・フロー c_1, c_2 を生み出すプロジェクトを考えよう。またリスク資産の収益を R とする。このプロジェクトを図 19.10 に示した。

投資家の期初の富を X_0 とし、期末の富を指数効用関数で測るものとする。また期初のキャッシュ・フローは無リスク金利で貸し借りできるものとする。プロジェクトを実施しない場合の期末の効用は $U(RX_0)$ となる。

プロジェクトを価格 v_0 で採用すれば、期末の期待効用は、

$$p_1 U\{[c_1 + R(X_0 + c_0 - v_0)]\} + p_2 U\{[c_2 + R(X_0 + c_0 - v_0)]\}$$

となる。もし価格 v_0 が正しく設定されていれば、この値はプロジェクトを行わ

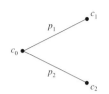

図 19.10　単純なプロジェクト
プロジェクトの期初キャッシュ・フローは c_0 で、期末のキャッシュ・フローは c_1 または c_2 である。

なかった場合の期待効用、すなわち $U(RX_0)$ と一致しなくてはならない[4]。したがって、

$$\mathrm{CE}[c_1 + R(X_0 + c_0 - v_0), c_2 + R(X_0 + c_0 - v_0)] = RX_0$$

となる。左辺の項には $R(X_0 + c_0 - v_0)$ が含まれているが、これは定数なのでデルタ特性よりこの項を CE 式の外に出すことができる。よって、

$$\mathrm{CE}[c_1, c_2] + R(X_0 + c_0 - v_0) = RX_0$$

となる。これを v_0 に関して解くと購入価格公式、

$$v_0 = c_0 + \frac{1}{R}\mathrm{CE}[c_1, c_2] \tag{19.12}$$

が得られる。この式は現在価値公式と大変よく似ている。期末のキャッシュ・フローは確実同値額の形にまとめられている。

◆ **多期間の場合**

上で述べた方法は、多期間キャッシュ・フロー問題に拡張することができる。注意すべきことは、効用関数のリスク回避係数を毎期調整しなくてはならないという点である。時刻 t における確実同値額を評価する際に用いるリスク回避係数としては、最初の期の a の代わりに aR^{T-t} を用いなくてはならない。これは時刻 t に受け取るお金 X に関する実効的効用関数が $U(R^{T-t}X)$ となるからである。なぜなら X は、時刻 T において $R^{T-t}X$ に変換されているからである。

図 19.11 に示した 2 期間プロジェクトを対象に、評価計算の全体の流れを見ることにしよう。このため、いつもの通り逆向き計算を行う。まずキャッシュ・フロー c_1 に対応するノードで、1 期間公式を用いて $v_1 = c_1 + (1/R)\mathrm{CE}_2[c_3, c_4]$

---

[4] ここでは、記法を簡単にするため、2 つの最終状態でのキャッシュ・フローを c_1, c_2 としたとき、その確実同値額を $\mathrm{CE}[c_1, c_2]$ と書くことにする。

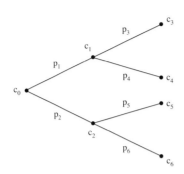

図 19.11　2 期間プロジェクト
購入価格を求めるには、後退プロセスによって確実同値額を求めてやればよい。

を計算する。次いで c_2 ノードで v_2 を $v_2 = c_2 + (1/R)\mathrm{CE}_2[c_5, c_6]$ とする。最後に、

$$v_0 = c_0 + \frac{1}{R}\mathrm{CE}_1[v_1, v_2] \tag{19.13}$$

とする。この最後の式の確実同値額は、第 1 期のリスク回避係数を用いて v_1, v_2 の確率をそれぞれ p_1, p_2 とおいて計算する。

例 19.6（樹木をいつ伐採するか） 前節で取り上げた木の伐採問題を考えよう。ここでは、われわれ自身がこのプロジェクトを購入するものとしよう。すなわちわれわれの選択は、このプロジェクト全体を買うか、さもなければまったく買わない、のいずれかである。図 19.12(a) にプロジェクトのキャッシュ・フローを示した。中間ノードにおけるキャッシュ・フローは、その時点で伐採を行いプロセスを終了させる場合に対応している。どの枝も確率は 0.5 であるものとする。

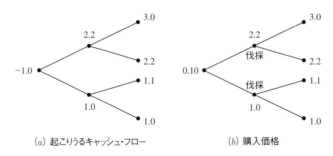

(a) 起こりうるキャッシュ・フロー　　(b) 購入価格

図 19.12　木材農場の購入価格
(a) ツリーをそのノードで伐採したときのキャッシュ・フロー、(b) 各ノードでの確実同値額と最適政策。

効用関数としては、$U(x) = -e^{-3x}$ を採用し金利は前の場合と同様年10%とする。まず最初に、右上の2つのノードの確実同値額を求めると、

$$-\frac{1}{3}\ln[0.5e^{-3\times 3.0} + 0.5e^{-3\times 2.2}] = 2.4$$

となる。これを1期分割り引くと2.18となる。この数値はこの点で木を伐採するときの値2.2より小さいので、ここで伐採を行いこのノードに購入価格2.2を付与する。その下のノードの価値は1.0のままである。なぜなら、割引確実同値額は明らかに1.0以下だからである。

最後に第1のノードの購入価格を求める。確実同値額を求める際に、リスク回避係数を a から aR に変更して3.3とする。したがって、この期の効用関数は $U(x) = -e^{-3.3x}$ となる。これより中間2ノードの確実同値額は、

$$-\frac{1}{3.3}\ln[0.5e^{-3.3\times 2.2} + 0.5e^{-3.3\times 1.0}] = 1.21$$

となる。これを現在価値に割り引き、期初のキャッシュ・フローを差し引くと、$v_0 = 0.10$ となる。これは前節で求めたゼロ水準価格0.52よりかなり小さくなっている。ここでは、プロジェクトの一部でなくその全体を購入するため、価格は低くなるのである。

◆一般的アプローチ

以下では、状態変数が互いに独立な市場成分と、非市場成分とに分解されるものとしよう。時刻 t における状態は前節と同様に (s_t^m, s_t^n) と書くことにする。ここで s_t^m, s_t^n はそれぞれ市場成分と非市場成分である。また以下では市場成分は完備であること、すなわち市場全体を張る完全な資産群が存在することを仮定する。この場合、市場状態に関する一意的なリスク中立確率 q_i が存在する。

また投資家の効用関数は指数型であるとし、プロジェクトの各ノードでのキャッシュ・フローは既知とする。

購入価格を求めるには、最終ノードから出発して再帰的に計算を行う。最終ノードでの購入価格はそのノードでのキャッシュ・フローに等しい。後退プロセスにおけるノードでは、2つのステップに分けて計算を行う必要がある。第1に市場後継インデックス i を固定して、非市場成分 j に関する確実同値額を計算する。すなわち $U(R^{T-t}\mathrm{CE}_i) = \sum_j p_j^n U(R^{T-t}v_{ij})$ をみたす CE_i を計算する。ここで v_{ij} は後継ノード ij での購入価格である。次に新たな購入価格、

$$v_t^{m,n} = c_t^{m,n} + \frac{1}{R}\sum_i q_i \mathrm{CE}_i$$

を計算する。要するに、非市場成分については確実同値額を、市場成分にはリスク中立価格付けを用いるのである。

例 19.7（ラピド油井） 　確実同値分析を用いてラピド油井を分析してみよう。そのためには、先のゼロ水準価格付けにほんの少々変更を加えればよい。いま 1 人の投資家が全プロジェクトをファイナンスするものと仮定し、投資家の効用関数は $U(X) = -e^{-X/10,000}$ とする。ここで X の単位は 1,000 ドルとする。これは（20 年後に）1,000 万ドル程度の資産をもつ投資家については現実的な数値である。購入価格を求めるにはリスク中立割引公式を以下のように変更する。つまり市場状態（すなわち原油価格）についてはリスク中立価格を用い、また技術要因（産出水準）については確実同値額を用いて、これらを組み合わせるのである。また毎期の実効的効用関数を、係数 $R = 1.4$ で修正する必要がある。図 19.13 に計算結果を示した。

最後の列 $t = 20$ は、最終キャッシュ・フローを表しているので、前の例と同じである。$t = 15$ に対応する上の右端の要素は、次のようにして計算する。

$$v = フロー \times 原油価格 - コスト + \frac{1}{R}[q_u \mathrm{CE}(9586, 5591) + q_d \mathrm{CE}(3196, 1758)]$$

ここで、

$$\mathrm{CE}(9586, 5591) = -10,000 \times \ln[0.7e^{-0.9586} + 0.3e^{-0.5591}] = 8211$$
$$\mathrm{CE}(3196, 1758) = -10,000 \times \ln[0.7e^{-0.3196} + 0.3e^{-0.1758}] = 2742$$

前の例で計算した結果、すなわち $q_u = 0.44$、$q_d = 0.56$ を使うと、

$$v = 100 \times 65.5 - 400 - 5.100 + \frac{0.44 \times 8,211 + 0.56 \times 2,742}{1.4}$$
$$= 9,331$$

となる。

期初の購入価格が負になることに注意しよう。これはプロジェクトが、投資家 1 人で負担するには大きすぎることを表している。ゼロ水準価格付け分析の際に示したように、これはよいプロジェクトではあるが、それはより少ない部分を請け負う場合か、リスク回避係数がより小さい場合について当てはまる事実である。

	$t=0$		$t=5$			$t=10$			$t=15$			$t=20$			
価格	16		10	25.6		6.25	16	41	3.91	10	25.6	65.5	2.44	6.25	16	41	105	フロー
全体		1,900	512	3,926	66.8	1,514	6,624	0	278	2,748	9,331	0	0	700	3,196	9,586	100
		849	165	2,041	14.2	649	3,710	0	60.8	1,396	5,402	0	0	260	1,758	5,591	60
		281	46.7	985	1.94	201	2,063	0	8.79	692	3,276	0	0	40	1,038	3,594	40
	−5	34.5	3.98	150	0	18.1	610	0	0	81.9	1,242	0	0	0	319	1,597	20
		0	0	0	0	0	0	0	0	0	0	0	0	0	0	0	0

図 19.13 ラピド油井の確実同値分析
複雑な問題を 1 枚のスプレッドシート・モデルで取り扱うことができる。垂直方向のペアを確実同値額で組み合わせ、水平方向ペアをリスク中立確率で組み合わせる。

19.9　連続時間における価格付けの公理

連続時間のもとでの派生証券の価格付け法であるブラック–ショールズ方程式は、純粋な派生証券ではない資産の価格付けに対して一般化することができる。一般化には射影価格付けが用いられる。これは、第 15.3 節の価格付け公理を拡張した公理にしたがう一般化価格付け演算子によって定義される。最終的な結果として、価格付け手法として最も有名な 2 つの手法、すなわちブラック–ショールズ式と CAPM の組み合わせが得られる。この結果は頑健である。というのは、特定の観点から見た場合、すべてのリスク回避的な投資家が得られた価格過程の妥当性について同意するからである。

一般化したバージョンでは、幾何ブラウン運動にしたがう、複数の市場性証券と市場の外部変数 x_e を含む**連続時間環境**(continuous–time environment)を考えよう。全体として外部変数と n 個の市場性資産からなる環境は、以下の方程式系によって記述される。

$$\mathrm{d}x_e = \mu_e x_e \mathrm{d}t + \sigma_e x_e \mathrm{d}z_e$$
$$\mathrm{d}x_i = \mu_i x_i \mathrm{d}t + \sigma_i x_i \mathrm{d}z_i$$

ここで、すべての $i=1,2,\ldots,n$ について、x_i は市場性資産の価格である。さらに、利率 r の無リスク資産が存在するものとする。最初の式で表された x_e を取引することはできない。正規化された市場のウィーナー過程は相関をもち、$\mathrm{E}[\mathrm{d}z_i \mathrm{d}z_j] = \rho_{ij}\mathrm{d}t$ である。また、すべての i について、$\mathrm{E}[\mathrm{d}z_e \mathrm{d}z_i] = \rho_{ei}\mathrm{d}t$ である。$\sigma_{em} = \rho_{em}\sigma_e\sigma_m$ と定義し、市場性資産の空間を M とおく。市場性資産の空間とは、基本的に上で述べた n 個の市場性資産からなるすべてのポートフォリオのことである。M には、裁定機会は存在しないものと仮定する。

価格付けの対象となる期末のペイオフ関数を $F(x_e,T)$ とする。すべての可能な x_e と $t \in [0,T]$ に対して値をとる価値関数 $V(x_e,t)$ の全体を求めたい。定義

より、境界条件 $V(x_e, T) = F(x_e, T)$ が成り立つ。

前に述べた例では、x_e は企業の収入を表し、オプションのペイオフを規定する。収入は取引できないが、株価などの取引可能な資産と相関をもつ。

別の例は、リアル・オプション（real option）に関連するケースである。この場合、プロジェクトの時点 t までの進展度を x_e で表し、プロジェクトの最終的なペイオフはこの変数で決まる。

この種の環境のもとでは、価格付け演算子 $\mathbb{P}$ は、瞬間ごとの市場への射影として一般化される。これには、第1公理を、

$$(1) \quad x = \mathbb{P}\{x + dx \mid M\}$$

と修正すればよい。すなわち、$\mathbb{P}$ の引数が市場空間へ射影される。本質的には、dx が M の外部にある場合、射影成分のみが価格付けに用いられるということである。

その他の公理は、そのままである。すなわち、

(2)　定数 C に対して、$\mathbb{P}\{C\} = C(1 - rdt)$
(3)　$\mathbb{P}$ は線形
(4)　$\mathbb{P}\{dt\} = dt$　　　dt より高次の項は無視される

この公理を適用して、適切な価格式を（かなり手短に）導くことにしよう。以下が、最終的な結果である。

定理 19.1　一般化ブラック-ショールズ方程式　　変数 x_e によって期末の支払い $F(x_e, T)$ が定まるとする。$V(x_e, t)$ を、時点 $t < T$ および変数の値 $x_e(t)$ におけるこの支払いの射影価格とする。x_m を、dx_e と最も相関が高い市場性資産のポートフォリオとする。そのとき、$V(x_e, t)$ は以下の方程式をみたす。

$$rV(x_e, t) = V_t(x_e, t) + V_{x_e}(x_e, t)x_e\bigl[\mu_e - \beta_{em}(\mu_m - r)\bigr] \\ + \frac{1}{2}V_{x_e x_e}(x_e, t)x_e^2 \sigma_e^2 \quad (19.14)$$

ただし、$V(x_e, T) = F(x_e, T)$ であり、$\beta_{em} = \sigma_{em}/\sigma_m^2$ である。

方程式 (19.14) が、標準的なブラック-ショールズ方程式と似ていることに気づくであろう。実際、変数 x_e が市場内に存在していれば、x_m として x_e をとることができて、β_{em} は 1 となる。この場合、右辺のカギ括弧の中身は、ブラック-ショールズ方程式の項に対応して r になる。一般の場合、すなわち x_e が市場の変数ではなく、したがって派生証券ではない場合、方程式は μ_e を含む項をもつことになる。

以下で述べる定理の証明は、価格付け公理に基づいている。

証明：伊藤の公式より、価値関数 $V(x_e, t)$ は、

$$\mathrm{d}V = \left[V_t + V_{x_e}\mu_e x_e + \frac{1}{2}V_{x_e x_e}x_e^2\sigma_e^2\right]\mathrm{d}t + V_{x_e}\sigma_e x_e \mathrm{d}z_e \quad (19.15)$$

をみたす。m を x_e と最も相関が高い市場性資産のポートフォリオとする。M への $\mathrm{d}z_e$ の射影を $\{\mathrm{d}z_e \mid M\}$ と表記すると、適当な定数 a, b を用いて $\{\mathrm{d}z_e \mid M\} = a r \mathrm{d}t + b \mathrm{d}z_m$ と表されることがわかっている。$\mathrm{E}(\mathrm{d}z_e - a r \mathrm{d}t - b \mathrm{d}z_m)^2$ を最小化することで、

$$\{\mathrm{d}z_e \mid M\} = \rho_{em}\mathrm{d}z_m \quad (19.16)$$

であることがわかる。市場リスクの価格を表す式 (15.42) を用いて、

$$\mathbb{P}\{\mathrm{d}z_m\} = \frac{(r - \mu_m)}{\sigma_m}\mathrm{d}t$$

となる。(19.16) 式を代入して、

$$\mathbb{P}\{\mathrm{d}z_e \mid M\} = \frac{(r - \mu_m)}{\sigma_m}\rho_{em}\mathrm{d}t$$

を得る。$\sigma_{em} = \rho_{em}\sigma_e\sigma_m$、$\beta_{em} = \sigma_{em}/\sigma_m^2$ とおくことで、別の式が得られる。

$$\mathbb{P}\{\mathrm{d}z_e \mid M\} = \frac{\beta_{em}}{\sigma_e}(r - \mu_m)\mathrm{d}t \quad (19.17)$$

(15.38) 式と同様に、$\mathbb{P}\{dV \mid M\} = rVdt$ である[5]。

(19.15) 式に戻り、両辺に演算子 $\mathbb{P}$ を（射影の条件を付けて）適用する。前述の式より、左辺は $rV(x_e, t)dt$ となる。$\mathbb{P}\{dz_e \mid M\}$ は (19.17) 式から得られる。これより、dt を消去して、$V(x_e, T) = F(x_e, T)$ をみたす拡張ブラック-ショールズ方程式

$$rV(x_e, t) = V_t(x_e, t) + V_{x_e}(x_e, t)x_e[\mu_e - \beta_{em}(\mu_m - r)]$$
$$+ \frac{1}{2}V_{x_e x_e}(x_e, t)x_e^2 \sigma_e^2 \qquad (19.18)$$

が得られる。∎

前の章で学んできたように、射影価格付けは広く用いられているが、それ以外に重要な方法があるかもしれない。しかしながら、今の事例においては、価値関数 $V(x_e, t)$ が最も自然な選択肢であると断言できる。具体的には、変数 x_e の価格があらかじめ $V(x_e, t)$ であるとされていて、リスク回避的な投資家が市場性資産と x_e からなるポートフォリオ過程を構築することを認められているならば、その投資家は x_e を組み込むことに利益を見出すことはないはずである。価格関数 $V(x_e, t)$ は、一般ゼロ水準価格である。

これを簡単に理解するためには、以下のことに着目しよう。dx_{ep} を dx_e の市場への射影、dz_{ef} が市場と無相関であるとすると、$dx_e = dx_{ep} + dz_{ef}$ となる。dx_{ep} は市場性変数なので、そのゼロ水準価格はそれ自体の市場価格であり、射影価格付けから $V(x_e, t)$ となる。dz_{ef} は市場と独立で期待値は 0 であるから、そのゼロ水準価格はゼロである。したがって線形性より、dx_e のゼロ水準価格は $V(x_e, t)$ となる。これは、まさに、一般ゼロ水準価格である（第 11.9 節を参照）。

標準的なブラック-ショールズの結果と比較するには、下記のようにすればいい。標準的なブラック-ショールズの枠組みでの派生証券の価格付けにおいて、派生証券は正確に複製できるので、余分な資産と見なされる。一般の場合での派生証券の価格付けにおいては、リスク回避的な投資家が派生証券を最適ポートフォリオに組み込むメリットはないので、派生証券は無関係な資産と見なされる。

---

[5] $\mathbb{P}\{dV \mid M\} = \mathbb{P}\{V + dV \mid M\} - \mathbb{P}\{V \mid M\} = V - (1 - rdt)V = rVdt$

◆オプション価格式

非市場性変数に基づくオプションの場合、標準的なブラック-ショールズ評価式に修正が施される。具体的には、資産 x_e と期末の価値 $\max(0, x_e(T) - K)$ に対して、$\omega_e = \mu_e - \beta_{em}(\mu_m - r)$ とおく。そうすると、$x_e = S$ として、

$$V = Se^{(\omega_e - r)T} N(d_1) - Ke^{-rT} N(d_2)$$

となる。ただし、

$$d_1 = \frac{\ln(S/K) + (\omega_e + \frac{1}{2}\sigma_e^2)T}{\sigma\sqrt{T}} \tag{19.19}$$

$$d_2 = d_1 - \sigma\sqrt{T} \tag{19.20}$$

である。

◆リスク中立形式

一般化したブラック-ショールズ評価式より、x_e の過程のリスク中立版は、

$$\mathrm{d}x_e = \omega_e x_e \mathrm{d}t + \sigma_e x_e \mathrm{d}z_e \tag{19.21}$$

となるであろう。ただし、$\omega_e = \mu_e - \beta_{em}(\mu_e - r)$ である。この式から、期末の関数 $F(x_e, T)$ の価値は、

$$p = e^{-rT}\hat{\mathrm{E}}\bigl[F(x_e, T)\bigr] \tag{19.22}$$

となる。ここで、$\hat{\mathrm{E}}$ は、時点 0 におけるリスク中立過程に関する期待値である。この定式化は、シミュレーションによる価値評価の基礎となる。

◆別の形式

定理 19.1 の価格式においては、価格付けの基本要素として x_e と最も相関が高い市場性資産を用いた。この手法は第 7 章の相関価格付け手法と類似している。第 7 章もそうであったのと同様に、最大相関ポートフォリオのかわりに、ある市場性資産を用いることができて、結果も同じである。たとえば、$(\mu_M - r)/\sigma_M$ を最大化する市場性危険資産ポートフォリオを、(一般化)マーコビッツ・ポートフォリオと定義してもよい。そのポートフォリオが存在すれば、最大相関ポートフォリオのかわりに用いることが可能である。これには、所与の変数 x_e に限らず、どんな変数に依存する派生証券でも価格付けできるという利点がある。

さらに、最小ノルム・ポートフォリオとよく似たポートフォリオも、同様の役割を果たす。

一方、x_e の派生証券を市場性資産で近似するには、あるいはその派生証券を所有している場合にヘッジを行うには、最大相関市場性資産が最も役に立つだろう。

19.10　まとめ

投資機会の評価のためには現在価値の概念を拡張することが必要になる。その価値は、投資機会のキャッシュ・フローと市場性資産のキャッシュ・フローおよびその価値との関係で決まる。

多数の資産を表現するグラフを構成することは、それ自体難しい問題である。1つの方法は、個別資産ごとに別々に2項格子表現を行い、それを組み合わせて2重、3重、多重格子をつくり、資産間の共分散構造を取り込む。詳細は2重格子によって理解することができるだろう。いったんリスク中立確率が求まれば、資産価格は割引リスク中立評価を後ろ向きに計算することによって求められる。

個別的（非市場的）不確実性は、市場の不確実性とは異なる取り扱いが必要である。なぜなら非市場的不確実性には、市場価格が存在しないからである。この結果資産のゼロ水準価格を決めるには、リスク中立確率ではなく、実際の個別の確率を用いなくてはならない。

プロジェクトまたは資産の購入価格とは、投資家がそのプロジェクトまたは資産の全体（あるいはそのかなりの部分）を受け入れるために支払う価格である。この価格は、投資家の効用関数に依存し、通常ゼロ水準価格より低い値をもつ。もし最終の富を測る効用関数が指数型であれば、後退評価プロセスを使って価格を求めることができる。この場合、非市場的不確実性に対しては確実同値額を、また市場の不確実性についてはリスク中立確率を用いて評価を行う。これは非市場的不確実性はヘッジできないが、市場の不確実性はヘッジできるからである。

連続時間の場合、CAPM の手法と同じように、市場性資産に射影するというのが1つのアプローチである。これより、ブラック-ショールズ方程式を一般化した偏微分方程式が導かれる。

練習問題

1. （状態ツリー） 各ノードが3つの後継ノード a, b, c をもつ状態ツリーを考えよう。このツリーの上で定義される、時刻 T 以外では配当を支払わない2つの資産があるものとする。各期において、2つの資産の価格には後継ノードに依存するある係数がかかるのものとする。これらの係数を表 19.2 に示した。

表 19.2

		a	b	c
証券	1	1.2	1.0	0.8
	2	1.2	1.3	1.4

   (a) この期間について短期無リスク金利は存在するか。
   (b) 裁定を構成することは可能か。

2. （ノード分離） 短期金利2項格子で、$t = 0$ において無リスク金利を 10% とする。$t = 1$ での金利は、10%（上方ノード）、または 0%（下方ノード）である。時刻 $t = 0$ で無リスクで1ドルを投資し、$t = 1$ でもう一度それを繰り返し投資した場合の資産の成長をトレースせよ。$t = 1$、$t = 2$ で得られる価値にする値はそれぞれ R_{01}、R_{02} に対応する。これらのファクターを2項格子上で表現することはできないこと、したがって完全なツリーが必要となることを示せ。ツリーを書け。

3. （債券評価） 練習問題2の短期金利プロセスにおいて、リスク中立確率は 0.5 であるものとして、$t = 2$ で1ドルを払い戻すゼロ・クーポン債を考える。$t = 0$ におけるこの債券の価格を2つの方法で求めよ。
   (a) 短期金利格子と方程式 (19.1) を用いよ。
   (b) R_{0s} に関するツリーと方程式 (19.2) を用いよ。

4. （最適オプション評価 ⊕） 例 19.1 の5カ月物コール・オプションの価格を、その例で用いた3項格子を用いて求めよ。ただし、効用関数としては $U(x) = V\sqrt{x}$ を用いよ。α の値はどうなるか。

5. （金の相関） 2重確率的シンプリコ金鉱の例で、金の上昇確率を 0.6、短期金利の上昇確率を 0.7 とする。金価格と短期金利の変動の相関係数は -0.4 である。このとき適切な q_{ij} を求めよ。

6. (コンプレクシコ金鉱 ⊕) 第14章の例14.8のコンプレクシコ金鉱に関する情報を用いて、コンプレクシコ金鉱の採掘権の価格を求めよ。ただし、ここでは金価格と金利が例19.3のモデルにしたがうものとする。

7. (同時解) ブラック-ショールズ公式で $T = 0.25$ とおいて、図19.8のコール1600.Augustとコール1700.Augustによってインプライされる原油先物の現在価格とボラティリティを求めよ。

8. (デフォルト・リスク ⊕) ある企業が5年満期の10%クーポン付き債券を発行している。しかし、この企業は問題を抱えており、毎年その年にデフォルトする確率は0.1であるという(いったんデフォルトすると、クーポンも元本も支払われない)。以下の仮定のもとでこの債券の価格を求めよ。
   (a) 金利の期間構造はフラットで年10%と仮定する。
   (b) 短期金利は現在10%で、毎年1.2、もしくは0.9の係数で変動する。またリスク中立確率は0.5で、デフォルトは金利とは独立であるものとする。

9. (自動車選び) スミス氏は車を購入するにあたって、ブランドAとブランドBの間で選択を行う。Aの価格は2万ドルである。スミス氏は2年後にはこの車を売って、同じタイプの車を同じ価格で買おうと考えている。2年後の下取り価格は1万ドルもしくは5,000ドルで、その確率はそれぞれ0.5である。一方Bは、価格が3万5,000ドルで4年後に1万2,000ドルもしくは8,000ドルで下取りされる。また、その確率は各々0.5である。1年あたりの維持費は一定で、どちらも同じである。スミス氏の効用関数は指数型で、リスク回避係数は $a = 1/1{,}000$ ドルである。金利は年5%で一定である。4年間を計画期間としたとき、どちらの車を選ぶのがよいだろうか。またその差の確実同値額はどうなるか。

10. (V の例) e を非市場変数として、連続時間環境を考えよう。
    (a) 最終的な支払いが $V(x_e, T) = x_e(T)$ となるものとする。$V(x_e, t)$ を求めよ。
    (b) 取引不可能な e に関するオプションにおいて成立する、プット-コールの関係を求めよ。

11. (ガビンの期末試験) ジョーンズ氏は、毎年ランダムなキャッシュ・フローを生み出すグレープフルーツ・ベンチャーを考えている。彼は息子のガビンに、「キャッシュ・フローを割り引くにあたって、資本コストを使うべきだという人がいる。それはCAPMをもとにしているそうだが、

それについて知っていたら教えてくれないか。しばらくそんな話はしていなかったようだが……」と尋ねた。

　ガビンは、「1期間以上にまたがる場合には、特別な条件が必要となる。それについて期末試験で難しい問題が出た」と答えた。

　2年モデルを考えよう。各年の無リスク金利は r である。各年のマーコビッツ・ポートフォリオのランダムな収益を r_1、r_2 とする。またこれらは互いに独立である。2年目の終わりにただ1回のランダムなキャッシュ・フロー x_2 がある。$x_{2|0}$、$x_{2|1}$ をそれぞれ時刻0と1での情報が与えられたときの確率変数 x_2 の値とする。また E_0、E_1 を時刻0と1における期待値とし、V_0、V_1 を時刻0と1における値とする。$E_0\{E_1[x_{2|1}]\} = E_0[x_{2|0}]$ で、$\text{cov}[x_{2|1}/V_1, r_2]$ は時刻1で受け取る情報とは独立であるものとする。時刻2に x_2 を受け取ることに関する時刻0での価値が、

$$V_0 = \frac{E_0[x_{2|0}]}{[1+r+\beta_1(\bar{r}_1-r)][1+r+\beta_2(\bar{r}_2-r)]}$$

であることを示せ。ここで $\beta_1 = \text{cov}[V_1/V_0, r_1]/\sigma_{r_1}^2$ である。V_1 と β_2 を求めよ。

12. （ソフト・オプション）　取引可能でない変数に基づくオプションは、リアル・オプションと呼ばれ、ときにはソフト・オプションとも呼ばれる。以下のパラメータをもつソフト・オプションの射影価格を求め、例15.2のオプションと比較せよ。

$$K=60, \quad S=62, \quad r=10\%, \quad \sigma=20\%, \quad T=5 \text{カ月}$$

$$\mu_e=8\%, \quad \sigma_m=15\%, \quad \mu_m=14\%, \quad \rho=0.7$$

参考文献

　多期間投資の全体的構造は、Duffie[1]に詳しく示されている。多変数格子については、いくつかの構成的方法がある。それらの例については[2-3]を、本章の理論については[4]を参照せよ。購入価格分析はSmith and Nau[5]からとった。[6]も参照されたい。価格付けの一般理論についてはHolton[7]を見よ。限界（ゼロ水準）価格としてオプションを価格付けする方法はDavis[8]にある。この価格が汎用的であることは[9]で示された。射影価格付けと一般化ブラッ

クーショールズ方程式については [10] を参照せよ。[11] は、その離散時間版である。

1. Duffie, D. (1996), *Dynamic Asset Pricing Theory*, 2nd ed., Princeton University Press, NJ.
2. Boyle, P. P., J. Evnine, and S. Gibbs (1989), "Numerical Evaluation of Multivariate Contingent Claims," *Review of Financial Studies*, **2**, 241–250.
3. He, H. (1990), "Convergence from Discrete- to Continuous-Time Contingent Claims Prices," *Review of Financial Studies*, **3**, 523–546.
4. Luenberger, D. G. (1996), "Double Trees for Investment Analysis," presented at the Conference on Computational Economics and Finance, Geneva, June.
5. Smith, J. E., and R. F. Nau (1995), "Valuing Risky Projects: Option Pricing Theory and Decision Analysis," *Management Science*, **41**, no. 5, 795–816.
6. Carmona, R. (ed.) (2009) *Indifference Pricing*, Princeton University Press, Princeton, New Jersey.
7. Holton, H. H. (1997). *Asset Valuation and Optimal Portfolio Choice in Incomplete Markets*, Ph.D dissertation, Department of Engineering–Economic Systems, Stanford University, Stanford, CA.
8. Davis, M. H. A. (1997) "Option Pricing in Incomplete Markets," In M. A. H. Demptster and S. R. Pliska, (editors), *Mathematics of Derivative Securities*, 216–227. Cambridge University Press.
9. Karatzas, I. and S. G. Lou, (1996) "On the pricing of contingent claims under constraints", Annals of Applied Probability, **6**, 321–369.
10. Luenberger, D. G. (2004), "Pricing a Nontradeable Asset and Its Derivatives," *Journal of Optimization Theory and Applications*, **121**, 465–487.
11. Luenberger, D. G. (2011), "Pricing Dynamic Binary Variables and Their Derivatives," *Quantitative Finance*, (2012) vol 12, 451–464.

付録 A　確率論の基礎

A.1　一般概念

　第6章で述べた通り、確率変数 x は**確率密度関数**（probability density function）によって記述される。x が有限個の値 $x_1, x_2, \ldots, x_m$ しかとらないとき、密度関数はそれらの結果の出現確率を表す。しばしば確率を示すために P を用いる。したがって、

$$\mathrm{P}(x_i) = \mathrm{prob}(x_i)$$

である。すなわち $\mathrm{P}(x_i)$ は x が値 x_i をとる確率である。すべての $\boldsymbol{x_i}$ について $\mathrm{P}(x_i) \geq 0$ で $\sum_i \mathrm{P}(x_i) = 1$ が成立する。

　確率変数が実数値をとるとき、これらの値に対して確率密度関数 $p(\xi)$ を定義することができる。この場合の解釈は、

$$p(\xi)d\xi = \mathrm{prob}(\xi \leq x \leq \xi + \mathrm{d}\xi) = \mathrm{P}(\xi \leq x \leq \xi + \mathrm{d}\xi)$$

である。

　確率変数 x の**確率分布**（probability distribution）とは、

$$F(\xi) = \mathrm{P}(x \leq \xi)$$

で定義される関数 $F(\xi)$ のことをいう。この定義より $F(-\infty) = 0,\ F(\infty) = 1$ となる。連続変数の場合、F が微分可能であれば、$\mathrm{d}F(\xi)/\mathrm{d}\xi = p(\xi)$ となる。

　2つの確率変数 x と y は**同時密度関数**（joint probability density）もしくは**同時確率分布**（joint probability distribution）によって記述することができる。同時分布関数 F は、

$$F(\xi, \eta) = \mathrm{P}(x \leq \xi, y \leq \eta)$$

で定義される。同時密度はこれの微分によって定義される。また (x, y) のとりうる値が有限個であれば、x_i, y_i 対の密度 $p(x_i, y_i)$ はその対の生起確率と一致する。一般に n 個の確率変数についても n 変数に関する同時分布が定義される。

　同時分布をもとに、ある1つの確率変数の分布を求めることができる。たとえば、x, y に関する分布 $F(\xi, \eta)$ が与えられたとき x の分布は、

$$F_x(\xi) = F(\xi, \infty)$$

となる。

確率変数 x, y は $p(\xi, \eta)$ が、

$$p(\xi, \eta) = p_x(\xi) p_y(\eta)$$

と書けるとき、互いに**独立**（independent）であるという。2つのサイコロを投げて得られる目の数を表す確率変数は独立である。たとえば、$(3, 5)$ の対が得られる確率は $1/6 \times 1/6$ である。

確率変数 x の密度関数を p としたとき、その**期待値**（expected value）は、

$$\mathrm{E}(x) = \int_{-\infty}^{\infty} \xi p(\xi) \mathrm{d}\xi$$

である。$\mathrm{E}(x)$ を $\bar{x}$ と書けば、x の**分散**（variance）は、

$$\mathrm{var}(x) = \int_{-\infty}^{\infty} (\xi - \bar{x})^2 p(\xi) \mathrm{d}\xi$$

である。同様に x と y の**共分散**（covariance）は、

$$\mathrm{cov}(x, y) = \int_{-\infty}^{\infty} \int_{-\infty}^{\infty} (\xi - \bar{x})(\eta - \bar{y}) p(\xi, \eta) \mathrm{d}\xi \mathrm{d}\eta$$

である。x と y が独立ならその共分散はゼロである。

A.2　正規確率変数

確率変数 x はその密度関数が、

$$p(\xi) = \frac{1}{\sqrt{2\pi}\sigma} e^{-\frac{1}{2\sigma^2}(\xi - \mu)^2}$$

と書けるとき、**正規変数**（normal）または**ガウス型**（Gaussian）という。この場合 x の期待値は $\bar{x} = \mu$ で分散は σ^2 となる。この密度関数は、図 A.1 に示すように "つり鐘型" をしているのが特徴である。

正規確率変数は $\bar{x} = 0$, $\sigma^2 = 1$ のとき**規準化されている**（normalized）もしくは**標準**（standard）正規変数という。標準正規確率変数の密度関数は（x を変数とすると）、

$$p(x) = \frac{1}{\sqrt{2\pi}} e^{-\frac{1}{2}x^2}$$

となる。これに対応する標準分布を $N(x)$ と表すと、

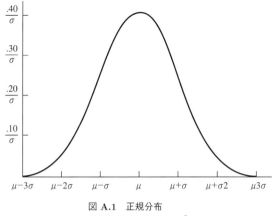

図 A.1　正規分布
期待値は μ で分散は σ^2

$$N(x) = \frac{1}{\sqrt{2\pi}} \int_{-\infty}^{x} e^{-\frac{1}{2}\xi^2} \mathrm{d}\xi$$

となる。$N(x)$ を解析的に表現することはできない。しかし、これは重要な関数なので、その数値を表にしたものや解析的な近似式が存在する。

1つ以上の正規確率変数を扱う場合には、行列表記を用いると都合がよい。$\boldsymbol{x} = (x_1, x_2, \ldots, x_n)$ を n 個の確率変数のベクトルとする。ベクトル $\boldsymbol{x}$ の期待値を $\bar{\boldsymbol{x}}$ と書く。このベクトルの各成分は、対応する変数の期待値である。$\boldsymbol{x}$ に対応する**共分散行列**（covariance matrix）は、各成分が $[\mathrm{Q}]_{ij} = \mathrm{cov}(x_i, x_j)$ である行列 $\mathbf{Q}$ のことをいう。$\boldsymbol{x}$ を列ベクトルとし、$\mathbf{x}^T$ を対応する行ベクトルとするとしたとき、$\mathbf{Q}$ は、

$$\mathbf{Q} = \mathrm{E}[(\mathbf{x} - \bar{\mathbf{x}})(\mathbf{x} - \bar{\mathbf{x}})^T]$$

と表すことができる。n 個の変数が同時正規分布にしたがうとき、$\mathbf{x}$ の分布は、

$$p(\mathbf{x}) = \frac{1}{(2\pi)^{n/2}|\mathbf{Q}|^{1/2}} e^{-\frac{1}{2}(\mathbf{x}-\bar{\mathbf{x}})^T \mathbf{Q}^{-1}(\mathbf{x}-\bar{\mathbf{x}})}$$

となる。

　同時正規分布にしたがう2つの確率変数が無相関であれば、同時密度関数は2つの独立な密度関数の積となる。したがって、2つの正規分布にしたがう確率変数が無相関なら互いに独立である。

　正規分布にしたがう確率変数に関する最も重要な性質は、その和がもつ性質

である。特に x と y が同時正規分布にしたがう場合、任意の α, β に対して、確率変数 $\alpha x + \beta y$ もまた正規分布にしたがう。この結果をより多くの変数の場合に拡張するのは容易である。実際、$\mathbf{x}$ を同時正規分布にしたがう変数からなる列ベクトルとし、$\mathbf{T}$ を $m \times n$ 行列とすると、ベクトル $\mathbf{Tx}$ は同時正規分布にしたがう m 個の変数がつくる m 次元ベクトルとなる。

A.3　対数正規確率変数

確率変数 z は $\ln z$ が正規分布にしたがうとき、対数正規確率変数という。同様にもし x が正規確率変数なら、$z = e^x$ は対数正規分布にしたがう。z の密度関数を具体的に書けば、

$$p(\zeta) = \frac{1}{\sqrt{2\pi}\sigma\xi} e^{-\frac{1}{2\sigma^2}(\ln \zeta - \nu)^2}$$

となる。この変数については、

$$\mathrm{E}(z) = e^{(\nu + \sigma^2/2)} \qquad (\mathrm{A.1})$$

$$\mathrm{E}(\ln z) = \nu \qquad (\mathrm{A.2})$$

$$\mathrm{var}(z) = e^{(2\nu + \sigma^2)}(e^{\sigma^2} - 1) \qquad (\mathrm{A.3})$$

$$\mathrm{var}(\ln z) = \sigma^2 \qquad (\mathrm{A.4})$$

である。

正規変数の和に関する性質より、対数正規変数の積やベキ乗も対数正規分布にしたがう。たとえば、u と ν が対数正規であれば、$z = u^\alpha \nu^\beta$ もまた対数正規である。

付録B　微分積分学と最適化

この付録では教科書の中で使われた微積分、最適化に関する重要項目を復習する。

B.1　関数

関数は独立変数に依存する値を付与する。通常、関数は f というような1文字で記述する。f の値が単一変数 x のみに依存するとき、その値を $f(x)$ と書く。関数の一例として $f(x) = x^2 - 3x$ を考えよう。$x = 2$ のときの関数値は $f(2) = 2^2 - 3 \times 2 = -2$ である。関数はその名前、すなわち f と呼ぶのが適当であるが $f(x)$ を関数と呼ぶ方が都合がよいので、ごく当たり前にそのように呼ぶことが多い（実際には $f(x)$ は x における f の値である）。

関数はある数値のみに対して定義される場合がある。たとえば、整数値のみについて定義される関数がそのようなケースである。この場合、独立変数を i, j, k, m, n などで表す。割引関数 $d(n) = 1/(1+r)^n$ はこのような関数の例である。多変数の関数もまた重要である。関数 g が2つの変数 x, y に依存する場合、x, y における g の値を $g(x, y)$ と書く。$g(x, y) = x^2 + 3xy - y^2$ はそのような関数の例である。

投資問題によく現れる関数をいくつか挙げておこう。

1　指数関数　指数関数は次の形をした1変数関数である。

$$f(t) = ac^{bt}$$

ここで a, b, c は定数である。特に c として自然底数 $e = 2.7182818\ldots$ に選んだ関数がしばしば登場する。

変数を整数に制限した指数関数、たとえば $k(n) = (1+r)^n$ などもよく使われる。この関数は複利のもとで資本がどのように成長するかを表すものである。この場合、関数は幾何的に成長する、もしくは幾何成長関数と呼ばれる。

2　対数関数　自然対数関数 ln は次の関係をみたす。

$$e^{\ln(x)} = x$$

この関数については、$\ln(1) = 0$, $\ln(e) = 1$, $\ln(0) = -\infty$ などが成立する。

3 1次関数 1変数 x の1次関数は、a を定数として $f(x) = ax$ で表される関数である。各変数 $x_1, x_2, \ldots, x_n$ の1次関数は、定数 $a_1, a_2, \ldots, a_n$ に対して、

$$f(x_1, x_2, \ldots, x_n) = a_1 x_1 + a_2 x_2 + \cdots a_n x_n$$

と表すことができる関数である。

4 逆関数 2つの関数 f と g とすべての x について $g(f(x)) = x$ となるとき g を f の逆関数といい、これを f^{-1} で表す。

関数 $f(x) = x^2$ を考えると、その逆関数は $f^{-1}(y) = \sqrt{y}$ である。明らかに $f^{-1}(f(x)) = \sqrt{x^2} = x$ である。また f を対数関数 $f(x) = \ln x$ とすると、その逆関数は $f^{-1}(y) = e^y$ となる。なぜなら $e^{\ln x} = x$ だからである。g が f の逆関数ならば、f は g の逆関数である。たとえば、$\ln(e^x) = x$ である。

5 ベクトル記号 多変数の関数を扱う際には、それらをベクトルと考えると都合がよい。たとえば $\boldsymbol{x} = (x_1, x_2, \ldots, x_n)$ として、これらの変数の関数を $f(\boldsymbol{x})$ と書く。

B.2 微分演算

読者は微分演算には慣れているものとする。ここでは、本書で使われているいくつかの概念を復習する。

1 極限 微分演算は関数の極限の概念を基礎としている。x が x_0 に近づくときに $f(x)$ が L に近づくとき、

$$L = \lim_{x \to x_0} f(x)$$

と書く。たとえば、$\lim_{x \to \infty} 1/x = 0$ である。

2 導関数 関数 f が与えられたとき、f の x における導関数は、

$$\frac{\mathrm{d}f(x)}{\mathrm{d}x} = \lim_{\Delta x \to 0} \frac{f(x + \Delta x) - f(x)}{\Delta x}$$

で定義される。f の x における導関数を $f'(x)$ と書く。以下の事実は重要である。

(a) $f(x) = x^n$ なら $f'(x) = nx^{n-1}$
(b) $f(x) = e^{ax}$ なら $f'(x) = ae^{ax}$
(c) $f(x) = \ln(x)$ なら $f'(x) = 1/x$

3 高次の導関数　導関数の導関数をとることによって、高次の導関数が得られる。たとえば、f の 2 階の導関数は関数 f' の導関数である。f の n 次導関数を $\mathrm{d}^n f/\mathrm{d}x^n$ と書く。

2 階の導関数の場合には、特別に f'' という記号を用いる。

関数 $f(x) = \ln(x)$ を考えると、1 階の導関数は $f'(x) = 1/x$ で 2 階の導関数は $f''(x) = -1/x^2$ である。

4 偏導関数　多変数関数については、各変数に関する偏微分を考えることができる。

$$\frac{\partial f(x_1, x_2, \ldots, x_n)}{\partial x_i} = \lim_{\Delta x \to 0} \frac{f(x_1, x_2, \ldots, x_i + \Delta x, x_{i+1}, \ldots, x_n) - f(x_1, x_2, \ldots, x_n)}{\Delta x}$$

と定義する。$f(x,y) = x^2 + 3xy - y^2$ とすると、$\partial f(x,y)/\partial x = 2x + 3y$ で $\partial f(x,y)/\partial y = 3x - 2y$ となる。

f の全微分は、

$$\mathrm{d}f = \frac{\partial f}{\partial x_1}\mathrm{d}x_1 + \frac{\partial f}{\partial x_2}\mathrm{d}x_2 + \cdots + \frac{\partial f}{\partial x_n}\mathrm{d}x_n$$

である。

5 近似　導関数を用いることによって関数 f を x_0 の近傍で近似することができる。

以下の近似は大変有用である。

(a)　$f(x_0 + \Delta x) = f(x_0) + f'(x_0)\Delta x + O(\Delta x)^2$
(b)　$f(x_0 + \Delta x) = f(x_0) + f'(x_0)\Delta x + \frac{1}{2}f''(x_0)(\Delta x)^2 + O(\Delta x)^3$

ここで $O(\Delta x)^2$ と $O(\Delta x)^3$ はそれぞれ $(\Delta x)^2$、$(\Delta x)^3$ のオーダーの項を意味する。この近似が成り立つのは、微分が定義される通常の関数の場合である。この公式はウィーナー過程を含む関数には当てはまらない（第 13 章参照）。

B.3 最適化

投資問題にとって最適化はきわめて有用な道具である。ここでは必要最小限を復習する。しかし、この教科書を学ぶときは、ここで述べることだけを知っていれば十分である。

1 必要条件 1変数 x の関数 $f(x)$ は、すべての x に対して $f(x_0) \geq f(x)$ となるとき、x_0 で最大値をとるという。もし x_0 が f の定義域の境界点になっていなければ、x_0 が最大点であるための必要条件は、f の x_0 における微分がゼロになること、すなわち、

$$f'(x_0) = 0$$

となることである。この式を用いて最大点 x_0 を求めることができる。

たとえば $f(x) = -x^2 + 12x = 0$ の場合、最大点を求めるには、微分 $-2x + 12$ を 0 として方程式 $-2x + 12 = 0$ を解くと $x = 6$ となるが、これが最大点である。

多変数関数 f についても類似の結果が成り立つ。最大点においては、(どの変数も境界点になっていないときには) f のすべての偏微分がゼロとなる。すなわち最大点では、

$$\frac{\partial f(x_1, x_2, \ldots, x_n)}{\partial x_1} = 0$$
$$\frac{\partial f(x_1, x_2, \ldots, x_n)}{\partial x_2} = 0$$
$$\vdots$$
$$\frac{\partial f(x_1, x_2, \ldots, x_n)}{\partial x_n} = 0$$

となる。

2 ラグランジュ乗数 多変数関数 f の付帯条件 $g(x_1, x_2, \ldots, x_n) = 0$ のもとでの最大値を求める問題を考えよう。すなわち以下の最大化問題、

$$\text{最大化} \quad f(x_1, x_2, \ldots, x_n)$$
$$\text{条件} \quad g(x_1, x_2, \ldots, x_n) = 0$$

の解を求めるのがここでの問題である。

最大点を求めるには、ラグランジュ乗数 λ を導入してラグランジュ関数、

$$L = f(x_1, x_2, \ldots, x_n) - \lambda g(x_1, x_2, \ldots, x_n)$$

をつくる。このラグランジュ関数をまったく制約がないかのように扱って最大点の必要条件を導くことができる。すなわち、L を各々の変数に関して偏微分をとり、それを 0 とおくのである。この結果、$n+1$ 個の未知数 $x_1, x_2, \ldots, x_n, \lambda$ に関する n 本の方程式が得られる。これにもう 1 つ方程式 $g(x_1, x_2, \ldots, x_n) = 0$ を追加すると、$n+1$ 個の変数に対する $n+1$ 本の方程式が得られる。

1 本以上の制約があるときには、その 1 本ごとにラグランジュ乗数を追加する。たとえば、

$$\begin{aligned}&\text{最大化} \quad f(x_1, x_2, \ldots, x_n) \\ &\text{条件} \quad g(x_1, x_2, \ldots, x_n) = 0 \\ &\phantom{\text{条件}} \quad h(x_1, x_2, \ldots, x_n) = 0\end{aligned}$$

の場合には、ラグランジュ乗数 λ, μ を用いてラグランジュ関数、

$$L = f(x_1, x_2, \ldots, x_n) - \lambda g(x_1, x_2, \ldots, x_n) - \mu h(x_1, x_2, \ldots, x_n)$$

とする。L の $x_1, x_2, \ldots, x_n$ に関する偏微分を 0 とおくと n 本の方程式が求まる。これにもとの 2 本の条件式を加えて、$n+2$ 個の未知数に関する $n+2$ 本の方程式が得られる。

制約条件の中に不等式条件 $g(x_1, x_2, \ldots, x_n) \leq 0$ がある問題を考えよう。もしこの問題の最適解において、不等式が厳密な不等式で成立することがわかっていれば、(すなわち $g(x_1, x_2, \ldots, x_n) < 0$ となるのであれば) 制約条件は有効でないので無視することができる。すなわち、この場合ラグランジュ乗数を導入する必要はない。一方、解において制約式が等号でみたされることがわかっているときには、ラグランジュ乗数を導入する。この場合ラグランジュ乗数 λ は非負である。

練習問題の解答

奇数番号の練習問題すべてに対する解答を与える[1]。練習問題が証明を含む場合については簡単な概要またはヒントを与える。

第2章

1. (a) 1,000ドル; (b) 1,000,000ドル
3. (a) 3.04%; (b) 19.56%; (c) 19.25%
5. $n=9$ または（同様に）$n=10$
7. PV=4,682,460ドル
9. $x<3.3$
11. 6,948ドル
13. $\text{NPV}_1=29.88$, $\text{NPV}_2=31.84$; ゆえに投資案2を推奨する。
    $\text{IRR}_1=15.2\%$, $\text{IRR}_2=12.4\%$; ゆえに投資案1を推奨する。
15. (b) $c=0.940$, $r=6.4\%$
17. インフレが適用されない場合はNPV$=-435,000$ドル; インフレが適用される場合は、NPV$=89,000$ドル

第3章

1. 377.32ドル
3. (a) 95.13年; (b) 40,746ドル; (c) 38,387ドル
5. しない
7. YTM$<9.366\%$
9. 年価は、$A_A=6,449$ドル, $A_B=7,845$ドル である。
11. (a) 850; (b) 1,000
13. 91.17
15. $D=\frac{1+r}{r}$, $D_M=1/r$
17. $dP/d\lambda=-DP$
19. $C=T^2$

---

[1] これらの解答は、多くの献身的な個人による内容の充実したプロジェクトの結果をもとにしたものである。それらには間違いがないとは限らない。間違いがあれば著者に知らせていただきたい。

第 4 章

1. 7.5%
3. $P = 65.9$
5. (a) $f_{t_1,t_2} = [s(t_2)t_2 - s(t_1)t_1]/(t_2 - t_1)$; (c) $x(t) = x(0)e^{s(t)t}$
7. $P = 37.64$
9. $(1+r)^i(1+f_{i,j})^{j-i} = (1+r)^j$ は、$(1+f_{i,j})^{j-i} = (1+r)^{j-i}$ を意味する。これより、$f_{i,j} = r$ となる。
11. PV$= 9.497$
13. (a) 2.020; (b) 2.02075
15. $x_1 \approx -13.835$, $x_2 \approx 30.995$
17. $a_k = 1/(1+r_{k-1})^2$, $b_k = 1/(1+r_{k-1})$

第 5 章

1. 近似解：投資案 1, 2, 5; 最適解：投資案 1, 2, 3
3. NPV$= 610,000$ ドル は、投資案 4, 5, 6, 7、または、投資案 1, 4, 5, 7 によって達成される。
5. 格子では 16 個、ツリーでは 40 個。
7. 臨界値は、$d^* = \frac{1}{2}(\sqrt{5} - 1) \approx 0.618$ である。$r = 0.33$ と $r = 0.25$ は、$d = 0.75$ と $d = 0.8$ なので、解は同じになる。
9. (b) PV$= 366,740$; 2 年間多く汲み上げ、その後、普通の状態に戻す。
11. ヒントを使って、S について解けばよい。

第 6 章

1. $R = (2X_0 - X_1)/X_0$
3. (a) $\alpha = 19/23$; (b) 13.7%; (c) 11.4%
5. (a) $(1.5 \times 10^6 + 0.5u)/(10^6 + 0.5u)$; (b) 300 万単位、分散 0、収益 20%
7. (a) $\boldsymbol{w} = (0.5, 0, 0.5)$; (b) $\boldsymbol{w} = \left(\frac{1}{6}, \frac{1}{3}, \frac{1}{2}\right)$; (c) $\boldsymbol{w} = (0, 0.5, 0.5)$
9. $r = [\sum_{i=1}^{n}(1/A_i)]^{-1} - 1$
11. (a) $w_1 = (s_1 - \rho s_2)/F$、ただし、$F = (s_1 + s_2)(1 - \rho)$; (b) $w_1 = 1$
13. $w_A = -1$, $w_B = 2$

第 7 章

1. (a) $\bar{r} = 0.07 + 0.5\sigma$; (b) $\sigma = 0.64$, 1,000 ドルを借りて、2,000 ドル投資する。(c) 1,182 ドル
3. (a) $0.1 \leq \bar{r}_M \leq 0.16$; (b) $0.12 \leq \bar{r}_M \leq 0.16$
5. $\beta_i = x_i \sigma_i^2 \left(\sum_{j=1}^{n} x_j^2 \sigma_j^2 \right)^{-1}$
7. (a) $A = 1$; (b) $\alpha = \sigma_0^2/(\sigma_0^2 - \sigma_i^2)$; (c) ゼロベータ点は効率的だが、MVP よりも下になる。(d) $\bar{r}_i = 10\%$
9. 簡単な代数演算を実行すればよい。
11. (a) $\beta_a = 0.2$, $\bar{r}_a = 0.04$; (b) 0.6364; (c) 36%
13. (a) $r_E = (r_A - wr_B)/(1-w)$; (b) $\beta_E = \beta_A/(1-w)$; (c) 増加する
15. $r_f = (\bar{r}_1 + \bar{r}_2)/2$
17. (a) $w_1 = -1$, $w_2 = 2$; (b) $R = 1.2$

第 8 章

1. (a) 11.44%; (b) $\sigma = 16.7\%$
3. 基準化された $\boldsymbol{v} = (0.217, 0.263, 0.360, 0.153)$; 固有値 $= 311.16$; 主成分は市場をよく追随している。
5. $a = 0.035693$, $b = 0.599$
7. $\mathrm{E}(r) = 1$, $\sigma = 16.2\%$

第 9 章

1. $\sigma(\hat{\bar{r}}) = \sigma$; (b) $\sigma(\hat{\sigma}^2) = \sqrt{2}\sigma^2/\sqrt{n-1}$
3. 方法：半月ごとの時点を i とする。r_i と ρ_i を i で始まる 1 カ月と半月に対する収益とする。ρ_i は互いに相関がないものと仮定する。そのとき、$r_i = \rho_i + \rho_{i+1}$ である。$\mathrm{cov}(r_i, r_{i+1}) = \frac{1}{2}\sigma^2$ を示せ。$\hat{\bar{r}} = \frac{1}{24}\sum_{i=1}^{24} r_i$ の誤差を求めよ。年末の半月の項を省略しても通常の方法と同じ結果が得られる。
5. 0.5365
7. (a) 13.54%; (b) 13.91%

第 10 章

1. 16,317,396 ドル
3. $\text{VaR}_h = 40 - 100h$
5. $\sigma_{1+2} = \sqrt{\sigma_1^2 + 2\sigma_{1,2} + \sigma_2^2} \leq \sqrt{\sigma_1^2 + 2\sigma_1\sigma_2 + \sigma_2^2} = \sigma_1 + \sigma_2$ を使いなさい。
7. 正の同次性以外のすべての公理は成り立たない。
9. $\text{CVaR}_h = -50h + 40$
11. (a) $\text{CVaR}_{30\%} = 22/3$; (b) $\mathcal{P}$ のすべての列には、1/3 が 1 つ、2/3 が 1 つ含まれ、他は 0 である。

第 11 章

1. 108,610 ドル
3. $a(x)$
5. $a = (A' - B')/[U(A') - U(B')]$, $b = [B'U(A') - A'U(B')]/[U(A') - U(B')]$
7. $C = (3+e)^2/16$, $e = 4\sqrt{C} - 3$
9. $b' = b/W$
11. 1,500 ドル
13. 7/4
15. ヒントから：$\overline{R}_i - R = cW[\text{E}(R_M, R_i) - \overline{R}_M R] = cW[\text{cov}(R_M, R_i) + \overline{R}_M(\overline{R}_i - R)]$。これは、ある γ に対して、$\overline{R}_i - R = \gamma\text{cov}(R_M, R_i)$ であることを意味する。この関係を R_M に適用すれば γ が得られる。
17. $P = \text{E}\left(\frac{d}{R^*}\right) = \text{E}\left(\frac{Rd}{RR^*}\right) = \frac{1}{R}\text{E}\left(\frac{Rd}{R^*}\right) = \frac{\hat{\text{E}}(d)}{R}$

第 12 章

1. 442.02 ドル
3. 5%
5. $t = 0$ では、キャッシュ・フローはない。T 時点でのキャッシュ・フローは、$S/d(0, M) + \sum_{k=0}^{M-1} c(k)/d(k, M) - F$ である。それは、0 でなければならない。
7. -100.34 ドル
9. $\frac{S(0)}{r}\left[1 - e^{-rT}\right]$
11. (a) $V_{i-1}(r_i) = 1 - d(i-1, i)$; (b) $V_0(r_i) = d(0, i-1) - d(0, i)$;

(c) $1 - d(0, M)$
13. (a) 397.1万ドル; (b) 8.64%
15. $-131,250\,\mathrm{lb}$ オレンジジュース; $\sigma_{\mathrm{new}} = 0.714\sigma_{\mathrm{old}}$
17. 163,200ドルの財務省証券先物の売り
19. $\mathrm{cov}(x, y^2) = \mathrm{E}(xy^2) - \mathrm{E}(xy)\mathrm{E}(y) = 0$ という関係を用いて証明せよ。$\mathrm{E}(xy^2)$ と $\mathrm{E}(y)$ の両方とも、対称性より 0 である。

第 13 章

1. Δt を小さいものと仮定すると、$p = 0.65$, $u = 1.106$, $d = 0.905$; Δt が小さい場合にあてはまる近似を外すと、$p = 0.64367$, $u = 1.11005$, $d = 0.90086$; 小さいものとした場合、ノードの確率は上から、0.179, 0.384, 0.311, 0.111, 0.015 である。
3. (a) $(v_1 - v_2)^2 \geq 0$ を使え。(b) 15%と9.54%; (c) 単利では算術平均、複利では幾何平均。通常、幾何平均が最善である。
5. $\mathrm{var}(u) = e^{2\overline{w}+\sigma^2}(e^{\sigma^2} - 1)$
7. $\mathrm{d}G = (\frac{1}{2}a - \frac{1}{8}b^2)G\mathrm{d}t + \frac{1}{2}bG\mathrm{d}z$
9. $\mathrm{d}F = (\mu - r)F\mathrm{d}t + \sigma F\mathrm{d}z$
11. (a) $S(t)e^{\mu(T-t)}$; (b) $\sigma W(t)\mathrm{d}z$; (c) $-\sigma^2 t$; (d) $e^{\sigma^2 t} - 1$ と $\sigma^2 t$
13. 1次までの項については、両方とも期待値 $S(t_{k+1}) = (1 + \mu\Delta t)S(t_k)$ をもつ。

第 14 章

1. 費用は非負である。
3. 840万ドル
5. アメリカン・オプション 2.83ドル; ヨーロピアン・オプション 2.51ドル
7. $T \to \infty$ のとき、$C(S, T) \geq \max[0, S - KB(T)] \to S$。ゆえに、極限では $C = S$ である。
9. 7ドル
11. 提案はほぼそれに近い。0.3%ほど低い。
13. ほとんど同じである。1カ月間隔では、4.801ドル、半月間隔では、4.796ドル。
15. 6.58ドル
17. (a) $r_f = 0$; (b) $q_h = 6/10$, $q_t = 3/10$, $q_e = 1/10$

19. (a) バタフライ (三角); (b) 10%; (c) 6.50 ドル

第 15 章

1. 2.57 ドル
3. $\sigma = 0.251$
5. $C(63) = 6.557$ ドル, $\Delta = 0.759$, $\Theta = 6.02$
7. $\Gamma = \frac{\partial \Delta}{\partial S} = \frac{\partial N(d_1)}{\partial S} = N'(d_1)\frac{\partial d_1}{\partial S} = \frac{N'(d_1)}{S\sigma\sqrt{T}}$. Θ に対しては、Γ と練習問題 6 の結果を使え。
9. (a) $\mathrm{d}V = (V_t + V_x\eta(\theta - x) + \frac{1}{2}V_{xx}\sigma^2)\mathrm{d}t + V_x\sigma\mathrm{d}z$
   (b) $rV(x,t) = V_t + V_xrx + \frac{1}{2}V_{xx}\sigma^2$
11. $P_r = KTe^{-rT}[N(d_2) - 1] = -KTe^{-rT}N(-d_2)$
13. $a = -\mathrm{cov}(x,y)/\mathrm{var}(y)$
15. (a) 0.53 ドル; (b) 2.04 ドル
17. 4,242 万ドル

第 16 章

1. (a) 91.72; (b) 90.95
3. 先物価格の格子で後退評価する。
5. 6.00%, 6.15%, 6.29%, 6.44%, 6.59%, 6.74%, 6.89%, 7.05%, 7.19%, 7.35%
7. $a_0 \sim a_5$ は、7.67, 8.829, 9.799, 10.66, 11.3, 11.93
9. 162,800 ドル
11. $F(t) = r - \frac{1}{2}at + \frac{1}{6}\sigma^2 t^2$
13. 930.07 ドル

第 17 章

1. 28.5%
3. 670,230 ドル
5. $1/\lambda$
7. $\left[1 - e^{-(r+\lambda)T}\right]F$
9. $\mathrm{P}[\tau \geq t] = \mathrm{P}[q^{-1}(U) \leq t] = \mathrm{P}[U \leq q(t)]$
11. (a) $p(1-p)$; (b) $\sigma_{ab} = \sqrt{p(1-p)/n}$; (c) 100 万

13. $P_A = 104.160$, $P_B = 72.769$

第 18 章

1. $\gamma = \frac{1}{4}$

3. $\max\{\frac{1}{2}\ln[2\alpha + (1-\alpha)] + \frac{1}{2}\ln[\alpha/2 + (1-\alpha)]\}$ は、$\alpha = \frac{1}{2}$ となる。

5. (a) $k < n$ に対して、$\alpha_k = p_k - p_n r_n / r_k$; (b) $\alpha_1 = \frac{5}{18}$, $\alpha_2 = 0$, $\alpha_3 = \frac{1}{18}$

7. ダウ・ジョーンズ平均は、ジョーンズ氏を上回る。

9. $w_1 = 0.259$, $w_2 = 0.185$, $w_3 = 0.556$

11. (a) $\alpha = (3p - R)/(3 - R)$; (b) $q = R/3$; (c) $\alpha = 0$

13. (b) $\mu_i - r = (1 - \gamma)\mathrm{cov}(P_{\mathrm{opt}}, S_i)$

15. (a) 条件は、

$$\mathrm{E}\left(\frac{r_i - r_f}{1 + r_0}\right) = 0, \quad \text{または、} \quad \mathrm{E}(r_i P_0) - r_f \mathrm{E}(P_0) = 0$$

または、 $\mathrm{cov}(r_i P_0) + \overline{r}_i \mathrm{E}(P_0) = 0$

または、 $\overline{r}_i - r_f = -\dfrac{\mathrm{cov}(r_i P_0)}{\mathrm{E}(P_0)}$

(b) 以下のようになる。

$$(\mu_i - r_f)\Delta t = -\frac{\mathrm{cov}[n_i \sqrt{\Delta t}, 1/(1 + \mu_0 \Delta t + n_0 \sqrt{\Delta t})]}{\mathrm{E}(1/(1 + \mu_0 \Delta t + n_0 \sqrt{\Delta t}))}$$

1 次の項までとると、$(\mu_i - r_f)\Delta t = \sigma_{i,0}\Delta t$

第 19 章

1. (a) Yes, 1.2 の無リスクを得るために、ポートフォリオの重み $\frac{1}{3}$, $\frac{2}{3}$ を用いよ。(b) yes, ポートフォリオの重み $-\frac{1}{2}$, $\frac{1}{2}$ を使え。

3. (a) と (b) 0.8678 ドル

5. $q_{11} = 0.1$, $q_{12} = 0.36$, $q_{21} = 0.4$, $q_{22} = 0.14$

7. $S = 16.81$ ドル, $\sigma = 20.6\%$

9. 自動車 B は、370.74 ドルの確実同値額の差で好まれる。

11. $V_1 = \dfrac{\mathrm{E}(x_{2|1})}{1 + r + \beta_2(\overline{r}_2 - r)}$, $\beta_2 = \dfrac{\mathrm{cov}(x_{2|1}/V_1, r_2)}{\sigma_{r_2}^2}$

訳者あとがき

　この本は、デービッド・ルーエンバーガー・スタンフォード大学名誉教授の『Investment Science, Second Edition』（Oxford University Press, 2014）の訳書である。

　原著の第1版が出た1997年以来、この教科書は全米の有力大学において、金融工学の定番テキストとして使われてきた。金融工学の入門書はこれで決まりだと考えたわれわれ3人は、1年がかりで翻訳に取り組んだ。

　簡単な例題を出発点に、次第に議論を複雑な問題に拡張し、最終的には極めて高度な内容まで手際よく解説したこの本を翻訳しながら、"さすがは教科書づくりの名手と呼ばれるルーエンバーガー教授だけのことはある"と舌を巻いたものである。

　2002年4月に刊行された訳本は、600ページを超える大冊でありながら、学生だけでなく、金融機関に勤めるビジネスパーソンや研究者からも好意的に受け入れられ、過去12年間で1万3千部余りを売り上げた。

　当初はいくつか翻訳ミスが含まれていたが、指摘を受けるたびに修正を施した結果、数年後にはほぼ完璧なものになったと自負している。ここで、誤りを指摘して下さった熱心な読者に、厚くお礼申し上げる次第である。

　第1版には金融工学の入門書として、（当時としては）必要かつ十分な内容が盛られていた。しかし、金融工学はその後も目覚ましい発展を続けた。このため著者のもとには、新たな発展を取り入れた増補・改訂版の出版を待ち望む声が寄せられたという。

　このたび改訂して刊行された第2版は、第1版の内容に加えて、金融商品の価格付けやリスク計量に関する新理論、信頼性が低い金融データをもとにして、信頼に値する結果を導く手法、信用リスク理論、新たな練習問題などが追加されている。

　この結果、第2版の訳本は700ページを超えてしまったが、第1版がそうであったように、この教科書には刊行時点で、ほぼ完璧な内容が盛られている。この本をマスターすれば、金融に携わる人たちは、生涯をわたる強力な武器を手にすることになるだろう。

　この教科書が、はじめて金融工学を学ぶ学生諸君、第1版で金融工学を学んだビジネスパーソン諸氏、そして研究者諸氏にも広く受け入れることを願っている次第である。

第 1 版の翻訳に取り掛かった時、訳者らは (当然ながら) 現在より一回り以上若かった。今野 (中央大学) は東京工業大学から移籍したばかり、枇々木 (慶應義塾大学) と鈴木 (東北大学) はまだ若手と呼ばれていたころである。

　訳者たちは、近々増補・改訂版が出るという噂を耳にしていたので、その時にはまた翻訳を引き受けることになると覚悟していたが、予想を上回る大幅な改訂が施されたため、また訳者たちが多忙を極めたため、1 年あまりの時間が掛ってしまった。

　翻訳には完璧を期したつもりであるが、初版同様いくつか誤りが含まれているかもしれない。お気づきの読者は、honyakusha_investment_science_2nd@googlegroups.com あてにご連絡いだきたい。

　最後になったが、初版の翻訳の際に協力して頂いた山本零、(故) 井川寛崇、畑木智一、越塚知幸 (以上、中央大学、当時) の諸氏と、今回の翻訳作業にご協力いただいたハキーム・モハメッド・モシン、渡辺悠介 (以上、東北大学) の両氏に、この場を借りてお礼申し上げたい。

　また、初版以来一貫して訳者たちを支援して下さった平井修一氏 (日本経済新聞出版社) にも、厚くお礼申し上げる次第である。

2015 年 3 月

今野浩、鈴木賢一、枇々木規雄

索 引

記号・数字

σ の推定　299–300
0–1 変数　133
1 ファクター・モデル　593, 597
1-ファンド定理　213–217
2-ファンド定理　208–211, 665–666
2 項係数　459
2 項格子　144, 502
　オプションの——　535–538
　株式の——モデル　438–440, 458–460
　金利の——モデル　564–568
2 項格子理論　477–481
2 項ツリー　144
2 次計画問題　207
2 次効用関数　348, 357
　——と平均-分散基準　357
2 重確率過程　619
2 重格子　693–699
3 項格子　169
　オプションの——　535–538
7–10 ルール　18
72 ルール　43

アルファベット

Actual　310
"Actual" 曲線　302
APR　59
APT → 裁定価格理論
A タイプの裁定　360–362
Black and Karasinski モデル　593
Black–Derman–Toy モデル　581–583, 592, 602
B タイプの裁定　362
CAPM → 資本資産価格付けモデル
CDS スプレッド　633
CMO　586–591
Cox–Ingersoll–Ross モデル　592, 621
CVaR　335
Fama と French の研究　673
HARA 効用　383
Heath, Jarrow, Morton モデル　602
Ho–Lee モデル　580–581, 592, 602
Hull and White モデル　592
h–分位点　321
James–Stein 縮小推定量　310
LEAPS　539
LIBOR　392, 562, 633
Rendleman and Bartter モデル　591
Stein のパラドックス　310
Theory　310
"Theory" 曲線　302
Think　310
"Think" 曲線　302
VaR　320–333
Vasicek モデル　592

ア 行

アウト・オブ・ザ・マネー　471
アジアン・オプション　540
アット・ザ・マネー　471
後払いオプション　557
アフィン過程　595–596
アメリカン・オプション　468
アリストテレス　466
アロー–プラットの絶対リスク回避係数　352
一般化現在価値　684
一般化ブラック–ショールズ方程式　714
一般ゼロ水準価格　716
一般のウィーナー過程　450
伊藤過程　451
伊藤の定理　453, 456–458, 465
イミュニゼーション　78–82, 85, 90, 121–123, 434, 583–586

イールド・カーブ 92-93
イン・ザ・マネー 471
インデックス・ファンド 237
インプライド・ボラティリティ 527
インフレ 39-42
インフレ連動国債 53
インフレ連動債券 88
ウィーナー過程 447-451, 465
エキゾチック・オプション 538-542
枝 144
演算子法 548-550
凹型効用関数 350
"お気に召すままに" オプション 507, 539
オプション 391, 466-510, 511-559
　　後払い—— 557
　　アメリカン・—— 468
　　エキゾチック・—— 538-542
　　権利行使 466, 467-468, 476, 484-485
　　権利行使価格 467-468
　　コール・—— 466
　　先物—— 487-490
　　——の価格付け理論 477
　　プット・—— 466
　　プレミアム 466
　　ヨーロピアン・—— 468
重み 181

カ 行

回収金額 620
ガウス型 724
価格感度 74-75, 85
価格公式としての CAPM 242-246
価格付け演算子 714
価格付けの原則 393-395, 501-502
価格付けの公理 713-718
価格付け要素 252
価格の線形性と確実同値 244-246
価格プロセス 686
価格・利回り曲線 66-70
確実同値額 352-353, 381-382, 707-708
隔週のモーゲージ 86

格付け 614-616
確定利付証券 50-91
確率強度モデル 619-620
確率分布 723
確率分布族 338
確率変数 182-188, 185-186
　　独立した—— 186
確率密度 183, 723
賭けに関するケリーのルール 652-653
加法的モデル 441-442
空売り 179-180
関数 727
完全市場 393
完全ヘッジ 418-419
元本 17
　　想定—— 407
ガンマ 522
幾何的増大 18
幾何ブラウン運動 452, 454
幾何平均 462
期間構造 92-131, 565-568, 580-583
　　——仮説 103-106
　　クレジット・スプレッドの—— 609
期間中の受け取り 620-621
企業価値 605
企業評価 160-165
期待仮説理論 103-105, 124
期待現物価格 417
期待ショートフォール 335
期待ダイナミクス 106-112, 124, 413-415, 430
期待値 183-184, 724
期待超過収益率 230
基本状態証券 375
逆イールド・カーブ 92
逆変動金利債 601
キャッシュ・フロー 1-4
　　グラフでの—— 146-147
　　フリー・—— 162
　　——流列 1-3
キャッシュ・マッチング 140-143
キャップ付き金利 562

索引　743

強度　617
強度（誘導型）モデル　617–619
共分散　186–188, 211, 724
　　——行列　210
極限　728
均一過程　619
金鉱
　コンプレクシコ——　154–156, 170, 492–494, 507, 720
　シンプリコ——　35, 97, 490–491, 495–497, 505, 698–699
均衡　225
銀行引受手形　52
金融商品　50
金利　17–49
　実効利率　20
　実質金利　40
　単利　17–18
　複利　18–21
　名目利率　20, 41
金利スワップ　409
金利デュレーション　71
金利の先渡契約と先物契約　569
金利派生証券　560–603
金利変動　591–593
クーポンの支払い　62
くもり
　a の——　300
　平均値の——　296–298
　歴史の——　293
グラフ　144
　資産の——　686
クレジット・スプレッド　608
　短期——　618
　——の期間構造　609
クレジット・デフォルト・スワップ　604–605, 613, 633–636
クレジット派生証券　632–639
経過利息　62, 84
経路依存　541, 572
現在価値　22–27, 32
　一般化——　684

正味——　31–32
　　——の主要定理　27
減債基金　54
原資産　392
現物市場　395
権利行使　466–468
　早期——　476–477, 484–485
権利行使価格　467–468
弧　144
格子
　2項——　144, 502
　3項——　169
格子法　610–612, 625–629
合成派生証券　523
構造法　631
構造モデル　605
後退方程式　593–595
購入価格分析　706–713
効用関数　346–349
　2次——　348
　凹型——　350
　指数——　347
　対数——　347
　——と平均–分散基準　357–360
　等価な——　349
　——の特定　354–357
　べき乗——　348
公理　548–550
効率的フロンティア　203, 214
　連続時間の——　664–670
コックス過程　619
固定比率戦略　649
ゴードンの公式　161
コピュラ　631
コヒーレント　334
　——尺度　338
　——・リスク尺度　333
個別的不確実性　700–706
個別リスク　235
コマーシャル・ペーパー　52
固有リスク　235
コーラブル債　54, 86

コール　468
　　ブラック–ショールズ方程式　516–519
　　無期限——　505
コンタンゴ　417
コンプレクシコ金鉱　154–156, 170, 492–494, 507, 720
コンベキシティ　82–83

サ　行

債券　61–85, 560–561, 633
　　インフレ連動——　88
　　——オプション　561
　　価格感度　74
　　価格・利回り曲線　66–69
　　価格・利回り公式　65
　　格付け　63–64
　　額面価値　62
　　クーポンの支払い　62
　　経過利息　62
　　コーラブル債　54, 86, 561
　　——先物　561
　　ゼロ・クーポン債　53, 77, 98
　　短期——　70
　　長期——　70
　　——派生証券　569
　　プット・オプションが付いた——　561
　　利回り　65–70
最小ノルム価格付け　252
最小分散集合　202
最小分散点　202
最小分散ヘッジ　419–423
　　——の式　420–421
最大点　——の必要条件　731
裁定　5, 502, 687
　　Aタイプの——　360–362
　　Bタイプの——　362
裁定価格理論（APT）　277–284, 287–289
　　——とCAPM　283–284
裁定機会の禁止　567–568
裁定境界　367
裁定の論法　99

最適化　132
　　ポートフォリオ——　140
最適管理　147–156
最適な価格付け　689–693
最適ヘッジ　423–425
最適ポートフォリオ成長　647–683
債務担保証券（CDO）　636–639
債務の劣後　54
先物オプション　487–490
先物価格　412–417
先物契約　410–412, 487–489
　　金利の——　569, 571
先物–先渡間の等価性　413–415, 569, 571
先物市場　410–412
先渡価格　395, 397–405, 408
　　——の式　398–399
先渡金利　396
先渡契約　391, 395–406
　　——の価値　406
先渡市場　395
ジェンセンの指標　240
資金の時間的価値　17, 42
次元の呪い　147
自己充足型取引　516
自己充足的　523
資産　178
資産の束　636
市場総資本価値に関する重み　224
市場における値洗い　410
市場の不確実性　700
市場分断仮説　105–106
市場ポートフォリオ　224
指数効用関数　347
　　——と確実同値　707–708
指数増加　21
システマティック・リスク　235–236, 271
シータ　522
実現可能集合　203
実現可能領域　200–203
　　連続時間——　664–670
実効利率　20
実質金利　40

索引

実質年率　59
資本資産価格付けモデル（CAPM）　223–265, 229–230, 257–258
　　価格公式としての――　242–246
　　――公式の手軽な導き方　259
　　シングル–ファクター・モデルとしての――　275–277
　　――と APT　283–284
　　――と確実同値公式　244–246
資本市場線　226–228
資本予算　133–139
シミュレーション　455–456, 623–625
　　直接――　623
射影　250
　　――価格　251, 255
　　――価格付け　249, 252, 258, 716
　　――定理　250
社債　53
シャープ・レシオ　240–241
ジャンク債　626–629, 634–635
収益
　　資産の――　178
　　ポートフォリオの――　181–182
収益率　178
修正デュレーション　75
収束　413
縮小推定量　309
主成分　290
樹木をいつ伐採するか　31–34, 700–701, 710–711
準修正デュレーション　120
償却　58
証券　50
証券市場線　234–236
条件数　301
条件付きテール期待値　335
条件付きバリュー・アット・リスク　335
証拠金　469
証拠金勘定　410
状態価格　374–375, 578–579
　　正の――　375–378
譲渡性預金　51

消費性資産　405
商品スワップ　408
乗法的モデル　442–445
正味現在価値　31–32
将来価値　23–25
初到達時間　609–614
ショート・ポジション　395
シングル–ファクター・モデルとしての CAPM　275–277
シンプリコ金鉱　35, 97, 490–491, 495–497, 698–699
信用 VaR　616
信用イベント　604
信用格付け法　631
信用リスク　604–605
信頼水準　320
森林の伐採　507
推定
　　σ の――　299–300
　　平均値の――　297
推定誤差　300
スキュー　528
スプレッド・カーブ　622
スポット・レート　94–95, 123
　　――カーブ　95
　　――の予測　106–108
スワップ　406–409, 562, 599
　　金利――　409
　　商品――　408
　　デジタル・――　634
スワップション　562
　　――の価格付け　600
正規価格分布　441–442
正規確率変数　442, 724
正規分布　359–360
制御変量法　533, 556–557
税金　38–39
生存確率　618
成長効率の命題　660
正の状態価格　375–378, 385
正の同次性　334
切片　268

ゼロ・クーポン債　53, 77, 98
ゼロ水準価格　369
ゼロ水準価格付け　369, 700
ゼロベータ資産　260, 264
線形価格公式　360–362
線形価格付け　497–499
前進計算式　577–579
増額返済　54
相関　630
　――価格公式　255, 258
　――価格付け　253
相関係数　188
早期権利行使　476–477, 484–485
早期のデフォルト　612
総収益　178
想定元本　407

タ 行

対数効用　347, 650–657
対数最適価格　371–373, 682
　――公式　670–674
　――とブラック–ショールズ方程式　674–676
対数最適戦略　657
対数最適ポートフォリオ　666
対数正規価格　443–444, 452
対数正規確率変数　443, 446–447, 726
大数の法則　650
ダイナミクス　5
ダウ・ジョーンズ平均　679
ダウン・アンド・アウト・コール・オプション　540–541
多期間証券　685–687
短期金融市場　22, 52, 90
短期金利　109–111, 564–568
　――の格子　565
短期債券　70
短期無リスク金利　687
単調性　334
単利　17–18
逐次現在価値　113–116

逐次償却　60
逐次動的計画法　148–150
地方債　53
長期債券　70
調和定理　157–160, 171, 247–248
追加証拠金　412
定常かつ独立な過程　650
定理
　1-ファンド定理　213
　2-ファンド定理　208–211, 665–666
　伊藤の定理　453, 456–458, 465
　現在価値の主要定理　27
　先物–先渡の等価性　413–415
　先渡価格の式　398–399, 401
　資本資産価格付けモデル（CAPM）229–230
　射影定理　250
　成長効率の命題　660
　正の状態価格　375–376, 385
　対数最適価格付け　371–372
　単純な APT　280–281
　調和定理　157–160, 171, 247–248
　比率定理　696–697
　不変定理　111–112
　変動利付き債券の価値　116–117
　ポートフォリオ価格方程式　365
　ポートフォリオ選択定理　363–364
　リスク中立価格公式　688–689
ティルティング　316
ティルト　311
デジタル・オプション　539
デジタル・スワップ　634
デフォルト　51, 63–64, 604, 720
　――確率　607
　――距離　615
　早期の――　612
　――の相関　629–632
デュレーション　70–78, 88, 89, 117–121
　金利――　71
　修正――　75
　準修正――　120
　フィッシャー–ワイルの――　117–119

テール VaR　335
デルタ　520–523
デルタ特性　707–708
等価な効用関数　349
導関数　728
投資回転盤　191, 221, 647–649, 655–657, 678
投資科学　1, 3
投資性資産　405
動的計画法　143, 166, 172
　　逐次――　148–150
動的ヘッジ戦略　522
動的モデル　143
同量かつ反対のポジション　418
特性線　275–277
独立　186
トータル・リターン・スワップ　636
凸性　341
トラッキング　220
トランシェ　587
取り替えと年価　85
取り替え問題　36
取引が少ない市場　403–404
取引戦略　686–687
ドリフト　580
ドル　40–41

ナ 行

内部収益率　27–31
　　――の主要定理　29–30
ニュートン法　44
年価　61, 87
年金　55–58, 172
ノックアウト・オプション　539, 540

ハ 行

配当　504, 543–545
　　――とオプション　487
　　――割引モデル　160–161
派生資産　12

派生証券　391–393
　　合成――　523
バタフライ・スプレッド　474
バックワーデーション　417
パフォーマンス評価　238–241
パー・ボンド　68
バミューダ・オプション　538
バリュー・アット・リスク　320–333
比較原則　4–5, 98
非システマティック・リスク　235–236
非線形リスクのヘッジ　425–430
必要資本　323
微分積分学　727
非飽和性　203
標準正規確率変数　448, 608
標準偏差　185
比率定理　696–697
ファクター・モデル　266–275, 313
　　シングル・――　267–269
　　――と CAPM　275–277
　　マルチ・――　273–274
ファクター負荷　268
ファットテール　328, 444
フィッシャー＝ワイルのデュレーション　117–119
風車式抽選器　189
フォワード・デフォルト率　641
フォワード・レート　98–103
不均一過程　619
複数株式のダイナミクス　660
複製　523–527
複利　18–21
負相関変量法　533
プット　466, 468, 485–487
　　無期限――　553–554
プット−コール・パリティ　473–476, 503
不変定理　111–112
普遍的である　370
ブラウン運動　449
ブラック−ショールズ方程式　511–516, 512
　　――と対数最適価格付け　674–676
ブラック−ショールズのコール・オプション

評価式　517–518
フリー・キャッシュ・フロー　162
ブル・スプレッド　503
プレミアム　8
　　コール　468
プレーン・バニラ・スワップ　407
分散　184–185, 724
分散化　194–196
分散可能なリスク　270
分散減少法　533
分散不可能なリスク　271
分布の裾　444
平均　184
平均 VaR　335
平均回帰　592
平均値のくもり　296–298
平均値の推定　297
平均–分散理論　177–222
平行移動不変性　334
米国債　52
ベキ乗効用関数　348
ベーシス　419
ベータ値　230
ヘッジ　8–9, 418–419
　　完全——　418–419
　　最小分散——　419–423, 420
　　最適——　423–425
　　非線形リスクの——　425–430
変動利付き債券　116–117
変動利付きモーゲージ　54
変動利付きローン　573–576
ポアソン過程　617–618
保管費用　402, 431, 543–545
ポジション　395
ポートフォリオ
　　保守的な——　308
　　——・インシュランス　526–527
　　——価格方程式　365
　　——最適化　140
　　——選択定理　363–364
　　——のダイヤグラム　197–199
ボラティリティ　663

　　——曲面　530
　　——・スマイル　527–531
　　——の期間構造　530
　　——の出し入れ　653–654
　　——・パラメータ　580

マ　行

マーコビッツ　222
　　——・モデル　203–208
　　——問題　218
マコーレー・デュレーション　72–74
マートンの古典的モデル　605–609
マルチ・ファクター・モデル　593, 597
マルチンゲール　545–547
無期限コール　505, 514
無期限プット　553–554
無裁定　5
無相関　187
無リスク資産　211–213
無リスク金利
　　短期——　687
名目利率　20, 40
モーゲージ　54, 561
　　隔週の——　86
　　——担保債務証書　586–591
　　——担保証券　55, 561–562
　　変動利付き——　54
持越し費用　400–401
モンテカルロ・シミュレーション　531–533, 623

ヤ　行

有限差分法　533–535
有限状態モデル　373–378
誘導アプローチ　617
誘導法　631
歪んでいる　444
ユーロドル　52
要求性預金　51
よく分散化されたポートフォリオ　281–282

索 引　749

ヨーロピアン・オプション　468

ラ 行

ラグランジアン　204
ラグランジュ乗数　204, 730
ラピド油井　702–706, 712–713
ランダムウォークとウィーナー過程　447–451
リアル・オプション　494–497
利益・費用比率　134
離散時間の対数最適価格評価式　682–683
リスク
　システマティック・——　235–236
　信用——　604–605
　非線形——　425–430
　分散可能な——　270
リスク回避　6–7, 202, 350–353
リスク回避係数　382
リスク尺度　319, 333
リスク中立　347
　——価格付け　378–380, 499–500, 688–689
　——価格評価式　596
　——確率　378, 480, 529–531
　——確率の存在　688–689
　——形式　717
　——評価法　519–520
リスクの価格　227
リスクの市場価格　549
理想銀行　23–24, 26
リバランス　81, 522
利回り　65–70
流動性選好仮説　105, 131
累積正規確率分布関数　516
ルックバック・オプション　540
劣加法性　327, 334
レバレッジ　301, 308
レベリング　571–576
レポ・レート　400
連続時間　660
ローン　633
ロング・ポジション　395

ワ 行

割引　23
割引係数　23, 96, 108–109

著訳者紹介

【著者略歴】

デービッド・G・ルーエンバーガー (David G. Luenberger)
スタンフォード大学名誉教授

制御理論の分野で数々のすぐれた業績をあげ、30代半ばの若さでスタンフォード大学の正教授となる。研究領域は最適化理論一般、ミクロ経済学と幅広く、90年代に入って投資科学（金融工学）の分野でも積極的な研究・教育活動を展開する。教科書の執筆者としても定評があり、下記の教科書は、専門家の間でも歴史的名著として高く評価されている。

著書：*Optimization by Vector Space Methods*, Wiley (1969)、*Microeconomic Theory*, McGraw-Hill, Inc. (1995)、*Linear and Nonlinear Programming*, 3rd edition, Springer (2008, Yinyu Ye と共著) ほか多数

【訳者略歴】

今野浩（こんの・ひろし）
1940年生まれ
東京大学大学院数物系研究科応用物理学専攻修士課程修了
スタンフォード大学大学院オペレーションズ・リサーチ学科修了
東京工業大学大学院社会理工学研究科経営工学専攻教授、中央大学理工学部経営システム工学科教授などを経て、東京工業大学名誉教授　Ph.D., 工学博士
2022年逝去
著書：『理財工学 I, II』（日科技連出版社、1995/1998年）、『「金融工学」は何をしてきたのか』（日経プレミアシリーズ、2009年）、『工学部ヒラノ教授』（新潮文庫、2013年）など"ヒラノ教授シリーズ"ほか多数

鈴木賢一（すずき・けんいち）
1968年生まれ
東京工業大学社会理工学研究科社会工学専攻博士課程中退
東京工業大学社会理工学研究科経営工学専攻助手などを経て
現在：東北大学大学院経済学研究科教授　博士（工学）
著書：『これだけは知っておこう！統計学』（共著、有斐閣、2002年）ほか

枇々木規雄（ひびき・のりお）
1965年生まれ
慶應義塾大学大学院理工学研究科管理工学専攻博士課程修了
現在：慶應義塾大学理工学部教授　博士（工学）
著書：『金融工学と最適化』（朝倉書店、2001年）

金融工学入門

2002年4月8日	1版1刷
2015年3月25日	2版1刷
2025年1月16日	7刷

著　者　　デービッド・G・ルーエンバーガー

訳　者　　今　野　　　浩
　　　　　鈴　木　賢　一
　　　　　枇々木　規　雄

発行者　　中　川　ヒ　ロ　ミ

発　行　　株式会社日経BP
　　　　　日本経済新聞出版

発　売　　株式会社日経BPマーケティング
　　　　　〒105-8308　東京都港区虎ノ門4-3-12

印刷　藤原印刷／製本　積信堂
ISBN978-4-532-13458-7

本書の無断複写・複製（コピー等）は著作権法上の例外を除き、禁じられています。
購入者以外の第三者による電子データ化および電子書籍化は、私的使用を含め一切認められておりません。
本書籍に関するお問い合わせ、ご連絡は下記にて承ります。
https://nkbp.jp/booksQA

Printed in Japan